BAEDEKER

J
JAPAN

»

Seid doch unbesorgt.
Auch die Blätter fallen
ohne Murren ab!

«

Kobayashi Issa

baedeker.com

DAS IST JAPAN

TOUREN

LEGENDE

Baedeker Wissen
● Textspecial, Infografik & 3D

Baedeker-Sterneziele
★★ Top-Reiseziele
★ Herausragendes Reiseziel

ZIELE VON A BIS Z

HINTERGRUND

ERLEBEN & GENIESSEN

PRAKTISCHE INFORMATIONEN

ANHANG

PREISKATEGORIEN

Restaurants
Preiskategorien
für ein Hauptgericht

€€€€	über 25 €
€€€	20–25 €
€€	15–20 €
€	bis 15 €

Hotels
Preiskategorien
für ein Doppelzimmer

€€€€	über 200 €
€€€	150–00 €
€€	100–150 €
€	bis 100 €

MAGISCHE MOMENTE

ÜBERRASCHENDES

Das buddhistische Herzsutra selbst abschreiben sorgt für ein gutes Karma.

D

DAS IST...

... Japan

Die großen Themen rund um
das Land der Aufgehenden Sonne.
Lassen Sie sich inspirieren!

Beim Gion-Fest in Kyoto sind auch die Jüngsten mit von der Partie. ►

DER LETZTE KAISER

Die Zeit der Kaiser ist längst vorbei. Der chinesische wurde 1911 abgesetzt, und Wilhelm II. musste nach dem Ersten Weltkrieg zurücktreten. Heute ist der japanische Kaiser der letzte seiner Art. Er trägt keine Krone, dafür war er einst ein Gott ... Auch heißt er nicht »Kaiser«, sondern »Tenno«, was so viel bedeutet wie »Himmelsherrscher«. Der japanische Tenno ist nämlich direkter Nachfahre der höchsten Shinto-Göttin Amaterasu.

Zwei Mal im Jahr zeigt sich die kaiserliche Familie ihren Untertanen: am Geburtstag des Kaisers am 23. Dezember und an Neujahr wie hier. ▶

HISTORISCH belegt ist das japanische Kaiserhaus etwa seit dem 5. Jh. n. Chr., und die ungebrochene Erblinie ist nicht nur absoluter Rekord, sondern heute ein echtes Problem für die japanischen Royals: 2001 wurde das erste Kind des Kronprinzen Naruhito geboren. Aiko – schon wieder ein Mädchen!
Seit Jahrzehnten kamen in der ganzen kaiserlichen Familie nur Mädchen zur Welt, aber die Erbfolge verläuft laut Nachkriegsverfassung über »legitime männliche Nachkommen in der männlichen Linie«. Eine riskante Vorgabe in einer Adelswelt, die anders als in Europa aus genau einer einzigen Familie besteht, denn alle Seitenzweige waren nach dem Krieg abgeschafft worden.

Frauen auf den Kaiserthron!?

So besorgt war man ob der **Thronfolge**, dass die japanische Regierung 2005 eine Kommission einberief, um über eine Neuordnung der Erbfolge zu diskutieren: Was tun, wenn kein männlicher Thronfolger geboren wird? **Kronprinzessin Masako** war damals schon über 40 und überdies gesundheitlich angeschlagen. Sollte die Thronfolge auch für Frauen geöffnet werden? Immerhin hatte es in der Geschichte hin und wieder einmal Kaiserinnen gegeben, die zumindest pro forma für einen kindlichen Nachfolger den Thron einnahmen. Und dann endlich die Entwarnung: 2006 wurde Hisahito geboren, ein Cousin von Aiko. Der wird wohl einmal Kaiser werden.

Die Majestäten und das Volk

Die Bilder, die Japaner von ihrer Kaiserfamilie kennen, sind schön und offiziell. Keine Skandale, keine Paparazzi. Unstimmigkeiten zwischen Prinzessin Masako, einer bürgerlichen Diplomatin, und dem Kaiserlichen Haushaltsamt und die Geburt ihrer Tochter Aiko waren die einzigen Gelegenheiten, bei denen die japanischen Medien über die privaten Angelegenheiten der Kaiserfamilie berichteten, und das längst nicht so voyeuristisch wie europäische Klatschblätter. Das Tenno-Paar, das Thronfolger-Paar, die übrigen Mitglieder des Kaiserhauses sieht man manchmal im Fernsehen bei besonderen Anlässen, aber nicht beim

BAEDEKER DAS IST...

ZU BESUCH BEI KAISERS

Mitten in der Megacity Tokyo liegt ein riesiger, leerer Platz in der Sonne: Kies, Grünflächen, Steinmauern, Bäume. Vom Haupteingang des **Kaiserpalasts** sieht man eine Brücke und entfernter ein historisches Wachtürmchen. Wenn nicht gerade hohe Staatsgäste anreisen, geht hier niemand ein und aus. Und trotzdem sammeln sich am Tor irgendwie erwartungsfrohe Touristen und Japaner, fasziniert von der Anlage, in der der letzte Kaiser der Welt residiert (▶ S. 440).

Shoppen in der Stadt. Sie wirken auch heute noch huldvoll und unnahbar. Zweimal im Jahr darf das Volk in den Hof des Kaiserpalastes und seinen Majestäten zujubeln.

Aber direkte Live-Ansprachen an das Volk? Spektakulär und einmalig war es 1945, als der damalige Tenno sich im Radio mit eigener, bis dahin nie öffentlich gehörter Stimme an sein Volk wandte, um die Kapitulation zu verkünden. Und was er noch sagte, schockierte die Untertanen noch mehr: Er sei gar kein Gott.

Nach der heutigen **Verfassung** ist der Tenno nicht nur kein Gott, sondern hat auch sonst keinerlei politische Funktion, allerdings nimmt er zahlreiche repräsentative Verpflichtungen wahr. Als oberster **Shinto-Priester** muss er zudem diverse religiöse Rituale durchführen. Vielleicht ist er gerade deshalb so beliebt, weil er politisch keine Macht hat.

Und wieder war es ein Ereignis von weltpolitischer Bedeutung, das 2011 zu einer Live-Ansprache des Kaisers an sein Volk führte (der zweiten überhaupt), diesmal im Fernsehen. Am 16. März, nach Erdbeben, Tsunami und der Atomkatastrophe von Fukushima rief **Kaiser Akihito** die Japaner zur Einheit und gegenseitigen Hilfe auf.

Näher als diesem Wachturm am Osttor kommt man dem Kaiserpalast kaum.

GROSSE UND KLEINE MINDER-HEITEN

Sofort nach Verlassen des Bahnhofs Shin-Okubo in Tokyo taucht man ein in das Stimmengewirr von Little Korea. Aus einem kleinen Café schallt koreanische Pop-Musik auf den Bürgersteig, und vom Straßenstand weht der Duft von »hotteok« herüber, nicht etwa Hotdogs, sondern kleinen gefüllten Reispfannkuchen.

Für Europäer mag alles gleich aussehen, aber die Schriftzeichen verraten es: Wir befinden uns im koreanischen Viertel von Tokyo. ►

사랑
韓사랑
ハンサラン
国家庭料理
5292-1161
ホットク
호떡
350円

MANCHES Ladenschild ist nur auf Koreanisch beschriftet, dabei leben viele **Koreaner** bereits in dritter und vierter Generation hier und besitzen mittlerweile auch die **japanische Staatsbürgerschaft** – wieder: Denn zwischen 1910 und dem Kriegsende 1945 war Korea von Japan annektiert. Entsprechend galten die Koreaner als Japaner – darunter auch der Marathon-Goldmedaillist Sohn Keechung, der 1936 aus Korea nach Berlin anreiste und einen olympischen Rekord aufstellte: für Japan ...

Nach dem Krieg wurde Korea wieder selbstständig. Die inzwischen in Japan lebenden Koreaner waren plötzlich Ausländer und wurden diskriminiert – so war es ihnen nicht möglich, öffentliche Ämter zu bekleiden, und sie mussten wie andere Ausländer ihre Fingerabdrücke registrieren lassen. Infolge der Benachteiligungen wanderte von den etwa 2 Mio. Koreanern, die sich nach Kriegsende in Japan aufhielten, etwa die Hälfte in den nächsten Jahrzehnten nach Nord- oder Südkorea aus. (Inzwischen hatte der **Koreakrieg** das Land geteilt.) Viele ihrer Nachfahren haben inzwischen die japanische Staatsbürgerschaft angenommen und leben heute weitgehend assimiliert. Seit den 1980er-Jahren sind zunehmend Studenten und Arbeitskräfte aus Südkorea nach Japan gekommen, und offizielle Statistiken zählen heute etwa 450 000 Koreaner in Japan; die ethnischen Koreaner mit japanischer Staatsangehörigkeit werden hier nicht mitgerechnet.

Fremde Völker in Nord und Süd

Noch schwieriger als die Koreaner sind ethnische Minderheiten wie die Ainu im Norden Japans und die Ryukyuer im Süden statistisch zu erfassen. Die indigene Bevölkerung Hokkaidos, die **Ainu**, waren fast völlig untergetaucht und werden erst in den letzten Jahrzehnten »wieder entdeckt«, wenn auch eher als touristische Folkloregruppe (▶ S. 513). Noch im 19. Jh. waren sie ein eigenes Volk; kleiner, hellhäutiger, bär-

BAEDEKER DAS IST ...

ESSEN GEHEN IN LITTLE KOREA

Auf in den Tisch eingelassenen heißen Platten brutzelt Fleisch: Der Duft von Chili, Knoblauch und Fett hängt schwer in der Luft, und mit umgehängten Papierlätzchen gegen Fettspritzer kommt man sich etwas albern vor. Die koreanischen Restaurants im Tokyoter Stadtteil Okubo sind angesagt, ohne Reservierung muss man sich auf längere Wartezeiten einstellen. Probieren Sie doch mal Bibimbap (Reis mit Ei, Gemüse und Fleisch im Steintopf) oder Samgyopsal (am Tisch gebratene Schweinebauchscheiben) im **Delica Ondoru** in Tokyo (1 Chome-3-20, Hyakunincho, Shinjuku-ku; Tel. 03 32 05 56 79; tgl. 10–1 Uhr).

tiger, pflegen andere Bräuche und Riten als die Japaner. Ihre Vorfahren kamen wohl aus Sibirien und besiedelten in vorhistorischer Zeit vermutlich weite Teile Japans, bis sie von neueren Einwanderungswellen nach **Hokkaido** zurückgedrängt wurden. Im 19. Jh. besiedelt Japan dann auch Hokkaido, die Ainu wurden rabiat assimiliert, denn Rückzugsorte gab es nicht mehr. Heute gelten die Ainu-Sprachen als ausgestorben. Junge Menschen stoßen oft eher zufällig auf ihre Ainu-Wurzeln, und beginnen dann, sich mit ihrem kulturellen Erbe zu beschäftigen.

Ähnlich steht es um die Nachfahren der **Ryukyuer** auf Okinawa – dort gab es ein eigenständiges Königreich mit eigener Sprache und Kultur, das eher nach China orientiert war, bevor Ryukyu 1879 dem japanischen Reich einverleibt wurde. Auch die Ryukyu-Kultur wird vor allem für den Tourismus wieder praktiziert, und die Sprache erlebt als japanischer »Dialekt« ein Comeback.

Zu den weitgehend assimilierten Minderheiten der Koreaner, Ainu und Ryukyu, die heute neben der japanischen auch ihre »alte« Identität und Kultur pflegen wollen, kommen noch Einwanderer jüngerer Zeit hinzu. Denn obwohl Japans Visabestimmungen notorisch streng sind, benötigt das Land Arbeitskräfte. Seit den 1990er-Jahren gibt es vereinfachte Arbeitsvisa insbesondere für die Nachfahren japanischer Südamerika-Auswanderer – die sehen vielleicht noch japanisch aus, haben aber ihre Latino-Kultur und Temperament mitgebracht.

Manche Japaner sind eben ein bisschen weniger japanisch als andere ...

Dieser ältere Herr hat sich für das Ainu-Marimo-Fest von Akan Kohan auf Hokkaido in ein traditionelles Gewand gehüllt.

DER KRANICH – JAPANS FRIEDENSTAUBE

Eine Grundschulklasse singt vor dem Denkmal im Friedenspark ein Lied. Dann hält ein Mädchen eine sorgfältig einstudierte Ansprache, schlägt eine Glocke, und die Kinder hängen ein Bündel dicker farbiger Schnüre an ein Gestell im Hintergrund. Diese entpuppen sich bei näherem Hinsehen als unzählige gefaltete Kraniche – säuberlich übereinander aufgefädelt.

守られますように
07.11.17
島学院中学校
NO MORE 広島
平

DER Kranich steht in Japan für langes Leben, und die kleine **Sadako Sasaki**, die kurz nach dem Krieg in Hiroshima an Leukämie erkrankte, hatte gehört, wenn man krank sei und 1000 Kraniche falte, dann werde man wieder gesund. Ihre Mitschüler halfen ihr noch beim Falten, doch im Oktober 1955 starb Sadako im Alter von zwölf Jahren. Mehrere Kinderbücher über Sadako wurden in zahlreiche Sprachen übersetzt, in Japan kennt wirklich jeder ihren Namen. Fast alle Schüler machen irgendwann eine Klassenfahrt nach ▶ Hiroshima zum Kinderdenkmal (▶ S. 155). Und die Origami-Kraniche sind in Japan zum Symbol der Friedens- und Anti-Atombewegung geworden.

Pazifismus als Staatsräson

Japan ist weltweit das einzige Land, auf das jemals **Atombomben** abgeworfen wurden: am 6. August 1945 auf Hiroshima, drei Tage später auf Nagasaki. Zu den Hunderttausenden Atombombenopfern kommen mehrere Millionen Kriegstote, die Hälfte davon Zivilisten. Kein Wunder also, dass die Japaner 1945 genug hatten vom Krieg. Einzigartig ist auch die 1947 unter dem Eindruck des Krieges verabschiedete Verfassung: Deren **Artikel 9** schließt Krieg als legitimes Mittel der Politik aus (▶ S. 514). Pazifismus als Staatsräson! Folgerichtig dürfte Japan denn auch kein Militär haben – eigentlich. Die sogenannten Selbstverteidigungsstreitkräfte gibt es seit 1954, dank etlichen Neuinterpretationen der Verfassung dürfen sie inzwischen sogar im Ausland eingesetzt werden.

Die Japaner selbst stehen grundsätzlich zu ihrer Verfassung. So erklären sie sich in Umfragen mehrheitlich zufrieden mit dem Friedensartikel 9, ja sie sind stolz darauf. Ebenso wie auf die »Nicht-Nuklearen Prinzipien«, einen Parlamentsbeschluss, der Herstellung, Besitz und Einfuhr von Atomwaffen verbietet.

Ideal und Wirklichkeit

Kein Krieg, kein Militär, keine Atomwaffen, keine radioaktive Verseuchung –

BAEDEKER DAS IST ...

ORIGAMI-KRANICHE FALTEN

So schöne Muster! Die bunten quadratischen Papiere zum Origamifalten gibt es in Japan überall zu kaufen, und manchmal bekommt man im Hotel, in der Touristeninformation oder von Zufallsbekanntschaften ein kleines Origami-Kunstwerk geschenkt. Aber so schwierig ist es gar nicht, selbst etwas zu falten, Anleitungen im Internet finden sich heutzutage auch als **Video-Clips** (Faltanleitung unter: www.origami-kunst.de). Falten Sie aus schönem Papier einen Kranich und legen Sie ihn bei einem Besuch der Gedenkstätten von Hiroshima oder Nagasaki dort ab.

Jede Japanerin und jeder Japaner kennen und verehren Sadako Sasaki.

mit der politischen Realität hat das heute wenig zu tun: Die Regierung Abe fordert eine **Revision des Friedensartikel**s und ist damit recht populär, und gegen die Bedrohungen in der Nachbarschaft (Nordkorea, China-Taiwan-Konflikt) steht Japan unter dem atomaren Schutzschild der USA.
Und noch mehr Widersprüche: Japan gehörte zu den Achsenmächten und hatte 1941 mit dem Angriff auf den US-Marinstützpunkt Pearl Harbor auf Hawaii die USA in den Krieg gezogen. Tatsächlich hatte Japans aggressiver Invasionskrieg schon 1931 begonnen, um Asien zu unterwerfen. Es ging um Ressourcen, um Nachschub für die Schwer- und Rüstungsindustrie. Die damals erfolgreichen japanischen Militärstrategen sahen sich auf Augenhöhe mit den westlichen Großmächten, und die besaßen ja auch alle Kolonien. Die japanischen Eroberer waren notorisch grausam. Allein die Gewaltexzesse beim Massaker im chinesischen Nanking (heute Nanjing) 1937 sollen bis zu 300 000 Todesopfer gefordert haben.

Streit mit den Nachbarn

Die Erfahrung der Atombombenabwürfe machte es nach dem Krieg leichter, die dunklen Seiten der japanischen Kriegsgeschichte zu vergessen und die Opferrolle zu betonen. Mit den Nachbarländern kommt es deshalb regelmäßig zu Zerwürfnissen über die zähe historische Aufarbeitung: Die jahrzehntelange Weigerung japanischer Regierungen, zumindest für einzelne Kriegsverbrechen wie Massaker und Zwangsprostitution Verantwortung zu übernehmen, lässt diese Themen immer wieder hochkochen.
Und die japanischen Enkel? Die falten Papierkraniche für den Frieden.

DIE TRADITION LIEGT IM TEE

Die Schale, die die Dame im Kimono reicht, hat etwa Form und Größe einer Müslischüssel. Kunstvoll hat sie gerade mit einem Bambusquirl Teepulver (matcha) und heißes Wasser zu einer schaumigen, fast spinatgrünen Flüssigkeit aufgeschlagen. Ihre Bewegungen wirken bedächtig und fokussiert. Als sei dies nach reiflicher Überlegung und langem Training die einzig plausible Art, eine Teetasse zu halten. Auch andere Traditionen und Rituale sind in Japan nicht vergessen.

DOCH nicht immer wird das Teetrinken so aufwendig zelebriert. Der durchschnittliche Großstadtjapaner bekommt seinen Koffeinschub heute auch eher als Kaffee, Matcha Latte oder **Matchapresso** (ein kleiner starker Grüntee). Viel Zeit für Traditionen bleibt im hektischen Alltag auch in Japan nicht. Bedroht oder gar vergessen sind diese deshalb aber beileibe nicht: Quer durch die Altersgruppen und gesellschaftlichen Schichten wird der Wunsch eher größer, in einem ganz fortschrittlichen Dasein auch alte Traditionen zu pflegen.

Traditionen im Alltag

In der Großstadt Tokyo sieht man in der U-Bahn Frauen in edlen Kimonos mit großen Blütenzweigen im Arm auf dem Weg zu einem **Ikebana**-Kurs. Jüngere Frauen werfen sich im Sommer für den Besuch der großen Feuerwerksveranstaltungen in farbige Baumwollkimonos, **Yukata** genannt, während Männer im traditionellen Jinbei und mit Zehensandalen losgehen. Zu Neujahr schlägt man wie anno dazumal klebrigen Reis per Hand zu süßen Küchlein und besucht die Familie. Vor den traditionellen **Theatern** für **Kabuki** und **No** stehen geduldige Schlangen für Karten an, und traditionelle Künste – von **Kampfsportarten** wie Judo, Karate oder Kendo bis zum **Origami** – stehen an Schulen und Unis selbstverständlich auf dem Stundenplan.

In Japan sind die alten Traditionen nie in Vergessenheit geraten oder bei den Eliten als rückständig diskreditiert worden. Im Gegenteil, oft waren es eher die Wohlhabenden und Gebildeten, die es sich leisteten, Traditionen auszuüben. Ein hochwertiger **Kimono** kostet über 1000 Euro, und die schönen Stücke werden innerhalb der Familie von der Mutter an die Tochter vererbt. Auch heute tragen Japanerinnen den Kimono zu so bedeutenden Ereignissen wie dem Schulabschluss, der Volljährigkeit und zur Hochzeit.

Kulturelles Brauchtum verbindet

Insbesondere zur Teezeremonie gehört nicht nur Übung, sondern auch klassische Bildung – man muss sich für den »Weg des Tees« mit japanischer **Keramik**, japanischer Dichtung und Kimo-

BAEDEKER DAS IST …

TEEZEREMONIE GANZ ENTSPANNT

Teezeremonie – das klingt etwas steif und zeitaufwendig. Doch um den geschäumten Grüntee in Japan zu genießen, muss man keine mehrjährige Ausbildung durchlaufen haben. Im **Fukujuen in Kyoto** (▶ S. 230) bekommt man eine kleine Einführung, ganz entspannt auf Stühlen sitzend.
Erst die kleine Süßigkeit essen, dann die Teeschale auf die Hand stellen und zweimal drehen – die paar Grundregeln sind schnell gelernt (▶ S. 582).

nos auskennen. Aber auch andere traditionelle Künste, wie der »Weg des Kriegers«, der »Weg der Blumen« oder der »Weg des Schreibens« erfordern durchaus Zeit und auch Geld.

Trotzdem bedeutet dies nicht umgekehrt, dass die alten japanischen Künste nur noch Zeitvertreib für die Reichen und Gebildeten wären – aber dass diese sich damit beschäftigen, macht die Traditionen für alle attraktiv und in gewisser Weise zum Statussymbol. Beim Nationalsport **Sumo** (▶ Baedeker Wissen, S. 618) sieht man das besonders gut: Da kreischen auf den teuren Plätzen direkt am Ring feine Damen im Issey-Miyake-Kostüm, während von den billigen Sitzen im dritten Rang Arbeiter ihren gewichtigen Helden zujubeln.

Tradition verbindet in Japan, sie ist in der Moderne zuhause und weder nur etwas für innovationsfeindliche Fortschrittsverlierer noch für versnobte Konservative.

OBEN: Beim Kendo ist eine charakterstarke, entschlossene und moralisch starke Persönlichkeit so wichtig wie die Kampftechnik.
UNTEN: Ganz traditionell geht es bei der Teezeremonie im Fukuyen in Kyoto zu.

ZEN IN DER KIRSCH-BLÜTE

Halb Tokyo scheint sich im Ueno-Park zu drängen. Auf den Wegen tanzen Senioren zu nostalgischen Liedern aus dem Kassettenrekorder, und Familien, Studentengruppen, ja ganze Büroabteilungen sitzen auf blauen Planen beim Picknick. Und über allem Wolken von rosa und weißen Blüten, die langsam niederrieseln.

Auch die Kirschblüte im Chidorigafuchi-Park verwandelt Tokyo in eine traumhafte Kulisse – aber nur für den Augenblick. ▶

DIE Kirschblüte, die in Japan zelebriert wird wie nirgends sonst auf der Welt und im Frühling das ganze Land in einen rosa Taumel stürzt, steht symbolhaft für die **Bedeutung des Augenblicks**: Heute blüht sie wunderschön, morgen kann das unberechenbare Frühlingswetter sie schon niedergerissen haben!
Die Samurai, die die Geschichte Japans über Jahrhunderte geprägt haben (▶ S. 526), sahen in der Kirschblüte ihr eigenes Schicksal gespiegelt. Schon morgen kann der letzte Tag sein. Und das heißt nun gerade nicht, dass man sorglos und zukunftsvergessen im Jetzt lebt, sondern: **bewusst und fokussiert**.

Bewusst im Hier und Jetzt

Dafür steht auch der **Zen-Buddhismus** (▶ S. 521). Übungen wie die Meditation im Sitzen trainieren die Fähigkeit, sich auf den Augenblick zu konzentrieren. Der Zen-Buddhismus (gesprochen mit einem weichem Z, eher wie in »Senner« als in »Zehensocken«) ist aber nur eine unter mehreren buddhistischen Schulrichtungen und zahlenmäßig in Japan nicht einmal die größte. Touristen begegnet der Zen-Buddhismus recht häufig, auch weil einige der bedeutendsten Tempel in Kyoto Zen-Tempel sind, etwa der Ryoanji (▶ S. 258) und der Kinkakuji (▶ S. 259).

»Mit dem Körper erfahren«

Die Annäherung ist leicht: Immer mehr Zen-Tempel bieten regelmäßige Meditationstermine an – auch für Anfänger. **Taiken** heißen solche Programme in Japan – übersetzt etwa »mit dem Körper erfahren«, nach dem Motto »Probieren geht über Studieren«. Diese Probierstunden sind eigentlich weniger für westliche Ausländer, sondern in erster Linie für Japaner gedacht. Denn auch wenn viele von ihnen mit dem Buddhismus groß geworden sind, so haben die wenigsten einen engen Bezug zum Zen-Buddhismus oder gar zur Meditation. Und auch nicht jeder, der sich einmal zur Meditation auf das Kissen begibt,

BAEDEKER DAS IST ...

ZAZEN – MEDITIEREN UNTER ANLEITUNG

Lange Reihen von Sitzkissen auf Tatami-Matten in einem großen, leeren Raum. Ein kahl geschorener Mönch gibt eine kurze Einführung: Konzentration auf Haltung und Atmung, die Gedanken kommen und vor allem auch wieder gehen lassen. Ausprobieren kann man Zazen, die Meditation im Sitzen, die mit etwas Übung zu mehr Ausgeglichenheit und Stabilität führt, in Kyoto etwa im **Shunko-in**, Untertempel des Myoshinji (▶ S. 257; www.shunkoin.com) oder im **Shorin-ji**, Untertempel des Tofukuji (▶ S. 253; http://shourin-ji.org). Man sollte bequeme Kleidung anhaben und in der Lage sein, zumindest im Schneidersitz auf dem Boden zu sitzen.

will sich mit Haut und Haaren auf das philosophisch-religiöse System einlassen und gleich den Weg zur Erleuchtung finden.

Den Geist leeren im Alltag

Einfach mal an gar nichts denken – das klingt so einfach, ist es aber nicht. Fast automatisch purzeln doch ganz viele Gedanken durch den Kopf. Sie loszulassen und sich zumindest für ein paar Minuten freizumachen vom Alltag ist der Sinn der Zen-Übung. Die Mönche sitzen so manchmal viele Stunden am Tag, regungslos, leer.

Bei **Meditations-Taiken**, aber auch beim Besuch von Zen-Tempeln erfährt man jedes Mal ein bisschen mehr über die Ideen von Zen – neben der Erfahrung, mal nicht zu denken, oder dem Blick auf einen abstrakten Garten, der an sich schon die Gedanken reinigt, kann das eine kurze Ansprache des Mönchs sein, der den ein oder anderen Aspekt hervorhebt, oder auch nur ein Sinnspruch auf der Eintrittskarte. Loslassen, im Jetzt leben, sich auf den Augenblick konzentrieren, Zufriedenheit, das sind die Themen, die immer wieder auftauchen.

Und auch im Lebensalltag hilft die Zen-Philosophie – das haben auch westliche Firmen und Seminaranbieter entdeckt. Da heißt die Zen-Meditation vielleicht Achtsamkeits-Coaching oder MBSR-Training (Mindfulness-Based Stress Reduction), aber Technik und Zielsetzung ähneln denen der historischen Samurai: Durch die Meditationsübungen und die (zumindest zeitweilige) geistige Befreiung aus Kleinlichkeiten und Alltagssorgen sollen die Konzentrationsfähigkeit gefördert, die Persönlichkeit gefestigt, Stress abgebaut und die Abwehrkräfte gestärkt werden.

Im Zen hat auch Bogenschießen einen meditativen Charakter.

T
TOUREN

Durchdacht, inspirierend, entspannt

Mit unseren Tourenvorschlägen lernen Sie Japans beste Seiten kennen.

Spaziergang durch den Bambuswald von Arashiyama bei Kyoto ►

UNTERWEGS IN JAPAN

Wer eine Reise nach Japan plant, dem schwebt sicher kein Strand- und Badeurlaub vor. Zwar hat Japan als Inselland auch einige schöne Strände zu bieten, vor allem im Süden, aber der Reiz liegt eher darin, die beeindruckenden Kulturstätten des Landes zu besuchen, die vielen Kontraste auf sich wirken zu lassen und einen Einblick in Bräuche und Alltag der Japaner zu gewinnen.

Ganz Japan ist unmöglich

Da Japan in den hiesigen Medien vorzugsweise mit seinen kuriosesten Erscheinungen porträtiert wird, erleben viele Besucher des Landes so manche Überraschung: Selbst in der Metropole Tokyo, die gern mit ihrer brechend vollen U-Bahn, ihrem Meer von Wolkenkratzern und grellen Leuchtreklamen gezeigt wird, gibt es Orte der Entspannung, beinahe ländlich anmutende Gassen und idyllische Gärten.
Auf einer Reise ganz Japan kennenzulernen, ist schon aufgrund der enormen Nord-Süd-Ausdehnung kaum möglich – um von Hokkaido bis Okinawa zu reisen, bräuchte man etwa zwei Monate, wollte man die ganze Vielfalt des Landes erfassen. So viel Zeit steht den wenigsten zur Verfügung, von den hohen Kosten einmal abgesehen. Der durchschnittliche Japanbesucher hat drei Wochen Zeit. Deshalb empfiehlt

Kaum etwas symbolisiert Japan mehr als dieser Anblick: ein hochmoderner Shinkansen-Zug vor dem heiligen Berg Fuji.

es sich, von den genannten Touren zwei zu kombinieren oder sich jene Orte herauszupicken, die einen persönlich am meisten interessieren. Die angegebene Dauer ist nur ein ungefährer Richtwert: Manch einer schafft die Tour vielleicht in weniger Tagen; wer aber nicht von Ort zu Ort hetzen möchte, sollte lieber etwas mehr Zeit einplanen.

Wohin am besten?

Im Grunde bieten sowohl der Norden als auch der Süden ein wenig von allem: schöne Landschaften, traditionelles Brauchtum, landestypische Architektur, interessante Museen und abwechslungsreiche Küche. Wer es aber rustikaler und kühler mag, wer gern wandert und Rad fährt, ist im **Norden** besser aufgehoben. Wen vor allem die buddhistische und shintoistische Welt interessiert, der sollte sich auf das **Zentrum Honshus** konzentrieren. Und wer neben dem Besichtigungsprogramm auch Entspannung am Strand sucht, fährt am besten in den **Süden**. Einige Orte sollten nach Möglichkeit auf keinem Reiseplan fehlen. Wer sich allerdings nur auf die Highlights beschränkt, dem entgeht eine Menge dessen, was Japan ebenfalls ausmacht, nämlich traumhafte Berglandschaften, abgeschiedene Pilgerstätten, zerklüftete Küsten, erholsame Thermalquellen, historische Städtchen und modernste Freizeiteinrichtungen.

Das richtige Verkehrsmittel

Am besten mit der Bahn

Am einfachsten und bequemsten reist man in Japan mit der Bahn. Das Schienennetz ist ausgedehnt und liegt, von einigen wenigen Nebenstrecken abgesehen, in der Hand von Japan Railways (JR). Die Fahrkarten sind – vor allem wenn man mit den Superexpresszügen (Shinkansen) reist – zwar nicht billig, doch ausländische Touristen haben die Möglichkeit, vor der Reise einen **Japan Rail Pass** zu erwerben, der sich in jedem Fall rentiert, wenn man viel herumreist und weite Strecken zurücklegt (▶ S. 687). Die Shinkansenzüge sind hervorragend: sauber, bequem, pünktlich und schnell. Aber auch die langsameren Züge sind durchweg ordentlich. Der einzige Nachteil ist, dass größere Gepäckstücke schwer zu verstauen sind.
Autofahren in Japan ist weniger zu empfehlen. Davon abgesehen, dass man sich auf **Linksverkehr** umstellen und den deutschen Führerschein eigens übersetzen lassen muss, sind die Parkmöglichkeiten beschränkt und die Parkplatzgebühren dementsprechend extrem hoch; hinzu kommt, dass die Autobahnen gebührenpflichtig sind.
Inlandflüge lohnen, wenn man wenig Zeit hat. Allerdings bekommt man dabei nicht viel von der Landschaft mit.
Mit dem Rad zu fahren macht auf dem Land sehr viel Spaß, in den Städten ist es jedoch mühsam und erfordert viel Geschicklichkeit, zumal es in der Regel keine Radwege gibt, sondern Radfahrer den Fußgängerstreifen nutzen.

JAPANS REGIONEN

Der Norden: Viel Landschaft, wenig Touristen

Nord-Honshu: Inseln, Berge, Matsuris

Im überwiegend agrarisch geprägten Norden Japans gibt es noch viel zu entdecken; und wer sich für Volksfeste und anderes Brauchtum interessiert, kann zur rechten Zeit am rechten Ort viel Spaß haben. Höhepunkte in Tohoku (Nord-Honshu) sind die Ostküste bei **Matsushima** mit ihren zahlreichen kiefernbewachsenen Inselchen und die Westküste bei **Oga**. Der **Bandai-Asahi-Nationalpark** im Landesinneren schützt gleich mehrere Regionen: die heiligen drei Berge Dewa Sanzan, die Azuma-Berge und den Inawashiro-See. Weitere schöne Seen sind der **Tazawa-ko** und der größere **Towada-ko**. Die Großstädte sind nur Sprungbretter für diese landschaftlichen Attraktionen – es sei denn, man ist zu einem der großen, sehr ausgelassen gefeierten **Feste** dort, wie dem Nebuta-Matsuri in Aomori, dem Tanabata-Matsuri in Sendai oder dem Kanto-Matsuri in Akita (alle drei im August).
Architektonische »Leckerbissen« sind die Burg von **Hirosaki** (besonders schön zur Kirschblüte) und die Tempel von **Hiraizumi**, das es an Pracht einst mit Kyoto aufnahm. In Städten wie **Aizu-Wakamatsu** und **Kakunodate** sind noch malerische Samurai-Häuser erhalten.

Hokkaido: Landschaft, Städte und Natur

Wer es über die Tsugaru-Meeresstraße bis nach Hokkaido schafft, wird – jedenfalls außerhalb der Touristensaison – mit noch einsameren Landschaften belohnt. Diese Insel, einst das Stammesgebiet der Ainu, wurde erst Mitte des 19. Jhs. von Japanern besiedelt. Das dicht bevölkerte, stark industrialisierte Japan scheint Welten entfernt. Ein Gefühl von Weite und Ursprünglichkeit macht sich breit.
Als Eingangstor nach Hokkaido fungiert die Hafenstadt **Hakodate**, die als eine der ersten für den Handel mit dem Westen geöffnet wurde. Die Präfekturhauptstadt **Sapporo** ist eine junge, an herkömmlichen Sehenswürdigkeiten arme Stadt, abgesehen vom eindrucksvollen Schneefest im Februar. Das benachbarte **Otaru** ist bekannt für Glas und sein romantisches Kanalviertel.
Der Hauptgrund für eine Reise nach Hokkaido sind aber ohnehin die Naturattraktionen: die Vulkane, Kraterseen und Thermalquellen im **Shikotsu-Toya-**, im **Daisetsuzan-** und im **Akan-Nationalpark**, die Flora und Fauna im abgelegenen **Rishiri-Rebun-Nationalpark**, die Wasserfälle und Steilfelsen im **Shiretoko-Nationalpark**, das Treibeis vor der Küste bei **Abashiri** (im Winter) und das Sumpfland um **Kushiro**. Die Nationalparks laden nicht nur zu Wanderungen ein, sondern auch zum Reiten, Angeln, Rafting oder Radfahren, zum Skifahren und Snowboarden.

Sachalin
Ochotskisches Meer
Wakkanai
★ Akan-Nationalpark
Abashiri
★ Shiretoko-Nationalpark
Asahikawa
Asahi-d. 2290
Kushiro
RUSSLAND
Rumoi
★ Daisetsuzan-Nationalpark
Sapporo
Otaru
Poroshiri-d. 2052
Hokkaido
Noboribetsu
Muroran
TOUR 1
Hakodate
Esashi
Aomori
Seikan-Tunnel
Hachinohe
Hirosaki
★★ Towada-See
Morioka
Akita
Mizusawa
Japanisches Meer
Chokai s. 2237
★★ Hiraizumi
Sakata
Sendai
Yamagata
★★ Matsushima
Iide-s. 2041
Fukushima
Niigata
Honshu
JAPAN
Hitachi
★★ Nikko
Utsunomiya
Nagano
★★ Tokyo
★★ Matsumoto
★★ Chubu-Sangaku-Nationalpark
Chiba
Kofu
Yokohama
Fuji-san 3776
★★ Kamakura
★ Kanazawa
★★ Takayama
★ Hakone
★ Eiheiji-Tempel
Gifu
Shizuoka
Shimoda
TOUR 2
★★ Kyoto
Nagoya
Osaka
★ Ise
Matsue
★★ Himeji
KOBE
★★ Nara
TOUR 3
SÜDKOREA
★★ Okayama
Awaji-shima
★★ Koya-san
★★ Kurashiki
★ Takamatsu
N
★★ Hiroshima
★ Kotohira
★★ Miyajima
100 km
©BAEDEKER
Matsuyama
TOUR 4
Shikoku
★★ Beppu
Oita
Pazifischer Ozean
★ Fukuoka
★ Aso
Hirado
Nobeoka
★ Nagasaki
Kumamoto
Kyushu
Miyazaki
Akune
Kagoshima
TOUR 5
Ostchinesisches Meer
★★ Okinawa
100 km
Ostchinesisches Meer
Naze
Amami O-shima
★★ Okinawa
Oku
N
Okinawa City
Naha
Okinawa-shima
Pazifischer Ozean
©BAEDEKER

Zwischen Tokyo und Japanischem Meer

Kanto und Chubu

Die meisten ausländischen Touristen betreten in **Tokyo** erstmals japanischen Boden – und sind gleichermaßen fasziniert wie erschlagen. Die Metropole ist völlig unüberschaubar – und wer sie wirklich erkunden möchte, braucht viel Zeit: für die vielen interessanten Museen, die unterschiedlich geprägten Viertel, für das Shopping (am besten erst am Ende der Reise) und das unübertroffene Unterhaltungsangebot von Kabuki bis Karaoke.

Irgendwann aber stellt sich unweigerlich das Bedürfnis ein, diesem Moloch zu entfliehen – nichts leichter als das, warten in der Nähe doch jede Menge Highlights auf einen Besuch: **Kamakura** mit dem Großen Buddha, **Nikko** mit seinen prachtvollen Mausoleen und dem nahe gelegenen Chuzenji-See, der Garten von **Mito**, die Chinatown und der Hafen von **Yokohama**, die Badeorte auf der **Izu-Halbinsel**, die Bergwelt des **Chichibu-Tama-Nationalparks** und nicht zuletzt der **Fuji** mit den Fuji-Seen und dem Ferienort **Hakone**.

Als Stützpunkte für Ausflüge nach Chubu (Zentral-Honshu) in die Japanischen Alpen bieten sich das Handwerkszentrum **Takayama**, die Olympiastadt **Nagano** oder die Burgstadt **Matsumoto** an. Reizvolle kleine Bergorte sind **Kamikochi**, **Karuizawa** und **Omachi**, von denen aus eine Reihe schöner Wanderungen möglich sind.

Auch vom Industriezentrum **Nagoya**, der viertgrößten Stadt Japans, mit dem bedeutenden Atsuta-Schrein und mehreren interessanten Museen lässt sich ein Ausflug in die Alpen organisieren: etwa zu den alten Poststationen Tsumago und Magome im **Kiso-Tal**.

Jenseits der Berge an der Westküste Honshus liegen **Kanazawa** mit einem der drei berühmtesten Gärten Japans, dem Kenroku-en, und die **Noto-Halbinsel**, wo sich noch viel ursprüngliche japanische Atmosphäre schnuppern lässt, und deren zerklüftete Küste ein wild romantisches Bild abgibt. Noch weiter nördlich liegt vor der Küste von Niigata die Insel **Sado**, die sich aufgrund ihrer relativen Isolation ein ganz eigenes Brauchtum bewahrt hat.

Zentrum: Wiege der japanischen Kultur

Kinki

Das Herz der Region Kinki (»Nahe der Hauptstadt«), die ungefähr vom Biwa-See westwärts über Himeji hinaus und südwärts bis nach Wakayama reicht, bildet natürlich die alte Kaiserstadt **Kyoto** mit ihren unzähligen Tempeln und Schreinen, Gärten, alten Kaiserbauten, Vergnügungsvierteln, Einkaufsmöglichkeiten und vielem mehr. In der Umgebung von Kyoto warten weitere Highlights: an erster Stelle **Nara**, vor Kyoto Sitz des Kaiserhauses.

Der größte Süßwassersee Japans, der **Biwako**, liegt ebenfalls in der Nähe Kyotos. Eine seiner Hauptsehenswürdigkeiten ist die Burg von

Tsumago bietet noch authentische Einblicke in Japans Vergangenheit.

Hikone an seinem Ostufer. Vom See aus gelangt man auch per Seilbahn auf den **Hiei-zan**. Auf dessen Gipfel thront der Enryakuji-Tempel, einst einer der einflussreichsten des Landes. Ein landschaftlicher Höhepunkt auf der Seite des Japanischen Meeres ist die Nehrung **Ama-no-hashidate**, die zu den klassischen »Drei schönsten Landschaften Japans« zählt (▶ Baedeker Wissen S. 272).

Schlicht- und urjapanisch

Auch das bedeutendste Shinto-Heiligtum, der **Ise-Schrein**, liegt in der Region Kinki. Er ist ein Paradebeispiel für die schlichte, naturbezogene Bauweise des Shintoismus. Ebenso charakteristisch für die urjapanische Architektur ist die Burg von **Himeji**, die wohl schönste des Landes überhaupt und eine der wenigen, die original erhalten ist. Ein spirituelles Erlebnis der besonderen Art bieten die Klöster auf dem **Koya-san**, wo man in einer Tempelherberge übernachten und an der frühmorgendlichen Andacht teilnehmen kann. Der Koya-san befindet sich in unmittelbarer Nachbarschaft zum **Yoshino-Kumano-Nationalpark**, wo sich alte shintoistische Pilgerpfade durch berauschende Natur schlängeln. Beide Orte scheinen dem Trubel des Großraums **Osaka-Kobe** weit entrückt. Diese Industrie- und Hafenstädte bieten keine überwältigenden Sehenswürdigkeiten, dafür kann man hier gut schlemmen, shoppen und sich vergnügen.

Der Westen: abgeschieden und beschaulich

Chugoku

West-Honshu (Chugoku) untergliedert sich traditionell in zwei Teile: Die dem Japanischen Meer zugewandte, verhältnismäßig dünn besiedelte San'in-Küste und die der Inlandsee zugewandte, belebtere, verkehrsreiche und stark industrialisierte San'yo-Küste. An Letzterer liegen zahlreiche Attraktionen: Da sind der Landschaftsgarten von **Okayama**, einer der klassischen drei schönsten Gärten Japans, das malerische, von Kanälen durchzogene **Kurashiki** mit alten Lagerhäusern, die Stadt **Hiroshima**, die nicht nur der historischen Denkmäler wegen einen Besuch lohnt, und der nahe gelegene Schrein von **Miyajima** mit dem viel fotografierten (zumindest bei Flut) im Wasser stehenden Torii.

Und dann wäre da noch die malerische Kulisse der **Inlandsee** mit ihrem Insel-Labyrinth; die größten darunter sind **Awajishima** und **Shodoshima**, doch unzählige kleinere warten auf Besucher. In Richtung Kyushu sind die Sehenswürdigkeiten dünner gesät und weniger bedeutend: Die Präfekturhauptstadt **Yamaguchi** war einst als Künstlerzentrum berühmt, wovon heute noch der von Sesshu angelegte Garten hinter dem Joeiji-Tempel zeugt. In der Nähe befinden sich die **Akiyoshi-Tropfsteinhöhle** und an der Westspitze Honshus das historisch bedeutsame **Shimonoseki**, von dem aus sich ein Blick über die Kanmon-Meerenge nach Kyushu bietet.

Die **San'in-Küste** ist noch beschaulicher und recht abgeschieden – mit öffentlichen Verkehrsmitteln kommt man nur langsam voran. Hier warten das Keramikzentrum **Hagi**, das idyllische Burgstädtchen **Matsue** und der bedeutende Schrein von **Izumo**, in dem sich einmal im Jahr alle Shinto-Götter (»kami«) des Landes versammeln, auf Besucher. Eine landschaftliche Kuriosität dieser Region sind die Dünen von **Tottori**, die für Europäer jedoch höchstens auf der Durchreise einen Besuch lohnen.

Shikoku

Allerdings wird die San'in-Küste von den meisten Touristen ohnehin links liegen gelassen – ebenso wie die viertgrößte Insel Japans, Shikoku, die von Honshu aus über drei Brücken oder per Fähre erreichbar ist. Architektonische Glanzleistungen wird man hier vermissen, abgesehen von den Burgen in **Kochi** und **Matsuyama** vielleicht. Der Reiz liegt vielmehr in der Landschaft, dem dörflichen Charakter und den vielen Tempeln, die ehrgeizige Pilger auf der 88-Tempel-Wanderung besuchen – heutzutage machen sich allerdings nur wenige zu Fuß auf den Weg, die meisten wählen den Reisebus. Die weiß gekleideten Pilger mit Strohhut, Glocke und Stock sind auf Shikoku ein vertrauter Anblick; ihr Ausgangspunkt ist meist **Tokushima**.

Die Küstenlandschaft ist bei **Uwajima**, im **Ashizuri-Uwakai-Nationalpark** und am **Kap Muroto** am eindrucksvollsten. Von Menschenhand geschaffen, aber ebenfalls ein landschaftlicher Höhepunkt ist der Ritsurin-Garten in **Takamatsu**. In der Umgebung befindet sich der Schrein von **Kotohira**, der den Seefahrern und überhaupt allen Reisenden geweiht ist – schon deswegen eigentlich ein Muss für Touristen aus Übersee ...

Das Flair des Südens

Kyushu

In der Vergangenheit war es Kyushu, die südlichste der vier japanischen Hauptinseln, über die ausländische Einflüsse ins Land gelangten. Aus Korea kam z. B. die Porzellankunst, eine Tradition, die seit Jahrhunderten in **Arita** gepflegt wird. Auch die ersten Europäer landeten im Süden Japans: 1543 trafen Portugiesen auf der Insel Tanegashima ein, die zu den **Satsunan-Inseln** gehört. In ihrer Folge kamen christliche Missionare ins Land, darunter Franz Xaver (▶ S. 542). In der Edo-Zeit, der Phase der Abschottung Japans vom Ausland, war **Nagasaki** das Fenster zur Welt – als einziger Ort unterhielt es Handelskontakte zu Chinesen, Holländern und Portugiesen. Diesem Umstand verdankt die wunderschön gelegene Stadt ihre einmalige Mischung aus Ost und West.

Das moderne Eingangstor zur Insel ist **Fukuoka**, die größte Stadt Kyushus; hier endet auch die Shinkansen-Linie von Honshu. Die Stadt unternimmt alle Anstrengungen, sich als Kulturzentrum zu behaupten und eine Brücke zum asiatischen Festland zu schlagen.

Die Vulkanlandschaften der Insel werden in verschiedenen Nationalparks geschützt: dem **Unzen-Amakusa-Nationalpark** nahe Nagasaki, dem **Aso-Kuju-Nationalpark** im Zentrum der Insel und dem **Kirishima-Yaku-Nationalpark** im Süden Kyushus. Zu Letzterem gehört auch die Insel Yakushima, die mit ihren 32 erloschenen Vulkanen und uralten Zedern in die Liste des UNESCO-Weltnaturerbes aufgenommen wurde. Landschaftlich reizvoll ist auch die Gegend um **Miyazaki**: Die kleine Insel Aoshima weist waschbrettartige Sedimentfelsen auf und die **Takachiho-Schlucht** ist fest in der japanischen Mythologie verankert.

Tempel und Schreine von herausragender Bedeutung sind auf Kyushu rar; auch an Burgen ist nur jene von **Kumamoto** hervorzuheben. Dafür steht hier die Erholung ganz im Vordergrund: Neben dem berühmten Badeort **Beppu** mit seinen brodelnden Höllenteichen und Thermalquellen laden zahlreiche weitere Thermalbäder zur Entspannung ein. Eine Besonderheit sind die Sandbäder von **Ibusuki**, wo man bis zum Kopf in warmen Sand eingebuddelt wird.

Okinawa

Die größte Stadt im Süden der Insel ist **Kagoshima**, Tor zu den Südwest-Inseln und **Okinawa**. Diese Inselkette ist eine Welt für sich: Angefangen von der Sprache über die Musik bis zur Architektur unterscheidet sich die Kultur deutlich von der des übrigen Japan. Tatsächlich

wurde die Inselgruppe erst im 17. Jh. von Kyushu aus erobert und Ende des 19. Jhs. dem japanischen Staat eingegliedert. Davor bildete sie lange ein eigenständiges Königreich (Ryukyu), das rege Beziehungen zu China unterhielt. Im Zweiten Weltkrieg tobte hier der Krieg, an dessen Ende es zu erzwungenen Massenselbstmorden kam. Die Inselgruppe wurde zwar 1972 von den USA an Japan zurückgegeben, aber bis heute befinden sich hier viele amerikanische Militärstützpunkte, die in der Bevölkerung für Kontroversen sorgen.
Die Hauptattraktionen sind die Strände sowie die Tauchreviere. Besonders schön sind sie auf **Miyako** und **Ishigaki**. Für seine einzigartige Flora und Fauna berühmt ist hingegen **Iriomote**. Die Hauptinsel Okinawa bietet neben Strandvergnügungen und fantastischen Tauchrevieren auch einige kulturelle Sehenswürdigkeiten in ihrer Hauptstadt **Naha**, wo die rekonstruierte Palastanlage des Ryukyu-Königreichs zu bewundern ist. Besser erhaltene Festungsanlagen (Gusuku) aus der Ryukyu-Zeit sind über die Insel verstreut.

Wichtige (Zwischen-)Stationen auf den Touren

Tokyo

Fast alle vorgeschlagenen Routen starten in Tokyo – planen Sie **mindestens 2 Tage in dieser Stadt** ein. Am 1. Tag sollte man sich nicht zu viel vornehmen, da der Jetlag erfahrungsgemäß noch zu schaffen macht. Vorstellbar wäre ein Besuch in Asakusa, dem Altstadtviertel um den Asakusa-Kannon-Tempel, gefolgt von einer Bootsfahrt auf dem Sumidagawa bis zum Hama-Rikyu-Garten oder noch weiter bis zum Neulandviertel Odaiba. Danach kann man nach Shinjuku fahren und vom modernen Rathaus die Aussicht auf die Stadt genießen. Wer noch nicht müde ist, kann hier oder im Vergnügungsviertel Roppongi den Abend verbringen.
Am 2. Tag können Frühaufsteher dem Tsukiji-Fischmarkt einen Besuch abstatten und anschließend über die von exklusiven und traditionsreichen Geschäften gesäumte Ginza bummeln. Von dort ist es nicht weit zum Kaiserpalast, der allerdings nicht zugänglich ist. Nachmittags bietet sich ein Ausflug nach Harajuku zur Omotesando an, der anderen Prachtmeile der Stadt. In der Nähe liegt der Meiji-Park mit dem Kaiser Meiji gewidmeten bedeutendsten Schrein der Stadt. Wer sich für Museen interessiert, sollte besser in den Ueno-Park fahren, wo sich u. a. das berühmte Nationalmuseum befindet. Je nachdem, wofür man sich entscheidet, kann man am frühen Abend das Meer von Neonreklamen in Shibuya (eine Station von Harajuku) bzw. Akihabara (zwei Stationen von Ueno) bestaunen und einen Einkaufsbummel unternehmen.

Kyoto

Für Kyoto sollte man **ebenfalls mindestens zwei Tage** veranschlagen. 1. Tag: Vom Bahnhof aus liegen der Nishi-Honganji-Tempel, der

Tropisches Flair in der Kabira-Bucht auf Ishigaki, einer der Yaeyama-Inseln in der Präfektur Okinawa

Sanjusangendo mit über 1000 Buddhastatuen und der an einem Hang thronende Kiyomizu-dera mehr oder weniger auf einer Route. Vom Heian-Schrein weiter nördlich ist es nicht allzu weit zum Philosophenweg, über den man in einem schönen Spaziergang zum Ginkakuji gelangt (Wanderfreudige können auch vom Kiyomizu-dera aus zu Fuß gehen, was 2 bis 3 Stunden dauert).
Den 2. Tag kann man dem Nordwesten der Stadt widmen: Zuerst dem berühmten »goldenen« Kinkakuji und dem zur Meditation anregenden Steingarten des Ryoanji, anschließend dem einstigen Palast des Shogun, Nijo-jo. Den Abend kann man im alten Geisha-Viertel Gion oder auf der anderen Seite des Kamogawa in Pontocho ausklingen lassen.
Wer länger verweilt, kann zusätzlich einige kaiserliche Bauten ins Besichtigungsprogramm aufnehmen, darunter die kaiserliche Villa Katsura-rikyu und den **Kaiserpalast**, muss aber zuvor eine Besuchserlaubnis einholen (▶ S. 227).

Tages-ausflüge

Nikko und **Kamakura** lassen sich jeweils als Tagestour von Tokyo aus besuchen, **Nara** bietet sich als Ausflugsziel von Kyoto aus an.

JAPAN EINMAL ANDERS

Länge der Tour: ca. 1700 km
Dauer: ca. 11 Tage

Tour 1

Nur wenige ausländische Touristen erkunden diesen Landesteil, da er von den Haupttouristenzielen recht weit entfernt ist. Vor allem Naturfreunde kommen hier voll auf ihre Kosten, aber auch manch abgeschiedener Schrein und Tempel lohnen einen Besuch.

Schrein im Zedernmeer

Von ❶ ★★**Tokyo** bricht man morgens auf und ist nach 2 Stunden Bahnfahrt in ❷ ★★**Nikko**. Für die Besichtigung der Sehenswürdigkeiten, an vorderster Stelle der prachtvolle Toshogu-Schrein aus dem 17. Jh. inmitten eines Meers von Zedern, sollte man sich Zeit lassen und am besten in Nikko übernachten.

Kiefernbewachsene Felseninselchen

Am nächsten Morgen geht es weiter Richtung Norden zur malerischen Küste von ❸ ★★ **Matsushima** (etwas mehr als 3 Std. mit der Bahn, bei zweimaligem Umsteigen), wo unzählige mit bizarren Kiefern bewachsene Felsinselchen die Landschaft prägen. Vom Teehaus Kanrantei auf einer Klippe hat man eine schöne Sicht auf dieses Naturwunder. Sehenswert ist auch die kleine Insel **Ojima** mit Grotten, die buddhistische Darstellungen enthalten.

Goldhalle, Teich und Kratersee

Am folgenden Tag geht es nach ❹ ★★**Hiraizumi** (1¾ Std.). Hier sind die Pracht der Goldenen Halle des Chusonji-Tempels und der Paradiesteichgarten des Motsuji-Tempels zu bestaunen. Von Hiraizumi führt eine kombinierte Zug- und Busfahrt (4¾ Std.) über Hachinohe zum glasklaren ❺ ★★**Towada-See**, einem 334 m tiefen, von Wäldern umgebenen Kratersee, von dessen Ostufer das bezaubernde Tal des Oirase erkundet werden kann.

Vom See geht es mit dem Bus weiter nach ❻ **Aomori**. Wer Anfang August hier ist, sollte sich nicht das Spektakel des Nebuta-Matsuri mit seinem farbenprächtigen Umzug entgehen lassen. Ansonsten kann man sich zumindest die bei diesem Fest zum Einsatz kommenden Festwagen ansehen und eine Ausgrabungsstätte aus der Yayoi-Zeit besuchen.

Abstecher nach Hokkaido

Von Aomori macht die Tour einen Sprung nach Hokkaido (es sei denn, man spart die nördlichste Hauptinsel aus und fährt über die Burgstadt Hirosaki und Akita nach Tokyo zurück). Von Aomori braucht der Zug nach ❼ **Sapporo** rund 5½ Stunden. Sapporo bietet viel Grün und von der Olympia-Sprungschanze einen schönen Blick auf die Stadt.

Man sollte hier eine Ruhepause einlegen, bevor man am nächsten Tag zum 8 ★ **Daisetsuzan-Nationalpark** aufbricht (Bahn bis Asahikawa, 1½ Std., dann Bus, 1½ Std., bis Sounkyo): Eine hochalpine Bergwelt, aktive Vulkane und Onsen-Badeorte warten dort. Den Mittelpunkt dieses Parks bildet der 2290 m hohe Asahi-dake, der höchste Berg Hokkaidos (Seilbahn bis 1600 m Höhe, ab dort Besteigung in knapp 2 Std.). Reizvoll ist auch die Sounkyo-Schlucht mit senkrecht aufragenden Felswänden und mehreren Wasserfällen.

Weiter östlich liegt der zum Akan-Nationalpark gehörende 9 ★ **Akan-See** (Akan-ko, Bus von Sounkyo nach Akan Kohan, 3¼ Std.). Er umfasst subarktische Urwälder und drei schöne Seen, darunter den Akan-ko, in dem eine einzigartigen Algenart gedeiht, und. Wer noch Zeit hat, kann auch den abgeschiedenen 10 ★ **Shiretoko-Nationalpark** – Japans letzte Wildnis – im Nordostzipfel Hokkaidos mit einbeziehen. In allen drei Nationalparks kann man schöne Wanderungen unternehmen und die herrliche Natur genießen. Zurück nach Tokyo (1½ Std.) geht es mit dem Flugzeug von 11 **Kushiro** aus, das man wiederum in 2 Std. Busfahrt ab Akan Kohan erreicht.

DER BERG RUFT

Länge der Tour: ca. 1250 km | **Dauer:** ca. 10 Tage

Tour 2

Wer angesichts der klassischen Schönheit des Fuji für die japanische Bergwelt Feuer gefangen hat, sollte den Großraum Tokyo verlassen und in die Japanischen Alpen fahren.

Hoch hinaus

Von ❶ ★★**Tokyo** führt der Weg in 3 Stunden in die Japanischen Alpen nach ❷ ★★**Matsumoto**, das von der »Krähenburg« überragt wird, nach der »Burg des Weißen Reihers« in Himeiji (▶ Tour 4) Japans schönster Burg. Der Ort ist Ausgangspunkt für Ausflüge in die Nördlichen Japanischen Alpen, die im ❸ ★★**Chubu-Sangaku-Nationalpark** geschützt werden. Zwischen April und Oktober kann man mit dem Bus nach Kamikochi fahren (1¾ Std.) und dort kürzere oder längere Wanderungen (2–4 Std.) unternehmen oder sich gar daran machen, einen der Gipfel zu erklimmen (dann allerdings sollte man eine Übernachtung einplanen). Hier bietet sich auch ein Onsen-Besuch an.

Zum Landschaftsgarten an der Küste

Mit dem Bus gelangt man von Kamikochi in 1½ Stunden nach ❹ ★★ **Takayama**, dem »Klein-Kyoto« in den Bergen, das mit seinen Volkskundemuseen, Kunsthandwerksläden und Sakebrauereien viel Atmosphäre ausstrahlt. Die Handwerkskünste der Stadt werden im Freilichtmuseum Hida-no-Sato vorgeführt, wo auch alte Bauernhäuser der Region ausgestellt sind. Eine nette Abwechslung ist ein Besuch auf dem Morgenmarkt der Stadt, bevor es mit der Bahn (gut 2 Std. Fahrt mit Umsteigen in Toyama) nach ❺ ★**Kanazawa** am Japanischen Meer weitergeht. Die Stadt ist in ganz Japan für ihren Landschaftsgarten Kenrokuen berühmt. Daneben bietet sie aber auch einige idyllische Viertel mit alten Samurai-Häusern und ein hochmodernes Kunstmuseum, das Kanazawa 21.

Von Kanazawa erreicht man in 75 Minuten über die Stadt Fukui das ebenso berühmte wie einflussreiche ❻ ★**Zen-**

Kloster Eiheiji aus dem 13. Jh., wo man einen Einblick in den Alltag eines aktiven Klosters bekommt und, falls Plätze frei sind, an der Zen-Meditation teilnehmen kann (auf Engl.; Voranmeldung und mindestens 1 Übernachtung). Ansonsten macht man nur eine Führung durch einen Teil des ausgedehnten Komplexes mit. Wer 7 ★★**Kyoto** noch nicht auf dem Programm hatte, kann es in diese Route einbauen und von Kanazawa oder Fukui aus dorthin fahren (Bahn, 2 Std.).

Japan nostalgisch und modern

Sowohl von Kyoto als auch von Fukui ist es nicht weit bis 8 **Nagoya** (¾ Std. bzw. 1¾ Std.). Die Sehenswürdigkeiten der Stadt sind überschaubar und lassen sich an 1 Tag besuchen: Kunstfreunde sollten auf jeden Fall das Tokugawa-Kunstmuseum aufsuchen. Wer sich für das industrielle Erbe der Stadt interessiert, ist im Toyota Industrie- und Technologie-Museum (Sangyo Gijutsu Kinenkan) richtig. Ansonsten sind der Atsuta-Schrein, die Burg und der Osu-Kannon-Tempel die Hauptattraktionen für Touristen.
Wer noch Zeit hat, sollte unbedingt einen Ausflug ins Kiso-Tal zu den alten Poststationen Tsumago und Magome unternehmen, wo die Zeit scheinbar stehen geblieben ist. Bei dieser Variante ist allerdings eine Übernachtung (z. B. in Nagoya) notwendig.

Der Berg der Berge

Von Nagoya geht es an der Ostküste Honshus zurück und zum Abschluss der Tour nach 9 ★**Hakone** (2¾ Std. via Odawara). Hier liegt der Ashi-See, in dem sich der **Fuji** spiegelt. Mit seiner nahezu vollkommenen Kegelform ist er einer der schönsten Berge überhaupt. Einen guten Blick auf das japanische Wahrzeichen und Heiligtum hat man, wenn man mit der Seilbahn von Gora bis Owakudani fährt. Von der Endstation Togendai kann man mit einem Schiff über den See bis Moto-Hakone fahren, wo der Hakone-Schrein steht, und dann bis Hakone-machi wandern (2 km). Von dort fährt ein Bus nach Atami, von wo man mit dem Shinkansen in einer guten ½ Stunde zurück nach Tokyo gelangt.

JAPANS KULTURELLES ZENTRUM

Länge der Tour: ca. 1050 km | **Dauer:** ca. 10 Tage

Tour 3

Die Region Kinki ist die Wiege der japanischen Kultur und das traditionelle kulturelle Zentrum Japans. Die Sehenswürdigkeiten reihen sich hier buchstäblich aneinander.

Ins Tempel-Zentrum

Von ❶ ★★**Tokyo** führt ein Tagesausflug in das friedliche Städtchen ❷ ★★**Kamakura** (1 Std. Bahnfahrt), dessen Hauptsehenswürdigkeit der Große Buddha des Kotokuin-Tempels ist. Daneben lohnen aber auch eine Reihe weiterer Tempel und Schreine den Besuch – wenn man nur einen Tag zur Verfügung hat, muss man eine Auswahl treffen. Vermutlich reicht die Zeit noch für den in derselben Gegend liegenden Tempel Hase-dera mit der Goldenen Statue der Elfköpfigen Kannon sowie den Tsurugaoka-Hachiman-Schrein und den Kenchoji-Tempel. Auf dem Rückweg lässt sich eine Stippvisite in ❸ **Yokohama** einbauen, wo man den Abend im Minato-Mirai-Viertel verbringen kann.

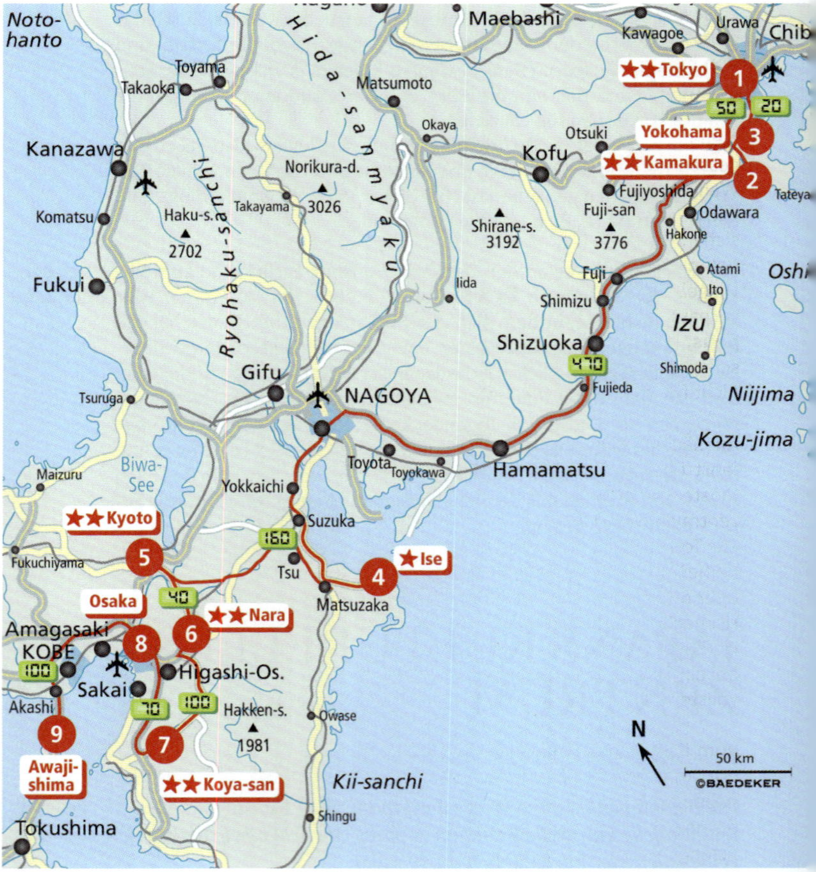

Heiligster Schrein des Shintoismus

Von Tokyo fährt man am folgenden Tag über Nagoya nach 4 ★**Ise** (1½ Std.), wo sich das shintoistische Nationalheiligtum Japans befindet: die der Sonnengöttin Amaterasu geweihten Ise-Schreine im Ise-Shima-Nationalpark, unterteilt in den Äußeren und den Innerer Schrein, die ca. 5 km voneinander entfernt sind. Die Hauptgebäude werden nach alter Tradition alle 20 Jahre vollständig neue aufgebaut. Zu sehen gibt es eigentlich nicht allzu viel, doch die schlichten, von dichtem Grün umgebenen Holzbauten und die ihren Aufgaben nachgehenden Shinto-Priester und Schreinmädchen strahlen eine Ruhe aus, die etwas von der Heiligkeit des Ortes spürbar macht.

Zwei kulturelle Top-Ziele

Von Ise sind es 2 Stunden Bahnfahrt bis 5 ★★**Kyoto.** In der alten Kaiserstadt sollte man auf jeden Fall zwei Tage verbringen (Vorschläge ► S. 40).
Von hier aus besucht man anschließend 6 ★★**Nara**, am besten in einem Tagesausflug. Das idyllische Städtchen, das im 8. Jh. kaiserliche Hauptstadt war und dem Buddhismus in Japan zur Blüte verhalf, bietet eine Reihe bemerkenswerter Kulturschätze – und nicht zu vergessen die vielen zahmen Hirsche. Auch hier hat man die Qual der Wahl. An erster Stelle steht sicher der Große Buddha im Todaiji-Tempel, einem der größten Holzgebäude der Welt. Außerdem befinden sich im Nara-Park der malerische Kasuga-Schrein, der Kofukuji-Tempel mit einer fünfstöckigen Pagode und das Nationalmuseum. In der Umgebung von Nara sollte man den Horyuji-Tempelkomplex nicht verpassen, die **älteste vollständig erhaltene Tempelanlage Japans**, die auch wunderbare Kunstwerke aus praktisch allen japanischen Kulturepochen entält. Dann reicht die Zeit aber vermutlich nicht für das Nationalmuseum von Nara.

Welt-entrückter Tempelberg

Am nächsten Tag steht ein Besuch auf dem 7 ★★**Koya-san** an (Anfahrt über Osaka, 2 Std.): Auf diesem Berg entstand im 9. Jh. ein Klosterkomplex der esoterischen Shingon-Schule, der bis heute von zentraler Bedeutung für das Studium des Buddhismus in Japan ist. Für Touristen ist hier die Übernachtung in einer der zahlreichen Tempelherbergen die größte Attraktion (► S. 213). Man erfährt etwas über den Klosteralltag und bekommt eine Kostprobe der rein vegetarischen Mönchsküche – die übrigens alles andere als frugal zu nennen ist. Zuvor bleibt noch genug Zeit für eine Erkundung der Siedlung, wobei ein Spaziergang über den ausgedehnten Friedhof am stimmungsvollsten ist.

Zur Insel in der Inlandsee

Vom Koya-san gelangt man in 1½ Stunden nach 8 **Osaka** und von dort mit dem Bus auf die Insel 9 **Awajishima** in der Inlandsee, die neben traditionellem Puppentheater und einem ungewöhnlichen modernen Wassertempel des Stararchitekten Ando Tadao auch schöne Strände bietet. Oder man schließt Tour 4 ab Himeji an.

RUND UM DIE INLANDSEE

Länge der Tour: ca. 1000 km | **Dauer:** ca. 9 Tage

Tour 4

An der zur Inlandsee gewandten, belebten Küste von West-Honshu liegen die Attraktionen praktisch wie Perlen einer Kette aneinander gereiht. Ruhiger geht es auf der Insel Shikoku zu, deren Reiz vor allem in der Landschaft liegt.

Japans schönste Burg

Von 1 ★★**Kyoto** geht es nach 2 ★★**Himeji** (1 Std. Zugfahrt), wo eine der, wenn nicht die schönste Burg Japans zu besichtigen ist. Erhaben thront die »Burg des weißen Reihers« auf einem Hügel im Herzen der Stadt. Anschließend folgt die Fahrt weiter der Küste entlang nach 3 ★★**Okayama** (20 Min.), das mit dem Korakuen Japans schönsten Landschaftsgarten besitzt. Nur eine Viertelstunde Bahnfahrt entfernt ist 4 ★**Kurashiki**, das eine sehenswerte Galerien und Museen bietet, die größtenteils in alten Lagerhäusern untergebracht sind. Ein Spaziergang am romantischen, von Bäumen gesäumten Kanal entlang erschließt die Hauptsehenswürdigkeiten der Stadt.

Lebendige Metropole, die der Tragödie trotzt

Als Übernachtungsstopp bietet sich 5 ★★**Hiroshima** an (1 Std. mit der Bahn). Die meisten Besucher der Stadt fahren schnurstracks zum Friedenspark mit dem viel fotografierten »Atombomben-Dom«, der ausgebombten ehemaligen Industrie- und Handelskammer, und dem erschütternden Atombombenmuseum. Hiroshima hat aber noch mehr zu bieten, zuvorderst den reizenden Shukkei-en-Garten, das Städtische Kunstmuseum und die Burg. Und nicht zu vergessen das lebhafte Nachtleben.

Rotes Torii, umspült von Wasser

Von hier lässt sich ein Tagesausflug zur Insel 6 ★★**Itsukushima/ Miyajima** unternehmen. Die Gebäude und das rote Torii des hiesigen Itsukushima-Schreins stehen bei Flut im Wasser. Auf der idyllischen Insel, die sich die Einwohner mit vielen zahmen Rehen teilen, lohnt außerdem ein Spaziergang durch das »Ahorntal« und die Seilbahnfahrt von dort zum Tempel auf dem Misen.

Hunderte von Inseln

Um die Inlandsee, das mit Hunderten von Inseln durchsetzte Meer zwischen Honshu und Shikoku, auch vom anderen Ufer aus zu betrachten, empfiehlt sich die Fahrt mit einer Fähre von Hiroshima nach 7 **Matsuyama** auf Shikoku (2¾ Std.). Aktivurlauber können auch das Fahrrad wählen und den Shimanami-kaido befahren, der über sieben Brücken und sechs Inseln von Onomichi (nördlich von Hiroshima) nach Imabari (nahe Matsuyama) führt – eine Strecke von insgesamt ca. 60 km (Leihräder vorhanden, Einwegmiete möglich). Die Hauptsehenswürdigkeit von Matsuyama ist die Burg aus dem 17. Jh. Nicht versäumen sollte man das nahe gelegene Dogo Onsen, eines der ältesten Bäder Japans, in dem schon manch berühmter Japaner seine müden Glieder ausstreckte. Man sollte es ihnen gleichtun und das alte hölzerne Badehaus Shinrokaku aufsuchen.

Pilgerheiligtum und Sommervilla

Eines der reizvollsten Ziele auf Shikoku ist außerdem 8 ★**Kotohira** (Fahrtdauer von Matsuyama 2½ Std.). Wie die japanischen Pilger steigt man über viele Hunderte von Stufen zum Hauptheiligtum auf dem Berg hinauf (oder lässt sich per Sänfte hinauftragen). Über das nahe gelegene 9 ★**Takamatsu**, das mit dem berühmten Landschaftsgarten einer Sommervilla aufwartet, kann man nach Honshu zurückkehren (mit Bahn via Okayama, 2 Std.)

Zurück via Osaka

Die Tour endet in 10 **Osaka**. Die drittgrößte Metropole Japans bietet zwar wenige klassische Sehenswürdigkeiten, wartet aber als alte Kaufmannsstadt mit riesigen unter- wie oberirdischen Einkaufsparadiesen auf.

CHARME DES SÜDENS

Länge der Tour: ca. 900 km (ohne Okinawa)
Dauer: ca. 8 Tage (ohne Okinawa)

Tour 5

Die Insel Kyushu ist ein beliebtes inländisches Touristenziel – und das völlig zu Recht: Die Menschen wirken hier noch freundlicher und offener als im übrigen Land, die Sonne strahlt intensiver, und das Leben erscheint irgendwie unbeschwerter als in den Ballungszentren von Honshu.

Freundliches Tor nach Kyushu

❶ ★**Fukuoka**, das Tor nach Kyushu, der südlichsten der vier Hauptinseln, lässt sich in rund 6 Stunden mit dem Shinkansen von Tokyo aus erreichen (Flug 1 Std. 40 Min.). Nachmittags kann man in Hakata das einzigartige Museum für Asiatische Kunst besuchen, anschließend durch den modernen Einkaufs- und Restaurantkomplex Canal City flanieren, dort oder an einem der vielen Stände in der Stadt Ramen essen und sich abschließend im Vergnügungsviertel Nakasu ein Bier genehmigen.

Ost-westliche Kultur und weltpolitisches Flair

Vom Bahnhof Hakata geht es am nächsten Tag mit dem Zug nach ❷ ★**Nagasaki** im äußersten Westen von Kyushu (1¾ Std.). Hier gibt es ein volles Tagesprogramm: Neben dem Friedenspark und dem Atombombenmuseum im Norden der Stadt warten der Glover Garden mit schönem Blick auf die Stadt und einigen interessanten Wohnhäusern ehemals hier ansässiger Ausländer auf eine Erkundung, ferner der chinesisch geprägte Sofukuji-Tempel und der ehemalige Stützpunkt der Niederländer, Dejima, der derzeit rekonstruiert wird. Wer Zeit hat, kann auch noch einen Tagesausflug in den Unzen-Amakusa-Nationalpark anhängen.

Aktiver Vulkan

Ansonsten fährt man am nächsten Tag nach ❸ **Kumamoto** (Bahn, 2¾ Std.), das außer der Burg auch einen berühmten Garten, den Suizenji, bietet. Von Kumamoto dauert es mit der Bahn 1–1½ Stunden, bis man den Aso-Kuju-Nationalpark erreicht. Das Kraterbecken des noch aktiven ❹ ★**Aso-Vulkans** ist eine der größten Calderen der Erde. Mit einer Seilbahn geht es zum Kraterrand hinauf. Übernachten kann man im nächsten Zielort Beppu (2 Std. ab Aso) oder auf dem Weg dorthin im bei Japanern beliebten Thermalbadeort Kurokawa.

Badeurlaub

In ❺ ★★**Beppu** dreht sich alles ums Baden. Aufgrund seiner Bekanntheit ist der Kurort naturgemäß sehr touristisch, aber die bunten »Höllen«-Teiche sind zweifelsohne beeindruckend, und in einem der zahlreichen Bäder kann man die Seele baumeln lassen. Erholung steht auch in **Miyazaki** (Bahnfahrt 3½ Std.) im Vordergrund. Die Stadt selbst ist weniger spannend als die Umgebung: Empfehlenswert ist ein Ausflug zur kleinen Insel **Aoshima** im Nichinan-Kaigan-Quasi-Nationalpark (Bus, 20 Min.). Auf der unbewohnten, von üppiger tropischer Vegetation bedeckten Insel ziehen sich von der Küste waschbrettartige Sedimentfelsen ins Wasser.

Japanisches Neapel

Weiter geht es mit der Bahn nach ❼ **Kagoshima** (2 Std.), dem »Japanischen Neapel«. Die Stadt am äußerst aktiven Vulkan Sakurajima war einst Sitz eines mächtigen Fürstengeschlechts, woran das Shoko-Shuseikan-Museum erinnert. Ansonsten kann man im reizvollen Sengan-en-Landschaftsgarten ausspannen und mit der Fähre nach ★**Sakurajima** fahren (15 Min.), um von Aussichtspunkten aus

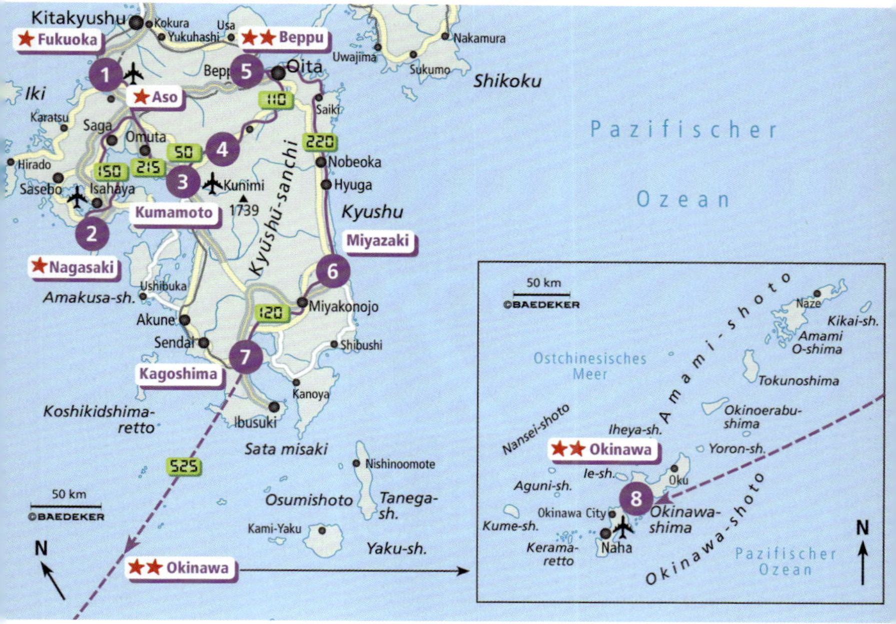

die Lavafelder zu überblicken und zu einem verschütteten Schrein zu spazieren, von dem nur noch das Torii aus dem Boden ragt.

Strand und Insel-rundfahrt

Wer noch mehr Entspannung im Süden sucht, kann nach 8 ★★**Okinawa** fliegen (nach Naha 1¼ Std.). Für eine Inselrundfahrt und Faulenzen am Strand der Hauptinsel sollte man mindestens 2 Tage einplanen – wenn man eine der anderen Inseln aufsucht, mehr. Alle anderen fahren mit der Bahn von Kagoshima nach Hakata (2½ Std.) zurück oder fliegen nach Tokyo (1 Std. 50 Min.).

Z
ZIELE

Magisch, aufregend, einfach schön

Alle Reiseziele sind alphabetisch geordnet. Sie haben die Freiheit der Reiseplanung

Japan ist das Land der heißen Quellen. ►

ABASHIRI 網走

Hauptinsel: Hokkaido
Präfektur: Hokkaido
Einwohnerzahl: 41 000

N 2–3

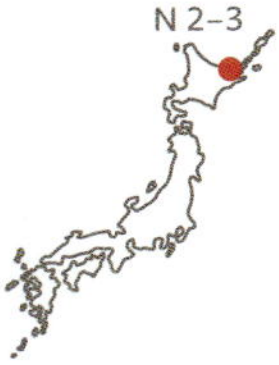

Mit dem Eisbrecher ins Treibeis! Das entsteht hier durch geografische Gegebenheiten ziemlich weit südlich und ist damit auch für »Normaltouristen« gut erreichbar.

Ainu und Fischerei

Abashiri liegt im Nordosten der Hauptinsel Hokkaido am Ochotskischen Meer, im Zentrum des Abashiri-Quasi-Nationalparks. Schon vor 2000 Jahren siedelten hier Ainu und Moyoro; heute ist Abashiri Umschlagplatz für die landwirtschaftlichen Produkte der Abashiri-Ebene, Fischereihafen und Zentrum der Fischindustrie. Im Winter (Jan.–März) ist der Hafen wegen Vereisung geschlossen.

BAEDEKER MAGISCHE MOMENTE

EISKALTES VERGNÜGEN

Der Amur ergießt sich ins Ochotskische Meer. Im Winter schiebt er eine riesige Treibeismasse nach Süden: ein phantastischer Anblick, wenn es vor Abashiri am Horizont auftaucht! Von Ende Januar bis Anfang April bricht die »**Aurora**« vier- bis fünfmal täglich zu einer einstündigen Fahrt durch das **Treibeis** auf (3300 ¥/Pers.; www.ms-aurora.com).

ABASHIRI ERLEBEN

TOURISTENINFORMATION
Im Bahnhof: 2-2 Shimmachi, JR Abashiri Station | Tel. 0152 93 00 46 | 12–17, Sa., So. 9–17 Uhr

ANREISE
Bahn: Von Sapporo JR-Hakodate- und JR-Sekihoku-Hauptlinie (5½ Std.); von Asahikawa JR-Sekihoku-Hauptlinie (3¾ Std.); von Kushiro JR-Semmo-Hauptlinie (3 Std.)
Flughafen: Memanbetsu, 16 km südlich

RYUHYO-MATSURI
Treibeisfest, Mitte Februar

OROCHON-FEUERFEST
Ende Juli im Chuo-Park

Wohin in Abashiri?

Museen, Seen und Lagunen

Berg Tentozan

Auf dem südlich des Bahnhofs gelegenen Gipfel des Berges Tentozan befindet sich das Eisschollenmuseum (**Ochotsk Ryuhyo Museum**). Hier bekommt man in einem –15 °C kalten Raum auch im Sommer einen Eindruck vom Treibeis-Zauber. Um den Berg herum liegen zwei weitere interessante Museen: Das Museum der Völker des Nordens (**Museum of Northern Peoples**) stellt die Lebensweise der subarktischen Ethnien vor – von den Inuit bis zu den Samen. Auch das berühmt-berüchtigte Gefängnis **Abashiri Kangoku** aus der Meiji-Zeit, das noch bis 1984 genutzt wurde, ist inzwischen ein Museum, das den Alltag der damaligen Insassen dokumentiert. Alle drei Museen sind mit dem Bus der Tentozan-Linie in 10–15 Minuten zu erreichen. Mehrere Seen und Lagunen der Umgebung sind Traumziele für Ornithologen.

Ochotsk Ryuhyo Museum: tgl. 8.30–18, Nov.–April 9–16.30 Uhr
750 ¥ | www.ryuhyokan.com
Museum of Northern Peoples: Di.–So. 9.30–16.30 Uhr, Juli–Sept. tgl. | 550 ¥
Abashiri Kangoku: Mai–Sept. tgl. 8.30–18, Okt.–April tgl. 9–17 Uhr
1080 ¥ | www.kangoku.jp

Ausgrabungsfunde der Moyoro

Moyoro-kaizuka

1,5 km nordöstlich des Bahnhofs erhebt sich der **Muschelhügel** Moyoro-kaizuka. Die Ausstellungshalle daneben zeigt Ausgrabungsfunde der Moyoro, der Vorgänger der Ainu, die hier siedelten.
Moyoro Shell Mound Museum: tgl. 9–17, Nov.–April bis 16 Uhr
300 ¥

AIZU-WAKAMATSU
会津若松

Hauptinsel: Honshu | **Präfektur:** Fukushima
Einwohnerzahl: 128 000

Dramatische Szenen spielten sich im 19. Jh. in Aizu-Wakamatsu ab, als kaisertreue Truppen hier gegen die letzten Anhänger des Shoguns kämpften. Das Image der Burgstadt speist sich insbesondere aus Fernseh- und Manga-Adaptionen dieser Ereignisse, und die Stadt setzt voll auf Samurai-Romantik.

Wohin in Aizu-Wakamatsu?

Relikte der Shogunatszeit

Burg Tsuruga

Die 3 km südlich des Bahnhofs gelegene Burg Tsuruga wurde 1384 erbaut; bei der Zerstörung 1868 durch kaiserliche Truppen blieben nur Gräben und Wälle erhalten. Der fünfstöckige Hauptturm ist eine Rekonstruktion von 1965. Später wurden auch das Teehaus (Rinkaku Chashitsu) sowie ein Lagerhaus (Hoshii Yagura) und der Tortrakt (Minami Nagaya) wieder aufgebaut. Bei den Renovierungen 2011 wurde das ursprüngliche Rot der Dachziegel wieder hergestellt.

Tgl. 8.30–17 Uhr | Burg 510 ¥, Teehaus 200 ¥

Traditionelle Handwerkstechniken

Museum Aizu Machikata

Einige Museen und Gedenkstätten werben um (eher japanische) Besucher. Im **Aizu Machikata History Museum** beim Bahnhof werden traditionelle Handwerkstechniken vorgestellt, besonders Lack- und Kerzenherstellung.

Di–So 9–18 Uhr | Eintritt frei

Im ehemaligen Samurai-Viertel

Aizu Buke-Yashiki

Mit dem Bus (15 Min.) erreicht man den östlich der Stadt gelegenen Komplex Aizu Buke-Yashiki, zu dem alte Samurai-Häuser und Museen gehören, u. a. das **Karo-Yashiki**, die originalgetreu nachgebaute Residenz eines Heerführers, die 38 Räume, darunter eine reich geschmückte Empfangshalle (nach Vorbild des Nijo-Schlosses in ▶ Kyoto), und einen Garten umfasst.

Tgl. 8.30–17, Dez.–März 9–16.30 Uhr | 850 ¥

Heldengräber junger Samurai

Iimoriyama

In den Kämpfen rund um den Sturz des Shogunats 1867 verschanzten sich 20 jugendliche Samurai (Byakkotai) auf dem Iimori-Berg

AIZU-WAKAMATSU ERLEBEN

TOURISTENINFORMATION
Im Bahnhof: Tel. 0242 32 06 88
tgl. 9–17.30 Uhr
Auf dem Burggelände:
Tel. 0242 29 11 51
tgl. 8.30–17 Uhr
http://e.samurai-city.jp

ANREISE
Bahn: Von Tokyo (Bhf. Ueno) Tohoku-Shinkansen- und JR-Ban-etsu-saisen-Linie über Koriyama (2½ Std.)

AIZU-MATSURI
22.–24. September. Mit Samuraiparade.

östlich des heutigen Bahnhofs und begingen in ihrer vermeintlich aussichtslosen Lage rituellen Selbstmord. Sie gelten in Japan als Helden, ihre Geschichte war Vorbild für Fernsehserien, Romane und Manga, und ihre Gräber auf dem Iimori-Berg werden häufig besucht. Vor Ort befindet sich auch ein Geschichtsmuseum.

Gräber: Eintritt frei
Byakkotai Memorial Museum: tgl. 8–17, Nov.–März 9–16 Uhr | 400 ¥

Alte Lagerhäuser und Ramen-Nudeln

Kitakata

In Kitakata nördlich von Aizu-Wakamatsu sind viele alte Lagerhäuser erhalten, in denen sich heute Galerien und Kunsthandwerkläden angesiedelt haben. In einem der zahlreichen Nudellokale kann man die im ganzen Land berühmten **Kitakata-Ramen** probieren.

Bandai-san und Bandai-Asahi Nationalpark

Vom Inawashiro-See zum Berg Adatara

Numajiri-Onsen, Nakanozama-Onsen

Ein paar Kilometer östlich von Aizu-Wakamatsu liegt der 104 km² große See Inawashiro, der durch Ausbrüche der benachbarten Vulkane Bandai-san und Nekoma aufgestaut wurde. Er gehört zum fast 600 km² großen Bandai-Asahi-Nationalpark, der aus vier separaten Sektionen besteht. Nördlich des Sees liegt **Inawashiro** (JR-Bhf.); von dort verkehren Busse (30 Min.) zum 19 km nordöstlich gelegenen Numajiri-Onsen, das zusammen mit dem benachbarten Nakanozawa-Onsen eines der beliebtesten Skigebiete dieser Gegend ist.

Ersteigung des Vulkans

Adatara

Numajiri-Onsen ist Ausgangspunkt für eine Ersteigung des 1700 m hohen Adatara (10 km, etwa 4 Std.). Der Weg passiert den warmen Wasserfall Shiraito-no-taki. Eine Höhenstraße führt nach Nordosten am Adatara vorbei über Noji-Onsen in Richtung Fukushima-Stadt.

Vulkanseen und Krater

Bandai

Auf der Westseite dieser Straße, direkt nördlich von Inawashiro, erhebt sich der 1819 m hohe Bandai-san, Kern einer weiteren Nationalparkregion. Eine mautpflichtige Panoramastraße führt nur knapp am Gipfel vorbei zur 800 m hoch gelegenen **Ebene Bandai-Kogen** nördlich des Bandai-san. Beim Vulkanausbruch vom 15. Juli 1888 entstanden dort Hunderte von Seen und Kratern; die größten sind Hibara, Onogawa und Akimoto. Wegen der vulkanischen Asche ist das Wasser dieser Seen unterschiedlich und mitunter sehr intensiv gefärbt. Ein schöner Naturlehrpfad führt durch Sumpfland und kleine Teiche – die **Fünf-Farben-Teiche** oder Goshiki-Numa; es gibt Wanderwege, Campingplätze und Freizeiteinrichtungen (u. a. Ruderbootverleih).
Die Anfahrt zum Bandai-Hochplateau erfolgt wie für Aizu-Wakamatsu über Koriyama, ab Inawashiro (oder Kitakata) per Bus (ca. 30 Min.).

★ AKAN-KO (AKAN-SEE)
阿寒湖

Hauptinsel: Hokkaido | **Präfektur:** Hokkaido | **Fläche:** 13 km²

Puschelige grüne Kugeln, ein Traum fürs Aquarium: Die Marimo-Kugelalge wächst nur in den allerklarsten Seen der Welt. Der Akan-ko gehört dazu und liegt wie die übrigen Seen des Akan-Nationalparks in einer fantastischen Natur mit qualmenden gelben Schwefeldampf-Feldern und im Herbst knallbunten Wäldern.

AKAN-SEE ERLEBEN

TOURISTENINFORMATIONEN
Akan-kohan: Tel. 0154 67 22 54
Kawayu-Onsen: Tel. 0154 83 26 70

ANREISE
Bahn: Von Abashiri bzw. Kushiro JR-Semmo-Hauptlinie nach Kawayu-Onsen (2 Std.)

Bus: Von Abashiri nach Akan-kohan (5 Std.); von Kushiro nach Akan-kohan (2 Std.) bzw. über Teshikaga nach Kawayu-Onsen (2 Std.)

Im Sommer Bootsfahrten auf dem Akan-See.
Ende April – Mitte Nov.
www.akankisen.com/_eng/

Es dampft und zischt am Vulkan Me-Akan.

Rund um den Akan-See

Grüne Algenbälle

Der im westlichen Teil des Nationalparks gelegene Akan-See (419 m ü. d. M.) erreicht bei einem Umfang von 26 km eine Tiefe von 36 m; er ist bekannt für seinen Fischreichtum (Forellen, Lachse) und besonders für die **Kugelalge Marimo**, die nur im Akan-See bis zu 30 cm Durchmesser erreicht und unter Naturschutz steht. Die normalerweise am Grund lebende Alge treibt bei Sonnenschein zur Wasseroberfläche und verleiht dem See eine schimmernde grüne Farbe.

★ Akan-See

Per Bootsrundfahrt (Mai–Nov.) erreichbar ist das kleine **Marimo Exhibition Center** auf der Insel Churui-jima, das sich dieser ungewöhnlichen Pflanze widmet. Südlich wird der See vom Me-Akan, östlich vom O-Akan überragt, zwei Vulkanen, die 1499 bzw. 1371 Höhenmeter erreichen.

Ainu-Siedlung und ein aktiver Vulkan

Akan-kohan-Onsen

Am Südufer des Sees liegt der Badeort Akan-kohan-Onsen, Knotenpunkt der verschiedenen Buslinien, die den Park durchziehen. Im **Ainu Kotan**, der größten Ainu-Siedlung auf Hokkaido, wird Kunsthandwerk verkauft, es gibt eine kleine Ausstellung und eine Show. Praktisch alles ist nachempfunden – denn von der erst im 20. Jh.

URGEWALT AUS DER TIEFE

Tsunamis (japanisch: »große Welle im Hafen«) zählen zu den unberechenbarsten meeresgeologischen Ereignissen. Vom Zeitpunkt des Entstehens bis zum Eintreffen gigantischer Wellen mit unvorstellbarer Energie auf dem Festland vergehen meist nur wenige Minuten. In Japan traf ein Tsunami das am Meer liegende Atomkraftwerk von Fukushima und löste das schwerste Atomunglück seit der Reaktorkatastrophe von Tschernobyl 1986 aus.

▶ Ausnahmezustand in ganz Japan
Am 11. März 2011 um 14.46 Uhr bebt die Erde in weiten Teilen Japans. Das Epizentrum liegt weit draußen im Meer, 130 km östlich von Sendai im Pazifik. Das Erdbeben ist mit einer Stärke von 9,0 das viertschwerste je gemessene. 40 Minuten später folgt ein verheerender Tsunami.

Fukushima
Die Evakuierungszone um das Atomkraftwerk beträgt 20 km.

▶ Hergang der Katastrophe

Höhenzunahme
Im flachen Küstenwasser bäumt sich das Wasser auf: Ein Tsunami entsteht.

Atomkraftwerk Fukushima Daiichi
Infolge der Überschwemmung durch den Tsunami fallen Strom und Kühlsystem aus. Es kommt zu mehreren Wasserstoffexplosionen. Die Wände der Reaktoren 1, 2, 3 und 4 werden teils schwer beschädigt, es kommt zu Kernschmelzen in den Reaktoren 1 bis 3. Zum fünften Jahrestag des Unglücks gab die Betreiberfirma TEPCO an, dass ca. 10% des Rückbaus bewältigt wurden. Man rechnet mit insgesamt 30 bis 40 Jahren bis zum Abschluss der Arbeiten.

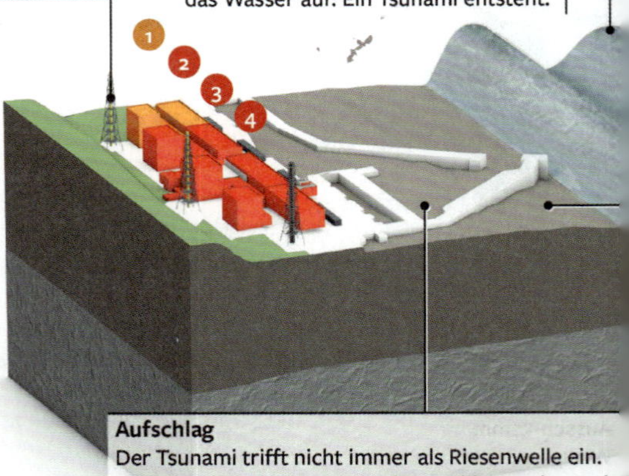

Aufschlag
Der Tsunami trifft nicht immer als Riesenwelle ein. Manchmal erscheint er wie eine rapide zunehmende Flut, die bis zu 300 m ins Inland vordringt.

▶ Opfer
Offiziell gibt es keine Zahlen über die Opfer als Folge des GAUs. Der Tsunami hingegen tötete fast 16 000 Menschen und mehr als 2700 gelten als vermisst. Über 315 000 Menschen mussten ihre Heimat verlassen; die Rückkehr wird für viele nicht mehr möglich sein. Tausende leben immer noch in Notunterkünften.

▶ Folgeschäden
Durch die Kühlung der Reaktoren mit herangepumptem Wasser entsteht immer neues, radioaktives Wasser. Es lagert in rund 1000 Tanks, die jedoch lecken. Die Notkühlkreisläufe sind zudem an mehreren unbekannten Stellen undicht, sodass jeden Tag kontaminiertes Wasser ins Meer läuft.

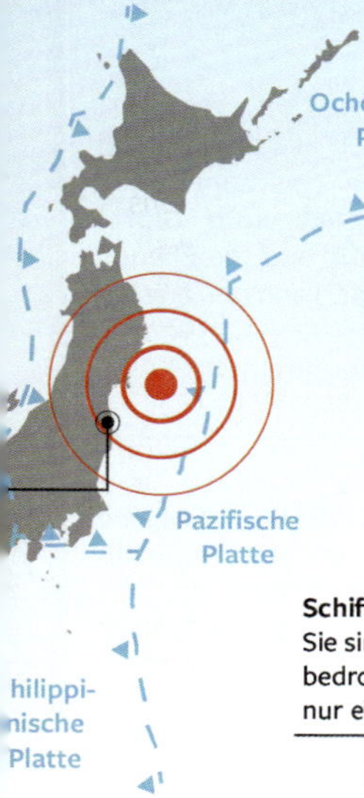

▶ Die Erde bebt
Unter dem Pazifischen Feuerring (ring of fire) versteht man einen Vulkangürtel, der den Pazifischen Ozean umringt. Etwa 90% der weltweiten Erdbeben ereignen sich hier. Japan liegt auf diesem Ring, jährlich werden bis zu 1500 Beben verzeichnet.

Erschütterungen mit einer Stärke von 4 bis 6 auf der Richterskala sind keine Seltenheit.

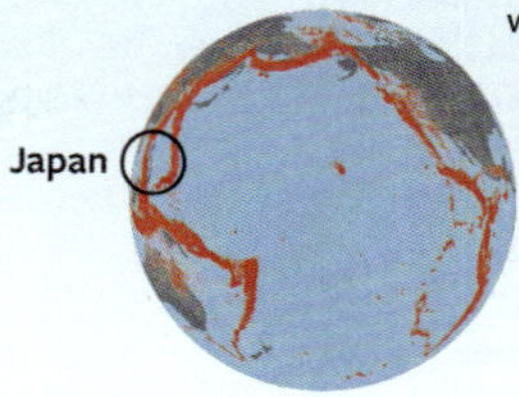

Schiffe auf hoher See
Sie sind nicht von einem Tsunami bedroht, die Wellen weisen hier nur eine geringe Höhe auf.

Wellenbildung
Durch die Verschiebung des Meeresbodens gerät die Wassersäule darüber in Bewegung. Die Energie breitet sich horizontal in Wellenform aus.

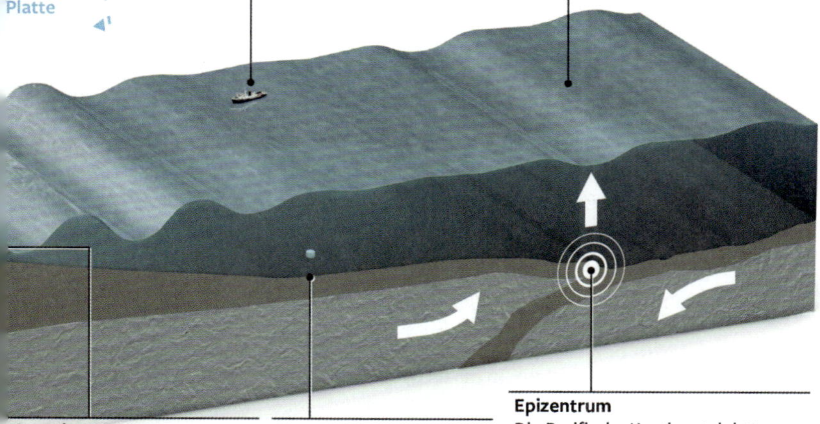

Ausschwemmung
Wenige Minuten vor Ankunft der Welle ebbt das Wasser in Küstennähe ab.

Tsunami-Sensor
Weltweit verteilte Seismometer erfassen und lokalisieren das Seebeben.

Epizentrum
Die Pazifische Kontinentalplatte schiebt sich unter die Ochotskische. Löst sich die Spannung zwischen den Platten ruckartig, bebt die Erde.

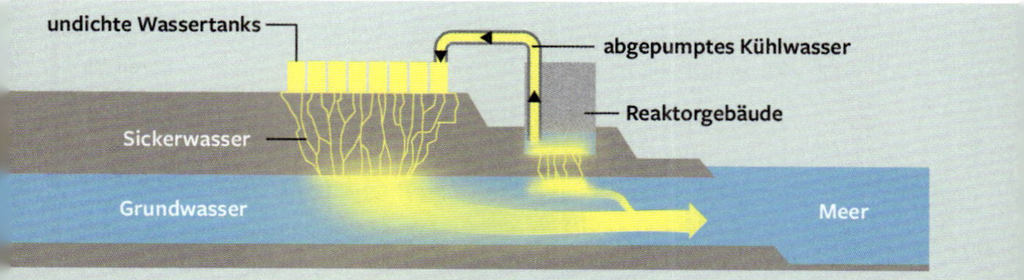

ausgerotteten Ainu-Kultur weiß man kaum noch etwas. Lohnend ist die Ersteigung des noch aktiven **Me-Akan** (bis zum Gipfel 11,5 km; von Me-Akan-Onsen 2,5 km). Der **Blick vom Gipfel** schweift über das Ochotskische Meer, den Pazifik und die Ebenen Tokachi und Nemuro. Da der Vulkan noch aktiv ist, kann der Zugang hinauf manchmal gesperrt sein.

Akan Ainu Kotan: Mai–Okt. tgl. mehrere Vorführungen | 1080 ¥ | www.akanainu.jp (jap.)

Kratersee mit klarem Wasser

★ Mashu-See

Der etwa 10 km nördlich von Teshikaga (Bus, 35 Min.) gelegene Mashu-See (351 m ü. d. M.) ist einer der klarsten Seen weltweit. Bis zu 200 m hohe steile Klippen und dichte Wälder machen das Ufer des bis zu 212 m tiefen Kratersees unzugänglich; umso schöner ist der Ausblick von einer der beiden hoch gelegenen Aussichtsplattformen am Westufer. Ein Wanderweg führt von Plattform 1 entlang des Kraterrands zum Gipfel des Berges **Mashudake** (5–6 Std. hin- und zurück).

Vom Thermalbad zum Fuß des Vulkans

Kawayu-Onsen

Bester Ausgangspunkt für einen Abstecher zum Fuß des aktiven Vulkans **Io-zan** (512 m) ist das romantisch gelegene Thermalbad Kawayu-Onsen (auch Bahnstation) mit 40–60 °C heißen Quellen. Von hier erreicht man 1,5 km südlich den Fuß des Vulkans, wo aus zahlreichen Erdöffnungen Schwefeldämpfe wabern und das Gestein mit ihren Niederschlägen gelbgrün färben.

Größter See des Akan-Nationalparks

Kussharo-See

Unweit nordwestlich von Kawayu-Onsen liegt der größte See des Akan-Nationalparks, der Kussharo-See (121 m ü. d. M., 79,5 km^2, 120 m tief). Am Südufer liegt das Rotenburo **Wakoto-Onsen**, eine einfache Badestelle, in deren Umgebung unterirdische heiße Quellen den Ufersand und das Wasser erwärmen.

★ AKITA 秋田

Hauptinsel: Honshu | **Präfektur:** Akita
Einwohnerzahl: 326 000

Deftiges Essen, guter Sake und spektakuläre Volksfeste: Beim Kanto-Matsuri werden riesige Laternen-Bäume durch die Straßen balanciert, im Winter baut man Iglus. Akita finden selbst Japaner exotisch.

Die Präfekturhauptstadt Akita liegt an der Nordwestküste von Honshu in einem auf drei Seiten von Bergketten umgebenen Flachland, das im Westen vom Japanischen Meer begrenzt wird. Sie ist landwirtschaftliches und bildungspolitisches Zentrum des Umlandes. Von mehreren Dutzend Sake-Brauereien der Region können einige besichtigt werden. In der größten, Takashimizu, gibt es auch eine Einführung auf Englisch, und mit Glück kann sogar eine auf Deutsch arrangiert werden.
Tel. 018 8 64 73 31 | www.takashimizu.co.jp (jap.)

Ackerbau und Sake

Wohin in Akita?

Am Burgberg

Im Senshu-Park, 1,2 km nordwestlich des Bahnhofs, finden sich die Reste der einstigen Burg sowie der **Akita-Hachiman-Schrein**. Beim Park liegt auch das **Kunstmuseum** der Präfektur, das mehrere Vorgängerausstellungen vereint, u. a. Werke von Fujita Tsuguharu, van Gogh und Cézanne. Der Architekt der Anlage ist der Pritzker-Preisträger Ando Tadao. Das **Heimatmuseum** Akarenga Kyodokan in einem rot-weißen Ziegelbau von 1910 zeigt u. a. regionales Kunsthandwerk.
Akita Museum of Art: tgl. 10–18 Uhr | 310 ¥

★ Senshu-Park

Dem »Laternenstangen«-Fest gewidmet

Dem berühmten Kanto-Matsuri und anderen Volksfesten der Stadt widmet sich das Kanto Festival Center (Akita-shi Minzoku Geino Densho-kan/Neburinagashi-kan).
10 Min. zu Fuß vom Bahnhof, in Omachi | tgl. 9.30–16.30 Uhr | 200 ¥

Kanto Festival Center

AKITA ERLEBEN

TOURISTINFORMATION
Im Bahnhof:
Tel. 018 8 32 79 41
tgl. 9–19, Nov.–März bis 18 Uhr

ANREISE
Flugzeug: Von Tokyo (Haneda Airport; 1 Std.); von Osaka (1½ Std.); Flughafenbus 50 Min.
Bahn: Von Tokyo (Bhf. Ueno) mit Akita-Shinkansen (4 Std.); von Aomori mit der Ou-Hauptlinie (2½ Std.)

KANTO-MATSURI
Junge Männer tragen lange Bambusstangen mit bis zu 50 Lampions.
Akita-Hachiman-Schrein in Akita, Anfang August

KAMAKURA-MATSURI
400 Jahre altes Fest, bei dem über 100 topfförmige Iglus errichtet und mit Kerzen beleuchtet werden.
Yokote, 15./16. Februar (Zug von Akita, 1¾ Std)

Ama-no-hashidate, nicht bloß eine schnöde Landzunge: eine »Himmelsbrücke«

Rund um Akita

Samurai-Burgstadt und Kirschblütenort

Kakunodate

Südöstlich von Akita fährt man über Omagari und weiter mit der JR-Kakunodate-Linie nach Kakunodate, einer ehemaligen Burgstadt. Sehenswert sind die alten **Samurai-Häuser**, von denen mehrere besichtigt werden können. Das ganze Viertel strahlt eine historische Atmosphäre aus, und überall werden regionale Spezialitäten aus Reis verkauft: am Spieß gegrillte deftige Kiritanpo oder süße Naruto-Mochi.

Überdies ist Kakunodate mit seinen zahlreichen Trauerkirschen einer der bekannten **Kirschblütenorte** Nordjapans (Ende April). Bekannt sind die Dosen, Schachteln und andere Gegenstände aus polierter Kirschbaumrinde (Kaba-zaiku).

Samurai-Häuser: meist 9–17 Uhr, im Winter kürzer | Eintritt frei Aoyagi-ke 500 ¥, Ishiguro-ke 300 ¥

Shirakami Sanchi

Im Norden von Akita – an der Grenze zur Aomori – erstreckt sich die Bergkette ▶ Shirakami Sanchi

★ AMA-NO-HASHIDATE 天橋立

Hauptinsel: Honshu | **Präfektur:** Kyoto
Bahn: Von Kyoto Schnellzug (2 Std.); von Osaka über Fukuchiyama (2¼ Std.) | **Bus:** Von Ichinomiya nach Ama-no-hashidate (15 Min.)
Schiff: Fähre von Ichinomiya nach Ama-no-hashidate (15 Min.)

Eine der »Drei schönsten Landschaften« Japans ist die sogenannte Himmelsbrücke: Die schmale, sandige Nehrung scheint zwischen Meer und Himmel zu schweben und vielleicht direkt hineinzuführen. Blick, Sand, Strand und Bucht sind jedenfalls himmlisch.

Sitz der Götter

Die 3,6 km lange und 37–110 m breite Landzunge trennt die Lagune Aso-no-umi von der Miyazu-Bucht, einem Teil der Wakasa-Bucht (West-Honshu). Der Name leitet sich her von Ama-no-ukihashi (»Schwimmende Himmelsbrücke«) und weist auf die Überlieferung hin, nach der die Götter Izanagi und Izanami bei der Erschaffung Japans an dieser Stelle gestanden haben sollen (► S. 272).

Wohin in Ama-no-hashidate?

Über die Nehrung wandern

Monju

Das nahe beim Bahnhof Ama-no-hashidate gelegene Monju ist Ausgangspunkt für eine Wanderung über die Nehrung. Im Ort befindet sich der Zen-Tempel Chionji; südlich fährt eine Seilbahn auf den Berg Monju.

Monorail oder Sessellift: je nach Jahreszeit tgl. 8.30/9–17/17.30/18.30 Uhr | 850 ¥

Mit Bahn oder Lift zum Kamasatsu-Park

★ Kasamatsu-Park

Von **Ichinomiya** am Nordende der Nehrung – erreichbar per Bootsfahrt durch die Lagune – gelangt man mit Standseilbahn oder Sessellift (640 ¥ hin und zurück) zum Kasamatsu-Park auf halber Höhe des Berges Nariai. Stellen Sie sich mit dem Rücken zur Lagune und sehen Sie zwischen ihren Beinen hindurch auf die Nehrung: Die Landzunge scheint geradewegs in den Himmel zu führen! Vom Park kann man dann zu Fuß über die Nehrung zurück nach Ama-no-hashidate gehen.

AOMORI 青森

Hauptinsel: Honshu | **Präfektur:** Aomori | **Einwohnerzahl:** 309 000

Japanweit bekannt ist Aomori für die weit überlebensgroßen Laternen-Figuren, die beim Nebuta-Fest auf geschmückten Wagen durch die Straßen gezogen werden. Dazu gibt es gute Museen und über 5000 Jahre alte Geschichte.

»Brückenstadt«

1906 wurde die Hauptstadt der gleichnamigen Präfektur für den Handel mit dem Ausland geöffnet. Heute spielen Forstwirtschaft und Obstanbau eine große Rolle. Als Ausgangspunkt des untermeerischen Seikan-Tunnels, der die Hauptinseln Honshu und Hokkaido miteinander verbindet, hat Aomori auch verkehrstechnische Bedeutung.

Wohin in Aomori?

So lebte man in der Jomon-Zeit

Sannai Maruyama Iseki

Südlich des Shinkansen-Bahnhofs Shin-Aomori (Busverbindung zu beiden Bahnhöfen) liegen die Überreste der größten bisher bekannten Siedlung aus der **Jomon-Periode** (► S. 534). Die erst 1992 entdeckten Gräber, Gebäudereste und Gräben sind 4000–5500 Jahre alt. Im Museum (Beschriftung nur auf Jap.) sind Knochen, Keramiken und andere Funde ausgestellt.

Sannai Maruyama Iseki: 305, Aza Maruyama, Oaza Sannai
tgl. 9–17, Juni–Sept. bis 18 Uhr | Eintritt frei
http://sannaimaruyama.pref.aomori.jp/english/index.html

Sehenswerte Kunstmuseen
Das beeindruckende Gebäude des benachbarten Kunstmuseums von Aomori wurde 2006 vom Stararchitekten Aoki Jun entworfen, der sich von der nahen Jomon-Stätte inspirieren ließ. Zur Sammlung gehören zahlreiche Werke des aus Aomori stammenden international bekannten Künstlers Nara Yoshitomo (geb. 1959) – darunter eine über 8 m hohe Hundestatue – und des bekannten Holzdruckkünstlers Munakata Shiko (1903–1975), der in Aomori seine Kindheit und Jugend verbrachte. Der Bestand umfasst außerdem westliche Werke der Moderne, u. a. von Chagall und Picasso. Teilweise hochkarätige Sonderausstellungen komplettieren das Programm. Kunstmuseum Aomori
Aomori Museum: tgl. 9–18, Okt.–Mai. 9.30–17 Uhr | 510 ¥
www.aomori-museum. jp/en/index.html

Auch das im Azekura-Stil errichtete **Munakata Shiko Memorial Museum** (Bus, 10 Min.) zeigt Werke des Holzschneiders und Malers Munakata Shiko (1903–1975). Munakata-Shiko-Museum
Munakata Shiko: Di.–So. 9–17, Nov.–März ab 9.30 Uhr | 500 ¥ |
http://munakatashiko-museum.jp/schedule_e.html

AOMORI ERLEBEN

TOURISTINFORMATION
Stadt Aomori: JR Bus Building, 1st Floor, 1-3-29 Yasukata
Tel. 017 7 23 46 70
tgl. 8.30–17.30 Uhr
Präfektur Aomori: ASPAM, Erdgeschoss, 1-1-40 Yasukata
Tel. 017 7 34 25 00
tgl. 9–19, Nov.–März bis 18 Uhr
Flughafen: Tel. 017 7 39 20 07
tgl. 8.30–18 Uhr
Internet: www.en-aomori.com

ANREISE
Flugzeug: Von Tokyo (Haneda Airport, 1¼ Std.)
Bahn: Von Tokyo JR-Tohoku-Shinkansen-Linie bis Shin-Aomori (3½ Std.)

NEBUTA-MATSURI
Eines der größten Feste Japans: Bei Dunkelheit werden riesige von innen beleuchtete Pappmaché-Figuren (Nebuta) durch die Straßen gezogen. Der Brauch geht auf eine angebliche Kriegslist des Sakanoue no Tamuramaro (758–811) zurück, der die feindlichen Emishi über Größe und Standort seiner Truppen täuschen wollte und zur Irreführung solche Figuren durch die Stadt bewegen ließ.
Anfang August

ARITA 有田

Hauptinsel: Kyushu | **Präfektur:** Saga | **Einwohnerzahl:** 32 000

Kleinstadt mit Weltruf – seit 1616 wird in Arita Porzellan hergestellt, inzwischen in etwa 300 Manufakturen.

Synonym für Porzellan

Arita, im äußersten Nordwesten der japanischen Hauptinsel Kyushu, liegt in einem lang gestreckten, von dicht bewaldeten Bergen umgebenen Tal am Fuße des Kurokami. Das Stadtbild wird geprägt von zahlreichen Porzellanläden und den hohen Schornsteinen der Töpfereien. Neben Geschirr werden heute auch Fliesen und Industrieporzellan hergestellt. 1979 schloss Arita eine Partnerschaft mit Meißen.
Die **Töpfertradition** begann mit koreanischen Töpfermeistern, die im späten 16. Jh. als Kriegsgefangene nach Arita verschleppt wurden. Einer davon entdeckte in der Umgebung Kaolin und begann, Porzellan herzustellen.

BAEDEKER MAGISCHE MOMENTE

WERKSTATTVISITEN

Der Klumpen Rohmasse klatscht auf die Scheibe, und unter den Händen des Töpfers wächst eine Schale in die Höhe. Erleben Sie diesen schöpferischen Akt der Herstellung der berühmten **Arita-yaki-Keramik** mit in den Manufakturen von Arita Bussan Co. Ltd., Koransha Co. Ltd. Fukagawa, Kakiemon, Gen-emon Iwao Taizan und Iaemon . Näheres bei der Touristeninformation.

ARITA ERLEBEN

TOURISTINFORMATION
Im Bahnhof: Tel. 0955 42 40 52
tgl. 9–17 Uhr

ANREISE
Bahn: Von Fukuoka (Bhf. Hakata) JR-Sasebo-Linie (1½ Std.)

ARITA TOSA-ICHI
Porzellanmarkt mit mehreren Hundert Ständen in der ganzen Stadt, an denen es Keramik und Porzellan aus Arita zu kaufen gibt.
29. April – 5. Mai

In alle Welt verschifft

Arita-yaki

Die anfangs ausschließlich blaue Bemalung auf weißem Grund (Sometsuke) wurde ab 1644 von **Sakaida Kakiemon** (1595–1666) durch mehrfarbige Brenntechniken mit Schmelzfarbendekor abgelöst, charakteristisch sind die satten Rottöne von Kakiemon. Dieser Stil wurde bald kopiert, wobei die einzelnen Töpfereien im Lauf der Zeit durchaus eigene Dessins entwickelten. Die Gesamtheit des Arita-yaki wurde im Ausland unter dem Namen Ko-Imari (ko = alt) bekannt. **Imari** ist der 12 km nördlich von Arita gelegene Hafen, von wo aus das Porzellan verschifft wurde.

Größte Kostbarkeiten

Porzellanarten

Man unterscheidet drei verschiedene Porzellanarten:
- **Kakiemon** mit den Hauptfarben Rot, Blau und Gelb, das in der zweiten Hälfte des 17. Jhs. (1659–1691) unter der 5. und 6. Kakiemon-Generation zu höchster Blüte entwickelt wurde.
- **Iro-Nabeshima** (iro = farbig) mit den Schmelzfarben Rot, Gelb, Hellgrün sowie Kobaltblau; Blütezeit 1688–1735 unter der Familie Imaizumi (Porzellanmaler).
- **Ko-Imari**, durch teilweise üppige Dekors gekennzeichnet, mit Unterglasurblau und die Farben Rot und Gold. Es erlebte seine höchste Blüte während der Genroku-Zeit (1688–1704), Höhepunkt der bürgerlichen Kultur Japans.

Heute zählen Kakiemon und Nabeshima zu den größten Kostbarkeiten antiker Porzellane.

Wohin in Arita und Umgebung?

Horte kulturellen Erbes

★ Töpfermuseen

Das 700 m südlich des Bahnhofs gelegene Kyushu-Keramik-Museum (Sagakenritsukyushutojibunkakan) und das Arita-Porzellan-Museum

östlich davon zeigen herausragend gefertigte Werke früherer und heutiger Keramikmeister.
Kyushu Ceramic Museum: Di–So 9–17 Uhr | Eintritt frei
http://saga-museum.jp/ceramic/
Arita Porcelain Museum: Di–So 9–16.30 Uhr | 100 ¥
www.arita.jp.e.ew.hp.transer.com/spot/post.html

Zu Ehren des Keramikmeisters

Tozan-Schrein

Unweit südlich des Museums liegt im Arita-Park das Grabmal des koreanischen Keramikmeisters **Ri-Sampei**, Begründer der Arita-Töpferei im 17. Jh., und der Tozan-Schrein zu dessen Ehren, der das größte aus Keramik gefertigte Torii Japans besitzt.

KAP ASHIZURI 足摺岬

Hauptinsel: Shikoku | **Präfektur:** Kochi
Bahn: Von Kochi JR-Dosan-Linie und Tosa-Kuroshio-Linie bis Nakamura (1¾ Std.) | **Bus:** Von Nakamura nach Tosa-Shimizu (1¼ Std.) und zum Kap Ashizuri (2 Std.)

Das südlichste Kap der Insel Shikoku reicht felsig und wild umtost in den Pazifik, mit steilen Klippen und subtropischer Vegetation. In der Nähe gibt es auch wunderbare Strände und ein paar touristische Attraktionen.

Rund um Kap Ashizuri

Berg- und Küstenlandschaft

Ashizuri-Uwakai-Nationalpark

Über mehr als 100 km^2 erstreckt sich der Ashizuri-Uwakai-Nationalpark am Südzipfel Shikokus rund um das Kap Ashizuri. Die am günstigsten gelegenen Ausgangspunkte für Ausflüge in den Park sind die Städte Tosa-Shimizu und ▶ Uwajima.

Ausgangspunkt zum Kap

Tosa-Shimizu

Tosa-Shimizu (17 000 Einw.) am Ostrand des Parks ist eine Hafenstadt mit bedeutender Hochseefischerei. Von hier führt die 13 km lange Straße **Ashizuri Skyline** zum aussichtsreichen Kap Ashizuri mit einem Leuchtturm (Busverbindungen).
Die Busse zum **Kap Ashizuri** befahren zwei Routen: entlang der Westküste und durch die Mitte der Landzunge; ferner gibt es eine Straße entlang der Ostküste (Fahrtdauer 30–50 Min.). Unterwegs kreuzt sie den **Shimanto**, einen der wildesten und unberührtesten

Flüsse Japans, der ein beliebtes Ziel für Freunde von Kajakabenteuern und Raftings ist. In den nördlich der Landzunge gelegenen Buchten mit ihren bis zu 80 m hohen Klippen herrscht eine starke Brandung.

Tempel der Tausendhändigen Kannon

Kongofukuji

In der Nähe des weißen Leuchtturms von 1914 liegt der Kongofukuji-Tempel, 822 von Kobo-daishi erbaut. Die jetzigen Gebäude stammen von 1662. Der Tempel ist der Tausendhändigen Kannon geweiht und der 38. der 88 Pilgertempel auf Shikoku (▶ S. 421). Hier befindet sich eine Statue von John Manjiro (japanisch: Nakahama Manjiro), der aus Ashizuri stammte, 1841 als Schiffbrüchiger von einem amerikanischen Schiff gerettet wurde und nach mehrjährigem Aufenthalt in den USA in das damals noch völlig abgeschottete Japan zurückkehrte.

Unterwasserobservatorium und Aquarium

Rund um Tatsukushi

Bei Tatsukushi etwa 13 km westlich von Tosa-Shimizu steht das 25 m hohe Gebäude des Unterwasserobservatoriums **Kaiteikan**, dessen Beobachtungsraum 7 m unter dem Wasserspiegel liegt. In zehn Gehminuten gelangt man außerdem zum Aquarium **Kaiyokan**, das zahlreiche seltene Fischarten beheimatet.

★ ASO 阿蘇

Hauptinsel: Kyushu
Präfekturen: Kumamoto und Oita
Höhe: 1592m

Der Vulkan Aso (Aso-san) ist riesig, obwohl er nicht besonders hoch ist: Von dem vor 90 000 Jahren explodierten Super-Vulkan ist nur noch die eingestürzte Caldera übrig, eine der größten der Welt. Mitten drin entstanden neue Berge. Einer davon ist immer noch höchst aktiv, sodass die Region zeitweise gesperrt werden muss.

Aktive Vulkanlandschaft

Der über 700 km² große **Aso-Kuju-Nationalpark** umfasst außer dem Vulkan selbst weitere Berggruppen, Onsenorte und ländliche Ausflugsziele wie Kurokawa Onsen (▶ S. 74) und Yufu. Innerhalb des Aso-Kraterbeckens entstanden in jüngerer Zeit fünf Vulkankegel, von denen der Nakadake noch heute aktiv ist. Die Kraterregion des Aso wird im Norden vom Fluss Kurokawa, im Süden vom Shirakawa eingerahmt, die im Park entspringen und sich westlich des Berges bei Toshita vereinigen.

ASO ERLEBEN

TOURISTENINFORMATION
Am Bahnhof Aso:
Tel. 0967 34 07 51 | tgl. 9–17 Uhr

ANREISE
Bahn: Zum Bahnhof Aso 2½ Std. ab Beppu | von dort **Bus** (40 Min.) zur Seilbahnstation Asosan-nishi

Größter aktiver Vulkan des Landes

Fünf Gipfel

In einem durchschnittlich 800–900 m hohen alten Kraterrand liegen die fünf Gipfel des Aso-Vulkanmassivs: Takadake, mit 1592 m der höchste, Nekodake (1408 m), Eboshidake (1337 m; ▶ unten), Nakadake (1506 m; ▶ unten), der einzige noch aktive Vulkan, und Kishimadake (1321 m). Das Kratergebiet des Aso hat eine Ausdehnung von 23 km in Nord-Süd-Richtung und 16 km in Ost-West-Richtung. Mit 255 km² gehört der Krater zu den größten der Welt. Das von ihm umschlossene Gebiet vom weiten Asodani-Tal im Norden mit den Orten Aso und Ichinomiya bis zum Nangodani-Tal im Süden mit dem Ort Takamori ist heute dicht besiedeltes Land. Der fruchtbare vulkanische Boden wird landwirtschaftlich genutzt.

Zum Krater hinauf

Nakadake

Auf den Nakadake, dessen Krater einen Durchmesser von 600 m und eine Tiefe von rund 160 m hat, führen zwei Routen. Vom Bahnhof Aso (JR-Hohi-Hauptlinie) führt die Höhenstraße Aso Kanko Toll Road (Buslinie, 50 Min.) über das Kusasenri-Plateau nach Asosan-Nishi, von dort eine Seilbahn zum Kraterrand. Bei erhöhter Ausbruchsgefahr wird der Seilbahnbetrieb eingestellt bzw. die Kraterumgebung gesperrt; an verschiedenen Punkten der Strecke gibt es Schutzbunker. Auf dem Weg liegt das **Aso-Vulkanmuseum** (Aso Kazan Hakubutsukan), in dem u. a. Innenansichten des Nakadake zu sehen sind, aufgenommen von Kameras im Krater.

Tgl. 9–17 Uhr, 4. Di. im Monat geschlossen | 860 ¥

Grünes Land mit sanften Kuppen

Aso-Schrein

Anders als die raue Schönheit des von erstarrter Lava umgebenen brodelnden Vulkankraters beeindruckt das grüne Land im Aso-Kessel mit sanften Bergkuppen, immergrünen Wäldern und kleinen Dörfern. In der Nordregion, 1 km nördlich des Bahnhofs Miyaji, liegt der Aso-Schrein, der der Gottheit Takeiwatatsu-no-Mikoto geweiht ist. Nach der Legende soll er 100 n. Chr. gegründet worden sein und wäre somit der älteste Schrein der historischen Provinz Higo (heute Präfektur Kumamoto). Haupthalle und Tor stürzten beim Kumamoto-Erdbeben 2016 ein.

Bei Ausbruchgefahr gesperrt: der immer noch aktive Vulkan Nakadake

Berg mit dem höchsten Gipfel

Einer der schönsten Aussichtspunkte auf das Aso-Gebiet ist der reizvolle, mit **Thermalquellen** gesegnete Urlaubsort Aso uchinomaki Onsen, nordwestlich des Bahnhofs Aso. Eine Buslinie führt von hier in 30 Minuten zum nördlich liegenden Daikanbo (936 m), dem Nordgipfel des alten Kraterrands, von wo man einen weiten Blick auf die Kraterregion mit ihren fünf Gipfeln genießt.

★ Aso uchinomaki Onsen

Wandern zum Kusasenri-Plateau

Am Südwesthang des **Eboshidake** liegt in 667 m Höhe der Sommererholungsort Tarutama-Onsen (Bus ab Bahnhof Aso-Shimoda, 30 Min.), von wo ein landschaftlich reizvoller Weg zum Kusasenri-Plateau führt. Südlich des Ortes kommt man in das 750 m hoch gelegene Jigoku-Onsen.

Tarutama-Onsen, Jigoku-Onsen

KUREN AUF JAPANISCH

... jedenfalls mal für einen Tag: Der für seine Freiluftbäder (Rotenburo) bekannte Ort **Kurokawa Onsen** liegt 6 km westlich des Yamanami Highway (1 Std. Busfahrt von Aso). Hier kann man entweder nur ein Bad nehmen (Eintrittskarten am Empfang des Ryokan) oder, noch viel schöner, am besten gleich übernachten, etwa im stilvollen **Okunoyu** mit tollem Rotenburo am Fluss. Unvergesslich japanisch! (Tel. 0967 44 00 21; ab 16 350 ¥/Pers., inkl. zwei Mahlzeiten; www.okunoyu.com/english).

Auf dem Kuju-Plateau

Erholungsgebiet mit Bauernhöfen

Bauernhof- und Skitourismus

Das Kuju-Plateau etwa 40 km nördöstlich der Aso-Bergkette ist ein bekanntes Erholungsgebiet – im Sommer wird es von den roten Blüten der weiten Azaleenfelder bedeckt und im Winter von zahlreichen Skiläufern besucht. Eine wichtige Erwerbsquelle der Bewohner ist die Viehzucht. Einige Bauernhöfe bieten japanischen Touristen, für die grasende Kühe und Pferde ein seltener Anblick sind, Kuhmelken und Ponyreiten an.

Markante Gipfel mit alpiner Flora

Kuju-Berge

Nördlich schließen sich die Kuju-Berge an, die in den tieferen Lagen bewaldet und im höher gelegenen Bereich von artenreicher alpiner Flora bedeckt sind. Ihr südlichster und höchster Gipfel ist der Kuju,

zugleich der höchste Berg auf Kyushu. Weitere markante Gipfel sind Daisen, Waita, Hossho, Ogihana und Mimata. Südliches Eingangstor zu dieser Region ist der Ort Miyaji (auch Bahnstation).
Für die **Ersteigung des Kuju** (1787 m) gibt es verschiedene Routen; man sollte allerdings gut zu Fuß sein. Am seinem Nordfuß liegt Kuju-Tozanguchi (Kyudai-Bahnlinie von Oita bis Bungo-Nakamura, dann Bus); hier beginnt ein 6 km langer Aufstieg (2 Std.). Ein anderer Weg führt von Minami-Tozanguchi (JR-Hohi-Hauptlinie bis Bungo-Taketa, dann Bus) zum Gipfel. Die beliebteste Anstiegsroute hat ihren Anfangspunkt in **Shuchikujo** (Bus von Bungo-Taketa) am Südfuß des Berges. Von dort gelangt man in vier Stunden auf den Gipfel, der einen herrlichen Blick auf die Aso-Region und die Bucht von ▶ Beppu im Osten bietet.

★ ASUKA 飛鳥

Hauptinsel: Honshu | **Präfektur:** Nara

Südlich der Großstadt Nara liegt die Wiege der japanischen Kultur: Im heutigen Dorf Asuka lebten die frühen Kaiser und Adligen in häufig wechselnden Residenzen, hier wurde erstmals der Buddhismus eingeführt.

Wohin in Asuka?

Östlich der Kintetsu-Bahnstrecke

Historische Asuka-Stätten

Östlich der Kintetsu-Bahnstrecke etwa zwischen den Bahnhöfen Kashihara-jingu-mae und Asuka liegen in der Ebene über ein recht weites Gebiet verstreut etliche historische Stätten aus der Asuka-Zeit (552–710). Es gibt etwas unregelmäßige Busverbindungen, aber auch Fahrradverleih und gute Ausschilderung.

Gründerzeit des japanischen Kaisertums

Asuka Shiryokan

Knapp 4 km östlich des Bahnhofs Kashihara-jingu-mae sind im **Asuka Historical Museum** (**Asuka Shiryokan**) Funde aus den umliegenden Tempeln, Palästen und Gräbern ausgestellt sowie Rekonstruktionen und Erläuterungen etwa zur Anlage von Hügelgräbern. Die meisten Objekte stammen aus der Gründungszeit des Kaisertums (4.–7. Jh.), einige Funde auch aus der noch früheren Jomon- und Yayoi-Zeit. Im Museumsgarten sind etliche von den eigentümlichen teils zoomorphen Steinskulpturen ausgestellt, die hier gefunden wurden.
Di.–So. 9–16.30 Uhr | 270 ¥ | www.visitnara.jp/venues/A00439/

Zwei frühe Tempel

Asukadera, Okadera

Südlich des Museums steht der Asukadera oder **Gangoji-Tempel**, der erste richtige buddhistische Tempel in Japan, gegründet 596 (in einer Vorform wohl schon 588) von Soga no Umako. Der Tempel selbst änderte nicht nur verschiedentlich seinen Namen, sondern musste mehrfach neu errichtet werden, das Buddhabildnis aber ist erhalten: eine 3 m hohe, noch sehr archaisch wirkende Bronzestatue des Shakyamuni, die 609 von Tori-busshi aus 15 Tonnen Kupfer und 30 kg Gold geschaffen wurde. Im Teich des 663 am Hang gegründeten **Okadera** soll ein Drache eingesperrt sein, weshalb der Tempel aufgesucht wird, um Unglück abzuwehren. Die Kannon-Statue aus Ton in der Haupthalle soll der Legende nach im 8. Jh. vom buddhistischen Heiligen **Kobo Daishi** (Kukai, ► S. 214) geschaffen worden sein.

Tgl. 8–17, Dez.–Feb. bis 16.30 Uhr | 400 ¥

Kofun-Hügelgräber in der Ebene

Ishibutai, Takamatsuzuka

In der Ebene vor dem Okadera sind das eindrücklich freigelegte Kofun-**Hügelgrab Ishibutai** mit einer 8 m langen Grabkammer sowie der **Tachibana-Tempel** (heute Tendai-Schule) zu sehen. Er wurde am mutmaßlichen Geburtsort des großen Regenten der Asuka-Zeit Shotoku-taishi errichtet; die Gebäude sind wesentlich neuer, die Haupthalle wurde 1864 erneuert und enthält eine hölzerne Skulptur von Shotoku-taishi.

In der Nähe der Bahnlinie gibt das riesige schlüssellochförmige **Hügelgrab des Kaisers Kinmei** (509–571) eine Vorstellung von japanischen Kaisergräbern der Asuka-Zeit (► S. 538, 549). Südlich davon liegt das **Hügelgrab Takamatsuzuka** (7. Jh.), in dem chinesisch und koreanisch beeinflusste Beigaben gefunden wurden. Eine kleine Ausstellung zeigt Repliken der hier entdeckten Wandmalereien.

Ishibutai: tgl. 8.30–17, **Takamatsuzuka:** 9–17 Uhr
Je 250 ¥ | www.asukamura.jp/english/kofun.html

AWAJISHIMA 淡路島

Präfektur: Hyogo | **Einwohnerzahl:** 130 000
Fläche: 593 km²

Abseits des Trubels und doch nicht altbacken: Auf der Insel Awaji mit hübschen Stränden und einer uralten Puppenspiel-Tradition hat der Star-Architekt Ando Tadao gebaut. Sein Neubau des Honpukuji-Tempels gehört zu den Ikonen moderner Architektur. Und die Brücken, die auf die Insel führen, sind Meisterwerke der Ingenieurskunst.

Die dicht besiedelte Insel Awaji im Osten der Inlandsee wird im Norden durch die schmale Akashi-Meerenge von Honshu, im Süden durch die nur 1,4 km breite Naruto-Meerenge von Shikoku getrennt. Bereits seit 1985 überspannt die 1629 m lange Onaruto-kyo-Brücke die Meerenge von Naruto mit ihren beeindruckenden Strudeln.

Brücken und Architektur-ikonen

Hängebrücke mit der längsten Spannweite

★ Akashi-Kaikyo-Brücke

1998 wurde – nach Verzögerungen durch das Kobe-Erdbeben von 1995 – die Akashi-Kaikyo-Brücke zwischen dem Nordende von Awajishima und Kobe fertiggestellt, die die beiden Hauptinseln Honshu und Shikoku direkt verbindet. Mit 1990,8 m Abstand zwischen den beiden Pylonen ist die Akashi-Kaikyo die Hängebrücke mit der längsten Mittelspannweite der Welt – gut zu sehen ist diese vom Besucherzentrum mit Aussichtsplattform in Maiko, einem Vorort von ▶ Kobe.

Besucherzentrum: Di.–So. 9.15–17 Uhr | 310 ¥
Brückenbegehungen 3000 ¥

Wohin auf Awajishima?

Knotenpunkt mit Freizeitwert

Sumoto

Hauptort der Insel und wichtigstes Fremdenverkehrszentrum ist Sumoto (50 000 Einw.) etwa in der Mitte der Ostküste. Von hier fahren Buslinien in alle Gegenden der Insel; die Nationalstraße Nr. 28 führt nördlich nach Iwaya und südwestlich nach Fukura. Das Umland Sumotos ist ein beliebtes Urlaubsgebiet mit weißen Stränden, bizarren Pinienwäldern und verschiedenen Freizeiteinrichtungen.

Zum Tempel der Tausendhändigen Kannon

Senzan

Rund 6 km nordwestlich von Sumoto (Bus, 10 Min.) erhebt sich der 448 m hohe Berg Senzan, auf dessen Gipfel der von der Shingon-Schule erbaute **Senkoji-Tempel** steht. Er ist der Tausendhändigen

AWAJISHIMA ERLEBEN

TOURISTINFORMATION
Iwaya, Awaji Interchange Service Area: Tel. 0799 72 01 68
tgl. 8–17 Uhr
Internet: www.awajishima-kanko.jp/en/

ANREISE
Bus: JR-Bus von Shin-Kobe (1½ Std.), von Osaka (1½ Std.)

Auf der Insel verkehren mehrere Buslinien.
https://www.awaji-kotsu.co.jp/en/

Die Sonne sticht am Strand von Awajishima. Da hilft eine Strandmuschel.

Kannon geweiht und enthält u. a. eine 1283 gegossene Glocke und einen vermutlich aus der Muromachi-Zeit (1338–1573) stammenden Gong.

Moderne Tempelarchitektur am Wasser

★ Honpukuji

Im Norden der Insel (Bus von Iwaya, 15 Min., dann 15 Min. zu Fuß) steht der eindrucksvolle Honpukuji, ein einzigartiges Beispiel moderner japanischer Tempelarchitektur, geschaffen von **Ando Tadao**. Das innerste Heiligtum befindet sich unter einem Teich und ist in rötliches Licht getaucht.

Puppentheater und Meeresstrudel

Fukura

Der Hafenort Fukura (Bus von Sumoto, 40 Min.), das westliche Eingangstor zur Insel, ist Heimat des Puppentheaters **Awaji Ningyo-za**, das auf eine 400-jährige Tradition zurückblickt.

Ein schöner Blick auf die imposanten **Meeresstrudel** von Naruto (Naruto Whirlpools, ▶ S. 419), die sich bei unterschiedlichen Wasserständen von ▶ Inlandsee und offenem Meer bilden, öffnet sich von den Höhen bei Fukura.

Puppentheater: 4-mal tgl. | Tel. 0799 52 02 60 | 1500 ¥
Bus von Fukura: 30 Min. | http://awajiningyoza.com/other/

Die schönsten Strände der Westküste

Goshikihama, Kei-no-Matsubara

Zu den schönsten Stränden der Westküste gehören **Goshikihama** (Bus von Sumoto, 50 Min.), ein 4 km langer Strand, der seinen Namen den bunten Kieseln verdankt (Go-Shiki-hama = fünffarbiger Strand), und der 3 km lange weiße Sandstrand **Kei-no-Matsubara**.

★★ BEPPU 別府

Hauptinsel: Kyushu | **Präfektur:** Oita | **Einwohnerzahl:** 122 000

Beppu ist der Onsen-Ort schlechthin, Inbegriff japanischen Badevergnügens und des Staunens über Thermalquellen, die hier so heiß und mineralfarbig brodeln, dass sie »Höllen« heißen. Hier wurde sogar das Onsen-Symbol (♨) erfunden.

Thermalquellen und Bambus

Beppu liegt auf einem schmalen Flachlandstreifen an der Nordostküste der Insel Kyushu; weiter im Landesinneren erheben sich die Berge Tsurumi (1375 m) und Takasakiyama (625 m), auf deren Ausläufern sich das Stadtgebiet teilweise erstreckt. Der Hafen liegt im innersten Winkel der Beppu-Bucht. Das **Kurgebiet** umfasst neben Beppu selbst die Orte Hamawaki-Onsen, Kamegawa-Onsen, Shibaseki-Onsen, Kannawa-Onsen, Myoban-Onsen, Horita-Onsen und Kankaiji-Onsen. Von wirtschaftlicher Bedeutung ist auch die Herstellung von Bambuswaren (rund 60 % der japanischen Gesamtproduktion).

Im Dampf der Nebelschleier

Über 3000 Thermalquellen

Das Gebiet um Beppu, in dem jährlich mehrere Millionen Besucher gezählt werden, verdankt seinen Ruf den über 3000 alkalischen, schwefel-, kohlenstoff- oder eisenhaltigen Thermalquellen, die Temperaturen bis zu 100 °C und eine tägliche Schüttung von 140 000 m³ erreichen und zur Speisung einer großen Zahl von Badeeinrichtungen genutzt werden. Das Ortsbild wird geprägt von den zutage tretenden Dampfsäulen, welche die Landschaft beständig in einen Nebelschleier hüllen. Die meisten Hotels haben Anschluss an die heißen Quellen. In einigen viel von ausländischen Gästen frequentierten Touristenhotels ist die Onsen-Temperatur deutlich niedriger als sonst in Japan üblich.

Wohin in Beppu?

Badehaus der Meiji-Zeit

Takegawara

Im Stadtzentrum (10 Min. vom Bhf.) liegt das Badehaus Takegawara aus der Meiji-Zeit, eines der ältesten Badehäuser von Beppu.

Tgl. 6.30–22.30 Uhr | 100 ¥
Sandbad: tgl. 8–21.30 Uhr, 3. Mi. des Monats geschl. | 1030 ¥

Thermalquelle Kankaiji am Berg Tsurumi

★ Suginoi Palace

Westlich des Beppu-Parks (3,5 km vom Bahnhof) entspringt auf halber Höhe des Berges Tsurumi (1375 m) die Thermalquelle Kankaiji. Hauptabnehmer des Onsen-Wassers ist der luxuriöse Bäderkomplex des Hotels Suginoi mit großen Außenbecken und ausgezeichnetem Blick über die Stadt. Im Preis eingeschlossen ist auch das im westlichen Stil gestaltete Freizeitbad »Aquagarden«.
Tgl. 12–23 Uhr (letzter Einlass 22 Uhr) | Onsen 1200 ¥, Sa./So. 1800 ¥ | für Hotelgäste gratis

Kochend heiße Quellen, Dampf und Schlamm

★★ »Höllen-Tour«

Kannawa-Onsen, etwa 7 km nordwestlich von Beppu (Lokalbus ab Bhf. Beppu, 20 Min.), ist wegen seiner kochend heißen Quellen bekannt; diese werden »jigoku« (= Hölle) genannt und versorgen u. a. die Haushalte des Ortes mit Warmwasser. Die »Höllen« sind eine Touristenattraktion zum Ansehen – zum Baden indes sind sie viel zu heiß.
Die größte dieser Quellen ist die schätzungsweise 120 m tiefe Umi-jigoku, ein smaragdgrüner Teich von 94 °C Wassertemperatur und

Baden in einer der heißen Quellen von Beppu ist immer auch eine kommunikative Angegenheit.

BEPPU ERLEBEN

TOURISTINFORMATION
Hier erhält man auch den Bus-Pass »My Beppu Free«.
Im Bahnhof (Ortsausgang):
Tel. 0977 24 28 38
tgl. 8.30–17.30 Uhr
http://tic.jnto.go.jp/detail.php?id=1300

ANREISE
Flugzeug: Von Tokyo (Haneda Airport) nach Oita (1½ Std.; weiter per Bahn oder Bus)
Bahn: Von Tokyo (Hbf.) JR-Sanyo-Shinkansen-Linie bis Kokura (4¾ Std.), dann JR-Nippo-Hauptlinie (1¼ Std.)
Bus: Von Oita nach Beppu (1 Std.); mehrere lokale Linien
Schiff: Von Osaka mit Sunflower Ferry durch die Inlandsee (12 Std.); von Yawatahama (Shikoku) mit Uwajima Unyu (3 Std.)

KAPPO RYOKAN SENNARI €€€
Sehr schönes japanisches Ryokan mit nur acht Zimmern im japanischen Stil und einem japanischen Garten mit Karpfen. Japanisches Bad, Flachbildfernseher, Kühlschrank und WLAN. Nur 2 Minuten zu Fuß vom JR-Bahnhof Beppu entfernt.
2-18 Noguchi-motomach, Beppu-shi, Oita-ken 874-0933
Tel. 0977 21 15 50
www.beppu-sennari.com/en/

MINSHUKU KOKAGE €
13 einfache Zimmer in Bahnhofsnähe, davon zehn mit Bad. Frühstück und Abendessen ist auf Wunsch erhältlich. Mitglied der Japanese Inn Group. Der Besitzer spricht etwas Englisch. Münzwaschmaschine und -trockner vorhanden.
8-9 Ekimae-cho, Beppu-shi, Oita-ken 874-0935 | Tel. 0977 23 17 53

mit einer Ergiebigkeit von 360 m³ täglich. In der Nähe befindet sich die Quelle Oniyama-jigoku mit ein paar Alligatoren. In der Kinryu Jigoku kann der heilende Dampf inhaliert werden. Die Quelle der Oniishibozu-Jigoku ist ein blubbernder schlammiger Teich. Weiter im Norden in Shibaseki liegen der blutrote Schlammteich Chinoike-jigoku (93 °C, etwa 165 m Tiefe), der die nahen großen Schlammbäder speist, und der Geysir Tatsumaki-jigoku, der alle 25 Minuten einen Strahl heißen Wassers auswirft.
Tgl. 8–17 Uhr | pro »Hölle« 400 ¥, Sammelticket für alle 8 »Höllen« 2100 ¥

Entspannen in Thermalwasser und Sand
Kamegawa-Onsen liegt rund 6 km nördlich von Beppu in Küstennähe; unweit der Bucht findet man die bekannten **Sandbäder** (Beppu Kaihin Sunayu), in die man sich bis zum Kopf eingraben und von zugeleitetem Thermalwasser umspülen lässt. Kamegawa-Onsen
Tgl. 8.30–18, Dez.–Feb. 9–17 Uhr (letzter Einlass 1 Std. früher), 4. Mi. des Monats geschl. | 1000 ¥

JAPANS HEISSE QUELLEN

Die Lage Japans am Ring of Fire hat nicht nur schlechte Seiten: Dank der Vielzahl vulkanischer Gebiete gibt es nahezu überall heiße Quellen, japan. »onsen«. Daraus hat sich eine ganz eigene Badekultur entwickelt. Auch als Tourist kann man sie in einem Badeort erleben. Offiziell markiert sind sie mit nebenstehendem Zeichen.

▶ Geologie

Das durch tief liegende Magmakammern geothermal erhitzte Grundwasser steigt an die Oberfläche und sammelt sich in Becken.

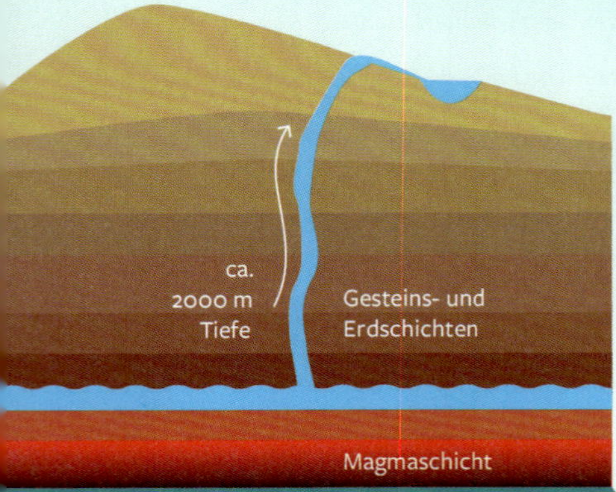

▶ Unterschiedliche Onsentypen

Auf dem Weg durch das Gestein nimmt das Wasser Mineralien auf.

Chloride, Natrium, Natron, Sulfate → **Salzige Onsen**

Kohlendioxid, Kupfer, Eisen, Schwefel, Radium → **Onsen mit speziellen Mineralien**

Die Mineralien wirken durch Trinken und Baden heilsam auf den Körper.

Wirkung z.B. bei: (Schnitt-)Wunden, Hauterkrankungen, Bluthochdruck, Arterienverkalkung, Magen-Darm-Erkrankungen

▶ Prozedere und Verhaltensregeln

1 Vorbereitung

Vielerorts gibt es getrennte Badebereiche, die durch traditionelle zweigeteilte kurze Vorhänge (Noren) angezeigt werden.

Frauen
»ONNAYU« oder »GOFUJIN«

Männer
»OTOKOYU« oder »TONOGATA«

2 Waschen

Das Waschen vor dem Baden mit viel Seife und Waschlappen ist sehr wichtig. In dem dafür vorgesehenen Bereich setzt man sich auf einen kleinen Schemel und nutzt Wasser aus einer Schüssel.

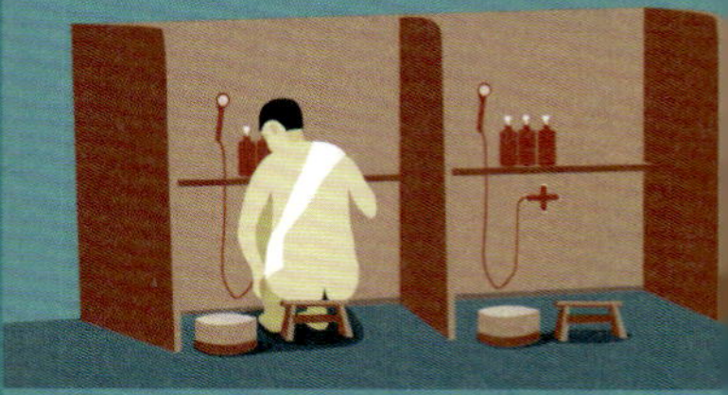

Onsen in Japan
Es gibt über 3000 Onsen-Gebiete mit über 22000 Bädern. Onsen sind wichtiger Bestandteil der japanischen Kultur und Tradition.

1. **Hokkaido** Kamuiwakka
2. **Tochigi** Okunikko Yumoto-onsen
3. **Tochigi** Kinugawa-onsen
4. **Gumma** Kusatsu-onsen
5. **Nagano** Shirahone-onsen
6. **Gifu** Gero-onsen
7. **Kanagawa** Hakone Yumoto-onsen
8. **Ehime** Dogo-onsen
9. **Oita** Beppu Onsen / Jigoku meguri
10. **Kagoshima** Ibusuki-onsen

- weitere Onsen

温泉

Orte mit mehreren Onsen sind Kurorte. Ihre Namen tragen ein **»-onsen«** am Ende. Das Wasser kommt immer aus einer vulkanischen Quelle. Sehr viele Onsen verfügen über einen Außenbereich.

3 Baden

Die Temperatur in den Becken beträgt meist um die 40 °C oder wärmer – also vorsichtig einsteigen. Ein gehauchtes »Atsui – heiß!« wird anerkennende Blicke der Japaner einbringen.

4 Entspannen

In Ruheräumen kann man bei einer Schale Tee entspannen. Oft wird ein leichter Baumwollkimono (Yukata) gereicht. Die Schleife des Yukata wird auf den Rücken gedreht.

Rund um Beppu

Dutzende von Tuffstein-Buddhas

★ Sekibutsu-Statuen

Über Oita führt die JR-Nippo-Hauptlinie zu der 48 km südöstlich gelegenen Hafen- und Handelsstadt **Usuki** (44 000 Einw.) an der gleichnamigen Bucht. Die einstige Burgstadt der Fürstenfamilie Otomo spielte für den Handel mit Portugal eine wichtige Rolle; der 1578 zum Christentum übergetretene Otomo Sorin (1530–1587) trug maßgeblich zur Verbreitung dieses Glaubens in Japan bei.
8 km landeinwärts von hier (Bus, 15 Min.) stand einst der Mangetsuji-Tempel, an dessen Stelle sich die in den Tuffstein gehauenen Sekibutsu-Statuen (**Buddha-Darstellungen**) befinden. Die meisten der etwa 60 Skulpturen entstanden in der Heian- (754–1192), einige in der Kamakura-Zeit (1152–1533). Besonders bemerkenswert ist der Kopf des Dainichi-nyorai, der noch Spuren der alten Bemalung zeigt.
Tgl. 6–19 Uhr | 530 ¥

Kuren am Berg Tsurumi

Tsurumiyama

Westlich von Beppu (Bus, 30 Min.) gelangt man zur Talstation der auf den 1375 m hohen Tsurumiyama führenden Bergbahn. Jenseits des Berges, rund 35 km westlich von Beppu (von Oita aus JR-Kyudai-Linie), erstreckt sich ein ausgedehntes, quellenreiches Kurgebiet.
Bergbahn: tgl. 9–17, Mitte Nov.–Mitte März bis 16.30 Uhr,
alle 15–20 Min. | einfach 1000 ¥, hin und zurück 1600 ¥
www.japan-guide.com/e/e4706.html

Quellen, Glühwürmchen und Tempel

★ Yufuin-Onsen

Nordwestlich im romantischen Becken des Flusses Yufugawa wartet der Urlaubs- und Badeort Yufuin-Onsen (480 m; JR-Kyudai-Linie oder Bus von Oita, ferner Bahnverbindung von Fukuoka/Hakata) am Fuß des Berges Yufu (1584 m) mit einer Reihe von Thermalquellen auf. Sehenswert ist der von 1570 stammende Konzen-in-Tempel mit seinen alten Steinfiguren, ferner der Oga-sha-Schrein, auf dessen Gelände eine alte Zeder mit über 13 m Umfang steht.
Nordöstlich des Bahnhofs liegt der idyllische kleine **Kinrinko-See**, wo ab Mai Schwärme von Glühwürmchen durch die Luft schwirren. Der westlich vom Bahnhof befindliche Hügel Namiyanagi-no-oka war zur Zeit der Christenverfolgung eine christliche Begräbnisstätte.

Hauptheiligtum des Hachiman-Kults

Usa

Von Beppu nach Norden führt die JR-Nippo-Hauptlinie zunächst an der Bucht entlang, wendet sich dann ins Landesinnere und erreicht in etwa 45 Minuten Usa im Nordwesten der Kunisaki-Halbinsel. Vom Bahnhof führt ein Bus (10 Min.) zum 725 erbauten shintoistischen **Usa-Schrein**, klassisches Beispiel der Schreinarchitektur der Nara-Zeit und Hauptheiligtum von mehr als 25 000 Hachiman-Schreinen in

ganz Japan. Die drei Gebäude des Hauptschreins sind allerdings eine Rekonstruktion von 1861. Beachtenswert sind die **Schnitzereien**. Das Jahresfest des Tempels wird am 18. März gefeiert.
Schatzhaus: 9–16 Uhr, 300 ¥

Schlucht- und Hügellandschaft mit 70 Tempeln

Halbinsel Kunisaki

Von Usa lohnt ein Abstecher auf die Halbinsel Kunisaki, den in die Inlandsee ragenden Nordostzipfel der Insel Kyushu. Das abgelegene, reizvolle Gebiet mit stillen Schluchten, Hügelketten und sternförmig dem Meer zuströmenden Wasserläufen erreicht in dem Berg Futago eine Höhe von 721 m. In dem unwegsamen Gelände befinden sich etwa 70 buddhistische Tempel aus der Nara- und Kamakura-Zeit, Beispiele der für jene Zeit charakteristischen Verschmelzung von Shintoismus und Buddhismus, etwa der Tennenji-Tempel und der Misogi-Schrein. Zahlreiche alte Steinskulpturen wie der in den Fels geschlagene Kumano-Magai-Butsu bei Nakayamaga verwandeln diese Region in ein Freilichtmuseum; die etwa 140 pagodenähnlichen Steintürme sind in ihrer Form einmalig in Japan.

Bootsfest und Tempel der Umgebung

Bungo-Takada

Im Nordwesten der Halbinsel liegt Bungo-Takada (25 000 Einw.), wo alljährlich im Mai das **Bootsfest Horan-enya** stattfindet. Von hier sind einige sehenswerte Stätten zu erreichen, u. a. der Choanji-Tempel, der Monjusenji-Tempel und der Sentoji-Tempel sowie die Tempelhalle Maki-odo (Bus von Bungo Takada, 40 Min.), die im 12. Jh. errichtet wurde und neun alte Buddhastatuen enthält. Bedeutend ist ferner der Fukiji-Tempel aus der Heian-Zeit, dessen Haupthalle das älteste erhaltene Holzbauwerk von Kyushu ist.

★★ BIWA-SEE 琵琶湖

Hauptinsel: Honshu | **Präfektur:** Shiga
Fläche: 674,4 km²

Der größte Binnensee Japans ist nach der japanischen Laute benannt, deren Form er ähnelt. Rund um den See liegen klassische Aussichtspunkte, kleine Orte und mehrere Sehenswürdigkeiten.

Wie eine japanische Laute

Der Biwa-See liegt nordöstlich von Kyoto in einem Einbruchsbecken. Der Überlieferung zufolge soll ein Erdbeben 286 v. Chr. zur Entstehung des Sees und des Fuji geführt haben. Tatsächlich sind die Inseln Chikubu, Take, Shiraishi und Okinoshima vulkanischen Ursprungs. Wegen der Nähe der alten Kultur- und Machtzentren Nara und Kyoto war die Gegend schon früh besiedelt. Heute bilden der See und sein Umland den Biwa-See-Quasi-Nationalpark.

Inspiration der Dichter

Acht klassische Schönheiten

Im 15. Jh. wählten japanische Künstler die acht klassischen Schönheiten dieser Landschaft (**Omi-hakkei**) aus: Abendschnee auf dem Berg Hira, Zug der Wildgänse über Katata, Nachtregen in Karasaki, Abendglocke im Miidera-Tempel, Brise in Awazu an einem klaren Tag, Abendröte am Fluss Seta, Herbstmond über Ishiyama, Heimkehrende Segel in Yabase. Später wurden acht weitere besonders reizvolle Ansichten (**Biwako-hakkei**) gefunden: Gesamtansicht des Berges Shizugatake, Granitklippen in Kaizu-Osaki, Stiller Ausblick auf die Insel Chikubu, Alte Burg von Hikone, Weißer Strand von Omatsuzaki, Küstendörfer bei Azuchi-Hachiman, Dichtes Laub auf dem Berg Hiei, Sanfte Wellen bei Seta-Ishiyama.

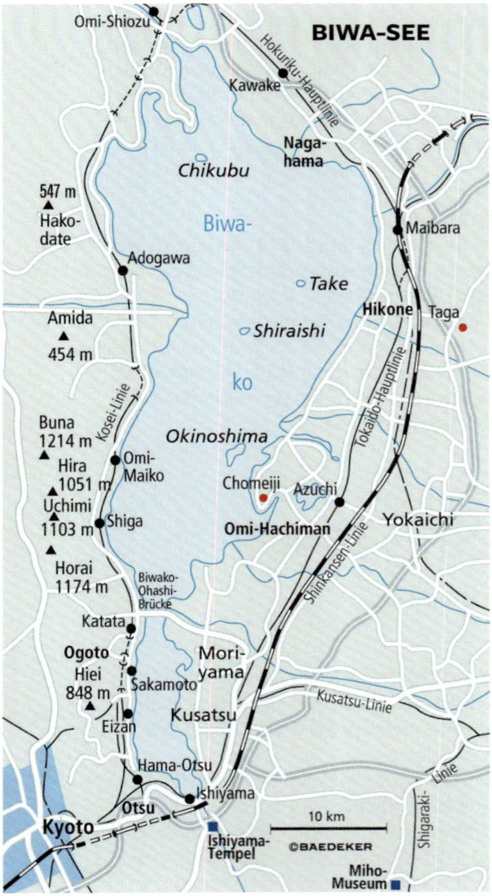

Wohin am Biwa-See?

Vielseitige Kultur in Traumlage

An der Südspitze des Sees liegt die Stadt **Otsu** (340 000 Einw.), ein Industrie- und Touristenzentrum. Um 1600 entwickelte hier der Maler Iwasa Matabei den Stil des **Otsu-e**, dessen Genre- und Heldenbilder sich durch kräftige Konturen und lebhafte Farben auszeichnen und als Drucke noch heute ein beliebtes Souvenir sind.

BIWA-SEE ERLEBEN

TOURISTENINFORMATION

Im Bahnhof von Hikone:
Tel. 0749 22 29 54
tgl. 9–17.30 Uhr
Im Bahnhof von Otsu:
Tel. 077 5 22 38 30
tgl. 9–18 Uhr
Biwako Visitors' Bureau:
2-1 Uchidehama, Collabo Shiga 21
Tel. 077 5 11 15 30
Im Internet: www.jnto.go.jp/eng/location/rtg/pdf/pg-502.pdf und http://en.biwako-visitors.jp/

ANREISE

Bahn: Von Kyoto JR-Tokaido-Linie nach Otsu (10 Min.) und nach Hikone (1 Std.); von Osaka über Kyoto nach Otsu; von Tokyo JR-Tokaido-Shinkansen-Linie nach Maibara (2½ Std.), dann JR-Tokaido-Linie nach Hikone (5 Min.)

Rundfahrten auf dem See mit dem Raddampfer »Michigan« ab Otsu.
www.biwakokisen.co.jp (jap.)

SCHREINFESTE

Hiyoshi-Schrein, Mitte April; Tenson-Schrein, Anfang Oktober (beide Otsu)

HISTORISCHER FESTUMZUG

Hikone, Ende Oktober

Am Grab des Haiku-Dichters

Unweit des Bahnhofs Otsu befindet sich der 674 errichtete **Miidera-Tempel** (auch Onjoji). Von den einst 859 Gebäuden sind noch etwa 60 erhalten. Gegenüber der Haupthalle ist die aus einer der klassischen Ansichten (Omi-hakkei) bekannte Glocke zu sehen. Die 1689 rekonstruierte Halle Kannon-do (auch Shoho-ji), der Nyoirin-Kannon geweiht, gehört zu den 33 altbekannten Wallfahrtszielen der Kansai-Region; von hier genießt man einen herrlichen Blick auf den See. Nahe der Bahnstation Ishiba liegt der Gichuji-Tempel mit dem einfachen Grabstein des bedeutendsten Haiku-Dichters von Japan, **Matsuo Basho** (1644 bis 1694). Sein berühmtester Haiku: Tempel

»
Der alte Weiher:
Ein Frosch springt hinein.
Oh! Das Geräusch des Wassers.
«

Weiter nördlich (vom Bhf. Hama-Otsu 15 Min. mit dem Bus) steht ein weiterer Tempel der Tendai-Schule, der 790 von dem Priester Saicho (767–822) gegründete und im 11. Jh. erneuerte **Shojuraigoji-Tempel**, der einige Kunstschätze bewahrt.

Zwischen See und Berg

Sakamoto

Von Hama-Otsu fährt die JR-Kosei-Linie am Südwestufer des Sees entlang. Der **Saikyoji-Tempel** der Tendai-Schule, 2 km nordöstlich des Bahnhofs Sakamoto (Keihan-Ishisaka-Privatlinie) gelegen, wurde im 7. Jh. von Shotoku-taishi gegründet und ist berühmt wegen seiner Kunstschätze aus der Momoyama-Zeit (1573–1600). Die Empfangshalle stammt aus dem Fushimi-Schloss in Kyoto.

Tempel im See

Katata

Die JR-Kosei-Linie führt nordwärts weiter nach Katata, wo im See der **Tempel Ukimi-do** (auch Mangetsu-ji) der Rinzai-Schule steht. Auch er gehört zu den von Hiroshige verewigten klassischen Ansichten der Provinz Omi (Omi-hakkei). Die Spiegelung im Wasser ist ein beliebtes Motiv für Maler und Fotografen.

Seeblick und »Abendschnee auf dem Berg«

Berge Horai und Hira

Beim Bahnhof Shiga erhebt sich der 1174 m hohe Berg **Horai** mit Panoramablick auf den See. Der Horai ist auch vom Bahnhof Otsu aus mit dem Bus bis zum Wintersportort Biwako-Valley zu erreichen. Von hier gelangt man mit einer Bergbahn zunächst auf den 1103 m hohen Uchimi, dann mit einer Sesselbahn zum Gipfel des Horai. Nördlich

Im Tempel Ukimi-do, einer der klassischen Ansichten der Provinz Omi, schlägt eine der »Drei Glocken« Japans.

davon gehört der 1051 m hohe **Hira** (Sessellift zum Gipfel) zu den berühmten Omi-hakkei (»Abendschnee auf dem Berg Hira«).

»Stiller Ausblick auf die Insel«

Insel Chikubu

Im nördlichen Teil des Sees liegt die Insel Chikubu, die von hohen, steilen Klippen, Bambus- und Zedernwäldern geprägt wird. Sehenswert ist der 1603 von Toyotomi Hideyoshi vermutlich aus Teilen des berühmten Fushimi-Schlosses erbaute **Tsukubusuma-Schrein** sowie der benachbarte, den Göttinnen der Barmherzigkeit und des Glücks geweihte **Hogenji-Tempel**. Die Gründung erfolgte im Auftrag von Shomu-tenno durch den Priester Gyoki (670–749).

»Alte Burg«-Stadt mit Maskottchen

★ Burg Hikone

An der Nordspitze des Sees trifft die Bahnstrecke bei Omi-Shiotsu auf die JR-Hokuriku-Hauptlinie, die nach Maibara (auch Shinkansen-Bhf.) führt. Wenig südlich am Ostufer des Sees liegt **Hikone** (109 000 Einw.), einst Station an der Tokaido-Straße und seit dem Bau der Burg Sitz der Familie Ii, die bei der Schlacht von Sekigahara zur Reichseinigung an der Seite des späteren Shoguns Tokugawa Ieyasu gegen die Feudalherren gekämpft hatte. Die 1622 vollendete Burg, 1 km westlich des Bahnhofs, ist eine der nur fünf japanischen Burgen, die wegen ihres guten Erhaltungszustands als Nationalschatz klassifiziert sind. Sie besteht aus dem dreistöckigen Hauptturm sowie den Türmen Sanju und Tempin. Zur Anlage gehören ferner das »Trommeltor« (Taiko-mon) und der Turm Sawaguchi-tamon. Besonders schön ist der Anblick der Burg bei Mondschein. Das Maskottchen der Burg, **Hikonyan** (eine Katze mit Samurai-Helm), hat eine japanweite Fangemeinde und tritt mehrmals täglich auf. Am Fuß der Burg liegen die 1677 erbaute **Residenz der Ii** (Rakuraku-en) mit einem reizvollen Garten (Genkyu-en) und der **Konki-Park** mit einer Bronzestatue des Naosuke.

Tgl. 8.30–17 Uhr | Burg und Garten 1000 ¥, Museum 500 ¥

Tempel am Berg

Matsubara

Am Berg Ohara befinden sich der 1614 hierher überführte **Ryotanji-Tempel** mit schönem Zen-Garten und der **Seiryoji-Tempel** mit den Gräbern der Ii.

Bedeutendster Schrein von Kinki

Taga-Schrein

Südöstlich von Hikone (Omi-Privatbahn; umsteigen in Takamiya) steht der Taga-Schrein, dem Götterpaar Izanagi und Izanami geweiht. Er soll ähnlich alt sein wie die Ise-Schreine (▶ Ise) und gehört zu den bedeutendsten Schreinen der Region Kinki.

»Tempel des Langen Lebens«

Omi-Hachiman

Von Hikone verläuft die JR-Tokaido-Hauptlinie südlich in Seenähe weiter nach Omi-Hachiman (68 000 Einw.). Nordwestlich der Stadt

(Bus, 25 Min., dann Fußweg, 15 Min.) liegt über dem See der **Chomeiji-Tempel**, der vermutlich von Shotoku-taishi (573–621) gegründet und im 16. Jh. erneuert wurde.

Burg des ersten Reichseinigers

Azuchi Östlich von Omi-Hachiman dominieren den Ort Azuchi die Überreste der einst prächtigen Burg des Oda Nobunaga (1534–1582). Ruinen und Grundmauern vermitteln einen guten Überblick über die einstige Anlage. Hier befindet sich auch die Grabstätte des Nobunaga.

Tgl. 9–16 Uhr, 700 ¥

Leben am Biwa-See

Kusatsu In Kusatsu widmet sich das interaktive **Biwako Museum** (Bus vom Westausgang des Bhfs., 20 Min.) dem Leben im und am Biwa-See. Der Ort war einst Knotenpunkt zweier wichtiger Handelswege, des Tokaido und des Nakasendo. An diese Vergangenheit erinnert auch das liebevoll restaurierte ehemalige Gasthaus **Kusatsujuku Honjin** (vom Bhf. 10 Min. nach Süden), in dem von 1635–1870 Feudalherren, Shogunatsbeamte und andere hochrangige Personen abstiegen.

Biwako Museum: Di.–So. 9.30–17 Uhr | 750 ¥ | www.lbm.go.jp
Kusatsujuku Honjin: Di.–So. 9–17 Uhr | 240 ¥
http://en.kusatsujuku.jp/

»Genji-Monogatari«: Murasaki Shikibu schreibt die Geschichte des Prinzen.

Ein Tempel, der Literaturgeschichte schrieb

★★ Ishiyama-Tempel

Am Südende des Sees liegt der Ort **Ishiyama**, berühmt wegen seines Tempels, denn hier wurde Literaturgeschichte geschrieben: Die »Geschichte vom Prinzen Genji« (»Genji-Monogatari«; ▶ S. 539) aus dem 11. Jh. gilt als erster Roman der Weltliteratur. Die Kyotoer Hofdame Murasaki Shikibu (975–1031) soll ihn verfasst haben, in einem Raum des Tempels, der heute als »Genji-no-ma« (Genji-Zimmer) präsentiert wird.

Der Tempel, erreichbar über die Keihan-Privatlinie (10 Min.), gehört zur Shingon-Schule, wurde im 8. Jh. durch den Priester Roben gegründet und im 12. und 16. Jh. erneuert. Er ist einer der **33 Pilgertempel** von Kansai. Neben dem Genji-Zimmer sind das Tor (Todaimon) mit Nio-Statuen des berühmten Bildhauers Unkei und seines Sohnes Tankei sowie die Haupthalle mit einer Statue der Nyorai-Kannon sehenswert. Die **Pagode Tahoto** stammt in ihrer heutigen Form von 1190.

Tgl. 8–16.30 Uhr | 600 ¥ | www.ishiyamadera.or.jp/en

★ CHICHIBU-TAMA-NATIONALPARK
秩父多摩甲斐国立公園

Hauptinsel: Honshu
Präfekturen: Saitama, Yamanashi und Nagano
Fläche: 1216 km²

Noch im Präfekturgebiet von Tokyo beginnt der riesige Chichibu-Tama-Nationalpark, der mit fast 2600 m hohen Bergen, schöner Natur und etwas touristischer Infrastruktur eines der wichtigsten Naherholungsziele der Metropolregionen Tokyo und Yokohama darstellt.

Wanderberge mit Fuji-Blick!

Die wichtigsten Eingangstore zum Nationalpark sind die Städte **Ome** am Oberlauf des Tama (Okutama) im Osten sowie **Chichibu** im Norden. Der Kitaokusenjodake (2601 m) sowie der 2595 m hohe Kimpu und der 2592 m hohe Kokushi sind die höchsten Berge des Gebiets; auch der Ryogami (1724 m), der Mikuni (1828 m), der Mizugaki (2230 m) und der Daibosatsu (2057 m) sind schöne Wanderberge (mit Fuji-Blick!). Der 2017 m hohe Kumotori gehört noch zur Präfektur Tokyo.

CHICHIBU-TAMA-NATIONALPARK ERLEBEN

Informationen im Internet:
www.env.go.jp/en/nature/nps/park/chichibu/index.html

ANREISE

Bahn: Von Tokyo (Bhf. Shinjuku) JR-Chuo-Linie bis Tachikawa (30 Min.), dann JR-Ome-Linie bis Okutama (1¼ Std.); von Tokyo (Bhf. Ike-bukuro) Seibu-Ikebuku-ro-Linie nach Seibu-Chichibu (1½ Std.), dann Chichibu Railway nach Mitsumine-guchi (20 Min.); von Tokyo (Bhf. Ikebukuro) Tobu-Tojo-Linie nach Ogawamachi (1¼ Std.)
Bus: Mehrere regionale Linien

HINODE-MATSURI

Umzüge mit Tragschreinen, an denen auch Männer in Samurai-Rüstungen teilnehmen.
Mitake-Schrein, Anfang Mai

KAWASE-MATSURI

Fest mit turbulenten Umzügen.
Chichibu-Schrein, Juli

CHICHIBU-YO-MATSURI

Prozession mächtiger beleuchteter Prachtwagen und großes Feuerwerk.
3. Dezember

WANDERUNG AM MITSUMINE

Für eine kleine Wanderung empfiehlt sich folgende Route: Von Mitsumine-guchi geht es mit dem Bus bis Owa, dann mit der Seilbahn zum Gipfel des Mitsumine, von hier zu Fuß zum Schrein (20 Min.), weiter zum Chichibu-See (1½ Std.) und zurück nach Mitsumine-guchi (40 Min.).

GUESTHOUSE NISHIKI €

Einfache japanische Unterkunft mit Tatami-Zimmern und Gästeküche.
Ohtaki 138-1
Tel. 090 44 32 87 38
https://de.hotels.com/ho610627/guest-house-nishiki-hostel-chichibu-japan/

Wohin im Chichibu-Tama-Nationalpark?

Stadt der Pflaumenhaine

Yoshino Baigo

Ome (135 000 Einw.) am Südostrand des Nationalparks ist ein Zentrum der Textilindustrie. Sehenswert ist der Ome Railway Park mit alten Dampflokomotiven und Eisenbahnmuseum. Die nächste Bahnstation ist Hinatawada. Über die den Tama überspannende Jindaibashi-Brücke zu erreichen, sind dort die **Pflaumenhaine** von Yoshino Baigo, die von Ende Februar bis Mitte März in Blüte stehen (zu dieser Zeit Rundfahrten). Während des ganzen Monats März findet hier das folkloristische **Pflaumenfest** statt.

Ome Railway Park: tgl. 10–17.30, Nov.–Feb. bis 16.30 Uhr | 100 ¥
www.ejrcf.or.jp/ome/english/

Idyllische Natur: Schluchten und Wanderwege

Mitake

Mit der JR-Ome-Linie gelangt man zum Bahnhof am Fuß des dicht bewaldeten Berges Mitake (Mitakesan, 930 m). Die Flüsse Tama (nördlich) und Yozawa (südlich) bilden romantische Schluchten, an den Bergflanken ziehen sich malerische, von Kirschbäumen, Azaleen und Ahorn gesäumte Wanderwege hin.

Mitake-Gipfel und Mitake-Schlucht

Tal- und Bergstationen

Vom Bahnhof Mitake besteht eine Busverbindung (10 Min.) zur Talstation **Takimoto** der Seilbahn, die in sechs Minuten die Bergstation **Mitakesan** erreicht (von Takimoto auch Fußweg, 2½ Std.); von hier geht ein Sessellift bis **Fujimine**, wo sich oberhalb von Mitake-daira eine Aussichtsplattform befindet. Vom Gipfel des Mitake reicht der Blick an klaren Tagen bis zu den Bergen von Nikko und Tsukuba im Nordosten bzw. Osten. In Gipfelnähe (Fußweg von Fujimine, 30 Min.) steht der um 800 gegründete **Mitake-Schrein**. Der Bau zeigt den Stil Shinmei-zukuri, der Hauptschrein wurde in der Meiji-Zeit erneuert.

Der Bahnhof Saiwai ist Ausgangspunkt für einen reizvollen Spaziergang durch die **Mitake-Schlucht** zurück zum Bahnhof Mitake (ca. 45 Min.).

Seilbahn: tgl. 7.30–18.30 Uhr | 590 ¥/1110 ¥ (hin und zurück)

Tief geht es hinab in die farbig illuminierte Tropfsteinhöhle in Nippara.

Beliebtes Naherholungsgebiet der Hauptstadt

Berg Takao

Nach Süden schließen die Berge von Tama an die niedrigeren Berge zwischen Tokyo und dem Fuji an. Tokyos Hausberg, der 599 m hohe **Takao-san**, ist von der Hauptstadt aus mit der Keio-Privatbahn und einer Seilbahn in etwa einer Stunde zu erreichen.

Stausee mit Wanderwegen

Okutama

Die JR-Ome-Linie endet in Okutama, nahe dem fischreichen **Okutama-See**, der durch den 149 m hohen und 535 m langen Ogochi-Damm aufgestaut ist. Am Nordufer stehen ungefähr 6000 Kirschbäume (Blüte Mitte April). Okutama ist ein günstiges Standquartier für Touren in die Tama-Alpen.

Bizarre Kalksteinformationen

Nippara

Etwa 15 km nordwestlich von Okutama (Bus, 40 Min.) liegt Nippara. Bekannt ist die hiesige **Tropfsteinhöhle**, mit 800 m Tiefe die größte der Kanto-Region. In der Umgebung von Nippara findet man bizarre Felsformationen; im Oktober ist die Laubfärbung sehenswert.

Nippara Limestone Cave: tgl. 8–17, Dez.–März 8.30–16.30 Uhr | 700 ¥

Nordöstliches Eingangstor zum Park

Chichibu

Das nordöstliche Eingangstor zum Nationalpark, die Stadt Chichibu (65 000 Einw.), ist bekannt für ihre Seidenstoffe (Chichibu-meisen). In einem Hain uralter Bäume steht der Chichibu-Schrein, neben dem Hodo-Schrein in Nagatoro und dem Mitsumine-Schrein auf dem gleichnamigen Berg der bedeutendste der Gegend. Das Wahrzeichen der Stadt ist der südlich aufragende **Berg Buko** (1336 m); im Westen (15 Min. zu Fuß vom Bhf. Urayamaguchi) befindet sich die Tropfsteinhöhle Hashidate.

Mit der Chichibu Railway zum Mitsumine-Schrein

Mitsumine-guchi

Auf der Privatbahnlinie Chichibu Railway verkehrt an Sommerwochenenden auch eine Dampflok (Paleo-Express). Endstation der Chichibu Railway ist Mitsumineguchi, von wo aus Busse bis nach Owa und zum **Mitsumine-Schrein** unterhalb des Gipfels (1101 m) verkehren (Schnellbus vom Bhf. Seibu Chichibu, zum Schrein 75 Min.) Der Mitsumine-Schrein soll vor 2000 Jahren gegründet worden sein und war während der Tokugawa-Zeit ein Zentrum der zur Tendai-Schule gehörenden Bergasketen.

Mitsumine-Höhenstraße

Chichibu-See

Am Nordwestfuß des Berges Mitsumine wurde der Chichibu-See angelegt, den zwei Hängebrücken überspannen. Das Gebiet ist bei Sportfischern und Wanderern beliebt. Die Mitsumine-Höhenstraße führt vom See zu dem 6 km entfernten Schatzhaus des Mitsumine-Schreins.

Felsen, Kirschen, Azaleen

Nagatoro

Am Oberlauf des Arakawa nördlich von Chichibu liegt der 7000 Einwohner zählende Ort Nagatoro. Das Tal ist bekannt für seine ungewöhnlichen Felsformationen. Die 1,5 km lange Kirschbaumallee, die im Frühjahr besonders eindrucksvoll ist, verbindet den Ort mit Kami-Nagatoro; nicht minder imposant ist im Sommer die Azaleenblüte und im Herbst die Laubfärbung der Ahornbäume.
Mit dem Bus gelangt man von Nagatoro zum Fuß des 497 m hohen **Berges Hodo**, auf dessen Gipfel eine Seilbahn führt. Von hier bietet sich ein schöner Blick auf die umliegenden Berge, die Nagatoro-Schlucht und das Becken von Chichibu. Auf dem Berg befindet sich der Hodo-Schrein.
An der Brücke Oyabana-bashi starten Boote zu **Stromschnellenfahrten** bis zur Brücke Takasago-bashi (etwa 40 Min.; Anmeldung und Tickets am Bhf. Nagatoro).

Handgeschöpftes Papier

Ogawa

In der Kleinstadt Ogawa (Tobu-Tojo-Linie ab Tokyo, Ikebukuro-Bhf.) produzieren mehrere Werkstätten handgeschöpftes **Japanpapier** (► S. 567).

★ CHIRAN 知覧

Hauptinsel: Kyushu | **Präfektur:** Kagoshima
Einwohnerzahl: 13 000
Bus: Von Kagoshima (Bus Center; 1¼ Std.) und Ibusuki (1 Std.)

Ganz im Süden Kyushus kontrastiert ein stilisiertes Samurai-Idyll mit kriegerischer Geschichte anderer Art. Chiran, bekannt durch seine alten Gärten und den hervorragenden grünen Tee, liegt inmitten einer zauberhaften Hügellandschaft, die von unüberschaubaren Teefeldern bedeckt ist.

Samurai, Kamikaze und Tee

Der Ort Chiran liegt im Südwesten der Insel Kyushu, etwa 30 km südlich der Präfekturhauptstadt Kagoshima. Während der Edo-Zeit gehörte er zu den 102 Burgstädten, die an der Grenze des damaligen Satsuma lagen; im Zweiten Weltkrieg war er Sitz einer Fliegerschule und Luftwaffenstützpunkt. Von hier starteten die »Spezialangriffskräfte«, die Kamikaze-Flieger, an die das etwas außerhalb gelegene **Museum Tokko Heiwa Kaikan** erinnert.
Chiran Peace Museum (wenig Englisch): tgl. 9–17 Uhr | 500 ¥
www.chiran-tokkou.jp/english/index.html

Ein klassischer Trockengarten im Karesansui-Stil. Die Kiesel symbolisieren eine Wasserfläche.

Wohin in Chiran?

Klassische Gartenbaukunst

★ Samurai-Häuser und -Gärten

Um die Mitte des 18. Jhs. besuchte Shimazu Hisamine, der Burgherr von Chiran, die damalige Hauptstadt Kyoto und war von der dortigen Gartenbaukunst so beeindruckt, dass er Gärtner in seinen Heimatort einlud und von ihnen eine Reihe äußerst reizvoller klassischer **Trockengärten** (Karesansui) anlegen ließ. Sie entstanden auf dem in Parzellen gegliederten Grundbesitz der Samurai. Die insgesamt sieben unverändert erhalten gebliebenen Gärten und Samurai-Häuser liegen alle an einer der schachbrettartig angelegten Straßen südlich des Rathauses. Die Grundstücke sind nach der Straßenseite durch Natursteinmauern und Hecken gegen Sicht geschützt, was die mittelalterliche Atmosphäre des Ortes betont. Im Stil der klassischen japanischen Gartenarchitektur wurden Bäume, Felsen und Sand auf einer nur 200–280 m² großen Fläche zu komplexen Landschaftsbildern arrangiert, deren Hintergrund die leuchtend grünen Hügel bilden.
Der **Garten von Saigo Ikkei** im Karesansui-Stil ist eine Komposition aus Moos, Kieseln und geharktem Sand, der eine Wasserfläche symbolisiert. Der **Garten von Hirayama Soyo** wurde zwischen 1751 und 1772 angelegt. 1781–1789 entstand der **Garten von Hirayama Ryoichi** im Shakkei-Stil, der nach dem Prinzip der »Geborgten Landschaft« den Hintergrund in das Gesamtbild einbezieht. Ferner sind zu nennen:

die Gärten von Sata Minshi, Sata Naotada, Sata Mifune und der Garten der Familie Mori. Letzterer ist – im Gegensatz zu allen anderen – im Stil der Hügelgärten (Tsukiyama) mit einem kleinen Teich ausgestattet. In dieser 1741 geschaffenen, 198 m² großen Anlage ist auch das der Edo-Zeit entstammende Wohn- und Lagerhaus sehenswert.
Tgl. 9–17 | Kombiticket für alle 7 Gärten: 500 ¥

★★ CHUBU-SANGAKU-NATIONALPARK · JAPANISCHE ALPEN
中部山岳国立公園

Hauptinsel: Honshu | **Präfekturen:** Nagano, Gifu, Toyama und Niigata | **Fläche:** 1743 km²

»Wie die Alpen!«, befand ein britischer Besucher im 19. Jh., und der Name blieb. Über 3000 m hohe Berge sind mit Felsen, Schluchten und kühlen Hochtälern ein Wander- und Kletterparadies – und der enorme Schneereichtum zieht im Winter Spitzensportler aus aller Welt an.

Unberührte Nordalpen

Der Chubu-Sangaku-Nationalpark im Herzen der japanischen Hauptinsel Honshu umfasst die nördliche (**Hida-Berge**) und mittlere Region des Hochgebirges, das als »Japanische Alpen« bezeichnet wird und nach dem Fuji die höchsten Gipfel des Landes besitzt. Die Flora und Fauna sind vielfältig und je nach Höhenlage differenziert; so leben in den Hochlagen beispielsweise Bergschneehühner und Bergantilopen. Die zahlreichen, über den ganzen Park verstreut liegenden **Thermalquellen** haben die Entwicklung von Kur- und Fremdenverkehrsorten begünstigt, deren bekanntester das 1500 m hoch gelegene Kamikochi ist. Nördlich davon überquert die ▶ Tateyama-Kurobe-Alpenroute Berge und Nationalpark.

Wohin im Chubu-Sangaku-Nationalpark?

Wandern vor traumhafter Kulisse

★★ Wandern

Das von mächtigen Bergen umrahmte **Kamikochi-Tal** wird vom Oberlauf des Azusa durchströmt, der in seinem weiteren Verlauf

Doch, wie in den Alpen sieht es aus am erloschenen Vulkan Norikura.

und nach Vereinigung mit mehreren Nebenflüssen als Sai durch das Matsumoto-Becken zieht.

Kamikochi (1500 m) ist eine nur im Sommer per Straße zugängliche **Hochebene** mit saisonalen Unterkünften und touristischen Einrichtungen – kein echtes Dorf also, aber ein hervorragender Ausgangspunkt für alpine Spaziergänge und die Besteigung der umliegenden Berge. Der nahe gelegene Taisho-Teich ist 1915 infolge eines Ausbruchs des Vulkans Yakedake entstanden, dessen Auswurfmassen den Azusa aufgestaut haben.

Weiter flussaufwärts gelangt man zur **Kappa-Hängebrücke**, von der sich ein bekannt schöner Blick auf den 3190 m hohen Berg Hotaka bietet. Etwa auf halber Strecke befindet sich ein Denkmal für den Engländer **Walter Weston**, der als einer der ersten Ausländer Ende des 19. Jhs. diese Gebirgsregion erforschte und den Begriff »Japanische Alpen« prägte.

Empfehlenswerte **Touren** von der Kappa-Brücke:

- Kappa-Brücke – Weston-Denkmal – Tashiro-Brücke – Tashiro-Teich – Busterminal – Imperial Hotel – Kappa-Brücke (Gehzeit 2 Std.)
- Kappa-Brücke – Konashidaira – Myojin-Brücke – Myojin-Teich – Kappa-Brücke (Gehzeit 3 Std.).
- Kappa-Brücke – Konashidaira – Myojin-Teich – Tokusawa (Gehzeit 4 Std.).

Anfahrt: Zufahrtsstraße nach Kamikochi
Sämtliche Einrichtungen im Tal nur Mitte April bis Mitte Nov. geöffnet
www.kamikochi.or.jp/english

Majestätisches Gebirgsmassiv

Nordwestlich von Kamikochi ragt der majestätische Berg Hotaka auf, mit 3190 m der dritthöchste des Landes. Das Massiv umfasst die vier Gipfel Mae-Hotaka, Nishi-Hotaka, Oku-Hotaka (Hauptgipfel) und Kita-Hotaka. Von Kamikochi ausgehend führt der Normalweg in weitem Bogen über die Karasawa-Hütte (ca. 5½ Std.) zum Kita-Hotaka oder zum Oku-Hotaka (jeweils ca. 3 Std.). Erst ab frühestens Juli sind die Berge schneefrei.

★ Hotaka

In zwei Tagen auf den »Speer-Berg«

Nördlich schließt der 3180 m hohe Berg Yarigatake (»Speer«) an, dessen Name sich von seiner charakteristischen Silhouette herleitet. Die Besteigung lässt sich von Kamikochi aus in einer Zweitagestour bewerkstelligen.

Yarigatake

Erloschener Vulkan im Süden

Südwestlich von Kamikochi erhebt sich der 3026 m hohe erloschene Vulkan Norikura, der den Südteil des Nationalparks bildet. Von be-

Norikura

CHUBU-SANGAKU-NATIONALPARK ERLEBEN

TOURISTINFORMATION

Am Busbahnhof Kamikochi:
Tel. 0263 95 24 05
tgl. 7–17 Uhr
www.kamikochi.org/ oder
Touristinformation in ▶ Nagano, ▶ Matsumoto und ▶ Takayama

ANREISE

Bahn: Von Tokyo (Bhf. Shinjuku) JR-Chuo-Hauptlinie bis Matsumoto (2½ Std.), von hier Privatbahnlinie nach Shin-Shimashima

Bus: Von Matsumoto nach Kamikochi (2 Std.); von Shin-Shimashima nach Kamikochi (1 Std., nur im Sommer) sowie nach Shirahone-Onsen (1¼ Std.); mehrere lokale Linien

YAMA-BIRAKI

Eröffnung der Bergsteigersaison
Kamikochi, 1. Juli

WESTON-MATSURI

Fest zu Ehren von Walter Weston.
Kamikochi, Anfang Juni

sonderer Schönheit ist die seenreiche Gipfelregion. Eine Buslinie, die fast bis zum Gipfel führt, macht den Bergkegel bequem zugänglich. Der Bus fährt von Kamikochi auf einer 14,4 km langen aussichtsreichen Mautstraße über Nakanoyu-Onsen, Hirayu-Onsen und den Hirayu-Pass nach Norikura Tatamidaira (Fahrtdauer zur Norikura-Hütte 2½ Std.). Eine zweite, etwa gleich lange Busverbindung besteht von der westlich des Berges gelegenen Stadt Takayama aus. Für den 3 km langen Aufstieg von der Hütte zum Gipfel benötigt man ca. eineinhalb Stunden. Der Osthang des Berges ist ein ausgezeichnetes Skigebiet.

Erstes alpines Museum Japans

Omachi

35 km nördlich von Matsumoto (JR-Oito-Linie) liegt Omachi, ein weiteres Tor zum Nationalpark. Der ruhige, ländliche Ort besitzt ein kleines **Bergsteigermuseum**. Der Nishina-Shinmeigu-Schrein im Süden von Omachi wurde um 1100 gegründet und seit 1636 nicht mehr verändert.

Omachi Alpine Museum: tgl. 9–17 Uhr, Sept.–Juni Mo. geschl. | 400 ¥

Olympia-Winterskigebiet und höchstgelegener Kurort

Hakuba, Happo-one

Von Shinano-Omachi führt die Bahnlinie in nördlicher Richtung weiter und an den Seen Kizaki, Nakatsuna und Aoki (Nishina Sanko = Drei Nishina-Seen; Wassersport) vorbei nach Hakuba, dem Ausgangspunkt für eine Fahrt zum Bergkamm Happo-one. Hier erstreckt sich **eines der größten Skigebiete Japans**, das zudem Austragungsort der Olympischen Winterspiele 1998 war.
Eine weitere Route (Bus, 1 Std.) führt vom Bahnhof Hakuba über Hosono hinauf zur Sarukura-Hütte an der Flanke des 2933 m hohen

Berges Shirouma im nördlichen Zipfel des Nationalparks. Von den anderen zu dieser Hütte führenden Routen ist diejenige von Omachi über den Kurort **Hakuba-Yari-Onsen** eine der eindrucksvollsten. Der Ort auf rund 2100 m Höhe ist der höchstgelegene Kurort Japans.
Für den 7,5 km langen Aufstieg von der **Sarukura-Hütte** zum Gipfel des Shirouma benötigt man etwa sechseinhalb Stunden. Unterwegs passiert man ein 2 km langes Eisfeld und die für ihre reiche Gebirgsflora bekannte **Ebene Ohana-batake**, die zur Blütezeit im Juli und August besonders schön ist.

DAISEN-OKI-NATIONALPARK
大山隠岐国立公園

Hauptinsel: Honshu | **Präfekturen:** Okayama, Tottori und Shimane
Fläche: 350 km^2

Der Daisen-Oki-Nationalpark birgt mit dem bedeutenden Izumo-Taisha-Schrein das älteste shintoistische Heiligtum des Landes. Die Landschaft wird von waldreichen Hügelketten, weiten Küstenstrichen und dem Charme einer abgelegenen Inselwelt geprägt.

G 6–7

DAISEN-OKI-NATIONALPARK ERLEBEN

ANREISE

Flugzeug: Von Osaka nach Saigo (Insel Dogo; 2 Std.); von Osaka nach Izumo (1 Std.)
Bahn: Von Kyoto JR-San-in-Hauptlinie nach Daisenguchi, Yonago, Matsue und Izumo oder mit dem Shinkansen bis Okayama, von dort nach Matsue (3½ Std.); Ichibata-Privatbahnlinie von Izumo-shi via Kawato zum Izumo-Taisha-Schrein, weiter nach Matsue-Onsen; Nebenstrecke von Yonago nach Sakaiminato
Bus: Von Daisenguchi zum Daisenji-Tempel (35 Min.);| von Matsue nach Mihonoseki sowie nach Kaga (1¼ Std.)
Schiff: Von Sakaiminato nach Saigo (Insel Dogo) und Beppu (Insel Dozen)
Nach Matsue: ▶ S. 268

SCHREINFEST

Izumo-Taisha-Schrein
Mitte Mai, 1. Juni, Mitte Oktober, Mitte November

Küsten, Inseln, Vulkane

Der Daisen-Oki-Nationalpark an und in der Meeresregion, die der Nordküste des westlichen Honshu vorgelagert ist, umfasst Teile der Halbinsel ▶ Shimane der **Oki-Inseln**. Zu den räumlich voneinander getrennten Teilen des Naturschutzgebiets gehören: im äußersten Westen der Halbinsel Shimane die Landschaft um den Taisha-Schrein bei Izumo (▶ S. 271); südlich abseits der Küste das Gebiet des erloschenen Vulkans Sanbe; im Nordosten der Halbinsel der Küstenbereich zwischen Kashima und Mihonoseki; weiter östlich und etwas landeinwärts die Region des gleichfalls erloschenen Vulkans Daisen; und die etwa 70 km vor der Küste gelegene Gruppe der ▶ Oki-Inseln.

★ DAISETSUZAN-NATIONALPARK
大雪山国立公園

Hauptinsel: Hokkaido | **Präfektur:** Hokkaido | **Fläche:** 2267 km²

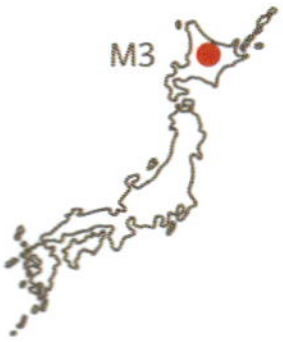

Aktive Vulkane, wilde Schluchten, hochalpine Bergwelt und der »Große Schnee-Berg« – kein Wunder, dass der Daisetsuzan-Nationalpark vor allem ein grandioses Naturerlebnis ist. Dazwischen liegen reizvolle Onsenorte, Skigebiete und ehemalige Wohnstätten der Ainu-Ureinwohner.

Grandioses Naturerlebnis

Berggipfel und Quellen

Der Daisetsuzan-Nationalpark im Zentrum der nördlichsten japanischen Hauptinsel umschließt drei (aktive) Vulkanmassive mit den höchsten **Gipfeln** der Insel: Asahi (2290 m), Tomuraushi (2141 m) und Tokachi (2077 m). Der östliche Teil des Parks umfasst den 1962 m hohen Ishikari sowie die Seen Shikaribetsu und Nukabira. Im Nationalpark liegt das Quellgebiet der Flüsse Tokachi, Ishikari und Chubetsu, die reizvolle **Schluchten** bilden. Deren bekannteste ist die 50 km östlich der Stadt Asahikawa gelegene Sounkyo-Schlucht.

Wohin im Daisetsuzan-Nationalpark?

Ainu-Stadt als Ausgangspunkt

Asahikawa

Die vom Ishikari, dem längsten Fluss Hokkaidos, in Nord- und Südteil getrennte Stadt Asahikawa war Garnison der Tonden-hei-Pioniere, die während der Kolonisationszeit im 19. Jh. die Ainu – Urbevölkerung von Hokkaido – zurückdrängten. Vom Bahnhof 4 km nordwestlich (Bus, 20 Min.) liegt Chikabumi mit dem **Kawamura Ainu Museum**, in dem Objekte der Ainu-Volkskunst verkauft werden: Besucher können selbst Maultrommeln ausprobieren oder herstellen, Ainu-Tänze lernen oder -Gerichte kosten.

Kawamura Ainu Museum: tgl. 9–17, Juli/Aug. bis 18 Uhr | 500 ¥

Enge Schlucht und ein Naturpark am Chubetsu

Kamui-kotan-Schlucht

Ein besonders schöner Ausflug führt zu der 13 km westlich der Stadt gelegenen Schlucht Kamui-kotan (Bus, 30 Min.), die der Ishikari durch die Yubari-Berge gegraben hat. Die schmale Schlucht, sagenumwobene Heimat der Ainu, ist besonders während der Kirschblüte und im Herbst sehenswert. In den 9 km von der Bahnstation Ino entfernten Felswänden wurden etwa 200 prähistorische **Höhlenwohnungen** sowie Stein-, Eisen- und Keramikfragmente entdeckt.

Südöstlich des Bahnhofs Asahigawa (3 km; Bus, 20 Min.) liegt der rund 45 ha große **Kaguraoka-Park**, ein Naturpark am Chubetsu, Nebenfluss des Ishikari, mit dem der Schutzgottheit der Stadt geweihten **Kamikawa-Schrein**. Das hügelige Gelände bietet einen schönen Blick auf Stadt und Kamikawa-Becken.

Senkrechte Felswände, Wasserfälle und ein Panoramablick

★ Sounkyo-Schlucht

Östlich von Asahikawa erstreckt sich im Norden des Parks die 24 km lange Sounkyo-Schlucht zwischen nördlichem Ausläufer des Daisetsu und südlichem Obako. Die sich hindurch windende Straße bietet den besten Ausblick auf die Schönheiten der Gegend (Aussichtsbusse). Zu beiden Seiten ragen Felswände bis 150 m auf, vereinzelt stürzen Wasserfälle talwärts (Ryusei-no-taki, Ginga-no-taki). Am oberen Ende der Schlucht liegen die Kessel Kobako (»kleine Schachtel«) und Obako (»große Schachtel«), so genannt, weil die senkrechten Wände beim Besucher den Eindruck erwecken, auf dem Boden einer Schachtel zu stehen.

Auf halber Strecke mitten in der Schlucht ist **Sounkyo-Onsen**, einer der beliebtesten Urlaubsorte Hokkaidos, Ausgangspunkt einer **Seilbahn**, die in mehreren Etappen bis in 1300 m Höhe führt (Weiterfahrt mit Sessellift). Von oben bietet sich ein Panoramablick auf die Bergmassive der Umgebung und das waldreiche Umland mit seinen idyllischen Orten. In den Hochlagen findet man eine artenreiche Gebirgsflora.

Sounkyo-Kurodake Ropeway: tgl. 8–16 Uhr (saisonal länger) | 1950 ¥

Zum Sekihoku-Pass

Daisetsu Highway

Der Daisetsu Highway, der die Verbindung nach Kitami und zum Akan-Nationalpark (► Akan-ko) herstellt, führt von der Sounkyo-Schlucht aus ostwärts zum 1050 m hohen Sekihoku-Pass am Ostrand des Daisetsuzan-Nationalparks.

DAISETSUZAN-NATIONALPARK ERLEBEN

VISITOR CENTER

Sounkyo: Kamikawa-cho, Kamikawa-gun, Hokkaido 078-1701
Tel. 01658-9-4400 | http://sounkyovc.net/visitorcenter/index
Asahidake: 23 Asahidake Onsen, Higashikawa-cho, Kamikawa-gun, Hokkaido 071-0372
Tel. 0166-97-2153 | https://digjapan.travel/en/spot/id=6855
Internet: http://hokkaido.env.go.jp/nature/mat/park/en/

ANREISE

Flugzeug: Von Tokyo nach Asahikawa (1 Std. 40 Min.) und nach Obihiro (1½ Std.)
Bahn: Nach Asahikawa von Abashiri (Sekihoku-Hauptlinie, 3¾ Std.), Furano (Furano-Linie, 1¼ Std.) und Sapporo (Hakodate-Hauptlinie, 1½ Std.); von Asahikawa JR-Sekihoku-Linie nach Kamikawa (¾ Std.); von Asahikawa JR-Furano-Linie nach Biei (nordwestlich von Shirogane-Onsen, 30 Min.)
Bus: Von Asahikawa nach Sounkyo-Onsen (1½–2 Std.), weiter bis Kitami (3½ Std.); ferner nach Asahidake-Onsen (1½Std.)

ZUGANG ZUM PARK

Asahikawa ist der günstigste Ausgangspunkt für einen Besuch des Nationalparks, den man auf diesem Weg von Nordwesten her betritt. Südzugang zum Daisetsuzan-Nationalpark ist die Stadt Obihiro.

Vom Thermalbad in die Berge

Asahidake-Onsen

Am Südhang des Berges Asahi liegt das Thermalbad Asahidake-Onsen (1050 m), 43 km südöstlich von Asahikawa. Der Ort eignet sich als Basislager für **Bergtouren** auf den Asahi (Aufstieg 4 Std.), den 2246 m hohen Hokuchin, den 1984 m hohen Kuro (alle nördlich) oder den Aka (östlich; 2078 m).
Von Asahidake-Onsen führt eine Seilbahn bis auf 1600 m Höhe, unterhalb des **Asahidake**-Gipfels.

Seilbahn: je nach Jahreszeit tgl. 6/6.30/8/9–16/17/17.30/18 Uhr | 1800 ¥/2900 ¥ (21. Okt.–Mai günstiger)
http://asahidake.hokkaido.jp/en/index.html

Der Südwesten des Nationalparks

Vulkan Tokachi

Die südwestliche Region des Nationalparks erreicht man von Asahikawa mit der Bahn über Shirogane-Onsen. Nur 8 km von dem reizvollen Ort entfernt erhebt sich der 2077 m hohe Vulkan Tokachi, der zuletzt 1962 ausgebrochen ist; an seinen Hängen erstreckt sich ein **Skigebiet**, das zu den vier besten von Hokkaido zählt. In unmittelbarer Nähe des Vulkans liegen die Berge Biei (nördlich; 2052 m) und Kami-Horokamitoku (südlich; 1887 m).

Im Herbst leuchtet die Sounkyo-Schlucht.

★ DEWA SANZAN
出羽三山

Hauptinsel: Honshu | **Präfektur:** Yamagata

Die drei heiligen Berge der Bergasketen (Yamabushi) sind abgelegene, mystische Ziele, zu denen es eher Pilger zieht als Touristen – neben Einblicken in japanische Spiritualität bietet der Besuch auch ein unvergessliches Naturerlebnis.

Pilgerziel der Bergasketen

Die Dewa-Sanzan (»Drei Berge von Dewa«) mit den Gipfeln Gassan, Yudono-san und Haguro-san gehören zum Bandai-Asahi-Nationalpark (▶ S. 57). Alle drei Berge gelten der asketisch-exorzistischen **Shugendo-Lehre** als heilig, die Elemente von Shintoismus und Buddhismus vereint. Alljährlich ziehen Pilger in der Kleidung von **Yamabushi** (Bergasketen) zu den Schreinen, besonders zu dem Mitte Juli stattfindenden Fest des Dewa-Schreins. Gegründet wurde die Shugendo-Bewegung von einem buddhistischen Priester, Shobo (832–909), der aus der Shingon-Schule kam und den eher shintoistisch geprägten asketischen und magischen Glaubensinhalten einen verbindlichen Rahmen gab.

Shugendo-Lehre und das Leben der Bergmönche

Pilgerort Haguro

Ein Ausflug in diese noch immer (trotz der Pilgerzüge) recht abgeschiedene Bergwelt ist ein Höhepunkt einer Reise durch Nordjapan. Am Eingang zum Haguro-san liegt ein kleiner Pilgerort, Haguro. Am Eingang zum Haguro-san informiert das Museum **Ideha Bunka**

DEWA SANZAN ERLEBEN

TOURISTENINFORMATION

Im Ideha Museum, Haguro:
Tel. 0235 62 47 27 | tgl. 9–16.30, Dez.–März 9.30–16 Uhr
www.japan-guide.com/e/e7902.html

ANREISE

Beste Ausgangsbasis ist Tsuruoka (▶ Sakata, S. 389). Von dort fahren regelmäßig Busse zum Dorf Haguro (40 Min.) und weiter zum Gipfel Haguro-Sancho (55 Min.), seltener zum Yudonosan-Jinja (1¾ Std.)

Fast alle Unterkünfte in Shugendo-Schreinen/-Tempeln sind speziell für Pilger gedacht. Vermittlung von Unterkünften über die Touristeninformation.

Kinen-kan über die Geschichte des Shugendo, das Leben der asketischen Bergmönche und die Geschichte der drei Pilgerstätten des Dewa Sanzan.

Ideha Museum: ▶ Touristeninformation | 400 ¥

Längste Treppe Japans

Haguro-san, Dewa-Schrein

Hauptziel der meisten Pilger ist der 419 m hohe Haguro-san mit dem Dewa-Schrein. Das der Gottheit Ideha-no-mikoto geweihte Heiligtum ist vom Dorf Haguro über eine zwischen uralten Bäumen verlaufende lange Treppe zugänglich; auf dem Weg kommt man an der angeblich ältesten Pagode des Tohoku-Distrikts vorbei (14. Jh.).

Sitz der Berg- und Mondgottheit

Yudonosan, Gassan

Höchster Berg der Dewa-Sanzan ist der 1980 m hohe Gassan. Der Aufstieg erfolgt von Südwesten über den 1504 m hohen Yudono. Der **Yudonosan** wird als Sitz der Berggottheit Oyamatsumi-no-mikoto angesehen, die an dem von einer Thermalquelle gespeisten Wasserfall verehrt wird, der Gipfel selbst darf nicht betreten werden. Auf dem Gipfel des **Gassan** steht der gleichnamige, der Mondgottheit Tsukiyomi-no-mikoto geweihte Schrein mit weitem Blick auf das Bergland und die Japansee.

Nicht ganz 2500 Stufen und schon ist man oben auf dem Haguro-san.

★★ FUJI-SAN
富士山

Hauptinsel: Honshu | **Präfekturen:** Yamanashi und Shizuoka
Höhe: 3776 m ü. d.M.

Der höchste und schönste Berg Japans ist an klaren Tagen noch von Tokyo aus zu sehen. Seine korrekte japanische Bezeichnung ist Fuji-san – der Name Fujiyama (im Deutschen auch Fudschijama) ist in Japan nicht gebräuchlich. Der perfekt geformte Vulkan gilt als Sitz shintoistischer Götter.

Symbol und Heiligtum

Der Fuji, mit 3776 m höchste Erhebung der zentraljapanischen Fuji-Vulkankette, wurde schon in alter Zeit in Dichtung und Malerei verherrlicht, in den Versen von Yamabe Akahito (8. Jh.) oder der Farbholzschnitt-Serie »**36 Ansichten des Berges Fuji**« des Hokusai (1760–1849; ► S. 589).
Das Gebiet gehört zum Fuji-Hakone-Izu-Nationalpark. Lange Zeit bestiegen ausschließlich fromme Pilger den heiligen Berg – bis 1872 durfte er, wie andere Naturheiligtümer auch, von Frauen nicht betreten werden. Heute wird der Fuji alljährlich von rund 300 000 Menschen erstiegen, darunter viele Ausländer. Höhepunkt ist der vom Gipfel erlebte Sonnenaufgang (Goraiko). An der Nordflanke liegen die fünf ► Fuji-Seen.

Vulkanische Aktivität und Umwelt

UNESCO-Weltkulturerbe

Der Fuji ist ein im Quartär entstandener, etwa 300 000 Jahre alter Schichtvulkan. Der nahezu kreisförmige Berg hat an seinem Fuß einen Durchmesser von 35–40 km. Man vermutet, dass sich sein Name von dem Ainu-Wort für Feuer (fuchi) herleitet. Historisch belegt sind 18 **Ausbrüche**, die stärksten ereigneten sich in den Jahren 800, 864 und 1707. Bei der Eruption von 1707 wurde das 100 km entfernte Edo (Tokyo) von einer dicken Ascheschicht bedeckt und der 2702 m hohe Seitenkrater Hoeizan gebildet. Heute wird der Fuji als aktiver Vulkan mit geringem Eruptionsrisiko eingestuft.
Seit 2013 zählt der Fuji zum UNESCO-Weltkulturerbe. Zum Weltnaturerbe hat es wegen der menschlichen Eingriffe an Japans höchstem Berg und des (mittlerweile etwas zurückgegangenen) Müllproblems allerdings nicht gereicht. Vermeiden Sie auf jeden Fall, Abfälle zurückzulassen!

Der Fuji ist immer im Blick, auch von der Chureito-Pagode beim Informationszentrum Fujiyoshida.

Bergrouten

Vier Wege auf den Berg

Aufstieg zum Kraterrand

Auf den Fuji führen vier Bergrouten, die jeweils in zehn Etappen (Gome) ungleicher Länge unterteilt sind (Ichi-gome = erste Etappe, Ni-gome = zweite Etappe usw.). An den Etappenzielen befinden sich steinerne Orientierungszeichen und bisweilen eine Schutzhütte.

Normalerweise beginnt der Aufstieg am frühen Nachmittag, sodass bei Einbruch der Dunkelheit die 7. oder 8. Station erreicht ist. Nach einer Übernachtung bricht man frühmorgens zum Gipfel auf und macht den Rundgang um den Krater. Gegen Mittag wird der Abstieg angetreten, am Spätnachmittag ist die Ausgangsbasis wieder erreicht.

Die vier **Bergrouten** heißen Yoshida, Gotemba, Subashiri und Fujinomiya. Für Wanderer, die aus Tokyo anreisen, ist die Yoshida-Route die empfehlenswerteste für den Aufstieg, Subashiri eignet sich am besten für den Abstieg. Wer aus Osaka oder Kyoto kommt, wählt besser die Fujinomiya-Route. Entsprechend gibt es auch **vier fünfte Stationen** – je nach Route.

Offizielle Saison (je nach Wetterlage): Anfang Juli bis Mitte Sept. Im Winter ist der Aufstieg wegen akuter Lawinengefahr gesperrt

Ausblick auf die Fuji-Seen

Yoshida-Route

Vom Bahnhof Kawaguchiko (JR-Fujikyuko-Linie ab Tokyo, 2 Std.) besteht über die Fuji-Subaru-Bergstraße eine Busverbindung zur fünften Station (Go-gome). Auf dieser Strecke bieten sich schöne Ausblicke auf die ▶ Fuji-Seen. An der fünften Station (2305 m) beginnt der Anstieg, der oft noch bis zur siebten Station in 2700 m Höhe mit Reitpferden bewältigt wird. Selbst Biker versuchen es bis hierhin. Bei der sechsten Station beginnt der eigentliche, 6 km lange Einstieg zum Gipfel.

Meistbegangene Route

Subashiri-Route

Eine Variante ist die Subashiri-Route, die zur östlich des Gipfels gelegenen fünften Station führt. Von hier gibt es während der Saison eine Busverbindung zum JR-Bahnhof Gotemba. Auf Höhe der achten Station trifft diese Strecke mit der Yoshida-Route zusammen.

Die Subashiri-Route ist die am meisten begangene Route zum Gipfel; zwischen der 8. Station und dem Kraterrand gibt es unterschiedliche Wege für Auf- und Abstieg. Der Aufstieg dauert etwa 6, der Abstieg etwa 3 Stunden.

Im Anblick des Sonnenaufgangs

Gotemba-Route

Vom Bahnhof Gotemba (JR-Gotemba-Linie von Tokyo) erreicht man die neue zweite Station (Shin-nigome) in 45 Minuten mit dem Bus. Der 11 km lange Aufstieg zum Gipfel kann in rund sechseinhalb Stunden

FUJI-SAN ERLEBEN

FUJIYOSHIDA TOURIST INFORMATION SERVICE
Neben Bahnhof Fushiyoshida: Tel. 0555 22 70 00; tgl. 9–17, Juli/Aug. bis 18 Uhr

FUJIKAWAGUCHIKO TOURIST SERVICE
Vor dem Bahnhof Kawaguchiko: Tel. 555 72 67 00; tgl. 9–17 Uhr

IM INTERNET
Offizielle Seite des Umweltministeriums und der Präfekturen Yamanashi und Shizuoka mit Informationen zur Fuji-Besteigung: www.fujisan-climb.jp/en/index.html

ANREISE
Bahn: Von Tokyo (Bhf. Shinjuku) JR-Chuo-Hauptlinie über Fuji-Yoshida bis Kawaguchiko (2 Std.; umsteigen in Otsuki zur Fuji-Kyuko-Linie); von Osaka JR-Tokaido-Shinkansen-Linie bis Mishima (3¼ Std.); von Kozu oder Numazu JR-Gotemba-Linie nach Gotemba
Bus: Von Tokyo (Hamamatsucho oder Shinjuku Bus Terminal) zur 5. Station der Kawaguchiko-Route (2½–3 Std.); von Mishima (Fujinomiya-Route) zur Neuen 5. Station (Shin-gogome; 2 Std.); von Fuji-Yoshida (Fuji-Yoshida-Route) zum Fuji-Sengen-Schrein (5 Min.); von Gotemba (Gotemba-Route) zur 5. Station (40 Min.)

Zeremoniell zu Beginn und Ende der Ersteigungssaison.
1. Juli und Anfang September

YABUSAME-MATSURI
Zweitägiges Festival mit Bogenschützendarbietungen.
Mitte September

FINISSAGE AM FUJI
Zum Ausklang der offiziellen Saison am Fuji wird am 26. August das Fest **Yoshida no Hi-Matsuri** veranstaltet: Am Abend werden entlang der Yoshida-Route Fackeln und Leuchtfeuer entzündet, dazu findet eine Prozession mit einem 1125 kg schweren Tragschrein statt.

Für den Aufstieg unerlässlich sind robustes Schuhwerk, Taschenlampe, wetterfeste und warme Kleidung, Proviant, Trinkwasser, Sonnenschutz und möglichst Wanderstöcke. Auf dem Gipfel herrschen selbst im Hochsommer (Juli/Aug.) Durchschnittstemperaturen von nur 5–6 °C.

BERGHÜTTEN €
Während der Besteigungssaison ist es möglich, auf einer der (sehr vollen) Berghütten zu übernachten. Unbedingt vorher reservieren! Übernachtung pro Person ca. 5000–7000 ¥, inkl. zweier Mahlzeiten.

bewältigt werden. Diese steinige Route eignet sich eher für den Rückweg: Abstieg bis zur siebten Station 1 Stunde; von hier bis zur zweiten Station gibt es die Abkürzung Suna-bashiri (»Sandgleiten«), wo man auf einer Strecke von 7 km Länge in etwa einer halben Stunde auf einem Abhang vulkanischer Asche abrutscht. Etwa 1 km südlich der fünften

Station dieser Route liegt der Seitenkrater Hoeizan. Wie die Subashiri-Route bietet auch dieser Aufstieg oberhalb der dritten Station einen schönen Blick auf den Sonnenaufgang.

Südlicher Aufstieg

Fujinomiya-Route

Die Fujinomiya-Route ist vor allem bei einer Anreise aus Westjapan günstig zu erreichen (JR Tokaido Shinkansen bis Shin-Fuji oder Mishima, von dort weiter mit dem Bus bis zur fünften Station Fujinomiya). Mit 2400 m ist die fünfte Station der Fujinomiya-Route die höchstgelegene, entsprechend ist der Aufstieg etwas kürzer als auf den anderen Routen. Als einzige Route ist sie nicht in einen Auf- und einen Abstieg unterteilt. Der Weg wird oberhalb der achten Station (Munatsuki-hatcho) ziemlich steil und führt direkt zum Okunoin (Innerer Schrein des Sengen-Schreins) auf dem Gipfel.

★ Fuji-Gipfelregion

Krater aus acht Gipfeln

Rundwege

Die Gipfelregion des Fuji besteht aus dem »Naijin« (= Heiligtum) genannten Krater von 500 m Durchmesser. Seinen Rand bilden acht **Gipfel**: Kengamine (mit 3776 m der höchste Gipfel), Hakusan (auch Shaka), Kusushi, Dainichi (auch Asahi), Izu, Joju (auch Seishigadake), Komagatake und Mishimadake. Vom Kengamine aus gibt es für den Rundweg (Ohachi-meguri) **zwei Varianten**: Leichter als der steile, direkt über die Kämme führende Weg ist der mit 3,5 km Gesamtstrecke kürzere Pfad am inneren Kraterrand entlang. Nördlich des Komagatake, beim Endpunkt der Fujinomiya-Route, befindet sich der **Sengen-Schrein**, unweit östlich an der äußeren Kraterflanke die **Quelle Gimmeisui** (»Silbern schimmerndes Wasser«).
Wenige hundert Meter weiter westlich gelangt man zur ehemaligen **Wetterbeobachtungsstation**, wo der Meteorologe Nonaka Itaru 1895 die ersten Messungen vorgenommen hat. Zu Füßen des den Krater im Norden überragenden Hakusan liegt die eiskalte **Quelle Kimmeisui** (»golden schimmerndes Wasser«).

Fuji-Halbhöhen-Rundwanderung

»Grenze zwischen Himmel und Erde«

Ochudo-meguri

Auf der Höhe der fünften bzw. achten Stationen der Anstiegsrouten (etwa 2500 m ü. d. M.) umzieht der Wanderweg Ochudo-meguri den Bergkegel. Für die 20 km lange Strecke muss man etwa acht bis zehn Stunden Gehzeit einplanen. Der Ausgangspunkt ist beliebig wählbar; die schwierigsten Abschnitte sind der Hoeizan an der Ostflanke und die Osawa-Schlucht im Westen, die größte Schlucht des Fuji.

★ FUJI-SEEN · FUJI-GOKO 富士五湖

Hauptinsel: Honshu | **Präfektur:** Yamanashi

Den Fuji-san, den idealen Berg, möchte man vor allem sehen; das Besteigen (▶ Fuji-san) ist eher eine Pflichtübung, der Vollständigkeit halber. Und nirgends sieht man ihn so schön wie von den Ufern der umliegenden Seen. Die »Fünf Fuji-Seen« (Fuji-goko) sind deshalb ein Top-Ausflugsziel von Tokyo – wunderbare Landschaft und Fuji-Blick, wenn er sich nicht im Dunst versteckt. Und für die nicht seltenen Tage ohne Blick gibt es alternative Programmoptionen.

Fuji-Blick im Wechsel der Jahreszeiten

Das Klima der auf über 600 m gelegenen Seenplatte ist angenehm frisch; im Frühjahr verwandeln Kirschbäume und Azaleen die Region in ein Blütenmeer, im Herbst färben sich die Wälder leuchtend bunt. Im Sommer finden zahlreiche Wassersportler lohnende Reviere, im Winter Skifahrer und Schlittschuhläufer.
Die Region ist Teil des **Fuji-Hakone-Izu-Nationalparks**. Ganz im Osten der Fuji-Seenplatte liegt der Yamanaka-See; nach Westen zu folgen die Seen Kawaguchi, Saiko, Shoji und Motosu. In allen fünf Seen ist seit einigen Jahren die grüne Kugelalge Marimo (▶ S. 61) nachgewiesen, die extrem klares Wasser benötigt und auch im ▶ Akan-See auf Hokkaido und im Sakyo-See auf Honshu vorkommt.
Für Besucher, die aus Richtung Tokyo kommen, ist die Stadt Gotemba der günstigste Ausgangspunkt; wer aus dem Raum Osaka, Kyoto und Nagoya anreist, steigt in Fuji oder Fujinomiya südwestlich des Fuji-san aus.

Von Gotemba nach Fujinomiya

Die im Folgenden beschriebene Strecke streift die fünf Fuji-Seen sowie die Ausgangspunkte der Wanderrouten auf den Fuji-san.

Beliebtes Luftkurgebiet mit Fuji-Blick

Yamanaka-See

Der Yamanaka-See im Südosten ist mit 982 m ü. d. M. der höchstgelegene sowie mit einer Fläche von 6,5 km² der größte der Seenplatte. Die ihn umgebende Landschaft ist eines der meistbesuchten Luftkurgebiete in Japan. Am Südufer liegt Asahigaoka, das von Gotemba oder auch direkt von Tokyo mit dem Bus erreicht werden kann. Vom Nordufer genießt man – schönes Wetter vorausgesetzt – den klassischen Fuji-Blick. Auf dem See werden Dampferrundfahrten

Eisangeln am Yamanaka-See. Da spielt selbst der Fuji-san nur eine Nebenrolle.

angeboten (35 Min., 900 ¥); in der Nähe liegen der **Fuji-Golfplatz** und mehrere Campingplätze. Im See leben Aale, Karpfen und Salmoniden. Ein beliebter Sport ist das winterliche Eisangeln, bei dem es die Angler auf die Fischart Wakasagi abgesehen haben.

Stadt der Seidenstoffe

Fuji-Yoshida

Nordwestlich des Yamanaka-Sees erreicht man die Stadt Fuji-Yoshida (48 000 Einw.; Bahn/Bus von Tokyo), die für ihre Seidenstoffe (Kaiki) bekannt ist. Im nahe gelegenen Vergnügungspark **Fuji Q-Highland** (▶ S. 116) hält meist eines der zahlreichen Fahrgeschäfte (darunter ein halbes Dutzend große Achterbahnen) einen Weltrekord (hoch, schnell, steil etc.), daneben gibt es Onsen und sanftere Attraktionen.

Klassischer Fuji-Blick und Kimono-Museum

Kawaguchi-See

Nordwestlich von Fuji-Yoshida (Buslinie; Bahnverbindung von Tokyo) liegt der zweitgrößte und schönste der Fuji-Seen, der Kawaguchi-ko (822 m ü. d. M.; 6,1 km²). Von seinem Ostufer führt die Kachi-Kachi-Seilbahn auf den 1084 m hohen **Berg Tenjo** (etwa 9–17 Uhr, 800 ¥), von dem sich ein eindrucksvoller Blick auf den sich im See spiegelnden Fuji bietet. Die Mitte des Kawaguchi-ko markiert die dicht bewaldete **Insel Unoshima** mit einem der Glücksgöttin Benten geweihten Schrein.

5 km vom Bahnhof Kawaguchi entfernt befindet sich das **Itchiku Kubota Art Museum** mit einer informativen Ausstellung zu lokalen Färbetechniken und mehreren farbenprächtigen Kimonos des japanischen Textilkünstlers Itchiku Kubota; nahe der Mautstelle der Fuji-Subaru-Straße (▶ Fuji-san) lockt das **Fuji-Besucherzentrum** der Präfektur Yamanashi mit einer Fuji-Aussichtsplattform, einem sehenswerten Dokumentarfilm über den Fuji und einer kleinen naturkundlichen Ausstellung.

Ichiku Kubota Art Museum: 9.30–17.30, Dez.–März 10–16.30 Uhr 1300 ¥

Fuji Visitor Center: 8.30–17, Juli–Sept. bis 18/19 Uhr Eintritt frei

Bergtouren und Bootsrundfahrt

Kawaguchi-ko

Der Kawaguchi-ko ist Ausgangspunkt einer Bergroute auf den ▶ Fuji-san sowie von Bootsrundfahrten auf dem See (1 Std.). Dieser wird im Osten von der 1260 m langen, mautpflichtigen **Brücke** Kawaguchi-ko O-hashi überspannt.

»Ahornhügel« und zwei Höhlen

★ Koyodai

Ausflüge führen in die Region südlich des Sees, so zum Koyodai (»Ahornhügel«; Bus und 20 Min. Fußweg vom Bhf. Kawaguchiko), der eine schöne Aussicht auf den Fuji und die Seen bietet (besonders zur herbstlichen Laubfärbung). Unweit südwestlich davon erreicht man die **Eishöhle** (Narusawa-hyōketsu), weiter westlich (Fußweg 20 Min.; auch Bus vom Bhf. Kawaguchiko) die **Windhöhle** mit Lava- und Eisformationen.

Tgl. 9–17.15 Uhr, im Sommer länger | je Höhle 350 ¥, Kombiticket 500 ¥ | www.mtfuji-cave.com/en

Mysteriöses »Meer der Bäume«

Aokigahara

Zwischen dem westlich des Koyodai gelegenen Saiko-See und dem Richtung Westen folgenden Shoji-See erstreckt sich ein urwaldartiges Gebiet namens **Jukai** (»Meer der Bäume«). In dem dichten Wald, um den sich Spukgeschichten ranken, begingen seit den 1960er-Jahren viele Menschen Selbstmord. Zudem beeinträchtigt **magnetisches Eruptivgestein** die Kompasse, sodass sich dort immer wieder Wanderer verirren.

Vom kleinsten See auf den Eboshi

Shoji-See

Der von bewaldeten Bergkuppen umgebene, sich nach Süden öffnende See Shoji ist der idyllischste und mit 0,75 km² Fläche der kleinste der fünf Fuji-Seen (Busverbindung von Fuji-Yoshida, Kawaguchiko und Fujinomiya). In früheren Zeiten haben sich die Pilger im Shoji-See vor der Besteigung des Fuji gereinigt.

Eboshi

Eine beliebte Wanderung führt vom See in eineinhalb Stunden zum Gipfel des 1257 m hohen Bergs Eboshi (auch Shoji-Panorama-dai), von wo man einen lohnenden Blick auf den See, den Fuji und das »Meer der Bäume« hat.

Tiefblau und klar

Motosu-See

Der tiefblaue Motosu-See (Busverbindungen von Fuji-Yoshida und Fujinomiya) ist mit 126 m der tiefste Fuji-See und friert im Winter nicht zu. Der Blick von seiner Nordseite auf den Fuji ziert die Rückseite des 1000-Yen-Scheins.

Weiterfahrt nach Fujinomiya

★ Fujinomiya Toll Road, Fujinomiya

Die Weiterfahrt nach Fujinomiya über die 22 km lange Mautstraße Fujinomiya Toll Road (Bus, 1¼ Std.) lohnt wegen des herrlichen Blicks auf den Fuji. Etwa auf halber Strecke erreicht man den **Shiraito-Wasserfall**, wo der hier 130 m breite Fluss Shiba über eine 26 m hohe Steilwand in die Tiefe stürzt. Der Wasserfall gehört zum Weltkulturerbe Fuji.

In Fujinomiya (130 000 Einw.) steht der 1604 erbaute Taiseki-Tempel (1 km nordwestl. des Bhfs.), **Hauptschrein aller Sengen-Heiligtümer** im Bereich des Fuji. Er ist der Göttin Konohana-Sakuyahime-no-mikoto geweiht.

FUJI-SEEN ERLEBEN

FUJIKAWAGUCHIKO TOURIST INFORMATION

www.fujisan.ne.jp.e.aca.hp.transer.com

ANREISE

Nach Gotemba und Kawaguchiko ► Fuji-san

Bahn: Von Tokyo JR-Tokaido-Hauptlinie bis Fuji, dann JR-Minobu-Linie bis Fujinomiya

Bus: Von Kawaguchiko über Koyodai, Fugaku Fugetsu, den Shoji-See und Motosu-See sowie über die Fujinomiya Toll Road nach Fujinomiya (1 Std.) | von Kawaguchiko nach Gotemba (1¼ Std.) und Mishima (2 Std.)

FUJI-Q HIGHLAND

Kernstück des Parks sind mehrere Superlativ-Achterbahnen, so z. B. »Fujiyama«, mit 79 m bis 2000 die höchste Achterbahn der Welt, oder »Takabisha«, mit einem Gefälle von 121° die steilste Achterbahn der Welt. Viele Fahrgeschäfte sind erst für Kinder ab 1,20 m geeignet.

Shin-Nishihara 5-6-1, Fujiyoshida, Yamanashi-ken | Tel. 055 5 23 21 11 | tgl. 9–17, Sa./So. bis 18 Uhr | (ohne Attraktionen) 1500 ¥, Kinder (bis 12) 900 ¥, 1500 ¥ Tagespass mit beliebig vielen Fahrten: 5700 ¥ | Kinder (bis 12) 4300 ¥, (12–17) 5200 ¥
www.fujiq.jp/en/

Von Fukui ist es nicht weit zu den spektakulären Klippen von Tojinbo.

FUKUI 福井

Hauptinsel: Honshu | **Präfektur:** Fukui | **Einwohnerzahl:** 266 000

Fukui ist das Tor zum Eiheiji, dem wohl strengsten und ehrwürdigsten Zen-Tempel. Auch in die Burgstadt Maruoka und zu den spektakulären Klippen von Tojinbo führen kurze Ausflüge.

Die moderne Präfekturhauptstadt Fukui an der Nordküste von Zentral-Honshu war eines der Hauptzentren der Textilindustrie. Die Herstellung von Seide reicht hier bis ins 10. Jh. zurück. Die Stadt selbst bietet neben Burg und Tempeln einen schönen Landschaftsgarten.

Stadt der Seide

Wohin in Fukui und Umgebung?

Schönster Park und Ort der Kirschblüte

Yokokan-Garten, Asuwayama-Park

In der Stadt lohnt der **Yokokan-Garten** einen Besuch. Angelegt bereits in der Edo-Zeit, wurde die heutige Anlage erst 1982 rekonstruiert. Kenner zählen ihn zu den schönsten Gärten Japans. Auf einer Anhöhe 1 km südwestlich des Bahnhofs erstreckt sich auf einem Hü-

ZEN ERFAHREN

»Mach dich einfach innerlich leer und bring dich in Übereinstimmung mit dem Äußeren. Dann wirst du auch im hektischen Treiben der Welt in Frieden sein.« Wer versuchen möchte, dieser Weisung eines Zenmeisters des 11. Jh.s nachzueifern, kann im **Eiheiji-Tempel** übernachten und den Alltag der Mönche miterleben – einschließlich Weckruf um 3.30 Uhr. Die Teilnahme ist allerdings beschränkt, Mitglieder von Soto-Zen-Gemeinden werden bevorzugt (frühzeitige Anmeldung unbedingt erforderlich, Infos Tel. 0776-63-3640).

gel der **Asuwayama-Park** (auch Atagoyama-Park) mit dem Fujishima-Schrein, der Nitta Yoshisada († 1338), einem Feldherr des Kaisers Godaigo, gewidmet ist. Der Park gilt als einer der schönsten Orte Japans, um die Kirschblüte zu genießen.

Soto-Zen-Tempel unter Zedern

★ Eiheiji-Tempel

Hauptsehenswürdigkeit ist der 16 km östlich (Bus 30 Min. ab Bhf. Fukui) gelegene Eiheiji-Tempel, einer der beiden Haupttempel der Soto-Schule und noch aktives Kloster. Die Anlage umfasst mehr als 70 Gebäude, darunter die sieben Hauptbauten (Shichido-garan) eines vollständigen Tempelkomplexes. Das von jahrhundertealten Zedern bestandene Areal, auf dem sich die 1243 gegründete Anlage ausbreitet, wurde vom damaligen Landvogt Hatano Yoshishige dem Zen-Priester Dogen (postum Joyo-daishi) überlassen.

Man betritt den Tempelbezirk durch das Drachentor (Ryu-mon), hinter dem eine Steintreppe zu dem Tor Chokushi-mon führt, das nur von kaiserlichen Boten durchschritten werden darf (Türen mit dem Emblem des Kaisers). Der Rundgang führt hier nach links und über das Tempelbüro zum Tor Chushaku-mon zwischen dem zweistöckigen Haupttor Sammon (1749) und der ursprünglich 1338 erbauten **Buddha-Halle Butsuden** im Zentrum der Hauptgruppe mit sieben Gebäuden. Sie enthält die Statuen der **Buddhas der drei Welten** (Sanzebutsu). Sie wurde 1902 erneuert und gilt als schönster Bau des Tempels.
Dahinter erreicht man die 1000 Menschen fassende **Dharma-Halle Hatto**, 1843 wiedererrichtet und wie die Butsuden ein schönes Beispiel für die Architektur der Sung-Zeit (10.–13. Jh.).
Rechts der Buddha-Halle befindet sich der Komplex von Küche und Speisesaal Ku-in, links von ihr die 1902 nach dem Vorbild eines Zen-Tempels der Sung-Zeit erbaute **Meditationshalle Sodo** (auch Zazendo), die nur außerhalb der Übungen zugänglich ist. Schräg dahinter (an der Hatto zweimal links abbiegen) steht die **Gründerhalle Joyoden**, eine Gedenkstätte für Dogen (▶ S. 528)und andere Äbte des Tempels sowie für den Stifter Hatano.
Tgl. 4–17, im Winter 5.30–16.30 Uhr | 500 ¥
www.japan-guide.com/e/e6601.html

Eine der ältesten Burganlagen

Burg Maruoka

12 km nördlich von Fukui liegt die Burg Maruoka, auch **Kasumiga-Jo** (Nebelburg) genannt. Heute trägt sie den Beinamen zu Unrecht, denn Veränderungen in der Bebauung und Landwirtschaft haben dazu geführt, dass nur noch selten Nebelschwaden um die Burg ziehen. Dafür jedoch verwandelt sich die Umgebung der Burg im Frühling in ein Meer aus Kirschblüten. Die Festung wurde 1575/1576 von Shibata Katsutoyo, Feldherr des Oda Nobunaga, errichtet und ist eine der ältesten erhaltenen Burganlagen Japans.
Tgl. 8.30–17 Uhr | 450 ¥

FUKUI ERLEBEN

ⓘ

TOURISTINFORMATION
Im Bahnhof: Tel. 0776 20 53 48 | tgl. 8.30–19 Uhr

ANREISE
Flugzeug: Von Tokyo (Haneda Airport) bis Komatsu (1 Std.), dann Flughafenbus nach Fukui (1 Std.)
Bahn: Von Tokyo (Hbf.) JR-Tokaido-Shinkansen-Linie bis Maibara (2¼ Std.), dann JR-Hoku-riku-Hauptlinie (1 Std.) | von Osaka JR-Hokuriku-Hauptlinie (1 Std. mit Express-Zug)

Teil des Echizen-Kaga-kaigan-Quasi-Nationalparks

Tojinbo, Ojima

Rund 30 km weiter nordwestlich (Keifuku-Privatbahn bis Mikuni-Minato, dann Bus) erreicht man die Küste von Tojinbo mit bis zu 90 m hohen **Basaltformationen** (Abb. ▶ S. 117), Teil des Echizen-Kaga-kaigan-Quasi-Nationalparks. Ihr vorgelagert ist die über eine Brücke erreichbare **Insel Ojima**, auf der ein kleiner Schrein steht. Eine Bootsfahrt gewährt neue Blicke auf die Felsformationen (1400 ¥).

Alles über Dinosaurier

Katsuyama

Das **Fukui Dinosaurier Museum** (Fukui Kenritsu Kyoryu Hakubutsukan) in Katsuyama ist eines der besten Naturkundemuseen Japans. Ausgestellt sind u. a. über 40 Dinosaurierskelette. Die Anreise von Fukui erfolgt per Bahn (Katsuyama-Eiheiji Linie, 1 Std.) bis Katsuyama und dann weiter mit dem Bus (20 Min.).

Tgl. 9–17 Uhr, 2. und 4. Mi. des Monats geschl. | 720 ¥
www.dinosaur.pref.fukui.jp/en/

★★ FUKUOKA 福岡

Hauptinsel: Kyushu | **Präfektur:** Fukuoka | **Einwohnerzahl:** 1,375 Mio.

Eine quirlige, südliche Großstadt, mit Nachtleben und offenen Garküchen, wie man sie aus anderen asiatischen Ländern kennt – Fukuoka, die größte und bedeutendste Stadt Kyushus, ist stolz auf die kulturelle Nähe zum asiatischen Festland.

Eingangstor zur Insel Kyushu

Fukuoka, die Präfekturhauptstadt an der Hakata-Bucht, bildet zugleich das nördliche Eingangstor für die Insel Kyushu. Die Stadtgebiete, aus denen das heutige Fukuoka zusammengesetzt ist, sind durch den **Fluss Naka** getrennt. Das ältere **Hakata**, der Ostteil der Stadt, wurde früher Nanotsu genannt und war Hafen sowie Handelszentrum. Westlich davon entstand im 17. Jh. die Burgstadt Fukuoka. Im Jahr 1889 wurden beide Orte zusammengelegt, aber noch heute ist Hakata vor allem Geschäftszentrum, während Banken und Verwaltung im Bezirk Fukuoka ihren Sitz haben. Wichtigste Erzeugnisse sind Chemieprodukte, Elektrogeräte, Werkzeuge, Textilien (**Hakata-ori-Seide**) und Nahrungsmittel; bekannt sind ferner die **Hakata-ningyo** genannten Porzellanpuppen.

Sieg über die Mongolen

»Kamikaze«

In der zweiten Hälfte des 13. Jhs. war Fukuoka Schauplatz heftiger Kämpfe gegen die Mongolen unter Kublai Khan. Der erste Invasionsversuch wurde 1274 abgewehrt, doch schon 1281 folgte der zweite

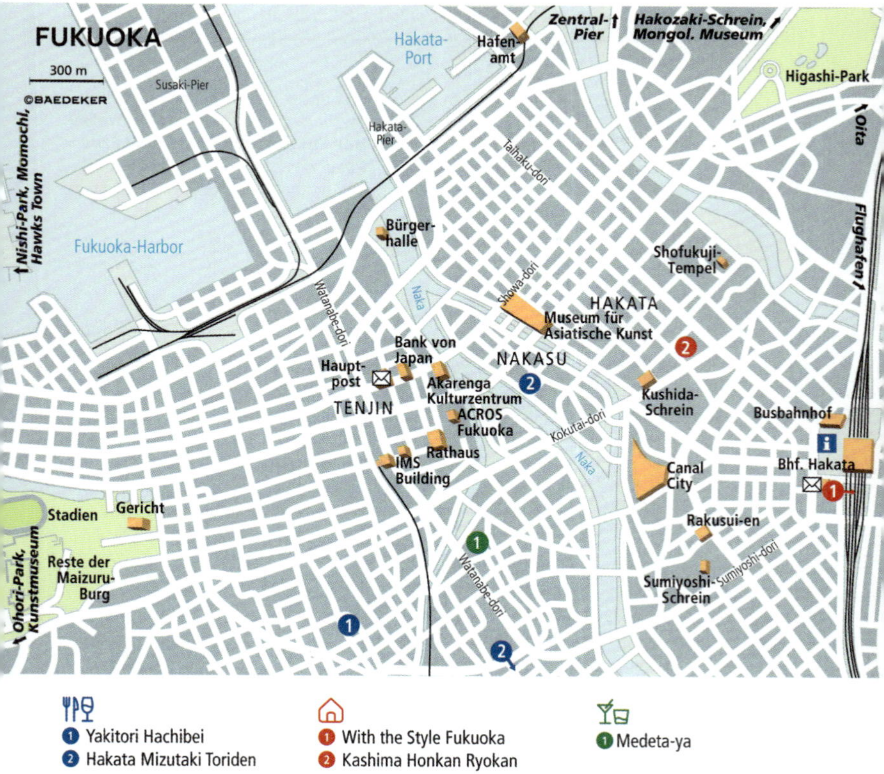

des auf 100 000 Mann verstärkten Mongolenheers. An dem 3 m hohen Verteidigungswall, der an der Hakata-Bucht zwischen Hakozaki und Imazu errichtet worden war, kam der Angriff zum Stillstand und ein plötzlicher verheerender Taifun (daher »Kamikaze«, »Götterwind«, genannt) zerstörte die gesamte mongolische Flotte.

Wohin in Fukuoka?

Ältestes Heiligtum des Zen-Buddhismus

Shofukuji-Tempel

Vom Hauptbahnhof Hakata südöstlich des Zentrums gelangt man zum etwa 1 km nordwestlich gelegenen Shofukuji-Tempel, dem ältesten Heiligtum des Zen-Buddhismus in Japan. Er wurde vermutlich

FUKUOKA ERLEBEN

TOURISTINFORMATION

In beiden Büros bekommt man auch die **Welcome Card Fukuoka**, die eine Reihe von Rabatten gewährt.
Im Bahnhof:
Tel. 092 4 31 30 03 | tgl. 8–21 Uhr
In Tenjin: ACROS Building, 2nd Fl. | Tel. 092 7 51 69 04
tgl. 9.30–19 Uhr
Informationen im Internet:
http://yokanavi.com/en und unter http://fukuoka-now.com (Website des Expat-Magazins »Fukuoka Now«).

ANREISE

Flugzeug: Von Tokyo (Haneda Airport (1¾ Std.); von Osaka (1 Std.)
Bahn: Von Tokyo (Hbf.) Shinkansen-Linie über Osaka bis Bhf. Hakata (5 Std.); lokale Linien von Hakata ins Hinterland und nach Nagasaki (Nagasaki-Hauptlinie, 2 Std.)
Bus: Vom Bhf. Fukuoka ins Stadtzentrum (15 Min.); vom Flughafen zum Bhf. (15 Min.)
Schiff: Fährverbindung zur Insel Iki (2¼ Std.); nach Izuhara (Tsu-shima-Inseln; 4½ Std.)

Das Stadtgebiet von Fukuoka ist einschließlich Flughafen über drei **U-Bahnlinien** gut erschlossen. Ein Tagesticket (ichinichi-ken) für die U-Bahn kostet 620 ¥ und berechtigt auch zu ermäßigtem Eintritt bei verschiedenen Sehenswürdigkeiten.
http://subway.city.fukuoka.lg.jp/eng
Nützlich für Touristen ist auch der im Zentrum Fukuokas verkehrende **Ringbus** (u. a. vom Bhf. über Canal City nach Tenjin), der pro Fahrt 100 ¥ kostet.

Wer abseits der U-Bahn unterwegs ist, für den lohnt sich der **Nishitetsu Bus Fukuoka City One-Day Free Pass**, der zur Benutzung aller Busse im Stadtgebiet berechtigt (Tagespass 900 ¥).

TAMASESERI

Zwei Teams (Meer und Land) kämpfen nur mit einem Lendenschurz bekleidet um einen hölzernen Ball. Gewinnt das Meer, gibt es einen reichen Fischfang. Gewinnt das Land, bedeutet das eine gute Ernte.
Anfang Januar

HAKATA DONTAKU MATSURI

Festumzüge und riesiges Volksfest mit Verkleidungen
3./4. Mai

HAKATA GION YAMAKASA

Höhepunkt des zweiwöchigen Festes ist das Wettrennen mit prächtigen Festwagen durch die Stadt am letzten Tag.
1.–15. Juli

KARATSU KUNCHI MATSURI

Umzug mit 14 ungewöhnlichen Trageschreinen; der älteste stammt aus dem Jahr 1819.
Karatsu-Schrein, 2.–4. November

Die Haupteinkaufsstraße der Stadt ist die **Watanabe-dori** in Tenjin. Bekanntere Einkaufsmekkas mit den üblichen internationalen und japanischen Ketten sind **Canal City** und **Hawks Town** in Momochi. Kleine Labels und Boutiquen mit Unikaten finden sich im Viertel **Imaizumi**. Beliebtes Mitbringsel sind Hakata-Porzellanpuppen.

Vergnügungszentrum Nummer eins ist das **Rotlichtviertel Nakasu** mit zahlreichen Bars, Izakayas und Restaurants.

1 MEDETA-YA

Hier wird man in die Showa-Zeit zurückversetzt: Alte Poster schmücken die Wände, und es gibt eine Sammlung alter Konservendosen. 400 ¥ Tischgebühr.
Watanabe-dori 5-14-24, Chuo-ku, 11th Fl. | Tel. 090 59 32 88 01
Mo.–Sa. 19–2 Uhr

1 YAKITORI HACHIBEI €€€

Gegrillte Spießchen sind eigentlich ein typisches »Streetfood«, das man in Buden an der Straße isst – hier sind sie mit klassischen und Neukreationen auf Gourmetlevel gehoben.
Keigo 1–4–27, Chuo-ku
Tel. 092 7 32 53 79 | tgl. 18–1 Uhr
www.hachibei.com/en/

2 HAKATA MIZUTAKI TORIDEN €€

Zu Toriden gehen die Einheimischen, wenn sie Mizutaki essen wollen: eine für Fukuoka typische Hühnerbrühe mit Zitrone, in der wie in einem Fondue Fisch und Gemüse gekocht werden.
Yakuin 2-3-30, Chuo-ku
Tel. 092 7 16 22 02 | tgl. 12–23.30 Uhr

YATAI-STRASSENSTÄNDE

Fukuoka ist berühmt für **Ramen** (Nudelsuppe); besonders authentisch sind sie an den über 150 offenen Straßenständen. Neben Ramen gibt es dort meist auch **Yakitori** (Hühnerspießchen) und **Oden** (verschiedene in Brühe gekochte Happen) sowie reichlich Alkohol.
Überall am Flussufer, besonders südlich von Nakasu
tgl. ca. 18–2 Uhr

1 WITH THE STYLE FUKUOKA €€€€

Edles Boutiquehotel am Bahnhof Hakata, vom Tokyoter Designer Ryu Kosaka gestaltet. Bar und Restaurants, Holzveranda in jedem Zimmer und Rotenburo auf dem Dach.
1-9-18 Hakata-eki-minami, Hakata-ku, Fukuoka-shi, Fukuoka 812-0016
Tel. 092 4 33 39 00
www.withthestyle.com/en/

2 KASHIMA HONKAN RYOKAN €

Wer einmal richtig japanisch übernachten möchte: Dieses authentische, gemütliche Ryokan mit japanischen Zimmern und traditionellem Garten stammt noch aus der Taisho-Zeit (1911–1925).
Hakata-ku, Reisen-machi 3-11
Tel. 092 2 91 07 46

1195 von dem Priester Eisai (1141–1215) im Auftrag von Minamoto Yoritomo gegründet. Eisai hatte den Zen-Buddhismus und die Teekultur vom Hof der chinesischen Sung-Dynastie nach Japan gebracht (► S. 528).

Erinnerung an die Mongoleninvasion

Higashi-Park

Unweit nördlich des Tempels erstreckt sich der Higashi-Park mit einem Denkmal zur Erinnerung an die beiden Mongoleninvasionen sowie den Standbildern des buddhistischen Reformators Nichiren (1222–1282;

Japan mal nicht klassisch: Shopping in fantasievollem Ambiente in Canal City

► S. 186, 531) und des Kaisers Kameyama (1249–1305). Ein kleines Museum informiert über die Geschichte.

Mongolian Invasion Historical Museum: tgl. 10–16 Uhr | 300 ¥

Schrein für den Kriegsgott Haniman

Hakozaki-Schrein

Noch weiter nördlich steht der Hakozaki-Schrein (5 Gehmin. von U-Bahn-Station Hakozaki Miyamae). Er wurde 923 gegründet und ist einer der bekanntesten Hachiman-Schreine des Landes. Gebetshalle (Haiden) und Haupthalle (Honden) wurden 1546 erbaut, das steinerne Torii 1609; der zweistöckige Torturm wurde 1594 ausschließlich aus Holz und ohne Verwendung eines einzigen Nagels errichtet.

Nationaler Schatz

Sumiyoshi-Schrein

Vom Hauptbahnhof in südwestlicher Richtung (etwa 800 m) erreicht man den Sumiyoshi-Schrein (den Schutzgöttern der Seefahrer geweiht), einer der ältesten Schreine Kyushus. Das im klassischen Stil errichtete und 1623 erneuerte Hauptgebäude ist ein Nationalschatz.

Architektonisch interessantes Einkaufswunder

Canal City

Ein Bummel durchs Zentrum führt südlich der Nakasu-Insel zum Shopping Center Canal City in einem modernen architektonischen Komplex. Der zukunftsweisende Mammutbau in geschwungenen Formen motiviert hier die Kunden zum Staunen, Erleben und Kaufen in einem multifunktionalen Paradies mit Kinos, Hotels und Boutiquen.

Ein Hauch des alten Hakata

Kushida Jinja

Den reizvollen, im 8. Jh. gegründeten Schrein umweht ein Hauch des historischen Hakata. Im Vorhof steht ein angeblich über 1000 Jahre alter Ginkgo-Baum. Von hier startet jeden Juli das Fest Hakata Gion Yamakasa (▶ S. 122).

Asiatische Kunst der Gegenwart

★ Museum für Asiatische Kunst

Den 7. und 8. Stock des **Riverain Center Building** nimmt das beeindruckende Fukuoka Asian Art Museum ein, das Gegenwartskunst aus Asien systematisch sammelt und zeigt.

Fukuoka Asian Art Museum: Di.–So. 10–20 Uhr | 200 ¥
http://faam.city.fukuoka.lg.jp/eng/home.html

Ab ins Vergnügungsviertel

Nakasu

Zwischen Tenjin und Canal City erstreckt sich auf einer von zwei Armen des Flusses Naka umschlossenen Insel der Stadtteil Nakasu, das Vergnügungsviertel von Fukuoka, mit zahlreichen Kinos, Bars, Restaurants und anderen Unterhaltungsmöglichkeiten.

Spazierengehen am Wasser

Ohori-Park

Etwas westlich von Tenjin liegt der Ohori-Park (auch Busverbindung vom Hbf.) mit den Resten (Tor und Wachturm) der Maizuru-Burg der Familie Kuroda.

Im Westteil des Parks befindet sich ein großer See (Bootsverleih) mit drei durch Brücken verbundenen Inseln, an seinem Ufer das **Fukuoka-Kunstmuseum**. Ausgestellt sind Gegenstände aus dem Besitz der Kuroda, buddhistische Kunstwerke, Gerätschaften für die Teezeremonie sowie moderne Kunst.

Fukuoka Art Museum: Di.–So. 9.30–17.30, Juli/Aug. bis 19.30 Uhr
200 ¥ (bis März 2019 wg. Umbaus geschlossen)
www.fukuoka-art-museum.jp/english/

Abstecher in die Moderne

Momochi und Hawkstown

Im neuen Stadtteil Momochi im Nordwesten der Stadt am Wasser (U-Bhf. Nishijin) hat sich eine moderne Geschäfts- und Kulturstadt entwickelt. Sichtbares Kennzeichen ist der 234 m hohe **Fukuoka-Tower**. Vom gläsernen Fahrstuhl im Stahlkorsett öffnet sich der Blick auf die Inseln vor der koreanischen Küste und atemberaubende Neukonstruktionen von Hotels, Bürobauten, Wohnanlagen und Museen, die in Stein-Stahl-Glas-Bauweise ungewohnt harmonische Formen annehmen. In 123 m Höhe gibt es eine Aussichtsplattform.

Östlich von hier erreicht man über eine Brücke **Hawks Town** mit dem imposanten Hotelkomplex Sea Hawk, dem Baseball-Stadion »Fukuoka Yafuoku! Dome« und einer Shopping Mall.

Fukuoka Tower: April–Sept. 9.30–22, Okt.–März bis 21 Uhr | 800 ¥
www.fukuokatower.co.jp/english

Rund um Fukuoka

Küste nördlich und westlich der Stadt

Genkai-Quasi-Nationalpark

Die Küste nördlich von Fukuoka ist nicht nur pittoresk, sondern auch historisch relevant: Hier erwarteten japanische Krieger im 13. Jh. die gefürchteten mongolischen Heere – deren Flotte dann zum Glück für die Japaner in einen fatalen Sturm geriet. Ein etwa 90 km langer Küstenstreifen mit Inselchen bildet den Genkai-Quasi-Nationalpark mit bizarren Felsformationen und malerischen Pinienhainen. Vielfach finden sich Reste des Verteidigungswalls gegen die Mongolen.
Im Westen der Halbinsel Itoshima öffnet sich in der 60 m hohen Felsküste die **Grotte Keya-no-Oto** (Bus vom Hbf. Fukuoka), durch deren 9 m hohen und 15 m breiten Eingang bei ruhiger See Boote bis 50 m weit einfahren können.

Keramikstadt mit traditionsreichem Matsuri

Karatsu

Die Hafenstadt Karatsu am südlichen Abschluss des Genkai-Quasi-Nationalparks, der sich über 90 km erstreckt, war früher ein wichtiger Hafen für den China-Handel (Kara-tsu = »China-Hafen«). Zudem ist sie eine der bekanntesten Produktionsstätten japanischer Keramik, seit hier nach den japanischen Korea-Feldzügen des 16. Jh. koreanische Keramikmeister sesshaft geworden waren; insbesondere Schalen für die Teezeremonie wurden hier hergestellt. In der Stadt ist die 1966 wiedererrichtete **Burg** (Original von 1602) mit Stadtmuseum zu besichtigen, ausgestellt wird u. a. alte Karatsu-Keramik.
Sehenswert ist Anfang November das **Matsuri** (▶ S. 122) des Karatsu-Schreins, der schon in der Nara-Zeit (710–784) gegründet wurde. Die dabei mitgeführten Prunkwagen sind in der übrigen Zeit in der Ausstellungshalle Hikiyama-Tenjijo zu sehen.

Exilort eines bedeutenden Gelehrten

★★ Dazaifu

Von Fukuoka gelangt man mit Bus oder Nishitetsu-Bahnlinie zum 14 km südlich gelegenen Badeort Futsukaichi und weiter nach Dazaifu (Fahrzeit 20 Min.), das vom frühen 7. bis 14. Jh. Sitz des Generalgouvernements zur Kontrolle der Außenkontakte von Kyushu war.
Dazaifu ist eng mit der Person des Gelehrten, Dichters und Politikers **Sugawara Michizane** (845–903) verbunden, der hier seine letzten Lebensjahre verbrachte und auf dem 258 m hohen Hügel Tempaizan seine Gebete für Kaiser Daigo verrichtete.
Als Gott **Tenjin** wird Michizane besonders von Schülern und Studenten verehrt. Die Überlieferung berichtet, dass die Zugtiere mit seinem Leichnam an der Stelle stehen geblieben seien, wo im Jahr 905 sein Hauptschrein **Dazaifu-Temangu** errichtet wurde, dessen heute sichtbare Gebäude 1590 entstanden. Hunderte Pflaumenbäume stehen auf dem Gelände vor der Gebetshalle des Tobi-ume (»Fliegender Pflaumenbaum«), welcher der Sage nach dem Michizane von Kyoto

aus gefolgt war. Der Tempel besitzt auch Schriften und Gegenstände aus Michizanes Nachlass.
Per Tunnel mit dem Gelände des Dazaifu-Temangu verbunden ist das **Kyushu-Nationalmuseum**, eine auffällige Stahl-Glaskonstruktion. Die Dauerausstellung mit regionalen Funden zeigt den Kulturaustausch mit dem übrigen Asien auf; außerdem gibt es regelmäßig Wechselausstellungen.

Schatzhaus des Dazaifu-Tenmangu: Di.–So. 9–16.30 Uhr | 400 ¥
Schreinfeste: 7. Jan. (nachts) und 23.–25. Sept.
Museum: Di.–So. 9–17 Uhr, Fr., Sa. bis 20 Uhr | 430 ¥
www.kyuhaku.com/

Buddhistisches Zentrum

Der 746 erbaute Kanzeonji der Tendai-Schule, etwa 1 km westlich des Dazaifu-Temangu, war einst das Zentrum des Buddhismus auf Kyushu. Trotz mehrfacher Zerstörung – die heutigen Gebäude stammen von 1690 – blieben eine Glocke aus der Nara-Zeit sowie wertvolle Skulpturen der Heian- und der Kamakura-Epoche erhalten.

★ Kanzeonji-Tempel

Kannzeonji: tgl. 9–17 Uhr | 500 ¥

Wo der Trauerzug des Sugawara Michizane anhielt, steht nun der Temangu-Schrein.

Wohin auf den Iki und Tsushima-Inseln?

Insel Iki

Gonoura, Shinjo

16 km nördlich von Fukuoka liegt die Insel Iki. Beim Hafen Gonoura im Südwesten sieht man die Reste einer Burg, die Toyotomi Hideyoshi 1592–1595 für seine Korea-Feldzüge errichten ließ. In Shinjo im Norden der Insel steht der gleichnamige Schrein. Er ist Taira Kagetaka gewidmet, dem Gouverneur von Iki, der 1274 im Kampf gegen die Mongolen den Tod fand.

Tsushima-Inseln – Zerklüftete Küste, schmale Buchten

Shimo, Kami

Die beiden 60 km nördlich von Fukuoka gelegenen Tsushima-Inseln Shimo und Kami sind durch eine Brücke verbunden. Seit dem 4. Jh. galten sie als Sprungbrett Japans zum asiatischen Festland; damals brachte Japan Teile des südlichen Korea, das von hier nur 50 km entfernt ist, unter seine Oberhoheit. Historische Berühmtheit erlangte die **Meerenge von Tsushima** durch den Sieg der Japaner über die russische Flotte im Russisch-Japanischen Krieg (1905). Hafenort von Shimo ist **Izuhara** (Fähre von Fukuoka, 4½ Std.; Flugverbindung, 30 Min.), das 700 Jahre lang Burgstadt der Fürstenfamilie So war, deren Grabstätten der Banshoin-Tempel birgt. Am Stadtrand sind die Reste der alten Burg zu sehen, erhalten ferner Reste alter Samurai-Häuser. Reizvoll ist die stark gegliederte Küste, vor allem an der die Inseln trennenden **Aso-Bucht**. Der größte Ort auf Kami (255 km²) ist **Kami-Tsushima** im Norden, zu dessen beiden Seiten sich eine durch viele schmale Buchten zerklüftete Küste erstreckt.

HAGI 萩

Hauptinsel: Honshu | **Präfektur:** Yamaguchi | **Einwohnerzahl:** 57 000

Die ruhige Hafenstadt liegt im Südwesten Honshus vor dem Hintergrund grüner Bergkuppen an der Mündung des Abu ins Japanische Meer. In Hagi, wo in vielen kleinen Straßenzügen noch die Atmosphäre vergangener Zeiten lebendig ist, wird heute noch die Tradition seiner rund 300 Jahre alten Keramikmanufaktur gepflegt.

Wohin in Hagi?

Traditionelle Kunst und edle Keramiksammlung

Museen, Shizuki-Park

Im Stadtgebiet sind das private **Kumaya Art Museum** (im Samurai-Viertel Jokamachi) mit japanischer Kunst und Kunsthandwerk sowie das **Hagi-Uragami Museum** (beim Baseball-Stadion) mit einer feinen Sammlung von Keramik und Holzschnitten interessant. Etwa 4,5 km westlich des Bahnhofs Higashi-Hagi liegt der **Shizuki-Park**; an der Zufahrtsstraße reihen sich Töpferwerkstätten (Shiroyama, Shogetsu, Hagijo) aneinander. Im Park selbst findet man Überreste der 1604 erbauten, 1871 im Zuge der Meiji-Reform zerstörten Burg, den Shizuki-Schrein und das Teehaus Hananoe-tei (1889).

Kumaya Art Museum: Di., Do., Sa., So., feiertags 9–16 Uhr | 700 ¥
Hagi-Uragami: Di.–So. 9–17 Uhr | ständige Ausstellung 300 ¥, Sonderausstellungen um 1000 ¥ | www.hum.pref.yamaguchi.lg.jp/global/

Schlichte Keramik und alte Samurai-Häuser

Shoin-Schrein

Der Shoin-Schrein (1,2 km südöstl. des Bhfs.) ist dem Revolutionär und Shogunatsgegner **Yoshida Shoin** (1830–1859) gewidmet. Bis zu seiner Hinrichtung durch das Tokugawa-Shogunat lehrte er in einer zum Schreingelände gehörenden Schule (Shoka-sonjuku). In der näheren Umgebung des Schreins befinden sich die Töpfereien der kannthin berühmten **Keramikmeister** Miwa, Shodo, Renkozan und Saka. Die schlichten Formen dieser Keramik mit ihrer milchweißen bis rosafarbenen Glasur waren schon bald für die Teezeremonie beliebt.

Rund 2,5 km südwestlich des Bahnhofs verlaufen die alten Straßen Kikuya, Iseya und Edoya mit mehreren alten **Samurai-Häusern** im Viertel Jokamachi, darunter das von Kido Koin, erster Premierminister der Meiji-Zeit.

Vom Bahnhof Higashi Hagi in nordöstlicher Richtung erreicht man nach gut zehnminütigem Fußmarsch die kleine **Töpferwerkstatt** Seiunzan Okadagama, die besichtigt kannen kannn.

Kikuya Residence (Samurai-Haus): tgl. 9–17.30 Uhr | 500 ¥
Seiunzan Okadagama: Chinto Maeobata 1-ku | Tel. 0838 25 37 37
ohne feste Öffnungszeitent

HAGI ERLEBEN

TOURISTENINFORMATION
JR-Bahnhof: 3537-3 Tsubaki
Tel. 0838 25 31 45
tgl. 9–17.45 Uhr

ANREISE
Bahn: Von Tokyo (Hbf.) JR-Sanyo-Shinkansen-Linie bis Shin-Yamaguchi (4 ½ Std.), dann 1½ Std. per Bus. An der San'in-Küste führt die San'in-Hauptlinie entlang. Zentraler Bahnhof ist Higashi Hagi, nicht Hagi.
Bus: Von Shin-Yamaguchi nach Hagi (1½ Std.) | von Osaka mit dem Kintetsu-Bus (13 Std.)

Rund um Hagi

Kita-Nagato-kaigan-Quasi-Nationalpark

Halbinsel Koshigahama, Insel Omishima

Etwa 5 km nördlich des Bahnhofs liegt die Koshigahama-Halbinsel mit dem 112 m hohen erloschenen **Vulkan Kasayama**. Östlich erstrecken sich in reizvoller Landschaft die **Myojin-Lagune** und der Teich Myojin-ike. Dieses Küstengebiet wie auch das westlich von Hagi bildet den Kita-Nagato-kaigan-Quasi-Nationalpark (80 km²), der auch rund 60 Inseln umfasst.

Die größte der Inseln ist Omishima (18 km²) westlich von Hagi, zu erreichen über eine Brücke (von Hagi JR-San'in-Linie bis Senzaki, weiter mit Bus zum Inselort Odomari). Die abwechslungsreiche Landschaft lohnt einen Ausflug. Mittelpunkt der Insel ist **Ohibi** mit dem Saienji-Tempel (getrennte Eingänge für Männer und Frauen). Zum Seigetsuan-Tempel gehört ein 1692 errichtetes »Grab der Wale«, wo einer alten Sitte gemäß noch bis 1870 die im Leib gefangener Wale gefundenen Embryos bestattet wurden. Von **Senzaki** nehmen die etwa zweistündigen Inselrundfahrten ihren Ausgang.

Zur Tropfsteinhöhle auf dem Akiyoshi-Plateau

★ Akiyoshi-do

Landschaftlich ebenfalls reizvoll ist der Ausflug von Hagi in südwestlicher Richtung zur riesigen Akiyoshi-do (Bus ab Bhf. Higashi-Hagi, 1¼ Std.), einer der zahlreichen Tropfsteinhöhlen im Karstgebiet des Akiyoshi-Plateaus. Das etwa 10 km lange Höhlensystem ist auf einer Länge von 1 km für Besucher erschlossen (Zufahrt von Hagi mit dem Bus über Yuda-Onsen).

Tgl. 8.30–17.30, Dez.–Feb. bis 16.30 Uhr | 1200 ¥

HAKODATE 函館

Hauptinsel: Hokkaido | **Präfektur:** Hokkaido | **Einwohnerzahl:** 288 000

Hakodate verströmt Pioniergeist und gleichzeitig eine Atmosphäre von Aufklärung und Aufbruch: Es ist die älteste Stadt Hokkaidos, eine Hafenstadt nahe an Honshu. Der abendliche Blick vom gleichnamigen Berg auf das Lichtermeer der Stadt und der Landzunge ist zu Recht in ganz Japan berühmt.

Hafenstadt

Der Name taucht bereits im 15. Jh im Zusammenhang mit der Errichtung einer Burg durch die Familie Kono auf. Damit ist Hakodate älter als die Millionenstadt Sapporo; seit 1741 ist sie als Fischerhafen bekannt. Von hier planten die japanischen Kolonisten die systema-

Leckeres aus dem Meer bietet der Morgenmarkt von Hakodate.

tische Besiedlung Hokkaidos. Kommodore Matthew Perry, der die wirtschaftliche Öffnung Japans durchsetzte (▶ S. 544), besuchte 1854 die Stadt, deren Hafen schon im Folgejahr durch den **Vertrag von Kannagawa** zum Versorgungsstützpunkt für ausländische Schiffe wurde.
1859 durfte Hakodate, entsprechend dem Friedensvertrag zwischen Japan und den USA, zusammen mit vier weiteren Hafenstädten den Handel mit dem Ausland aufnehmen. Seither ist die Stadt bedeutendster Hafen Hokkaidos. Noch 1930 hatte sie mehr Einwohner als die Inselhauptstadt Sapporo; 1934 verwüstete ein Großbrand zwei Drittel der Stadt. Seit 1988 ist sie durch den bis zu 240 m unter dem Meeresspiegel verlaufenden **Saikan-Bahntunnel** mit ▶ Aomori (Honshu) verbunden.

Wohin in Hakodate?

Blick vom Hausberg auf das Lichtermeer der Stadt
Vom Busbahnhof geht die Fahrt zum 3 km südwestlich sich erhebenden Berg Hakodate (335 m), entstanden durch den Ausbruch eines unterseeischen Vulkans; sein höchster Punkt ist der Nordgipfel

★ Hakodate

HAKODATE ERLEBEN

TOURISTENINFORMATION

Im Bahnhof: Tel. 0138 23 54 40
tgl. 9–19, Nov.–März bis 17.00 Uhr
www.hakodate.travel/en/

ANREISE

Flugzeug: Von Tokyo (Haneda Airport; 1¼ Std.); von Sapporo (Chitose Airport; 40 Min.)
Bahn: Von Tokyo JR-Tohoku- und Hokkaido-Shinkansen-Linie nach Shin-Hakodate-Hokuto (3½ Std.), von dort Lokalzug (20 Min.); von Sapporo JR-Hakodate-Hauptlinie (gut 3 Std.)
Schiff: Fährverbindung von Aomori nach Hakodate (3¾ Std.)

GORYOKAKU-MATSURI

Der Sieg der kaiserlichen Truppen wird mit einem historischen Umzug gefeiert.
Mitte Mai

HAFENFEST

Mit Feuerwerk und Volkstänzen.
Anfang August

Gotenyama. Von 1899 bis zum Ende des Zweiten Weltkriegs gehörte er zur Befestigungszone, danach wurde er zu einem beliebten Ausflugsziel. Vom Fuß des Berges führt eine Seilbahn zum Gipfel; der dortige **Aussichtspunkt** gewährt einen weiten Blick auf Japanisches Meers, Pazifik und die Hauptinsel Honshu. Besonders beeindruckend ist der Ausblick nachts über die Lichter der Stadt. In der Mauer steht eine Büste von Ino Tadataka (1745–1818), der die erste zuverlässige Landkarte von Japan anfertigte, auf dem Gipfel ein Denkmal für **Thomas W. Blakiston** (1832–1891), der 1861–1884 in Japan lebte und in dieser Zeit eine bedeutende ornithologische Sammlung anlegte (heute im Botanischen Garten von Sapporo). Er entdeckte zudem, dass die Tsugaru-Meeresstraße die Verbreitungsgrenze bestimmter Tierarten bildet (Blakiston-Linie, ► S. 511).

Seilbahn: 25. April–15. Okt. 10–22, sonst bis 21 Uhr, 1280 ¥

Ehemaliges Ausländerviertel

Motomachi

Zu Füßen des Berges erstreckt sich im Nordwesten der Stadt das einstige Ausländerviertel Motomachi. Manches erinnert hier daran, dass Hakodate eine der ersten japanischen Städte war, die am Ende der Edo-Zeit für den ausländischen Handel geöffnet wurden. Eindrucksvolle Beispiele westlicher Architektur sind das ehemalige **Bezirksamt von Hakodate** (Kyu-Hakodateku) und das alte **Englische Konsulat**.

Mit der Straßenbahn gelangt man zum **Hakodate Museum der Völker des Nordens** (Hakodate City Museum of Northern Peoples),

das u. a. eine informative Ainu-Ausstellung zeigt. Besucher können Ainu-Musikinstrumente und -Scherenschnitte selbst anfertigen.
Bezirksamt, Konsulat, Museum: April–Okt. tgl. 9–19, sonst bis 17 Uhr | je 300 ¥, auch Kombitickets

Marktgetümmel in der Früh
In der Nähe des Bahnhofs findet ein interessanter Morgenmarkt (Asa-ichi) statt; an rund 300 Verkaufsständen gibt es ein reichhaltiges Angebot. Morgenmarkt
Tgl. außer So. 5–12, im Winter ab 6 Uhr

Sternförmiger Park mit Aussichtsturm
Im Osten der Stadt entstand mit dem sternförmigen Goryokaku (Straßenbahn; 20 Min.) die erste Befestigungsanlage im westlichen Stil aus der Meiji-Zeit. Die Mauern wurden geschleift, der 107 m hohe Turm bietet einen schönen Rundumblick. Goryokaku
Fort Goryokaku: tgl. 9–18, Ende April bis Ende Okt. 8–19 Uhr | 900 ¥ | www.japan-guide.com/e/e5352.html

Rund um Hakodate

Nonnen, Affen, heiße Quellen
Etwa 7 km östlich (vom Bhf. Straßenbahn und Bus, 30 Min.) liegt der idyllische, seit 1654 bekannte Badeort Yunokawa-Onsen (Thermalquellen bis 66 °C), einer der ältesten auf Hokkaido. Yunokawa-Onsen
3 km östlich befindet sich ein 1898 gegründetes **Trappistinnen-Nonnenkloster** (Busse von Yunokawa-Onsen und Hakodate), dessen Butter und Käsespezialitäten für Hokkaido typisch sind. Im **Botanischen Garten** in der Nähe von Yunokawa Onsen genießen – besonders in den Wintermonaten – auch wilde Japanmakaken die heißen Quellen.
Trappistinnen-Kloster: tgl. 8–17, Dez.–April bis 16.30 Uhr
Eintritt frei
Botanischer Garten: tgl. 9.30–16.30, April–Okt. 9–18 Uhr | 300 ¥ | http://hakodate-yunokawa.jp/lan/en.html

Seen, Inseln und Vulkane
Nördlich von Hakodate (JR-Hakodate-Hauptlinie, 25 Min.) erreicht man den Onuma-Quasi-Nationalpark (95 km²) mit den malerischen Seen Onuma, Konuma und Junsainuma. Über die Seenplatte verstreut sind etwa 100 kleine, bewaldete Inseln; der beste Ausblick bietet sich von dem zwischen den Seen Konuma und Junsai gelegenen Hügel Higurashiyama (303 m). Onuma-Quasi-Nationalpark
Den nördlichsten Punkt des Onuma-Quasi-Nationalparks bildet der aktive **Vulkan Komagatake**. Seine kegelförmige Silhouette, die man

Entspannung ist alles im Yunokawa-Onsen.

von Norden her am besten erkennt, hat dem Berg den Beinamen »Oshima-Fuji« eingetragen. Um die Seen sind Spazierwege angelegt; es gibt einen Fahrradverleih und Ausflugsboote. Eine Spezialität der Region ist das zarte Hakodate-Onuma-Rindfleisch.

Katholisches Konvent

Trappistenkloster Phare

26 km westlich von Hakodate bei Hokuto (JR-Esashi-Linie bis Oshima-Tobetsu, weiter 30 Min. Fußweg) liegt ein Trappistenkloster, das 1895 von dem aus Frankreich stammenden und später eingebürgerten Japaner Okada Furie gegründet wurde. Es ist eines von nur zwei in Japan existierenden katholischen Klöstern. Auch hier werden Molkereiprodukte hergestellt.

Führung (nach Anmeldung) nur für Männer | Tel. 0138 75 21 08

Häuser der Fischbarone

Esashi

An der Westküste der Halbinsel Oshima (83 km von Hakodate; JR-Esashi-Linie, 2½ Std.) liegt der Fischerort Esashi (8 000 Einw.), der zur Edo-Zeit rund 30 000 Einwohner zählte. Erhalten blieben einige alte Wohnhäuser, darunter die der Bürgerfamilien Nakamura und Yokoyama (etwa 100 Jahre alt). Im kleinen Lokalmuseum sind Kanonen des Kriegsschiffs »Kaiyomaru« zu sehen, das 1868 bei einer Schlacht zwischen Truppen der Tokugawa und Kaisertreuen sank.

★ HAKONE 箱根

Hauptinsel: Honshu
Präfekturen: Kannagawa und Shizuoka

Heiße Quellen und Fuji-Blick – Hakone steht für (gehobene) Kurzreisen von Tokyo aus. Schöne Hotels, Golfplätze und kleine private Sammler-Museen prägen die landschaftlich reizvolle Gegend im Nationalpark.

Das Gebiet von Hakone, im Norden vom ► Fuji begrenzt und im Süden an die Halbinsel ► Izu anstoßend, ist sowohl im Sommer als auch im Winter eine der beliebtesten Ferienregionen Japans. Die Landschaft ist ein Teil des **Fuji-Hakone-Izu-Nationalparks**.

Heiße Quellen und Fuji

Erloschene Vulkane und romantische Schluchten

Hakone-Vulkan

Hakone liegt in dem rund 40 km Umfang messenden Kratergebiet des erloschenen Hakone-Vulkans, dessen Zentrum vor etwa 400 000 Jahren zu einer Caldera absank. Spätere Eruptionen formten die Vulkane Kamiyama (höchster Berg des Hakone-Gebiets, 1438 m), Komagatake (1327 m) und Futago (1091 m). Aus dem einstigen Kratersee entstand der **Ashi-See**, dessen Abflüsse Hayakawa und Sukumo romantische Schluchten bilden.

Das angenehme Klima und ausgezeichnete touristische Einrichtungen machen das Gebiet vor allem als Naherholungsziel für Einwohner von Tokyo, Yokohama, Kobe und Osaka attraktiv. Die reichen Thermalquellen haben schon zur Heian-Zeit (8.–12. Jh.) Erholung Suchende angezogen; bedeutende Künstler hielten die Landschaft in Bildern fest (u. a. Ando Hiroshige).

Wohin in Hakone?

Die hier beschriebene Rundfahrt kann man ohne Schwierigkeiten mit öffentlichen Verkehrsmitteln unternehmen, da die Region durch Bahn, Busse, Seilbahnen und Bootslinien gut erschlossen ist.

Alte Festungsstadt der Hojo

Odawara

Ausgangspunkt ist Odawara (190 000 Einw.), von Tokyo aus mit dem Shinkansen oder von Shinjuku aus mit der Odakyu-Privatbahn erreichbar. Die alte Burgstadt der Hojo liegt an der Sagami-Bucht und am Ostfuß der Hakone-Berge. Sie galt in der Edo-Zeit als besonders schwer passierbarer Punkt der Tokaido-Straße. 400 m vom Bahnhof entfernt (zu Fuß 10 Min.) steht die rekonstruierte **Burg**, deren fünfstöckiger Hauptturm ein Museum mit Waffen und Exponaten zur

Lokalgeschichte beherbergt; dazu gibt es eine Samurai-Ausstellung im Tokiwagi-Tor.

Tgl. 9–17, Juni–Aug. Sa., So. bis 19 Uhr, 500 ¥ | Ausstellung 200 ¥

Ältester Kurort der Region

Yumoto Onsen

Westlich von Odawara liegt Yumoto, der älteste Kurort der Region. Er besitzt Thermalquellen (35–74 °C) und ist Ausgangspunkt der Prozession des Daimyo Gyoretsu. Südlich des Bahnhofs liegt der von Hojo Soun (1432–1519) gegründete **Sounji-Tempel** der Rinzai-Schule, von dem nur wenige Gebäude erhalten sind. Sehenswert sind das Porträt des Tempelgründers auf Seide und die Gräber der Hojo.

HAKONE ERLEBEN

TOURISTINFORMATION

In Hakone-Yumoto, Hakonemachi, Kanko Bussankan, schräg gegenüber dem Bhf.
Tel. 0460 85 89 11 | tgl. 9–17.30 Uhr
www.hakonenavi.jp/english/

ANREISE

Bahn: Von Tokyo (Hbf.) JR-Tokaido-Shinkansen-Linie bzw. JR-Tokaido-Linie nach Odawara (35 Min. bis 1½ Std.); von Tokyo (Bhf. Shinjuku) Odakyu-Privatbahnlinie nach Hakone-Yumoto (über Odawara; 1½ Std.)

VERBINDUNGEN IM HAKONE-GEBIET

Hakone-Tozan-Bahnlinie von Odawara über Hakone-Yumoto, Tonosawa, Miyanoshita und Kowakudani nach Gora (ca. 40 Min.); Hakone-Tozan-Buslinie von Odawara über Hakone-Yumoto, Tonosawa, Miyanoshita, Sengoku und Sengokukogen nach Togendai (ca. 1 Std.); Izu-Hakone-Bahnbuslinie von Odawara über Hakone-Yumoto, Miyanoshita, Kowakudani, Sounzan, Owa-kudani und Ubako nach Hakone-en (ca. 1½ Std.)

SEILBAHNEN

Komagatake-Seilbahn von Hakone-en auf den Komagatake (8 Min.); Seilbahn von Gora über den Sounzan und Owakudani nach Togendai (bei vulkanischer Aktivität gesperrt).
www.hakoneropeway.co.jp/foreign/en/

SCHIFFSLINIEN

Auf dem Ashi-See von Togendai über Hakonemachi nach Moto-Hakone (40 Min.); von Kojiri über Hakone-en nach Moto-Hakone (30 Min.)

RUNDFAHRT

Tagesausflug von Tokyo: Odakyu-Linie (Bhf. Shinjuku) bis Hakone-Yumoto – Hakone-Tozan-Bahnlinie bis Gora – Seilbahn bis Togendai – Schiff bis Moto-Hakone – zu Fuß über das Hakone-Museum bis Hakonemachi – Bus bis Atami – JR-Bahnlinie bis Tokyo

Das Fujiya Hotel in Hakone ist bereits ein Klassiker.

OSHIRO-MATSURI
Festprozession mit historischen Kostümen.
Odawara, Anfang Mai

TORII-MATSURI & RYUTO-SAI
Lichterfest mit auf dem Wasser treibenden Laternen.
Auf dem Ashi-See, Anfang August

HAKONE DAIMYO GYORETSU
Historische Prozession eines reisenden Fürsten.
Yumoto Onsen, 3. November

IZUMIYA
Bereits im 19. Jh. wurden Untersetzer und Schachteln mit **Holzmosaiken** (Yosegi) verziert. Hier kann man auch bei der Herstellung zuschauen.
158 Hakone | Tel. 4 60 83 60 30 | tgl. außer Do. 10.30–16 Uhr

MIKAWAYA RYOKAN €€€€
In diesem luxuriösen, über 100 Jahre alten Ryokan wohnt es sich sehr stilvoll, natürlich mit Onsen und Rotenburo (Freiluftbad) – man kann aber auch nur Bad und Abendessen buchen.
503 Kowakudani, Hakone-machi, 250-0406 Kanagawa-ken | Tel. 0460 82 22 31 | www.hakone-mikawaya.com/language/09en.htm

FUJIYA HOTEL €€€
Eines der ältesten Hotels im westlichen Stil. Hier haben schon Berühmtheiten wie Charlie Chaplin und Elton John genächtigt. Französisches und japanisches Restaurant.
359 Miyanoshita, Hakone-machi, 250-0404 Kanagawa-ken | Tel. 0460 82 22 11, www.fujiyahotel.jp/en/

Von Kowakudani nach Nordwesten

Sengokuhara

Ein Bus fährt von Kowakudani nordwestlich nach Sengokuhara mitten im Wald. Im Herbst ist ein Teil der gleichnamigen Ebene mit mannshohem Silbergras bedeckt (wie im Filmklassiker »Onibaba« von 1964).

Aquapark und Wellness-Zone

Hakone Kowakien Yunessun

20 Min. sind es zu Fuß vom Bhf. Kowakidani (Hakone-Tozan-Linie) zum Aquapark Kowakien Yunessun. Das mediterrane Thermalbad umfasst einen türkischen Hamam, römische Bäder und ein »Totes-Meer-Becken« sowie einen älteren Freiluft-Bereich mit kleineren Becken. Hier kann man (in Badebekleidung) im Kaffeebad, im Grünen-Tee-Bad oder im Weinbad entspannen. Angeschlossen ist auch das traditionelle, nach Geschlechtern getrennte Nacktbade-Onsen Mori no Yu.

März–Okt. tgl. 9–19, Mori no Yu 11–20 Uhr | Kombiticket 4100 ¥
www.yunessun.com/en/

Gora und Umgebung

Kunstmuseen

Die Route führt von Kowakudani nördlich nach Gora (800 m ü. d. M.) am Osthang des Berges Sounzan. Südlich des Orts liegt das **Hakone-Freilichtmuseum** (Chokoku-no-mori) mit über 100 Skulpturen moderner Künstler (Moore, Rodin, Bourdelle usw.) und einem Picasso-Pavillon. Das **Hakone-Kunstmuseum** südwestlich von Gora zeigt japanisches und chinesisches Porzellan und alte Gemälde; angeschlossen ist ein sehenswerter Moosgarten. Lohnend ist auch ein Besuch des **Pola-Kunstmuseums** mit über 400 Werken westlicher Maler des 19. und 20. Jhs., darunter Renoir, Monet und Picasso.

Freilichtmuseum: 9–17 Uhr | 1600 ¥ | www.hakone-oam.or.jp
Hakone Museum of Art: Fr.–Mi. 9.30–16.30, Dez.–März bis 16 Uhr
900 ¥ | www.japan-guide.com/e/e5211.html
Pola Museum of Art: tgl. 9–17 Uhr | 1800 ¥
www.polamuseum.or.jp/english/

Von Gora zum Ashi-Kratersee

★ Owakudani

Von Gora besteht eine **Seilbahnverbindung** in westlicher Richtung zum Nordufer des Ashi-Sees. An einigen Stationen kann die Fahrt unterbrochen werden. Von der Aussichtsplattform der Station **Owakudani** (»Tal des großen Dampfes«) auf halbem Weg hat man einen herrlichen Blick auf den Fuji und erreicht rasch die zahlreichen Solfataren der Region, aber: Wegen vulkanischer Aktivität sind Tal und Seilbahn in jüngster Zeit öfter gesperrt! Der Verzehr eines in den Schwefelquellen gekochten schwarzen Eis soll die Lebenserwartung um vier Jahre verlängern. Die Seilbahn endet in Togendai. Von dort und Kojiri (etwas südöstlich) bestehen Schiffsverbindungen nach Hakone-en (Ostufer) und Moto-Hakone sowie Hakone-machi (Südufer).

Hakone Ropeway: tgl. 9–17, Dez.–Feb. bis 16.15 Uhr
Preise unter: www.hakoneropeway.co.jp/foreign/en/#03

Legendärer Fuji-Blick

Ashi-See

Der bis zu 45 m tiefe Ashi-See (723 m ü. d. M.) ist die landschaftliche Hauptsehenswürdigkeit von Hakone und bekannt für das Bild des sich in ihm spiegelnden Fuji. Er bietet gute Möglichkeiten für **Angler** (Forellen, Barsche) und **Wassersportler**. An seinem Westufer führt die 12 km lange Mautstraße Ashinoko Skyline Drive entlang, von der sich ein schöner Blick auf den Fuji sowie auf die Buchten Sagami und Suruga bietet.
Das Verkehrszentrum am nördlichen Ufer bilden die Orte **Togendai** und **Kojiri**. Auf der östlichen Uferstraße gelangt man nach **Hakone-en** mit dem großen Freizeitzentrum Hakone-en-Park (Schwimmbäder, Eisbahnen, Golf- und Campingplätze sowie einem »Internationalen Dorf« mit typischen Häusern aus 29 Ländern und einer Volkskunstausstellung). Östlich des Sees erhebt sich der 1327 m hohe Komagatake, zu dessen Gipfel von Hakone-en eine Seilbahn hinaufführt.

Leuchtend rotes Torii am See

Hakone-Schrein

Am Südwestufer des Sees liegt **Moto-Hakone**. Auf einer Anhöhe nordwestlich des Ortes (Fußweg, 15 Min.) steht in einem dichten Wald der Hakone-Schrein (auch Hakone-Gongen). Im Jahr 757 von dem Priester Mangan gegründet (heutige Bausubstanz von 1667), ist er den Gottheiten Ninigi, seiner Gemahlin Konohana-Sakuya-hime und deren Sohn Hikohohodemi geweiht. Das Schatzhaus neben der Haupthalle bewahrt eine Bildrolle zur Gründung des Schreins, eine

Fuji-san voraus: mit der Seilbahn von Gora zum Ashi-Kratersee

Eine Bootspartie auf dem Ashi-See passiert auch Moto-Hakone mit dem rotem Torii des Hakone-Schreins. Und natürlich den Fuji.

Holzstatue des Schreingründers und ein Schwert des Soga Goro, eines der Soga-Brüder, die den Tod ihres Vaters rächten und dabei selbst ums Leben kamen.

Am Schiffsanleger Hakone-machi

Hakone Sekisho

Von der alten Poststation Moto-Hakone führt eine 2 km lange, von Sicheltannen gesäumte Allee nach Hakone-machi. Einst war sie Teil der Tokaido-Straße von Kyoto nach Tokyo und wichtigster Kontrollpunkt für die Züge der Daimyo. Diese mussten alle zwei Jahre in Edo (Tokyo) vor dem Shogun erscheinen, der ihre Frauen als Garantie ihrer Loyalität in der Hauptstadt festhielt. Beim südöstlichen Schiffsanleger Hakone-machi findet man den **rekonstruierten Kontrollpunkt** (Hakone Sekisho) mit Wachhaus, der ursprünglich 1619 von den Tokugawa zum Schutz der Hauptstadt Edo errichtet wurde; die gut aufbereitete Ausstellung vermittelt einen Eindruck vom Leben an der Tokaido-Fernstraße in vergangenen Zeiten. Die Hakone-Sekisho-Ausstellungshalle zeigt Gegenstände zur Geschichte der Tokaido-Straße und der Kontrollstation. Der **Hakone-Palastgarten** nebenan war ursprünglich Teil einer kaiserlichen Villa.
Von Hakone-machi gelangt man auf dem Hakone Bypass (Bus) durch das schöne Tal des Flusses Sukumo zurück nach Odawara.

Kontrollpunkt: tgl. 9–17, Dez.–Feb. bis 16.30 Uhr | 500 ¥
www.hakonesekisyo.jp/english

★★ HIMEJI 姫路

Hauptinsel: Honshu | **Präfektur:** Hyogo | **Einwohnerzahl:** 53 000

Sie ist der Star unter den japanischen Burgen: die schönste und größte, strahlendweiß (vor allem nach der jüngsten Restaurierung) und niemals eingenommen, Nationalschatz und UNESCO-Welterbe. Der Park ringsum steht zudem voller Kirschbäume – im Frühling wird es hier meist voll!

Burg und Hafen

Die im westlichen Teil der japanischen Hauptinsel Honshu und nordwestlich von Kobe gelegene Stadt Himeji ist das Industrie- und Handelszentrum der gleichnamigen Ebene und ein wichtiger Hafen der Inlandsee.

★★ Burg des Weißen Reihers

Highlight jeder Japan-Reise

Shirasagi-jo

Shirasagi-jo, die »Burg des Weißen Reihers« (▶ Baedeker Wissen, S. 142) erhebt sich im Herzen der Stadt auf dem Hügel Himeyama (nördl. des Bhfs.; Fußweg, 10 Min.). Sie ist Höhepunkt mittelalterlicher japanischer Festungsbaukunst und UNESCO-Weltkulturerbe. Der 46,40 m hohe Hauptturm ist durch Gänge mit den Außentürmen verbunden; insgesamt umfasst die Anlage 38 Gebäude und 21 Tore, die durch den Kontrast zwischen weiß verputzten Fronten und grauen Natursteinmauern beeindrucken. Vom obersten Stockwerk bietet sich ein schöner Blick auf die Umgebung (▶ Abb. S. 499).
Westlich der Burg liegt der **Koko-en**, eine 1992 errichtete Anlage aus neun Gärten im Edo-Stil. Kenner kommen auch wegen der besonders

HIMEJI ERLEBEN

TOURISTINFORMATION
Im Bahnhof: Tel. 079 2 87 00 03
tgl. 9–19 Uhr
www.himeji-kanko.jp/en

ANREISE
Bahn: Von Tokyo JR-Sanyo-Shinkansen-Linie über Kobe (3 Std.); von Osaka (1 Std.)

REISSETZ-ZEREMONIE
Hiromine-Schrein, Anfang April

NADA-NO-KENKA-MATSURI
Beim »Streit-Fest« werden die shintoistischen Trageschreine mit lautem Krachen aneinandergestoßen.
Matsubara-Hachiman-Schrein
14./15. Oktober

DIE BURG DES WEISSEN REIHERS

Die klassische japanische Festungsanlage muss man sich wie die Burg von Himeji vorstellen. Weiß leuchtend thront sie seit Jahrhunderten unbeschadet auf einem Hügel mitten in der Stadt. Allerdings ist die Farbe, die dem Bauwerk den Beinamen »Burg des Weißen Reihers« eintrug, ebenso ungewöhnlich wie die Wehranlage ausgeklügelt – schmale, niedrige Tore, 180°-Kurven, steile Treppen und schwere Türen sind nur einige Vorrichtungen, die Feinden den Zugang zur Burg erschweren sollten.

Chronologie

1333 Erste Festung entsteht.
1581 Toyotomi Hideyoshi lässt den dreistöckigen Hauptturm errichten.
1601 Unter Ikeda Terumasa, dem Schwiegersohn des Shogun Tokugawa Ieyasu, wird die Burg zu einem fünfstöckigen, 46,4 m hohen Turm mit drei kleineren Türmen umgebaut.
1618 Burgherr Honda Tadatoki finanziert mit der Mitgift seiner Frau Sen-hime, Enkelin von Tokugawa Ieyasu, den Bau des Westflügels (Nishi-nomaru) und des Kesho-yagura (»Schminkturm«), die als Wohnbereich dienen.
1956–1964 / 2013–2015 Die Anlage wird umfassend renoviert.
1993 Die Burg von Himeji wird als erstes japanisches Baudenkmal UNESCO-Weltkulturerbe.

Daitenshu (Hauptturm)

Der Hauptturm, Mittelpunkt der Burg, hat von außen fünf Stockwerke, im Inneren sind es hingegen sieben Ebenen. Korridore verbinden ihn mit den drei kleineren Türmen.

1 Sanitär- und Lagerräume

Auf der 1. Ebene sind Toiletten und ein Spülbecken für die benachbarte Küche untergebracht. Die Toiletten waren für einen Belagerungsfall vorgesehen, der nie eintrat – sie sind also unbenutzt!

2 Die Burg und ihre Bewohner

Auf der 2. Ebene wird der Grundriss der Burg erläutert.

3 Für Kriegszeiten

Ebene 3 ist Aufbewahrungsort für die Waffen.

4 Baudetail

Beachtenswert auf der 6. Ebene ist ein Deckenbalken mit Schriftzeichen: So bestimmten die Konstrukteure beim Bau die genaue Position des Balkens.

5 Heiligtum

Die oberste Ebene zeigt den Osakabe-Shinto-Schrein, der schon vor 1150 Jahren auf dem Hügel stand, aber beim Bau der Burg versetzt wurde.

Schlossgespenst

Im Brunnen Okiku-ido südlich vom Hauptturm soll der Geist des Dienstmädchens Okiku wohnen. Es hatte zufällig mit angehört, dass sein Dienstherr ein Attentat auf den Daimyo plante. Daraufhin verhinderte sie das Komplott. Als ihr Herr dies erfuhr, beschuldigte er Okiku, einen von zehn kostbaren Tellern gestohlen zu haben, ließ sie zu Tode foltern und in den Brunnen werfen. Seitdem soll ihr Seufzen nachts noch immer vom Grunde des Brunnens zu hören sein, wo sie die Teller zählt.

5
4
3
2
1

schönen und teuren Koi-Karpfen hierher. Im Teegarten kann man die Teezeremonie erleben.

Tgl. 9–17, Mai–Aug. bis 18 Uhr | Burg 1000 ¥, Koko-en 300 ¥, Kombiticket 1040 ¥

★★ HIRAIZUMI 平泉

Hauptinsel: Honshu | **Präfektur:** Iwate
Einwohnerzahl: 8500

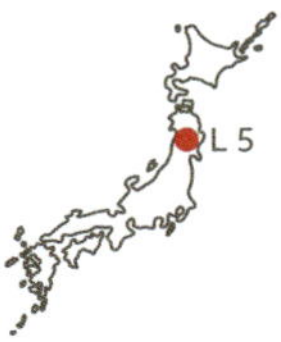

Das verträumte Dorf Hiraizumi mitten in der Provinz von Tohoku hat eine grandiose Vergangenheit – und einige Tempel und Schätze, die davon zeugen: Im Chusonji steht eine Goldene Tempelhalle, kleiner als die berühmtere in Kyoto, aber original aus dem 12. Jh.

Wohin in Hiraizumi?

Abbild des Buddha-Paradieses

★★ Chusonji-Tempel

Der große Chusonji-Tempel liegt nordwestlich des Bhfs. (1,6 km, Bus 140 ¥; Fahrradverleih am Bhf.). Er wurde im 12. Jh. vom Oshu-Zweig der Fujiwara-Familie gegründet und sollte ein Abbild des Paradieses von Amida Buddha auf Erden darstellen. Denn in religiöser Hinsicht war die späte Heian-Zeit von einem Endzeit-Glauben (Mappo; ► S. 531) geprägt, in dem sich die Hoffnung auf Erleuchtung nicht mehr auf eigenes Vermögen stützte, sondern nur auf die gnädige Hilfe des Amida Buddha; dieser würde seine Anhänger nach dem Tod in sein Paradies aufnehmen, wo wiederum die Erleuchtung leicht zu erlangen sei. Der Chusonji ist ein seltenes Beispiel dieser »Paradies-Architektur« und zählt deshalb seit 2011 zum UNESCO-Weltkulturerbe.

Die **Goldene Halle** Konjiki-do (auch Hikari-do), die nur etwa 30 m² misst, wurde 1124 errichtet und ist das einzige erhaltene Gebäude aus dem 12. Jh. Innen- und Außenwände sind vollständig mit Blattgold überzogen, alle übrigen Einrichtungsgegenstände mit Perlmutt-Intarsien, Elfenbein, Rosenholz und Metallarbeiten verziert. Im Innenraum (Naijin) befinden sich drei Altäre für den Buddha Amida (Mitte) sowie die Bodhisattvas Seishi (links) und Kannon (rechts) mit weiteren Figuren. Allein vor dem mittleren Altar stehen zehn weitere Statuen von Jizo-Boddhisattvas und Wächtergottheiten. Im Podest darunter befinden sich die Mumien mehrerer Generationen der Oshu-Fujiwara-Fürsten. Hauptsäulen und Gebälk des Raumes sind lackiert, mit Perlmutt eingelegt und mit buddhistischen Bildern geschmückt. Seit den 1960er-Jahren ist die Halle durch einen Betonbau geschützt; es gab aber wohl

BAEDEKER ÜBERRASCHENDES

6X UNTERSCHÄTZT

Genau hinsehen, nicht daran vorbeigehen, einfach probieren!

1. GÜNSTIG

Die Technik-Stadt ist weder schnuckelig noch supermodern – doch in **Nagoya** lässt es sich gut (und preiswert) unterkommen, auch in der Umgebung gibt es vieles zu entdecken.
(▶ **S. 303**)

2. REIZENDES HIRAIZUMI

Versteckt in den Bergen Tohokus liegt die reizende kleine Stadt, vor etwa 1000 Jahren reich und prächtig. Ein **vergoldeter Tempel** erinnert an die große Zeit.
(▶ **S. 144**)

3. VERSTÄNDIGUNG

Die meisten Japaner sprechen **nicht gut Englisch** und sind oft schüchtern. Fast alle haben aber viele Jahre Vokabeln gepaukt: Mit Stift und Papier klappt die Kommunikation deshalb manchmal besser.
(▶ **S. 656**)

4. JAPANISCHER HERBST

Der Herbst ist sonnig, es regnet weniger als im Frühling, oft ist es selbst im November noch recht warm. Die vielfältige **Laubfärbung** lässt sich je nach Breitengrad und Höhenlage über etwa zwei Monate einfangen.
(▶ **S. 654**)

5. FAHRTZEITEN

Die Geschwindigkeit des Shinkansen und enge Taktung von U-Bahnen oder Zügen mögen täuschen, doch Japan ist riesig, der Straßenverkehr **langsam und stauanfällig**. Auch bei U-Bahnfahrten muss man lange Umsteigewege und Fußgängerstau einkalkulieren.
(▶ **S. 662 – 667**)

6. NATUR PUR

Japan besteht nicht nur aus Ballungsräumen, sondern vor allem aus **Bergen, Wäldern und spektakulären Küsten**. Man findet ein hervorragendes Wegenetz und gute Infrastruktur.
(▶ **S. 603**)

schon seit dem 13. oder 14. Jh. ein Schutzgebäude (Oido), das nicht weit entfernt wieder aufgebaut wurde.
Die **Sutrenhalle Kyozo** stammt aus dem Jahr 1126, aber nur ein Teil des ursprünglich zweistöckigen Gebäudes überstand einen Brand im Jahr 1337. Die Statue des Monju Bosatsu (Boddhisattva der Weisheit) ist eine Kopie, das Original befindet sich zusammen mit etwa 3000 anderen Schätzen des Tempels im modernen **Schatzhaus** (Sankozo), in dem der Rundgang beginnt.
Tgl. 8.30–17, Nov.–Feb. bis 16.30 Uhr | 800 ¥ | www.chusonji.or.jp/en

Gedenkschrein für einen General

Takadachi Gikeido

Etwa 1,5 km südöstlich der Goldenen Halle (1 km nördl. des Bhfs.) befindet sich die kleine Halle Takadachi Gikeido (Yoshitsune-Halle), ein kleiner, 1683 errichteter Gedenkschrein für **Minamata no Yoshitsune**, der hier 1189 Seppuku beging, um seinen Verfolgern zu entgehen. Die kleine Statue mit echtem Haar, Rüstung und Kleidung stellt Yoshitsune selbst dar.
Tgl. 8.30–16.30, Nov.–März bis 16 Uhr | 200 ¥

HIRAIZUMI ERLEBEN

TOURISTINFORMATION
61-7 Izumiya Hiraizumi
1 Min. Fußweg vom JR-Bhf.
tgl. 9–16 Uhr | Tel. 0191 46 21 10
Welterbe-Infos unter:
http://hiraizumi.or.jp/en/index.html

ANREISE
Bahn: Von Tokyo JR-Tohoku-Shinkansen-Linie nach Ichinoseki (2½ Std.); von Morioka JR-Tohoku-Shinkansen-Linie nach Ichinoseki (40 Min.), dann JR-Tohoku-Linie (10 Min.)

MOTSUJI-HATSUKAYASAI-FEST
Religiöse Rituale und ein Fackelzug zum Jahresbeginn.
Motsuji-Tempel, 14.–20. Januar

FUJIWARA-FEST
Prozession in historischen Kostümen, die die Ankunft Yoshitsune Fujiwaras und seines Gefolges in Hiraizumi nach dessen Flucht in den Norden nachstellt.
Von Motsuji nach Chusonji, Anfang Mai

MOTSUJI GOKUSUI NO EN
Ein Heian-zeitliches Freizeitvergnügen wird lebendig: Adlige sitzen an einem Flusslauf, auf dem ein Tablett mit Sakebechern treibt. Jeder Schluck Sake muss mit einem selbst gemachten Gedicht »erworben« werden. Die Gedichte werden am Schluss laut verlesen.
Motsuji-Tempel, 4. Sonntag im Mai

NO-AUFFÜHRUNGEN
Beim Chusonji-Tempel
Mitte August

Paradiesteichgarten in herbstlichem Laub

★ Motsuji-Tempel

500 m westlich des Bahnhofs erreicht man den im Jahr 850 gegründeten Motsuji-Tempel, zur Zeit der Fujiwara der bedeutendste Tempel der Gegend. Berühmt ist der Tempelgarten Jodo-Teien, im Stil der Paradiesteichgärten der Heian-Zeit angelegt; er ist eines der wenigen Beispiele dieses Gartentyps und besonders schön zur herbstlichen Laubfärbung.

Tgl. 8.30–17, Nov.–März bis 16.30 Uhr | 500 ¥
www.motsuji.or.jp/en/

Rund um Hiraizumi

Felstempel für den Krieger-Schutzgott

Höhle Takkoku-no-Iwaya

Vom Bahnhof verkehrt ein Bus (20 Min.) zur südwestlich gelegenen Höhle Takkoku-no-Iwaya. In dieser ließ der zum Kampf gegen rebellierende Stämme hierher entsandte Sakano-ue-no-Tamuramaro (758–811) einen Tempel errichten, der **Bishamonten**, dem Schutzgott der Krieger, geweiht war. Der Originalbau brannte 1946 nieder, das heutige Gebäude ist eine Rekonstruktion von 1961. In einen Felsvorsprung nahe der Höhle wurde (vermutlich 1087) eine Darstellung des Ur-Buddhas Dainichi-nyorai eingemeißelt.

Tgl. 8–17, Nov.–März bis 16.30 Uhr | 300 ¥

Idyllische Flusslandschaften

Gembikei- und Geibikei-Schlucht

Unweit südwestlich von hier erstreckt sich die bezaubernde Gembikei-Schlucht (Bus von Hiraizumi, 40 Min.), durch die sich der Flusslauf des Iwai windet. Einen Abstecher lohnt auch die von dem Fluss Satetsu gebildete Geibikei-Schlucht nordöstlich von Ichinoseki (Bahn, 35 Min.).

HIROSAKI 弘前

Hauptinsel: Honshu | **Präfektur:** Aomori
Einwohnerzahl: 186 000

Die kleine Burgstadt im Norden ist bekannt für ihre Kirschblüte im Park um die Burg und besonders für das Neputa-Matsuri im Sommer mit riesigen figürlichen Laternen.

Burg und Kirschblüte

Die Stadt Hirosaki liegt im Norden der Hauptinsel Honshu. Im Süden und Westen ist sie von Gebirgszügen umgeben, nach Norden dehnt sich bis zum Meer und zur Tsugaru-Halbinsel das Iwaki-Becken aus.

HIROSAKI ERLEBEN

HIROSAKI TOURIST INFORMATION CENTER
Im Bahnhof: Tel. 0172 26 36 00
tgl. 8.45–18 Uhr

HIROSKAKI MUNICIPAL TOURIST CENTER
Südeingang des Hirosaki-Parks:
Tel. 0172 37 55 01 | tgl. 9–17 Uhr | www.hirosaki-kanko.or.jp/en

ANREISE
Bahn: Von Tokyo (Bhf. Ueno) Shinkansen bis Shin-Aomori (3 Std.), von dort nach Hirosaki (30 Min.)

NEPUTA MATSURI
Höhepunkt ist der nächtliche Umzug mit beleuchteten Trageschreinen, die riesige farbenfrohe Figuren zieren. Ursprung des Festes ist eine Kriegslist, mit der Sakannaoue-no-Tamuramaro den Feind über die Stärke und den Standort seiner Truppen täuschen wollte.
1.–7. August

Wohin in Hirosaki und Umgebung?

Wenn 5000 Kirschbäume blühen

★ Burg

Den Mittelpunkt der Stadt bildet der 2 km westlich des Bahnhofs gelegene **Hirosaki-Park** mit Resten der Tsugaru-Burg: Dazu gehören fünf Tore, eine alte Holzbrücke und der Hauptturm von 1611 mit einer kleinen Ausstellung alter Waffen und Rüstungen. Der Hirosaki-Park (auch Oyo-Park) ist mit über 5000 Kirschbäumen einer der bekanntesten Kirschblütenorte Japans.
Im Norden schließen sich der Hachiman-Schrein und das alte Samurai-Viertel an; etwa 1,5 km südwestlich steht der aus dem 17. Jh. stammende Choshoji-Tempel.
Hirosaki-Park: April–Nov. 9–17 Uhr | 310 ¥ | www.hirosakipark.jp/en/

Fünfstöckige Pagode

Saishoin-Tempel

1,5 km westlich des Bahnhofs (Bus, 10 Min.) erreicht man den Saishoin-Tempel mit sehenswerter fünfstöckiger Pagode von 1672.
Tgl. 9–16.30 Uhr | Eintritt frei

Rund um den Berg Iwaki

Hyakuzawa-Onsen

13 km nordwestlich (Bus, 40 Min.) liegt das Thermalbad Hyakuzawa-Onsen. Über dem Ort erhebt sich der Stratovulkan **Iwaki** (1625 m), dessen Gipfel über eine gebührenpflichtige Panoramastraße und anschließend mit der Seilbahn zu erreichen ist.
Am Südausläufer des Berges befindet sich das Innerste Heiligtum des **Iwakisan-Schreins**, der als Sitz einer Gottheit angesehen wird. Seine

ursprünglichen Bauten entstanden 770–781, die heutigen Gebäude stammen meist aus dem 17. Jh. Seine reiche Ausstattung trug dem Schrein den Beinamen »Nikko des Nordens« ein; das Jahresfest findet Anfang August statt. In der Zeit vom 25. Juli bis zum 15. August wird der Berg daher von zahlreichen Gläubigen besucht.

★★ HIROSHIMA 広島

Hauptinsel: Honshu | **Präfektur:** Hiroshima
Einwohnerzahl: 1,5 Mio.

Vom Schauplatz des ersten Atombombenabwurfs ist nicht mehr viel zu sehen außer Gedenkstätten, einem bedrückenden Museum und dem zerbombten »Atomdom« als Mahnmal. Das ist zwar einerseits erschreckend – andererseits ist Hiroshima heute verblüffend modern und lebenslustig.

Touristen besuchen Hiroshima wegen des Friedensparks und der Gedenkstätten und als Basis für Ausflüge, besonders nach Miyajima (▶ Itsukushima). Weitere Sehenswürdigkeiten, leckere Spezialitäten und normales städtisches Leben gibt es ganz unkompliziert dazu.

Nach Zerstörung viel Grün und Lebensqualität

Die Stadt war schon vor dem Krieg eine bedeutende Großstadt – das machte sie auch zum Ziel der Atombombe, die 1945 abgeworfen wurde – und wurde nach der kompletten Zerstörung wieder aufgebaut, durchaus mit einem Fokus auf Lebensqualität, viel Grün und ausreichende Verkehrswege. Heute ist die von etlichen Flüssen durchzogene Stadt an der Hiroshima-Bucht administratives, bildungspolitisches und touristisches Zentrum des Distrikts Chugoku. Wegen des günstig gelegenen **Hafens** spielen große Industrieanlagen eine Rolle (Petrochemie, Metallurgie, Schiffbau), hier hat auch Mazda seinen Firmensitz. Daneben gibt es Landwirtschaft, und wegen der günstigen Strömungen in der Inlandsee ist die Wasserqualität dort so gut, dass sogar direkt vor der Stadt Austern gezüchtet werden!

Von der Gründung bis zum Zweiten Weltkrieg

Geschichte

1593 errichtete Mori Terumoto (1553–1625) im Mündungsgebiet des Ota eine Burg, die er Hiroshima-jo (»Weite Inseln«) nannte. Schon bald bezeichnete man mit diesem Namen das gesamte Siedlungsgebiet. Die Stadt war Sitz der Familien Mori und Fukushima, später der Asano. Nach deren Entmachtung während der Meiji-Restauration wurde 1889 unter städtischer Leitung der Hafen ausgebaut, dann kam die Küsten-Bahnlinie dazu (1894).

Wegen seiner günstigen Lage – recht weit im Westen, aber mit einem guten, geschützten Hafen – war Hiroshima im Chinesisch-Japanischen Krieg von 1894/1895 kaiserliches Hauptquartier, auch später waren hier immer Truppen stationiert. Das zog auch Unternehmen und die Rüstungsindustrie an, sodass die Stadt kurz vor dem Ende des Krieges mit fast 350 000 Einwohnern die siebtgrößte Japans war, mit viel Militär und rüstungsrelevanter Industrie.

Szenario des Schreckens

Die erste Atombombe

Dass Hiroshima im Krieg wenig zerstört war, bestimmte maßgeblich die Entscheidung der amerikanischen Befehlshaber, auf welche Stadt die Atombombe geworfen werden sollte, die erste überhaupt (nach einer Testbombe) – das wissenschaftliche und strategische Interesse am praktischen Effekt war entsprechend groß. Auch die Entwickler wussten nicht genau, wie sie wirken würde.

Am **6. August 1945** um 8.15 Uhr Ortszeit warf der B-29 Bomber »Enola Gay« direkt über dem Stadtzentrum die »Little Boy« getaufte Uranbombe mit einer Sprengkraft von 20 000 Tonnen TNT ab. Zielmarke für Pilot Paul Tibbs war die T-förmige Brücke auf der Nordspitze der zentralen Insel, wo heute der Friedenspark liegt. Die Bombe explodierte in 600 m Höhe. Etwa ein Viertel der Bevölkerung starb sofort, ein weiteres Viertel in den nächsten Monaten an den unmittelbaren Folgen der Strahlung. Bei allen Überlebenden, auch denen des nachfolgenden »Schwarzen Regens«, der radioaktive Partikel aus der Luft enthielt, blieb eine erhöhte Krebsgefahr.

Obwohl Hiroshima schon in den folgenden Jahren wieder aufgebaut und normal bewohnt wurde, werden deshalb alle Betroffenen als Atombombenopfer gezählt – inzwischen über 300 000.

Wohin in Hiroshima?

»Komprimierte Landschaft«

★ Shukkei-en

Der bezaubernde Wandelgarten Shukkei-en wurde 1620 von Asano Nagaakira als Nachahmung des berühmten Landschaftsgartens am Westsee der alten südchinesischen Hauptstadt Hangchow (Sung-Dynastie) angelegt. Von der Atombombe verwüstet, ist der direkt am Fluss gelegene Garten heute wunderbar rekonstruiert (700 m westl. des Bhfs., Bus 5 Min.).

Tgl. 9–18, Okt.–März bis 17 Uhr | 250 ¥

»Karpfenburg« mit tollem Ausblick

Burg Ri-Jo

2 km westlich des Bahnhofs (Bus, 10 Min.) steht die Burg (auch Ri-jo, »Karpfenburg«, genannt). 1589–1593 erbaut, wurde sie im Jahre 1600 nach der Schlacht von Sekigahara Wohnsitz von Fukushima Masanori und ging 1619 in das Eigentum von Asano Nagaakira über.

1 Kanawa Oyster Boat
2 Tagashira
3 Okonomi-mura

1 Ikawa Ryokan

Der fünfstöckige Hauptturm ist eine Rekonstruktion von 1958; im Inneren ist ein Lokalmuseum beheimatet. Vom obersten Stockwerk bietet sich ein schöner Blick auf die Stadt, den Hafen und die Insel Miyajima (► Itsukushima).

Tgl. 9–18, Dez.–Feb. bis 17 Uhr | Hauptturm 370 ¥

HIROSHIMA ERLEBEN

TOURISTINFORMATION

Im Bahnhof (Südausgang):
Tel. 082 2 61 18 77
tgl. 9–17.30 Uhr
Im Resthouse: Friedenspark
Tel. 082 2 47 67 38
März–Nov. 8.30–18, Aug. bis 19, Dez.–Feb. bis 17 Uhr
http://visithiroshima.net

ANREISE

Flugzeug: Von Tokyo (Haneda Airport; 1½ Std.)
Bahn: Von Tokyo (Hbf.) JR-Sanyo-Shinkansen-Linie über Kyoto und Osaka (4 Std.)
Bus: Vom Flughafen Hiroshima zur Stadtmitte (35 Min.)
Schiffslinien: nach Kure, Matsuyama und Imabari (Shikoku)

HIROSHIMA PER WASSERTAXI

Ein Besuch in Hiroshima steht ganz im Zeichen des Atombombenabwurfs. Aber es ist auch eine Wasserstadt. Wer also von den traurigen Gedanken nicht völlig überwältigt werden möchte – warum die Stadt nicht vom Wasser aus erkunden? Die Gangi-**Motorboottaxis** für zwei bis sechs Passagiere kreuzen u. a. um den Friedenspark. Man steigt am »Gangi« zu, den Treppen vom Wasser zur Straße, an denen früher Waren angelandet wurden (bei gutem Wetter 10–17 Uhr, 10 Min. 500 ¥, Tel. 082 2 30 55 37; www.hiroshima-navi.or.jp/en/; Reservierung nötig).

Das praktischste Fortbewegungsmittel sind **Straßenbahnen** (Hiroden, 6–23 Uhr, ca. alle 10 Min.). Eine Fahrt kostet ab 160 ¥, der Tagespass 600 ¥ bzw. einschließlich Fährverbindung nach Miyajima (▶ Itsukushima) 840 ¥.

HAFENFEUERWERK

Eines der größten sommerlichen Feuerwerke in Japan, bei dem über 10 000 Feuerwerkskörper abgeschossen werden.
Ende Juli

FRIEDENSFEST

Gedenkfeier für die Opfer der Atombombe.
Friedenspark, 6. August

In der Aioi-dori (Tatemachi) befinden sich die Kaufhäuser **Tokyu Hands** und **Mitsukoshi**. Parallel (südlich) zu dieser Hauptstraße verläuft die Einkaufspassage **Hon-dori** mit vielen kleinen Geschäften und Lokalen. Eine moderne Mall mit zahlreichen Läden und Restaurants gehört zum Komplex **Motomachi CRED** (Pacela) südlich der Burg, beim Rihga Royal Hotel. Beliebte Souvenirs sind hölzerne Reislöffel von der Insel Miyajima (▶ Itsukushima) und Kumanofude, ein besonders hochwertiger Schminkpinsel.

Bars und Clubs konzentrieren sich im Vergnügungsviertel **Nagarekawa** östlich der Chuo-dori. Im Sommer ist es schön, in einem der in Japan eher seltenen **Freiluftcafés** zu sitzen – noch dazu mit Blick aufs Wasser. Eines findet sich westlich des Bahnhofs am Kyobashigawa, bei der Kyobashi-Brücke zwischen Aioi-dori und Jonan-dori.

❶ KANAWA OYSTER BOAT €€€

Die vor Hiroshima gezüchteten Austern bekommt man direkt am Friedenspark auf einem Hausboot serviert – schon seit über 50 Jahren.
Otemachi 3, Naka-ku | Tel. 082 2 41 74 16 | tgl. 11–15, 17–22 Uhr

❷ TAGASHIRA €€

Ob Kuchen oder Eiscreme, fast alles in diesem Café ist knallgrün, denn eigentlich ist es ein Teegeschäft. Der intensive Matcha verleiht den Süßspeisen eine interessante, leicht bittere Note.
Wakasaya Bldg., 1st Fl., Horikawacho 5-9, Naka-ku (ggü. Nordausgang Parco) | Tel. 082 5 04 65 33
tgl. 10.30–21 Uhr
www.yuicha.jp/english/

❸ OKONOMI-MURA

Hiroshima ist berühmt für **Okonomiyaki** (▶ S. 612). Im Okonomi-mura, in denen ein Okonomiyaki-Laden neben dem anderen steht, kann man die Spezialität auf drei Stockwerken kosten. Vom schmucklosen Äußeren sollte man sich nicht abschrecken lassen. Am besten ist ein gut besuchtes Lokal – das spricht für Qualität. Man fährt mit der Tram bis Hatchobori und läuft die Chuo-dori hinunter (südwärts). Das Haus liegt auf der rechten Seite versteckt hinter dem Parco-Kaufhaus.

❶ IKAWA RYOKAN €€

Gemütliche Unterkunft nicht weit vom Friedenspark. Zimmer im westlichen und japanischen Stil, mit oder ohne Bad. Anfahrt: mit Straßenbahn Richtung Kai oder Miyajima (▶ Itsukushima) bis Haltest. Dobashi.
Dobashi-cho 5-11, Naka-ku
Tel. 082 2 31 50 58
www.ikawaryokan.net/en

Zum Gedenken an die Opfer der Atombombe lässt man alljährlich Papierlaternen auf dem Motoyasu am Atombomben-Dom vorbeischwimmen.

Atombomben-Dom – Symbol der Friedensstadt

★★ Genbaku-domu

Der sogenannte »Atombomben-Dom« (Genbaku-domu) als Mahnmal der Zerstörung ist das Wahrzeichen der Friedensstadt Hiroshima. Tatsächlich war das überkuppelte, westliche Betongebäude die Industrie- und Handelskammer – fast als einziges blieb es in weitem Umkreis stehen, obwohl die Atombombe annähernd darüber, in 580 m Höhe, explodierte.

»Dieser Fehler darf sich nicht wiederholen«

★★ Friedenspark

Gleich gegenüber liegt auf einer Insel, die früher das lebhafte Stadtzentrum bildete, der **Peace Memorial Park** (Friedenspark; vom Bhf. Bus und Straßenbahn, 15 Min.). Mit Museum, Kenotaph und Gedenkstätte wurde er vom Pritzker-Preisträger Tange Kenzo seit 1955 entworfen – die Nationale Friedensgedenkstätte mit audivisuellen Erinnerungen an Opfer und Überlebende folgte erst 2002.

Das **Gedenk-Kenotaph** für die Bombenopfer besteht aus einem sattelähnlichen Bogen, im Steinquader darunter ist eine Liste mit den

Namen der Opfer eingraviert, seine Oberfläche trägt eine Inschrift, deren sinngemäße Übersetzung lautet: »Ruht in Frieden, denn dieser Fehler darf sich nicht wiederholen.« Am Ende eines Wasserlaufs brennt eine ewige Flamme, entzündet an einem Feuer, das der Heilige Kobo-daishi im 9. Jh. auf Miyajima (▶ Itsukushima) angezündet haben soll. Durch den sich darüber wölbenden Betonbogen ist der Atombomben-Dom sichtbar. Vor dem Kenotaph finden am 6. August Gedenkfeiern statt.

Einer der bewegendsten Orte hier ist das **Kinderdenkmal**, das von Tausenden bunter Papierkraniche umgeben ist. Diese erinnern an das Mädchen Sadako Sasaki: An Leukämie erkrankt, wollte sie 1000 Origami-Kraniche falten, das Symbol langen Lebens, um wieder gesund zu werden. Im Oktober 1955 starb sie im Alter von zwölf Jahren, die Origami-Kraniche sind zum Symbol der Friedens- und Anti-Atombewegung geworden (▶ S. 18).

Peace Memorial Museum: März–Nov. tgl. 8.30–18, August bis 19, Dez.–Feb. bis 17 Uhr | 200 ¥ | http://hpmmuseum.jp/?lang=eng

Entspannung für Herz und Seele

Hiroshima-Kunstmuseum

Im zentralen Chuo-Park, nördlich des Friedensparks, befindet sich das Kunstmuseum (Hiroshima Bijutsukan) mit Werken europäischer Maler des 19. Jhs. (hochrangige Sammlung französischer Impressionisten) und japanischer Kunst.

Hiroshima Museum of Art: Di.–So. 9–17 Uhr | 1300 ¥
www.hiroshima-museum.jp/en/

Zeitgenössische Kunst im Park

Hijiyama-Park

Vom Südteil des Friedensparks führt der 100 m breite Peace Boulevard (Heiwa Odori = »Friedensallee«) nach Osten zum Hijiyama-Park (1,5 km südl. des Bhfs.; Bus, 10 Min.), der auf einer von Kirschbäumen bewachsenen Anhöhe angelegt ist. Im Park liegt das **Städtische Museum für zeitgenössische Kunst** (Hiroshima-shi Gendai Bijutsukan, HCMCA) mit einer Sammlung von Bildern und Skulpturen nationaler wie internationaler Künstler.

Hiroshima City Museum of Contemporary Art: Di.–So. 10–17 Uhr | ständige Sammlung 370 ¥ | www.hiroshima-moca.jp/en/

Wichtiges Kulturgut Japans

Weltfrieden-Gedächtnis-Kathedrale

Nordwestlich des Parks (1 km westl. des Bhfs.) wurde die **Memorial Cathedral of World Peace** 1954 auf Veranlassung des deutschen Jesuitenpaters Hugo Lassalle errichtet, der die Atombombenexplosion miterlebt hatte. Sie ist eine der größten katholischen Kirchen in Asien; an ihrem Bau haben sich zahlreiche Staaten mit Spenden beteiligt. Die vier Glocken im 46 m hohen Turm wurden von der Stadt Bochum, die Orgel von Köln und die Bronzetüren von Düsseldorf gestiftet; der Altar ist ein Geschenk Belgiens.

★ IBUSUKI 指宿

Hauptinsel: Kyushu | **Präfektur:** Kagoshima | **Einwohnerzahl:** 46 000
Bahn: Von Kagoshima (Bhf. Chuo) JR-Ibusuki-Makurazaki-Linie (1 Std.)
Bus: Von Kagoshima (Bus Center) bis Ibusuki Kanko Hotel (1½ Std.)
Schnellboot: 40 Min.

Der Strandort Ibusuki ist nicht nur wegen seiner subtropischen Pflanzen bekannt: Clou ist der heiße Strand, der von unterirdischen Thermalquellen erwärmt wird, und in den man sich eingraben lassen kann.

Sand-Baden

Der Badeort Ibusuki liegt im Südwesten der Hauptinsel Kyushu auf der die Kagoshima-Bucht begrenzenden Halbinsel Satsuma, eingebettet in die weiten Felder eines Tabakanbaugebiets. Die **Quelle Surigahama** ist die bekannteste der heißen Eisenkarbonatquellen (48–99 °C) des Gebiets, die sie speisenden Wasseradern erwärmen unterirdisch die Strandzone. Beliebt sind die »Sunamushi« genannten Bäder in dem heißen schwarzen Sand, in den man sich bis zum Hals eingraben lässt.

Nichts für Klaustrophobiker: In Ibusuki kann man sich in den heißen Sand eingraben lassen

Eingegraben im Kimono

Natur-Sandbad

Das Natur-Sandbad Sunamushi Kaikan Saraku ist die einzige Einrichtung ihrer Art in Japan. Hier wird man in einem Yukata, einem einfachen Kimono, für zehn Minuten in den heißen Sand eingegraben.
Tgl. 8.30–20.30 Uhr | 920 ¥ (inkl. Leih-Kimono)

Rund um Ibusuki

Zum südlichsten Punkt Kyushus

Osumi-Halbinsel

Lohnend ist ein Ausflug auf die andere Seite der Kagoshima-Bucht zur Halbinsel Osumi (Fährverbindung zwischen Ibusuki und Nejime) mit ihrem dicht bewaldeten Bergland und den bizarren Küstenlandschaften. Südlich von Nejime erreicht man Sata mit dem gleichnamigen Kap. **Kap Sata** liegt auf derselben geografischen Breite wie Miami (USA) oder Marokko und bildet den **südlichsten Punkt** des japanischen Hauptlands. In der reichen subtropischen Flora dominieren Palmen und Kakteen; von der Aussichtsplattform hat man einen schönen Blick auf die Felsküste und den 1871 errichteten Leuchtturm.

★ INLANDSEE · SETONAIKAI 瀬戸内海

Fläche: 21 827 km² | **Mittlere Wassertiefe:** 37,3 m

Die Inlandsee umfasst nahezu 1000 Inselchen. Sie besitzt herrliche Strände und verträumte Buchten mit kleinen Fischerorten, das Klima ist mild und das vom Pazifik hereingespülte Wasser klar.

Binnenmeer zwischen den Hauptinseln

Die Inlandsee (japanisch Setonaikai) wird von dem Meeresarm gebildet, der sich zwischen den Hauptinseln Honshu, Shikoku und Kyushu erstreckt. Die Verbindung mit dem Japanischen Meer bildet die Kanmon-Meerenge, jene mit dem Pazifischen Ozean die Meeresstraßen Kii, Kitan, Naruto, Hoyo und Bungo. Das Meeresbecken erreicht meist nur eine Tiefe von etwa 40 m; in den Meerengen treten kräftige Tidenströme und Kreuzseen auf (▶ Tokushima; Naruto, S. 419).

Von Insel zu Insel

Brücken

Drei große kombinierte Straßen- und Bahnbrückensysteme überqueren zwischen den Hauptinseln Honshu und Shikoku die Inlandsee: Von Kojima (Honshu) nach Sakaide (Shikoku) verläuft der Seto-Chuo-Expressway über die Brücke Seto-Ohashi (»Große Inlandsee-Brücke«);

der Kobe-Awaji-Naruto-Expressway führt über die 1998 eröffnete Akashi-kaikyo und die O-Naruto-kyo von Kobe (Honshu) über die Insel Awaji nach Naruto (Shikoku) und der Nishiseto-Expressway von Onomichi (Honshu) nach Imabari (Shikoku).

Wohin im Inlandsee-Nationalpark?

Parkgebiet

Ein großer Teil des Gebietes wurde 1934 zum Nationalpark erklärt, zu dem u. a. Teile der Insel Shodoshima, die Halbinsel Yashima, die Insel Sensui sowie Kap Abuto und der Hügel Washuzan gehörten. Heute erstreckt sich der Setonaikai National Park mit seinen 659 km^2 Landfläche wesentlich weiter nach Südwesten und bis auf die Küstenregionen von Nordost-Kyushu. Im Osten reicht er bis ► Awajishima.

»Nikko des Westens«

Ikuchijima

12 km vor der Küste liegt die Insel Ikuchi mit dem 1946 erbauten **Konsanji-Tempel**, der die Stilelemente der Asuka-, Nara-, Heian-, Kamakura-, Muromachi- und Edo-Zeit vereint. Das überreich dekorierte Haupttor ähnelt demjenigen des Toshogu-Schreins in Nikko und hat dem Tempel den Beinamen »Nikko des Westens« eingetragen.

Bedeutende Shinto-Wallfahrtsstätte Japans

Omishima

Vom Hafenort Imabari an der Nordküste von Shikoku verkehren Fähren nach Miyaura auf der Insel **Omishima**. 1 km östlich von Miyaura befindet sich der bekannte Oyamazumi-Schrein, dessen Gründung dem legendären Jimmu-tenno zugeschrieben wird. Die heutigen Gebäude des Tempels, der dem Gott der Seefahrer geweiht ist, stammen aus der Muromachi-Zeit (1387). Im Besitz des Tempels gibt es eine sehr beachtenswerte Sammlung von Waffen und Rüstungen, die den größten Teil aller derartigen antiken Stücke des Landes umfasst.

INLANDSEE ERLEBEN

NATIONAL PARKS OF JAPAN

www.env.go.jp/en/nature/nps/park/setonaikai/index.html

ANREISE

Schiff: Von Hiroshima (direkt oder via Kure) nach Matsuyama (1–2¾ Std.); über Kure nach Imabari (1½ Std.); außerdem zahlreiche kürzere Linien

LOHNENDE ZIELE

Die lohnendsten Reiseziele im Bereich der Inlandsee sind Awajishima, Himeji, Hiroshima, Kobe, Kurashiki, Matsuyama, Miyajima (► Itsukushima), Okayama, Osaka, Takamatsu und Yamaguchi (► jeweils dort).

★ ISE 伊勢

Hauptinsel: Honshu | **Präfektur:** Mie | **Einwohner:** 130 000

Wohl das bedeutendste Heiligtum Japans ist der Schrein von Ise, der der Sonnengöttin Amaterasu geweiht ist – er wird alle 20 Jahre exakt gleich neu errichtet und bewahrt damit eine höchst archaische Bautradition. Eigentlich sind es zwei Hauptschreine und Dutzende Nebengebäude inmitten großer Waldstücke.

Subtropische Küste

Die dem Pazifik zugewandte reizvolle Küste ist durch zahlreiche Buchten gegliedert, das Landschaftsbild durch dichte Wälder, subtropische Vegetation im Küstenbereich sowie viele kleine Inseln geprägt.

★ Die Großen Ise-Schreine

Eingangstor zum Nationalpark

Ise

Nördliches Eingangstor zum Nationalpark ist die durch Zusammenschluss der Orte Uji und Yamada entstandene Stadt Ise (134 000 Einw.). Hier befinden sich die Verwaltung und die an shintoistischer Literatur reiche Bibliothek der Ise-Schreine sowie die Museen Chokokan (Altertümer) und Nogyokan (Landwirtschaft).

An den heutigen Platz verlegt

Geschichte und Architektur

Die beiden etwa 5 km voneinander entfernten Schreine (Äußerer Schrein, Geku, und Innerer Schrein, Naiku) wurden ursprünglich an anderen Orten errichtet und später hierher überführt. Der **Geku** soll in Manai (historische Provinz Tamba, heute Präfektur Kyoto) erbaut und 478 unter Kaiser Yuryaku (457–479) nach Ise verlegt worden sein. Der **Naiku** war Teil des kaiserlichen Palasts, wurde zur Zeit des Kaisers Sujin (3. Jh.) oder später nach Kasanui (Provinz Yamato) und schließlich an den heutigen Platz gebracht. Beiden Schreinen steht derselbe Priester vor; ursprünglich war eine Schwester des Tenno Priesterin.

Die aus edlem Zedern- und Zypressenholz erbauten Schreine repräsentieren den **Stil Shinmei-zukuri**, dessen Charakteristika das Satteldach, die gekreuzten Giebelsparren (Chigi) und die zylindrischen Querhölzer (Katsuogi) auf dem First sind. Einzige Schmuckelemente sind fein gearbeitete Gold- und Kupferbeschläge an Balkenkonstruktionen und Türen. Neben dem Izumo-Taisha-Schrein (► S. 271) blieben die Ise-Schreine als einzige shintoistische Kultstätten Japans von den Einflüssen buddhistischer Architektur unberührt.

Zu größter Bedeutung gelangten die Ise-Schreine durch die Bemühungen, den seit Jahrhunderten mit dem Buddhismus vermischten

Shinto zu eigenständiger Form zurückzuführen. Diese führten letztlich im späten 19. Jh. zur Meiji-Restauration: der Wiedereinführung des Kaisertums auf shintoistischer Grundlage und dem Aufstieg des Shinto zur Staatsreligion. Nach dem Zweiten Weltkrieg verlor der Shinto diesen offiziellen Anspruch zwar wieder, doch seine Kultstätte in Ise ist nach wie vor das Ziel zahlloser Pilger.

Sengu-shiki-Zeremonie

Im Turnus von 20 Jahren werden die Schreine abgetragen und das Holz an alle Schreine des Landes verteilt, wo es als geweihtes Baumaterial Verwendung findet. Exakt nach dem alten Vorbild entstehen die 65 Gebäude direkt neben den Standorten der Vorgängerbauten neu, und nach ihrer Fertigstellung wird die Gottheit in den neuen Kultbau überführt. Diese Zeremonie wird Sengu-shiki genannt und soll das nächste Mal im Jahr 2033 stattfinden.

Hauptschrein mit vierfacher Umfriedung

★ Äußerer Schrein

Der Äußere Schrein (**Geku**) liegt unweit südwestlich des Bahnhofs Uji-Yamada (Kinki-Nippon-Railway). Eine Brücke führt zu dem 89 ha großen Schreinbezirk. Man durchschreitet das erste Torii, hinter dem sich rechts die Gebäude befinden, in denen die kaiserliche Familie während ihrer Besuche in Ise zu wohnen pflegt: Anzaisho, das Haus für den Kaiser, und Sanshujo, das Haus für die Familienmitglieder. Hinter dem zweiten Torii liegt rechts die **Halle Kaguraden** für die kultischen Tänze. Der bis 1868 weit verbreitete Tanz Kagura (► S. 578) wurde in der Meiji-Zeit auf die Vorführung im Bereich der Schreine beschränkt. Hier wird er (bei entsprechenden Spenden) von jungen Mädchen vorgeführt. Seit Abschaffung des Staats-Shinto ist Ise – wie alle anderen Schreine – auf Spenden angewiesen, mit deren Hilfe auch die Erneuerung der Gebäude finanziert wurde. Außerdem werden hier Andenken und Amulette verkauft. Anschließend folgt die Kulthalle.

1 Haupteingang
2 Nordeingang
3 Erstes Torii
4 Zweites Torii
5 Itagaki
6 Schatzhäuser
7 Mike-den
8 Kazenomiya-Schrein
9 Takanomiya-Schrein
10 Tsuchinomiya-Schrein

Durch ein Torii geht es zum Inneren Schrein in Ise.

Etwas weiter erreicht man den vierfach umfriedeten Hauptschrein. Die äußerste **Umfriedung Itagaki** ist ein Wandgeviert aus Zedernholz. An der einen Schmalseite befindet sich der Haupteingang, an den drei anderen Seiten gibt es kleinere Eingänge. Abwechselnd kurze und lange Bohlen aus Zedernholz bilden die zweite **Umfriedung Soto-tamagaki**, die nur von Priestern, dem Kaiser und kaiserlichen Gesandten durchschritten werden darf; alle anderen Besucher gelangen nur bis zu dem an der Südseite befindlichen Tor, dessen weißer Vorhang den Blick ins Innere der Schreinanlage verwehrt. Innerhalb folgen die dritte **Umfriedung Uchi-tamagaki** und die vierte **Umfriedung Mizu-gaki**, beide an der Südseite mit einem Tor versehen.
Im innersten Hof steht der mit Stroh gedeckte und mit schlichtem Metalldekor verzierte **Hauptschrein Shoden** aus naturfarbenem Zypressenholz.

Rechts und links des Tors werden in den beiden **Schatzhäusern** (**Honden**) kultische Geräte und Zeremonialgewänder aufbewahrt. Zwischen der ersten und zweiten Umfriedung liegt an der nördlichen Schmalseite die **Halle Mike-den**, in der zweimal täglich Speiseopfer dargebracht werden.

Südlich des Hauptschreins liegt der 4,5 ha große **Geku-Jin-en** (**Heiliger Park**) mit einigen kleineren Schreinen, u. a. dem **Kazenomiya-Schrein** (dem Windgott geweiht) und dem **Takanomiya-Schrein** (dem Gott Toyouke geweiht).

Größtes Heiligtum des Landes

★ Innerer Schrein

Der Innere Schrein (**Naiku**), 5 km südöstlich des Geku, ist das bedeutendste Nationalheiligtum Japan. Man erreicht ihn über die den Fluss Isuzu überspannende Uji-Brücke, die am ersten Torii endet. Am Flussufer dahinter reinigten die Pilger früher als rituelle Vorbereitung ihrer Gebete Hände und Mund. Hinter dem zweiten Torii beginnt ein von uralten Zedern gesäumter Weg, auf dem man das Tempelbüro und die **Tanzhalle Kaguraden** erreicht. Unweit davon stehen ein Reisspeicher und einige andere kleinere Gebäude, dahinter der umfriedete **Hauptschrein Shoden**, dessen Anlage der des Geku ähnelt. Auch er ist von vier Holzwänden umfriedet, von denen Besucher nur die äußerste passieren dürfen.

Im Naiku wird der Spiegel Yata-no-kagami aufbewahrt, neben den Kronjuwelen und dem Schwert eine der drei **Reichsinsignien Japans**. Wie die Überlieferung berichtet, gab ihn die Sonnengöttin **Amaterasu** ihrem Enkel Ninigi-no-mikoto mit auf die Erde, wo dieser die Kaiserherrschaft begründete. Der als Symbol der Sonnengöttin verehrte

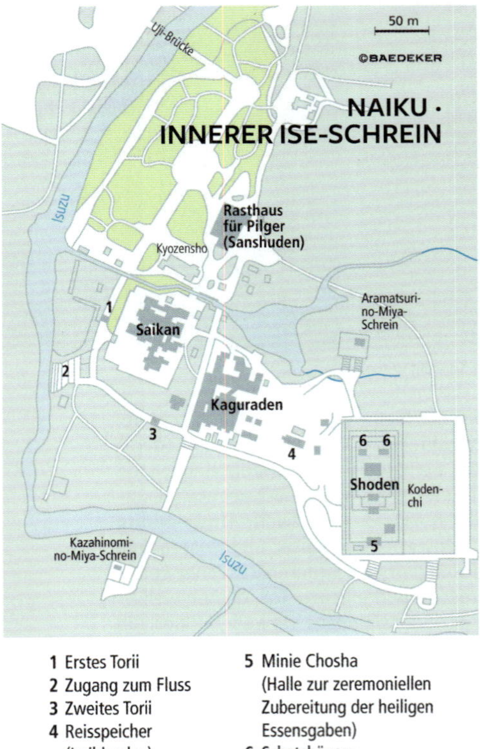

1 Erstes Torii
2 Zugang zum Fluss
3 Zweites Torii
4 Reisspeicher (Imibiyaden)
5 Minie Chosha (Halle zur zeremoniellen Zubereitung der heiligen Essensgaben)
6 Schatzhäuser

ISE ERLEBEN

TOURISTINFORMATION

Im Bhf. Kintetsu Ujiyamada: Tel. 0596 23 96 55
tgl. 9–17.30 Uhr
www.ise-kanko.jp/german/index.html

Beim Eingang zum Äußeren Schrein: Tel. 0596 23 33 23
tgl. 8.30–17 Uhr
www.isejingu.or.jp/en

ANREISE

Bahn: Von Nagoya oder Osaka (Nanba) jeweils 1½ Std. mit der Kintetsu-Privatbahn bis Ise-shi; mit JR umständlicher und länger

Schiff: Fähre von Irako (Halbinsel Atsumi) nach Toba (Isewan Ferry Line; 1 Std.)

Zum Schrein: Bus von Ise-shi oder Uji-Yamada über Geku bis Naiku-mae, zum Geku auch zu Fuß vom Bhf. Uji-Yamada oder JR-Ise-shi
In die Umgebung: Kintetsu-Toba-Linie bis Toba und Kashikojima (50 Min.), Busse ab Bhf. Uji-Yamada

SHIRONGO MATSURI

Weiß gekleidete Frauen tauchen nach Abalone-Schnecken.
Shirongo-Strand, Toba | 11. Juni

Spiegel wurde zunächst im Kaiserpalast unter der Obhut einer als Oberpriesterin amtierenden kaiserlichen Prinzessin aufbewahrt. In der Regierungszeit des legendären Sujin-tenno – viele Historiker halten ihn für eine mythologische Figur – wurde die heilige Stätte dann aus dem Palast verlegt, womit die Trennung zwischen weltlicher und geistlicher Macht vollzogen war. Doch noch bis 1339 war die jeweilige Ise-Priesterin eine Angehörige des Kaiserhauses.

Rund um Ise

Eines der größten Aquarien des Landes

Toba

Die Stadt Toba (23 000 Einw.) 14 km östlich von Ise ist mit der Kinki-Nippon Railway in 15 Minuten oder über die 16 km lange Mautstraße **Ise-Shima Skyline** über aussichtsreiche Berge zu erreichen. In der Nähe des Piers (Bootsrundfahrten durch die Bucht) liegt das **Toba Aquarium** mit zwölf Unterwasserbereichen. Seit 2013 gibt es hier die seltenen Seekühe zu bestaunen.
Tgl. 9–17, Ende Juli, Aug. 8.30–17.30 Uhr | 2500 ¥

Mikimoto Shinju-shima

Perleninsel

Von Toba führt eine Brücke auf die Perleninsel Mikimoto Shinju-shima, wo Mikimoto Kokichi (1858–1954) die erste Perlenzuchtanlage ein-

richtete. (Bei diesem Verfahren wird der Perlmuschel ein Fremdkörper künstlich eingepflanzt, um den sich in etwa sieben Jahren die Zuchtperle bildet.) Der überwiegende Teil der heutigen Zuchtperlen stammt aus dieser Gegend. Auf der Insel gibt es ein Denkmal Mikimotos und eine Demonstrationsanlage der Perlenzucht (Tauchvorführungen). Sehenswert ist das **Mikimoto Pearl Museum**, u. a. mit einer 1,20 m hohen Pagode aus über 10 000 Perlen.
Tgl. 8.30–17, Dez. 9–16.30 Uhr | 1500 ¥
www.mikimoto-pearl-museum.co.jp/eng/

Meoto-Iwa – »Verheiratete Felsen«

Futamiga-ura

Nordwestlich von Toba liegt Futamiga-ura (Busverbindung) an der gleichnamigen Bucht. Aus dem Meer ragen die beiden Felsen Meoto-Iwa – in der japanischen Mythologie versinnbildlichen sie die Schöpfergottheiten des Inselreichs, Izanagi und Izanami. Die Felsen sind durch ein langes Strohseil (Shimenawa) verbunden, das jedes Jahres Anfang Januar in einem feierlichen Zeremoniell erneuert wird. Auf dem 9 m hohen größeren Felsen thront ein Torii, das bei Sonnenaufgang einen besonders schönen Anblick bietet.

Perlentaucherinnen bei der Arbeit

Ise Toll Road

Über die 25 km lange Mautstraße Ise Toll Road gelangt man in südlicher Richtung nach **Kashikojima** (auch Kinki-Nippon-Railway oder Bus von Ise-shi über Toba). Der Ort liegt an der Nordküste der Ago-Bucht, in deren klarem Wasser sich gleichfalls ausgedehnte Perlenzuchtbänke befinden. Auch hier kann man weiß gekleideten Taucherinnen (Ama) bei ihrer Arbeit zusehen.

Blick vom Konpira auf die Ago-Bucht

Goza

Mit dem Boot erreicht man über die Ago-Bucht den Ort Goza (auch Bus von Toba) im äußersten Westen der gleichnamigen Halbinsel. Vom 99 m hohen Berg Konpira, der den Ort im Süden überragt, hat man einen schönen Blick auf die Bucht und den Pazifik. Jenseits des Ortes führt die Straße zum **Kap Daido** mit steilen Klippen und starker Brandung.

Bestes Rindfleisch des Landes

Matsusaka

Nordwestlich außerhalb des Nationalparks liegt die durch ihre Rinderzucht bekannt gewordene Stadt Matsusaka (167 000 Einw.; JR-Linie und Kinki-Nippon-Railway von Nagoya), aus der das neben dem berühmteren Kobe-Fleisch beste Rindfleisch des Landes stammt. (Die Tiere werden angeblich mit Bier getränkt und massiert.) Im **Matsusaka-Park**, 1 km südwestlich des Bahnhofs, befinden sich die Reste der alten Burg und das hierher überführte Haus des Motoori Norinaga (1730–1801), in dem Gegenstände aus dem Besitz des Gelehrten sowie einige seiner Manuskripte zu sehen sind.

★★ ITSUKUSHIMA · MIYAJIMA 厳島・宮島

Hauptinsel: Honshu | **Präfektur:** Hiroshima | **Einwohnerzahl:** 3600

Miyajima, die Heilige Insel bei Hiroshima, gehört mit ihrem wunderschönen Schrein und dem im Wasser stehenden Schreintor (Torii) zu den meistfotografierten Touristenattraktionen Japans.

Heilige Insel der Setosee

Die nur 30 km² große Insel Miyajima (Schrein-Insel), die nach dem bedeutenden Schrein auch Itsukushima genannt wird, liegt direkt vor der Küste in der Inlandsee und ist heute von ► Hiroshima ganz schnell zu erreichen. Schon immer galt die Insel als heilig.

★★ Itsukushima-Schrein

Rotes Schreintor in der Bucht

Torii

Schon von Weitem erkennt man das hölzerne rote Torii: Das 16,20 m hohe Schreintor (Abb. ► S. 53) steht im Wasser am Eingang einer kleinen Bucht, die JR-Fähre macht auf dem Weg zur Insel eigens

Die Schreingebäude von Itsukushima scheinen bei Flut zu schwimmen.

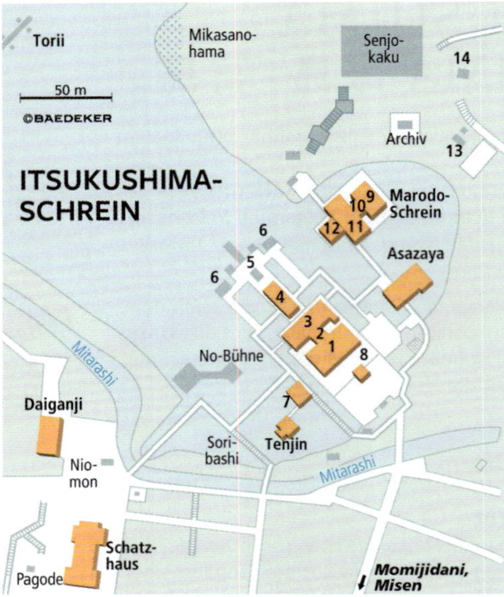

1 Honden (Haupthalle)
2 Heiden (Opferhalle)
3 Haiden (Gebetshalle)
4 Haraiden (Saal für Reinigungszeremonien)
5 Takabutai (Bühne)
6 Musikpavillons
7 Okuni-Schrein
8 Fumyo-mon (Tor)
9 Honden (Haupthalle)
10 Heiden (Opferhalle)
11 Haiden (Gebetshalle)
12 Haraiden (Saal für Reinigungszeremonien)
13 Araebisu-Schrein
14 Fünfstöckige Pagode

einen Bogen daran vorbei. Vom Fähranleger sind es etwa 500 m am Ufer dorthin, vorbei an den touristischen Andenkengassen. Von der Landspitze ist das Torii gut zu sehen: Es steht genau in der Verlängerung der nach Nordwesten verlaufenden Längsachse des Hauptschreins, 160 m (oder 88 kan) vor der Bühne. Bei Ebbe geht das Wasser aus der Bucht zurück, und man kann bis zum Torii gehen. Es ist aus hartem, äußerst wasserresistentem Kampferholz gefertigt, mit besonders dicken Pfeilern und seitlichen Stützen im sogenannten Ryobu-Stil. Trotzdem ist das heutige Tor bereits das achte; es wurde 1875 errichtet und trägt eine Inschrift des Prinzen Arisugawa (1835 bis 1895).

Der Name des Schreins (Itsukushima) ist auf der Innen- und Außenseite mit unterschiedlichen Zeichen geschrieben, da die Schreibung im 12. Jh. geändert wurde. Auf dem 23,30 m breiten Querbalken sind seitlich Sonne und Mond abgebildet.

»Schwimmende« Schreingebäude

Haupt-schrein

Hinter dem Torii sind frontal die Schreingebäude zu erkennen – eher flach und mit weit gespannten Seitenflügeln, ähnlich dem Byodoin in Uji (▶ S. 264) aus derselben Zeit, das auf der Zehn-Yen-Münze abgebildet ist. Sie sind in **Pfahlbauweise** über dem Wasserspiegel der Bucht errichtet. Bei Flut scheinen sie zu schwimmen – mit ihrem roten Balkenwerk und den weißen Wandflächen ein überaus malerischer Anblick.

Haupt- und Nebenanlagen sind durch gedeckte Stege verbunden. Gleich hinter der Landspitze am Torii liegt der Eingang zum Schreingelände (Ausgang auf der gegenüberliegenden Seite).

ITSUKUSHIMA · MIYAJIMA ERLEBEN

TOURISTENINFORMATION
Im Fähranleger: Tel. 0829 44 20 11 | tgl. 9–18 Uhr
http://visit-miyajima-japan.com/en/ (auch Info auf Deutsch)

ANREISE
Bahn: Von Hiroshima JR-Senyo-Hauptlinie Richtung Iwakuni bis Miyajimaguchi (25 Min.) bzw. mit der Straßenbahn (Hiroden) bis Hiroden-Miyajima (1¼ Std.)
Schiff: Von Hiroshima Hafen (Ujina) nach Miyajima (22 Min.), zwei Fähren zwischen Miyajimaguchi und Miyajima (10 Min.).

TOKA-SAI
Pfirsichblütenfest mit Gagaku-Tanzvorführungen und No-Theater.
Itsukushima-Schrein, 15./16. April

TAMATORI-MATSURI
Wettschwimmen um einen heiligen Ball.
Mitte Juli

KANGEN-SAI
Nächtliche Bootsprozession und Gagaku-Musikvorführungen.
Itsukushima-Schrein, 24. Juli

Der Itsukushima-Schrein ist den Töchtern der shintoistischen Windgottheit Susanoo geweiht, den Prinzessinnen Ichikishima-hime, Tagori-hime und Tagitsu-hime. Der Legende nach soll das erste Shinto-Heiligtum hier bereits 593 errichtet worden sein.
Neu erbaut unter Taira Kiyomori (1118–1181), wurde der Schrein später noch mehrmals restauriert. Gemäß shintoistischem Ritus besteht er aus mehreren Hallen: vom Ufer aus zunächst die Haupthalle (**Honden**), dahinter in die Bucht hinaus gebaut die Opferhalle (**Heiden**), die Gebetshalle (**Haiden**) und der Saal für Reinigungszeremonien (**Haraiden**), schließlich ganz außen die Bühne (**Takabutai**) für Kulttänze (Bugaku, Kagura; ► S. 530), flankiert von zwei Musikpavillons. Auf der Bühne werden bei den großen Festen oder zu anderen Anlässen (gegen Entrichtung eines Opfers) Vorführungen gezeigt, meist **Maskentänze** in historischen Kostümen aus der Heian-Zeit.

Die älteste No-Bühne Japans

Weitere Schrein-gebäude

Am Schluss passiert man den **Okuni-Schrein** für den Gott Okuninushi, und den **Tenjin-Schrein**, der dem als Tenjin vergöttlichten Sugawara Michizane (845–903) gewidmet ist. Eine kühn geschwungene rote Holzbrücke (Sori-bashi), die theoretisch dem Tenno vorbehalten (praktisch aber nicht begehbar) ist, führt zum Ufer. Gegenüber steht, ebenfalls auf einer Plattform, die **älteste No-Bühne Japans**, die noch heute genutzt wird. Ursprünglich stammt sie von 1568, jedoch wurde sie während der Edo-Zeit restauriert.

Itsukushima-Schrein: März–Okt. tgl. 6.30–18, Nov., Jan., Feb. bis 17.30, Dez bis 17 Uhr | 300 ¥, Kombiticket mit Schatzhaus 500 ¥
www.en.itsukushimajinja.jp/index.html

Gebäude gegenüber auf dem Festland

Schatzhaus

Südwestlich auf dem Festland steht das moderne Schatzhaus. Von den über 4000 wertvollen Objekten, die hier aufbewahrt werden (Masken, Rüstungen, Kultgegenstände), sind 130 als »**Nationalschätze**« klassifiziert. Hervorragende Exponate sind die Bild- und Schriftrollen mit einer Chronik der Taira-Dynastie (»Heike-Monogatari«, ► S. 539) in einer reich dekorierten Truhe. Der **Daiganji-Tempel** nördlich des Schatzhauses gehört der Koyasan-Shingon-Schule und ist der Glücksgöttin Benzaiten geweiht, deren Standbild Itsukushima-Benten neben Statuen Buddhas und seiner Schüler das Heiligtum schmückt.
Schatzhaus: tgl. 8.30–17 Uhr | 300 ¥, Kombiticket mit Schrein 500 ¥

»Halle der Tausend Tatami-Matten«

★

Hokoku-Schrein

In der Nähe des Schrein-Eingangs führt eine Treppe zur nördlich auf einem Hügel gelegenen »Halle der Tausend Matten« (**Senjo-kaku**). Der Name soll die Größe dieses viel bewunderten Baus hervorheben; in Wahrheit umfasst seine Fläche »nur« etwa 450 Tatami, Reisstrohmatten mit einer Größe von 90 × 180 cm. Die Halle wurde 1587 von Toyotomi Hideyoshi gestiftet und ist daher seit 1872 als Hokoku-Schrein seinem Andenken geweiht; der Legende nach soll sie aus einem einzigen Kampferbaum gezimmert worden sein.
Senjokaku: tgl. 8.30–16.30 Uhr | 100 ¥

Tibetisches Sandmandala

Daishoin

Südlich des Schatzhauses lohnt ein Abstecher zum Daishoin, einem **Shingon-Tempel** mit zahlreichen Statuen auch volkstümlicher Gottheiten. Sehenswert ist das tibetische Sandmandala, das anlässlich eines Besuchs des Dalai Lama gestreut und – ausnahmsweise – konserviert wurde. Der ursprünglich 806 von Kobo-daishi gegründete Tempel ist historisch eng mit dem Itsukushima-Schrein verbunden, und zeitweise war der dortige oberste Schreinpriester gleichzeitig hier Abt.
Tgl. 8–17 Uhr | Eintritt frei

Durchs »Ahorntal« auf den höchsten Berg der Insel

Momijidani

Vom Hauptschrein aus führt ein schöner Spaziergang durch das Momijidani (Ahorntal; mehrere Teehäuser) zur Talstation einer Seilbahn (1,7 km, 50 Min.; hin und zurück 1800 ¥) auf den **Misen**, mit 530 m der höchste Berg der Insel. In der Nähe des Gipfels steht der im frühen 9. Jh. von Kobo-daishi gegründete **Tempel Gumonji-do**, an dessen ewiger Flamme die Flamme des Kenotaphs von Hiroshima entzündet wurde. Japanische Pilger umrunden die Insel, wobei sie an den »Nanaura«, den Sieben Stränden, Opfer darbringen

IWAMI GINZAN 石見銀山

Hauptinsel: Honshu | **Präfektur:** Shimane

Das heute so rohstoffarme Japan gehörte einst zu den wichtigsten Silberproduzenten der Welt: Ginzan heißt »Silber-Berg«, und in Iwami wurden um 1600 bis zu 15 t Silber pro Jahr abgebaut. Heute sind Schächte, Stollen und die gesamte Kulturlandschaft zu besichtigen.

Welterbe Silberminen

Etwas südlich der Kleinstadt Oda liegt die ehemalige Silbermine Iwami Ginzan, die 2007 ins Weltkulturerbe der UNESCO aufgenommen wurde. Von 1526 bis 1923 wurden hier für den Silberabbau über 500 Stollen und Schächte in die Berge getrieben. Das abgebaute Silber wurde nach Asien und bis nach Europa exportiert: Im 16. Jh. soll etwa ein Drittel des weltweit im Umlauf befindlichen Edelmetalls aus Iwami gekommen sein.
Eine gute Einführung vermittelt die Ausstellung im **Welterbezentrum**. Besichtigt werden kann auch der **Ryugenji-Mabu-Schacht** von 1715.
Iwami Ginzan World Heritage Center: tgl. 9–17.30, Dez.–Feb. bis 17 Uhr | 300 ¥ (Ausländer 200 ¥)
http://ginzan.city.ohda.lg.jp/1750.html
Ryugenji Mabu Mine Shaft Tour: tgl. 9–17, Dez.–Feb. bis 16 Uhr
410 ¥ (Ausländer 300 ¥)

Rund um Iwami Ginzan

Häuser aus der Edo-Zeit
Im nahe gelegenen Bergbauort Omori-cho sind einige edozeitliche Häuser erhalten, die auch besichtigt werden können. In einem ist das **Iwami Ginzan Museum** untergebracht.

Omori-cho

IWAMI GINZAN ERLEBEN

TOURISTENINFORMATION

Rathaus Oda: Tel. 08 54 88 99 50
http://ginzan.city.ohda.lg.jp/wh/en/guide/index.html
Im Welterbezentrum: englischsprachige Informationen (u. a. Broschüre zum download) zur Silberminen-Kulturlandschaft.

ANREISE

Von Matsue ca. 50 Min. mit JR-San'in-Linie bis Oda; von Okayama über Shinji (bei Izumo/Matsue ca. 4 Std.; Zug ab Tokyo gut 7 Std.)

Häuser in Omori-cho: tgl. mind. 9.30–17.30 Uhr | 200–500 ¥ pro Haus
Iwami Ginzan Museum: tgl. 9–17 Uhr | 500 ¥

Ein Städtchen unter Denkmalschutz

Yunotsu Onsen

Vom Ryugenji-Mabu-Schacht aus führt – heute als etwa 14 km langer Wanderweg ausgebaut – der ehemalige Transportweg zum Hafen Okidomari bzw. zum Onsen-Ort Yunotsu mit zahlreichen historischen Händlerhäusern aus Holz.

IZU-HALBINSEL 伊豆半島

Hauptinsel: Honshu | **Präfektur:** Kanagawa

Schöne Natur, romantisch gelegene heiße Quellen und geschichtsträchtige Orte – die Halbinsel Izu liegt nicht allzu weit von Tokyo entfernt und ist ein entsprechend beliebtes Ausflugsziel. Deshalb gibt es dort auch einige hochkarätige Kunstmuseen.

Halbinsel der heißen Quellen

Die Halbinsel Izu, südlich des Fuji gelegen, schiebt sich in den Pazifik vor; im Westen wird sie von der Suruga-Bucht und im Osten von der Sagami-Bucht begrenzt. Weite Teile gehören zum Fuji-Hakone-Izu-Nationalpark. Der Name Izu entstand aus der alten Bezeichnung Yu-Izu (Yu = heißes Wasser, Izu = Quelle).

Hauptorte und Verkehrswege

Amagi-Berge

Die Fortsetzung der Hakone- bilden die Amagi-Berge, der Höhenzug der Halbinsel. Ihre höchste Erhebung ist der 1407 m hohe Amagi. Hier entspringt der Fluss Kano, der bei Numazu in die Suruga-Bucht mündet. Ausgangspunkte für Fahrten in die Region sind Atami, Mishima und Numazu, alle von Tokyo aus erreichbar. Die günstigste Straßenverbindung ist der **Tomei Express Highway**, der nahe an Mishima und Numazu vorbeiführt. Auf der Halbinsel selbst verkehren die Bahnen Izu-Kyuko und Izu-Hakone sowie mehrere Buslinien.

Wohin an der Ostküste von Izu?

Badeort mit Kunst und Aprikosengarten

Atami

Im äußersten Norden der Ostküste der Izu-Halbinsel liegt an einem prächtigen Küstenstrich **Atami** (35 000 Einw.), einer der modernsten Badeorte des Landes. Sehenswert ist der **Aprikosengarten Atamibaien** (Bus vom Bhf., 15 Min.) mit etwa 800 Bäumen (Blüte Jan. bis Ende März).

Offen auch für die Moderne: Laserinstallation im MOA-Kunstmuseum

Das **MOA Museum of Art** inAtami (MOA bijutsukan; Bus vom Bhf.) zeigt u. a. Farbholzschnitte (Ukiyo-e), Keramik, Edelmetall- und Lackarbeiten aus der Sammlung des Religionsstifters Okada Mokichi. Viele der Exponate sind als »**Nationalschatz**« oder »bedeutendes Kulturgut« klassifiziert. Besonders beeindruckend ist der rekonstruierte Goldene Teeraum von Toyotomi Hideyoshi.

MOA: Fr.–Mi. 9.30–16.30 Uhr | 1600 ¥ | www.moaart.or.jp/en/

Vorbild des »Shoguns«

Südlich von Atami führt die Küstenstraße (parallel dazu die Ito-Bahnlinie) nach Ito (65 000 Einw.). Hier gibt es rund 700 **Thermalquellen**, die Haushalte und Bäder speisen und von denen einige schon seit mehreren Jahrhunderten genutzt werden. Ito

2 km südöstlich des Bahnhof steht ein **Denkmal für William Adams** (1564–1620), der hier das erste Schiff westlicher Art für Japan baute. Der im Roman und Film »Shogun« verewigte englische Kaufmann gelangte 1600 auf einem Schiff, das als einziges einer ganzen Handelsflotte aus einem Sturm entkommen war, nach Kyushu. Hier gewann er das Vertrauen Tokugawa Ieyasus, des ersten Tokugawa-Shoguns, und unterwies ihn in Waffentechnik, Schiffbau und Navigation. Später heiratete er eine Japanerin und nahm den japanischen Namen Miura Anjin an. Noch heute wird an seinem Grab in Yokosuka alljährlich eine Gedenkfeier für ihn und seine Frau abgehalten.

Vom Bahnhof Ito besteht eine Busverbindung (20 Min.) zum **Naturpark Komuroyama-shizenkoen.** Dieser liegt im Gebiet eines 321 m hohen Vulkanhügels mit schönem Blick auf die Amagi-Berge und die östlich vor der Küste liegende Insel Oshima.
Südwestlich des Naturparks erstreckt sich der **Kratersee Ippeki** (4 km Umfang; Bus vom Bhf., 25 Min.), in dem sich die Amagi-Berge spiegeln. Seine Uferlandschaft ist für ihre Kirschblüte bekannt. Östlich liegt der **Strand Jogasaki**, eine 10 km lange Riasküste vulkanischen Ursprungs.
Das Zentrum der Region bildet der **Izu Ocean Park** (Izu Kaiyo-Koen; Bus vom Bhf. Izu-Kogen, 10 Min.) mit mehreren Fels-Schwimmbecken und guten Tauchmöglichkeiten.
Das **Ikeda-Museum des 20. Jahrhunderts** (Ikeda-nijusseiki-bijutsukan; Bus vom Bhf., 25 Min.) zeigt Werke von Picasso, Chagall, Matisse u. a. sowie japanische Farbholzschnitte.

Izu Ocean Park: tgl. 9–17, Nov.–Feb. bis 16 Uhr | 500 ¥
Ikeda Museum: Do.–Di. 9–17 Uhr | 1000 ¥

Wanderung zum Amagi-Pass

Bergsee Hacho-ike

Eine lohnende Wanderung (etwa 6 Std.) führt vom Amagi-kogen-Golfkurs südlich von Ito (Bus, 1 Std.) zum Banjiro, dann weiter über den Banzaburo zum romantischen Bergsee Hacho-ike in Gipfelnähe, der im Herbst besonders schön ist, und weiter zum Amagi-Pass.

Diplomatie der »Schwarzen Schiffe«

Shimoda

Weit im Süden der Ostküste liegt Shimoda (22 000 Einw.), Ausgangspunkt von Schiffslinien zu einigen der Sieben Izu-Inseln (▶ S. 176). In der Bucht von Shimoda ankerten die »**Schwarzen Schiffe**« des amerikanischen Admirals **Matthew Perry** (▶ S. 544) und zwangen Japan zur Unterzeichnung des Vertrags von Kanagawa (31. März 1854) und zur Öffnung der Häfen Shimoda und Hakodate für das Ausland. Der erste diplomatische Vertreter der USA in Japan, **Townsend Harris** (1804–1878), residierte hier von 1856 bis 1857, verlegte aber dann seinen Amtssitz nach Yokohama, das sich aufgrund eines 1858 mit den USA geschlossenen Handelsvertrags dem Ausland öffnete. Ein **Replikat** der Schwarzen Schiffe – originalgetreu mit Schaufelrad nachgebaut – kreuzt heute als Ausflugsdampfer im Hafen von Shimoda. Die Bootstouren dauern etwa eine Stunde .
Der Gyokusenji-Tempel, einst Amtssitz von Harris, liegt 2 km östlich von Shimoda in dem Dorf **Kakisaki**. Er enthält neben einem Porträt und einigen Erinnerungsstücken an Harris das achtbändige Tagebuch eines Dorfbewohners über das Leben des Diplomaten. In der Nähe liegen Gräber amerikanischer und russischer Seeleute.
Dem Tempel gegenüber auf der kleinen Insel **Bentenjima** findet man einen der Glücksgöttin Benten geweihten Tempel. Von hier aus ruderte Yoshida Shoin (1830–1859; ▶ S. 129) zu den Schwarzen Schiffen, um seine Mitnahme nach Amerika zu erbitten – sein Unterneh-

men schlug fehl, und er wurde festgenommen

Beim Bahnhof von Shimoda liegt die Talstation einer Seilbahn auf den **Berg Nesugata**, von dem man eine schöne Aussicht auf den Südzipfel der Izu-Halbinsel genießt (hin und zurück 1030 ¥). Hier lag auch der Beobachtungsposten, der die in der Bucht ankernden Schwarzen Schiffe kontrollierte.

Im Süden des Bahnhofs von Shimoda befindet sich der **Hofukuji-Tempel** mit einem kleinen Museum, das der angeblichen Geliebten von Harris, Okichi Tojin, gewidmet ist.

Noch weiter südlich steht der **Ryosenji-Tempel**, in dem die Verhandlungen zum japanisch-amerikanischen Vertrag stattfanden. Im **Chorakuji-Tempel** daneben wurden dieser sowie das Abkommen mit Russland unterzeichnet. Ein kleines Museum zeigt Artefakte und Schriftstücke aus der Zeit der Öffnung Japans. Wer noch mehr über die Ankunft der Schwarzen Schiffe Kommodore Perrys und die Öffnung Japans erfahren möchte, sollte dem nahe gelegenen Shimoda History **Museum zur Geschichte der Öffnung Japans** einen Besuch abstatten.

Südwestlich von Shimoda erreicht man den **Yumigahama-Strand** (Bus vom Bhf., 20 Min.), der mit weißem Sand und zahlreichen Pinien zu den schönsten Stränden der Halbinsel zählt.

Schwarzes Schiff: Abfahrt Shimoda Konai Meguri | 1200 ¥
Ryosenji Treasure Museum: tgl. 8.30–17 Uhr | 500 ¥
www.izu.co.jp/~ryosenji/eigo.html
Shimoda History Museum: tgl. 8.30–17.30 Uhr | 1200 ¥

Wie einst Kommodore Perry ...

Blick auf die Izu-Inseln

Kap Iro

Vom südlichsten Punkt der Halbinsel Izu, dem Kap Iro (Bus von Shimoda, 40 Min.), hat man einen schönen Blick auf die Sieben Izu-Inseln (▶ S. 176). Im nahe gelegenen **Dschungelpark** (Jungle-koen; gegenüber dem Leuchtturm Irozaki Lighthouse) gedeihen über 3000 Pflanzenarten.

IZU ERLEBEN

TOURISTENFORMATION

Atami, im Bahnhof:
Tel. 0557 81 52 97
tgl. 9–20 Uhr
Ito, im Bahnhof:
Tel. 0557 37 61 05
tgl. 9–17 Uhr | **Im Internet:**
www.izu-kankou.or.jp/en
Info-pdf der JNTO zur Izu-Halbinsel: www.jnto.go.jp/eng/location/rtg/pdf/pg-410.pdf

ANREISE

Bahn: Von Tokyo (Hbf.) JR-Tokaido-Shinkansen-Linie nach Atami (50 Min.) und Mishima (1 Std.). Tokaido-Hauptlinie nach Atami (1½ Std.), von dort weiter nach Mishima (15 Min.) und Numazu (20 Min.), bzw. an der Küste weiter nach Ito (20 Min.) und Shimoda (Privatlinie, Bhf. Izukyu-Shimoda, 1½ Std.).
Von Mishima Izu-Hakone-Privatbahn nach Shuzenji im Zentrum der Halbinsel (30 Min.)
Flugzeug: von Tokyo (Haneda) auf die Insel Oshima
Schiffsverbindungen: nach Oshima und zu den anderen Izu-Inseln von Tokyo (Fahrtdauer ca. 7 Std.), Yokohama (6 Std.), Ito und Shimoda (je ca. 1½ Std.)

KUROFUNE-MATSURI

Historischer Umzug zur Erinnerung an die Landung von Kommodore Perry.
Shimoda, 16.–18. Mai

TAIRO-NORI KYOSO

Wettfahrt in Holzzubern auf dem Fluss Matsukawa.
Ito, 1. So. im Juli

ANJINSAI

Gedenkfest für William Adams, den Berater und Schiffsbauer der Tokugawa, großes Feuerwerk.
Ito, 8.–10. August

Die Unterkünfte auf der Izu-Halbinsel sind in den meisten Fällen Resort-Hotels mit eigenem Onsen (und oft Rotenburo, den Freluftbädern) und sehr guter Küche.

SEIRYUSO €€€€

Dieeser inmitten eines herrlichen Gartens gelegenr Landgasthof punktet mit überwältigendem Komfort und japanischen Spezialitäten. Ab 19 000 ¥/Pers. Halbpension mit zimmereigenem Rotenburo wird auch angeboten.
2-2 Kochi, Shimoda-shi, 415-0011 Shizuoka-ken |
Tel. 0558 22 13 61
www.seiryuso.co.jp (nur jap.

Den Mishima Skywalk, die mit 400 m längste Fußgänger-Hängebrücke Japans, sollte maa nur bei völliger Schwindelfreiheit in Anspruch nehmen.

Wohin in Zentral-Izu?

Mishima – Tor ins Zentrum und nach Süden

Ausgangspunkt ist Mishima (113 000 Einw.), Standort des Mishima-Taisha-Schreins (Bus vom Bhf., 5 Min.), der als ältester Schrein auf Izu gilt. Zu dem von Wald umgebenen Areal gehört eine **Schatzhalle** mit Dokumenten aus der Zeit von Minamoto Yoritomo (1147–1199, Begründer des Kamakura-Shogunats) und antiken Waffen.

Mishima-Taisha-Schrein

Vom Bahnhof südwärts erreicht man zu Fuß in zehn Minuten den **Landschaftsgarten Rakuju-en**, der während der Meiji-Zeit am einstigen Standort der Residenz des Daimyo Mito Mitsukuni angelegt wurde. In der großzügig bemessenen Anlage befindet sich ein Teich, der von Schmelzwasser der Fuji-Region gespeist wird.

Für einen perfekte Ausblick auf den Fuji und die Bucht wurde von der Stadt Mishima und der Präfektur der **Mishima Skywalk**, die längste Fußgänger-Hängebrücke Japans (400 m), errichtet und im Dezember 2015 eröffnet (Bus vom Bhf., Hst. Mishima Skywalk).

Rakuju-en: April–Okt. Di.–So. 9–17, sonst bis 16.30 Uhr | 300 ¥
Mishima Skywalk: tgl. 9–17 Uhr | 1000 ¥, Erm. 200–500 ¥
http://mishima-skywalk.jp/pdf/english_pamph.pdf

Im Tal des Kitamata-Flusses

Shuzenji

Die Izu-Hakone-Bahnlinie endet in Shuzenji. 3 km südwestlich (Busverbindung) liegt reizvoll im Tal des Flusses Kitamata der seit dem 9. Jh. bekannte Badeort **Shuzenji-Onsen**, neben Atami und Ito das meistbesuchte Reiseziel der Halbinsel. Der Ort verfügt über zahlreiche Thermalquellen (37–74 °C); in seinem Zentrum steht der **Shuzenji-Tempel**, der zu Beginn der Heian-Zeit (807) von dem buddhistischen Mönch Kukai (Kobo-daishi, ► S. 214) gegründet worden sein soll.
Die Schatzhalle enthält Objekte aus dem Hause Minamoto und eine alte No-Maske. Diese steht in Zusammenhang mit dem **Kabuki-Drama** »Shuzenji-Monogatari«, das die Ermordung von Minamoto Yoriie (1182–1204), Sohn des Yoritomo, durch Hojo Tokimasa (1138–1215) schildert. Der Tempel war auch Ort der Ermordung von Minamoto Noriyori (1156–1193) durch seinen Bruder Yoritomo, Begründer des Kamakura-Shogunats. Noriyori und Yoriie sind hier beigesetzt; neben dem Grab des Letzteren auf der gegenüberliegenden Flussseite erkennt man den kleinen **Tempel Shigetsuden**.

Shuzenji-Tempel: tgl. 8.30–16.30, Okt.–März bis 16 Uhr | 300 ¥

Wohin an der Westküste von Izu?

Dem Gott der Seefahrer geweiht

Kap Ose

Am Kap Ose (Bus von Numazu, 1½ Std.), das sich als kleine Landzunge weit ins Meer vorschiebt, bietet sich ein eindrucksvoller Blick auf den Fuji. Sehenswert ist ferner der dem Gott der Seefahrer geweihte Ose-Schrein. Das Kap wird von einer hübschen Promenade umzogen.

Wilde Affen an der Steilküste

Kap Hagachi

Auf der Südwestseite der Izu-Halbinsel etwa auf Höhe von Shimoda liegt das Kap Hagachi (Hagachizaki) mit einer mehrere 100 m hohen Steilküste, an der wilde Affen leben (Hagachizaki Wild Monkey Park).

Sieben Izu-Inseln

Fuji-Hakone-Izu-Nationalpark

Als geologische Fortsetzung der Vulkankette von Fuji und Hakone erstrecken sich die Sieben Izu-Inseln (Izu-Shichito) westlich der Halbinsel nach Süden in den Pazifik. Der größte Teil ihrer Landfläche gehört seit 1984 zum Fuji-Hakone-Izu-Nationalpark.
Die verwaltungsmäßig zu Tokyo zählende Gruppe umfasst (von Nord nach Süd) die Inseln Oshima, Toshima, Niijima, Kozushima, Miyakejima, Mikurajima und Hachijojima.

www.jnto.go.jp/eng/regional/tokyo/izusititou.html

KAGOSHIMA 鹿児島

Hauptinsel: Kyushu | **Präfektur:** Kagoshima | **Einwohnerzahl:** 602 000

Palmengesäumte Straßen, heitere südländische Atmosphäre und über die Bucht der Blick auf einen rauchenden Vulkan: Nicht ohne Grund verbindet Kagoshima eine Städtepartnerschaft mit Neapel. Historische Stätten bringen hier aber das 19. Jh. näher, mit Samurai-Romantik und Aufbruchstimmung.

Im Schatten des Vulkans

Kagoshima, Hauptstadt der gleichnamigen Präfektur, liegt im Süden der Hauptinsel Kyushu an der weit ins Land vorstoßenden Kagoshima-Bucht, in die der Fluss Kotsugi mündet, nachdem er das Stadtgebiet durchquert hat. In der Bucht erhebt sich der aktive Vulkan Sakurajima. Dank der warmen Meeresströmung Kuroshio ist die Gegend klimatisch begünstigt – die Durchschnittstemperaturen liegen bei 16–18 °C. Im Herbst toben allerdings öfters Taifune. Haupterwerbszweige der Stadt sind die Herstellung von Seide (Oshima tsumugi), Glas- und Bambuswaren sowie insbesondere die Keramikmanufaktur mit ihrer 300-jährigen Tradition.

Shogune, Jesuiten und ein Samurai

Geschichte

Seit dem 13. Jh. war Kagoshima über 29 Generationen **Sitz der Familie Shimazu**, die die Provinzen Satsuma, Osumi und Hyuga beherrschte. 1549 landete der Jesuit Francisco de Javier (**Franz Xaver**, 1506–1552) in Kagoshima, wo er zunächst mit Unterstützung von Shimazu Takahisa (1514–1571) missionierte. Schon zehn Monate später fiel der Missionar jedoch in Ungnade und musste die Stadt verlassen. Trotzdem waren in dieser kurzen Zeit bereits mehr als 600 Japaner zum **Christentum** übergetreten. Nariakira, der 28. Shimazu (1809–1858), legte mit der Einführung westlicher Techniken den Grundstein für die Industrie der Stadt; u. a. wurde hier das erste moderne japanische Kriegsschiff gebaut, das 1863 im Kampf gegen britische Flotteneinheiten zum Einsatz kam.

Der bekannteste Sohn der Stadt war der **Samurai Saigo Takamori** (1827–1877), der nach Meinungsverschiedenheiten mit der Meiji-Regierung in Tokyo hierher zurückkehrte. Am 15. Februar 1877 zog er mit 10 000 Soldaten zur Hauptstadt, um mit der Regierung über die Bewahrung alter Rechtsstände zu verhandeln. Nach verlustreichen Kämpfen gegen übermächtige Regierungstruppen kehrte er nach Kagoshima zurück und verschanzte sich mit wenigen Getreuen auf dem Berg Shiroyama, wo er am 24. September 1877 Selbstmord beging. Damit endete die als **Seinan-Aufstand** bezeichnete Erhebung. Noch heute gilt der postum rehabilitierte Saigo als Inbegriff des Lokalpatriotismus von Kagoshima.

Wohin in Kagoshima?

Treppenweg zum Aussichtsberg

Shiroyama Südwestlich des Bahnhofs Kagoshima erhebt sich der 107 m hohe Berg Shiroyama, auf dessen Gipfel ein Treppenweg hinaufführt. An seinem Fuß sind die Mauerreste der 1874 durch Feuer zerstörten Burg Tsurumaru-jo sichtbar, ferner eine Bronzestatue des Saigo, der in der nahe gelegenen Höhle Selbstmord beging (dort eine Gedenkstätte). Vom Gipfel des Shiroyama öffnet sich der Blick auf die Bucht mit dem Vulkan **Sakurajima**.

Südlich des Gipfels liegt der **Terukuni-Schrein** mit einem großen steinernen Torii. Er ist dem Shimazu Nariakira geweiht.

KAGOSHIMA ERLEBEN

TOURISTINFORMATION

Im Bhf. Kagoshima-Chuo:
Tel. 099 2 53 25 00
tgl. 8.30–19 Uhr | www.city.kagoshima.lg.jp (nur jap.)
Präfektur Kagoshima:
3rd Fl., Kagoshimaken Sangyo Kaikan, 9-1 Meizan-cho, nahe Straßenbahn-Hst. Asahi-dori |
Tel. 099 2 23 57 71
Mo.–Fr. 8.30–17.15 Uhr
www.kagoshima-kankou.com

ANREISE

Flugzeug: Von Tokyo (Haneda Airport; 2 Std.); von Osaka (1 Std.); von Nagoya (1¼ Std.)
Bahn: Von Tokyo (Hbf.) JR-Shinkansen-Linie über Nagoya, Kyoto, Osaka, Okayama u. Hiroshima nach Hakata, weiter mit dem Kyushu-Shinkansen über Kumamoto bis Kagoshima-Chuo (von Tokyo insges. 6,5 Std.).

Kagoshima ist bekannt für seinen aus Süßkartoffeln gewonnenen Schnaps Imo-Shochu. Über 100 Sorten findet man bei **Satsumaimo no Yakata** im Einkaufsviertel Tenmonkan hinter der Tenmonkan Arcade.
Straßenbahn-Hst. Tenmonkandori
Tel. 099 2 39 48 65 | 10–19.30 Uhr

SOGA-DON NO KASAYAKI

Zeremonielles Verbrennen von Papierschirmen.
Ende Juli

OHARA-MATSURI

Riesiger Umzug mit Volksliedern und etwa 20 000 Teilnehmern.
2./3. November

DORMY INN €€

Für ein Kettenhotel hat das Dormy Inn ziemlich viel Atmosphäre, und das Onsen mit Rotenburo auf dem Dach ist wirklich schön – dafür ein hervorragendes Preis-Leistungs-Verhältnis.
Nishisengoku-machi 17-30
Tel. 099 2 16 54 89
www.hotespa.net/hotels/kagoshima/

Erster christlicher Missionar

Franz-Xaver-Park

Südlich des Shiroyama im Franz-Xaver-Park (Xavier Park) ehrt eine Gedenkstätte den ersten Missionar (▶ S. 542). Sie besteht aus einer Bronzebüste und den Mauerresten einer christlichen Kirche, die als eine der ersten auf japanischem Boden errichtet wurde. 1949 erbaute man hier zum 400. Jahrestag der Landung des Heiligen die **Franz-Xaver-Gedächtniskirche** (St. Xavier's Cathedral).

Auf den Spuren des Saigo Takamori

Nanshu-Schrein

1 km nordwestlich des Bahnhofs Kagoshima liegt der Nanshu-Schrein, dem Patrioten **Saigo Takamori** (▶ S. 177) geweiht; auf dem Friedhof des nahen Jokomyoji-Tempels befinden sich die Grabmäler Saigos und seiner Gefolgsleute.

Industriegeschichte und Landschaftsgarten mit Vulkanblick

★ Shoko-Shuseikan-Museum und Sengan-en

2,5 km nördlich des Bahnhofs ist das Shoko-Shuseikan-Museum untergebracht in einem 1852 errichteten Fabrikgebäude. In seiner Art für Japan einmalig und seit 2015 UNESCO-Welterbe, wurden in diesem Waffen, Glas, Keramik, Schiffsteile und Garne hergestellt. Das Museum zeigt Gegenstände zur 700-jährigen Geschichte der Familie Shimazu. Jenseits der Bahnlinie liegt **Ijin-kan**, einst der Wohnsitz der im Shuseikan tätigen englischen Ingenieure.

Etwas weiter nördlich war der **Sengan-en** im 17. Jh. Sommersitz der Familie Shimazu. Er ist einer der reizvollsten Landschaftsgärten von Kyushu und bietet den besten Blick auf den Sakurajima.

Shoku Shuseikan: tgl. 8.30–17.30 Uhr | 1000 ¥ (Kombiticket mit Sengan-en) | www.shuseikan.jp/eng
Ijin-kan: tgl. 8.30–17.30 Uhr | 200 ¥

An der Hafenpromenade

Aquarium

Nicht weit vom Bahnhof erstreckt sich der Nord-Pier des Hafens mit einem der größten Aquarien Japans (**Kagoshima Suizokukan**). Von der Hafenpromenade (Boardwalk) bietet sich bei Sonnenuntergang ein romantisches Bild.

Aquarium: tgl. 9.30–18 Uhr | 1500 ¥
www.japan-guide.com/e/e4608.html

Rund um Kagoshima

Rettiche auf Vulkanboden

★ Sakurajima

Östlich der Stadt bildet in der Bucht der Vulkan Sakurajima (Fährverbindung, 15 Min.) mit den drei Gipfeln Kita-dake (1118 m), Naka-dake (1110 m) und Minami-dake (1060 m) eine Halbinsel. Von allen Kratern ist heute nur noch der Minami-dake aktiv, über dem ständig eine Rauchsäule steht. Der Sakurajima ist Teil des Kirishima-Yaku-

Nationalparks. Seine **Ausbrüche** (letztmals 2016) können bis in das Jahr 708 zurückverfolgt werden. Besonders folgenreich war die Eruption von 1914, in deren Verlauf der 400 m breite und 72 m tiefe Meeresarm, der bis dahin den Vulkan von der östlich gelegenen Halbinsel Osumi getrennt hatte, durch Lavamassen zugeschüttet wurde.
Eine Besonderheit sind die »**Sakurajima-daikon**«, im vulkanischen Boden wachsende Rettiche, die bis zu 45 kg schwer werden (Erntezeit Jan./Feb.).

Kirishima-Kinkowan-Nationalpark

Kirishima-Vulkane

Zwischen Kagoshima und ▶ Miyazaki erstreckt sich die Kirishima-Bergkette, die seit 1964 zusammen mit der Insel Yakushima den Kirishima-Yaku-Nationalpark bildete. 2011 wurde der Yakushima-Nationalpark ausgegliedert. Der höchste Gipfel ist mit 1700 m der **Karakuni**, im Park liegen etwa zehn durch die enthaltenen Mineralien unterschiedlich farbige Kraterseen und mehrere Onsenorte. In den tieferen Lagen steht dichter Urwald, höher auf den Bergen wachsen Silbertannen (Momi) und Rotfichten (Aka-matsu), Busch- und Laubwald.

Wo der Enkel der Sonnengöttin die Erde betrat

Berg Takachiho

Der Berg Takachiho (Takachiho-no-mine, 1574 m), südöstlich des Kirishima, gilt in der japanischen Mythologie als Ort, an dem Ninigi-no-mikoto, der Enkel der Sonnengöttin Amaterasu-omikami, die Erde betrat, um die Herrschaft über das »Reich von Schilf und Ähren« anzutreten. Ausgangspunkt für den Anstieg zum Gipfel ist das Besucherzentrum in dem am Westfuß gelegenen Ort **Takachihogawara** (Bus ab JR-Bhf. Kirishima Onsen). Der 2,3 km lange Aufstieg dauert etwa eineinhalb Stunden. In Gipfelnähe befindet sich ein 86 m tiefer aktiver Krater von 200 m Umfang, über dem sich ständig eine Rauchsäule erhebt. Vom Gipfel hat man eine weite Sicht auf die Kinko-Bucht und den östlich gelegenen Miike-See.

★★ KAMAKURA 鎌倉

Hauptinsel: Honshu | **Präfektur:** Kanagawa | **Einwohnerzahl:** 176 000

Die Stadt, die heute so entspannt daherkommt, mit Surferstränden und Öko-Restaurants – war im 13. Jh. eine der größten der Welt! Übrig sind davon jede Menge ehrwürdige Zen-Tempel und die enorme Bronzestatue, deren Tempelgebäude längst zerstört ist: Der weltbekannte Große Buddha von Kamakura sitzt deshalb fotogen im Freien.

Das nur 40 km südwestlich von Tokyo am Meer gelegene Kamakura ist als Ausflugsziel und metropolennaher Wohnsitz beliebt. Das milde Klima und die Badestrände ziehen im Sommer Gäste aus dem Raum Tokyo–Yokohama an. Noch in der Nachkriegszeit war Kamakura nur ein kleiner unbedeutender Badeort. Denn die große Zeit liegt Jahrhunderte zurück, nur 1185–1333 war Kamakura Regierungssitz Japans. In Kamakura gibt es 65 Tempel und 19 Schreine sowie zahlreiche Kunstschätze. Eine von der Küste nach Norden verlaufende Straße, die Wakamiya-oji, teilt das Stadtgebiet.

Badeort und Tempelschätze

Vom feudalistischen Machtzentrum zum Fischerdorf

Geschichte

Nachdem **Minamoto Yoritomo** (1147–1199) 1185 aus dem Krieg gegen die Taira (Gempei-Krieg; ► S. 539) als Sieger hervorgegangen war, erklärte er 1192 Kamakura zum Sitz seiner **Militärregierung** (Kamakura-bakufu), um dem dekadenten Hofleben von Kyoto zu entgehen. Überdies sicherte er so seine Macht über den unter seiner Kontrolle stehenden Osten. Er begründete eine Ritterkultur, und bis 1333 blieb Kamakura Zentrum des vom Schwertadel getragenen Feudalismus. Nach dem Tod Yoritomos übernahmen zunächst seine Söhne Yoriie und Sanetomo die Macht im Shogunats, mit der Ermordung beider Herrscher starb das Geschlecht der Minamoto jedoch aus.
Der **Clan der Hojo** riss die Macht an sich. Der Niedergang der Hojo als Landesherrscher war von heftigen Kämpfen begleitet, in deren Verlauf die Stadt weitgehend zerstört wurde.
Während der Muromachi-Zeit (1338–1573) erlebte Kamakura unter der Herrschaft der **Ashikaga-Shogune** eine Blüte als Verwaltungssitz der Ostprovinzen, doch durch die Verlegung der Verwaltung nach Odawara wurde es bald wieder zu einem stillen Fischerdorf.

Wohin im Norden und Nordwesten?

Einer der fünf großen, auf Hügeln gelegenen Zen-Tempel

Jufukuji-Tempel

Vom Bahnhof gelangt man 500 m nördlich zum Jufukuji-Tempel der Rinzai-Schule, der im Jahr 1200 von Masako, der Gattin Yoritomos, gegründet wurde und zu den fünf großen, auf Hügeln gelegenen Zen-Tempeln (Kamakura-gozan) gehörte (neben Kenchoji, Engakuji, Jochiji und Jomyoji; ► unten). Es existiert nur noch die rekonstruierte Haupthalle mit einer Holzstatue des Jizo, Schutzgott der Kinder (nicht zugänglich). Auf dem Hügel hinter dem Tempelgelände liegen die **Gräber** Masakos und ihres Sohnes Minamoto Sanetomo (1192–1219).

Einziges Nonnenkloster

Eishoji-Tempel

Etwas nördlich liegt der Eishoji-Tempel mit dem einzigen Nonnenkloster Kamakuras. Er gehört zur Jodo-Schule und wurde 1636 von Eisho, einer Konkubine des Tokugawa Ieyasu, gegründet.

Durch Geldwäsche-Ritual zu Wohlstand

Zeniarai-Benten-Schrein

Vom Bahnhof Kamakura nordwestlich gelangt man zu Fuß (20 Min.) zum Zeniarai-Benten-Schrein, der der Glücksgöttin Benten geweiht ist. Er ist auch über einen Wanderpfand vom Jochiji zu erreichen. Die im Jahr der Schlange (eines der chinesischen Tierkreiszeichen) in der Quelle des Schreins gewaschene Geldmenge soll sich laut Volksglauben vervielfachen. Die zu der geweihten Höhle führenden Torii wurden von dankbaren Gläubigen gestiftet.

Tgl. 8–16.30 Uhr | Eintritt frei
www.japan-guide.com/e/e3111.html

1 Hachinoki
2 Magokoro

1 Iwamotoro Ryokan
2 New Kamakura

KAMAKURA ERLEBEN

TOURISTINFORMATION
Beim Ostausgang des Bahnhofs:
Tel. 04 67/22 33 50 | tgl. 9–17.30, Okt.–März bis 17.00 Uhr
Ausführliche Hintergrundinfos zu den vielen Tempeln und Schreinen Kamakuras:
www.kamakuratoday.com/e

ANREISE
Bahn: Von Tokyo (Hbf.) JR-Yokosuka-Linie über Yokohama (1 Std.)

KAMAKURA MATSURI
Mit Yabusame-Reiterspielen: Reiter schießen aus dem vollen Galopp mit Pfeil und Bogen auf eine Zielscheibe.
Hachimangu-Schrein,
2.–3. So. im April

JAHRESFEST DES HACHIMANGU-SCHREINS
Großer Umzug mit Trageschreinen und ebenfalls Yabusame-Reiterspielen.
14.–16. Sept.

1 HACHINOKI €€€€–€€€
Weil das alteingesessene Restaurant für exquisite vegetarischer Mönchskost und Kaisekigar so gut besucht ist, gibt es gleich daneben eine zweite Filiale (gleiche Adresse) für Kaiseki (ähnlich, aber nicht vegetarisch).
7 Yamanouchi, Kamakura-shi
Tel. 0467 23 37 23
Do.–Di. 11.30–14.30
(Sa., So. 11–15), 17–19 Uhr
Zweitfiliale tgl. geöffnet
www.hachinoki.co.jp/english/

2 MAGOKORO €
Kamakura gilt als heimliche Hauptstadt der Vegan- und Öko-Bewegung in Japan, und das organische Café/Restaurant Magokoro ist einer ihrer Vorreiter – ideal auch für Veganer und Allergiker. Das atmosphärische Lokal liegt direkt am Strand (mit Terrasse) und ist oft gut besucht – also Slow Food auch mal mit Wartezeiten.
2-8-11 Hase | Tel. 0467 38 73 55
Di.–So. 9–23 Uhr

1 IWAMOTORO RYOKAN €€€€
Der traditionelle Ryokan verfügt über eine fantastische Badeanlage; diese besteht aus einem römisch inspirierten und einem einem Höhlenlabyrinth nachempfundenen Bad (nach Geschlechtern getrennt). Die meisten Zimmer mit Meerblick; an klaren Tagen ist sogar der Fuji zu sehen. Japanische Tradition zu einem erschwinglichen Preis.
Insel Enoshima, 2-2-7 Enoshima, Fujisawa-shi, Kanagawa-ken 251-0063 | Tel. 0466 26 41 21
www.japaneseguesthouses.com

2 HOTEL NEW KAMAKURA €€
Die Retro-Atmosphäre kommt nicht nur von der illustren Geschichte des Hotels, das als Yamagata-Hotel schon in den 1920er-Jahren gegründet wurde. Alle Zimmer sind unterschiedlich (westlich oder japanisch) und mit historischen Details ausgestattet.
Onarimachi 13-2, Kamakura-shi, Kanagawa-ken 248-0012
Tel. 0467 22 22 30 | www.newkamakura.com/index_en.asp

Wohin im Nordosten?

Schutzgott der der Minamoto

★ Tsurugaoka-Hachiman-Schrein

Nordöstlich des Bahnhofs liegt der Tsurugaoka-Hachiman-Schrein (Bus, 3 Min.). Die zum Heiligtum führende Straße Wakamiya-Oji, von drei Torii unterteilt, verengt sich gegen Norden. Zwischen zweitem und drittem Torii wird sie von Kirschbäumen und Azaleen gesäumt.
Der »Hachiman Schrein auf dem Kranich Hügel« wurde 1063 von Minamoto Yoriyoshi (998–1075) gegründet, aber erst 1191 durch Yoritomo an seinen heutigen Standort versetzt. Er ist dem besonders während der Kamakura-Zeit verehrten **Kriegsgott Hachiman** geweiht, der mit dem legendären Ojin-tenno identifiziert wird und Schutzgott der Minamoto war. Die heutigen Schreingebäude, 1828 entstanden, repräsentieren den prunkvollen Stil der Momoyama-Zeit (1573–1600). Im Schrein befinden sich **wertvolle Kunstschätze**, darunter Rüstungen, Schwerter und Masken. Links von der zum Schrein führenden Steintreppe wurde Sanetomo, der dritte Kamakura-Shogun, 1219 von seinem nur acht Jahre jüngeren Neffen Kugyo vermutlich aus Neid um seine Stellung ermordet.
Der **Nebenschrein Wakamiya** (1624) rechts der Treppe ist dem Nintoku-tenno, Sohn des Ojin, geweiht. Ein beliebtes Thema der japanischen Literatur ist der Tanz, den Shizuka, die Geliebte des Minamoto Yoshitsune (1159–1189), zur Erbauung von dessen Bruder Yoritomo vorführen musste. Sie sollte hier gezwungen werden, den Aufenthaltsort des Yoshitsune zu verraten.
Nahe dem Nebenschrein liegt der **Shirahatasha**, Gedenkstätte für Yoritomo und Sanetomo. Der Name des Schreins »Weißes Banner« leitet sich vom Banner der Minamoto her.

Tgl. 5–21, Okt.–März ab 6 Uhr | Museum: 200 ¥
www.tsurugaoka-hachimangu.jp/

Tempelschätze und Moderne Kunst

Kamakura Kokuhokan

Links der Treppe wurde das **Kamakura Museum of National Treasures** (Kamakura Kokuhokan) 1928 im Stil des Shosoin von Nara erbaut; es präsentiert die Kunstschätze lokaler Tempel und Schreine, private Sammlungen aus der Kamakura- und Muromachi-Zeit sowie viele Ukiyo-e-Holzschnitte. Daneben befindet sich das **Museum of Modern Art**.

Kamakura Museum of National Treasures: Di.–So. 9–16.30 Uhr
300–600 ¥
Museum of Modern Art: Di.–So. 9–16.30 Uhr | 1000¥
www.moma.pref.kanagawa.jp/en/

Grabstätten des Yoritomo und Morinaga

Kamakura-gu

500 m nordöstlich des Tsurugaoka-Hachiman-Schreins bezeichnet eine 1,60 m hohe, von einer Steinmauer umgebene Pagode die Grabstätte

Nicht japanisch, sondern chinesischer Stil der Sung-Zeit: der Kenchoji-Tempel

von Yoritomo, Begründer der Militärregierung Kamakura-bakufu. In östlicher Richtung erreicht man den **Kamakura-Schrein** (Kamakura-gu, auch Bus vom Bhf. Kamakura, 10 Min.), 1869 inmitten eines Hains erbaut und dem Prinzen Morinaga geweiht; zu ihm gehört ein sehenswertes Schatzhaus.

Morinaga (1308–1335), Sohn des Godaigo-tenno, wurde wegen seines Versuchs, die Macht für das Kaiserhaus zurückzugewinnen, in einer nahe gelegenen Höhle vom Bruder des herrschenden Shogun ermordet. Sein Grab befindet sich 200 m östlich auf dem Hügel Richikozan.

Kamakura-gu: Schreingelände frei zugänglich | Schatzhaus: tgl. 9–16.30 Uhr | 300¥

Tempel der Shingon-Schule

700 m nördlich des Kamakura-Schreins liegt der 1218 unter Hojo Yoshitoki erbaute Kakuonji-Tempel der Shingon-Schule (Sen-yuji-Schule). In der Halle Aisendo befinden sich u. a. eine Holzstatue des sitzenden Yakushi-nyorai, ihm zur Seite zwei Bosatsu und eine Statue des Jizo, Schutzpatron der Kinder. Die 177 (!) **Höhlen** (»108 Yagura«) in dem hinter dem Tempel gelegenen Hügel werden aufgrund von Knochenfunden als alte Begräbnisstätten gedeutet. Vom Hügel hinter dem Tempel öffnet sich ein schöner Blick auf die Stadt.

Kakuonji-Tempel

Kakuonji: tgl. 10–15 Uhr, stdl. Führungen | Aug., Ende Dez./Anf. Jan. geschl. | 300 ¥

Rinzai-Tempel mit Zen-Steingarten

★ Zuisenji-Tempel

1 km östlich des Kamakura-Schreins erreicht man nach längerem Fußmarsch hügelaufwärts den abgeschiedenen Zuisenji-Tempel (Zen-Tempel) der Rinzai-Schule (Engakuji-Schule). Der Tempel selbst ist eine Gründung des **Muso Kokushi** (Soseki, 1275–1351), wurde aber im 14. Jh. erneuert. Die in der Gründerhalle aufbewahrte 1 m hohe Holzstatue Muso Kokushis gilt als eines der schönsten Kunstwerke der Muromachi-Zeit. Sein **Steingarten**, ebenfalls von Muso Kokushi angelegt, ist ein berühmtes Beispiel für die vom Zen-Buddhismus geprägte Gartenarchitektur der ausgehenden Kamakura-Zeit. Die Höhlen (Yagura) im Hügel hinter dem Tempel werden aufgrund von Knochenfunden als alte Begräbnisstätten gedeutet.

Tgl. 9–17 Uhr | 200 ¥

Ausgangspunkt der Pilgerreise zu den 33 Kannon-Tempeln

Samponji-Tempel

Südlich vom Kamakura-Schrein befindet sich der vermutlich im 8. Jh. gegründete Samponji-Tempel (auch Sugimoto-dera; Bus vom Bhf. Kamakura, 7 Min.), der zu den ältesten Tempeln Kamakuras gehört. Er ist Ausgangspunkt der Pilgerreise zu den 33 Kannon-Tempeln der Kanto-Region (Bando Sanjusankasho). Zwei der drei Holzstatuen der Elfköpfigen Kannon im Inneren stammen wohl aus der Heian-Zeit.

Einer der fünf großen Zen-Tempel

Jomyoji-Tempel

350 m östlich von hier (Bus vom Bhf. Kamakura, 8 Min.) führt eine Kirschbaumallee zu dem 1188 von Ashikaga Yoshikane († 1199) gegründeten Jomyoji-Tempel, einem der fünf großen Zen-Tempel von Kamakura. Die Haupthalle stammt von 1756 und enthält u. a. eine Statue des historischen Buddha (Shaka Nyorai; 14. Jh.).

Tgl. 9–16.30 Uhr | 100 ¥

Wohin im Südosten?

Hort der Nichiren-Hokke-Schule

Ankokuronji-Tempel

Südöstlich des Bahnhofs Kamakura liegen mehrere Tempel der Nichiren-Schule, darunter der Ankokuronji-Tempel, der 1274 an der Stelle der Einsiedelei von Nichiren gegründet wurde. Zu seinen bedeutendsten Schätzen gehört eine alte Abschrift der von Nichiren verfassten, gegen andere buddhistische Lehrmeinungen gerichteten Streitschrift »Rissho-ankokuron«.

Nichiren Shonin (1222–1282), der aus Kominato auf der Halbinsel Boso stammte, begann nach dreijährigem Klosterleben in Kyoto mit der Verbreitung seiner Lehre in seinem Heimatort. Aufgrund seiner Doktrin von dort vertrieben, gründete er 1253 die Nichiren-Hokke-Schule, richtete die Einsiedelei ein und schrieb u. a. die erwähnte Streitschrift. Seine Kritik an der Staatsmacht und Angriffe gegen andere Schulen führten zu seiner Verbannung auf die Halbinsel ▶ Izu (1261–1263). Nach seiner Rückkehr verbreitete er seine Lehre weiter. Nur knapp einer Hinrichtung entgangen, wurde er 1271 auf die Insel ▶ Sado verbannt, wo er weitere Schriften verfasste, u. a. das »Kaimokusho« (1272). Von 1274 bis zu seinem Tod lebte er in dem abgeschiedenen Tempel Kuon-ji am Hang des Berges Minobu (westlich des Fuji) und in dem von ihm gegründeten Hommonji-Tempel in Ikegami (heute Tokyo).

Ankokuronji-Tempel: Di.–So. 9–16.30 Uhr | 100 ¥

Im äußersten Südosten

Komyoji-Tempel

Weit im Südosten der Stadt (Bus vom Bahnhof Kamakura, 10 Min.) liegt der 1243 gegründete Komyoji-Tempel der Jodo-Schule, in dem einige wertvolle Bilder und Bildrollen aufbewahrt werden. Der Komyoji-Tempel stand in der späten Kamakura-Zeit unter dem Patronat der Hojo.

Tgl. 7.30–16 Uhr, im Sommer 6–17 Uhr | Spende erbeten

Erhaben thront der bronzene Große Buddha auf seinem Podest im Kotokuin-Tempel. Seine Hände hält er in der Meditationshaltung Dhyana-mudra.

Wohin im Südwesten?

Schönster und vollkommenster aller Amida-Buddhas

★★ Großer Buddha

Die bekannteste Sehenswürdigkeit von Kamakura, der Große Buddha (Daibutsu), gehört zum **Kotokuin-Tempel** der Jodo-Schule im Südwesten (Bus vom Bhf. Kamakura, 10 Min.). Die aus Bronze gefertigte Sitzfigur des Amida ist nach dem Daibutsu des Todaiji in Nara (► S. 324) die zweitgrößte Statue Japans. Sie wiegt 121 t, ist 11,40 m hoch und gilt als schönste und vollkommenste Buddha-Statue. Sie wurde 1252 von Ono Goroemon oder Tanji Hisatomo gegossen und war von einer großen Halle umbaut, die im 14./15. Jh. durch Taifune und Erdbeben zerstört wurde. Die Handstellung (Mudra) drückt Festigkeit des Glaubens aus und ist typisch für japanische Amida-Figuren.

Tgl. 8–17.30, Okt.–März bis 17 Uhr | 200 ¥, Besichtigung der Statue von innen zzgl. 20 ¥

BAEDEKER ✦ MAGISCHE MOMENTE

GUTES KARMA ZUM MITNEHMEN

Das buddhistische Herzsutra abzuschreiben, verspricht gutes Karma. Das kann man doch auch zuhause gut gebrauchen! Und es ist gar nicht schwer: Die japanischen Schriftzeichen sind vorgedruckt, mit dem pinselförmigen Filzstift kann sie auch nachmalen, wer eigentlich kein Japanisch kann. Viele Tempel in Kamakura bieten Programme wie **Zazen-Meditation** oder **Sutrenschreiben** an; meist ist eine Anmeldung erforderlich. Näheres beim jeweiligen Tempel oder der Touristeninformation.

Goldene Statue der Elfköpfigen Kannon
Unweit südwestlich erreicht man den Tempel Hase-dera der Jodo-Schule, in dessen Haupthalle die Statue der Elfköpfigen Kannon steht. Die 9,30 m hohe vergoldete Holzstatue soll 721 von dem Priester Tokudo aus der Hälfte eines alten Kampferbaums geschnitzt worden sein (aus der anderen Hälfte entstand die Kannon-Statue des Hase-dera in Nara; ▶ S. 324). Im Tempelbesitz ist auch die 1264 gegossene drittälteste Glocke der Stadt. Vom Tempel bietet sich ein schöner Blick af die Strände im Süden von Kamakura. Im **Garten** werden zahlreiche Figuren des Boddhisattva Jizo gestiftet, der kleine (d. h. auch ungeborene) Kinder im Jenseits beschützt.

★ Hase-dera

8–16.30, Okt.–Feb. bis 17 Uhr | tgl. 9–16 Uhr Sutrenschreiben | 300 ¥

Heiligtum des Shingon-Buddhismus
Weiter südwestlich liegt der Gokurakuji-Tempel (Enoden-Privatbahnlinie vom Bhf. Kamakura). Außer verschiedenen Schätzen wie der Shakyamuni-Statue blieb von dem 1259 durch Hojo Shigetoki (1198–1281) gegründeten Heiligtum kaum etwas erhalten.

Gokurakuji-Tempel

Gelände frei zugänglich | Schatzkammer Sa./So. 9.30–17 Uhr | 300 ¥

Jenseits der Bahnlinie
Jenseits der Bahnlinie laden die Strände Yumigahama (östlich) und Shichirigahama (westlich) ein, letzterer mit schöner Sicht auf die Insel Enoshima (▶ S. 191).

Strände

Rund um Kita-Kamakura

Ältester Tempel des Zen-Buddhismus
In Kita-Kamakura schlägt das Herz des Zen-Buddhismus – so, wie man ihn heute kennt, ist er hier im 12. Jh. entstanden, als japanische Mönche ihn von China in die neue Hauptstadt Kamakura importierten. Der Engakuji gehört zu den ältesten und bedeutendsten aller Zen-Tempel und ist Haupttempel der Engaku-Schule innerhalb der Rinzai-Schule. Er wurde 1282 von Hojo Tokimune gegründet und von einem chinesischen Abt geleitet. Trotz der schweren Schäden durch das Erdbeben von 1923 blieb die 1285 erbaute **Reliquienhalle** (Shariden) als bestes Beispiel für die kraftvolle Architektur der Kamakura-Zeit erhalten. Hier befindet sich ein kostbares Quarzreliquiar mit einem Zahn Buddhas (nur 1.–3. Jan. zugänglich).
Im **Glockenturm** hängt eine 1301 gegossene Glocke, mit 2,60 m Höhe die größte der Stadt. Hinter dem Hauptgebäude befindet sich die Grabstätte des Tokumine; hübsch gelegen ist das **Teehaus** (Butsunichi-an) an einem angrenzenden Garten.

★★ Engakuji-Tempel

Tgl. 8–16.30, Dez.–Feb. bis 16 Uhr
2. u. 4. So. 9–11 Uhr Zazen-Meditation | 300 ¥

Ursprünglich Zufluchtsort für Frauen

Tokeiji-Tempel

Vom Bahnhof Kita-Kamakura sind es zu Fuß fünf Minuten südwärts zum Tokeiji-Tempel der Rinzai-Schule (Engakuji-Schule). Gegründet wurde er 1185 von der Nonne Kakusan, Witwe des Hojo-Regenten Tokimune. Frauen mussten zu jener Zeit nach dem Tod des Mannes in ein Kloster eintreten, doch Kakusan schuf auch einen Zufluchtsort für misshandelte Frauen. Von hier aus konnten sie von sich aus eine Scheidung beantragen, was oft zwei bis drei Jahre dauerte, doch eine Verbesserung ihrer Rechte bedeutete. Normalerweise war für eine Scheidung die schriftliche Erklärung des Ehemanns erforderlich und ausreichend. Heute ist der Tokeiji-Tempel ein Mönchskloster.

Tgl. 8.30–16.30, Okt.–März bis 16 Uhr | verschiedene Angebote wie Zazen-Meditation, Sutrenschreiben, Teezeremonie, meist So. | 200 ¥

Heiligtum des Hojo-Clans

Jochiji-Tempel

Ein Fußweg führt zu dem unweit südlich in einem alten Zypressenwald gelegenen Jochiji-Tempel der Rinzai-Schule, der 1283 von Hojo Morotoki gegründet wurde. Auch dieser gehört zu den fünf großen Zen-Tempeln von Kamakura. Die heutige Anlage wurde nach dem Kanto-Erdbeben von 1923 errichtet.

Erster Zen-Tempel Kamakuras

★ Kenchoji-Tempel

Südöstlich des Bahnhofs erreicht man den von hohen Zedern umgebenen Kenchoji-Tempel (Bus, 4 Min.; auch Verbindung zum Tsurugaoka-Hachiman-Schrein, 6 Min.). Gründer des 1253 für den chinesischen Priester Tai Chiao (japan. Daigaku-zenji) erbauten ersten Zen-Tempels in Kamakura war Hojo Tokiyori (1227–1263). 1415 brannten die Tempelbauten ab, wurden aber im Auftrag der Tokugawa im 17. Jh. erneuert. Tor und Haupthalle repräsentieren den chinesischen Stil der Sung-Zeit (▶ Abb. S. 185). Unter den **Tempelschätzen** erwähnenswert sind die 1255 gegossene zweitälteste Glocke von Kamakura und die Holzstatue des Hojo Tokiyori, ein Meisterwerk der Kamakura-Zeit. Das Grab des Tai Chiao, der unter den Hojo als politischer Berater und geistiger Führer tätig war, liegt auf einer Anhöhe hinter dem Tempel.

Tgl. 8.30–16.30 Uhr | Fr., Sa. 17 Uhr Zazen-Meditation | 500 ¥

Rund um Kamakura

Heiligtum der Nichiren-Schule

Ryukoji-Tempel

100 m nordöstlich des Bahnhofs Enoshima liegt der 1288 fertiggestellte Ryukoji-Tempel der Nichiren-Schule. Er wurde an der Stelle errichtet, wo **Nichiren** (▶ S. 186) hingerichtet werden sollte. An derselben Stelle wurden 1275 die Abgesandten des Kublai Khan exekutiert. Gegen Mitte September findet hier das **Fest Oeshiki-Matsuri** statt.

Brücke zur Glücksgöttin

Enoshima

Vor der 600 m langen Brücke Benten-bashi liegt ein breiter Badestrand. Über die Brücke erreicht man die bewaldete Insel Enoshima (Bus ab Bhf. Kamakura bis Enoshima-kaigan, 20 Min.). Über 300 Steinstufen gelangt man dort zum **Enoshima-Schrein**, der eine berühmte Statue der Glücksgöttin Benten birgt. Zu den Olympischen Spielen 2020 wird Enoshima, wie schon 1964, Austragungsort einiger Disziplinen (Segeln und Surfen) sein.

Enoshima-Schrein: tgl. 8.30–17 Uhr | Benten-Statue 200 ¥

Wohin auf der Halbinsel Miura?

Südöstlich von Kamakura trennt die Halbinsel Miura die Tokyo-Bucht (östlich) von der Sagami-Bucht (westlich). Wegen des milden Klimas und der guten Badestrände ist diese Gegend ein von wohlhabenden Bürgern Tokyos bevorzugtes Wohngebiet.

Hügellandschaft mit Marinebasis

Yokosuka, Uraga

An der Ostküste der Halbinsel liegt Yokosuka (427 000 Einw.), größte Stadt dieser Küstenregion. Bis zum Ende des Zweiten Weltkriegs war sie Marinehafen, heute befindet sich hier ein US-Flottenstützpunkt. Bahnverbindungen bestehen von Tokyo und Yokohama. Das Stadtgebiet erstreckt sich über mehrere Hügel (Okusu, 242 m, und Takatori, 139 m). Sehenswert ist der 1 km östlich des Bahnhofs gelegene **Mikasa-Park** (Bus vom Bhf., 5 Min.).

Im Westen von Yokosuka liegt der **Tsukayama-Park** mit den Gräbern des in Südjapan gestrandeten britischen Lotsen William Adams (jap. Miura Anjin, 1564–1620; ▶ S. 388) und seiner japanischen Frau. Adams war Berater und Schiffsbauer im Dienste des Tokugawa Ieyasu. Der Burgsitz der Fürsten Miura erhob sich im Kinugasa-Park, von dem sich ein schöner Blick auf die Halbinsel bietet (Kirschblüte im April).

Vor der Küste im Zentrum der Stadt liegt die 1900 vom Stapel gelaufene »**Mikasa**«. Das spätere Flaggschiff des Admirals Togo wurde 1904/1905 im Russisch-Japanischen Krieg eingesetzt, 1923 aufgrund der Washingtoner Abrüstungskonferenz ausgemustert und 1961 als Museumsschiff eingerichtet.

Östlichster Hafen auf Miura ist **Uraga**, südöstlicher Stadtteil von Yokosuka, von wo in der Zeit des Tokugawa-Shogunats (1603–1867) die in die Tokyo-Bucht einlaufenden Schiffe kontrolliert wurden. Kommodore Biddle überreichte hier 1846 ein Schreiben des Präsidenten der USA; sieben Jahre später ankerte Admiral Perry vor dem Hafen, um mit der Übergabe eines weiteren Schreibens des US-Präsidenten die Öffnung Japans einzuleiten.

»Mikasa«: April–Sept. 9–17.30, März, Okt. bis 17, Nov.–Feb. bis 16.30 Uhr | 600 ¥ | www.kinenkan-mikasa.or.jp/en/visitors.html

★ KANAZAWA 金沢

Hauptinsel: Honshu | **Präfektur:** Ishikawa
Einwohnerzahl: 442 000

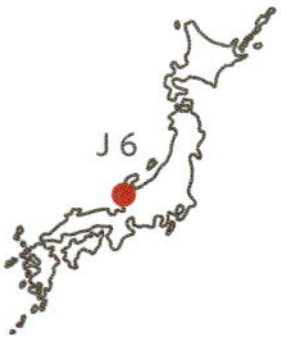

Kanazawa, die reiche Burgstadt hinter den Bergen, funkelt vor historischer Bedeutung und touristischen Attraktionen. Zu Recht wird sie auch von ausländischen Touristen entdeckt, seit der Shinkansen dorthin fährt. Jahrhundertelang war der Daimyo von Kanazawa der große Widersacher des Shoguns, hier ballten sich Macht- und Kulturanspruch der Provinz.

Reiche Konkurrenten der Shogune

Der **Clan der Maeda**, die während der gesamten Edo-Zeit über Kanazawa herrschten, gehörte zu den Tozama-Daimyo, frühere Gegner der Tokugawa-Shogune, denen weiterhin Umsturzabsichten unterstellt wurden. Im Fall der Maeda wohl durchaus berechtigt: Der Daimyo von Kanazawa hatte mit über 1 Million koku Reis das mit Abstand höchste Einkommen ganz Japans, die Provinz lag fernab der Machtzentren und war praktisch autark. (Sogar Salz ließen die Maeda umständlich an ihren Küsten herstellen, um nicht vom Shogunat abhängig zu sein.) Auch militärisch waren die Herren von Kanazawa gerüstet: Neben den Samurai-Quartieren um die Burg waren wohl auch etliche Tempel verteidigungsbereit, in Gokayama (▶ S. 405) in den Bergen wurde heimlich Schießpulver hergestellt, und dass einige Dächer der Burg mit Blei gedeckt waren, soll eine heimliche Vorratshaltung gewesen sein, um Gewehrkugeln gießen zu können, falls es doch mal zum Showdown mit dem Shogunat kommen sollte. Das tat es aber nie, und so hat sich auch einiges an Kunst und Lebensart aus der Edo-Zeit erhalten, denn die Maeda Daimyos wollten es auch darin mit Edo und Kyoto aufnehmen.

Blattgold, Seide, Porzellan

Seehafen und Universitätsstadt

Auch heute ist Kanazawa das wirtschaftliche Zentrum der Hokuriku-Region, mit Industrie, Landwirtschaft und Universitäten. Zu den bekanntesten Erzeugnissen gehören neben Blattgold Seidenstoffe und Porzellanwaren (▶ S. 193).

Wohin in Kanazawa?

Hauchdünne Folie – Technik der Blattgoldherstellung

Blattgoldmuseum

Fast 100 % des japanischen Blattgolds stammen aus Kanazawa. Gleich beim Viertel Higashi Chaya veranschaulicht das Yasue Kinpaku Kogeikan, benannt nach dem Blattgoldhersteller Yasue Komei, den manuellen Herstellungsprozess der hauchdünnen Goldfolie: Im letzten

KANAZAWA ERLEBEN

TOURISTINFORMATION
Im Bahnhof:
Tel. 076 2 32 39 33 | tgl. 9–18 Uhr
Internet: http://experience-kanazawa.com oder http://visitkanazawa.jp

ANREISE
Flugzeug: Von Tokyo (Haneda Airport) nach Komatsu (1 Std.)
Bahn: Von Tokyo (Hbf.) JR-Hokuriku-Shinkansen (knapp 3 Std.)
Bus: Vom Flughafen Komatsu nach Kanazawa (50 Min.)

HYAKUMANGOKU MATSURI
Der historische Umzug erinnert an den Einzug Toshiie Maedas in seine Heimatstadt.
1. Juni-Wochenende

A-CAPPELLA-FESTIVAL
Über 100 A-capella-Gruppen kommen nach Kanazawa.
Ende August

JAZZ STREET FESTIVAL
Über 200 Jazzkonzerte von japanischen und internationalen Künstlern.
Mitte September

MADE IN KANAZAWA
Lokale Erzeugnisse sind handgefärbte **Seidenstoffe** (Kagayuzen) und elegante **Porzellanwaren** (Kutani-yaki) mit farbenfrohem Dekor. Kaufen kann man sie in den Hauptgeschäftsstraßen Katamachi und Korinbo. Kanazawa ist außerdem für traditionelle **Süßigkeiten** (wagashi) bekannt.

Bereits von den Maeda-Fürsten gefördert wurde das Blattgoldhandwerk; heute werden 98 % des japanischen **Blattgolds** in Kanazawa produziert. Kaufen kann man es z. B. bei Imai.
Hirosaka 1-2-36, Nähe des Kunstmuseums des 21. Jahrhunderts
Di.–So. 10–18 Uhr
www.kinpaku.co.jp/english/

GRILL OTSUKA €
Eine Institution mit Retro-Atmosphäre ist dieses bereits in dritter Generation geführte Restaurant. Unbedingt probieren muss man dort den »Hanton Reis« – mit Ketchup und Butter gebratener Reis, darüber ein Omelette und frittierter Fisch, das Ganze garniert mit weißer Sauce und Ketchup. Klingt komisch – ist aber erstaunlich lecker. Erfunden wurde dieses »westliche« Gericht in den 1960er-Jahren in Kanazawa. Übrigens: »han« steht für Ungarn (Hungary), »ton« für Thunfisch.
Katamachi 2-9-15 | Tel. 076 221 26 46 | Do.–Di. 11–20 Uhr

KANAZAWA TOKYU HOTEL €€€
Modernes Hotel, einen kurzen Spaziergang vom Kenrokuen entfernt. Zehn Zimmer speziell für Frauen (mit besonderen Accessoires). Im Restaurant regionale Spezialitätenküche (Kaga Ryori). Bei Online-Buchung günstiger.
2-1-1 Korinbo Kanazawa, Ishikawa 920-0961
Tel. 0 76 2 31 24 11
www.tokyuhotels.co.jp

BAEDEKER ÜBERRASCHENDES

6X DURCHATMEN

Entspannen, wohlfühlen, runterkommen

1. SANJUSANGEN-DO

Eine der großen Sehenswürdigkeiten Kyotos, das Sanjusangen-do, ist **so still**, dass man schon mal die Zeit vergessen kann. Vielleicht weil man dort nicht fotografieren darf?
(▶ **S. 238**)

2. FLÜSTERZUG

Nur wenn der Shinkansen in einen Tunnel fährt, krachen die Wände unter dem Druck. Doch **niemand redet laut oder telefoniert** – das ist selbst in der U-Bahn verpönt.
(▶ **S. 662**)

3. INNEHALTEN

Das **D. T. Suzuki Museum** in Kanazawa, ein ausdrucksstarkes minimalistisches Gebäude in einem Landschaftsgarten mit Ausstellung zum Wegbereiter des **Zen-Buddhismus** im Westen, möchte zu Innehalten und Nachdenken anregen.
(▶ **S. 196**)

4. JOGGEN UM DEN PALAST

Rushhour mit Millionen Pendlern ist nichts für Sie? Dann gehen Sie doch einfach **im Morgengrauen joggen**. Die äußerst beliebte 5 km-Runde um den Kaiserpalast wirkt gegen 6 Uhr noch sehr friedlich.
(▶ **S. 440**)

5. INS HEISSE WASSER SINKEN

Aaah – nach einem anstrengenden Tag ins heiße Onsen-Wasser sinken und entspannen! Am besten in einem natürlichen Rotenburo, **einer heißen Quelle im Freien**. In Kappa Onsen auf der Shimokita-Halbinsel ist man oft allein mit der Natur.
(▶ **S. 401, 606**)

6. INBEGRIFF DER STILLE

Eiheiji, Haupttempel der Soto-Zen-Schule in Fukui, tief in den Bergen, fern der großen Städte, ist der Inbegriff von Stille. Bei **Zen-Meditationen** wird oft stundenlang geschwiegen.
(▶ **S. 118**)

Durchgang werden gleichzeitig 1600 übereinander liegende Blätter flach geklopft.
Gold Leaf Museum: tgl. 9.30–17 Uhr | 300 ¥
www.kanazawa-museum.jp/kinpaku/pdf/english.pdf

Die reichsten Daimyo der Edo-Zeit

Burg Kanazawa

Im Stadtzentrum (Bus vom Bhf., 15 Min.) stand früher die 1881 durch Feuer zerstörte Burg des Daimyo Maeda. Erhalten sind nur das Tor (Ishikawa-mon) von 1788 und das 54 m lange Sanjikken-Nagaya von 1858; weitere Gebäude werden sukzessive wieder originalgetreu aufgebaut. Zu besichtigen sind auch der restaurierte Hishiyagura-Turm und das 90 m lange Lagerhaus Gojikken Nagaya mit kleiner Ausstellung.
Tgl. 9–16.30 Uhr | 300 ¥

Größter der drei berühmten Gärten Japans

★ Kenrokuen

Top-Attraktion (und Hauptziel des Touristenansturms) ist der herrliche Park Kenrokuen, mit 10 ha Fläche der größte der drei berühmten Gärten von Japan (neben denjenigen in ► Mito und ► Okayama) und das gemeinschaftliche Werk zahlreicher Landschaftsarchitekten der Maeda-Familie. Im 17. Jh. wurde er in dem unteren Teil, nahe der Burg, als **Daimyo-Garten** angelegt: Zum Lustwandeln für die Fürstenfamilie, und um dort Teehäuser, Pavillons und Gartenlauben anzulegen – aber neben der Freizeitfunktion bot ein Daimyo-Garten ganz am Eingang auch Platz für das Training von Bogenschützen und Reitern, und man konnte angeln oder Enten jagen.
In der Nähe der Burg steht an einem Teich ein **altes Teehaus**, von dem aus der Fürst den dahinterliegenden Wasserfall bewundern konnte. Der **Wasserfall** wurde dafür künstlich angelegt; tatsächlich musste sogar das gesamte Wasser für den Garten über 10 km lange Leitungen herangeleitet werden – es diente auch als Löschwasser für die Burg. Neben dem alten Teehaus (nicht zu besichtigen) laden heute mehrere neue Teehäuser Besucher ein.
Ein weiterer, größerer Teich wurde einige Meter höher angelegt – unterwegs passiert man eine **Fontäne**, die Mitte des 19. Jhs. in der Edo-Zeit angelegt wurde, und nur über den Druckunterschied aus dem oberen Teich betrieben wird, damals eine beeindruckende Technologie.
Am **oberen Teich** gibt es mehrere klassische **Aussichtspunkte** (heute Fotopositionen), die den Blick auf die Insel der Seligen, symbolträchtige Felsen oder Kiefern oder eine bekannte Steinlaterne freigeben oder eine Vista über die Stadt. Trittsteinbrücken und Pfade führen zu Japans erstem Bronzedenkmal (für den mythischen Helden Helden Yamato-takeru), über einen Hügel, zu einem Bachlauf mit Irisblüten und Kirschenhainen und schließlich im Bogen zurück.
Der Garten erfüllt damit, was sein Name verspricht, nämlich Sechs Elemente **traditioneller Gartenkunst** (► Baedeker Wissen, S. 358) zu repräsentieren, die sich eigentlich teilweise widersprechen: Weitläu-

figkeit, Abgeschiedenheit, Kunstfertigkeit, Althergebrachtes, Fließendes Wasser, weiter Blick (oder zumindest die Illusion davon). Im Südteil des Parks sieht man das 1863 für die Mutter des Daimyo errichtete **Haus Seison-kaku**, in der Nähe steht der **Kanazawa-Schrein**.
Tgl. 7–18, Mitte Okt.–Feb. 8–17 Uhr | 310 ¥

Zen-Philosophie in minimalistischer Architektur

D. T. Suzuki Museum

Kann man Philosophie im Museum ausstellen? Das Museum für Daisetz T. Suzuki, der in dem Viertel südlich des Kenrokuen geboren wurde, versucht es zumindest. Der buddhistische Philosoph (1870–1966) trug mit Vorträgen und Schriften auf Englisch entscheidend zur Wahrnehmung und Verbreitung des Zen-Buddhismus im Westen bei. Das Museum führt mit sparsamen Wechselausstellungen, Kalligrafien, Schriften und Meditationspavillon in Suzukis Philosophie ein, die minimalistische Architektur von Taniguchi Yoshio ist spektakulär.
Di.–So. 9.30–17Uhr | 300 ¥ | www.kanazawa-museum.jp/daisetz/

Traditionelles japanisches Hand- und Feuerwerk

Kunsthandwerksmuseum

Das **Ishikawa Prefectural Museum of Traditional Arts and Crafts** (Dentô Sangyo Eigyo-kan) südöstlich des Kenrokuen vermittelt eine hervorragende Einführung in traditionelle Kunsthandwerkstechniken wie Weberei, Töpfern oder exotischer: Feuerwerksherstellung.
Tgl. 9–17 Uhr, am 3. Do. (Dez.–März auch Do.) geschl. | 260 ¥

Moderne Kunst und Architektur

21st Century Museum of Contemporary Art

Zwischen Kenrokuen und Rathaus liegt der kreisförmige Komplex des 2004 eröffneten **Kanazawa 21 Museums** vom Architekturbüro SANAA, das schon seiner Architektur wegen einen Besuch lohnt. In Wechselausstellungen wird zeitgenössische Kunst gezeigt; öfters sind bekannte Namen unter den ausgestellten Künstlern. Mehrere fest installierte Kunstwerke, darunter der verblüffende »Swimming Pool« von Leandro Erlich, sind in den Bau integriert, aber meist nur mit einem Ticket für die Sonderausstellung zu besichtigen.
Di.–So. 10–18, Fr./Sa. bis 20 Uhr | ständige Ausstellung 360 ¥, Sonderausstellungen bis 1500 ¥ | www.kanazawa21.jp/en

Geheimnisse des No-Theaters

Kanazawa Noh-Museum

Nördlich des 21st Century Museums liegt das moderne Museum, das dem gleichnamigen Theater (**No**; ► S. 579) gewidmet ist. Trotz knapper englischer Erklärungen sind die lebensgroße schematische Nachbildung einer No-Bühne und das Theatermodell sehr informativ.
Di.–So. 10–18 Uhr | 300 ¥ | www.kanazawa-noh-museum.gr.jp

Verehrung des Burggründers als Gott

Oyama-Schrein

Von der Hauptgeschäftsstraße Korinbo westlich der Burg gelangt man in zehn Gehminuten zum dem Maeda Toshiie geweihten Oyama-

Schrein (2 km südöstlich des Bhfs., Bushaltest. Minami-cho). Er wurde 1599 an anderer Stelle erbaut und 1873 an seinen jetzigen Standort überführt; das 1875 errichtete dreistöckige Tor mit Elementen östlicher und westlicher Baukunst, an dem ein niederländischer Dozent der hiesigen Universität mitgewirkt haben soll, ist ein schönes Beispiel der Meiji-Architektur.

Samurai-Häuser aus der Edo-Zeit

Nagamachi-Viertel

Westlich des Oyama-Schreins (5 Min. von Bushaltest. Korinbo) ist das Viertel Nagamachi wegen seiner alten Samurai-Häuser aus der Edo-Zeit sehenswert. Besichtigt werden können das Haus der Familie Takada, eines Gefolgsmannes der Maeda und das Nomura-Haus, das einem reichen Kaufmann gehörte.

Takada-Haus: tgl. 9.30–17 Uhr | Eintritt frei
Nomura-Haus: tgl. 8.30–17.30, Okt.–März bis 16.30 Uhr | 550 ¥

UND SONNTAGS NO-THEATER

Zugegeben, verstehen wird man kaum etwas. Aber es ist unglaublich faszinierend, die genau vorgegebenen Posen der Schauspieler, ihre Masken und Kostüme zu beobachten (▶ S. 579). Trauen Sie sich ins No-Theater **Ishikawa-Kenritsu Nogaku-do** in Kanazawa, (4-18-3 Ishibiki; Tel. 076 2 64 25 98; Di.–So. 10–18 Uhr; 300 ¥; Besichtigung der Bühne außerhalb von Veranstaltungen frei). Spielplan und Karten bei der Touristinformation oder im Hotel.

Im Kaikaro-Teehaus wird die klassische Geisha-Kultur gepflegt.

»Östliches Teehausviertel«

★ Higashi Chaya

Besonders malerisch ist das alte Teehausviertel Higashi Chaya (= Teehaus) im Nordosten der Stadt, jenseits des Flusses Asano. Hier sind mehrere Straßenzüge noch wie in der Edo-Zeit erhalten (bzw. restauriert), und man kann an den Holzfassaden alter Geishahäuser vorbeispazieren. Zwei der alten Gebäude, das **Ochaya Shima Geisha-Haus** und das **Kaikaro-Teehaus**, können besichtigt werden. Der Reichtum der Stadt zeigt sich an der Ausschmückung der Räume: Im Kaikaro gibt es ein mit Blattgold ausgelegtes Teezimmer!

Ochaya Shima: 9–18 Uhr | 500 ¥ | www.ochaya-shima.com/english/
Kaikaro-Teehaus: 9–17 Uhr | 750 ¥ | www.kaikaro.jp/eng/

Tempelviertel Teramachi und »Westliches Teehausviertel«

Myoryuji-Tempel

Im Südwesten (Bus vom Bhf., 20 Min.) liegt im Tempelviertel Teramachi der wegen seiner labyrinthartigen Räume und geheimen Gänge bekannte Myoryuji-Tempel der Nichiren-Schule (Ninja Temple). Zugleich als Fluchtburg konzipiert, besitzt er einen unterirdischen Gang, der zum nahen Flussufer führen soll. Westlich des Tempels findet man im kleinen »Westlichen Teehausviertel« (**Nishi Chaya**) einige alte Häuserfassaden und ein kleines restauriertes Teehaus.

Myoryuji: nur mit jap. Führung (Voranmeldung Tel. 076 241 08 88)
www.myouryuji.or.jp/en.html

Rund um Kanazawa

Kanazawa ist eine gute Basis für Ausflüge auf die ▶ Noto-Halbinsel. Auch in die Bergdörfer ▶ Shirakawa-go und Gokayama (▶ S. 405) ist es nicht weit – Letzteres gehörte einst zum Einflussgebiet der Daimyo von Kanazawa.

Ältester Thermalort des Distrikts

Awazu-Onsen

In südlicher Richtung gelangt man über Komatsu zum stillen Badeort Awazu-Onsen (JR-Hokuriku-Hauptlinie, 40 Min., anschließend Bus, 10 Min.), dem ältesten Badeort des Distrikts Hokuriku; das Thermalwasser ist 50–58 °C heiß.

Heiße Quellen und Kutani-Porzellan

Yamashiro-Onsen

An der JR-Hokuriku-Hauptlinie folgt Kaga; von dort gelangt man mit dem Bus (10 Min.) zum lebhafteren Badeort Yamashiro-Onsen (www.yamashiro-spa.or.jp/foreign/en). Auf halber Strecke von Kanazawa (Bahn, 40 Min.) besitzt die **Kutani-yaki-Halle** eine schöne Sammlung des gleichnamigen Porzellans; unweit davon liegen einige Keramikwerkstätten. Um die Mitte des 17. Jhs. entdeckte man im Dorf Kutani südlich von Yamashiro ein Vorkommen des für die **Porzellanherstellung** erforderlichen Kaolins. In ▶ Arita geschulte Künstler wurden bald zu Meistern der Überglasurmalerei, die den Ruf des noch heute begehrten Kutani-yaki begründeten.
Kutaniyaki Exhibition Hall: tgl. 9–17 Uhr | 310 ¥

Heiliger Gipfel im Zentrum des Hakusan-Nationalparks

Hakusan

Vom Bahnhof Kanazawa führt eine Buslinie südlich nach Hakusanshita (1 Std. 20 Min.) im 473 km² großen Hakusan-Nationalpark. Der 2702 m hohe Berg Hakusan ist einer der drei heiligen Berge Japans. Von den fünf Zugangswegen (Iwama, Chugu, Itoshiro, Hirase, Ichinose) ist von Kanazawa aus der Ichinose der populärste.
Von Hakusanshita gelangt man mit dem Bus (40 Min.) nach **Ichinose** und zum benachbarten **Hakusan-Onsen**, den Ausgangspunkten zweier Aufstiegsvarianten, die bei Midagahara in 2450 m Höhe zusammentreffen; in der Nähe steht eine während des Sommers geöffnete Hütte (Murodo). Durch dichte Wälder und reiche alpine Flora gelangt man zu den fünf **Gipfeln des Hakusan** (Blick auf die südöstlich gelegenen Tateyama-Berge und den Norikura). Der höchste der fünf Gipfel ist der 2702 m hohe Gozenmine, gefolgt vom Tsurugigamine (2656 m) und Onanji (2646 m); die Südgipfel heißen Bessan und Sannomine.
Bergsteiger-Infos unter: www.kagahakusan.jp/en/

KARUIZAWA 軽井沢

Hauptinsel: Honshu | **Präfektur:** Nagano |**Einwohnerzahl:** 140 000

Für viele Japaner ist Karuizawa der Inbegriff von Sommerfrische, denn der 1000 m ü. d. M. gelegene Ort ist von Tokyo gut erreichbar und im Sommer nicht so schwül-heiß. Als einer der ältesten und mondänsten Sommerferienorte bietet Karuizawa auch etwas westlichen Retro-Schick und gehobene Infrastruktur. Für ausländische Touristen fallen die Vorzüge geringer aus.

Sommer-frische in den Bergen

Karuizawa liegt nordwestlich von Tokyo in Zentral-Honshu am Fuß des 2542 m hohen aktiven Vulkans Asama. Die Durchschnittstemperatur beträgt im August 20,5 °C, der Winter ist streng und kalt. Im Osten des Ortes lädt die Gegend um den Teich Kumoba-ike zu Spaziergängen ein. Kürzere Wanderungen führen nördlich der Stadt auf den Usui-Pass mit gutem Ausblick oder weiter zum **Shiraito-Wasserfall**, dessen Name »Weißer Faden« bedeutet.

Wohin in Karuizawa?

Ältester Gebirgsferienort des Landes

Kyu-Karuizawa

2 km nördlich des Bahnhofs Karuizawa liegt Kyu-Karuizawa, der älteste Gebirgsferienort Japans und Zentrum der Region. Während des sommerlichen Touristenansturms betreiben hier zahlreiche Geschäfte aus der Hauptstadt und Yokohama Filialen. Unweit der Hauptstraße steht die 1935 von dem amerikanischen Architekten Antonin Raymond erbaute katholische **St.-Pauls-Kirche**. Weiter nördlich kann das ehemalige **Mikasa Hotel**, Japans ältestes Hotel in Holzbauweise, besichtigt werden.

St.-Pauls-Kirche: 7–18 Uhr, Winter bis Sonnenuntergang | Eintritt frei
Mikasa Hotel: 9–17 Uhr | 400 ¥ | www.japan-guide.com/e/e6032.html

KARUIZAWA ERLEBEN

INFORMATION CENTER

Bahnhof: 3rd Fl. | Tel. 0267 42 24 91 | tgl. 9–17.30 Uhr
www.japan-guide.com/e/e6030.html

ANREISE

Bahn: Von Tokyo (70 Min.) und Nagano (35 Min.) mit der JR-Hokuriku-Shinkansen-Linie
Bus: Von Tokyo (Ikebukuro Station) 5-mal täglich (3 Std.)

Ersteigung des Vulkans

Der Asama gehört neben dem ► Aso auf Kyushu zu Japans aktivsten Vulkanen; seit 1783 sind jedoch nur kleinere Ausbrüche registriert worden. Bei stärkerer Aktivität ist der Zutritt gesperrt; Auskunft erteilt die Verwaltung von Karuizawa und Komoro. Ausgangsorte für eine Ersteigung sind die an der JR-Shin-etsu-Hauptlinie gelegenen Stationen Karuizawa, Naka-Karuizawa, Shinano-Oiwake, Miyota und Komoro. Empfehlenswerteste Route ist der Aufstieg von Karuizawa oder Naka-Karuizawa mit anschließendem Abstieg nach Komoro.

★ Asama

KITAKYUSHU 北九州

Hauptinsel: Kyushu | **Präfektur:** Fukuoka | **Einwohnerzahl:** 983 000

Kitakyushu ist eine wirtschaftlich sehr bedeutende Großstadt mit wenigen historischen und touristischen Sehenswürdigkeiten. Hier ist die Insel Kyushu über eine Brücke und einen der längsten Eisenbahntunnels der Welt mit der Insel Honshu verbunden.

Kitakyushu (»Nord-Kyushu«) liegt an der **Kanmon-Meeresstraße**, die die Hauptinseln Honshu und Kyushu trennt. Die mit einer Ausdehnung von 488 km² flächenmäßig größte Stadt auf Kyushu entstand 1963 durch die Zusammenlegung der bis dahin selbstständigen Kommunen Moji, Kokura, Tobata, Yahata und Wakamatsu. Wegen Kohlelagerstätten und der Nähe zum asiatischen Festland setzte ab etwa 1900 eine starke Industrialisierung der Region ein.

Tor nach Honshu

Wohin in Kitakyushu?

Verbindung(en) zwischen den Hauptinseln

Im Nordosten der Stadt liegt der Ortsteil Moji, nur 680 m von ► Shimonoseki auf Honshu entfernt. In der Kanmon-Meeresstraße erlitten die Taira 1185 ihre entscheidende Niederlage gegen die Minamoto. Die engste Stelle, Hayatomo-no-Seto, wird von der 1068 m langen Kanmon-Brücke überspannt, welche nach Dannoura (Stadtteil von ► Shimonoseki) führt. Eine weitere Verbindung zwischen den beiden Hauptinseln stellt der **Shin-Kanmon-Tunnel** (Bahn) her, mit insgesamt 18,67 km einer der längsten Bahntunnels der Welt.

★ Kanmon-Brücke

Gründung der legendären Kaiserin Jingo

Einen eindrucksvollen Blick auf Brücke und Umland hat man vom Mekari-Park, 2,5 km nördlich des Bahnhofs von Mojiko (Bus, 10 Min.).

Mekari-Schrein

KITAKYUSHU ERLEBEN

TOURIST INFORMATION CENTER

Kokura Station:
Tel. 093 5 41 41 51 | tgl. 9–19 Uhr
http://tic.jnto.go.jp/detail.php?id=1279

ANREISE

Flugzeug: Von Tokyo (1½ Std.)
Bahn: Der JR-Bhf. heißt Kokura; von Tokyo (Hbf.) mit der JR-Sanyo-Shinkansen-Linie (knapp 5 Std.); von Fukuoka (Hakata; 15 Min.)
Schiff: Fährverbindung von Osaka zum Stadtteil Moji (14 Std.); Linienschiff von Kobe (Higashi-Kobe) zum Stadtteil Kokura (14 Std.)

GION TAIKO

Trommelwettbewerb und Umzug.
Mitte Juli

TOBATA GION

Umzug mit beleuchteten Festwagen.
Mitte Juli

KUROZAKI GION

Umzug mit Festwagen und einer über 400 Jahre alten Tradition.
Ende Juli

Am äußersten Ende des **Kap Mekari** liegt der Mekari-Schrein, der der Überlieferung zufolge im Jahre 269 von der Kaiserin Jingo gegründet wurde, nachdem sie von einer Reise nach Korea zurückgekehrt war. Beim Jahresfest des Schreins (Januar) sammeln drei Shinto-Priester am frühen Morgen Seetang, den sie der Schreingottheit darbringen.

Von der Atombombe verschont

Kokura

Südwestlich schließt sich die heute eingemeindete historische Festungsgemeinde Kokura an (Burg mit Japanischem Garten), die am 9. August 1945 Ziel des zweiten Atombombenabwurfs hätte werden sollen. Da Rauchschwaden über einem nahen Stahlwerk jedoch die Sicht behinderten, wich die US-Luftwaffe auf ▶ Nagasaki aus.

KOBE 神戸

Hauptinsel: Honshu | **Präfektur:** Hyogo | **Einwohnerzahl:** 1,54 Mio.

Die moderne Großstadt Kobe liegt nur eine halbe Zugstunde von ▶ Osaka entfernt. Ihr Hafen ist einer der größten und ältesten in ganz Japan, das Fleisch des kleinwüchsigen Kobe-Rindes (▶ S. 20) ist nicht nur Gourmets ein Begriff.

Feuerrot ragt der Port Tower am Hafen von Kobe in den Himmel.

Der Hafen von Kobe ist nach wie vor einer der größten Japans, die Stadt wichtiger Industriestandort und Präfekturhauptstadt von Hyogo. Die Hanshin-Industriezone zwischen Kobe und Osaka umfasst Schwerindustrie, Werften, Maschinenbau u. a., und bei Kobe führt die wichtige **Akashi-Kaikyo-Brücke** nach ▶ Awajishima und weiter zur Hauptinsel Shikoku.

Wichtigster Hafen Japans

Nach dem Erdbeben

Neuland

Ein verheerendes Erdbeben 1995, bei dem etwa 5000 Menschen starben, hatte nur vorübergehende Folgen für die städtische Wirtschaft – die Neubauprojekte der Folgezeit brachten auch bedeutende Architekten in die Stadt. Weite Teile der Stadt stehen auf Neuland: Schon im 12. Jh. schüttete Taira no Kiyomori hier die künstliche Insel Kyogashima auf – und die Inseln Port Island, Rokko Island und Kobe Airport sind erst im 20. Jh. entstanden.

KOBE ERLEBEN

TOURISTENINFORMATION

Bahnhof Sannomiya:
Tel. 078 3 22 02 20
tgl. 9–19 Uhr
Bahnhof Shin-Kobe:
Tel. 078 2 41 95 50
tgl. 9–18 Uhr
Internet: http://plus.feel-kobe.jp/

ANREISE

Flugzeug: Direkt von Tokyo-Haneda (11 × tgl.) u. a. mit Skymark (75 Min.)
Bahn: Von Tokyo (Hbf.) JR-Tokaido- und Sanyo-Shinkansen-Linie bis Bhf. Shin-Kobe (2¾ Std.); von Kyoto JR-Tokaido-Hauptlinie oder Hankyu-Privatbahn bis Bhf. Sannomiya (1 Std.); ferner Nahverkehrslinien

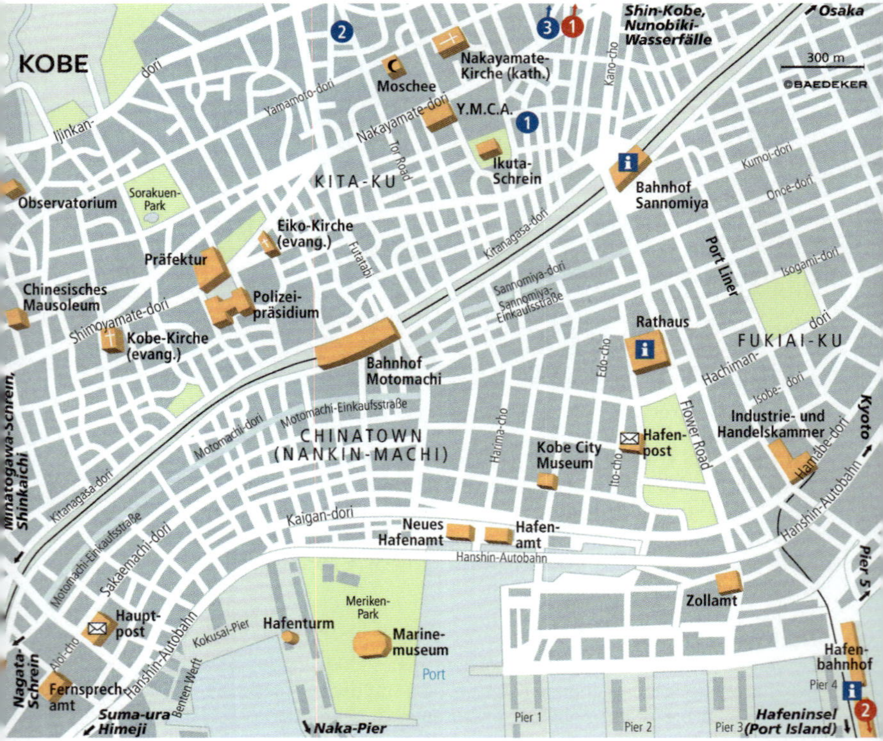

❶ Sumibi Yakiniku Goemon Sannomiya
❷ Totenkaku
❸ Cafe Freundlieb

❶ Goshobo
❷ Portopia

Schiff: Fähren nach Oita und Kitakyushu (Kyushu) sowie nach Takamatsu (Shikoku)

NANKO-MATSURI
Historischer Umzug in Erinnerung an Kusonoki Masahige, der im 14. Jh. für die Wiederherstellung der politischen Macht des Kaisers kämpfte und als Symbol für kaiserliche Loyalität gilt.
Minatogawa-Schrein, Ende Mai

HAFENFEST
3. Wochenende im Mai

KOBE MARATHON
Marathon und Viertelmarathon entlang der Küste; eine Anmeldung übers Internet ist notwendig.
Ende November | http://kobe-marathon.net/2017/english/

KOBE BIENNALE
Alle zwei Jahre im Herbst findet die Kunstmesse Kobe Biennale statt, das nächste Mal 2018, 2020.

Südöstlich des alten Ausländerviertels dehnt sich in Richtung **Sannomiya** ein Einkaufs- und Vergnügungszentrum aus. Die Untergrundpassagen von **Santica Town** oder das überdachte Einkaufsviertel **Center Gai** sind einen Besuch wert. Ein zweites Einkaufs- und Vergnügungsviertel mit malerischer Chinatown (Nankin-machi) befindet sich in **Motomachi** westlich der Tor Road. Das größte Vergnügungsviertel der Stadt liegt in **Shinkaichi**.

1 SUMIBI YAKINIKU GOEMON SANNOMIYA €€€€
Einmal sollte man es sich leisten: Das berühmte Rindfleisch. Hier ist es einigermaßen erschwinglich. Dazu passt die hausgemachte Sojasauce perfekt.
Chuo-ku, Nakayamate-dori 1-5-15
für Reservierungen: Tel. 050 58 68 61 22 | Di.–So. 17–24 Uhr

2 TOTENKAKU €€€
Ambiente, Ambiente, Ambiente – im ehemaligen Kolonialgebäude mit den hohen Decken, roten Teppichen und Antiquitäten wird Peking-Küche serviert: Natürlich auch die berühmte Ente, die täglich frisch eingeflogen wird.
Chuo-ku, Yamamoto-dori 3-14-18
Tel. 078 2 31 13 51 | tgl. 11.30–14, 17–21, Sa./So. 11.30–21 Uhr
https://kobe-totenkaku.com/

3 CAFE FREUNDLIEB €€
Seit 1997 gibt es in der ehem. neogotischen Kirche deutsche Kuchen, belegte Brote (Sauerteig!) und Bio-Kaffee.
Chuo-ku, Ikuta-cho 4-6-15
Tel. 078 2 31 60 51
Do.–Di. 10–19 Uhr

1 GOSHOBO €€€€
20 Zimmer in einem traditionsreichen Ryokan in Arima Onsen. Hier nächtigten schon Kriegsherr Toyotomi Hideyoshi, der erste Premierminister Japans Ito Hirobumi oder der Schriftsteller Yoshikawa Eiji. Das Thermalwasser hilft gegen fast alle Wehwehchen!
858 Arima-cho, Kita-ku, 651-1401 Kobe, Hyogo-ken | Tel. 078 9 04 05 51 | http://goshoboh.com/en

2 PORTOPIA €€€
Schnittiges Hochhaus auf Port Island (Shuttle-Bus vom Bhf. Sannomiya). Der Blick auf den Meriken-Park und Harbourland bzw. aufs Wasser ist vor allem nachts beeindruckend.
Minatojima Nakamachi 6-10-1, Chuo-ku, 650-0046 Kobe, Hyogo-ken
Tel. 078 3 02 11 11
www.portopia.co.jp/en/

Wohin in Kobe?

Von der legendären Kaiserin gegründet

Ikuta-Schrein

Im Stadtbezirk Ikuta-ku liegt der Ikuta-Schrein (400 m nordwestl. des Bhfs. Sannomiya), der Wakahirume-no-mikoto, der Schutzgöttin von Kobe, geweiht ist. Einer Legende zufolge wurde er von der Herrscherin Jingu nach deren Rückkehr von einem Koreafeldzug gegründet. Der Name der Stadt soll sich von dem japanischen Wort für Leibeigene (Kanbe) herleiten, die der Kaiserhof an den Schrein abgab. Die heutigen Gebäude sind neuere Rekonstruktionen.

Im alten Ausländerviertel

Kitano-cho

Nördlich von hier erstreckt sich Kitano-cho, das bei japanischen Touristen äußerst beliebte alte Ausländerviertel. Es umfasst einige Häuser im westlichen Stil aus der Meiji-Zeit, die heute Cafés, Boutiquen oder historische Museen beherbergen. Einen Eindruck vom Expat-Leben des 19. Jhs., als Kobe einer der ersten für Ausländer geöffneten Vertragshäfen war, bekommt man z. B. im rekonstruierten Ausländer-Club Kitano Foreigner Association, einem Salon für soziale Zusammenkünfte, in Ben's House oder dem ehemaligen Konsulat von Panama. Daneben können weitere Gebäude besichtigt werden.

Westliche Häuser: tgl. 9.30–18, Okt.–März bis 17 Uhr | je ca. 550–750 ¥ | Übersicht unter: www.japan-guide.com/e/e3550.html

Mangafigur in Riesengröße

Gigantor

Auf der Südseite des Shin-Nagata-Bahnhofs steht eine 18 m große Statue von »Tetsujin 28-go« (Gigantor), ein Mangacharakter des Künstlers Mitsuteru Yokoyama aus Kobe.

Rund um den Hafen

Museen und künstliche Inseln

Die Drehplattform des roten, 108 m hohen **Port Tower** erlaubt einen guten Überblick über den Hafen, u. a. auch auf den Vergnügungspier Mosaic westlich gegenüber. Unter einer filigranen, segelschiffartigen Dachkonstruktion zeigt das **Marinemuseum** Schiffsmodelle, ein 360°-Diorama und eine holografische Historienschau von Kobe. Neben dem Marinemuseum erinnert ein als Mahnmal belassenes zerstörtes Stück des Piers an das Hanshin-Erdbeben von 1995. Am Naka-Pier legen die Schiffe an, die auf der Inlandsee verkehren, während Hafenrundfahrten (ca. 50 Min.) am Meriken-Hatoba-Pier beginnen.

Den Hafenanlagen ist die riesige, künstlich aufgeschüttete Hafeninsel **Port Island** vorgelagert (vom JR-Sannomiya-Bhf. mit der vollautomatischen und unbemannten S-Bahn »Port Liner« zu erreichen). Hier gibt es u. a. einen Vogelpark, das Wissenschaftsmuseum mit Planetarium, ein Kaffeemuseum und ein Perlenmuseum (Tasaki Pearl Plaza). Am Südende der Insel ist 2006 der neue Flughafen von Kobe eröffnet worden.

Weiter östlich liegt eine zweite aufgeschüttete Insel, **Rokko Island**, die u. a. mit einem **Modemuseum** aufwartet (Monorail-Anschluss), dem ersten seiner Art in Japan.

Port Tower: März–Nov. tgl. 9–20.30 Uhr (letzter Einlass) Dez.–Feb. bis 18.30 Uhr | 700 ¥

Kobe Maritime Museum: Di.–So. 10–17 Uhr | 600 ¥, Kombiticket mit Port Tower 1000 ¥

Kobe Fashion Museum: tgl. 10–18 Uhr | 500 ¥
www.fashionmuseum.or.jp/english

Kulturaustausch international

Kobe City Museum

Das Kobe City Museum (Kobe Shiritsu Hakubutsukan) nördlich des Hafens zeigt Exponate zur Geschichte und Archäologie der Stadt sowie vor allem zu Japans Beziehungen mit dem Ausland (Namban-Sammlung; ► S. 554).

Di.–So. 10–17 Uhr | Eintritt 200 ¥ | www.city.kobe.lg.jp/culture/culture/institution/museum/pdf/kcm_e_guide.pdf

»Traumballon« zum Aussichtsberg mit Kräutergarten

Gondelbahn Yumefusen

Im Norden der Stadt, beim Bahnhof Shin-Kobe und dem Shin-Kobe Oriental Hotel, fährt von der Talstation die Yumefusen (»Traumballon«) genannte, 1992 eröffnete, 1,5 km lange Gondelbahn hinauf zum Aussichtsberg **Yotsugie**, wo man in der Bergstation auch ein

Beim Abstieg vom Aussichtsberg Yotsugie geht es auch durch einen Kräutergarten. Gelegenheit zum Schnuppern.

kleines Apothekenmuseum anschauen kann. Der Abstieg zu Fuß führt durch einen großen Kräutergarten (Nunobiki Herb Gardens).
Kobe Nunobiki Herb Gardens & Ropeway: 10–17, Sa., So. bis 20.30, Dez.–Mitte März bis 17 Uhr | 1400/900 ¥ (einfache Fahrt)
www.kobeherb.com/en/

Kunst, Erdbeben und Sake – Museen im Osten

Nada, Higashinada

Die östlichen Stadtteile bieten einige interessante Museen. Beim Bahnhof Iwaya (JR-Hanshin-Linie) steht am Ufer das führende Kunstmuseum der Präfektur, das **Hyogo Prefectural Museum of Art**, ein spektakulärer Bau von Ando Tadao mit moderner Kunst japanischer Künstler aus der Präfektur Hyogo. Der direkte Nachbar, das **Erdbebenmuseum** Hanshin-Awaji Earthquake Memorial, veranschaulicht mit Filmen, Dioramen und modernster Museumstechnik Ausmaß und Folgen des Bebens von 1995. Das Gebäude selbst soll absolut erdbebensicher sein.
Nördlich davon liegt das **Yokoo Tadanori Museum of Contemporary Art**, das einem der bekanntesten Söhne der Stadt gewidmet ist, dem Grafiker und modernen Künstler Yokoo Tadanori.
Nördlich des JR-Bahnhofs Sumiyoshi zeigt am Fuß des 932 m hohen Rokko das **Hakutsuru-Kunstmuseum** die Privatsammlung eines reichen Bürgers von Kobe, darunter chinesische und japanische Antiquitäten wie Bronzen, Keramik und Lackwaren.
Wiederum südlich des Bahnhofs Sumiyoshi führt das **Hakutsuru Sake Brewery Museum** (Eintritt frei) die Kunst des Sake-Brauens vor – inklusive Kostprobe. Die Brauerei ist eine der größten Japans und exportiert Sake in über 40 Länder weltweit. In dieser Gegend liegen entlang der Bahnlinie mehrere alte Sake-Brauereien.
Hyogo Prefectural Museum of Art: Di.–So. 10–18, Sonderausst. Fr./Sa. bis 20 Uhr | 510 ¥ | www.artm.pref.hyogo.jp/eng/index.html
Hanshin-Awaji Earthquake Memorial: Okt.–Juni tgl. 9.30–17.30, Juli–Sept. bis 18, Fr./Sa. bis 19 Uhr | 600 ¥
Y. T. Museum of Contemporary Art: Di.–So. 10–16.30 Uhr | 800 ¥
www.ytmoca.jp/english/en_guidance.html
Hakutsuru Museum: tgl. 9.30–16.30 Uhr | Eintritt frei

Rund um Kobe

Ausflugsgebiet im Norden

Rokko-Berge

Nördlich im Rücken der Stadt erheben sich die Rokko-Berge, deren größter Teil zum Inlandsee-Nationalpark (► S. 158) gehört. Sie bilden ein landschaftlich reizvolles und gut erschlossenes Ausflugsgebiet. Der höchste Berg ist der Rokko (932 m; Bus vom Bhf. Rokko, 10 Min.), auf dessen Gipfel von Kobe eine Seilbahn führt. Es bietet sich ein schöner Blick auf das Meer und die Insel Awaji sowie eine eindrucks-

volle Nachtansicht von Kobe. Rund um den Gipfel finden sich Golfplätze, ein Botanischer Garten und einige Hotels.
Nördlich der Berge liegt auf etwa 350 m Höhe der Thermalbadeort **Arima-Onsen** (Shintetsu Privatbahn ab Kobe 40 Min.). Auch von hier führt eine Seilbahn auf den Rokko. Der Ort ist besonders zur Zeit der Frühjahrsblüte und der herbstlichen Laubfärbung ein beliebtes Ausflugsziel.
Rokko Arima Ropeway: 1010 ¥ | wechselnde Betriebszeiten online unter http://koberope.jp/en/rokko/price

Mythenumwoben – das Fleisch der Rinder aus Kobe

Wagyu-Rind

In den Rokko-Bergen um Tajima und Tanba wird in kleinen Herden das für sein Fleisch weltberühmte, kleinwüchsige Wagyu-Rind gezüchtet. Diese Rinderrasse, die fettes, fein marmoriertes Fleisch hat, gibt es auch in zahlreichen anderen japanischen Regionen und in kleiner Zahl im Ausland, doch speziell das Kobe-Rindfleisch gilt weltweit als Spitzendelikatesse. Manche Züchter verfüttern ihren Tieren angeblich Bier und massieren sie täglich. »Kobe Beef« ist eine geschützte Herkunftsbezeichnung. Da es nicht exportiert werden darf, kann man echtes Kobe-Rindfleisch nur in Japan probieren, und auch da nur in wenigen Restaurants zu Spitzenpreisen (▶ S. 204).

»Zweimal besuchter Berg«

★ Dairyuji-Tempel

Südwestlich des Berges Maya liegt mit dem **Futatabi** (468 m), der von Kobes Zentrum (Suwayama-Park) aus auf einer aussichtsreichen Straße zu erreichen ist, ein weiterer Gipfel der Rokko-Berge. Den Dairyuji-Tempel der Shingon-Schule unterhalb vom Gipfel gründete 768 Wake-no-Kiyomaro. Zu bewundern ist hier eine vermutlich aus der Nara-Zeit stammende Statue der Nyoirin-Kannon. Der Name »Zweimal besuchter Berg« deutet auf den zweimaligen Aufenthalt des Gründers der Shingon-Schule Kobo-daishi (▶ S. 214) hin. Die Region des dicht bewaldeten Berges bildet den Futatabisan-Park.

★ KOCHI 高知

Hauptinsel: Shikoku | **Präfektur:** Kochi | **Einwohnerzahl:** 324 000

Sakamoto Ryoma, den jugendlichen Samurai aus Kochi und tragischen Helden der patriotischen Reformbewegung im 19. Jh., kennen alle Japaner. In Kochi ist er omnipräsent, aber es gibt noch mehr Gründe für einen Besuch: südliches Klima, berühmte Tempel und eine gut erhaltene Burg. Ob der Hundekampf noch in unsere Zeit passt, sei dahingestellt.

KOCHI ERLEBEN

TOURISTENINFORMATION

Tosa Terrace, Bhf. Südausgang:
Tel. 088 879 64 00
tgl. 8.30–18 Uhr
http://visitkochijapan.com

ANREISE

Flugzeug: Von Tokyo (Haneda Airport; 1½ Std.); von Osaka (45 Min.)
Bahn: Von Takamatsu JR-Dosan-Linie (2½ Std.); von Tokushima (über Awa Ikeda; 3½ Std.)
Schiff: Fährverbindung nach Oita (Kyushu)

YOSOKAI-MATSURI

Sommerliches Tanzfest, bei dem seit 1954 jährlich bis zu 20 000 Tänzer Volkstänze vorführen. Das Fest in Kochi ist das Original, mittlerweile gibt es in ganz Japan Nachahmungen.
Wakamiya-Hachimangu-Schrein, Anfang August

RYOMA-MATSURI

Das Fest für den berühmten Sohn der Stadt.
Katsurahama-Strand, Anfang Oktober

Warm und mild

Kochi liegt nördlich der **Urado-Bucht**, die sich in Fortsetzung der weiten Tosa-Bucht als schmaler Meeresarm an der Südküste der japanischen Hauptinsel Shikoku ins Landesinnere vorschiebt. Die Stadt ist im Norden und Osten von Bergen umgeben und liegt im Einflussbereich der warmen Kuroshio-Meeresströmung, was ihr ein besonders mildes Klima verleiht. Haupterwerbszweige der Stadt sind Fischerei, Forst- und Landwirtschaft; ferner werden Korallenschmuck, Japanpapier und Odo-yaki-Keramik hergestellt.

Wohin in Kochi?

Weiter Blick auf Stadt und Meer

★ Burg

Auf dem Hügel Otakasakayama, 1 km südwestlich des Bahnhofs, erhebt sich die Burg, das Wahrzeichen von Kochi. Der 1753 erneuerte fünfstöckige Hauptturm beherbergt heute ein **Archäologisches Museum**; von oben bietet sich ein weiter Blick auf Stadt und Meer.
Museum: tgl. 9–17 Uhr | 420 ¥ | www.kochi-johaku.jp/en/

Godaisan-Park: Schöner Blick vom Pilgertempel

★ Chikurinji

4 km südöstlich der Harimayabashi-Brücke (Bus, 20 Min.) liegt auf dem 145 m hohen gleichnamigen Hügel der Godaisan-Park. Von oben hat man einen schönen Blick auf die Urado-Bucht und den Pazifik, besonders reizvoll zur Zeit der **Kirsch- und Azaleenblüte** im Frühling. Der Park besteht aus einem Garten der Edo-Zeit und dem der

Shingon-Schule zugehörigen Chikurinji; 724 vom Priester Gyoki erbaut, ist er der älteste Tempel der Präfektur und der 31. der 88 Pilgertempel auf Shikoku (► S. 420). Sehenswert sind die Haupthalle Monjudo und die Sammlung buddhistischer Skulpturen. Am Fuß der zum Tempel führenden Steintreppe liegt der 23 400 m² große **Botanische Garten** (Shokubutsuen), der dem Andenken an den Botaniker Makino Tomitaro (1862–1957) gewidmet ist. Zur Anlage gehören Teiche mit riesigen Wasserlilien, eine Vielzahl tropischer Pflanzen und ein kleines Museum mit Fossiliensammlung.

Chikurinji-Tempel: tgl. 8.30–17 Uhr | Tempelgelände frei, Schatzhaus 400 ¥ | www.japan-guide.com/e/e5604.html
Botanischer Garten: tgl. 9–17 Uhr | 720 ¥
www.makino.or.jp/index_e.html

Shinto-Schrein im Zedernwald

Tosa-Schrein

5 km nordöstlich des Bahnhofs (Bus, 10 Min.) befindet sich in einem alten Zedernwald der **Tosa-Schrein**, dessen Gebäude zum Teil aus dem 16. Jh. stammen.

Zu einer Shinto-Tempelanlage gehört immer ein Glockenturm. Dieses schöne Exemplar steht im Tosa-Schrein.

Rund um Kochi

Felsformationen, Kampfhunde und weißer Strand

Katsurahama

Die gesamte Küstenregion ist ein beliebtes Wassersportgebiet. 8 km südlich von Kochi (Bus von der Harimayabashi-Brücke, 40 Min.) liegt der Badeort Katsurahama mit Pinienhainen, bizarren Felsformationen und einem weißen Sandstrand. Beim Strand befindet sich auch die Statue des **Samurai Sakamoto Ryoma** (1836–1867), Wegbereiter des modernen Japan, der eine führende Rolle bei der Abschaffung des Tokugawa-Shogunats spielte.

Im nahe gelegenen **Museum Sakamoto Ryoma Kinenkan** (Galerie mit Blick über den Pazifik) kann man mehr über die Geschichte des Helden erfahren.

Im Ort liegt auch der **Tosa Inu Park**, Zuchtstätte für Tosa-Hunde und Zentrum für Hundekämpfe. Die Hunde tragen dabei ähnliche Schürzen wie die Sumo-Ringer. Ziel ist es, den gegnerischen Hund zu unterwerfen, nicht, ihn zu verletzen. In vielen Ländern gelten Tosa-Hunde aber als gefährliche Kampfhunde und sind verboten.

Sakamoto Ryoma Memorial Museum: tgl. 9–17 Uhr | 500 ¥
https://ryoma-kinenkan.jp/en/
Tosa Inu Park: tgl. 9–16.30 Uhr | Museum 500 ¥, Hundekampf 1500 ¥

29. Station auf dem Shikoku-Tempel-Pilgerweg

★ Kokubunji-Tempel

4 km nordwestlich von Gomen, der Bahnstation für Nankoku, erreicht man den Kokubunji-Tempel der Shingon-Schule. Das 739 von dem Priester Gyoki errichtete Heiligtum ist der 29. der 88 Pilgertempel auf Shikoku (► S. 420); besonders interessant die Haupthalle und zwei Holzstatuen des Yakushi-nyorai (www.tosakokubunji.org/english).

Eine drei großen Tropfsteinhöhlen

Ryugado-Höhle

Östlich von Gomen befindet sich die Ryugado-Tropfsteinhöhle, eine drei großen Tropfsteinhöhlen Japans (Bus von Kochi, 1 Std.). Die 4 km lange Höhle wurde 1931 entdeckt, ist auf einer Länge von 1,5 km zugänglich und wartet mit schönen Stalaktiten und Sinterbildungen auf.

Tgl. 8.30–17, Dez.–Feb. bis 16.30 Uhr | 1000 ¥
www.ryugadou.or.jp/en/index.html

Wildromantische Felsenküste am Pazifik

★ Kap Muroto

Am östlichen Ende der Tosa-Bucht ragt das Kap Muroto, der südlichste Punkt des **Muroto-Anan-Küsten-Quasi-Nationalparks**, in den Pazifik (Bus von Kochi, 2 Std.). Die wildromantische, zerklüftete Küstenlandschaft wird landeinwärts von einer Zone üppiger subtropischer Vegetation abgelöst; den äußersten Punkt des Kaps markieren ein **Leuchtturm** und eine meteorologische Station. Die im Herbst zahlreich auftretenden Taifune haben dem Kap den Namen »Taifun-Ginza« eingetragen. Der gesamte Küstenstrich des Quasi-Nationalparks, der sich 90 km nordwärts erstreckt, ist wegen der in der Bucht verstreut liegenden Inselchen auch als »Awa-Matsushima« bekannt, da er an die Küstenlandschaft von ► Matsushima erinnert.

Spaziergang mit Ausblick

★ Hotsu-Misaki-Tempel

Unweit des Kaps liegt der 807 von Kobo-daishi gegründete Hotsu-Misaki-Tempel, der drei Buddha-Statuen aus der Nara- und Heian-Zeit besitzt. Auch dieses Heiligtum gehört zu den 88 Pilgertempeln der Insel (► S. 420). Ein besonders schöner Blick bietet sich von der Muroto-Küstenstraße.

Im Zentrum von Shikoku

★ Burakuji-Tempel

Etwa 40 km nördlich von Kochi im Zentrum von Shikoku (Bhf. Ota-guchi) gelangt man zu dem, dem Buddha Yakushi geweihten, Burakuji-Tempel, dessen 1151 erbaute Haupthalle (Yakushido) ein bedeutendes Beispiel für die Architektur der Heian-Zeit darstellt.

★★ KOYA-SAN 高野山

Hauptinsel: Honshu | **Präfektur:** Wakayama | **Einwohnerzahl:** 3200

Der Heilige Berg Koya-san ist Ruhestätte eines der größten buddhistischen Heiligen Japans, religiöses Zentrum der Shingon-Schule und mit Dutzenden von Tempeln das wohl bedeutendste buddhistische Pilgerziel des Landes.

★★ Tempel- und Klostersiedlung

Meditativer Besuch

Wiege der Shingon-Schule

Der Heilige **Kobo-daishi** (Kukai; ► S. 214), der im frühen 9. Jh. China besuchte und von dort – neben etlichen technologischen und medizinischen Neuerungen – eine neue Strömung des Buddhismus nach Japan brachte, errichtete hier auf etwa 900 m Höhe die ersten Tempel und starb auch auf dem Koya-san. Die Tempel- und Klostersiedlung erstreckt sich heute mit einer Ausdehnung von 2,2 km in nordsüdlicher und 5,5 km in ostwestlicher Richtung. Sie ist als Wiege der Shingon-Schule alljährlich Ziel von mehr als 1 Mio. Pilgern. Seit 2004 ist der Koya-san UNESCO-Weltkulturerbe.

Heute sind viele Tempel auf die Einkünfte durch die Beherbergung von Besuchern angewiesen. Eine Nacht im Tempel eröffnet dem ausländischen Gast gute Einblicke in das Leben der Mönche und die Tempelatmosphäre. Auch von Gästen wird die Teilnahme an der frühmor-

gendlichen Meditation erwartet; das Tempelessen ist rein vegetarisch und verzichtet auf Knoblauch und Zwiebeln.
53 Tempel bieten **Herbergen** an (ab 9500 ¥/Pers., inkl. zwei Mahlzeiten). Untergebracht wird man in Tatami-Zimmern mit Gemeinschaftsbädern. Am besten wählt man eine Tempelherberge (Shukubo), in der etwas Englisch gesprochen wird, z. B. Rengejoin (2. Haltestelle ab Seilbahnstation); Reservierungen übernimmt die Touristeninformation. Auf der Internetseite http://eng.shukubo.net gibt es eine Übersicht der Tempelunterkünfte.

Mit der Standseilbahn zum Hochplateau

Nyonindo

Vom Bahnhof Gokurakubashi im Norden führt eine Standseilbahn durch schöne Landschaft an Wasserfällen vorbei auf das Hochplateau; die Bergstation ist Startpunkt der Stadtbusse, die durch den ganzen Ort bis zum Mausoleum fahren. Zunächst erreicht man die Nyonindo (Halle der Frauen). Bis 1873 hatten Frauen nur bis hierher Zugang zum Koya-san.
Tgl. 8.30–17, Okt.–März 8–16.30 Uhr | Eintritt frei

Haupttempel der Koya-san-Shingon-Schule

★ Kongobuji

Die Zufahrtstraße zum Bahnhof stößt in der Mitte des Ortes auf die in Ost-West-Richtung verlaufende Hauptstraße, in der Nähe des Tempels Kongobuji. Der Haupttempel der Koya-san-Shingon-Schule wurde 816 gegründet, die heutige Anlage 1863 neu errichtet.
Gründer war **Kobo-daishi**, der zu Lebzeiten den Namen **Kukai** (774–835) führte. Er wurde am 15. Juni 774 auf Shikoku geboren und verfasste im Alter von 24 Jahren das »Sangoshiiki«, eine verglei-

KOYA-SAN ERLEBEN

ⓘ

KOYASAN TOURIST ASSOCIATION

Mehrere Büros, eines direkt bei der Seilbahnstation; u. a. kann man auch einen Audioguide ausleihen (500 ¥).
Tel. 07 36 56 26 16
tgl. 8.30–16.30 Uhr
www.koyasan.or.jp/en/ oder http://eng.shukubo.net

ANREISE

Bahn: Von Osaka (Bhf. Nanba) Nankai-Dentetsu-Express bis Gokurakubashi (1½ Std.); von Osaka (Bhf. Tennoji) JR-Hanwa- und Wakayama-Linie nach Hashimoto (umsteigen in Wakayama; 2½ Std.)
Seilbahn: Von Gokurakubashi auf den Koya-san (5 Min.)

SAMMELTICKET

Von Osaka aus wählt man am besten das Koyasan World Heritage Ticket (3400 ¥), erhältlich am Bahnhof Nanba (Nankai-Linie). Das Ticket beinhaltet Hin- und Rückfahrt, alle Busse auf dem Koya-san sowie ermäßigte Eintritte.

Fantasie einschalten: Wo im Steingarten Banryutei zeigen sich die Drachen?

chende Studie über Buddhismus, Konfuzianismus und Taoismus. Mit 25 Jahren wurde er Mönch. 804 begleitete er eine kaiserliche Gesandtschaft nach China, wo er entscheidende Impulse erhielt. Zwei Jahre verbrachte er in einem Tempel in Chang-an (heute Xian), der Hauptstadt des chinesischen Tang-Reichs, und studierte dort beim chinesischen Meister Hui-guo den esoterischen Vajrayana-bzw. Tantra-Buddhismus. Nach seiner Rückkehr aus China 806 wurde er Abt des Todaiji-Tempels in Nara (► S. 322). Auf der Suche nach einem Ort für die Verbreitung seiner Lehre des esoterischen Buddhismus erhielt er 816 die Erlaubnis, ein Kloster auf dem Koya-san zu errichten. Seine vielseitige Begabung brachte ihm auch Ruhm als Dichter, Kalligraf und Bildhauer, doch ist die Echtheit der ihm zugeschriebenen Werke nicht immer zweifelsfrei nachweisbar. Quasi nebenbei führte er auch neue Techniken etwa in der Landwirtschaft und beim Wasserbau ein. Nach seinem Tod (835) erhielt Kukai den Ehrentitel Kobo-daishi.

In den Räumen des Kongobuji finden sich schöne Malereien auf Schiebetüren, von denen einige Kano Tanyu zugeschrieben werden. Zum Tempel gehört mit dem Banryutei auch der **größte Steingarten Japans**, in dem mit etwas Fantasie zwei enorme Wasserdrachen zu erkennen sind.

In der näheren Umgebung befinden sich mehrere Unterschulen der Shingon-Schule sowie die Buddhistische Universität.

Tgl. 8.30–17 Uhr | 500 ¥ | www.koyasan.or.jp/en/kongobuji/

Der heilige Bezirk

★ Garan

Nach Westen führt ein Weg zum Garan, dem Heiligen Bezirk um die Pagode und die Haupthalle. Hier steht die (fast immer verschlossene) **Gründerhalle** (Mieido) inmitten eines Hains alter Zedern und Schirmpinien. Die Halle enthält ein Porträt des Kobo-daishi sowie ein 1086 entstandenes Gemälde, das den Eingang Buddhas ins Nirwana darstellt. Die **Hauptpagode** Konpon-daito (mehrmals durch Feuer zerstört; heutiger Bau von 1937) daneben birgt fünf Plastiken des sitzenden Buddha. Auch die **Haupthalle** Kondo ist neueren Datums (1932).

Konpon-daito/Kondo: tgl. 8.30–17 Uhr | je 200 ¥
www.japan-guide.com/e/e4902.html

Klosterschätze und weiter Ausblick

Fudo-do

Das älteste erhaltene Bauwerk der Klosteranlage ist die östlich der Haupthalle stehende eher unscheinbare Holzhalle Fudo-do (1197), die als Nationalschatz gilt. Erbaut wurde sie während der Heian-Periode (8.–10. Jh.) im Stil Shinden-zukuri.

Schatzhaus und Großes Tor

★ Reiho-kan, Daimon

Südöstlich der Haupthalle wurde 1920 das Reiho-kan, das Museum und Schatzhaus des Klosters, errichtet. In seinen Räumen ist eine beachtliche Anzahl von Kunstwerken aus der Geschichte des Koya-san zu sehen, darunter Skulpturen, Rollbilder und Dokumente aus mehreren Jahrhunderten.

Am westlichen Ende der Ortsstraße steht das Große Tor Daimon (1705) mit zwei Wächterfiguren des Bildhauers Uncho. Von hier aus bietet sich ein weiter Blick nach Westen über den Kii-Kanal und auf die Insel Awaji.

Reiho-kan: tgl. 8.30–17.30, Nov.–April bis 17 Uhr | 600 ¥

Gräber unter alten Zedern

★★ Friedhof

Die Hauptstraße führt in östlicher Richtung zum **Mausoleum des Kobo-daishi**. Auf ihr erreicht man zunächst die Brücke Ichinohashi. Hinter dieser beginnt der Friedhof mit ca. 200 000 Gräbern, der sich in einem mystischen Wald uralter Zedern ausbreitet und von einem 2 km langen Fußweg durchzogen wird. Die meisten Gräber sind uralt, moosüberwuchert und stimmungsvoll, aber auch der neuere Teil südlich des Weges ist sehenswert: Auf dem Friedhof beim Mausoleum des Gründers bestattet zu werden (und sei es nur ein Teil der Asche), gilt als besonders verheißungsvoll. Entsprechend haben große Firmen hier Grabgrundstücke erworben, um ihren Mitarbeitern eine solche Teilbeisetzung zu ermöglichen – die Logos, Symbole und Firmenschriftzüge sind gut zu erkennen. Auch die Tempel im Ort verwahren übrigens Beutel mit etwas Asche oder einigen Knochen für (zahlungswillige) Ortsfremde auf.

Tausende Lampen
Auf dem Weg zum Mausoleum passiert man die Opferhalle Gokusho und die Halle der Lampen Torodo mit mehreren Tausend von Gläubigen gestifteten, teilweise sehr alten Laternen. Schließlich erreicht man hinter einer Abschrankung von goldenen Lotosblüten den Oku-no-in, das Mausoleum des Tempelgründers Kobo-daishi.
Tgl. 6–17.30 Uhr | Eintritt frei

★ Oku-no-in

KUMAMOTO 熊本

Hauptinsel: Kyushu | **Präfektur:** Kumamoto | **Einwohnerzahl:** 740 000

Kumamoto, die zentrale Großstadt auf Kyushu, ist bekannt für ihre schwarze Burg – und für ihr Maskottchen.

Kumamoto ist Hauptstadt der gleichnamigen Präfektur und drittgrößte Stadt auf der Hauptinsel Kyushu. Einst von geschichtlicher Bedeutung, hat sie sich zu einem wichtigen Handels- und Bildungszentrum der Region entwickelt. Das beliebte Maskottchen, ein schwarzer Bär, nimmt Bezug auf die Bedeutung des Ortsnamens: »Wo die Bären herkommen«. Spätestens seit der Serie heftiger Erdbeben, die 2016 fast 50 Tote zur Folge hatten, ist der **Bär »Kumamon«** japanweit bekannt Die Stadt ist Umschlagplatz für die landwirtschaftlichen Erzeugnisse des Umlands; bekannte Produkte des **Kunsthandwerks** sind Metallintarsien (Higo-zogan; früher kunstvolle Schwerter), Bambuswaren, Keramik (Shodai-yaki) und Holzspielzeug. Begehrt sind auch die Amakusa-Zuchtperlen.

»Bären-Heimat«

KUMAMOTO ERLEBEN

TOURISTENINFORMATION
Im Bahnhof: Tel. 096 3 52 37 43
tgl. 8.30–19 Uhr
Eine weitere Touristeninformation am Westausgang der Burg.
https://kumamoto-guide.jp/en

ANREISE
Flugzeug: Von Tokyo (Haneda Airport; 2 Std.); von Osaka (1 Std.)
Bahn: Von Tokyo (Hbf.) JR-Sanyo-Shinkansen-Linie bis Shin-Osaka oder Shin-Kobe (ca. 2 Std.), weiter mit Shinkansen bis Kumamoto (weitere 2 Std.);
von Beppu über Kokura (70 Min.), dann bis Kumamoto (Shinkansen, 1 Std.)
Bus: Von Oita über die Trans-Kyushu-Schnellstraße (3½ Std.).
Das Stadtzentrum erreicht man per Straßenbahn.

Wohin in Kumamoto?

Die »Ginkgo-Burg«

Burg Kumamoto

Auf dem Hügel Chausuyama, 2 km nordöstlich des Bahnhofs, steht die Burg der Stadt (Kumamoto-jo). Sie wurde 1601–1607 für **Kato Kiyomasa**, den Fürsten von Kumamoto, erbaut und 1877 schwer beschädigt. Die Anlage umfasste ursprünglich drei Hauptgebäude, 49 Türme, 29 Burgtore und 18 zweistöckige Tore. Heute sind nur noch die Burgmauer, einige Tore und Wachtürme erhalten, darunter einer von der südlich der Stadt gelegenen Uto-Burg, der im Jahre 1600 hierher überführt wurde (nordwestlicher Eckturm).

Die Burgmauern sind ein typisches Beispiel für die von Kato Kiyomasa erstmals entwickelte **Festungsbautechnik Mushagaeshi:** Die an der Basis noch leicht geneigte Mauer wird mit zunehmender Höhe immer steiler und bildet schließlich an der Oberkante einen Überhang, was dem Feind das Eindringen erschweren soll. Der rekonstruierte **Hauptturm** beherbergt ein Historisches Museum. Nahe beim Hauptturm steht ein angeblich von Kato gepflanzter Ginkgo-Baum, der der Burg den Beinamen »Ginkgo-Burg« (Ginnan-jo) einbrachte.

Wegen Erdbebenschäden bis 2019 gesperrt.
Infos: www.japan-guide.com/e/e4501.html.

Viel Kunst

Rund um die Burg

Im **Kato-Schrein** unweit nördlich der Burg werden der Helm und das Schwert von Kato Kiyomasa aufbewahrt. Zum Schreingelände gehört auch eine alte Steinbrücke, angeblich eine Trophäe aus Katos Korea-Feldzug. Ebenfalls nördlich der Burg liegen das **Kunstmuseum** der Präfektur (Kumamoto Kenritsu Bijutsu-kan) mit über 5000 Werken. Das **Museum für Gegenwartskunst** mit häufig wechselnden, manchmal recht guten Ausstellungen, liegt südwestlich unterhalb der Burg im Stadtzentrum.

Kumamoto Prefectural Museum of Art: Di.–So. 9.30–17.15 Uhr | 200 ¥
Kumamoto Contemporary Art Museum: Mi.–Mo. 10–20 Uhr
1000/800 ¥ (je nach Sonderausstellung)

Haupttempel der Nichiren-Schule

Honmyoji-Tempel

3 km nördlich des Bahnhofs Kumamoto bzw. 1 km westlich des Bahnhofs Kami-Kumamoto liegt der Honmyoji-Tempel, der 1574 durch Kato gegründete Haupttempel der Nichiren-Schule auf Kyushu. Zum Tempel führen eine Kirschbaumallee und anschließend eine von Steinlaternen flankierte Treppe. Nördlich befindet sich die Grabstätte von Kato.

Buddhas Asche

Kitaoka-Park

1 km nordwestlich des Bahnhofs Kumamoto gelangt man zum Kitaoka-Park. Auf dem 133 m hohen Hügel Hanaokayama steht hier die 1954 zum Gedenken an die Opfer des Zweiten Weltkriegs erbaute

Bussharito-Pagode. Anlässlich ihrer Errichtung ließ der damalige indische Premierminister Nehru einen Teil der Asche Buddhas hierher überführen.

53 Landschaften im Kleinformat

Mit Straßenbahn oder Bus (20 Min. ab Kotsu Center) erreicht man den Suizenji-Park, 5 km östlich des Bahnhofs. Der früher Joju-en genannte Park (65 ha) wurde 1632 als Landschaftsgarten für die Sommerresidenz der Hosokawa angelegt und gehört zu den bekanntesten Gärten des Landes. Er zeigt in verkleinerter Form einige der auch auf den Holzschnitten von Hiroshige dargestellten 53 Landschaften der seit dem 12. Jh. begangenen Tokaido-Route zwischen Kyoto und Edo (Tokyo), darunter den Fuji und den Biwa-See. In der Nähe eines von Quellen gespeisten Sees stehen im Parkgelände der den Ahnen der Familie Hosokawa geweihte **Izumi-Schrein** und ein Teehaus.

★ Suizenji-Park

März–Okt. tgl. 7.30–18, Nov.–Feb. 8.30–17 Uhr | 400 ¥

Von Burg Kumamoto ist nur wenig geblieben. Das aber ist beeindruckend genug.

Rund um Kumamoto

Stromschnellen und Rafting

Kumagara

In der Umgebung von **Watari** im Süden der Präfektur Kumamoto (ca. 70 km von Kumamoto) werden Bootstouren und Rafting auf dem Fluss Kumagawa angeboten, dessen Stromschnellen zu den wildesten Japans zählen.

★ KURASHIKI 倉敷

Hauptinsel: Honshu | **Präfektur:** Okayama | **Einwohnerzahl:** 474 000

Alte Wohn- und Lagerhäuser, von Weidenbäumen gesäumte Kanäle und Steinbrücken machen Kurashiki zu einem schnuckeligen Ausflugsziel – ideal auch als Zwischenstopp, etwa auf der Fahrt nach Hiroshima oder Kyushu.

Altstadt aus der Edo-Zeit

Kurashiki liegt im Westen der japanischen Hauptinsel Honshu nahe der ▶ Inlandsee. Obgleich die Stadt heute einen Teil des bedeutenden Industriegebiets um Mizushima darstellt, hat die Altstadt Bikan-chiku (Ästhetisches Viertel) noch weitgehend den Charakter vergangener Zeiten.

Wohin in Kurashiki?

Auf dem Weg ins Altstadtviertel

Ohashi-Haus

Auf dem Weg zum Altstadtviertel kann man einen Abstecher zum Ohashi-Haus machen, dem Haus einer einflussreichen Kaufmannsfamilie von 1796.

Sa.–Do. 9–17 Uhr | 500 ¥

Kunst, Handwerk, Spielzeug und ein liebenswerter Knirps

★ Ohara-Kunstmuseum

Die Museen konzentrieren sich im historischen Viertel. Das Ohara-Kunstmuseum (Ohara-bijutsukan), 1930 von Ohara Magosaburo in antikisierenden Formen nach dem Vorbild griechischer Tempel erbaut, beherbergt vor allem Werke europäischer Kunst (El Greco, Renoir, Monet, Gauguin, Picasso, Rodin) und Arbeiten der japanischen Moderne, nah- und fernöstliche Kunst, Holzschnitte und Keramik.
Östlich davon, am Fluss Kurashiki, wurde in vier ehemaligen Reisspeichern das **Volkskunstmuseum** (Kurashiki-mingei-kan) eingerichtet. Das zweitälteste Museum dieser Art in ganz Japan zeigt Keramik, Textilien, Bambuswaren u. v. m. aus ganz Japan. Unweit davon stellt das

KURASHIKI ERLEBEN

TOURISTENINFORMATION

Im Bahnhof: Tel. 086 4 24 12 20
tgl. 9–19 | Nov.–März bis 18 Uhr
Beim Volkskunstmuseum:
Tel. 086 4 22 05 42 | tgl. 9–18 Uhr
www.kurashiki-tabi.jp/for/en/

ANREISE

Flugzeug: Von Tokyo (Haneda Airport) nach Okayama (1¼ Std.)
Bahn: Von Tokyo (Hbf.) JR-Sanyo-Shinkansen-Linie über Osaka und Okayama (3¾ Std.)

Kahnfahrten auf dem Kanal: tgl. 9.30–17 Uhr; 500 ¥; Tickets und Näheres bei der Touristeninformation.

In Kurashiki gibt es ungewöhnlich viele Jeans-Läden, u. a. auch im Ivy-Square-Komplex: Hier wurden vor gut 80 Jahren die ersten indigogefärbten **Jeans »made in Japan«** hergestellt. Bis heute fertigen etliche Fabriken vor Ort (teils sehr ausgefallene) Mode aus dem blauen Stoff, darunter die **Takashiro Senko Fabrik** (www.takashiro.info) oder die **Rampuya Fabrik** (www.japanblue.co.jp/en).

MAMAKARI TEI €€€

Spezialität in diesem 200 Jahre alten Speicherhaus sind die in Essig eingelegten Sardinen. Der Fisch kommt frisch aus der Inlandsee, und die Sake-Auswahl ist auch nicht schlecht.
Honmachi 3-13 | Tel. 086 427 71 12 | Di.–So. 11–14, 17–22 Uhr

DORMY INN KURASHIKI €€

Dieses schöne Hotel der japanweiten Kette Dormy Inn liegt günstig zwischen Bahnhof und historischem Viertel. Große Zimmer mit Kühlschrank und Flachbildfernseher, ein leckeres Frühstückbuffet und das japanische Bad auf dem Dach (zusätzlich zum privaten Bad) machen das gute Preis-Leistungs-Verhältnis aus.
3-21-11 Achi, Kurashiki-shi, 710-0055 Okayama | Tel. 086 4 26 54 89

Spielzeugmuseum (Nihon Kyodo Gangukan) rund 10 000 aus ganz Japan zusammengetragene Stücke aus.
»Momotaro« (»Der Pfirsichjunge«) ist das bekannteste japanische Volksmärchen, entstanden vermutlich in der Präfektur Okayama, einem Pfirsichanbaugebiet. Im **Momotaro Museum** dreht sich alles um den liebenswerten Knirps, der aus einem Pfirsich schlüpft und mit Unterstützung eines Affen, Fasans und Hundes einen Drachen besiegt (Holzschnitte, Puppen und Bücher).

Ohara Museum of Art: Di.–So. 9–17 Uhr | 1300 ¥ | www.ohara.or.jp/en/
Museum of Folkcraft: Di.–So. 9–17, Dez.–Feb. bis 16.15 Uhr | 700 ¥
http://kurashiki-mingeikan.com/english.html
Japanese Rural Toy Museum: tgl. 9–17 Uhr | 400 ¥
Momotaro Museum: tgl. 10–17 Uhr | 600 ¥

Auch auf einer gemütlichen Kanaltour wird klar, weshalb das Bikan-Viertel »Das Ästhetische« heißt.

Spaziergang durch das »Ästhetische Viertel«

Bikan-chiku

Neben dem Besuch des einen oder anderen Museums sollte man auch ausreichend Zeit für einen Bummel durch das »Ästhetische Viertel« einplanen. Die Touristeninformation, untergebracht im ehemaligen Rathaus von 1917, hält Stadtpläne mit Vorschlägen für Rundgänge bereit.

Besonders sehenswert ist das **Ohara-Haus**, ein alter Kaufmannssitz mit den für Kurashiki typischen Fenstern und weißen Wänden. Vom Kanal weg in Richtung Südosten gelangt man nach einigen Gehminuten zum **Ivy-Square-Komplex**. Der efeubewachsene Ziegelbau war in der Meiji-Zeit eine Baumwollspinnerei, heute befinden sich dort ein Museum, Läden und Cafés. Abends wird das Bikan-chiku stimmungsvoll beleuchtet.

Rund um Kurashiki

Längste Doppeldeckerbrücke der Welt

Halbinsel Kojima

Südlich von Kurashiki schiebt sich die Kojima-Halbinsel in die Inlandsee (Bus bis Washuzan, dann Fußweg zum gleichnamigen Berg). Vom 133 m hohen **Washuzan** bietet sich ein Panoramablick auf das Meer und die Hauptinsel Shikoku, zu der vom Hafen Shimotsui eine Fährverbindung besteht.

Seit 1988 verbindet von hier aus die »Große Seto-Brücke« die beiden Hauptinseln Honshu und Shikoku. Mit fast 9,4 km Brückenlänge (verteilt auf 6 Einzelbrücken) ist sie die längste Doppeldeckerbrücke der Welt: Auf zwei übereinander liegenden Ebenen fahren sowohl Autos als auch Züge. Samstagabends wird die Brücke angestrahlt.

Kleine Burg und wilde Affen

Takahashi

Die Hakubi-Linie führt nach Takahashi (32 000 Einw.) an dem fischreichen gleichnamigen Fluss. Über dessen Ostufer erhebt sich der Berg Gagyuzan (Fußweg, 10 Min.) mit der **Bichu-Matsuyama-Burg**; erhalten sind der dreistufige Hauptturm und ein Außenturm. Die Burg ist eine der wenigen Befestigungsanlagen aus dem 17. Jh., die im Bergland errichtet wurden. Vom Gipfel Komatsu hat man einen besonders schönen Blick auf Stadt und Umland. Am Fuß des Berges liegt der **Naturzoo Gagyuzan**, in dem wilde Affenherden leben.

Matsuyama-Burg: tgl. 9–17.30, Okt.–März bis 16.30 Uhr | 300 ¥

KUSHIRO 釧路

Hauptinsel: Hokkaido | **Präfektur:** Hokkaido | **Einwohnerzahl:** 186 000

Um die großen und farbenprächtigen Mandschurenkraniche zu sehen, die man einst für ausgestorben hielt, fährt man am besten nach Kushiro. Die Hafenstadt ist außerdem ein Zugang zum Akan-See (▶ Akan-ko) und ▶ Daisetsuzan-Nationalpark.

Winterlich und doch exotisch

Trotz des strengen Klimas (mit einer fast mystischen Stimmung im Winter) und der selbst im Sommer niederen Temperaturen – Jahresdurchschnitt 6 °C – ist Kushiro neben dem nördlich gelegenen Wakkanai (▶ S. 382) der einzige eisfreie Hafen der nördlichsten japanischen Hauptinsel.

Wohin in Kushiro und Umgebung?

Die vergessenen Ureinwohner

Historische Ausstellungen

1,5 km südöstlich des Bahnhofs präsentiert am nördlichen Ufer des Harutori-Sees das **Stadtmuseum** zahlreiche Exponate der Ainu-Kultur. Auch nach Ende des 19. Jhs. war die Region um Kushiro von den **Ainu**, den Ureinwohnern Hokkaidos, besiedelt. Nach jahrzehntelanger Zwangsassimilierung, in deren Folge die Ainu-Kultur weitgehend in Vergessenheit geraten war, werden die Exponate heute wieder gewürdigt. Im Norden der Stadt ist in der Nähe des Shitsugen-Observa-

KUSHIRO ERLEBEN

KUSHIRO TOURIST INFORMATION

3 Chome-3 Saiwaicho Kushiro-shi, Hokkaido | Tel. 0154 31 19 93
https://uu-hokkaido.com/corporate/kushiro-kankou.shtml

ANREISE

Flugzeug: Von Tokyo (Haneda Airport; 1½ Std.); von Sapporo (45 Min.)
Bahn: Von Sapporo JR-Nemuro-Linie (4 Std.)

HAFENFEST

Großes Sommerfest mit Feuerwerk.
Fluss Kushiro, Anfang August

DONPAKU

Gourmettage mit Feuerwerk.
Yonemachi-Park, September

SCHNEEFEST

Zahlreiche Schneeskulpturen.
Yonemachi-Park, Anfang Dezember

toriums eine prähistorische **Jomon-Siedlung** ausgegraben und teilweise rekonstruiert worden (Bus ab Bhf. ca. 40 Min.).
Kushiro City Museum: Di.–So. 9.30–17 Uhr | 470 ¥
Hokuto-Ausgrabungen: Di.–So. 10–16 Uhr | Eintritt frei

Im Banne des seltenen Mandschuren-Kranichs

Kushiro-Shitsugen-Nationalpark

Vom Bahnhof fährt ein Bus zum 20 km nordwestlich gelegenen Kushiro-Shitsugen-Nationalpark. Das riesige Sumpfgebiet (268 m²) ist nicht nur landschaftlich sehr schön – hier werden u. a. Naturausflüge und Kajaktouren angeboten –, sondern inzwischen auch wieder Lebensraum der **Mandschuren-Kraniche** (tancho), die man Anfang des 20. Jhs. ausgestorben geglaubt hatte. Sie wurden in den 1920er-Jahren wieder entdeckt und gezüchtet. Inzwischen leben auf Hokkaido wieder ca. 1500 Exemplare, noch einmal so viele in Ostsibirien. Man kann auf einer Wanderung über die beim Observatorium beginnenden Holzbohlenwege nach den Kranichen Ausschau halten, am häufigsten sind sie im Winter zu sehen. Mehrere **Kranich-Reservate** in der Nähe halten die bis zu 1,50 m großen Vögel in großen Volieren, z. T. werden dort frei lebende Kraniche im Spätwinter angefüttert, wenn sich die Vögel zu eindrucksvollen Balztänzen versammeln.
Nationalpark: Mi.–Mo. 10–17, Nov.–März bis 16 Uhr | Eintritt frei
Akan International Crane Center: tgl. 9–17 Uhr | 470 ¥ (Kombiticket mit Tancho Observation Center)
Tancho Observation Center: tgl. 8.30–16, Feb., März bis 16.30 Uhr 470 ¥ (Kombiticket mit Akan International Crane Center)

Vor der Familiengründung stehten bei den seltenen Mandschuren-Kranichen die Balztänze an. Ein unvergessliches Schauspiel.

★★ KYOTO 京都

Hauptinsel: Honshu | **Präfektur:** Kyoto | **Einwohnerzahl:** 1,47 Mio.

»Hauptstadt-Hauptstadt« heißt die alte Kaiserstadt Kyoto auf Japanisch, und für Besucher ist sie genau das: unbestritten die Nummer Eins, das Must-See schlechthin. Über 1000 Jahre war Kyoto Hauptstadt des ältesten Kaiserreichs der Welt, buchstäblich Tausende von Tempeln, Schreinen und Museen ziehen Besucher an – inzwischen etwa 60 Millionen pro Jahr! Tatsächlich finden sich in der Millionenstadt zwischen den kulturellen Mega-Highlights noch atmosphärische Gassen und Gärten.

Japans kulturelles Zentrum

Als einzige japanische Millionenstadt blieb Kyoto im Zweiten Weltkrieg unversehrt. So sind viele der historischen Bauwerke und Kunstschätze erhalten, und die Innenstadt lässt die alte Kaiserstadt zumindest noch erahnen. Nach **Feng-Shui-Prinzipien** erbaut, liegt Kyoto von Bergen umgeben zwischen zwei Flüssen, dem Kamogawa im Osten der Innenstadt und dem Katsura im Westen. Nur nach Süden öffnet sich die Stadt in die Ebene, dort sind auch die neueren Viertel und Industriegebiete zu finden, denn die Präfekturhauptstadt ist auch heute eine der 10 größten Städte Japans und durchaus auch wirtschaftlich bedeutend.

Stadt der Tempel und Schreine

Kaiserresidenz

Fast 1100 Jahre lang, von 794 bis 1869, war Kyoto Kaiserresidenz und damit das bedeutendste Kulturzentrum des Landes, wo Architektur, Bildhauerei, Malerei und andere Künste zu höchster Blüte gelangten. Die kulturelle Bedeutung Kyotos bleibt unübertroffen, u. a. gibt hier es mehrere angesehene Hochschulen. Schon früh beeinflusste der **Buddhismus** das Kunstschaffen, sodass eine große Zahl der erhalten gebliebenen Werke in den alten Tempeln zu finden ist. Noch heute spielt Kyoto in den Religionen Japans eine dominierende Rolle; 30 Tempel der Stadt sind Haupttempel ihrer jeweiligen buddhistischen Schulen; überdies existieren im Stadtbereich rund 200 größere Shinto-Schreine.

Gründung durch Kaiser Kammu

Geschichte

Zehn Jahre nach der Verlegung des Regierungssitzes von ► Nara nach Nagaoka ließ Kaiser Kammu 794 im Nordosten der heutigen Stadt die neue Hauptstadt des Reiches anlegen, die zunächst **Heiankyo** (»Hauptstadt des Friedens«), dann **Miyako** (»Kaiserliche Residenz«) und seit der Meiji-Reform Kyoto (»Hauptstadt«) genannt wurde.
Die Stadt wurde, dem chinesischen Städtebaumuster von Xian folgend, auf schachbrettartigem Grundriss angelegt. Umgeben war sie von

KYOTO ERLEBEN

KYOTO CITY TOURIST INFORMATION CENTER

Bahnhof: 2nd Fl.
Tel. 075 3 43 05 48
tgl. 8.30–19 Uhr
www.kyoto.travel/de

ANREISE

Bahn: Kyoto ist Knotenpunkt der JR-Tokaido-Shinkansen- und -Hauptlinie, der JR-San-in- und Nara-Linien. Von Tokyo JR-Tokaido-Shinkansen-Linie (Nozomi 140 Min., Hikari 3 Std.); von Nagoya JR-Tokaido-Shinkansen-Linie (Hikari 35 Min.); von Osaka JR-Tokaido-Shinkansen- bzw. Hauptlinie (20 Min. bzw. 45 Min.); von Nara Kintetsu-Privatbahnlinie (40 Min.) und JR-Nara-Linie (1 Std.)
Flughafentransfer: Expresszug vom Hbf. (75 Min.) oder Bus (1¾ Std., Reservierung erforderlich: Tel. 075 6 82 44 00).

KYOTO VISITOR'S GUIDE

Veranstaltungshinweise und zahlreiche Infos zur Stadtbesichtigung.
www.kyotoguide.com

JAPANISCHE MINIATUREN

Ein paar Stufen führen hinunter zu dem kleinen Damm am Flussufer. Eine Entenfamilie watschelt vorbei. Wir sind am Kamogawa, dem »**Entenfluss**«. Gegenüber blühen Kirschbäume. Es ist einer der ruhigeren Orte in der Innenstadt. Einfach sich eine Weile hinsetzen, aufs Wasser schauen und den Augenblick genießen.

ANMELDUNG FÜR SEHENSWÜRDIGKEITEN

Für die Besichtigung der folgenden Sehenswürdigkeiten (mit englischspr. Führung) ist eine Voranmeldung beim **Kaiserlichen Haushaltsamt** erforderlich. Entweder persönlich unter Vorlage des Reisepasses oder online (maximal 4 Pers. gleichzeitig; Jugendliche unter 18 Jahren nur in Begleitung von Erwachsenen):
Kyoto Gosho (Alter Kaiserpalast): Führung ganzjährig Mo.–Fr. 10, 14 Uhr, April, Mai, Okt., Nov. jeden, sonst am 3. Sa. des Monats 10 Uhr | Anmeldung bis zu 20 Min. vorher möglich
Gosho (Kaiserpalast): Führungen 10 u. 13.30 Uhr, 21. Juli–31. Aug. keine Führung um 13.30 Uhr Anmeldungen bis 1 Tag vor dem gewünschten Besichtigungstermin, frühestens ab dem 1. des Besuchsmonats
Kaiserliches Haushaltsamt: Kyoto Gosho, 3 Kyotogyoen, Kamigyo-ku | Tel. 075 2 11 12 15 Mo.–Fr. 8.45–12, 13–17 Uhr | http://sankan.kunaicho.go.jp

Führungen durch den **Sento Gosho** (im Kaiserpalast-Gelände), den **Shugaku-in Rikyu** (Kaiserliche Villa, Nordostrand der Stadt) und **Katsura Rikyu** (Kaiserliche Villa in Katsura, westlich von Kyoto) bis spätestens 1 Tag vorher beantragen!
Führungen: Mo.–Fr., März, April, Mai, Okt., Nov. auch Sa., sonst jeden 3. Sa. des Monats. Fei. und 28.12.–04.01. keine Führungen.

NAHVERKEHR

In Kyoto fällt die Orientierung leicht, da die Stadt auf einem rechtwinkligen **Straßensystem** angelegt ist. Hauptstraße in Ost-West-Richtung ist die Shijo-dori (4. Straße).

Busse: Vom Bhf. verkehren Busse zu allen Sehenswürdigkeiten. Die Linien 100, 101 und 102 fahrenan den wichtigsten vorbei. Eine einfache Fahrt im Zentrum kostet 220 ¥ (dem Fahrer beim Aussteigen zu zahlen), ein Tagesticket nur für Kyoto-Stadtbusse 500 ¥. In der Broschüre »Bus Navi«, erhältlich in der Touristeninformation, sind alle Linien verzeichnet.

Zwei **U-Bahn-Linien:** Die Karasuma-Linie verbindet Nord- und Süd-Kyoto, die Tozai-Linie verkehrt zwischen Südost- und West-Kyoto. Die Linien kreuzen sich am Bhf. Karasuma-Oike. Eine Fahrt kostet mindestens 210 ¥, eine Tageskarte für Stadtbusse, Vorortbusse und U-Bahnen 1200 ¥ (2 Tage 2000 ¥). Die U-Bahn verkehrt von 5.30–23.30 Uhr.

Privatbahnen: Manche Ziele wie Arashiyama im Westen der Stadt lassen sich am schnellsten mit den Privatbahnen (Hankyu, Keifuku oder Eizan) erreichen.

Wer keinen JR-Railpass besitzt und die gesamte Kansai-Region bereisen möchte, spart mit dem **Kansai Thru Pass**, der die Benutzung der U-Bahnen, Privatbahnen und Busse in Osaka, Kobe und Kyoto für zwei/drei Tage (4000/5200 ¥) erlaubt und Ermäßigungen für verschiedene Attraktionen gewährt
www.surutto.com/tickets/kansai_thru_english.html).

Egal, zu welcher Jahreszeit man Kyoto besucht, die Chancen, eines der bunten Schreinfeste zu erleben, sind gut:

OKERA-MAIRI

Beim nächtlichen Neujahrsbesuch bringt man das Feuer vom Schrein nach Hause.
Yasaka-Jinja, Neujahr

TOSHIYA
Traditionelles Bogenschießen.
Sanjusangen-do, Mitte Januar

MIYAKO-ODORI
Kirschblütentänze der Maiko und Geiko.
Gion-Kaburenjo-Theater
April/Mai

TAIKO-NO-HANAMI GYORETSU
Kirschblütenprozession in historischen Kostümen zur Erinnerung an Toyotomi Hideyoshi.
Daigoji-Tempel, 2. So. im April

AOI-MATSURI
Prozession mit historischen Kostümen, Schreinzeremonien.
Kamigamo- und Shimogamo-Schrein, Mitte Mai

MIFUNE-MATSURI
Bootsfest auf dem Fluss Oigawa.
Kurumazaki-Schrein,
3. So. im Mai

TAKIGI-NO
Nächtliche Aufführung von No-Dramen.
Heian-Schrein, Anfang Juni

KORMORAN-FISCHEN
Nächtlicher Fischfang mit abgerichteten Kormoranen.
Arashiyama, Juli/August

GION-MATSURI
Umzug mit 29 großen Prunkwagen, der bis ins Jahr 876 zurückreicht.
Yasaka-Schrein, Mitte Juli

DAIMONJI-GOZAN-OKURIBI
Entzündung von Feuern in Schriftzeichenform an den Berghängen.
Mitte August

TORONAGASHI
Laternenfest zum Totengedenken O-Bon.
Arashiyama-Park, Mitte August

JIDAI-MATSURI
Gedenkfest für die Stadtgründung 794; mit großem Umzug in historischen Kostümen.
Zwischen Kaiserpalast und Heian-Schrein, 22. Oktober

KURAMA-NO-HI MATSURI
Fackelprozession mit riesigen Feuern und Kiefernfackeln.
Kurama, 22. Oktober

Kyoto ist bekannt für qualitativ hochwertiges Kunsthandwerk. Wer auf der Suche nach **Keramik** ist, wird in Läden auf dem Weg zum Kiyomizudera – an den Straßen Kiyomizuzaka, Sannenzaka und Ninenzaka – fündig. Beliebte **Einkaufsviertel** sind die Gegend um die Kreuzung Shijo-dori und Kawaramachi-dori, wo auch die großen Kaufhäuser angesiedelt sind, nicht weit davon die Ladenstraßen Teramachi und Shinkyogoku sowie der eindrucksvolle Nishiki-Lebensmittelmarkt. Ein lebhaftes Geschäftszentrum ist auch der Hauptbahnhof mit seinen vielen Restaurants, Cafés, Läden und dem Kaufhaus Isetan. Wer die Möglichkeit hat, sollte einen der **Flohmärkte** besuchen. Der berühmteste ist der »Kobo-ichi« beim Toji-Tempel (jeden 21. des Monats). Hier findet man u. a. Antiquitäten, alte Kimonos, Keramik und jede Menge Krimskrams. Ein weiterer Flohmarkt findet am 25. eines Monats am Kitano-Tenmangu-Schrein statt.

KYOTO HANDICRAFT CENTER
Große Palette an Kunsthandwerksprodukten.
Marutamachi, nördl. des Heian-Schreins | Tel. 075 7 61 80 01
tgl. 10–19 Uhr | www.kyotohandicraftcenter.com/?lang=en
Eine ähnlich gute Auswahl gibt es im Souvenirladen des Kunsthandwerksmuseums Fureai-kan, etwas südlich des Heian-Schreins.

IPPODO

In dem alteingesessenen atmosphärischen **Teeladen** mit großer Auswahl kann man probieren. Meist spricht jemand genug Englisch, um zu beraten.
Teramachi-dori, Nijo agaru, Tokiwagi-cho 52 | Tel. 075 211 34 21
Mo.–Sa. 9–19, So. bis 18 Uhr
www.ippodo-tea.co.jp/en/shop/kyoto.html

YOJIYA

Die **Kosmetiktüchlein** (aburatorigami) sind eigentlich ein Abfallprodukt bei der Blattgoldherstellung und werden bei Yojiya seit 1920 produziert.
Mehrere Filialen, u. a. in Gion Shijo-dori Hanamikoji Tohoku-kado
Tel. 0120 40 77 11
tgl. 10–22 Uhr
www.yojiya.co.jp/english/

ARITSUGU

Hier gibt's **Küchenmesser** und anderes Küchenzubehör.
Nishiki-Passage, tgl. 6–15 Uhr

KARAKUSAYA

Hier bekommt man besonders schöne Furoshiki: große **Einschlagtücher** als Alternative zur Einkaufstasche oder als edle Verpackung.
Muromachi-dori (nordwestl. Kreuzung Shijo-Karasuma)
Mi.–So. 10–18 Uhr

KYOTO DESIGN HOUSE

Stylisher **Concept Store** mit schönen Dingen – alle handgemacht von örtlichen Handwerkern und Künstlern.
Nakagyo-ku, Fukunaga-cho 105
Tel. 075 222 57 77 | tgl. 11–20 Uhr
www.kyoto-dh.com/en/

SOU SOU

Die traditionellen **Zehenschuhe** (jikatabi) gibt es bei Sou Sou im modernen Gewand – bunt und ausgeflippt.
Nakanocho 583-3, Nakagyo-ku | Tel. 075 212 80 05 | tgl. 11–20 Uhr
www.sousou.co.jp (jap.)

FUKUJUEN

Der **Grüntee** aus Uji ist die Top-Qualität für Matcha und die Teezeremonie. Im Fukujuen bekommt man auf sechs Stockwerken nicht nur den Tee, sondern auch alles Zubehör, es gibt ein Restaurant und ein Teezimmer für das **Teezeremonie**-Erlebnis (Anmeldung erforderlich).
Shijo Tominokoji, Shimogyo-ku
Tel. 075-221-29 20 | tgl. 10–19 Uhr, 3. Mi. im Monat geschl.
www.fukujuen-kyotohonten.com/english/

THEATER UND TANZ

Die traditionellen **Vergnügungsviertel** sind Gion und Pontocho, wo nicht nur Restaurants, Bars und Hostessenclubs versammelt, sondern auch die Geishas der Stadt zu Hause sind. Ihre Tanzkünste (Kyomai, »Kyoto-Tanz«) kann man mehrmals im Jahr (April/Mai und Okt./Nov.) u. a. im Theater Pontocho Kaburenjo bewundern. Auch das alte **Kabuki-Theater** Kamishichiken Kabukai bietet Theater- und Tanzvorführungen an.
Tel. 075 461 01 48
www.maiko3.com (jap.)

FÜR TOURISTEN

Daneben gibt es regelmäßige Kurzprogramme im Rahmen von Vorführungen verschiedener japanischer alter Künste speziell für Touristen (entsprechend kommerziell) im Gion Corner, Yasaka Hall (Tel. 0 75/5 61 11 19; Vorführungen 18, 19 Uhr; www.kyoto-gioncorner.com/global/de.html). Hier können auch (touristengerechte) Abende mit einer **Maiko** (▶ S. 588) gebucht werden. Mehrere Studios, z. B. das Kayoo (in der Nähe der Kreuzung Shijo-Karasuma; Tel. 075 2 21 41 00), kleiden Besucherinnen in die Gewänder einer Maiko ein: für ein Foto, oder um damit durch die Straßen zu spazieren.

LOKALE UND BIERGÄRTEN

Abends flaniert es sich am besten in Pontocho am Fluss, vor allem im Sommer, wenn viele Lokale Sitzplätze im Freien bieten. Die kostspieligen Original-**Geishahäuser** (okiya; ► S. 588) bleiben Ausländern hingegen in der Regel verschlossen. Erschwinglicher ist der Besuch eines der nur im Sommer (Mai–Sept.) geöffneten **Biergärten**, z. B. im Kyoto Tower Hotel am Bhf. (auf dem Dach; Tel. 075 3 43 90 90) oder Kamishichiken im Garten des Kabuki-Theaters beim Kitano-Tenmangu (Juli–Sept.; Website nur jap.: www.maiko3.com).

❶ YOSHIKAWA €€€€

Gehobenes Tempura-Restaurant in einem traditionellen Holzhaus. Die Gäste können zusehen, wie Fisch und Gemüse frittiert werden. Für einen Tisch unbedingt vorher reservieren, die 11 Plätze am Tresen werden auf einer »First come first serve«-Basis vergeben.
Nakagyo-ku, Tominokoji/Oike-sagaru | Tel. 075 221 55 44 | tgl. 11–14, 17–22 Uhr | www.kyoto-yoshikawa.co.jp/en/meal.html

❷ SETSUGEKKA €€€

Eines der romantischen Restaurants am Kamogawa mit Plätzen im Freien auf einer Art Holzterrasse über dem Fluss (Mai–Sept.). Serviert wird u. a. Kaiseki-Küche.
Shimogyo-ku, Kiyamachi-dori, Bukkoji-sagaru, Higashigawa
Tel. 075 3 42 17 77 | tgl. 11.30–15, 17.30–23 Uhr | www.kyoto-hanatsubaki.com/setsugekka_en

❸ OKU GALERIE UND CAFÉ €€€–€€

Das schicke Designercafé mit weißen Wänden, warmem Holzfußboden und Designermöbeln liegt mitten im Gion-Bezirk liegt. Das schöne schwarz-weiße Geschirr stammt von einem Kyotoer Töpfer.
Gionmachi, Minamigawa 570-119, Higashiyama-ku | Tel. 075 531 47 76
Mi.–Mo. 11.30–21 Uhr

❹ GANKO €€

Frisches Sushi und gute japanische Küche mit Blick auf einen japanischen Garten.
484-6, Higashi Namasu-cho, Nijo-kudaru, Kiyamachi-dori, Nakagyo-ku | Tel. 075 2 23 34 56
www.gankofood.co.jp/en

❺ HONKE TAGOTO €€

Gemütliches Soba-Lokal mit langer Tradition (gegründet 1868). Im Sommer gibt es Zaru-Soba (kalte Nudeln).
Nakagyo-ku, 12 Sanjo-dori, Teramachi Higashi-iru
Tel. 075 2 21 30 30 | tgl. 11–21 Uhr

❻ MENAMI €€

Wer Kyotoer Hausmannskost (Obanzai) probieren möchte, ist in diesem bei Einheimischen beliebten Lokal richtig: Es gibt zwar keine englische Speisekarte, doch die Speisen stehen in großen Schüsseln auf der Theke. Man braucht also nur auf das Gewünschte zu zeigen.
Nakagyo-ku, Kiyamachi, Sanjo-agaru | Tel. 075 2 31 10 95
Mo.–Sa. 17–23 Uhr

❼ OMEN €€

Erstklassiges Nudelrestaurant im traditionellen Stil. Neben den dicken handgemachten Udon-Nudeln gibt es auch Tempura und saisonale Gerichte und eine englische Karte.
Ishibashi-cho 74, Jodo-ji, Sakyo-ku | Tel. 075 771 89 94
Fr.–Mi. 11–21 Uhr

❽ SUSHI NO MUSASHI €€

Gutes, zentral gelegenes Fließband-Sushi-Restaurant mit kleiner englischer Karte. Man sitzt an der Theke,

- ❶ Yoshikawa
- ❷ Setsugekka
- ❸ Oku Galerie und Café
- ❹ Ganko
- ❺ Honke Tagoto
- ❻ Menami
- ❼ Omen
- ❽ Sushi no Musashi
- ❾ Sake Bar Asakura
- ❿ Pig & Whistle

- ❶ Hotel Granvia Kyoto
- ❷ The Screen
- ❸ Iori (Office)
- ❹ Ryokan Shimizu

kann dem Sushi-Meister zusehen und spezielle Wünsche in Auftrag geben.
Kawaramachi-Sanjo-agaru
Tel. 075 2 22 06 34 | 10–22.30 Uhr

❾ SAKE BAR ASAKURA

Sehr kleine Kneipe (nicht leicht zu finden) mit reichhaltiger Sake-Auswahl. Der Eigentümer spricht gut Englisch und berät Ausländer gern.
Daikyu Building, 2nd Fl.
Tel. 075 212 44 17
Mi.–Mo. 19.30–1 Uhr, 2. und 4. Mi. im Monat geschl.

❿ PIG & WHISTLE

Englische Kneipe mit Fassbier und Darts; seit den 1980er-Jahren Treffpunkt ortsansässiger Ausländer.
Shobi Building, 2nd Fl., 1 Block östl. des Bhs. Keihan-Sanjô
Tel. 075 761 60 22 | tgl. 17–1, Fr., Sa. bis 2 Uhr | www.pigandwhistle.beer/location.html

❶ HOTEL GRANVIA KYOTO €€€€

Für Bahnreisende unschlagbar günstig gelegen (im Hbf.), kombiniert das Granvia allen Komfort eines gehobenen Hotels mit sehenswerter Architektur. In den oberen Stockwerken ist der Blick auf die Stadt (und die Gleise des Shinkansen!) atemberaubend – auch zum Frühstück im Restaurant Risata. Mehrere sehr gute Restaurants bieten japanische, chinesische und westliche Küche; das »Kyorinsen« ist für sein Tempura berühmt.
901 Higashi-Shiokoji-cho, Shiokoji Sagaru Karasuma-Dori, Shimogyo-ku, Kyoto 600-8216
Tel. 075 3 44 88 88
www.granviakyoto.com

❷ THE SCREEN €€€€

Boutiquehotel beim Kaiserpalast. Die 13 individuellen Zimmer wurden von unterschiedlichen Designern gestaltet und präsentieren sich als ein Mix aus japanischer Tradition und minimalistischer Moderne.
640-1 Shimogoryomae-cho, Teramachi Marutamachi-sagaru, Nakagyo-ku, Kyoto 604-0995
Tel. 075 2 52 11 13
www.screen-hotel.jp/en/

❸ IORI €€€

Mehrere alte, liebevoll restaurierte Stadthäuser (Machiya) stehen Touristen für Aufenthalte zur Verfügung. Konzipiert vom japanophilen Schriftsteller und Kunstsammler Alex Kerr, sind sie mit asiatischen Antiquitäten und Kunst eingerichtet. Man meldet sich nach der Ankunft bei unten genannter Adresse und wird dann zum Haus geführt. Für 1–14 Personen, ab ca 10 000 ¥ pro Person.
Shimogyo-ku, Tominokoji-dori, Takatsuji-agaru, Sujiya-cho 144-6, 600-8061 Kyoto
Tel. 075 3 52 02 11
www.kyoto-machiya.com/eng/

❹ RYOKAN SHIMIZU €€

Neueres Haus im traditionellen Stil in Bahnhofsnähe. Sauber und freundlich. Zwölf Zimmer mit Bad, außerdem Gemeinschaftsbad. Gutes, japanisches Frühstück. Mit Fahrradverleih.
644 Kagiyacho, Wakamiya Shichijo Agaru, Shimogyo-ku, 600-8317 Kyoto
Tel. 075 3 71 55 38
www.kyoto-shimizu.net/eng/

❺ GUEST HOUSE BON €

(▶ Plan S. 252)
Freundliches kleines Gästehaus im japanischen Stil mit Gemeinschaftszimmer und Küche. Gleich neben dem Daitokuji-Tempel im Norden.
63-2 Kamimonzen-cho, Murasakino, Kita-ku, Kyoto
Tel. 075 4 93 23 37
www.guesthouse-bon.com

Bei aller Tradition: Kyoto ist eine moderne Metropole. Der riesige Kyoto Tower beim Hauptbahnhof stellt alle anderen Gebäude in den Schatten.

Mauern und einem doppelten Graben. Die Ausdehnung betrug von Norden nach Süden 5,2 km und von Osten nach Westen 4,4 km. Südlich des Kaiserpalasts Daidairi trennte die 83 m breite Straße Suzaku-oji die östliche (**Sakyo**) und westliche Stadthälfte (**Ukyo**). Den Zugang zur Stadt bildeten 18 Tore. In der Heian-Zeit (794–1185) hatte die Stadt Schätzungen zufolge zeitweise über 200 000 Einwohner – ein Vielfaches europäischer Großstädte zur selben Zeit! Mehrmals wurden Teile der Stadt durch Erdbeben oder Feuer zerstört. Der Kaiserpalast bildete das Zentrum, und die neun West-Ost-Hauptstraßen werden auch heute noch von Nord nach Süd als Straße Nr. 1, 2, 3 usw. bezeichnet. In den Jahren 960, 1177 und 1227 brannte der Palast ab und wurde nach dem letzten Brand nicht wieder aufgebaut.
Bereits zu Beginn des 9. Jhs. stand das Kaiserhaus, das sich zunehmend von politischem Engagement fernhielt, im Schatten der **Familie Fujiwara**, die sich aller politischen Schlüsselpositionen bemächtigte. Später geriet das Kaisertum noch unter den Druck der militanten Klöster des Umlands. Unruhen führten zur Machtübernahme durch die Familie Taira, die ihrerseits 1185 in der Schlacht von Dannoura von den **Minamoto** vernichtend geschlagen wurden. Minamoto Yoritomo (1147–1199), vom Kaiser zum Shogun ernannt, verlegte den Regierungssitz nach ▶ Kamakura, während sich das entmachtete Kaiserhaus auf die Förderung von Kunst und Kultur beschränkte; das Hofleben erreichte ein Höchstmaß an Verfeinerung.

Kaiser **Godaigo** (1288–1339) setzte sich gegen das Kamakura-Shogunat zur Wehr; sein siegreicher Feldherr Ashikaga Takauji marschierte jedoch 1336 in Kyoto ein, vertrieb Godaigo und setzte einen **Gegenkaiser** ein, der aber – wie zuvor – keine Macht hatte. **Ashikaga** selbst regierte als Shogun, diesmal von Kyoto aus, und seine Nachfolger brachten Kyoto zu neuer Blüte, v. a. der Enkel Ashikaga Yoshimitsu (▶ Baedeker Wissen, S. 260).
1467 entstanden aus einem Streit um die Nachfolge der Ashikaga neue Kämpfe; am Ende dieser **Onin-Kriege** (1477) lag Kyoto in Schutt und Asche. Die landesweiten Bürgerkriege und damit auch der Niedergang der Hauptstadt Kyoto setzten sich fort, bis 1568 der erfolgreiche Feldherr **Oda Nobunaga** 1568 in Kyoto einzog. Sowohl Oda Nobunaga als auch sein militärischer Nachfolger **Toyotomi Hideyoshi** nutzten Kyoto daraufhin als Hauptquartier für ihre Kampagnen zur politischen Einigung Japans, sie nahmen den Wiederaufbau des alten Kaiserpalasts und der Stadt in Angriff, und künstlerisch und kulturell blühte Kyoto wieder auf.
Dann aber verlegte der dritte und letztlich erfolgreiche Reichseiniger, **Tokugawa Ieyasu**, 1603 sein eigenes Hauptquartier nach Edo (Tokyo) – die politische Macht zog damit endgültig aus Kyoto weg. Trotzdem blieb Kyoto formal Hauptstadt und **Sitz des Kaiserhofes**. Wieder zerstörten Brandkatastrophen (1708 und 1788) Teile der Stadt, schwerste Schäden richtete zudem das Erdbeben von 1830 an.
Die Entscheidung des Shogunats in Edo, Japan nach jahrhundertelanger Isolation dem Ausland zu öffnen, stärkte die Position des gegen diesen Beschluss opponierenden Kaiserhauses und führte dieses mit der **Abschaffung des Shogunats** (1867) wieder an die Macht. Doch da Kaiser Meiji 1869 seinen Regierungssitz und damit die offizielle Hauptstadt gleichfalls nach Edo verlegte, spielte Kyoto auch weiterhin politisch keine Rolle mehr.
Kulturell aber war die Stadt so bedeutend, dass amerikanische Befehlshaber im Zweiten Weltkrieg entschieden, Kyoto – anders als alle anderen japanischen Großstädte – nicht flächendeckend zu bombardieren. Kyoto wurde zum Hauptziel sowohl japanischer als auch ausländischer Touristen im Land. 1994 nahm die UNESCO 17 Bauwerke in und um Kyoto in die Liste des **Weltkulturerbes** auf.

Rund um den Bahnhof

Futuristische Architektur in historischer Umgebung

Kyoto Station

Bei der Ankunft in Kyoto erwartet die Besucher gleich eine Überraschung: ein hochmoderner Bahnhof in der alten Kaiserstadt, die geradezu der Inbegriff japanischer Tradition zu sein scheint. Während der Planungsphase gab es denn auch heftige Proteste gegen den 1997 eingeweihten Neubau des Architekten Hara Hiroshi – weil bis

dahin nur der Fernsehturm die ehrwürdigen Tempeldächer und Pagoden überragen durfte. Viele Kyotoer sind mit dem eindrucksvollen Gebäude inzwischen versöhnt. Vom **Skywalk** hat man einen guten Blick auf die Umgebung des Bahnhofs.
Nur wenige Schritte nördlich des Hauptbahnhofs steht der 131 m hohe **Kyoto Tower**. Eine Aussichtsplattform mit Rundumblick findet sich auf 100 m Höhe.
Bahnhof: tgl. 10–22 Uhr | Eintritt frei
www.kyoto-station-building.co.jp/english/
Kyoto Tower: tgl. 9–21 Uhr | 770 ¥
www.kyotostation.com/kyoto-tower/

Alter Haupttempel der Jodo-Shinshu-Schule

Higashi-Honganji-Tempel

Unweit nördlich des Bahnhofs (Karasuma-Shichijo) liegt der Higashi-Honganji, der 1602 gegründete Tempel der **Jodo-Shinshu-Schule**, der nach wiederholten Zerstörungen 1859 letztmals erneuert wurde. Die Gründung dieser Schule im Jahr 1224 geht auf **Shinran-shonin** (auch Keishin-daishi, 1173–1262) zurück. Dieser hatte mehrere Jahre auf dem Klosterberg Hiei nordöstlich von Kyoto verbracht und wurde dann Schüler von Honen, dem Begründer der Jodo-Schule, der ihn zur Gründung des noch volksnäheren Jodo-shinshu anregte. Die Kernpunkte der neuen Lehre waren der Glaube an den alles Heil spendenden Amida-Buddha und die Ablehnung des Zölibats. Der zunehmende Einfluss dieser Schule bewog Tokugawa Ieyasu 1602 zur Teilung des Honganji-Tempels; er ließ die Otani-Schule mit Sitz im Higashi-Honganji-Tempel (»Östlicher Honganji«) gründen. Der ursprüngliche Honganji wurde daraufhin zum Nishi-Honganji (▶ rechts).
Frei zugänglich sind nur die Gründer- und Haupthalle. Durch das große zweistöckige Tor Daishi-do-mon gelangt man zu der von massiven Holzsäulen getragenen **Daishi-do**, die eine geschnitzte Statue des Shinran enthält. Nach Süden zu ist die Halle durch eine Galerie mit der Haupthalle **Hondo** verbunden, die eine vom Künstler Kaikei geschaffene Amida-Statue enthält. Das im Gang ausgestellte Seil (Kezuna) besteht aus menschlichen Haaren, die Gemeindemitglieder für den Wiederaufbau nach einem Brand gestiftet haben.
Interessant ist das kleinere verschlossene Nordtor Chokushi-mon (Tor für kaiserliche Gesandte). Neben Amida-Statuen von Shotokutaishi besitzt der Tempel das von Shinran verfasste Original der Lehre von Jodo-Shinshu (Kyogyoshinsho).
Der auf der anderen Straßenseite liegende Tempelgarten **Shosei-en**, im 17. Jh. von Ishikawa Jozan und Kobori Enshu (▶ S. 583) angelegt, bildet mit seinem Teich eine weitläufige Oase der Stille in der hektischen Großstadt.
Tgl. 5.50–17.30, Nov.–Feb. 6.20–16.30 Uhr | Eintritt frei
Garten: tgl. 9–17, Nov.–Feb. bis 16 Uhr | 500 ¥
www.japan-guide.com/e/e3920.html

Einkehr zum Gebet im Nishi-Honganji-Tempel

Teil des UNESCO-Weltkulturerbes

Westlich des Higashi-Honganji, an der Horikawa-dori (Nishi-Rokujo), ist der **Nishi-Honganji**-Tempel (»Westlicher Honganji«), Haupttempel der ursprünglichen Jodo-Shinshu-Schule, ein besonders schönes Beispiel buddhistischer Architektur und Teil des UNESCO-Weltkulturerbes.

★ Nishi-Honganji-Tempel

Die **Haupthalle Amida-do**, 1760 neu erbaut, umfasst schmuckvolle Räume mit goldgrundigen Malereien unbekannter Meister der Kano-Schule und enthält eine Amida-Statue von einem Meister der Kasuga-Schule. In den seitwärts liegenden Räumen befinden sich Statuen von Shotoku-taishi (573–621) und dem Priester Honen (1133–1212). Die 1636 erbaute **Gründerhalle Goei-do** birgt ein besonderes Heiligtum der Schule: eine **Sitzstatue des Shinran**, vermutlich eine Selbstdarstellung aus dem Jahr 1244. Nach dem Tod des Religionsgründers wurde sie mit einem Überzug aus Lack versehen, dem seine Asche beigemischt war.

Nov.–Feb. tgl. 5.30–17, März, April, Sept., Okt. bis 17.30, Mai–Aug. bis 18 Uhr | Eintritt frei | www.japan-guide.com/e/e3920.html

Höchste Pagode Japans

Südlich des Nishi-Honganji, jenseits der Bahnlinie, steht im Bezirk Minami-ku der Toji-Tempel (auch Kyo-o-gokokuji; Weltkulturerbe), eine Gründung von 796. Im Jahre 823 wurde das Heiligtum dem Gründer

★ Toji-Tempel

der Shingon-Schule, Kobo-daishi, übergeben. Nach den Zerstörungen des Bürgerkriegs (15.–16. Jh.) wurde der Tempel erneuert; die Haupthalle, 1603 von Toyotomi Hideyori erbaut, ist eines der größten buddhistischen Bauwerke, die aus der Momoyama-Zeit erhalten blieben. Auf Tokugawa Iemitsu geht die Errichtung der mit 56 m höchsten Pagode Japans zurück. Sehenswert sind ferner die Gründerhalle (1380) und das Tor Rengemon (1191). In der 1509 erbauten Vortragshalle (Kodo) sind 21 Statuen von Buddhas und buddhistischen Wächtergottheiten nach dem Mikkyo-Mandala angeordnet. Das **Tempelmuseum**, 1197 in der Technik des Azekura-zukuri (▶ Nara, S. 321) erbaut, beherbergt bedeutende Kunstwerke. Ein beliebter Flohmarkt findet jeden 21. des Monats beim Toji-Tempel statt (▶ S. 229).

Tgl. 8.30–16.30, Mitte April–Mitte Sept. bis 17, Mitte Sept.–Mitte März bis 16 Uhr | 500 ¥ | Kombiticket mit Pagode (nur wenige Tage im Jahr) 800 ¥ | www.japan-guide.com/e/e3919.html

Von der Dampflok zum Shinkansen

Eisenbahnmuseum

In einem Gleisdreieck etwas nördlich des Toji steht seit 2016 Japans größtes Eisenbahnmuseum mit etlichen Originalzügen, von der Dampflok bis zum Shinkansen, und Dioramen, Modellbahnen, Fahrtsimulatoren und einer Terrasse mit Blick auf die Gleise zum Bahnhof Kyoto. Täglich gibt es mehrere kurze Dampflok-Fahrten.

Kyoto Railway Museum: Do.–Di. 9–17.30 Uhr | 1200 ¥
www.kyotorailwaymuseum.jp/en/

Wohin im Higashiyama-ku-Viertel?

Östlich des Hauptbahnhofs erreicht man den Bezirk Higashiyama-ku. Dieser Bezirk der »**Ostberge**« schützt Kyoto vor den bösen Geistern aus dieser Himmelsrichtung – deshalb sind an den Hängen der Bergkette besonders viele Tempel und Schreine zu finden. Mehrere Buslinien bedienen diese Route vom Bahnhof aus.

Tausend goldene signierte Statuen

★★ Sanjusangen-do

Ein riesiger Saal voller lebensgroßer goldener Statuen – tausend Stück sind es, viele hundert Jahre alt, mit echtem Blattgold belegt, und jede sieht ein klein wenig anders aus. Es gilt ein striktes Fotografierverbot – sehr zugunsten der Atmosphäre und des Staunens.
Der Rengyoin-Tempel wird allgemein Sanjusangen-do genannt, »**Halle der 33 Zwischenräume**« (nämlich zwischen den tragenden Pfeilern der Fassade) – insgesamt ist die Halle 120 m breit, was sie zum Schauplatz eines bekannten Bogenschieß-Wettbewerbs entlang der Fassade machte. Der Tempel wurde 1164 gegründet und nach einem Brand 1266 erneuert. Aus der Zeit um 1250 stammen die meisten der 1000 Kannonstatuen, die das große hölzerne Sitzbild der **Tausendhän-**

digen Kannon (**Bodhisattwa Avalokiteshvara**) umgeben. Ungewöhnlich für diese Zeit, sind viele Statuen signiert: Sie wurden vom Bildhauer Tankei und seinen Schülern gefertigt. Die »Tausendhändige Kannon« braucht übrigens nur 40 Hände, denn mit jeder kann sie 25 Welten retten. In der vordersten Reihe stehen weitere Statuen unterschiedlicher, teils aus anderen asiatischen Ländern stammender Götter, in den Ecken die Götter des Windes und des Donners.
Tgl. 8–17, Mitte Nov.–März bis 16 Uhr | 600 ¥
www.japan-guide.com/e/e3900.html

Nasen als Kriegstrophäen

Nördlich gegenüber steht das 1897 errichtete Kyoto National Museum mit 12 000 Exponaten zu Geschichte, Kunst und Kunsthandwerk der Heian- bis zur Edo-Zeit. Es bietet eine Gesamtübersicht über die **ostasiatischen Kulturen** und ein multimediales Ausstellungszentrum. ★ National-museum

BAEDEKER MAGISCHE MOMENTE

SÜSSES AUF DER BRÜCKE

Die berühmteste Süßigkeit aus Kyoto ist **Yatsuhashi**, weiche Dreieckstaschen aus Reismehlteig mit Zimt, mit süßem Bohnenmus oder Schokoladencreme gefüllt. Am besten kauft man sie bei **Nishio Yatsuhashi** in der zum Kiyomizu-dera ansteigenden Straße. Dann in einen Park gehen und das Gebäck auf einem Steg über einen Teich verspeisen. Die Teigplatten symbolisieren Brückenbretter, und das erklärt den Namen der Yatsuhashi: »Winkelbrücke«.

Etwa 100 m nordwestlich des Nationalmuseums ist in einem Wohnblock der **Mimizuka** (»Ohrenhügel«) zu finden: Der Feldherr Toyotomi Hideyoshi forderte auf seinem Koreafeldzug (1592–1598) die Soldaten auf, als Nachweis für Kopfprämien die Nasen der getöteten Feinde abzuschneiden. Der Hügel, in dem die etwa 200 000 Nasen schließlich beigesetzt wurden – immerhin mit buddhistischen Riten – hieß deshalb ursprünglich »Nasenhügel«.
Di.–So. 9.30–17 Uhr | 520 ¥ | www.kyohaku.go.jp/eng/index.html

Chizan-Tempel mit Garten des Teemeisters

Chishaku-in-Tempel

Südöstlich des Nationalmuseums liegt der Haupttempel der zur Shingon-Schule gehörenden Chizan-Schule, Chishaku-in. Der Tempel wurde 1601 auf Geheiß Tokugawa Ieyasus aus der heutigen Provinz Wakayama hierher überführt. Sehenswert ist der angeblich vom Teemeister Sen-no-Rikyu (1522–1591; ▶ S. 582) angelegte Garten.
Tgl. 9–16 Uhr | 500 ¥ | www.chisan.or.jp/english/

»Tempel des Reinen Wassers«

★★ Kiyomizu-Tempel

Der Kiyomizu-dera oder »Tempel des Reinen Wassers« im Nordosten ist mit seiner enormen, in den Hang gebauten Holzterrasse ein Wahrzeichen Kyotos. Der Legende nach wurde an der namengebenden Quelle schon 778 erstmals eine kleine Einsiedelei gegründet und 798 der Tempel in etwa der heutigen Form gebaut. Nach etlichen Feuern stammen die meisten Gebäude inzwischen aus dem 16. oder 17. Jh., sie wurden stets genau wie vorher wieder aufgebaut.
Man betritt den Bezirk des zum UNESCO-Weltkulturerbe zählenden Tempels durch das zweistöckige **Niomon-Tor** mit den zwei Wächterfiguren, das direkt daneben stehende Saimon (Westtor) ist nicht zugänglich. Direkt dahinter erheben sich der **Glockenturm** und die dreistöckige **Pagode**, dann etliche Seitengebäude: die **Schriftenhalle** (Kyodo), **Gründerhalle** (Tamurado) und die um 1500 erbaute **Asakura-Halle** (Asakurado). Die **Haupthalle**, Hondo, liegt direkt am Steilhang, und die davor errichtete Zedernholzveranda steht auf bis zu 12 m hohen Holzpfeilern, alle ohne Nagel zusammengesetzt. Der »Sprung von der Veranda des Kiyomizu-Tempels«, der in der japanischen Literatur öfters vorkam, ist zur Redewendung für verwegene Entscheidungen oder Tollkühnheit geworden.
Links hinter der Haupthalle führen wenige Stufen zu einem Shinto-Schrein (Jishu-jinja) hinauf, der wegen seiner »**Liebessteine**« besonders bei jüngeren japanischen Touristinnen beliebt ist: Wenn man mit verbundenen Augen von einem zum anderen findet und sich dabei einen konkreten Liebhaber wünscht, soll der Wunsch in Erfüllung gehen. Im Gedränge ist das nicht leicht, aber der Schrein verkauft auch entsprechende Amulette.
Im Osten des Tempelbezirks führen zwischen weiteren Nebengebäuden Stufen nach unten zur immer noch vorhandenen Quelle, die heute

als Otowa-no-taki (**Otowa-Wasserfall**) in drei Wasserstrahle aufgeteilt ist. Hier werden eigens desinfizierte Schöpfkellen bereitgestellt, denn das Wasser soll die Sinne reinigen und Wünsche erfüllen. Dahinter führt ein Weg über einen mit Kirschbäumen bestandenen Hang zu einer weiteren kleinen **Pagode**, der Koyasu-no-to.
Der **Zugangsweg** zum Kiyomizu-Tempel und die davon abzweigenden Gassen Ninen-zaka und Sannen-zaka sind von Andenkenläden und Restaurants gesäumt; zahlreiche Geschäfte in der Nähe verleihen einfache Baumwoll- oder Polyester-Yukata samt Zubehör an meist ausländische Touristen, um hier in traditionell-japanischer Kleidung zu flanieren.
Tgl. 6–18Uhr | 400 ¥ | www.kiyomizudera.or.jp/en/

Weitere Tempel Richtung Norden

Yasaka, Kodaiji

Die 39 m hohe fünfstöckige **Yasaka-Pagode** (14./15. Jh., 1618 erneuert) nordwestlich des Kiyomizu-dera ist eines der markantesten Gebäude des historischen Bezirks; nordöstlich sieht man den 1606 von der Witwe des Toyotomi Hideyoshi erbauten **Kodaiji-Tempel**. Dessen Gründerhalle (Kaisando) ist im Inneren mit Bildern der Kano-Schule geschmückt; der nahegelegene Totenschrein (1606) enthält schöne Lackarbeiten (Tata-makie). Die beiden auf einer Anhöhe stehenden kleinen Pavillons gehörten früher zum Fushimi-Schloss (► S. 250). Sehr sehenswert ist der von Kobori Enshu (► S. 583) und angelegte **Landschaftsgarten** des Kodaiji-Tempels.
Yasaka-Pagode: tgl. 9–16 Uhr | 400 ¥
http://kyoto.travel/de/shrine_temple/155
Kodaiji: tgl. 9–17.30 Uhr, saisonal »Light-up« bis 22 Uhr | 600 ¥ (Tempel und Museum) | www.japan-guide.com/e/e3927.html

Wohin in Gionmachi?

Die Buslinien 100 und 206 oder die Metro bis Shijo-dori mit kurzem Fußweg bis Kawaramachi verbinden den Hauptbahnhof mit dem nordöstlich gelegenen, teuren **Vergnügungsviertel** Gion (Gionmachi). In den engen Gassen gibt es zahlreiche Restaurants; erwähnenswert ist das **Minamiza-Theater**, eine der ältesten Bühnen Japans (Anfang 17. Jh. erbaut).

Zum Maruyama-Park

Yasaka-Schrein

An der Bushaltestelle Gion erreicht man den **Yasaka-Schrein** (auch Gion-Schrein), der den Gottheiten Susanoo-no-mikoto, dessen Gemahlin Inadahime und deren Söhnen geweiht ist. Die Gebäude sind im Jahr 1854 entstandene Nachbildungen der ursprünglichen Architektur. Der Hauptschrein ist mit Schindeln aus Zypressenholz gedeckt; südlich davon steht ein 9,5 m hohes steinernes Torii. Zu den Kunstschätzen des Schreins gehören die hölzernen Koma-inu

(löwenähnliche Tierfiguren), die dem Bildhauer Unkei zugeschrieben werden.
Das im Juli gefeierte **Gion-Matsuri** (► S. 229) gehört zu den großen Festen des Landes.

Maruyama-Park

Die östliche Verlängerung des Schreingeländes bildet der Maruyama-Park, der sich am Fuß des Hügels Higashiyama erstreckt und während der **Kirschblüte** einen besonders reizvollen Anblick bietet (abends Illumination).

Haupttempel des Jodo-Buddhismus

Chion-in

Folgt man der Straße, die den Yasaka-Schrein vom Maruyama-Park trennt, nach Norden, gelangt man zum Chion-in, einer der ausgedehntesten Tempelanlagen des Landes. Er wurde 1234 von dem Priester Genchi als Zentrum der Jodo-Schule gegründet. Aus dem 17. Jh. stammen die Haupthalle und die Priesterwohnungen. Das 24 m hohe Haupttor Sanmon ist das **größte Tempeltor in Japan**.
Haupthalle (**Miedo**) und Versammlungshalle sind durch einen Korridor verbunden. Sein Fußboden ist so konstruiert, dass bei jedem Schritt ein quietschendes Geräusch entsteht. So wird verhindert, dass sich jemand unbemerkt nähert. (Die Haupthalle wird augenblicklich renoviert und ist voraussichtlich erst 2019 wieder zugänglich.) Hinter der **Versammlungshalle** (**Shuedo**) – sie wird auch »Halle der tausend Matten« genannt, ist jedoch nur mit 360 Matten ausgelegt – liegen Priesterwohnungen.
Südöstlich des Tempels steht ein Glockenturm mit der 1633 gegossenen angeblich **größten Glocke Japans**. Ihr feierliches Anschlagen zu Neujahr wird landesweit im Fernsehen übertragen. Die 1616 erbaute **Sutrenbibliothek** Kyozo enthält Sutren aus der Zeit der Sung-Dynastie. Sehenswert ist ferner das im gleichen Jahr entstandene Tor Kara-mon sowie die Grabstätte des Honen. Zwei Gärten in Untertempeln sind (gegen Gebühr) zu besichtigen.
Tempelgelände: offen zugänglich | Gebäude: tgl. 9–16.30 Uhr
Eintritt frei | www.japan-guide.com/e/e3928.html
Gärten: tgl. 9–16.30 Uhr | (Kombiticket) 500 ¥ (einzeln Hojo 400 ¥, Yuzen 300 ¥) | www.chion-in.or.jp/e/

Tendai-Tempel im Landschaftsgarten

Shoren-in-Tempel

Nördlich schließt sich der Tempel Shoren-in (auch Awata Palace) an, wo die Äbte des Enryakuji-Tempels (Berg Hiei, ► S. 266) der esoterischen buddhistischen Tendai-Schule residierten. Die Haupthalle (1895 erneuert) enthält Wandschirme mit Werken von Kano Mitsunobu, Kano Motonobu und Sumiyoshi Gukei; beachtenswert ist auch der von Soami und Kobori Enshu (► S. 583) und angelegte, gepflegte Landschaftsgarten.
Tgl. 9–17 Uhr | 500 ¥ | www.shorenin.com/english

DER WEG IST DAS ZIEL

... auf dem **Philosophenweg** (Tetsugaku-no-michi) im Osten von Kyoto vom Ginkakuji-Tempel zum Nanzenji-Tempel. Diese halbe Stunde am Kanal entlang pflegte der Philosoph Kitaro Nishida jeden Tag zum Meditieren zurückzulegen. Probieren Sie es doch mal aus! Zur Kirschblüte sind allerdings viele »Philosophen« unterwegs, wie man sieht; im Herbst lockt dafür die Laubfärbung. Einen Abstecher zum **Eikando-Tempel** nicht vergessen: Der Amida-Buddha dort blickt über seine Schulter zurück. (tgl. 9–17 Uhr; 600 ¥).

Wohin in Sakyo-ku?

Verkleinerte Kopie des ersten Kaiserpalastes

Heian-Schrein

Von der Bushaltestelle Kumano-jinja-mae im Stadtbezirk Sakyo-ku erreicht man unweit östlich den Heian-Schrein (Heian-jingu), der 1895 zum Gedenken an den 1100. Jahrestag der Stadtgründung erbaut wurde und dem Gründer, Kaiser Kammu, sowie dem letzten hier residierenden Kaiser, Komei, gewidmet ist. Die Anlage ist eine verkleinerte Kopie des ersten Kaiserpalasts in Kyoto von 794. Die Zufahrtsstraße wird von einem enormen roten **Torii** (24,40 m) überspannt; durch das große Otenmon gelangt man zum Schreinhof mit der **Großen Staatshalle** (Daigokuden), die über niedrige Seitenflügel mit seitlichen Pagoden verbunden ist, im typischen Stil der Heian-Zeit. Die Silhouette sollte an einen fliegenden Phoenix erinnern.

Seitlich hinter den Schreingebäuden gelangt man zu einem reizvollen **Landschaftsgarten** mit rosa blühenden Kirschbäumen und zahlreichen künstlichen Seen, die mit Wasserlilien bedeckt sind und mittels Trittsteinen überquert werden können.
Schreingelände: tgl. 6–18, Okt., Anfang März bis 17.30, Nov.–Feb. bis 17 Uhr | Eintritt frei
Garten: tgl. 8.30–17 Uhr | 600 ¥ | www.japan-guide.com/e/e3904.html

Moderne Kunst im Landschaftspark

Okazaki-Park

Wenige Schritte südöstlich des Heian-Schreins liegt der Okazaki-Park; begrenzt wird dieser von einem Aquädukt, der den Biwa-See mit dem Fluss Kamo verbindet. Auf dem 8,7 ha großen Gelände liegt u. a. das Nationalmuseum für Moderne Kunst (**National Museum of Modern Art, MoMAK**), das überwiegend Werke japanischer Künstler des 20. Jhs. ausstellt.
MoMAK: Di.–So. 9.30–17 Uhr, Fr., Sa bis 20/21 Uhr (Juli–Mitte Okt.) 430 ¥ (Zuschlag bei Sonderausstellungen) | www.momak.go.jp/English/

Zen-Tempel im Garten des Springenden Tigers

Nanzenji-Tempel

Südöstlich des Okazaki-Parks liegt inmitten eines Fichtenhains der 1291 gegründete Nanzenji-Tempel, einer der ranghöchsten Zen-Tempel Japans. Die heutigen Gebäude sind Rekonstruktionen aus der Zeit des Tokugawa Ieyasu. Das 1628 erbaute **Haupttor** (Sanmon) ist wegen seines guten Blicks und als Schauplatz eines klassischen Theaterstücks bekannt. Die **Haupthalle** wurde nach einem Brand 1895 erneuert. Die Priesterwohnung **Daihojo**, einst Residenzhalle des Kaiserpalasts und 1611 in den Tempelbesitz übergegangen, enthält Werke der Kano-Schule. Das bekannte Bild »Tiger im Bambushain« von Kano Tan'yu (1602–1674) befindet sich in dem kleineren Raum **Shohojo**, der früher zum Fushimi-Schloss (▶ S. 250) gehörte.
Von der Veranda überblickt man den berühmten **Zen-Garten** (Anfang 17. Jh.). Auf dem Tempelgelände sind zwölf kleinere Heiligtümer zu sehen, darunter der Nanzen-in, vorübergehend Wohnort des Kaisers Kameyama (1249–1305), mit einem aus dem 14. Jh. stammenden Garten. Im 17. Jh. entstand der Garten des Konchi-in. Beim Tenjuan-Tempel finden sich die Grabmäler von Daimei-kokushi, dem Gründer des Nanzenji, und Hosokawa Yusai, einem Gelehrten und Dichter (1534–1610).
Tgl. 8.40–17, Dez.–Feb. bis 16.30 Uhr | 500 ¥

»Silberner Pavillon« – Sitz eines kunstsinnigen Shoguns

★ Ginkakuji-Tempel

An der Hügelflanke, dem Shirakawa-Kanal folgend, führt an einem von Kirschbäumen bestandenen Kanal (Blüte im April) der besonders im Frühling viel begangene »**Philosophenweg**« (30 Min.; Abb. S. 243) weiter nach Norden zum Jishoji, meist Ginkakuji (»Silberner Pavillon«) genannt (Bushaltestelle Ginkakuji-mae). Der Komplex wurde

1482 als Landsitz für Ashikaga Yoshimasa erbaut und nach dessen Tod in einen Tempel umgewandelt; der namensgebende Silberanstrich wurde allerdings nie ausgeführt.
Die Bauten umrahmen einen von Soami angelegten Zen-Garten aus weißem Sand. Im Pavillon steht eine vergoldete Kannon-Statue (unzugänglich), in der Buddha-Halle Butsuden ein Buddha-Standbild und in der Halle Jogudo eine Statue des Yoshimasa. Der kleine **Teeraum** Dojin-sai aus dem späten 15. Jh. gilt als ältester des Landes.
Tgl. 8.30–17, Dez.–Feb. 9–16.30 Uhr | 500 ¥
www.japan-guide.com/e/e3907.html

Kaiserliche Sommervilla

★ Garten des Shugakuin-rikyu

Etwa 3 km nördlich des Ginkakuji im Nordosten der Stadt liegt die kaiserliche Sommervilla **Shugakuin-rikyu** am Südwestfuß des Berges Hiei (Bus 5 ab Hbf. über Ginkakuji oder Eizan-Privatbahn ab Demachiyanagi). Eine Besichtigung von Villa (Führungen) und Garten ist nur nach Voranmeldung beim Kaiserlichen Haushaltsamt (▶ S. 227) möglich. Besonders lohnend ist ein Besuch im Herbst – die Bäume wurden so gewählt, dass die herbstliche Laubfärbung über zwei Monate anhält.
Die Anlage der Villa und des auf drei Ebenen angelegten Gartens wurde von Kaiser Go-Mizunoo, dem späteren Mönch Enjo, nach seiner Abdankung im Jahr 1629 in Auftrag gegeben. Nachdem er 1655 ein geeignetes Gelände gefunden hatte, wurde schon 1659 die untere und obere Gartenanlage fertiggestellt. Der mittlere Garten mit der Villa der Kaisertochter Ake kam erst später hinzu und wurde mit ihrem Eintritt in ein Nonnenkloster zum Rinkyuji-Tempel. 1855 wurde das Terrain als Mittlerer Garten in den Gesamtkomplex einbezogen.
Besuchereingang in den **Unteren Garten** (Shimo-no-chaya) ist ein kleines Tor an dessen Nordseite, von wo man das zweite Tor Chumon erreicht. Links vom Weg befindet sich eine überdachte Veranda, rechts führt der Weg zum 1659 erbauten und im frühen 19. Jh. erneuerten Haus des Kaisers (unzugänglich).
Durch das Osttor führt ein Weg durch Reiskulturen und eine Föhrenallee zum **Mittleren Garten** (Naka-no-chaya), in dem der Rinkyuji-Tempel mit Teichgarten und Wasserfall steht. In der Mitte des Gartens befindet sich die Villa mit der Empfangshalle Kyaku-den und dem kleineren Gebäude Rakushi-ken (1668). In der Empfangshalle lohnt ein Blick auf die Malereien, die u. a. das Gion-Matsuri (▶ S.229) zeigen; auf hölzernen Schiebetüren sind Darstellungen von Karpfen enthalten, die von einem Netz bedeckt sind. Einer Legende zufolge soll das Netz im 18. Jh. von Maruyama Okyo aufgemalt worden sein, da die Fische bei Nacht immer in den Gartenteich entflohen seien.
Der **Obere Garten** (Kami-no-chaya), der größte Teil der Anlage, ist nach dem Prinzip der »Geborgten Landschaft« (Shakkei-zukuri) gestaltet, das die Umgebung in die Gesamtkomposition einbezieht.

Links vom Eingang gelangt man hinter einer Hecke und einem durch sie verdeckten Erdwall zum erhöht gelegenen **Pavillon Rinun-tei** (1824 erneuert), von dem sich ein schöner Blick auf den Garten mit seinem See bietet.

Nur nach Voranmeldung: ▶ S. 227

Infos und Lageplan: http://sankan.kunaicho.go.jp/english

Wohnsitz des Dichters und Soldaten Ishikawa Jozan

Shisendo-Tempel

Etwa 1,5 km südlich der Villa liegt der Shisendo-Tempel, ursprünglich Wohnsitz des Dichters und Soldaten Ishikawa Jozan (1583–1672). Er enthält Gemälde von Kano Tan'yu, so sind unter anderem im Studierzimmer (Shisen) die Bildnisse von 36 chinesischen Dichtern zu sehen. Vor dem Shisen befindet sich ein **Sandgarten** aus der Edo-Zeit. Das Tempelgelände liegt in einem stillen Wald.

Tgl. 9–17 Uhr | 500 ¥

Im »Wald der Wahrheitssuche«

Shimogamo-Schrein

Westlich liegt im »Tadasu-No-Mori«-Wald der Shimogamo-Schrein (auch mit dem Bus vom Hbf. zu erreichen, Linie 4 oder 205; ▶ Plan S. 248); auf hölzernen Schiebetüren sind Darstellungen von Karpfen enthalten, die von einem Netz bedeckt werden. Als älterer der beiden Schreine zählt er zusammen mit dem Kamigamo (▶ S. 249) zum UNESCO-Weltkulturerbe. Die Mehrzahl der Gebäude stammt von 1628, die Haupthalle von 1863. Bekannt ist der Schrein für sein Tempelfest **Aoi-Matsuri** (Mitte Mai; ▶ S. 229, 624).

Tgl. 9–17 Uhr | Eintritt frei

Wohin in Nakagyo-ku?

Den Kult-Comics begegnen

Kyoto International Manga Museum

Vom Hauptbahnhof Kyoto fährt man mit der grünen U-Bahnlinie (Karasuma Line) bis zur Station Karasuma Oike im Stadtbezirk Nakagyo-ku. Neben einer Ausstellung zu japanischen Mangas gibt es eine große, frei zugängliche **Mangabibliothek**; circa 10% davon sind ausländischer Herkunft. Vor dem Museum finden immer wieder **Cosplay**-Veranstaltungen in Kostümen von Manga- und Animefiguren (▶ Baedeker Wissen, S. 556) statt.

Tel. 075 2 54 74 14 | Do.–Di 10–18 Uhr | 800 ¥ | www.kyotomm.jp/en/

Märchenhafte Residenz des ersten Tokugawa-Shoguns

★ Schloss Nijo-jo

Eine Haltestelle weiter nach Westen (Nijo-jo-mae, rote Tozai-Linie) liegt das zum Weltkulturerbe zählende Schloss Nijo-jo. Es wurde 1603 von Tokugawa Ieyasu als Ausdruck der Macht des Shoguns errichtet und bereits 1626 erheblich renoviert. Zu Beginn der Meiji-Ära war es vorübergehend auch Regierungssitz; von hier verkündete der

Shogun die Restauration der Souveränität des Kaisers. Man betritt das Areal durch das Osttor Higashi Otemon und das **Schwarze Tor Karamon**; Letzteres ist mit kunstvollen Schnitzereien von Hidari Jingoro und mit schönen Metallarbeiten versehen. Es war ursprünglich ein Teil des Fushimi-Schlosses (▶ S. 250). Jenseits des **Inneren Tores Mikuruma-yose**, gleichfalls mit Werken von Hidari Jingoro versehen, liegt der Ninomaru-Palast.
Der Palast besteht aus fünf gegeneinander versetzten Gebäuden, die durch Korridore miteinander verbunden sind. Die Innenräume wurden von Kano Tan'yu und seinen Schülern mit Malereien ausgestattet. Der erste Gebäudeteil umfasst die Räume, in denen Besucher registriert wurden, das »Wartezimmer« **Tozamurai-no-ma** und – auf der Rückseite und damit am Ende des Rundgangs – das Zimmer, in dem der Shogun den Boten des Kaisers empfing (**Chokushi-no-ma**). An den Wänden prangen Bilder von Tigern – die es in Japan gar nicht gab –, Lackintarsien und Goldauflagen; die prachtvollen Gemälde auf den Schiebetüren der schlichten Räume verwandeln die Anlage in einen Märchenpalast. Die Verbindungsgänge besitzen Fußböden, die bei jedem Schritt ein Geräusch von sich geben und dadurch sich nähernde Besucher ankündigen – das sogenannte »**Nachtigallen-Parkett**«.
In die folgende Gebäudeteile durften jeweils nur immer ranghöhere Besucher, bis zu den **Privatgemächern** im hintersten Bereich, und die Ausstattung spiegelt das: sturmerprobte Fichten auf Goldgrund, machtvolle Tierdarstellungen, kunstvolle Schnitzereien von Hidari Jingoro. Auch die zwei großen **Audienzhallen**, in denen die Daimyo empfangen wurden, waren nach Rang gestaffelt; dort hielten sich in einer Seitenkammer direkt neben dem Shogun immer seine Leibwächter bereit. Der westlich der Palastbauten gelegene **Garten** war ursprünglich ohne Bäume konzipiert, da man den Anblick des Laubes, das an die Vergänglichkeit gemahnt, vermeiden wollte. Die heutige Bepflanzung stammt aus jüngerer Zeit.
Tgl. 8.45–17 Uhr | Jan., Juli, Aug., Dez. Di. geschl. | 600 ¥
www.japan-guide.com/e/e3918.html

Wohin in Kamigyo-ku?

Kaiserlicher Palast und Park

Im Stadtbezirk Kamigyo-ku, etwa 1 km nordöstlich des Nijo-Schlosses, liegt der 84 ha große Kaiserliche Park (vom Hbf. mit der Karasuma-U-Bahnlinie bis Marutamachi oder Imadegawa).

★ Kyoto Gosho und Kyoto Goen

Auf dem Gelände verteilen sich die Gebäude des **Alten Kaiserpalasts** (Kyoto Gosho). Bei der Gründung von Kyoto ließ Kaiser Kammu im Nordwesten der Stadt den Palast Daidairi errichten, der mehrfach durch Feuer beschädigt und im späten 18. Jh. an seinem jetzigen

Standort originalgetreu neu errichtet wurde. Doch auch dieser Bau brannte ab und musste 1855 nochmals erneuert werden, wobei man sich wiederum strikt an das Original hielt. Während der **Park Kyoto Goen** für die Öffentlichkeit zugänglich ist, sind es die Palastanlagen nur beschränkt, und nur nach Voranmeldung beim Kaiserlichen Haushaltsamt (▶ S. 227)

Das von einem Erdwall (Tsuijibei) eingefasste Areal betritt man durch das **Westtor Seisho-mon**; das Südtor Kenrei-mon war dem Kaiser vorbehalten, das Osttor Kenshu-mon der Kaiserin und Kaiserinmutter, das Südliche Westtor Gishu-mon den Prinzen und das Nordtor Sakuhei-mon den kaiserlichen Nebenfrauen und Hofdamen. Die insgesamt 18 Gebäude der Palastanlage sind durch Galerien miteinander verbunden; dazwischen breiten sich reizvolle Gärten aus.

Nachdem man das Westtor passiert hat, erreicht man, sich nach rechts (Süden) wendend, nach etwa 200 m das Gebäude **Shodaibu-no-ma** mit drei Warteräumen für Adlige. Östlich von diesem steht die große Zeremonienhalle Shishin-do (auch **Shishin-den**), wo Inthronisationen und Neujahrsfeierlichkeiten abgehalten wurden. Den Mittelpunkt der 22 × 33 m großen Innenhalle bildet der **Thron Taka-mi-kura**, den ein achteckiger, von einer Phönix-Figur geschmückter Baldachin krönt;

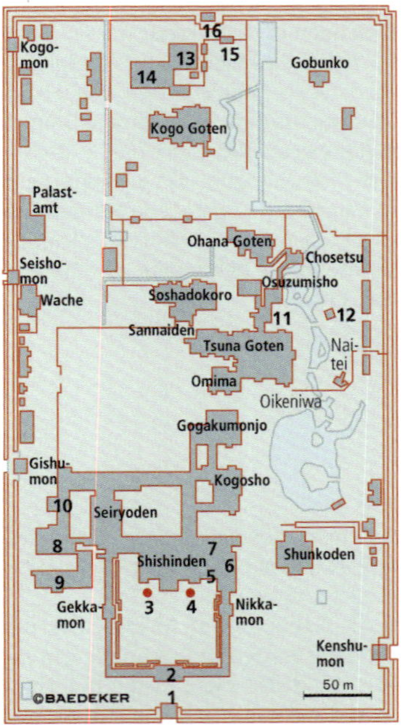

ALTER KAISERPALAST

1 Kenrei-mon (Tor)
2 Jomei-mon (Tor)
3 Ukon-no-Tachibana
4 Sakon-no-Sakura
5 Überdachter Korridor
6 Giyoden
7 Jin-no-Zai
8 Shodaibu-no-ma
9 Shin-Mikuruma-yose
10 Okuruma-yose
11 Koshun-no-ma
12 Jishindo-no
13 Higyosha
14 Himemiya Goten
15 Genki-mon (Tor)
16 Sakuhei-mon (Tor)

Dieser Steg über den Teich im Garten Oikeniwa ist doch genau der richtige Platz, um ein Yatsuhashi zu genießen (▶ S. 239).

seitlich befinden sich die Ablage für die kaiserlichen Insignien und rechts der kleinere Thron Michodai für die Kaiserin. Die Wände des Raumes tragen die Bildnisse chinesischer Weiser, die von Kano Sukenobu nach Vorlagen aus dem 9. Jh. geschaffen wurden.
Im nordwestlichen Teil des Gebäudekomplexes wohnte im **Seiryoden** der Kaiser. Dieser Bereich ist später zur Zeremonienhalle umgewidmet worden. Da das Ritual dem Monarchen vorschrieb, während der Ahnenverehrung auf gewachsenem Boden zu stehen, besteht der Fußboden in einer Ecke des Raums aus festgestampftem Erdreich. Den Thron Michodai flankieren zwei Tierfiguren (Koma-inu); die Wandschirme sind mit feinen Bildern und Kalligrafien der Tosa-Schule verziert. Den Nordostteil der Gebäudegruppe nehmen der **Kleine Palast** (1958 erneuert) und die Studienhalle **Gogakumonjo** (Außenfronten im Stil Shinden-zukuri) ein; die noch weiter nördlich liegenden Palastbauten sind meist verschlossen. Östlich davon liegt der **Teichgarten Oikeniwa**, der erst im 17. Jh. in das Palastareal einbezogen wurde.
Südlich des umfriedeten Palastbezirks liegen im Park Teile weiterer alter Palastanlagen (▶ Plan S. 232), darunter der **Sento-Palast** (Sento Gosho; Besichtigung nur nach Anmeldung, ▶ S. 227) und der **Omiya-gosho**, die von 1629 bis 1854 Wohnsitz der Exkaiser waren.

Von diesen Residenzen sind nur geringe Reste zu sehen, umso reizvoller aber erweisen sich die Gärten mit Teichen und den **Teepavillons** Seikatei und Yushintei: Sie wurden von Kobori Enshu (▶ S. 583) und im 17. Jh. gestaltet.

Ins traditionelle Weberviertel

Nishijin-Textilzentrum

Folgt man der im Norden an den Kaiserlichen Park grenzenden Straße Imadegawa-dori (Bushaltestelle Horikawa-Imadegawa) in westlicher Richtung, gelangt man in das Weberviertel Nishijin. In seinen kleinen alten Holzhäusern wird wenigstens teilweise noch heute das traditionsreiche Handwerk ausgeübt (▶ S. 564). Im recht kommerziellen Nishijin-Textilzentrum gibt es eine informative Ausstellung zur Kimono-Herstellung und sechsmal täglich eine sehr sehenswerte Kimono-Modenschau.

Tgl. 9–17 Uhr | Eintritt frei | www.nishijin.or.jp/eng/

Schlichte Teeschalen, von Hand geformt

Raku Art Museum

In einer Seitenstraße westlich des Kaiserpalasts (Bushaltestelle Horikawa Nakadachiuri) zeigt das Raku-Museum in wechselnden Ausstellungen eine wunderbare Sammlung von Raku-Teeschalen sowie einigen anderen Objekten und Dokumenten zur Teezeremonie. Seit über 400 Jahren produzieren die Meister der Familie Raku schlichte, eigenwillige Teeschalen, die ohne Töpferscheibe von Hand geformt sind und von Teemeistern hoch geschätzt werden.

Di–So 10–16.30 Uhr | 1000 ¥ | www.raku-yaki.or.jp/e/

Wohin in Kita-ku?

Haupttempel der Rinzai-Schule

★ Daitokuji-Tempel

Unweit westlich der Haltestelle Kitaoji-Horikawa liegt im Stadtbezirk Kita-ku der Daitoku-Zenji-Tempel, eines der Hauptheiligtümer der Rinzai-Schule. Er wurde 1324 gegründet, jedoch während der Bürgerkriege des 15. Jhs. zerstört. Die gegenwärtige Bausubstanz stammt aus dem 16. und 17. Jh. Von den insgesamt 22 Gebäuden sind sieben zugänglich (der Daitokuji selbst nicht). Besonders sehenswert sind die **Zen-Trockengärten im Karesansui-Stil** (in den Untertempeln, mit Eintritt; ▶ Baedeker Wissen, S. 358).

Einstiger Haupteingang zum Tempelbezirk ist das Tor Chokushi-mon (heute geschl.), ursprünglich Südtor des Kaiserpalasts und 1640 hierher übertragen. Es folgt das in chinesischem Stil gehaltene Tor Kara-mon mit prachtvollen Schnitzereien. Dieses gehörte früher zum Fushimi-Schloss (▶ S. 250) und stellt ein hervorragendes Werk der Momoyama-Zeit dar. Das zweistöckige **Haupttor Sanmon** wurde 1589 von Sen-no-Rikyu (▶ S. 582) erbaut. Die Deckengemälde im unteren Stock wurden von Hasegawa Tohaku angelegt; im Obergeschoss fin-

BAEDEKER ÜBERRASCHENDES

6x

EINFACH UNBEZAHLBAR

Erlebnisse, die für Geld nicht zu bekommen sind

1. KIMONO-MODENSCHAU

Nishijin in Kyoto ist Heimat der Brokatweber und Kimonospezialisten. Im **Nishijin-Textil-Zentrum** kann man ihre Werke bewundern bei regelmäßigen Gratis-Kimono-Modenschauen mit Musik.
(► **S. 250**)

2. PICKNICK IM PALASTGARTEN

Ein Teil im Osten des äußeren **Kaiserpalast-Areals** im Zentrum **Tokyos** steht Besuchern offen. Das Parkgelände umfasst alte Burgmauern, eine Ausstellungshalle und reichlich Picknickplätze.
(► **S. 440**)

3. HIGHLIGHT BAHNHOF

Der Bahnhof von Kyoto ist wegen seiner modernen Architektur ein Highlight und willkommene Abwechslung zu den historischen Attraktionen, aber auch wegen seines **Skywalk mit Stadtblick** von hoch oben unter dem Dach über der Haupthalle.
(► **S. 235**)

4. PICOBELLO

Öffentliche **Toiletten** (samt Papier) findet man fast überall, sie sind kostenlos und meist sehr sauber.
(► **S. 662**)

5. INFOS VOR ORT

Jeder kleine Ort hat mindestens eine Touristeninfo, meist am Bahnhof. Dort sind gratis gute Stadtpläne und meist weitere **Broschüren auf Englisch** erhältlich.
(► **S. 644**)

6. WERBUNG MIT ZUSATZNUTZEN

Wenn an Straßenkreuzungen oder vor Bahnhöfen Werbeflugblätter an Passanten verteilt werden, ist oft ein **Päckchen Taschentücher** dabei – manchmal kommt das gerade recht.

den sich Statuen des Shakyamuni, der 16 Rakan (Jünger Buddhas), von Kato Kiyomasa auf seinem Korea-Feldzug erbeutet, und ein Porträt des Sen-no-Rikyu (angeblich Selbstbildnis).
Die **Haupthalle Butsuden** (auch Daiyu-den), 1664 errichtet, enthält eine Shakyamuni-Skulptur mit seinen Schülern Anan und Kayo sowie ein Standbild von Daito-kokushi, dem ersten Abt des Tempels. Nordöstlich davon steht die **Abtresidenz Hojo**. Diese enthält Gemälde von Kano Tan'yu und eine von Kaiser Godaigo beschriftete Holztafel mit der Aufschrift »Unvergleichlicher Tempel des Zen«. Den zugehörigen Garten schuf Kobori Enshu (▶ S. 583).
Nur unregelmäßig ein- oder zweimal im Jahr ist die **Alte Abtresidenz Shinju-an** nördlich des Daitokuji (1638 erneuert) zugänglich, ehemals Wohnsitz von **Ikkyu** (1394–1481), der als begnadeter Dichter und einer der Schöpfer der Teezeremonie zu den schillerndsten Figuren der Zen-Geschichte gehört. Die Wandbilder sind Werke von Soga Dasoku († 1483). Begraben sind hier auch Kan'ami (1333–1384) und dessen Sohn Zeami (1363–1443), die als Begründer des No-Theaters gelten.
Westlich des Shinju-an steht der **Nebentempel Daisen-in**; dessen Garten, vermutlich 1513 nach einem Entwurf seines Gründers Kogaku

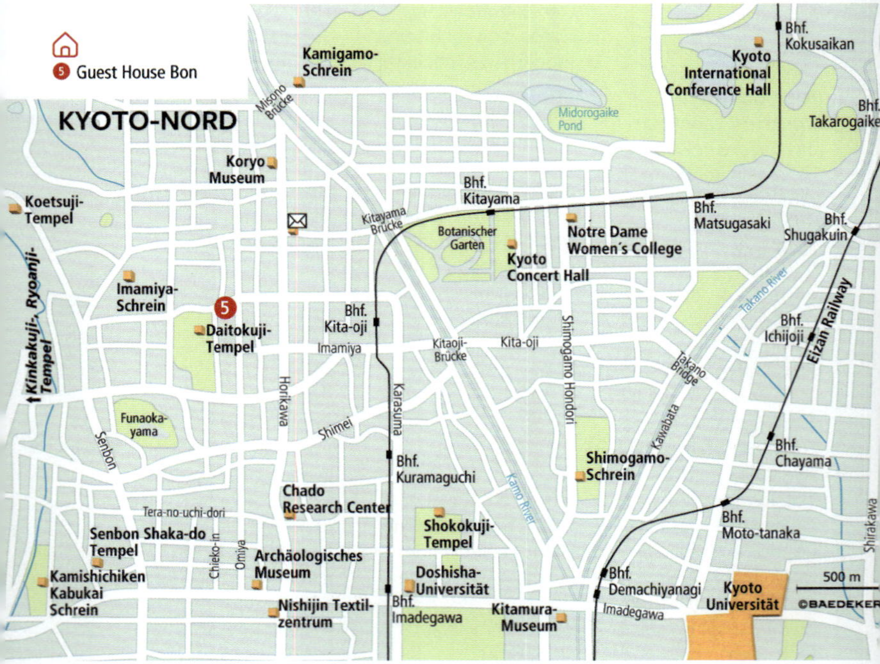

Soko (1465–1548) angelegt, gilt als überragendes Beispiel eines **Zen-Gartens**. Das Konzept findet seine Vorbilder in der chinesischen Tuschmalerei: Die Anlage ist in vier Bereiche gegliedert; unter sparsamster Verwendung von Pflanzen wird, vorwiegend aus Steinen und Sand, eine Gebirgslandschaft mit Wasserfall abgebildet, deren kunstvolles Arrangement den Eindruck räumlicher Tiefe erzeugt.
Im **Shuko-in**, westlich der Abtresidenz, findet man das Grab des Sen-no-Rikyu (▶ S. 582), westlich davon, im Subtempel **Soken-in**, die Gräber des Oda Nobunaga und seiner Söhne sowie der Witwe des Hideyoshi. Im äußersten Westen des Areals schuf Kobori Enshu den berühmten **Zen-Garten** Kohoan, in dem er und seine Familie auch begraben sind.
Tgl. 9–16 Uhr | 500 ¥

Dem Kami des Donners gewidmet

Kamigamo-Schrein

Etwa 2 km nördlich (Buslinie 9 bis Haltestelle Kamigamo-jinja-mae) liegt der Kamigamo-Schrein (»Oberer Kamo-Schrein«), entstanden in der Gründungszeit der Stadt. Als jüngerer der beiden Schreine zählt er zusammen mit dem Shimogamo (▶ S. 246) zum UNESCO-Weltkulturerbe. Hier findet im Mai ein traditionelles Pferderennen sowie das berühmte Aoi-Matsuri (▶ S. 229, 624) statt.
Tgl. 8.30–16, Sa./So. bis 16.30 Uhr | Eintritt frei
www.kamigamojinja.jp/english/

Wohin in Fushimi-ku?

Ältestes Zen-Tor Japans im Herbstlaub-Garten

Tofukuji-Tempel

Vom Hauptbahnhof führt die JR-Nara-Linie nach Südosten. Südöstlich des Bahnhofs Tofukuji liegt der 1236 gegründete Tofukuji-Tempel der Rinzai-Schule. Das im 13. Jh errichtete Tor Sanmon ist das älteste Zen-Tor Japans und enthält bedeutende Malereien und Skulpturen. Die ungewöhnlichen Gartenanlagen sind besonders in ihrer herbstlichen Laubfärbung äußerst sehenswert. In einem Untertempel werden regelmäßig Zen-Meditationen angeboten.
Tgl. 9–16 Uhr | 400 ¥ | www.tofukuji.jp/english/

Alleen scharlachroter Torii

★★ Fushimi-Inari-Schrein

Unmittelbar östlich des Bahnhofs Inari noch weiter im Süden steht an der genannten Bahnlinie der 711 gegründete Fushimi-Inari-Schrein (Fushimi-Inari Taisha), einer der bedeutendsten Schreine in Japan. Er ist Ukanomitama-no-mikoto, der Göttin des Reisanbaus, geweiht. Das Hauptgebäude (1499) zeigt den typischen Stil der Momoyama-Zeit. Bemerkenswert sind die insgesamt 4 km langen Alleen roter **Torii**, die von Gläubigen gestiftet wurden. Auf dem Gelände stehen zahlreiche **Fuchs-Skulpturen**. Der Fuchs gilt in Japan als Götterbote.

Der Name eines Torii-Stifters für den Fushimi-Inari Schrein wird angebracht.

Der Schrein ist zur Zeit der herbstlichen Laubfärbung einer der schönsten Plätze in Kyoto.
Tgl. 7–18.30 Uhr | Eintritt frei | http://inari.jp/en/

Zum Grabmal des Kaisers Meji

Momoyama-Hügel

Vom Bahnhof Momoyama weiter südlich gelangt man zum Momoyama-Hügel (Nordosten), der von zahlreichen Pfirsichbäumen bestanden ist. Hier befand sich das im 17. Jh. abgerissene Fushimi-Schloss (eine Beton-Rekonstruktion von 1964 ist nicht öffentlich zugänglich).
Über eine Treppe von 230 Stufen erreicht man das Mausoleum von Kaiser Meiji und seiner Gemahlin Shoken (Emperor Meiji Tomb). Das von drei Mauern umfasste Grabmal wurde aus Granitblöcken von der Insel Shodo errichtet. Vom Weg zum Mausoleum zweigt rechts der Zugang zum **Nogi-Schrein** (Nogi-jinja) ab. Dieser ist dem General Nogi Maresuke gewidmet, der im Russisch-Japanischen Krieg (1904/1905) hier sein Hauptquartier hatte. Im Alter von 64 Jahren nahm sich der General, der dem Kaiser treu ergeben und wegen seiner Verdienste zum Nationalhelden geworden war, im Todesjahr von Kaiser Meiji zusammen mit seiner Frau das Leben.

Wohin in Nishikyo-ku?

Ideal eines japanischen Gartens

★★ Katsura-rikyu

Das Ideal eines japanischen Gartens ist westlich der Stadt (Hankyu-Linie, Bhf. Katsura, 15 Min. Fußweg; nur mit Führung und Voranmeldung zu besichtigen: Die **Villa Katsura-rikyu** (nicht zugänglich) ist eine von mehreren kaiserlichen Villenanlagen außerhalb der Stadt, die für ihre besonders kunstvoll gestalteten Gärten bekannt sind. Für die Besichtigung einschließlich Anfahrt muss man etwa einen halben Tag einplanen.

Ursprünglich wurde die Villa für Prinz Hachijo Toshihito (1579–1629), den Bruder des Kaisers Goyozei, erbaut. Weite Teile der Anlage waren 1624 fertiggestellt, der Rest bis 1658 vollendet. Die Gestaltung des **Landschaftsgartens** soll von **Kobori Enshu** stammen, dem bekanntesten aller japanischen Teemeister (► S. 583), oder jedenfalls aus seinem Umfeld. Es wird angenommen, dass Prinz Toshihito, ein großer Kunstkenner, sich selbst an der Planung beteiligt hat. Angeblich soll Kobori bei der Übernahme des Auftrags drei Bedingungen gestellt haben: Erstens sollten für den Kostenaufwand keine Grenzen gesetzt werden; zweitens sollte kein Termin für die Fertigstellung gesetzt werden; und drittens durfte während der Arbeiten keiner der Auftraggeber die Baustelle aufsuchen. Damit sollten nachträgliche Änderungen der Planung unmöglich gemacht werden.

Die Gesamtanlage des Wandelgartens (► Baedeker Wissen, S. 359) ist so konzipiert, dass sich dem Betrachter nur Vorderansichten zu bieten scheinen. Um den Teich gruppieren sich kleine Gärten; in der Ferne sind die Kuppen der Hügel Arashiyama und Kameyama sichtbar.

Besuchereingang ist das **Tor Miyuki-mon** (1658) im Nordwesten. Die Gartenwege, teils aus Flusskieseln, teils aus rechteckigen Hausteinen, sind von Moos und Gebüsch gesäumt. Durch zwei weitere Tore betritt man den inneren Teil des Gartens, in dessen Zentrum die Gebäudegruppe Goten steht. Sie ist in die Teile Furu-shoin, Naka-shoin und Miyuki-den gegliedert. Die Veranda des **Furu-shoin** wurde für die Mondbetrachtung angelegt. In den drei Räumen des **Naka-shoin** befinden sich wertvolle Gemälde von den bekanntesten Malern der Zeit, der Familie Kano – besonders bekannt ist das Bild einer Krähe von Kano Tan'yu im ersten Raum; sehenswert sind auch die Zierbeschläge in Form von Blumen, mit denen die Nagelköpfe verdeckt werden.

Östlich der Hauptgruppe steht auf einer Anhöhe das schlichte Teehäuschen **Gepparo**; jenseits des Teiches das mehrere Räume umfassende **Shokin-tei**, dessen Teeraum durch geschickte Lichtführung bis in den kleinsten Winkel erhellt wird. In den **Teich** schiebt sich eine mit Kieseln bedeckte Landzunge, die stilisierte Darstellung der Küstenlandschaft von Ama-no-hashidate. Im Südwesten des Gartens befindet sich das zehn Räume umfassende Gebäude **Shoiken**.

Führungen (mehrmals tgl. außer Mo.); Voranmeldung (► S. 227)

»Tempel im Moosgarten«

★ Saihoji-Tempel

Vom Bahnhof Katsura führt die Arashiyama-Teilstrecke der Hankyu-Bahnlinie nach Norden. Nahe dem Bahnhof Kamikatsura steht der Saihoji-Tempel (Weltkulturerbe) der Rinzai-Schule, der, als »Moostempel« (**Kokedera**) berühmt, vermutlich im 12. Jh. gegründet und 1339 von Muso-kokushi, Priester und zugleich bedeutender Gartenkünstler, erneuert wurde. Zum unteren Teil des den Tempel umgebenden **Zen-Gartens** (Abb. ▶ S. 570) gehört ein buchtenreicher See und ein vermutlich in der Momoyama-Zeit entstandenes Teehaus.
Spektakuläre 100 Moossorten bedecken den Boden und verleihen dem Garten erfrischende Kühle und eine ehrwürdige Atmosphäre. Das frische Moos ist sehr allerdings empfindlich, weshalb nur noch wenige Besucher nach einem strikten Anmeldeverfahren zugelassen werden (mehrere Monate im Voraus). Die Teilnahme an einer kurzen Zen-Andacht ist ebenfalls Pflicht, da die Mönche den Garten nicht als säkularen Sightseeing-Programmpunkt verstanden sehen möchten.

Anmeldung: Tel. 075 3 91 36 31 oder unter: www.saihoji-kokedera-reservation.com (2200 ¥) | obligatorische Spende 3000 ¥

Zur Gottheit der Reissetzer und Sakebrauer

Matsuo-Schrein

Von der nun folgenden Station Matsuo-jinja-mae sind es nur wenige Minuten Fußweg zum westlich gelegenen Matsuo-Schrein (Matsu-no-wa-Taisha), der durch die Reissetz-Zeremonie (Otaue-Matsuri) bekannt ist. Sie findet zwischen dem 12. Juni und Mitte Juli während der Regenzeit statt. Die hiesige Gottheit wird vor allem von Sakebrauern verehrt – deshalb die vielen Sakefässer, Spenden dankbarer Brauereien.

Kirschbaum- und Ahornhügel Arashiyama

Katsura-gawa

Vom Bahnhof Arashiyama führt eine Brücke über den Fluss Katsura, dessen Ufer an dieser Stelle besonders reizvoll ist (direkte Zufahrt vom Bhf. Shijo-Omiya mit der Keifuku-Privatbahnlinie). Über dem Fluss erhebt sich der mit Kirschbäumen und dichten Ahorngehölzen bedeckte Hügel Arashiyama, dessen Kirschblüte und herbstliche Laubfärbung berühmt sind. Der entmachtete Kaiser Kameyama (1248–1304) ließ aus Yoshino (▶ Yoshino-Kumano-Nationalpark) Kirschbäume kommen und hier anpflanzen.

Bootsfahrt mit den Kormoran-Fischern

Arashiyama-Park

Am Fluss erstreckt sich der Arashiyama- oder Kameyama-Park; etwas weiter flussabwärts folgt die Ablegestelle der Boote für die Zuschauer, die die Fangboote beim Kormoran-Fischen (Anfang Juli–Mitte Aug.) begleiten.

Kormoranfischen: Anfang Juli–Mitte Sept. | Tel. 075-861-0302 | 1800 ¥

Erster der fünf großen Zen-Tempel der Rinzai-Schule

★ Tenryuji-Tempel

Am gegenüberliegenden Flussufer nordwestlich der Brücke über den Katsura steht der zum Welterbe zählende Tenryuji-Tempel; er wurde 1339 von Ashikaga Takauji, dem ersten Ashikaga-Shogun, zum Gedenken an Kaiser Godaigo gegründet und ist Hauptsitz der zur Rinzai-Schule gehörenden Tenryuji-Schule. Muso-Kokushi, der erste Abt des Tempels, legte den **Landschaftsgarten** hinter den Wohnungen der Priester an. Die heutigen Tempelgebäude entstanden um 1900.

Tgl. 8.30–17.30, Winter bis 17 Uhr | Garten 500 ¥, für die Gebäude weitere 300 ¥ | www.tenryuji.com/en/

Uralte Buddha-Skulptur aus Sandelholz

Seiryoji-Tempel

Eine Buslinie führt weiter nach Norden zum Seiryoji-Tempel (auch Shaka-do), in dessen Haupthalle eine 1,60 m hohe, höchst beachtenswerte **Shakyamuni-Statue** aus Sandelholz steht. Sie ist angeblich 987 von dem indischen Meister Bishu Katsuma geschnitzt und von dem Priester Chonen von China nach Japan gebracht worden. Die Statue kann nur am 8. April (Buddhas Geburtstag) und am 19. April (Reinigungszeremonie) besichtigt werden.

Eintritt frei

Tempel am Teich im Wandelgarten

★ Daikakuji-Tempel

Im Norden von Arashiyama steht der Daikakuji-Tempel, ehemals Residenz des Kaisers Saga und 876 in einen Tempel umgewandelt. Die Haupthalle enthält von Kobo-daishi geschaffene Statuen (Godai Myo-o); die Empfangshalle Kyaku-den war ursprünglich Thronsaal. Die Gemälde des Tempels wurden von Kano Motonobu, Kano Tan'yu, Kano Sanraku und Watanabe Shiko geschaffen.

Schön ist der große **Wandelgarten** mit **Osawa-Teich**; der Daikakuji ist auch Hauptsitz einer eigenen Ikebana-Schule (► S. 571), die auf Kaiser Saga selbst zurückgehen soll. Im Tempel werden auch Übungen im Shakyo (Sutren-Schreiben) angeboten.

Daikakuji-Tempel: tgl. 9–17 Uhr | 500 ¥

Uralte Glocke und Drachendecke

Myoshinji-Tempel

Im Nordwesten Kyotos (Keifuku-Linie, Bhf. Myoshinji) erreicht man den Myoshinji-Tempel, das Hauptheiligtum der zur Rinzai-Schule zählenden Myoshinji-Schule. Der Tempel wurde 1337 am ehemaligen Standort der Residenz von Kaiser Hanazono erbaut. Westlich der Buddha-Halle steht ein Glockenturm mit der 698 gegossenen Glocke; in der Buddha-Halle Butsuden findet sich eine Shakyamuni-Statue. Die Deckengemälde in der Vortragshalle Hatto wurden von Kano Tan'yu ausgeführt. Östlich, in der Halle Gyokuho-in, ein Bildnis des Hanazono. Westlich der Priesterwohnung stehen kleinere Tempel, von denen der **Reiun-in** wegen der zahlreichen Gemälde von Kano

Motonobu Beachtung verdient. Der Tenkyu-in-Tempel enthält Werke von Kano Sanraku.

Tgl. 9.10–16.40 Uhr, Nov.–Feb. bis 15.40 Uhr, Führungen alle 20 Minuten | 500 ¥ | www.japan-guide.com/e/e3961.html

Blüte der Omuro-Kirschbäume

★ Ninnaji-Tempel

Nördlich des Myoshinji-Tempels (JR-Bhf. Omuro-Ninnaji) steht der Ninnaji-Tempel (Weltkulturerbe), auch Omuro-Palast, der 886 begonnen wurde. Nach seiner Abdankung war Kaiser Uda (9. Jh.) erster Abt des Heiligtums. Die heute sichtbaren Gebäude entstanden in der ersten Hälfte des 17. Jhs. Rechts vom Mittleren Tor beherbergt die Haupthalle einer 33 m hohen fünfstöckigen Pagode eine hölzerne Amida-Statue. Das Tempelgelände mit seinen zahlreichen Kirschbäumen bietet zur Zeit der Blüte (April) ein besonders reizvolles Bild.

Tgl. 9–17, Dez.–Feb. bis 16.30 Uhr | 500 ¥ | Tempelgelände frei (zur Kirschblüte 600 ¥) | www.japan-guide.com/e/e3929.html

Berühmtester Zen-Garten Japans

★★ Ryoanji-Tempel

Der berühmteste aller Zen-Gärten ist etwa so groß wie ein Tennisplatz und enthält nur fein geharkten Kies und 15 Felsblöcke – die man (zumindest auf der Veranda sitzend) nicht einmal alle gleichzeitig sieht. Der Garten des Tempels Ryoanji ist eine in höchstem Grade stilisierte Komposition; bekannt wurde er seit den 1930er-Jahren, als westliche Ausländer wie der deutsche Architekt Bruno Taut Kyoto besuchten und den Ryoanji als typischen Zen-Garten beschrieben. Ob die Anordnung der Felsen eine Bedeutung hat und welche (Inseln? Sterne? Schwimmende Tiger? Zahlenmystik?), ist eine Interpretationsfrage, denn der Tempel samt Garten stammt aus dem 15. Jh., und möglicherweise damals entstandene Aufzeichnungen über die Symbolik sind in den Bürgerkriegen des 15. und 16. Jhs. verloren gegangen. Gartenarchitekt war wohl der berühmte Soami, Universalkünstler und Privatkurator der Ashikaga-Shogune.

Bekannt ist auch ein eher unscheinbares, äußerst niedrig angebrachtes **Wasserschöpfbecken** (**tsukubai**) an der Rückseite des Hauptgebäudes: Rund mit einem quadratischen Wasserloch in der Mitte in Form einer alten chinesischen Münze, sind um den Rand des Beckens Schriftzeichen graviert, die jeweils nur mit dem Quadrat vollständig sind und auf Japanisch ebenfalls keine eindeutige Aussage ergeben: »ware-tada-shiru-taru«. Übersetzt wird der Zen-Spruch oft als »Nur ich weiß, dass ich zufrieden bin.«

März–Nov. tgl. 8–17, Dez.–Feb. 8.30–16.30 Uhr | 500 ¥
www.japan-guide.com/e/e3909.html

Familientempel der Ashikaga-Shogune

Toji-in-Tempel

Südöstlich von hier steht in der Nähe des Bahnhofs Toji-in (Keifuku-Privatbahnlinie) der Toji-in-Tempel, den 1341 der erste Ashikaga-

Shogun Takauji gründete. Die Gebäude wurden 1818 letztmals erneuert. In der Haupthalle finden sich die Standbilder aller Ashikaga-Shogune (mit Ausnahme des fünften und zehnten) und Tuschmalereien von Kano Sanraku (1559–1635); reizvoll ist auch der den Tempel umgebende **Landschaftsgarten**.

Tgl. 9–16, Mitte März–Mitte April bis 16.30, Mitte April–Sept. bis 17 Uhr | 500 ¥

Umgeben von Ume-Pflaumenbäumen

Kitano-Schrein

Die Keifuku-Bahnlinie (Kitano-Teilstrecke) endet am Bahnhof Kitano-Hakubai-cho. Nordöstlich davon lohnt im Stadtbezirk Kamigyo-ku der Kitano-Schrein (Kitano-Tenmangu) einen Besuch; dessen heutige Gebäude wurden 1607 von Toyotomi Hideyori errichtet.

Der dem **Sugawara Michizane** (845–903) gewidmete Schrein wurde 947 gegründet. Michizane, der 899 zum »Kanzler zur Rechten« ernannt worden war, wurde 901 aufgrund einer Verleumdung nach Dazaifu auf der Hauptinsel Kyushu verbannt, wo er zwei Jahre später starb. Als sich nach seinem Tode in Kyoto mehrere Katastrophen ereigneten, wurde er 933 postum rehabilitiert. Um den Geist des Verstorbenen zu besänftigen, verehrte man ihn als Gott der Gelehrsamkeit, **Tenjin**. Studenten bitten hier um Erfolg in ihren Prüfungen.

Die bedeutendsten Gebäude des Schreins sind neben drei Toren die Haupthalle Honden und die Kulthalle Haiden. Zu den Kunstschätzen zählen eine im 14. Jh. von Tosa Yukimitsu angefertigte Bildrolle zur Schreingeschichte sowie drei weitere Bildrollen zum gleichen Thema von Tosa Mitsuoki (17. Jh.). Der Schrein ist von vielen Pflaumenbäumen, den Lieblingsbäumen des Michizane, umgeben.

Tgl. 5–18 Uhr, Okt.–März 5.30–17.30 Uhr | Eintritt frei
Schatzhaus: 25. des Monats | 9–16 Uhr | 300 ¥

Top-Attraktion der Stadt

★★ Kinkakuji-Tempel

Der elegante Bau, der sich im Teich eines schönen Landschaftsgartens spiegelt, ist seit der letzten Restaurierung 1987 mit 200 000 Blatt bzw. 20 kg Blattgold bedeckt und ein wunderbares Fotomotiv. Offiziell heißt der Zen-Tempel Rokuon-ji (»Rehgarten-Tempel«), der Name Kinkakuji oder »**Tempel des Goldenen Pavillons**« (▶ Baedeker Wissen, S. 260) ist jedoch geläufiger. Angelegt wurde der Pavillon mit dem umgebenden Garten Ende des 14. Jhs. nicht als Tempel, sondern als Ruhesitz des kunstsinnigen Shoguns Ashikaga Yoshimitsu, während dessen Regierungszeit Japan prosperiert und von wiederbelebten Beziehungen mit China (damals unter der Ming-Dynastie) profitiert hatte. Der Vorzeigebauwerk der Epoche vereint drei verschiedene **Baustile** der aufeinander folgenden Epochen: Das Erdgeschoss (Hosui-in) zeigt den heianzeitlichen Palastbaustil Shinden-zukuri, der erste Stock den nüchternen Buke-zukuri der Kamakura-Zeit (neu sind die Schiebetüren) und der zweite Stock den

DER GOLDENE PAVILLON

Der Goldene Pavillon ist vermutlich die am häufigsten fotografierte Sehenswürdigkeit Kyotos, wenn nicht ganz Japans. Dabei ist dieser kleine dreistöckige Tempel, vom Blattgold einmal abgesehen, nicht besonders prachtvoll. Seine Schönheit liegt vielmehr in seiner schlichten Eleganz, der geschickten Einbettung in die Landschaft und der genialen Verknüpfung dreier unterschiedlicher Architekturstile. Der Pavillon diente als Vorbild für den Bau des Ginkakuji (Silberpavillon), den Ashikaga Yoshimasa Ende des 15. Jhs. im Nordosten Kyotos erreichten ließ (▶ S. 244).

Ashikaga Yoshimitsu (1358–1408), 3. Ashikaga-Shogun
Yoshimitsu wurde im Alter von nur zehn Jahren zum Shogun ernannt. Politisch war er nicht besonders erfolgreich, abgesehen davon, dass er den Handel mit China wieder aufleben ließ. Dafür aber war er ein Liebhaber der Künste, insbesondere der chinesischen. Nachdem er sich zumindest offiziell von den Regierungsgeschäften zurückgezogen hatte, wählte er eine ehemalige Aristokraten-Villa in den Kitayama-Bergen als Ruhesitz und ließ hier 1397 den Goldenen Pavillon errichten. In dieser Umgebung führte er ein schöngeistiges Leben und empfing so illustre Gäste wie Abgesandte des chinesischen Hofes und 1408 auch den japanischen Kaiser Gokomatsu. Yoshimitsus letztem Willen zufolge wurde der Pavillon 1419 in einen Zen-Tempel der Rinzai-Schule umfunktioniert. Seitdem heißt er offiziell **Rokuon-Tempel** – nach Yoshimitsus posthumen Namen.

Maße des Pavillons
12,8 m hoch, 10,0 m breit, 15,2 m lang

Der Tempel in Flammen
Mehrfach wurde der Bau durch Feuer zerstört, letztmals 1950 durch Brandstiftung: Am 2. Juli setzte ein 21-jähriger buddhistischer Novize den Pavillon in Brand (▶ S. 262). Fünf Jahre später wurde das Gebäude originalgetreu wieder aufgebaut.

1 Hosui-in
Das untere Stockwerk ist errichtet im Palaststil der Heinan-Zeit, **Shinden-zukuri**. Hier befanden sich Yoshimitsus Wohn- und Empfangsräume. Links vom Altar sieht man eine sitzende Statue des Shogun, in der Mitte eine Shakyamuni-Skulptur.

2 Cho-on-do
Das mittlere Stockwerk, angelehnt an die Bauweise von Samurai-Häusern der Kamakura-Zeit, **Buke-zukuri**, nutzte Yoshimitsu für Geselligkeiten. Es beherbergt eine sitzende Kannon-Statue mit vier Wächterfiguren (Shitenno) und ist mit Malereien von Kano Masanobu (1434–1530) geschmückt.

3 Kukkyocho
Das oberste Stockwerk ist inspiriert vom chinesischen Zen-Stil **Karayo** der Sung-Zeit. Es diente der Andacht und der Teezeremonie und birgt drei Amida-Figuren und 25 Bodhisattwas.

4 Spiegelteich (Kyoko-chi)
Der 6600 m² große Teich existierte schon vor dem Bau des Pavillons. Er umschließt mehrere Inselchen und Felsen. Letztere sind jeweils nach dem Daimyo benannt, der sie stiftete.

chinesischen Tempelbaustil Karayo der Muromachi-Zeit (▶ S. 553), zu erkennen an den glockenförmig geschwungenen Fenstern.
Nach Yoshimitsus Tod wurde der Pavillon durch seinen Sohn Yoshimochi in einen Tempel umgewandelt. Mehrfach wurde der Tempel ein Raub der Flammen, zuletzt 1950 durch Brandstiftung, als ein geistig verwirrter Novize das Feuer legte – literarisch verewigt in Mishima Yukios Roman »Kinkakuji« (dt. »Der Tempelbrand«). Schon fünf Jahre später wurde der Bau originalgetreu rekonstruiert, später nochmals mit einer fünfmal so dicken Goldschicht wie zuvor restauriert, seit 1994 gehört er zum **UNESCO-Weltkulturerbe**.
Vom Eingang gelangt man als erstes zum idealen **Aussichtspunkt** über den Teich zum Goldenen Pavillon. Danach führt der Rundweg noch etwas näher seitlich am Gebäude vorbei, betreten darf man es nicht. Rechts vom Weg befindet sich die eigentliche Tempel-**Haupthalle** (manchmal mit Sondereintritt zugänglich). Daneben steht eine 500 Jahre alte Föhre, auf einer Anhöhe hinter dem Pavillon, schon in der Nähe des Ausgangs, das kleine **Teehaus Sekka-tei** aus der Zeit des Kaisers Go-Mizunoo (1874 erneuert); davor ist ein Steinbecken mit Laterne aus dem Muromachi-Palast des Shoguns zu sehen.
Tgl. 9–17 Uhr | 400 ¥ | www.japan-guide.com/e/e3908.html

Von der Künstlerkolonie zum Tempel

Koetsuji-Tempel

Noch weiter nördlich liegt der Koetsuji-Tempel, der besonders zur Zeit der herbstlichen Laubfärbung von Ausflüglern besucht wird. Hier finden sich die Grabstätte des Künstlers **Honami Koetsu** (1558–1637; ▶ S. 555, 560) sowie mehrere historische Teehäuser (nicht zugänglich), darunter das von Koetsu erbaute Daikyo-an. Ursprünglich eine Art Künstlerkolonie, wurde der Ort erst nach Koetsus Tod zum Tempel umfunktioniert.
Tgl. 8–17 Uhr, 300 ¥, während der herbstlichen Laubfärbung 400 ¥

Wohin in der nordwestlichen Umgebung von Kyoto?

Nordwestlich außerhalb der Stadt liegen an den Ausläufern des Berges Atago und am westlichen Ufer des Kiyotaki (Nebenfluss des Oi) einige reizvolle Orte. Die Gegend ist in der Herbstfärbung besonders malerisch und dann bekannt für süßes Ahornblatt-Tempura.

Rotes Ahornlaub und der erste Manga

Takao, Makino-o, Togano-o

In Takao (Bus von Kyoto) steht der 781 gegründete **Jingoji-Tempel** (heutige Bauten 12. Jh.) am westlichen Kiyotaki-Ufer; auf der 875 gegossenen Glocke findet sich eine Inschrift von Fujiwara Toshiyuki, einem Lyriker der Heian-Zeit.
Weiter stromaufwärts folgt Makino-o mit dem **Saimyoji-Tempel**. Und in Togano-o steht der **Kozanji-Tempel** (frühes 13. Jh.), dessen

berühmtester Schatz die Bildrolle »Choju-Giga« aus dem 12. Jh. (▶ S. 553) im Untertempel **Sekisui**-in ist. Die amüsanten anthropomorphen Darstellungen von Tieren in Alltagsszenen gelten als **»erster Manga«.** Die Originalrollen werden in den Nationalmuseen in Kyoto und Tokyo aufbewahrt, im Tempel ist aber ein Faksimile ausgestellt.
Jingoji-Tempel: tgl. 9–16 Uhr | 600 ¥
Saimyoji-Tempel: tgl. 9–17 Uhr | 500 ¥
Kozanji-Tempel: tgl. 8.30–17 Uhr | Tempel Sekisui-in 800 ¥, im Herbst zzgl. 500 ¥ für das äußere Tempelgelände

Wohin in der südöstlichen Umgebung von Kyoto?

Haupttempel der Daigo-Schule des Shingon-Buddhismus

★ Daigoji-Tempel

Am südöstlichen Stadtrand (JR-Tozai-Linie) liegt der Daigoji-Tempel, der 874 als eines von zwei Zentren der asketischen Shugendo-Lehre durch den Priester Shobo gegründet wurde. Er ist der Haupttempel der Daigo-Schule des Shingon-Buddhismus. Besonders bemerkenswert ist die **fünfstöckige Pagode** im Heiligen Bezirk (**Garan**); 951 errichtet, zählt sie zu den ältesten Bauwerken von Kyoto.
Daneben steht der Untertempel **Sanbo-in**. In den zur Zeit des Toyotomi Hideyoshi entstandenen Gebäuden ist eine Gemälde- und Kalligrafiesammlung zu sehen, ferner Wandbilder von Kano Sanraku.
Der **Garten** (16. Jh.) ist in der Kirschblüte besonders schön. Ein etwa einstündiger Fußweg führt zum oberen Bereich des Tempels, **Kami-Daigo**, mit mehreren historischen Bauten und besonders stimmungsvoller Atmosphäre.
Garan, Sanbo-in, Schatzhaus: tgl. 9–17, Dez.–Feb. bis 16.30 Uhr
800 ¥ (Frühling, Herbst 1500 ¥) | www.japan-guide.com/e/e3916.html
Kami-Daigo: tgl. 9–16, Dez.–Feb. bis 15 Uhr | 600 ¥

Hauptheiligtum der Obaku-Zen-Schule

★ Manpukuji-Tempel

Mit der JR-Nara-Linie fährt man weiter zum Bahnhof Obaku. Etwas nördlich davon auf dem Obaku-san steht der chinesisch wirkende Manpukuji, das 1661 von dem chinesischen Priester Ingen gegründete Hauptheiligtum der Obaku-Schule. Die Haupthalle (Daiyu-hoden) ist aus thailändischem Teakholz errichtet; in der dahinter liegenden Vortragshalle (Hatto) werden die 60 000 hölzernen Druckstöcke aufbewahrt, mit denen die Gesamtausgabe der Obaku-Sutren hergestellt wurde (17. Jh.).
Tgl. 9–17 Uhr | 500 ¥
https://japan-kyoto.de/obakusan-manpukuji-uji-kyoto/

Tee und mehrmals Weltkulturerbe

★★ Uji

18 km südlich von Kyoto liegt an der JR-Nara-Linie die für ihren grünen Tee berühmte Stadt Uji (190 000 Einw.). Auf der im Fluss Uji liegenden

Insel **Tonoshima** steht eine von dem Priester Eison im 13. Jh. errichtete Pagode; bei der Insel findet im Sommer das abendliche Kormoranfischen statt.

Hauptsehenswürdigkeit von Uji ist der heianzeitliche **Tempel Byodo-in** – eines von nur wenigen Bauwerken, die aus dem 11. Jh. erhalten sind, und als charakteristisches Beispiel des damaligen Stils nicht nur **UNESCO-Weltkulturerbe**, sondern auch auf der 10-Yen-Münze abgebildet! Ursprünglich befand sich auf dem Gelände ein Landsitz der einflussreichen Familie der Fujiwara; 1052 stellte Fujiwara Yorimichi es für den Bau eines Tempels zur Verfügung. Die Haupthalle mit ihren eleganten niedrigen Seitenflügeln, die sich wie Schwingen um einen kleinen Teich zu legen scheinen, und an deren Giebelenden ein Phönixpaar aus Bronze zu sehen ist, wird **Phönixhalle** genannt. Der Phönix galt als Glück bringender Vogel, der nur in Zeiten großer Harmonie zu finden war. Auch die Innenausstattung der Halle ist aus dem 11. Jh. erhalten und schön restauriert: Die vergoldete Amida-Statue mit Baldachin stammt von Jocho. An Altar und Decken finden sich Bronze- und Perlmuttintarsien; auch die Deckengemälde der 25 Bosatsu sind sehenswert.

Dahinter liegt direkt am Fluss die **Halle Kannon-do**, die deshalb auch **Tsuri-dono** (**Angelhalle**) genannt wird. Daneben erinnert ein Denkmal an Minamoto Yorimasa (1104–1180), der hier während der Gempei-Kriege Seppuku beging, weil die Feinde die Stadt eingenommen hatten – es war einer der ersten rituellen Samurai-Selbstmorde angesichts einer Niederlage.

Der Baukomplex bildet zusammen mit dem **Garten** eine kompositorische Einheit, die das Paradies des »Reinen Landes« symbolisiert, wie es von der Jodo-Schule verkündet wird. Das **Museum** (Homotsuden), untergebracht in einem beeindruckenden Bau des Architekten Kuryu Akira, zeigt eine gute Computeranimation zur ursprünglichen Anlage. So sind hier die Originale der engelähnlichen Musikanten, die die Amida-Statue umgeben (darunter ein seltener laufender), und die berühmte Glocke zu sehen, die früher im Glockenturm gegenüber der Phönixhalle hing (heute dort eine Kopie).

Zum Uji-Grüntee (mit Teehausadressen): www.japan-guide.com/e/e3977.html

Phönixhalle: 9.30–16.10 Uhr (Zutritt alle 20 Min.) | zzgl. 300 ¥
www.byodoin.or.jp/ja/en.html | www.japan-guide.com/e/e3923.html

Garten: tgl. 8.30–17.30 Uhr | Museum 9–17 Uhr | Kombiticket für beide 600 ¥

Älteste im Original erhaltene Schreinbauten

★ Uji-Schrein

Östlich des Fluss steht der Uji-Schrein, der im Jahr 313 am ehemaligen Standort der Residenz des Prinzen Uji-no-Wakiiratsuko († 312) gegründet worden sein soll. Der Schrein ist diesem Prinzen sowie seinem Vater, Kaiser Ojin, und seinem Bruder, Kaiser Nintoku, ge-

Die Phönixhalle des Byodo-in in Uji legt sich wie Flügel um einen Teich.

weiht. Die zum **UNESCO-Weltkulturerbe** zählende Anlage besteht aus zwei Teilen, von denen der Obere Schrein (10. Jh.) älter ist. Im Gegensatz zu den meisten anderen Schreinen wurden die Gebäude nicht von Zeit zu Zeit abgetragen, sodass sie heute als älteste im Original erhaltene Schreinbauten des Landes gelten. Im Vorhof befindet sich eine der sieben **Quellen** von Uji, die für ihr klares Wasser bekannt sind. Der Untere Schrein ist aus der Kamakura-Zeit.

Miho Museum

▶ Shigaraki, S. 400

Wohin in der nordöstlichen Umgebung von Kyoto?

Heiliger Berg mit Aussichtspunkt

Hiei

Den Berg Hiei (848 m) nordöstlich von Kyoto erreicht man vom Stadtzentrum per Bus (1 Std.); alternativ geht es mit der Bahn (Keihan-Linie bis Demachi-yanagi, dann Keifuku-Eizan-Privatbahnlinie) bis nach Yase-yuen und von dort mit der Seilbahn auf den Gipfel. In der Nähe der Bergstation Shimeigatake gibt es einen **Aussichtspunkt** mit Drehturm (guter Blick auf Kyoto und den ▶ Biwa-See).

Studienort berühmter Mönche

★ Enryakuji-Tempel

Hier steht auch der Enryakuji-Tempel, früher einer der mächtigsten Tempel des Landes und heute Haupttempel der esoterischen buddhistischen Tendai-Schule. Auch er wird dem **UNESCO-Weltkulturerbe** zugerechnet. Gegründet wurde er 788 im Auftrag von Kaiser Kammu von dem buddhistischen Priester Saicho (767–822), der einer aus China eingewanderten Familie entstammte und zuvor dorthin eine längere Reise unternommen hatte. Der Standort des Tempels im Nordosten der Stadt wurde gewählt, weil man die aus dieser Richtung kommenden bösen Geister abwehren wollte. Der wachsende politische Einfluss der Mönche stellte jedoch bald eine Bedrohung für Kyoto dar, bis schließlich Oda Nobunaga 1571 den Tempel zerstörte. Trotz der Erneuerung durch Toyotomi Hideyoshi und der von Tokugawa Iemitsu verfügten Erweiterung erlangte der Tempel nie wieder größere weltliche Macht. Gegliedert in einen **Ost-** und einen **Westbezirk** verteilen sich zahlreiche Gebäude (teils aus dem 20. Jh.), darunter Vortrags- und Amidahalle, ein Glockenturm, das Monjuro-Tor, eine Pagode und die Daikoku-do für den Glücksgott Daikokuten.

Tgl. 8.30–16.30 Uhr, Dez. 9–16, Jan. Feb. 9–16.30 Uhr | alle Bezirke 700 ¥ | Schatzhaus 500 ¥ | www.hieizan.or.jp/_att/english.pdf

Vom Impressionismus inspiriert

Hiei Garden Museum

Wer Erholung von so vielen Tempeln braucht: Das bezaubernde Hiei Garden Museum hat seine Gärten nach dem Vorbild französischer impressionistischer Gemälde gestaltet, die als Kopie immer dabei stehen.

20. April–Nov. tgl. 10–17.30 Uhr | 1030 ¥

Ländliches Tempel-Städtchen

Ohara

Im ländlichen Ohara (Bus 17 ab Bhf. Kyoto, 19 ab U-Bahn Kokusaikaikan) steht der zur Tendai-Schule gehörende **Sanzen-in-Tempel**, der 860 von dem Priester Joun erneuert wurde. Die Haupthalle Ojogokuraku-in (»Paradies der Wiedergeburt«) ist ein Werk des Priesters Enshin (942–1017). Die wie ein Bootskiel geformte Hallendecke ist mit 25 Bodhisattwa-Darstellungen geschmückt. An den Wänden sind Mandara-Bilder von Enshin zu sehen. Die vergoldete Amida-Statue entstand 1148. Andere Gebäude des Aareal wurden im frühen 17. Jh. aus Teilen der Zeremonienhalle des Kaiserpalasts Shishinden errichtet.

Tgl. 8.30–17.30, Dez.–Feb. 9–17 Uhr | 700 ¥ | http://sanzenin.or.jp/en/

Wohin in der westlichen Umgebung von Kyoto?

Burgstädtchen mit Stromschnellen

Kameoka

22 km westlich von Kyoto liegt die Kleinstadt Kameoka (JR-San-in-Linie, 30 Min., oder Bus, 1 Std.). Die im Kameoka-Becken am Fluss Hozu gelegene einstige Burgstadt ist Ausgangspunkt der 16 km langen

Stromschnellenfahrt nach Arashiyama am Westrand von Kyoto. Einst wurden auf diese Weise Reis und Holz transportiert. Die Schnellen beginnen auf der Höhe von Miyanoshita; dann windet sich der Fluss zwischen den Hügelketten von Atagoyama (links) und Arashiyama (rechts) hin.

März–Nov. stdl. Bootsfahrten (etwa 2 Std.), Dez.–Feb. (Boot im Winter beheizt) jeweils 10, 11.30, 13, 14.30 Uhr | 4100 ¥
www.japanvisitor.com/kyoto/hozugawa

Kunst(handwerk), Teekultur und Whisky

Oyamazaki

Am Bahnhof Oyamazaki südwestlich von Kyoto unterhält die **Asahi-Brauerei** ein Museum für Privatsammlungen von Mingei – der japanischen Entsprechung zum Arts and Crafts Movement – und westlicher Kunst der klassischen Moderne. Der moderne Anbau an die historische Unternehmerresidenz wurde von Ando Tadao gestaltet. In der Nähe befindet sich **Japans ältestes Teehaus**, das Taian, das von Sen-no-Rikyu (▶ S. 582) um 1590 erbaut worden sein soll. Jenseits der Bahngleise kann mit der **Whisky-Brauerei Suntory** auch die älteste und bedeutendste des Landes besichtigt werden.

Asahi Beer Oyamazaki Villa Museum of Art: Di.–So. 10–17 Uhr | 900 ¥
www.asahibeer-oyamazaki.com/english/annai/
Taian: nur nach Voranmeldung (Tel. 075 9 56 01 03) | 1000 ¥
Suntory Yamazaki Whisky Museum: 9.30–17 Uhr, nur nach Voranmeldung | Tel. 081 7 59 62 14 23 | www.suntory.com/factory/yamazaki

★★ MATSUE 松江

Hauptinsel: Honshu | **Präfektur:** Shimane | **Einwohnerzahl:** 193 000

Matsue besticht durch seine beschauliche, historische Atmosphäre mit Samurai-Häusern, einer schön gelegenen Burg und archäologischen Funden in der Umgebung. Berühmtester Einwohner war der europäische Schriftsteller Lafcadio Hearn, dessen Wohnhaus besichtigt werden kann.

»Stadt an den Kanälen«

Matsue, die Hauptstadt der Präfektur Shimane und größte Stadt der historischen Region San-in, liegt nahe der Nordwestküste von Honshu am Fluss Ohashi, der die Verbindung zwischen dem touristisch bedeutsamen Shinji-See im Westen und der Lagune Naka-no-umi im Osten bildet. Schiffbare Kanäle um die Burg, einst in strategischer Absicht angelegt, um Feinde abzuwehren, sind heute vor allem eine Touristenattraktion.

MATSUE ERLEBEN

TOURISTENINFORMATION
Im Bahnhof: 665 Asahi-machi
Tel. 0852 21 40 34
tgl. 9–18, Juni, Juli bis 19 Uhr
www.visit-matsue.com
Die meisten Sehenswürdigkeiten bieten gegen Vorlage eines ausländischen Passes Ermäßigungen von oft 50 % an.

ANREISE
Bahn: Von Tokyo JR-Shinkansen bis Okayama (3 Std. 20 Min.), von Shin-Osaka JR-Shinkansen bis Okayama (45 Min.), weiter mit JR-Express (2 Std. 40 Min.); Ichibata-Privatbahnlinie von Izumo-shi via Kawato zum Izumo-Taisha-Schrein und weiter nach Matsue-Onsen
Flugzeug: Die beiden nächsten Flughäfen sind Yonago und Izumo. Von Tokyo (1½ Std.), von Osaka (1 Std.)

MUSHA GYORETSU
Umzug in historischen Kostümen.
Anfang April

HORAN ENYA MATSURI
Eines der drei größten Bootsfeste Japans. Die Götter fahren per Boot vom Inara- zum Adakae-Schrein.
Mai 2019 und alle 10 Jahre

SUIGO-SAI
Schreinfest mit großem Feuerwerk.
Chikubu-jima Schrein,
zwei Tage Anfang August

DO-GYORETSU TROMMELFEST
Parade mit riesigen Trommeln von bis zu 2 m Durchmesser.
19./20. Oktober

SCHREINFESTE
Izumo-Taisha-Schrein
Mitte Mai, 1. Juni, Mitte Oktober, Mitte November

Wohin in Matsue?

Nationalschatz Burg, umgeben von Wasserwegen

Matsuejo

1,8 km nordwestlich des Bahnhofs liegt auf dem Kamedayama-Hügel die 1607–1611 erbaute Burg, die seit 2015 als fünfte erhaltene Burg zum Nationalschatz ernannt wurde. Ihr dreistöckiger Hauptturm, 1642 wiederrichtet, enthält Rüstungen und Exponate zur Stadtgeschichte; vom obersten Stockwerk bietet sich ein schöner Ausblick über die Stadt, auf die nördlichen Berge und den Shinji-See im Westen.
Der Kanal rund um die Burg wird heute von Ausflugsschiffen befahren. Die Burg ist umgeben vom **Shiroyama-Park**, den man am besten während der Kirsch- und Azaleenblüte besuchen sollte.
Burg: tgl. 8.30–18.30, Okt.–März bis 17 Uhr | 560 ¥ (für Ausländer Ermäßigung) | Kombiticket mit Lafcadio-Hearn-Museum 1000 ¥
www.japan-guide.com/e/e5801.html
Horikawa Sightseeing Boat: Tagespass (Ausländer) 820 ¥
www.matsue-horikawameguri.jp/language/en/

Eisenmasken wie diese in der Burg Matsuejo gehörten zur Rüstung eines Samurai.

Residenzen der Samurai

★ Samurai-Häuser

Ein schöner Spaziergang (15 Min.) führt am Burggraben entlang nordwärts zu den Samurai-Residenzen (**Bukeyashiki**); besonders sehenswert ist das Haus des Lehnsmanns Shiomi mit reichhaltigem Inventar. In derselben Straße befinden sich das ehemalige **Wohnhaus des Lafcadio Hearn** (jap.: Koizumi Yakumo, 1850–1904) und das Lafcadio-Hearn-**Museum**: Der irischstämmige Schriftsteller lebte gegen Ende des 19. Jhs. in Matsue, war mit einer Japanerin verheiratet und trug durch seine Schriften viel zum Bekanntwerden Japans und seiner Kultur in der westlichen Welt bei.

Samurai-Residenzen: vorauss. bis April 2018 geschl.
Lafcadio-Hearn-Wohnhaus, Lafcadio-Hearn-Museum:
tgl. 8.30–18.30, Okt.–März bis 17 Uhr
Wohnhaus: 300 ¥, Museum: 400 ¥, Kombiticket mit Burg 1000 ¥
www.hearn-museum-matsue.jp/english.html

400 Jahre Stadtgeschichte

Geschichtsmuseum

Östlich der Burg veranschaulicht das **Matsue History Museum** gut 400 Jahre Stadtgeschichte; in einem Teezimmer können Besucher zudem bei der Herstellung japanischer Süßigkeiten zusehen.
Tgl. 8.30–18.30, Okt.–März bis 17 Uhr | 510 ¥

Über dem Eingang des Izumo-Taisha-Schreins trennen »Shimenawa«-Seile aus Reisstroh die diesseitige Welt von der Welt der Götter.

Rund um Matsue

Topadresse für moderne japanische Malerei

Adachi-Kunstmuseum

Erste Adresse für moderne japanische Malerei seit Ende des 19. Jhs. ist das Adachi-Kunstmuseum südöstlich der Stadt (kostenloser Shuttlebus ab JR-Bhf. Yasugi, östl. von Matsue). Zum Museum gehört ein eindrucksvoller Landschaftspark mit verschiedenen Gartenanlagen.

Tgl. 9–17.30, Okt.–März bis 17 Uhr | 2300 ¥
www.adachi-museum.or.jp/en/

»Berichte« aus dem Altertum

Fudoki-no-oka

Im Südosten der Stadt ist das Dorf Fudoki-no-oka von archäologischem Interesse. Es zeigt die althergebrachte schachbrettartige Parzellierung, **Hügelgräber** (Futago-zuka), Rekonstruktionen alter Wohnhäuser aus der Kofun-Zeit (3.–7. Jh.), Überreste eines Provinztempels (Koku-bunji; 741) und das **Museum** (Shiryo-kan) in der Dorfmitte.

Tgl. 9–17 Uhr | 200 ¥ | www.yakumotatu-fudokinooka.jp/en/

Ältestes Bauwerk des Taisha-zukuri-Stils

Kamosu-Schrein

Westlich von Fudoki-no-oka liegt der Kamosu-Schrein (Kamosu-jinja), dessen 1364 erbaute Haupthalle (Honden) das älteste erhaltene Bauwerk des Taisha-zukuri-Stils darstellt. Nördlich davon bzw. 7 km südlich des Bahnhofs (15 Min. mit Bus) erhebt sich der dem Gott der Ehe geweihte **Yaegaki-Schrein**. Junge Frauen suchen ihn gern auf, um herauszufinden, wie bald sie heiraten werden: Sie lassen eine Münze auf einem Stück Wachspapier auf dem Teich hinter dem Schrein treiben – je eher sie untergeht, desto besser.

Alle Götter Japans

★★ Izumo-Taisha-Schrein

In **Izumo**, 40 km westlich von Matsue, steht eines der wichtigsten und ältesten Pilgerzentren Japans, der Izumo Taisha (nordwestl. der Stadt, Bus, 7 Min.) – hier versammeln sich einmal im Jahr alle Götter Japans! Auch archäologisch lässt sich die uralte Geschichte des Ortes belegen – im eindrucksvollen Shimane Museum of Ancient Izumo (▶ S. 274).
Japans ältestes shintoistisches Heiligtum ist **Okuninushi-no-mikoto** geweiht, dem Gott des Ackerbaus und der Heilkunde. Der Legende nach gründete dieser im Gebiet von Izumo einen Staat und zog sich später in den ursprünglich als großer Palast angelegten, eigens für ihn erbauten Schrein zurück, in dem seine Nachfahren in ununterbrochener Linie als Priester wirken. Okuninushi gilt auch als Beschützer der Jungvermählten, weshalb Paare hier um eine glückliche Ehe bitten. Der Schrein ist heute zusammen mit dem Ise-Schrein (▶ S. 159) und dem Konpira-Schrein (Shikoku, ▶ S. 412) das größte shintoistische Pilgerzentrum des Landes. Besonders zur Zeit der Schreinfeste (▶ S. 268) wird er besucht.
Die Schreinanlage umfasst auf einer Gesamtfläche von 16,4 ha eine Vielzahl von Gebäuden, die den frühen japanischen **Architekturstil Taisha-zukuri** repräsentieren. Charakteristische Merkmale dieses Stils sind ein weit vorspringendes Satteldach, walzenförmige Firsthölzer, gekreuzte Giebelbalken und der an der Giebelseite befindliche Eingang. Die heutigen Gebäude stammen größtenteils von 1874, die Haupthalle Honden von 1744.
Die **Gebetshalle** (**Haiden**) ziert ein tonnenschweres geweihtes **Reisstrohseil** (Shimenawa, Abb. links) über dem Eingang – es trennt das Weltliche vom Sakralen. Die Dächer sind mit Zypressenrinde gedeckt. Der Schrein, zu dem eine Zedernallee führt, ist von einer zweifachen Einfriedung umgeben.
Beiderseits des **Hauptschreins** (**Honden**) befinden sich zwei lang gestreckte Gebäude, in denen nach shintoistischer Lehre einmal im Jahr, im 10. Mondmonat (heute November), alle Shinto-Götter zusammenkommen. Deshalb wird dieser Monat in ganz Japan als »götterloser Monat« (Kannazuki) und nur in Izumo als »Monat der anwesenden Gottheiten« (Kamiarizuki) bezeichnet. Links des Eingang befindet sich das **Schatzhaus** (Museum), dahinter die Halle

SANKEI – DIE DREI BERÜHMTESTEN LANDSCHAFTEN

Viele Japaner genießen die Harmonie zwischen Land und Meer – und so kennt jeder seine Sankei – die drei berühmten Landschaften Japans: Ama-no-hashidate bei Miyazu, die Insel Matsushima bei Sendai und Itsukushima, die Schreininsel mit dem schwimmenden Torii bei Hiroshima.

Himmelsbrücke

Eine Legende schwebt über der herrlichen Landschaft von ▶ **Ama-no-hashidate**: Als vor Urzeiten das Götterpaar Izanami und Izanagi den heiligen Speer in die salzigen Fluten tauchte, entstanden aus den herabfallenden Tropfen die ersten Inseln Japans. Dem **Mythos** nach stiegen die Götter über die Himmelsbrücke auf die japanische Inselwelt herab. Die vielen einheimischen Touristen geben sich dem berühmten Blick zwischen den gespreizten Beinen hindurch hin, wodurch die Pinien auf der Landzunge wie mythische Pfeiler erscheinen, die direkt in den Himmel führen, diesen so mit dem Meer verbindend. Eine Drehbrücke mit der einzigen Zufahrt zur Nehrung führt über eine Vorinsel zur Himmelsbrücke. Auf den breiten Sandflächen zur Seeseite haben sich **Badegäste** niedergelassen; Kinder suchen nach Muscheln und Schnorchler beobachten die bunte Welt der Fische. Ein fast 4 km langer

Die Brücken zwischen den Inselchen in der Bucht von Matsushima sind prima für eine Radtour.

Das oft fotografierte, ikonische Wahrzeichen der heiligen Insel Miyajima: das (bei Flut) im Wasser stehende rote shintoistische Torii von Itsukushima.

Wanderweg erschließt die Schönheit unter Tausenden von Pinien, vorbei an stillen Schreinen und mit Ausblicken auf die felsige Küste der Wakasa-Bucht. Unter einem alten Baum liegt ein verblasstes Votivtäfelchen, das die Schönheit von Ama-no-hashidate mit einer sehnsüchtigen Liebe vergleicht.

Kieferninseln

In der weiten Bucht von n Matsushima ragen senkrecht aus dem Pazifik mehr als 260 winzige Inseln aus schwarzem Tuff oder weißem Sandstein, geformt zu Bögen, Türmen und Grotten. Seltsame Formen erinnern an einen aufgetauchten Wal oder eine Riesenschildkröte, deren Rücken von windzerzausten Kiefern bewachsen ist. Zu vielen dieser Klippen führen **rote Bogenbrücken,** und inmitten des üppigen Inselgrüns lädt ein kleiner Tempel zur Meditation ein.

Heilige Insel

Der **Itsukushima-Schrein** auf der Insel Miyajima (▶ Itsukushima) vor den Toren Hiroshimas ist die größte Sehenswürdigkeit in dessen näherer Umgebung. Das rote shintoistische **Torii**, mit 16 m Höhe und 23 m Breite größtes seiner Art, ragt aus den Fluten der Inlandsee (wenn nicht gerade Ebbe ist); dahinter zeigt sich, umrahmt von steilen grünen Bergen, die weit in die See hinausgeschobene Bugaku-Bühne des rot gestrichenen Schreins. Schier endlose Korridore umgeben die aus dem 16. Jh. stammende, älteste **No-Freilichtbühne** des Landes. Mächtige Steinlöwen verwehren bösen Geistern den Zutritt zu der heiligen Insel. Noch bis zur Meiji-Reform durfte hier niemand geboren werden oder sterben, kein Baum durfte gefällt, kein Tier getötet werden. Selbst heute noch gibt es keinen Friedhof auf der Insel; die Toten werden auf dem Festland bestattet.

für sakrale Tänze (**Kagura-den**). Die Kulisse des Schreins bilden die waldreichen Hügel Yakumo und Tsuruyama.

Schreingelände: freier Zutritt | Schatzhaus: tgl. 8.30–16.30 | 300 ¥
www.japan-guide.com/e/e5804.html

Antike Bronzefunde im Provinzialmuseum

Shimane Museum of Ancient Izumo

Ein weiteres Highlight in Izumo ist das Shimane Museum of Ancient Izumo, das der Pritzker-Preisträger Maki Fumihiko 2006 entworfen hat. Es zeigt erst in den 1980er- und 1990er-Jahren gefundene antike Bronzeschwerter und -glocken sowie Fundstücke vom Izumo-Taisha-Schrein.

Tgl. 9–18 Uhr, Nov.–Feb. bis 17 Uhr | ständige Sammlung 610 ¥, Sonderausstellungen variabel | www.izm.ed.jp/english

Shimane Art Museum am Shinji-See

Shinji-See

Der zwischen Matsue und Izumo gelegene Shinji-See ist mit 80 km^2 Fläche und 50 km Umfang der sechstgrößte See Japans. An seinem Ostufer (15 Min. zu Fuß vom Bhf. Matsue) liegt das auch architektonisch beeindruckende **Shimane-Kunstmuseum**. Es zeigt neben japanischen und westlichen Gemälden Fotografien seines namhaften Architekten Kiyonori Kikutake, Skulpturen, Drucke und Kunsthandwerk. **Matsue-Onsen** im Osten bietet einen schönen Blick auf die Seelandschaft.

Museum: Mi.–Mo. 10–18.30 Uhr, März–Sept. bis 30 Min. nach Sonnenuntergang | 300 ¥/1000 ¥ (Sonderausstellungen), für Ausländer Ermäßigung | www.shimane-art-museum.jp/en/

★★ MATSUMOTO 松本

Hauptinsel: Honshu | **Präfektur:** Nagano | **Einwohnerzahl:** 223 000

Matsumoto ist das Tor zu den bis zu 3000 m hohen Nordalpen. Besonders wenn diese als Kulisse dahinter zu sehen sind, wirkt die hervorragend erhaltene Burg der Universitätsstadt einfach umwerfend. Und eingeweihte Kunstliebhaber besuchen in Matsumoto auch das Ukiyo-e-Museum.

Nationalschatz

»Krähenburg« (Karasu-jo) heißt die Burg von Matsumoto mit ihrem markanten schwarzen Turm – das Gegenstück zur »Burg des Weißen Reihers« (▶ Baedeker Wissen, S. 142) in ▶ Himeji. Auch sie gehört zu den nur 12 Burgen, die aus der Edo-Zeit erhalten sind, und ist ein Nationalschatz.

Kaum zu glauben: Die »Krähenburg« von Matsumoto sollte abgerissen werden.

Wohin in Matsumoto?

Gegenstück zur »Burg des Weißen Reihers«

★★ Karasu-jo

Die Anlage der auch »**Krähenburg**« (Karasu-jo) genannten Burg, etwa 1 km nördlich des Bahnhofs, ist ein klassisches Beispiel für den Befestigungsstil **Hirashiro** (Flachlandburg). Sie überragt eine weite Ebene und ist von den typischen nach oben immer steiler werdenden Fundamentmauern aus riesigen Felsblöcken und von Wassergräben mit roten Brücken umgeben. Sie wurde schon 1504 errichtet, aber im Laufe des 16. Jhs. erweitert. Der sechsstöckige **Hauptturm** sieht von außen aus, als hätte er nur fünf Stockwerke, direkt angebaut ist ein kleinerer Turm auf der Nordseite. Gut zu erkennen sind die Schießscharten für Bogenschützen und Musketen sowie die in die Wände eingebauten Öffnungen, durch die Angreifer mit Steinen beworfen werden konnten. Im späten 19. Jh. sollte die Burg abgerissen werden und wurde nur durch das private Engagement zweier Bürger davor bewahrt.

Ein zusätzlicher Anbau an der Ostseite der Burg, der »**Turm zur Betrachtung des Mondes**« (Tsukimi Yagura), kam erst später dazu – er diente (in Friedenszeiten) als Pavillon für Festlichkeiten (auch um den Herbstvollmond im Sake-Schälchen gespiegelt zu betrachten).

Burg Matsumoto (mit City Museum): tgl. 8.30–17, im Sommer oft 8–18 Uhr | 610 ¥ | www.matsumoto-castle.jp/lang/

Folkoristisches

Stadtmuseum

Heute ist das Burgareal auch Stadtpark, daneben steht das Matsumoto City Museum (Matsumoto Shiritsu Hakubutsukan), neben Archäologie und Geschichte präsentiert es eine Sammlung zur Folklore der Region – ungewöhnlich sind etwa die platten Tanabata- und Oshiebina-Puppen.

Tgl. 8.30–17 Uhr; 610 ¥

MATSUMOTO ERLEBEN

TOURISTENINFORMATION
Im Bahnhof: 3rd Fl.
Tel. 0263 32 28 14
9–17.45 Uhr | welcome.city.matsumoto.nagano.jp

ANREISE
Flugzeug: Von Osaka (1 Std.)
Bahn: Von Tokyo Hbf. Shinkansen bis Nagano (1 Std. 40 Min.), weiter über die JR-Shinonoi-Linie bis Matsumoto (80 Min.) oder von Tokyo mit dem durchgehenden JR-Expresszug (3 Std. 10 Min.). Von Osaka mit dem Shinkansen bis Nagoya (50 Min.), weiter mit Shinano-Express bis Matsumoto (125 Min.)

TAKIGI-NOH
Klassische No-Vorführung vor alpiner Kulisse.
Burggarten, Anfang August

SAITO KINEN MUSIKFESTIVAL
Renommierteste klassische Konzertreihe Japans mit Musikern aus der ganzen Welt.
Ende August bis Mitte September

Die Umgebung Matsumotos ist als bestes **Wasabi**-Anbaugebiet bekannt (▶ S. 278).

SHIN-MIYOSHI €€
Die regionale Spezialität in Matsumoto ist Pferdefleisch und das Shin-Miyoshi trotz des Namens (»Neues Miyoshi») eines der ältesten und bekanntesten Restaurants, in denen Pferdefleisch-Sashimi (rohes Pferdefleisch) und Pferdefleisch-Feuertopf angeboten werden. Zu erkennen ist es leicht am Pferdelogo auf der Laterne!
Chuo 1-7-17 | Tel. 0263 39 01 41
Mo.–Fr. 11.50–14, 17–23,
Sa. 17–23 Uhr
http://sinmiyoshi.com (jap.)

Schulgeschichte à la Japan

Nördlich der Burg steht die 1876 im westlichen Stil erbaute **Alte Kaichi-Schule**, eine der ältesten Grundschulen Japans. In den ehemaligen Klassenräumen wird eine Ausstellung zur Bildungsgeschichte präsentiert.

Kyu Kaichi Gakko

Di.–So. 8.30–17 Uhr | 300 ¥

Holzschnitt-Technik und die Wirren der Rechtsgeschichte

Südwestlich außerhalb des Stadtzentrums steht das moderne Gebäude des Ukiyo-e Museums (Nihon Ukiyoe Hakubutsukan) mit über 100 000 Holzschnitten, Druckstöcken, Büchern und Gemälden; wechselnde thematische Ausstellungen zeigen Objekte aus der Sammlung. Im Museumsshop werden u. a. originalgetreu von Hand nachgedruckte Repliken bekannter Ukiyo-e verkauft.

Ukiyo-e Museum

In unmittelbarer Nähe befindet sich das **Gerichtsmuseum** (Nihon Shiho Hakubutsukan), untergebracht in dem ältesten hölzernen Gerichtsgebäude des Landes (von 1908). Die Ausstellung setzt sich mit der japanischen Rechtsgeschichte und den Tokyoter Prozessen auseinander, in denen die Verantwortlichen der japanischen Streitkräfte durch die Siegermächte angeklagt und verurteilt wurden.

Ukiyo-e Museum: Di.–So. 10–17 Uhr | 1200 ¥
www.japan-guide.com/e/e6054.html
Gerichtsmuseum: Di.–So. 9–17 Uhr | 400 ¥

Rund um Matsumoto

Almweiden und moderne Großskulpturen

Im Osten der Stadt erstreckt sich die Hochebene Utsukushigahara, die von einer Höhe bis über 2000 m ü. d. M. schöne Ausblicke auf das Hida-Bergland bietet (Busverbindung vom Bhf. Matsumoto). Nach 20 Minuten erreicht man den Badeort **Asama-Onsen** (Thermalquellen, zahlreiche Ryokan). Südlich finden sich in der weiteren Umgebung noch die **Thermalkurorte** Oboke, Yamabe, Fujii, Iriyamabe und Tobira, die zusammen als Kurgebiet Utsukushigahara-Onsen bezeichnet werden.

Utsukushigahara

Zum **Freilichtmuseum** (Utsukushigahara Open Air Museum) fährt vom Bahnhof Matsumoto der Bus in 40 Minuten über steile Kehren zur Endstation auf der Höhe. Von hier führen eine für Fahrzeuge gesperrte Straße oder ein kürzerer Gebirgsweg bis zur NHK-Fernsehstation und weiter auf dem 2 km langen Höhenweg, vorbei an Almweiden mit schwarz-weißen Rindern, bis zum weitläufigen Freilichtmuseum mit modernen Großskulpturen (letzte Rückfahrt: 15.35, Mitte Juli/Aug. 17.30 Uhr).

Utsukushigahara Open Air Museum: Ende April bis Anfang Nov. 9–7 Uhr | 1000 ¥ | www.utsukushi-oam.jp/english/

»Rodin des Orients« und scharfer grüner Meerettich

Hotaka, Azumino

Das **Kunstmuseum** (Rokuzan Bijutsukan) in Hotaka (nördlich Bhf. Hotaka, 7 Min. Fußweg) enthält hauptsächlich Werke des jung verstorbenen Bildhauers **Ogiwara Rokuzan** (1879–1910). Sein westlicher Stil, den er bei seinen Reisen nach Paris und New York kennengelernt hatte, brachte ihm den Beinamen »Rodin des Orients« ein.

Auf der **Daio Wasabi Farm** in der ländlichen Kleinstadt Azumino bei Hotaka (vom Bhf. Hotaka Taxi oder Leihfahrrad) wird in klarem Gebirgswasser der scharfe grüne Meerrettich angebaut, mit Besichtigungsmöglichkeit, Verkauf und Verkostung von diversen Wasabi-Produkten (sogar Wasabi-Bier und -Eiscreme).

Rokuzan Art Museum: tgl. 9–17 Uhr | 700 ¥
www.rokuzan.jp/foreigner/english.html
Daio Wasabi Farm: tgl. 8.45–17.30, Nov.–März 9–16.30 Uhr
Eintritt frei | www.japan-guide.com/e/e6056.html

Suwa

In Suwa etwas südlich von Matsumoto bieten fünf alteingesessene **Sakebrauereien** ein gemeinsames Tasting an: Mit dem einmal erworbenen Becherchen geht es zu Fuß durch die Nachbarschaft, alle Brauerein liegen nah beieinander – und alle haben guten Sake.
http://visit-suwa.com/about-suwa/

Reiswein ist kein Wein. Er wird mit Reismaische, Wasser und Hefe gebraut.

★★ MATSUSHIMA 松島

Hauptinsel: Honshu | **Präfektur:** Miyagi | **Einwohnerzahl:** 15 000

Pittoresker geht es eigentlich nicht: Sturmgebeugte Kiefern stehen auf zerklüfteten Felseninselchen, hinter der Bucht der Pazifik. Nicht umsonst zählt Matsushima (»Kieferninsel«) zum Kanon der »Drei berühmtesten Landschaften« Japans (Sankei; ▶ Baedeker Wissen, S. 272).

Berühmte Küstenlandschaft

Etwa 260 Tuff- und Sandstein-**Inseln** liegen verstreut in der Bucht von Matsushima wenig nördlich der Großstadt Sendai. Einige größere Inseln sind bewohnt, die kleinsten dagegen nur wenige Quadratmeter große Klippen. Die Brandung hat den Fels tief ausgehöhlt, sodass Grotten, Tunnel, Türme und Bögen entstanden sind; selbst auf steilen Stellen krallen sich noch windzerzauste **Kiefern** fest. Einige Inseln in Küstennähe sind über geschwungene rote Brücken erreichbar (▶ Abb. S. 272). Schiffsrundfahrten bieten besonders schöne Ausblicke.

Matsushima und die Bucht

★★ Küste und »Vier schöne Aussichtspunkte«

Darüber hinaus liegen um die Bucht verteilt die traditionellen »Vier schönen Aussichtspunkte«: Ogitani (▶ S. 281), Tamonzan, Tomiyama und Otakamori; zu Fuß vom Ort Matsushima aus ist der Hügel Sokanzan (▶ S. 281) ebenfalls mit gutem Blick zu erreichen. Im Ort selbst befinden sich historisch bedeutsame Tempel, deren Gärten besonders zur herbstlichen Laubfärbung sehr stimmungsvoll sind. Obwohl die umliegende Küste 2011 von dem verheerenden Tsunami mit am stärksten betroffen war – u. a. wurde ein kompletter Vorortzug ins Meer gespült –, haben die vorgelagerten Inseln die Wucht der Flutwelle weitgehend zurückgehalten und Einwohner und Sehenswürdigkeiten vor größeren Schäden bewahrt. Matsushima ist insbesondere zu den japanischen Hauptreisezeiten (v. a. Golden Week Anfang Mai und im August) ein Top-Reiseziel mit teuren Resort-Hotels, lässt sich aber auch sehr gut als Ausflug von ▶ Sendai aus besuchen.

Wohin in Matsushima und Umgebung?

Erinnerung an ein mächtiges Fürstengeschlecht

Meeresblick-Pavillon Kanran-tei

An der Bucht gelangt man zu dem sich auf einer Klippe am Pier erhebenden Meeresblick-Pavillon Kanran-tei; das schlichte **Kanran-tei Teahouse** vom Ende des 16. Jhs., einst Teil des Fushimi-Schlosses, war ein Geschenk des Toyotomi Hideyoshi an seinen Vasallen **Date Masamune** (1567–1636). Die Schiebetüren im Inneren bemalte Kano Sanraku (1559–1635), ein bedeutender Künstler des Momoyama-Stils.

Wie sein Name sagt, bietet der Pavillon einen schönen Blick über die Bucht; im Garten zeigt das kleine **Matsushima Museum** Erinnerungsstücke an die Adelsfamilie Date, die im Mittelalter eine Zeit lang das mächtigste Fürstengeschlecht im Nordosten Japans war.

Matsushima Museum: tgl. 8.30–17 Uhr | 200 ¥, Teeset ab 400 ¥

Ein Tempel und drei Inselchen

★ Godaido-Tempel

Etwas nordöstlich führen zwei Brücken zum kiefernbewachsenen **Inselchen Godaido**, auf dem sich der im Auftrag von Date Masamune erbaute Godaido-Tempel erhebt. Er birgt fünf Buddhastatuen.

1 km südlich des Godaido-Tempels führt eine rote Holzbrücke (Togetsukyo) auf die malerische **Insel Oshima**, in deren Klippen die Brandung Grotten gegraben hat. Buddhistische Darstellungen in diesen Höhlen zeugen davon, dass sie einst als Einsiedeleien dienten.

Nordöstlich des Godaido-Tempels erreicht man ebenfalls über eine rote Holzbrücke die **Insel Fukuura**, bekannt für ihre vielfältige Flora.

Godaido: Eintritt frei

Fukuura: tgl. 8.30–17 Uhr | Eintritt frei, Brücke: Maut 200 ¥

Familientempel des Daimyo Date Masamune

★ Zuiganji-Tempel

Im Westen (5 Min. zu Fuß vom Bhf. Matsushima-Kaigan) führt eine von Zedern gesäumte Allee landeinwärts zum Zuiganji-Tempel (828), der ein Zentrum der Zen-Schule Rinzai (Myoshinji-Schule) bildet. Zu beiden Seiten der Allee liegen **Höhlen**, die den Mönchen als Platz für Meditationsübungen dienten; in einer größeren links hinter dem Tempeleingang soll der Abt Hosshin, der im 13. Jh. die neue Lehre des Zen in China studiert hatte, nach seiner Rückkehr meditiert haben. Die jetzigen Gebäude wurden 1609 im Auftrag von Date Masamune (1567–1636), des mächtigen Daimyo von ► Sendai, errichtet.

Der Tempel wird komplett restauriert, u. a. soll das gesamte Gebäude angehoben werden, um die Fundamente zu erneuern. Hauptgebäude und Tore sind mit Werkhallen umbaut und nicht zugänglich, zu besichtigen sind die riesige Tempelküche (Kure) und ein Wohngebäude, in dem vorübergehend die Kultbilder aufgestellt sind, darunter eine Kannon-Statue, die möglicherweise aus der Kamakura-Zeit (12.–14. Jh.) stammt. Im **Schatzhaus** (Beschriftung überwiegend jap.) ist neben zahlreichen Sanskrit-Inschriften vor allem ein Rollbild des Hasekura Tsunenaga in europäischer Kleidung bemerkenswert; Hasekura führte im frühen 17. Jh. eine Gesandtschaft nach Europa an.

Während der Restaurierungsperiode ist außerdem das **Mausoleum für Megohime**, die Frau des Daimyo Date Masamune, für Besucher zugänglich. Das kürzlich restaurierte Mausoleum beeindruckt mit viel Gold, Lack und Schnitzwerk.

8–17, Okt., März bis 16.30, Feb., Nov. bis 16, Dez., Jan. bis 15.30 Uhr
700 ¥ | mehrere Gebäude wg. Restaurierung nicht zugänglich
www.japan-guide.com/e/e5102.html

MATSUSHIMA ERLEBEN

INFORMATION CENTER
Am Bhf. Matsushima Kaigan:
7-1 Namiuchihama | Tel. 022 3 54 22 63 | Mo.–Fr. 9.30–16.30, Sa., So. 8.30–17 Uhr
www.matsushima-kanko.com/en/

ANREISE
Flugzeug: Von Osaka bis Sendai (1¼ Std.)
Bahn: Von Tokyo (Bhf. Ueno) JR-Tohoku-Shinkansen-Linie (1 Std., 40 Min.), dann JR-Senseki-Linie bis Matsushima-Kaigan (25 Min.)

Rundfahrten zwischen Matsushima-Kaigan und Shiogama.
50 Min., ab 1400 ¥

MATSUSHIMA TORO-NAGASHI
»Fest der Schwimmenden Laternen« mit Feuerwerk.
Mitte August

KAKIGOYA €€€
Nur von Oktober bis März ist diese kleine Austernbar geöffnet. Dann ist alles ganz frisch und das All-you-can-Eat-Angebot für 3200 ¥ ein wirkliches Schnäppchen. Austern satt, egal ob roh, gebraten, gekocht oder frittiert.
Higashihama 12-1 | Tel. 022-354 26 18 | Oktober bis Mitte März, um 11, 12, 13 und 14 Uhr
www.town.matsushima.miyagi.jp (Kakigoya ins Suchfeld eingeben)

Mausoleum im stimmungsvollen Herbstgarten
Etwas südlich des Zuiganji beherbergt der Entsu-in das Mausoleum von Date Mitsumune, einem Enkel des Clan-Gründers. In einem schlichten Holzgebäude steht das eigentliche, mit Gold und Lack reich verzierte Mausoleum. Der Tempel ist vor allem im Herbst wegen des sehr schönen Gartens sehenswert, zur Zeit der Laubfärbung wird er abends stimmungsvoll beleuchtet. ★ Entsu-in
April–Nov. 8.30–17, Dez.–März 9–16 Uhr | 300 ¥

Legendäre Perspektiven
Südlich der Oshima-Insel führt ein Fußweg etwa 1,5 km entlang der Straße zum Aussichtspunkt **Sokanzan** und zu einem Restaurant. Die Aussichtsplattform **Ogitani** noch etwas weiter westlich im Landesinneren ist nur über die viel befahrene Küstenstraße zu erreichen. Aussichtspunkte

Sightseeing auf dem Wasser
Von der Pier nördlich des Kanran-tei werden mehrere unterschiedliche Bootstouren angeboten. Die meisten dauern 50 Minuten und führen entweder im Bogen nach Matsushima zurück oder weiter nach Shiogama (► S. 399; etwas südl. an derselben Bahnlinie). Bootsausflüge
Etwa 9–15 Uhr, stdl. | Ticket 1400 ¥

MATSUYAMA 松山

Hauptinsel: Shikoku | **Präfektur:** Ehime | **Einwohnerzahl:** 514 000

Matsuyama, eine nette kleine Burgstadt auf der Insel Shikoku, ist v. a. wegen seiner heißen Quellen bekannt: Das urige, traditionsreiche Badehaus von Dogo-Onsen in einem schon aus dem Altertum bekannten Onsen-Ort ist ein Highlight für Badebegeisterte.

Quellen und Orangen

Matsuyama, an der Nordwestküste von Shikoku gelegen, ist die größte Stadt auf dieser Insel und Hauptstadt der Präfektur Ehime – und Partnerstadt von Freiburg im Breisgau. Als Umschlagplatz für landwirtschaftliche Produkte, insbesondere Orangen aus den Kulturen der Umgebung, ist sie zugleich das Wirtschaftszentrum der Region.

Wohin in Matsuyama?

Festung im Erholungspark

Burg Matsuyama-jo

500 m östlich des Bahnhofs im Zentrum erhebt sich der 132 m hohe bewaldete **Katsuyama-Hügel** (auch Shiroyama), der von einer Burg gekrönt wird. Die 1602–1627 erbaute Festung besitzt vier Tore mit Vorwerken; der dreistöckige Hauptturm ist als Museum eingerichtet und enthält Gegenstände aus dem Besitz der Daimyo von Matsudaira, insbesondere Schwerter und Rüstungen. Das Areal rund um die Befestigungen ist in einen **Park** verwandelt worden (von der Ostseite des Hügels Seilbahn, 500 ¥), der zur Zeit der Kirschblüte am schönsten ist.

Tgl. 9–17, Dez./Jan. bis 16.30, Aug. bis 17.30 Uhr
Burg 510 ¥, Park 200 ¥ | www.japan-guide.com/e/e5501.html

Ehrwürdiger Kurort

★ Dogo-Onsen

4 km nordöstlich des Bahnhofs (Straßenbahn, 20 Min.) liegt an einem Hang der altehrwürdige Badeort Dogo-Onsen. Schon in der ersten japanischen Gedichtanthologie »Man-yoshu« (5.–8. Jh.; ► S. 538) werden die 46 °C heißen, alkalischen Quellen erwähnt; sie sind bis auf den heutigen Tag beliebtes Reiseziel der Japaner. Manche der Gebäude – besonders das dreistöckige **Badehaus Shinrokaku**, ein Holzbau von 1894 – vermitteln noch viel traditionelle Atmosphäre. Hierher zog sich der Schriftsteller Natsume Soseki bei seinen Aufenthalten in Matsushima gerne zurück.

Shinrokaku: tgl. 6–22 Uhr | 400–1500 ¥

Station auf dem Shikoku-Pilgerweg

Ishiteji-Tempel

Südöstlich von Dogo liegt der Ishiteji-Tempel, die 51. der 88 Stationen auf dem Pilgerweg der Insel Shikoku (► S. 420). Er wurde 728 von dem Fürsten Ochi Tamazumi gegründet, jedoch 1318 nach einem Brand neu erbaut – folglich ist er ein Beispiel für die Bauten der Kamakura-Zeit mit der typischen Mischung japanischer und chinesischer Stilelemente. Sehenswerte Bauten sind das **Tor Niomon** mit Tempelwächtern aus dem 12. Jh. als eingetragener Nationalschatz Japans, die Haupthalle Hondo, die Halle Gomado, eine dreistöckige Pagode und der Glockenturm.

Tempelgelände: frei zugänglich | **Schatzhaus:** tgl. 8–17 Uhr | 200 ¥
www.japan-guide.com/e/e5503.html

MATSUYAMA ERLEBEN

TOURISTENINFORMATION

Im Bahnhof: Tel. 089 9 31 39 14
tgl. 8.30–17.30 Uhr
Ehime Prefectural International Center: 1-1 Dogoichiman (Straßenbahnhst. Minami-machi/ Kenmin-bunka-mae) | Tel. 089 9 17 56 78 | Mo.–Sa. 8.30–17 Uhr | www.city.matsuyama.ehime.jp/ lang/ge/sightseeing/(Infos auf Dt.)

ANREISE

Flugzeug: Von Tokyo (Haneda Airport; 1½ Std.); von Osaka (50 Min.); von Fukuoka (40 Min.)
Bahn: Von Takamatsu JR-Yosan-Hauptlinie (2½ Std.); von Okayama (2¾ Std.)
Bus: Vom Flughafen Matsuyama zur Stadtmitte (20 Min.)
Schiff: Linienverkehr von Hiroshima (2¾ Std. bzw. 1¼ Std.)

Matsuyama ist gut geeignet zum **Radfahren**: Auf einem Teil des 88-Tempel-Pilgerwegs oder auf dem Shimanami Kaido, der über zehn Brücken die Inlandsee überquer und nach Honshu führt. Ausgangspunkt ist Imabari.
www.go-shimanami.jp/global/english/bicycle/index.html

FRÜHLINGSFEST

Umzug in historischen Kostümen durch die Stadt und Volksfest mit Tanz und Musik um die Burg.
Ende März/Anfang April

SOMMERFEST

Sommerfest mit Feuerwerk, Imbissbuden, Tänzen und viel Musik.
11.–13. August

HERBSTFEST

Straßenumzug mit Trageschreinen zum Erntedankfest.
Anfang Oktober

HOTEL PATIO DOGO €€€

Einrichtung und Äußeres täuschen, die Lage ist klasse: Direkt gegenüber dem berühmten Badehaus von Dogo Onsen. Sehr sauber und freundlich.
Dogo Onsen Honkanmae Matsuyama-shi, Ehime-ken 790-0842 (mit Straßenbahn Nr. 5 ab Matsuyama) | Tel. 089 9 41 41 28
www.patio-dogo.co.jp

MITO 水戸

Hauptinsel: Honshu | **Präfektur:** Ibaraki | **Einwohnerzahl:** 265 000
Touristeninformation: 1-3-16 Chuo, Tsuchiura-shi | Tel. 029 8 24 28 10
Anreise Bahn: Von Tokyo (Bhf. Ueno) JR-Joban-Linie (1 Std.)

Wer Mito besucht, kommt vor allem wegen des Kairaku-en, eines der »Drei berühmten Gärten« Japans. Besonders sehenswert ist dieser Landschaftspark im Februar, wenn die Pflaumenbäume in voller Blüte stehen.

Stadt der Pflaumenbäume

Mito, unweit der Ostküste der Insel Honshu etwa 100 km nordöstlich von Tokyo gelegen, ist die Hauptstadt der Präfektur Ibaraki und ein wichtiger Verkehrsknotenpunkt. Das Stadtzentrum wurde früher von einer mächtigen Burg beherrscht, die jedoch während der innenpolitischen Wirren der Meiji-Restauration 1865 fast völlig zerstört worden ist.

Wohin in Mito?

Auf der ehemaligen Burgbefestigung

Kodokan-Park

In der Stadtmitte erstreckt sich an der Stelle der ehemaligen Burgbefestigung ein Park; nach der von Tokugawa Nariaki (1800–1860), dem 9. Daimyo von Mito, hier im Jahre 1842 gegründeten Schule Kodokan wird er auch Kodokan-Park genannt. Hinter dem Schulgebäude stehen zwei Schreine aus derselben Epoche, die wegen der Hauptrichtungen der damaligen Erziehung dem Feldherrn Kashima-Myojin und dem Philosophen Konfuzius gewidmet sind.

Einer der »Drei berühmten Gärten« Japans

★ Kairaku-en

3 km westlich des Bahnhofs liegt der ursprünglich von Tokugawa Nariaki angelegte Garten Kairaku-en (auch Tokiwa-Park), der später in einen öffentlichen Park umgewandelt wurde und eher für die natürliche Schönheit der 3**000 Pflaumenbäume** (Blütezeit Feb./März) als wegen der Kunst des Landschaftsgärtners berühmt ist. Die Bäume sind keine reinen Zierformen, sondern ihre Früchte werden eingemacht und spielen als »**Umeboshi**« eine wichtige Rolle auf der japanischen Speisekarte – in Mito speziell zur Gebäckherstellung.
Im Park steht eine Nachbildung des **Teehauses Kobun-tei** aus der Zeit des Nariaki; vom 3. Stock hat man einen schönen Ausblick auf die Stadt und ihre Umgebung.
Park: tgl. 6–19, Okt. bis Mitte Feb 7–18 Uhr | Eintritt frei
www.japan-guide.com/e/e6201.html
Teehaus: tgl. 9–17, Okt. bis Mitte Feb. bis 16.30 Uhr | 200 ¥

Ausnahmsweise mal nicht Kirsch-, sondern Pflaumenblüte: der Garten Kairaku-en

Rund um Mito

Pilgerziel zum Chrysanthemen-Fest

Etwa 25 km westlich von Mito (JR-Mito-Linie) liegt Kasama (48 000 Einw.), einst Stammsitz der Familie Makino. Heute ist es Ziel zahlreicher Pilger (über 1 Mio. im Jahr), die den **Kasama-Inari-Schrein** (1,5 km nördl. des Bhfs.) besuchen, wo Ende Okt./Anfang Nov. ein bekanntes Chrysanthemen-Fest stattfindet. In der südwestlich gelegenen Vorstadt Inada steht der **Sainenji-Tempel**, einst Klause des Mönches Shinran (1173–1262), der die Jodo-Shinshu-Schule gründete und ihre Glaubenslehre in dem Werk Kyogyo-shinsho festlegte. Kasama

Schrein-Infos: www.kasama.or.jp/english/haichi/

Zentrum volkstümlicher Keramik

Rund 40 km nordwestlich von Mito liegt in der Präfektur Tochigi die Kleinstadt Mashiko, das bekannteste Keramik-Zentrum in der weiteren Umgebung von Tokyo. Die Entwicklung der Manufakturen begann mit der Gründung des ersten Ofens durch Otsuka Keizaburo (1853); gefördert wurde sie u. a. durch den Töpfer Hamada Shoji (1894–1977), der die lokalen, als **Mashiko-yaki** bezeichneten Produkte zusammen mit dem Engländer Bernard Leach weltweit bekannt machte. Mashiko

Viele der über 150 Werkstätten können besichtigt werden; einige bieten auch Taiken-Programme (Schnupperkurse bzw. Selbertöpfern) an. Lohnend ist ein Besuch des **Töpfermarkts** während der Goldenen Woche (Ende April/Anfang Mai) und Anfang November.

MIYAZAKI 宮崎

Hauptinsel: Kyushu | **Präfektur:** Miyazaki | **Einwohnerzahl:** 371 000

Die kleine Präfekturhauptstadt Miyazaki im Süden von Kyushu ist einer der sonnenreichsten Orte Japans. Ihre Sehenswürdigkeiten sind eher landschaftliche Schönheiten der Umgebung.

Wohin in Miyazaki und Umgebung?

Ältester Schrein und zwei Museen

Miyazaki-Schrein

3 km nördlich des Bahnhofs (Bus) liegt der dem Jinmu-tenno geweihte Miyazaki-Schrein (Miyazaki-jingu). Auf dem Gelände befinden sich das **Miyazaki Prefectural Museum** mit Funden aus der Kofun-Zeit (Haniwa-Figuren u. a.) sowie ein kleines Freilichtmuseum (Minkaen) mit alten Bauernhäusern.

Schreingelände: frei zugänglich | **Präfekturmuseum:** Mi.–Mo. 9–17 Uhr Eintritt frei | www.japan-guide.com/e/e8004.html

Friedensturm und ein Wald von Tonfiguren

Heiwadai-Park

Nördlich davon erstrecken sich die großzügigen Grünanlagen des Heiwadai-Park mit dem 1940 errichteten Friedensturm und dem **Garten Haniwa-en**, der seinen Namen den hier aufgestellten 400 Kopien von Haniwa-Tonfiguren (▶ S. 537) verdankt; weitere Ausstellung im angeschlossenen Haniwa-Museum.

Tropische Gefilde

Nichinan-Kaigan-Quasi-Nationalpark

Rund 10 km südlich der Stadt beginnt der 48 km² große Nichinan-Kaigan-Quasi-Nationalpark, der sich etwa 50 km weit an der Pazifik-

MIYAZAKI ERLEBEN

TOURISTENINFORMATION

Im Bahnhof: Tel. 0985 22 64 69 tgl. 9–18 Uhr | www.miyazaki-city.tourism.or.jp/en/

ANREISE

Flugzeug: Von Tokyo (Haneda, 1¾ Std.); von Fukuoka (40 Min.)

Bahn: Von Fukuoka (Hakata) JR-Nippo-Linie über Oita (gut 5 Std.) oder Shinkansen über Kagoshima (3½ Std.); von Kagoshima (Bhf. Nishi-Kagoshima) JR-Nippo-Hauptlinie (2 Std.)

Bus: Vom Flughafen Miyazaki zur Stadtmitte (25 Min.)

In der Takachiho-Schlucht soll eine Göttin den ersten Tanz der Welt getanzt haben.

küste hinzieht. In seinem Nordteil ist der Küste die kleine unbewohnte **Insel Aoshima** vorgelagert (Brücke; JR-Regionalzug von Miyazaki 30 Min.), die von üppiger tropischer und subtropischer Vegetation bedeckt ist. Die Sedimentfelsen des Strandes hat die Brandung in Form eines riesigen Waschbretts erodiert. An der Festlandküste gegenüber der Insel gibt es einen üppigen **Kakteengarten**.
Noch weiter südlich steht der **Udo-Schrein** (Bus von Miyazaki, 1½ Std.) in einer Brandungshöhle am Kap Udo. Das Rot der Torii formt einen eindrucksvollen Kontrast zum Blau des Meeres und dem Graubraun der Felsen.

Wildpferde und Hunderte von Hügelgräbern

★ Kap Toi

Den südlichsten Teil des Quasi-Nationalparks bildet eine 300 m über Meeresniveau gelegene Hochebene, die sich im Kap Toi in den Pazifik vorschiebt. Auf der Ebene leben Wildpferde; am Kap steht ein großer **Leuchtturm** mit weitem Blick auf das Meer.
27 km nördlich von Miyazaki liegt **Saitobaru** (Tsuma-Bahnlinie bis Tsuma, dann Bus), bekannt durch die rund 380 **Hügelgräber** aus der Kofun-Zeit (► S. 537). Die wichtigsten Ausgrabungsfunde sind im örtlichen Museum ausgestellt.

Zum Sobo-Katamuki-Quasi-Nationalpark

Takachiho-Schlucht

Eineinhalb Zugstunden nördlich von Miyazaki liegt Nobeoka, von wo ein Bus in den Ort Takachiho am Südwestrand des Sobo-Katamuki-Quasi-Nationalparks fährt (noch einmal 1½ Std.). In der von urwald-

artiger Vegetation bedeckten Region, die im Katamuki 1602 m und im Sobo 1758 m Höhe erreicht, leben **seltene Tierarten** wie der japanische Serau und der japanische Marder. Hauptattraktion ist die 7 km lange **Takachiho-Schlucht**, die der Fluss Gokase bis 80 m tief in das vom Vulkan Aso ausgeworfene Lavagestein gegraben hat. An diese Schlucht knüpfen sich viele japanische Mythen; so soll hier von einer Göttin der erste Tanz der Welt getanzt worden sein, um die Sonnengöttin aus einer Höhle zu locken.
Vom Bahnhof Takachiho in westlicher Richtung gelangt man zum **Takachiho-Schrein**, wo jeden Abend vier Yokagura-Tänze aufgeführt werden. Vom Schrein ist es nicht weit zum Wanderweg, der ca. 1 km an der Schlucht entlangführt (auch Ruderbootverleih).

MORIOKA 盛岡

Hauptinsel: Honshu | **Präfektur:** Iwate | **Einwohnerzahl:** 295 000

Die Präfekturhauptstadt Morioka ist hauptsächlich für gusseiserne Teekessel (»Nanbu-Tetsubin«) bekannt und trotz einiger Sehenswürdigkeiten vor allem Zwischenstation in die Berge: zum Hachimantai-Plateau oder zum See Tazawako.

Verspätete Kirschblüte

Die heute modern wirkende Großstadt wird vom 2038 m hohen Kegel des Vulkans **Iwate-san** dominiert, einem der hundert berühmtesten Berge Japans. Von der einstigen Burg, die im 19. Jh. geschleift wurde, blieb nur ein schöner Park, der der Erholung dient. Wegen der kalten Winter blühen die Kirschbäume hier erst einen Monat später.

Wohin in Morioka?

Wo einst die Burg stand

Iwate Park

Den Mittelpunkt der Stadt bildet der 1,7 km südöstlich des Bahnhofs (Bus, 5 Min.) gelegene Iwate Park mit Denkmal des Dichters **Ishikawa Takuboku** (1886–1912), der seine Jugend in Morioka verbrachte. An der Stelle des Parks stand früher die Burg.
Unweit von hier überquert die **Brücke Kaminohashi** den Fluss Nakatsu. Sie stammt noch aus der Zeit des Burgbaus und besitzt reiche Bronzeverzierungen (Giboshi) aus dem 17. Jahrhundert.

Marco Polo und Kublai Khan unter buddhistischen Asketen

Hoonji-Tempel

Zu Fuß sind es vom Iwate Park zehn Minuten zum wohl 1732 errichteten Hoonji-Tempel; unter den kleinen **Skulpturen** der 500 Rakan

(Asketen) in der Haupthalle entdeckt man auch Marco Polo und Kublai Khan.
Tgl. 9–16 Uhr | 300 ¥

Auf den Gipfel des Iwayama

Hashimoto Museum

Das nordöstlich des Bahnhofs (Bus, 20 Min.) gelegene Hashimoto Museum (auf halber Höhe des Berges Iwayama) zeigt Werke des Malers Hashimoto Yaoji sowie Keramik und Metallkunst. Vom Gipfel des Iwayama öffnet sich ein schöner Ausblick auf die Stadt und den Berg Iwate.

Rund um Morioka

Gebirgsblick vom Vulkan »Iwate-Fuji«

Yanagisawa

Von Takizawa etwas nördlich von Morioka fährt ein Bus nach Yanagisawa. Der Ort liegt am Ostfuß des Vulkans Iwate (2038 m), der wegen seiner an Japans Symbolberg erinnernden konischen Form auch Iwate-Fuji genannt wird. Die Ersteigung des in Higashi-Iwate (Ostteil) und Nishi-Iwate (Westteil) gegliederten Massivs lohnt wegen der artenreichen Bergflora und des schönen Blicks vom Gipfel aus. Eine Abstiegsvariante führt über die Südwestflanke in den romantischen Gebirgsort **Amihari-Onsen** (sonst JR-Tazawako-Linie bis Shizukuishi, dann Bus, 50 Min.).

In der Nähe unterhält die Lebensmittel-Firma Koiwai die **Koiwai Farm**, eine Art Bauernhof-Themenpark (Bus ab Bhf. Morioka, 35 Min.).

Koiwai Farm: unregelmäßig geöffnet | Tel. 019-692 43 21 | 800 ¥
www.koiwai.co.jp/makiba/en/

MORIOKA ERLEBEN

TOURISTENINFORMATION

Im Zentrum: Plaza Odette, 1-1-10, Nakanohashi-dori
Tel. 019 6 04 33 05 | tgl. 9–18 Uhr, 2. Di. des Monats geschl.
www.jnto.go.jp/eng/regional/iwate/morioka.html
Zum nördlichen Tohoku: 2. Stock des JR-Bhfs
Tel. 019 6 25 20 90
tgl. 9–17.30 Uhr

ANREISE

Flugzeug: Von Osaka (1½ Std.)
Bahn: Von Tokyo JR-Tohoku-Shinkansen-Linie (2¼ Std.)
Bus: Vom Flughafen Hanamaki zur Stadtmitte (1 Std.)

CHAGU-CHAGU UMAKKO

Reiterumzug festlich kostümierter Kinder.
Komagata-Schrein, 2. Sa. im Juni

Badeorte, Skivergnügen

Hachimantai-Plateau

Vom Ort **Hachimantai** führt eine teils gebührenpflichtige Straße über das Hachimantai-Plateau nach Koma an der JR-Tohoku-Hauptlinie. An der Strecke liegen die vom 1366 m hohen Vulkan Yakeyama überragten Badeorte **Tamagawa-Onsen** (Thermalquelle, 98 °C), **Goshogake-Onsen** (Dampfbäder) und **Fukenoyu-Onsen** sowie das Appikogen-Skigebiet.

Aufstiegsroute auf den Vulkan Komagatake

★ Tazawa-See

Weiter westlich (JR-Tazawako-Linie) erreicht man den schönen Tazawa-See (423 m tief, 2570 ha), der rings von dicht bewaldeten Hügelketten umgeben ist. Von Mitte April bis Mitte November kann man 40-minütige Bootsrundfahrten unternehmen, ganzjährig beliebt sind Spaziergänge an seinem Ufer. Vom Bahnhof Tazawako – das Bahnhofsgebäude von 1997 ist ein Werk des späteren Pritzkerpreisträgers Ban Shigeru – verkehrt ein Bus (Juli bis Oktober) zur 8. Station der Aufstiegsroute auf den 1637 m hohen Vulkan **Komagatake**. Von hier ist in einem einstündigen Aufstieg der Gipfel zu erreichen.

Naturdenkmal aus Kalkstein

Iwaizumi

Nordöstlich von Morioka (JR-Yamada-Linie bis Moichi, dann JR-Iwaizumi-Linie, 3 Std.) liegt Iwaizumi und nördlich von hier die große **Tropfsteinhöhle Ryusendo** mit eindrucksvollen Sinterformationen,

Traumhafte Stimmung am Tazawa-ko, Japans tiefstem See

Seen und Wasserfällen; am Eingang kann man ein Höhlenmuseum (Ryusenshindo-kagakukan) besuchen.
Tgl. 8.30–18, Okt.–April bis 17 Uhr | 1000 ¥
www.iwate-ryusendo.jp/en/

★★ NAGANO 長野

Hauptinsel: Honshu | **Präfektur:** Nagano | **Einwohnerzahl:** 375 000

Nagano, weltweit bekannt als Austragungsort der Olympischen Winterspiele 1998, ist auch von religiöser Bedeutung: Der Zenkoji-Tempel ist einer der wichtigsten des Landes.

Seide und Obst

Vor ihrer Ernennung zur Hauptstadt der im Zentrum von Honshu gelegenen Präfektur trug die Stadt Nagano den Namen »Zenkoji« (nach dem bekannten gleichnamigen Tempel). Außer der Seidenraupenzucht spielt der Handel mit dem in der Umgebung angebauten Obst – vor allem Äpfel – eine bedeutende Rolle.

NAGANO ERLEBEN

TOURISTENINFORMATION

Im Bahnhof: tgl. 9–18 Uhr
Tel. 026 2 26 56 26
www.go-nagano.net

ANREISE

Bahn: Von Tokyo Nagano-Shinkansen (1½ Std.); von Nagoya JR-Chuo- und Shinonoi-Linie (3 Std.)

SHINSHUNNAGAYA SAKABA €€

Urige Kneipe mit ausgezeichneter regionaler Küche – frischen Buchweizennudeln (Soba), frischem Tofu und unterschiedlichen O-Yaki (Teigfladen mit Gemüse- oder Fleischfüllung). Dazu gibt es eine wunderbare Auswahl an lokalem Sake. Mit mehreren Personen besser reservieren!
Minamai Ishidou-cho 1418-2
Tel. 026 269 88 66 | tgl. 17–24 Uhr

SHIMIZUYA-RYOKAN €€€

Bei ausländischen Gästen beliebtes, 160 Jahre altes Ryokan. Da es nur fünf Minuten vom Zenkoji Tempel entfernt liegt, ist es nicht weit zur morgendlichen Zeremonie. Schnell ausgebucht, daher frühzeitig reservieren.
Daimon-cho 49,3, Nagano
380-0841 | Tel. 026 232 25 80
www.chuoukan-shimizuya.com/en/

Wohin in Nagano?

Reminiszenzen an Olympia

M-Wave

An die 18. Olympischen Winterspiele und Paralympics 1998 erinnert in der Stadt u. a. der Komplex des Eissportstadions M-Wave, eine Mehrzweckhalle mit verschiebbaren Tribünen. Das angeschlossene Museum (Bus vom Bhf., 15 Min) ist den hier ausgetragenen Veranstaltungen gewidmet.

Museum: tgl. 10–17 Uhr | Eintritt frei | www.nagano-mwave.co.jp/

Eines der wichtigsten buddhistischen Heiligtümer

★★ Zenkoji-Tempel

2 km vom Bahnhof (Bus) entfernt steht der 624 von Zenko (auch: Yoshimitsu) gegründete Zenkoji-Tempel, der von vielen buddhistischen Pilgern besucht wird. Die Haupthalle stammt von 1707. Die vermutlich schon 552 als Geschenk eines koreanischen Herrschers nach Japan gelangten **Bronzestatuen** der Götter Amida-nyorai, Kannon und Seishi sollen von Gegnern des Buddhismus bei Osaka in einen Kanal geworfen, 602 wieder gefunden und 1598 nach Nagano gebracht worden sein. Statt der geheimen Amida-Statue wird alle sieben Jahre eine Kopie der Kamakura-Zeit gezeigt (wieder 2021).

Je nach Jahreszeit ab 4.30–17 Uhr, Haupthalle ab ca. 6.30–16.30 Uhr
Innenbereich Haupthalle (History Museum, 9–16 Uhr) 500 ¥
www.japan-guide.com/e/e6001.html

Rund um Nagano

Die Berge westlich der Stadt gehören zu den japanischen Nordalpen und dem ▸ **Chubu-Sangaku-Nationalpark** – hier fanden etliche der olympischen Wettkämpfe statt, u. a. in Hakuba.

Ausflug in die Berge

Joshin-etsu-kogen-Nationalpark

Nördlich und östlich der Stadt erstreckt sich der Joshin-etsu-kogen-Nationalpark, im Norden rund um die Gipfel Myoko (2466 m), Kurohime (2053 m), Togakushi (1911 m) und Iizuna (1917 m). Im Osten liegen der 1963 m hohen Tanigawa und die beiden aktiven Vulkane Shirane (2162 m) und Asama (2542 m; letzter Ausbruch Juni 2015); zu dieser Region gehört auch das **Skigebiet** von Suga-daira und Shiga-kogen. Im Sommer ist das Plateau mit seinen klaren Seen und lichten Birkenwäldern ein beliebtes Ausflugsziel (Bootsverleih, Golfplätze, mehrere Hotels).

Auf den Spuren des Hokusai und Kozan

Obuse

Etwa 20 km von Nagano entfernt (Nagano Dentetsu-Bahn, 20 bis 30 Min.) liegt der hübsche Künstlerort Obuse vor der Kulisse des Shirane-Gebirges. Im **Tempel Gansho-in** arbeiteten der berühmte

Im Zenkoji-Tempel empfangen Bronzestatuen von Bodhisattwas (Rokujizo) – einer Art buddhistischer Nothelfer (► S. 522) – die Gläubigen.

Maler Hokusai (► S. 589) und der Kalligraf Kozan zusammen. Die weltweit bekannte »**Große Welle**« ist hier entstanden. Im Tempel ist ein großes Deckenbild eines Drachen zu bewundern, ein Spätwerk des Meisters. In der Nähe zeigt das kleine **Hokusai-Museum** weniger bekannte Werke von ihm.

Gansho-in: April–Okt. 9–17, Nov. 9–16.30, Dez.–März 9.30–16 Uhr 300 ¥

Hokusai Museum: tgl. 9–18, Sept.–3. Nov. bis 17.30, 4. Nov.–April bis 17 Uhr | 300 ¥ | www.japan-guide.com/e/e6022.html

Affen, die in heißen Quellen baden

Yudanaka

Im Ende der Nagano Dentetsu-Bahnlinie, ca. 40 Min. von Nagano, liegt bei Yudanaka im Yokuyo-Flusstal der kleine Onsen-Park **Jigokudani Yaen-koen**, wo die einheimischen Makaken in heißen Quellen baden. Da sie angefüttert werden, ist die ansässige Horde relativ groß und die Wahrscheinlichkeit, badende Affen anzutreffen, ziemlich hoch.

Jigokudani Yaen Koen Monkey Park: tgl. 8.30–17 Uhr, Nov.–März 9–16 Uhr | 800 ¥, Kinder (6–17) 400 ¥ http://en.jigokudani-yaenkoen.co.jp/

Berühmt durch einen deutschen Arzt

Kusatsu

Von Yudanaka gelangt man über die Shiga-Höhen und den Kusatsu-Pass zum kleinen Höhenkurort Kusatsu, der idyllisch auf einem Felshang über dem Fluss Agatsuma liegt. Die **Thermalquellen** Yubatake und Sainokawara (60–67 °C) enthalten Schwefel, Eisen, Alaun und Arsen. Der Arzt **Erwin Bälz** (▶ Baedeker Wissen, S. 592) machte den Badeort über die Grenzen Japans hinaus bekannt (Bälz-Museum im Ort). Über diese Verbindung hat sich eine der ältesten japanisch-deutschen Städtefreundschaften zwischen Kusatsu und Bietigheim, der Geburtsstadt von Bälz, entwickelt. Neben dem dampfenden **Sai no Kawara Park** ist das heiße Naturbad kostenfrei zu benutzen. Vom 1. bis 3. August findet das Ortsfest Onsen-Matsuri statt.

Über Sesshogawara zum aktiven Vulkan

Shirane

Von dem im Wintersportgelände von Kusatsu gelegenen Ort Sesshogawara führt eine Seilbahn auf den aktiven Vulkan Shirane (auch Kusatsu-Shirane); es besteht eine Ausbruchswarnung, Sicherheitsstufe 2, die drei Krater sind deshalb nicht zugänglich.

Wo ein Österreicher den Skisport in Japan bekannt machte

Takada

Knapp 70 km nördlich von Nagano liegt die Stadt Takada (JR-Shinetsu-Hauptlinie), wo der österreichische Major Theodor von Lerch 1910 erstmals den Skisport in Japan bekannt machte. Das wichtigste Skigebiet dieser schneereichen Region ist der südwestlich sich erhebende Berg Kanaya.

★ NAGASAKI 長崎

Hauptinsel: Kyushu | **Präfektur:** Nagasaki | **Einwohnerzahl:** 449 000

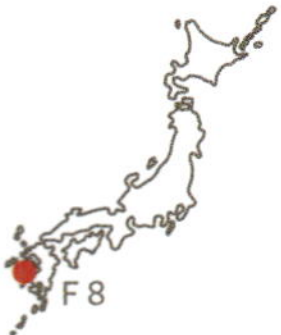

Nagasaki gefällt: Die Stadt ist wirklich schön auf Hügeln um einen Naturhafen gelegen, sie hat Atmosphäre (mit niedlichen Straßenbahnen!), viel Geschichte und ein kosmopolitisches Flair. Allerdings auch eine Atombomben-Gedenkstätte.

Florierende Hafenstadt

Nagasaki, die Hauptstadt der gleichnamigen Präfektur, ist außerhalb Japans vor allem als Abwurfort der zweiten Atombombe 1945 bekannt. Umso erstaunlicher, dass in der Innenstadt so viel historische Atmosphäre erhalten ist – weil die Bombe über einem Vorort niederging und die gebirgige Landschaft ihre Wirkung einschränkte, war das Stadtzentrum kaum betroffen. Dominierend ist deshalb die internationale Geschichte der Stadt besonders vom 16. bis zum 19. Jh., aber der vorzügliche **Naturhafen** im Inneren einer fjordartigen Bucht mit vorgelagerten Inseln macht sie noch heute zu einem industriellen Zentrum mit bedeutendem Schiffbau. Die Werften ziehen sich über mehrere Kilometer entlang der Westküste der Nagasaki-Bucht und bieten in ihren gewaltigen Docks Platz für Supertanker und riesige Containerschiffe, die hier auf Kiel gelegt werden.

Europäische Ostasienfahrer und christliche Missionare

Geschichte

Ende des 12. Jhs. ging das Gebiet des damals Fukae-no-ura oder Tama-no-ura genannten Fischerdorfs in die Hände des Lehnsherren **Nagasaki Kotaro** über, dessen Familiennamen die Stadt bis heute trägt. 1571 wurde der Hafen für europäische Ostasienfahrer geöffnet. Portugiesen, Holländer und Spanier eröffneten **Handelskontore**. Da die Japaner keine wirklich hochseetüchtigen Schiffe bauten, überließen sie den europäischen Seeleuten, insbesondere den Portugiesen, den Handel mit China, den Philippinen, Macao, Goa und von dort nach Europa. Bald setzte auch die **christliche Missionierung** ein. Da jedoch die japanische Herrschaftsschicht befürchtete, dass die in Nagasaki ansässigen Jesuiten Einfluss auf das Staatswesen nehmen wollten, und überdies des portugiesischen Handelsmonopols und der beginnenden Verwestlichung überdrüssig war, erließ Toyotomi Hideyoshi 1587 ein **Edikt gegen die Missionare**. 1597 wurden 26 Christen gekreuzigt.
Trotzdem ging der Handel weiter, der jetzt ausschließlich den Holländern und Chinesen anvertraut wurde. Die holländischen Händler und Seeleute durften jedoch das Gebiet der damaligen **Insel Dejima** (heute durch Landgewinnung keine Insel mehr, sondern nur noch ein Häuserblock im Stadtzentrum) zunächst nicht verlassen.
Erst später wurden die Bestimmungen gelockert und Delegationen an den Hof von Edo zugelassen. Mit der Öffnung Japans gegenüber dem Westen während der Meiji-Zeit ließ die Bedeutung Nagasakis stark nach, da das Monopol für die Einfuhr europäischer Waren und Ideen nun gebrochen war. Nur vorübergehend war die Hafenstadt noch einmal Ziel zahlreicher wissensdurstiger Japaner, die sich die nun endlich frei zugänglichen westlichen Wissenschaften und Techniken rasch aneignen wollten.
Westliche Geschäftsleute aber ließen sich gern in der netten Hafenstadt nieder: schon ab 1856, denn Nagasaki gehörte noch während der Shogunatszeit zu den ersten Häfen, die für ausländische Schiffe geöffnet wurden und wo Ausländer wohnen durften. Nicht zuletzt durch ihr Engagement wurde Nagasaki schnell zu einer bedeutenden Industriestadt – im Laufe des 20. Jhs. auch für Schwer- und Rüstungsindustrie.
Am **9. August 1945** explodierte über Nagasaki, drei Tage nach ▶ Hiroshima, die **zweite Atombombe**; die Explosion verursachte schreckliche Verwüstungen und tötete nach vorsichtigen Schätzungen zwischen 25 000 und 75 000 Menschen.

NAGASAKI ERLEBEN

TOURISTENINFORMATION
Im Bahnhof: Tel. 095 8 23 36 31
tgl. 8–20 Uhr
Internet: http://visit-nagasaki.com, http://travel.at-nagasaki.jp/en/
Für die Präfektur Nagasaki:
www.welcomekyushu.com

ANREISE
Flugzeug: Von Tokyo (Haneda Airport, 1¾ Std.)
Bahn: Von Tokyo (Hbf.) JR-Tokaido-Shinkansen-Linie bis Hakata (5 Std.), dann JR-Nagasaki- und Sasebo-Hauptlinie (2 Std.)

Alle Sehenswürdigkeiten in Nagasaki sind bequem und einfach mit der **Straßenbahn** zu erreichen. Ein Tagesticket kostet 500 ¥.

HATA-AGA
Hunderte von bunten Papierdrachen fliegen in der Luft und versuchen sich gegenseitig zum Absturz zu bringen.
Tohakkei-Park, 1. So. im April

PEIRON
Drachenbootrennen mit 14 m langen Booten. Die Götter sollten ihre schützende Hand über die Handelsschiffe halten.
4. So. im Juli

OKUNCHI-MATSURI
Festumzug mit Wagen in Form holländischer und chinesischer Schiffe.
Suwa-Jinja, 7.–9. Oktober

Nagasaki ist u. a. bekannt für Glas, Perlen und Koga-Puppen. Das Haupteinkaufszentrum ist **Hamanomachi**, eine überdachte Geschäftsarkade nördlich von Chinatown.

FUKUSAYA HONTEN
Seit 1624 wird hier **Castella** hergestellt, ein Bisquitkuchen, den es mittlerweile in etlichen Geschmacksrichtungen gibt. Castella ist der Kuchen »aus Kastilien«, die Rezeptur geht allerdings auf die Portugiesen zurück.
3-1 Funadaiku-machi
tgl. 8.30–20 Uhr | Tel. 095 8 21 29 38

Das Vergnügungsviertel der Stadt ist **Shianbashi** zwischen Chinatown und Hamanomachi.

❶ ICHIHANA €€€
Wer nach dem Besuch des Friedensparks Hunger verspürt, kann hier japanische Küche (u. a. Shabu Shabu, ► S. 613) kosten.
Im Seiyokan, 13-1 Kawaguchi-machi | Tel. 095 8 43 40 00
tgl. 11.30–15, 17–22.30,
Sa., So. ab 17 Uhr | Straßenbahn bis Hamaguchi-machi

❸ HAMAKATSU €€€–€€
Die Chinesen und Europäer haben in Nagasaki auch kulinarische Spuren hinterlassen, und einzigartig ist die sogenannte **Shippoku-Küche**: Ein Dinner im chinesischen Stil mit Fusion-Gerichten. Bei Hamakatsu gibt es eine große Auswahl, sowohl was die Menge als auch den Preis anbelangt.
Kajiyamachi 6-50 Tel. 095 8 26 83 21 | tgl. 11–22 Uhr

❷ YOSSO €€
Eine Institution in Nagasaki. Spezialität ist seit 1866 Chawanmushi, die

1 Ichihana
2 Yosso
3 Hamakatsu

1 Garden Terrace Nagasaki
2 Sakamoto-ya

japanische Variante von Eierstich. Es gibt aber auch Sashimi und andere japanische Gerichte.
8-9 Hama-no-machi | Tel. 095 8 21 00 01 | tgl. 11–20 Uhr

❶ GARDEN TERRACE NAGASAKI €€€€

Hafenblick von allen Zimmern hat man in dem vom Stararchitekten Kengo Kuma entworfenen Designer-Hotel: Viel Holz, Glas und gerade Linien, an den Berghang gebaut.
Akizukimachi 2-3 | Tel. 095 864 77 77 | www.gt-nagasaki.jp

❷ SAKAMOTO-YA €€€

Das Ryokan von 1895 gilt als die älteste Unterkunft in Nagasaki. Zur Einrichtung gehören Badewannen aus Zypressenholz. Der Stil ist sehr persönlich und familiär. Die Unterkunft beinhaltet stets Halbpension im angeschlossenen Restaurant, das auf Shippoku spezialisiert ist.
Kanaya-cho 2-13, 3, Nagasaki 850-0037 | Tel. 095 826 82 11 www.sakamotoya.co.jp/english/

Wohin in Nagasaki?

Erinnerung an die Opfer der Christenverfolgung

Gedenkstätte der 26 Märtyrer

Nordöstlich des Bahnhofs erreicht man die Gedenkstätte für die 26 Christen (20 Japaner und 6 Ausländer), die hier am 5. Februar 1597 aufgrund eines gegen den Katholizismus und besonders gegen die Jesuiten gerichteten Edikts gekreuzigt wurden. Noch Jahrzehnte danach wurden Christen in der Umgebung von Nagasaki streng verfolgt – und hielten im Untergrund besonders hartnäckig an ihrem Glauben fest (teilweise bis zur Wiedereinführung der Religionsfreiheit im 19. Jh.). Thematisiert wird das im Roman »Schweigen« (»Chinmoku«, 1966) von Endo Shusaku bzw. dem darauf basierenden Film von Martin Scorsese (2016). Die Stätte wurde zunächst 1949 anlässlich des 400. Jahrestags der Ankunft des Jesuitenmissionars Francisco de Javier (Franz Xaver; ► S. 542) in Japan als Park eingerichtet; 1962, 100 Jahre nach Heiligsprechung der Märtyrer, wurde eine **Gedächtnishalle** mit den Reliefs der 26 Heiligen erbaut.
26 Martyrs Museum: tgl. 9–17 Uhr | 500 ¥ | www.26martyrs.com

Atombomben-Mahnmal und Gedenkstätte

Friedenspark, Atombombenmuseum

Nördlich des Bahnhofs liegt im Stadtteil Urakami (Straßenbahn bis Matsuyama-cho, 10 Min.) der Friedenspark mit der fast 10 m hohen **Friedensstatue** von Kitamura Seibo als Mahnmal und Erinnerung an den Abwurf der 2. Atombombe am 9. August 1945. Östlich steht die beim Bombenabwurf zerstörte **Urakami-Kathedrale** (1895–1914, 1959 rekonstruiert).

Das Atombombenmuseum hält die Erinnerung an den 9. August 1945 und die Opfer des zweiten Atombombenabwurfs wach.

Südlich des Friedensparks markiert eine weitere Grünanlage das Zentrum der Atombombenexplosion; unweit davon zeigt das **Atomic Bomb Museum** (Nagasaki Genbaku Shiryokan) Zeugnisse der Katastrophe. Die unterirdisch daneben angelegte, 2002 fertiggestellte **Peace Memorial Hall** von Kuryu Akira bildet mit schlichten, strengen Formen einen kontemplativen Abschluss des Besuchs.

Museum: tgl. 8.30–18.30, Sept.–April bis 17.30 Uhr | 200 ¥
http://nagasakipeace.jp/index_e.html

Früher Austausch mit dem Westen

Nagasaki Koen

Nordöstlich des Bahnhofs (südl. der Märtyrergedenkstätte) erstreckt sich an den Hängen des Hügels Nishizaka der Park Nagasaki Koen. An seiner Südwestseite stehen die Bibliothek der Präfektur und das 2005 eröffnete **Museum für Geschichte und Kultur**, das sich u. a. den historischen Kontakten zu Europa, China und Korea widmet.

Im Park selbst gibt es buddhistische Terrassen-Friedhöfe sowie Gedenksteine für Engelbert Kaempfer, Philipp Franz von Siebold (► Baedeker Wissen, S. 590) und Carl Peter Thunberg, der 1775–1776 als Chirurg in Nagasaki arbeitete und das erste Werk zur japanischen Flora verfasste.

Nagasaki Museum of History and Culture: tgl. 8.30–19 Uhr, 3. Di. des Monats geschl. | 600 ¥ | www.nmhc.jp/global/english_leaf.pdf

Rundblick vom Shinto-Schrein

Suwa-Schrein

Nordöstlich an den Park angrenzend erhebt sich der Shinto-Schrein Suwa-jinja, auch Osuwan, gegründet Mitte des 16. Jhs. nach dem Vorbild der gleichnamigen Heiligtümer in Zentraljapan. Man erreicht ihn über 73 Stufen; von der Höhe bietet sich eine schöne Rundsicht über Stadt und Hafen.

Von der »Brillenbrücke« zum »Tempelviertel« Teramachi

Meganebashi-Brücke, Kofukuji-Tempel

Südlich des Nagasaki-Parks führen mehrere Brücken über den Nakajima-Fluss, darunter die »Brillenbrücke« Meganebashi, die der Abt Nyojo 1634 im chinesischen Stil erbauen ließ und deren zwei Rundbögen sich im Wasser spiegeln. Östlich der Brillenbrücke steht der sogenannte Chinesische Tempel von 1620, eines von zahlreichen Heiligtümern des »Tempelviertels« Teramachi. Lange Zeit Heiligtum der chinesischen Handelsherren, gehört er als Kofukuji-Tempel der Obaku-Schule des Zen-Buddhismus an.

Tgl. 6–17 Uhr | 300 ¥ | http://kofukuji.com/english/

»Nationalschatz« im Chinastil

Sofukuji-Tempel

Noch etwas weiter südlich liegt der zur Obaku-Schule gehörende Sofukuji-Tempel, der 1629 von einem chinesischen Zen-Meister gegründet wurde. Die Gebäude sind daher gute Beispiele für den späten Ming-Stil, insbesondere der **Torturm**, dessen Dekoration das

»Ryugu« genannte mythologische Paradies auf dem Meeresgrund darstellt. Sehenswert sind ferner das originelle zweite Tor und die Haupthalle.
Tgl. 8–17 Uhr | 300 ¥ | www.japan-guide.com/e/e4402.html

Eine Insel für die Holländer

★ Dejima

Südlich der Mündung des Nakajima liegt das einst als fächerförmige Inselaufschüttung entstandene Viertel Dejima (»Vorinsel«), wo die Holländer 1641 bis 1854 ihren streng bewachten Stützpunkt hatten. Die meisten Gebäude sind inzwischen originalgetreu rekonstruiert, darunter das Kapitänsquartier, die Küche, das Haus des stellvertretenden Direktors und ein **Museum** (im ehem. Protestantischen Seminar); in einem weiteren alten Lagerhaus wird ein Film gezeigt. Ein Modell erläutert, wie der Stützpunkt einst aussah.
Tgl. 8–18 Uhr | 510 ¥ | http://nagasakidejima.jp/en/(ausführl. engl. Infos zu Geschichte und einzelnen Gebäuden)

Die Chinatown von Nagasaki

Shinchimachi

Östlich von Dejima erstreckt sich die Chinatown von Nagasaki, Shinchimachi, mit zahlreichen chinesischen Restaurants. Wirklich alte chinesische Häuser finden sich eher im östlich davon ausgeschilderten »ehemaligen chinesischen Wohnviertel«.

Die Chinatown von Nagasaki reicht zurück ins 17. Jh.; richtig chinesisch sieht es hier aber nicht mehr aus ...

Viertel europäischer Bewohner

Glover Garden

Im Südwesten der Stadt liegt Glover Garden, ein Park mit einer Gruppe alter westlicher Wohnhäuser, darunter **Glover's Mansion**, das seit 2015 auf der UNESCO-Welterbeliste steht. Eine lebensgroße Bronzeplastik der Sängerin Miura Tamaki als Cho Cho San, die den Blick ihres Kind zur Hafenbucht lenkt, erinnert daran, dass Puccinis Oper **Madame Butterfly** von einem Roman von Pierre Loti inspiriert war, der wiederum auf dessen Erfahrungen in Nagasaki basierte. Vom Garten offenbart sich ein schöner Blick über den Hafen. Östlich der Parkanlage steht die katholische **Oura-Kirche**, die bereits 1865, noch vor der Aufhebung des Christenverbots in Japan, geweiht wurde (300 ¥).

Glover Garden: tgl. 8–18 Uhr, Mitte Juli–Mitte Okt. bis 21.30 Uhr
610 ¥ | www.glover-garden.jp/english

Bunter China-Schrein und Historisches Museum

Koshibyo

Von der Straßenbahnstation Ishibashi nach Nordwesten gelangt man zum 1893 errichteten Konfuzianischen Schrein (Koshibyo). Das angeschlossene Historische Museum zeigt chinesische Kunst.

Confucian Shrine and Historical Museum: tgl. 8.30–17.30 Uhr | 600 ¥
http://nagasaki-koushibyou.com/

Mit der Seilbahn auf den Aussichtshügel

Naturpark Inasayama

Auf der Westseite der Bucht erhebt sich der Inasayama-Hügel (332 m; Naturpark), dessen Gipfel man mit der Seilbahn in fünf Minuten erreicht. Hier bietet sich ein schöner Blick über Bucht und Stadt, der bei Dunkelheit besonders reizvoll ist.

Seilbahn: tgl. 9–22 Uhr; 720 ¥ (einfach)/1200 ¥
www.nagasaki-ropeway.jp/pdf/English.pdf

Rund um Nagasaki

Hashima-Insel – »Geisterstadt« im Ozean

Gunkanjima

Die »Kriegsschiff-Insel« Gunkanjima südlich außerhalb der Bucht wird nach ihrer Form so genannt, offiziell heißt sie Hashima. Sie gehört seit 2015 als **historische Industrielandschaft** zum UNESCO-Welterbe. Die nur 6 ha große Insel fungierte als Basis für die Erschließung unterirdischer Kohlenminen durch Mitsubishi – während des Krieges auch mithilfe Tausender von Zwangsarbeitern. Die winzige Insel war von 1890 bis zur Evakuierung 1974 extrem dicht bebaut und hatte zeitweise eine Bevölkerungsdichte von rechnerisch über 80 000 Menschen pro km^2! 2012 diente sie als Drehort für den James-Bond-Film »Skyfall«. Heute ist vieles auf der Insel so baufällig, dass Besucher sie nur von einigen Aussichtspunkten betrachten dürfen.

Mehrere Bootsfahrten tgl. (nach Voranmeldung)
Abfahrtszeiten und Preise unter: www.gunkan-jima.net/en

»Niederländischer« Vergnügungspark

Sasebo

Die Hafenstadt Sasebo etwa 50 km nördlich von Nagasaki ist in Japan bekannt wegen ihres Vergnügungsparks **Huis Ten Bosch** (nach der gleichnamigen Residenz in Den Haag), der in Form einer über 150 ha großen »Parallelwelt« die historischen Beziehungen zwischen Japan und den Niederlanden zu Beginn des 17. Jhs. thematisiert: Die erste Niederlassung der Holländer befand sich auf der nahe gelegenen Insel Hirado. Für Europäer wohl interessanter ist das seit 2016 angeschlossene »**Roboter-Hotel**« **Henn-na**, in dem (überwiegend) humanoide Roboter zahlreiche Aufgaben übernehmen, u. a. an der Rezeption.

Tgl. 9–22 Uhr | 6400 ¥ | Infos (engl.) zum Vergnügungspark: http://english.huistenbosch.co.jp/, zum »Roboter-Hotel«: www.h-n-h.jp/en

NAGOYA 名古屋

Hauptinsel: Honshu | **Präfektur:** Aichi | **Einwohnerzahl:** 2,3 Mio.

Obwohl Nagoya eine Millionenstadt ist, verirren sich nicht viele Touristen hierher. Es ist eine angenehme, auch für Touristen leicht zugängliche Metropole und hervorragende Basis für höchst unterschiedliche Unternehmungen und Sehenswürdigkeiten in der Umgebung.

Mehr als Toyota

Nagoya, Hauptstadt der Präfektur Aichi, liegt in der Mitte der Hauptinsel Honshu. Der gut geschützte **Hafen** ist heute der drittgrößte des Landes. Auch als Industriezentrum ist die Stadt von großer Bedeutung – vor ihren Toren liegen die Toyota-Werke.

Bollwerk gegen die Herrscherfamilie Toyotomi

Geschichte

Nagoya entwickelte sich um die Festungen, die im 16. Jh. von den Familien Imagawa und Oda errichtet wurden. Zu größerer Bedeutung verhalf der Stadt die Tatsache, dass Tokugawa Ieyasu 1612 für seinen Sohn Yoshinao die große Burg erbauen ließ und ihn als Herrscher über die Provinz Owari einsetzte. Damit war zugleich ein Bollwerk gegen die Herrscherfamilie Toyotomi geschaffen. Nachdem Ieyasu in den Kämpfen von 1614/1615 seine Gegner besiegt hatte, residierten die **Owari-Tokugawa** bis 1868 in Nagoya, mussten dann aber ihre Macht an die Zentralregierung in Tokyo abtreten. Wenig später setzte die Industrialisierung ein, welche die Basis für das heutige Wirtschaftsleben von Nagoya legte. Die Luftangriffe von 1945 fügten der Stadt schwere Schäden zu, wobei auch die Burg weitgehend zerstört wurde.

NAGOYA ERLEBEN

TOURISTENINFORMATIONEN

Im Bahnhof: Tel. 052 5 41 43 01
tgl. 9–19 Uhr
Beim Fernsehturm in Sakae, im Oasis 21 (UG): Tel. 052 9 63 52 52 | tgl. 10–20 Uhr
Nagoya International Center Building: 3rd Fl., 1-47-1 Nagono, Nakamura-ku, in der Sakura-dori, eine Station vom Bhf. nach Osten
Tel. 052 5 81 01 00 | Di.–So. 9–19 Uhr
www.nagoya-info.jp/en

ANREISE

Flugzeug: Fast alle innerjapanischen und internationalen Flüge (vor allem nach Asien) starten vom neuen Central Japan International Airport südlich der Stadt (Centrair, www.centrair.jp; Tel. 05 69 38 11 95, u. a. Flüge nach Frankfurt). Anschluss zur Stadt durch Meitetsu-Züge (½ Std.) und Busse vom Sakae Bus Terminal (50 Min.). Vom alten Flughafen Nagoya Kuko nordöstlich der Stadt (Bus vom Bhf. 30 Min.) fliegt JAL noch zu verschiedenen japanischen Städten im Süden und Norden.
Bahn: Shinkansen von Tokyo (Hbf.) 103 Minuten, von Kyoto 36 Minuten, Abfahrt alle 10 Min.; in Nagoya hält zudem die JR-Tokaido-, Chuo- und Kansai-Hauptlinie.
Bus: Von Tokyo JR- und Meitetsu-Buslinie über den Tomei-Expressway (6 Std.); von Kyoto und Osaka über den Meishin-Expressway (2¾ Std. bzw. 3½ Std.)
Kintetsu-Privatbahn nach Ise, Nara und Osaka

1 Kaguraya
2 Hitsumabushi Bincho
3 Gatten
4 Club Sango

1 Marriott Nagoya Associa
2 Nagoya 1-2-3 Marunouchi

Nagoya verfügt über ein effizientes **U-Bahnnetz**. Für Touristen nützlich sind die Higashiyama- und die Sakura-dori-Linie (vom Bhf. über das Zentrum in den Osten bzw. Südosten der Stadt) sowie die Meijo-Ringlinie, die einen Kreis um das Zentrum schließt und dabei bei der Burg und beim Atsuta-Schrein hält; in Kanayama zweigt die Meiko-Linie zum Hafen ab. Fahrschein ab 210 ¥, Tagespass für Bus und Bahn 850 ¥.
Von den **Bussen** nützlich ist der sog. Meguru-Bus (vom Bhf. über die Burg zum Tokugawa-Museum; 200 ¥). Richtung Mie (u. a. Ise-Schrein) verkehren **Züge** der Kintetsu-Bahn, Richtung Gifu (u. a. Inuyama) und Aichi diejenigen der Meitetsu-Bahn (Privatbahnen; Hauptbahnhöfe neben dem JR-Bhf.).

Tipps zu Matsuri, Restaurants und mehr finden sich im vierteljährlich erscheinenden Magazin »**Avenues**«
www.centraljapan.jp

HONEN-MATSURI
Fruchtbarkeitsfest, bei dem Phallussymbole durch die Straßen getragen werden, u. a. ein 2,5 m langer Holzphallus.
Tagata-Schrein, 15. März

ATSUTA-MATSURI
Wettkämpfe im Sumo, Judo und Tauziehen. Abends No-Theater, Feuerwerk und beleuchtete Boote auf dem Fluss.
Atsuta-Schrein, 5. Juni

NAGOYA-MATSURI
Historischer Umzug zum Gedenken an die drei Reichseiniger Oda Nobunaga, Toyotomi Hideyoshi und Tokugawa Ieyasu.
10.–20. Oktober

Im Haupteinkaufsviertel **Sakae** sind alle großen Kaufhäuser und Buchläden mit englischsprachigem Sortiment vertreten, u. a. Maruzen. Relativ neu ist der hiesige **Oasis-21-Komplex**, der auch Geschäfte beherbergt.
Vom Bahnhof führt ein unterirdisches Labyrinth von **Ladenpassagen** in Richtung Zentrum. Hier findet man nahezu alles, was man braucht: Drogerieartikel, Kleidung, Fotozubehör, Tee, Backwaren usw. Im **Bahnhof** selbst sind die Kaufhäuser Takashimaya und Tokyu Hands untergebracht.
Eine etwas andere Einkaufsgegend ist das **Viertel um den Osu-Kannon-Tempel**. Hier gibt es keine schicken Geschäfte, sondern kleine Krimskramsläden, die alles Mögliche verkaufen, von Secondhand-Kimonos bis zu Reiskeksen. Am 18. und 28. eines Monats findet hier ein **Antiquitätenmarkt** statt.

KOMEHYO
Das Hauptgeschäft einer Kette von Kaufhäusern, die Second-Hand-Markenartikel und Designermode verkaufen: Kleidung, Taschen, Schmuck, Outdoor-Kleidung, teilweise nach Gewicht, jedenfalls deutlich günstiger.
Osu 3-25-31 | Tel. 052 242 00 88
tgl. 10.30–19.30 Uhr | www.komehyo.co.jp/store/um-nagano

❶ KAGURAYA €€€
Klassische Kaiseki-Cuisine in einem schönen, aber nicht übermäßig schicken Restaurant, das man auch ohne Reservierung besuchen kann. Ausgiebige Getränkekarte mit einer großen Auswahl an Shochu und Sake.
Higashi-ku, Higashi-zakura 1-10-6 | Tel. 052 9 71 62 03
tgl. 11.30–22.30, So. bis 22 Uhr
http://kaguraya-nagoya.com (nur jap.)

❷ HITSUMABUSHI BINCHO €€
Geräucherter, süßer Aal mit Kräutern auf Reis serviert heißt Hitsumabushi (► S. 612). Hier benutzt man zum Grillen eine spezielle Eichenkohle.
Tsubakicho 6-9, ESCA Shopping Mall am Bhf. | Tel. 052 451 55 57
tgl. 11–15.30, 17–22 Uhr

❸ GATTEN €€
Leckere Hausmannskost, Sake und eine hervorragende Cocktailauswahl. Kneipe mit Shintoschrein-Thema: rote Schreintore, Waschbecken wie Reinigungsbecken am Schrein und Kellnerinnen in der Kleidung von Schreindienerinnen. Tacky, aber fun!
Tsubakicho 8-7, 3rd Fl., Nakamura-ku, Tel. 052 453 07 77
tgl. 18–24 Uhr

Das Nachtleben von Nagoya spielt sich in erster Linie im **Sakae** ab.

❹ CLUB SANGO
Wenn Clubs wie das nahe gelegene Orca schließen, geht es im schicken Club Sango erst richtig los.
Nishiki 3-18-12, Minex88 Bldg.
Tel. 052 212 78 03 | meist 23–4 Uhr

❶ MARRIOTT NAGOYA ASSOCIA €€€€
Eines der, wenn nicht das Tophotel der Stadt, im Nordturm des JR-Bahnhofs. Die Zimmer bieten üblichen Komfort und dazu eine tolle Aussicht auf die Stadt (bis zur Burg). Gute Restaurants mit westlicher oder japanischer Küche, darunter das empfehlenswerte Ka-un. Rezeption im 15. Stock.
1-1-4 Meieki, Nakamura-ku
Tel. 0 52 5 84 11 11
www.associa.com/english/nma

❷ HOTEL 1-2-3 NAGOYA MARUNOUCHI €€
Sauberes, günstiges Hotel in Laufentfernung zum Bahnhof und zum Schloss. Gutes Frühstück, Münzwaschmaschine, Mangazimmer und Tischtennisraum.
Marunouchi 2-16-15, Naka-ku
Tel. 052 2 18 70 00
www.hotel123.co.jp

Wohin in Nagoya?

Hochhaustürme um den Bahnhof

Nagoya Station

Ein Wahrzeichen der Stadt ist der Hauptbahnhof des Architekten Sakata Seizo (2002) mit den 245 bzw. 226 m hohen **JR Central Towers**. Nicht weit davon ragen der 247 m hohe **Midland Square Tower**, Nagoyas höchstes Gebäude, und das gedrehte, 170 m hohe Universitäts-Hochhaus **Mode-Gakuen Spiral Towers** von Nikken Sekkei auf.

Nach dem Krieg rekonstruiert

Burg Nagoyajo

Vom Bahnhof fährt die U-Bahn (Haltestelle Shiyakusho) zu der im Zweiten Weltkrieg zerstörten Burg aus dem frühen 17. Jh., deren 48 m hoher **Hauptturm** 1959 rekonstruiert wurde. Seinen Giebel schmückt ein Paar vergoldeter delfinartiger Fabelwesen (Kinshachi), die die Burg vor Feuer schützen sollten; innen ist ein **Museum** mit Kunstschätzen des im Krieg zerstörten Palasts untergebracht, darunter bemalte Wandschirme und Schiebetüren sowie Deckengemälde vor-

Ein Ufo ist gelandet: der Oasis 21-Komplex gegenüber vom Fernsehturm.

wiegend der Kano-Schule. (Arbeiten am Hauptturm für die Verbesserung der Erdbebensicherheit sollen bis 2018 abgeschlossen sein.) Aus der Gründungszeit sind drei Ecktürme, das zweite Tor und Mauern erhalten. Östlich des Hauptturms liegt der **Ninomaru-Garten** mit dem gleichnamigen Teehaus.

Tgl. 9–16.30 Uhr | 500 ¥ | www.nagoyajo.city.nagoya.jp/13_english/pdf/eigo.pdf (Infoblatt auf Engl.)

Ältester Fernsehturm des Landes

Nagoya TV Tower

An der breiten Nord-Süd-Allee Hisaya-dori erhebt sich der 180 m hohe freistehende Fernsehturm in Stahlfachwerk (1954) von Naito Tachu, der älteste Fernsehturm Japans und Vorbild u. a. für den Tokyo Tower. Von seiner **Aussichtsplattform** genießt man einen ausgezeichneten Rundblick. Wenige Schritte südwärts erreicht man die Haltestelle Sakae der Untergrundbahn.

Tgl. 10–22, Jan.–März bis 21 Uhr | 700 ¥ | www.nagoya-tv-tower.co.jp/

Cooler Futurismus mit Aussicht

Oasis 21

Schräg gegenüber, nordöstlich des Fernsehturms, liegt auf der anderen Straßenseite der futuristisch anmutende Oasis-21-Komplex des Architekten Kasai Hideki: Park, Shoppingzentrum und Station der Stadtbusse in einem. Die 2002 eingeweihte Anlage erinnert an ein Raumschiff; das Glasdach bedeckt ein flacher, durchscheinender See, den man umrunden kann.

www.sakaepark.co.jp/en/

Kunstmuseum im Parkgelände

★ Tokugawa-Kunstmuseum

Rund 3 km östlich der Burg liegt das Gelände der ehemaligen (im Krieg zerstörten) Tokugawa-Familienresidenz. Den südwestlichen Bereich des von der Stadt neu angelegten **Parkgeländes Tokugawa-en** nimmt das Tokugawa-Kunstmuseum (Tokugawa bijutsukan; Bushaltest. Tokugawaen Shin-Deki) ein mit Ausstellungsstücken aus dem Nachlass der Tokugawa, darunter Gemälde, Porzellan, Waffen und Dokumente. Beachtenswert sind vor allem 43 Teile der **Bildrolle** »Genji-Monogatari-emaki« von Fujiwara Takayoshi – die Originale werden nur selten ausgestellt, das Werk aber wird anhand eines Faksimiles erläutert – sowie die Bildrolle »Saigyo-Monogatari-emaki« (Darstellungen aus dem Leben des Priesters Saigyo, 1118–1190).

Garten: Di.–So. 9.30–17.30 Uhr | 300 ¥

Tokugawa Art Museum: Di.–So. 10–17 Uhr | 1200 ¥ | Kombiticket mit Garten 1350 ¥ | www.tokugawa-art-museum.jp/english

Tempel der Göttin der Barmherzigkeit

Osu-Kannon-Tempel

Südlich des Shirakawa-Parks (Haltest. Osu-Kannon) erreicht man den Osu-Kannon-Tempel (auch Hoshoin), der an der Stelle eines 1612 gegründeten Heiligtums neu errichtet wurde und eine bedeutende Bibliothek besitzt. Sie enthält u. a. die älteste erhaltene Abschrift des Geschichtswerkes »Kojiki« (712; ► S. 538). Beim Tempel beginnt ein buntes Einkaufsviertel (► S. 305).

Industriegeschichte – Autos und Porzellan

Toyota-Museum

Wer es nicht bis zum Toyota-Werk selbst (► rechts) schafft, sollte zumindest dem **Toyota Commemorative Museum of Industry and Technology** (TCMIT; Sangyo Gijutsu Kinenkan) nördlich des Bahnhofs einen Besuch abstatten (Meitetsu-Linie bis Sako oder Higashiyama-U-Bahn bis Kameyama, dann Bus bis Sangyo Gijutsu Kinenkan). Es ist in einem alten Fabrikgebäude vom Anfang des 20. Jhs. untergebracht und befasst sich mit der Industriegeschichte der Stadt. Hier sind u. a. Roboter zu sehen, die in der Autoindustrie eingesetzt wurden. In der Nähe bietet der ehemalige Industriekomplex **Noritake Garden** Ähnliches zur Porzellanherstellung in Nagoya.

TCMIT: Di.–So. 9.30–17 Uhr | 500 ¥ | www.tcmit.org/english/

Noritake Garden: tgl. 10–17 Uhr | 500 ¥
www.noritake.co.jp/eng/mori/

Bedeutendstes Shinto-Heiligtum Japans

★ Atsuta-Schrein

Im Süden der Stadt (Meitetsu-Bahnlinie, Haltest. Jingu-mae) befindet sich der Atsuta-Schrein (Atsuta-jingu), neben dem Ise-Schrein (► Ise) das bedeutendste Shinto-Heiligtum Japans. In ihm wurde eine der drei Reichsinsignien, das »**Gras mähende Schwert**« (Kusanagi-no-tsurugi), aufbewahrt, das heute verschollen ist. Der Legende nach stammt es ursprünglich vom Sturmgott Susanoo. Als

der sagenumwobene Held Yamato-takeru zur Eroberung der Ostprovinzen auszog, wurde ihm die legendäre Waffe von Yamato-hime, der Oberpriesterin der Ise-Schreine, übergeben. Als seine Feinde das hohe, trockene Gras angezündet hatten, um ihn zu töten, rettete er sich, indem er es mit dem Schwert abmähte. Der Ortsname Atsuta (»Brennendes Feld«) soll von diesem Ereignis herrühren.
Im Nordteil des bewaldeten Schreingeländes befindet sich der **Hauptschrein Hongu**, der von einer Einfriedung umzogen und damit unzugänglich ist. Südlich davon steht das **Schatzhaus** (Homotsukan) mit zahlreichen beachtenswerten Kunstschätzen, darunter alte und moderne Gemälde, Keramik, Schmuckgegenstände und Theatermasken.
Tgl. 9–16.30 Uhr | 300 ¥ | www.atsutajingu.or.jp/en/intro/

Aquarium, Eisbrecher und Eisenbahnen

★ Hafen

Im Süden der Stadt erstreckt sich das Hafengebiet (Endstation der Meiko-Untergrundbahnlinie; vom Bhf. Nagoya 30 Min.) mit einer Wasserfläche von etwa 25 000 ha. Von der Aussichtsplattform des **Maritime Museum** bietet sich ein weiter Meerblick. Im Jahr 1984 wurde das 63 m hohe **Port Building** eröffnet; nicht weit von hier befindet sich der **Forschungs-Eisbrecher »Fuji«** (Museum) mit Ausstellungsstücken zur Antarktisforschung.
Über die Port Bridge erreicht man schließlich das **Nagoya Aquarium**, eines der größten in Japan. Noch weiter südlich auf der Westseite der Bucht (Bhf. Kinjo-Futo) begeistert das Museum **SCMaglev and Railway Park** Eisenbahnfans mit historischen und aktuellen Originalzügen, Simulatoren, Modellen und Ausstellungen zur Bahntechnik sowie Informationen zur geplanten Magnet-Schnellbahn Maglev (Höchstgeschwindigkeit in Tests über 600 km/h).
Port of Nagoya Public Aquarium: Di.–So. 9.30–17.30, Dez.–Mitte März bis 17 Uhr | 2000 ¥ | www.nagoyaaqua.com/english/
Fuji Antarctic Museum: Di.–So. 9.30–17 Uhr | 300 ¥
SCMaglev Museum and Railway Park: Mi.–Mo. 10–17.30 Uhr, 1000 ¥ | http://museum.jr-central.co.jp/en/

Rund um Nagoya

Im Zeichen einer Automobilfirma

Toyota

Östlich von Nagoya ist der Ort Toyota nach der gleichnamigen Autofirma benannt (und diese wiederum nach dem Gründer Toyoda). Neben zahlreichen Fabriken befindet sich hier auch das Hauptquartier und daneben das **Besucherzentrum Toyota Kaikan**, wo Automodelle und Ausstellungen etwa zu Trends und Umweltstudien frei zugänglich sind. Der Weg nach Toyota lohnt sich aber vor allem mit einer rechtzeitigen Voranmeldung (mehrere Monate im Voraus) für eine der Werksführungen (2 Std. einschl. Anfahrt; engl. Erläuterungen). Sie starten jeweils um 11 Uhr, und man kann von oben eine Pkw-Fertigungsstraße beobachten.

Toyota Kaikan: Mo.–Sa. 9.30–17 Uhr, geschl. bei Betriebsferien, Werksführungen: Infos und Voranmeldung unter Tel. 081 565 29 33 55 | www.toyota.co.jp/en/about_toyota/facility/toyota_kaikan

Stadt der Lampenschirme und Fächer

Gifu Mit der Meitetsu-Privatbahn erreicht man das 30 km nördlich von Nagoya gelegene Gifu (412 000 Einw.), überragt vom Berg Inaba und Hauptstadt der gleichnamigen Präfektur. Bekannt sind die hier hergestellten Papierschirme, Lampions, Fächer u. a. Am Nagara-Ufer erstreckt sich der **Gifu Park** mit einem Aquarium.

Eine Seilbahn führt zum Gipfel des **Inaba** mit wiederhergestellter **Burg** (Museum). Interessant ist der Blick auf die kahlen Bergflanken, von denen große Gesteinsmengen zur Landaufschüttung an der Küste abgetragen werden (Yamakiri = Bergschneiden).

Eine besondere Attraktion ist er **Kormoran-Fischfang** (**Ukai**) auf dem Fluss Nagara. Vom 1. Juni bis 30. Sept. laufen allabendlich (außer bei Vollmond und nach schweren Regenfällen) Fischer- und Zuschauerboote aus. Das Licht der am Bug der Boote befestigten Feuerkörbe lockt die Ayu, eine Salmonidenart, an. Der Meister (Usho) lenkt mithilfe einer Leine die abgerichteten Kormorane, die durch einen um den Hals gelegten Ring am Verschlucken der Beute gehindert werden. Jeder Vogel erbeutet bis zu 50 Fische. Diese Fangmethode ist

Der Fischfang mit abgerichteten Kormoranen ist ein viel bestauntes Spektakel.

uralt und wurde vermutlich aus China übernommen. Auf den Booten können die gegrillten Ayu probiert werden.
Infos auf Engl. unter: www.ukai-gifucity.jp/Ukai/e/

Festungsstadt am Kiso-Fluss

★ Inuyama

Östlich von Gifu, zu erreichen mit der Meitetsu-Privatbahn, liegt die kleine Festungsstadt Inuyama mit historischen Häusern und Morgenmarkt. Die kleine **Burg**, auf einem Hügel über dem Fluss von weither sichtbar, wurde 1537 gebaut, nie zerstört und gehört damit zu den ältesten erhaltenen Burgen Japans. Auch in Inuyama wird am Kiso-Fluss Kormoranfischen betrieben (► links) .
Direkt unterhalb der Burg erstreckt sich der **Uraku-Garten**, in dem das **Joan-Teehaus**, eines der berühmtesten ganz Japans, aus dem Jahr 1618 steht. Gebaut wurde es von Oda Uraku, einem jüngeren Bruder Oda Nobunagas und Schüler von Sen-no-Rikyu (► S. 582) in Kyoto; es wurde erst 1972 nach Inuyama versetzt.
Eine besondere Attraktion im Süden der Kleinstadt ist das **Freilichtmuseum Meiji-mura** (Meitetsu-Buslinie ab Nagoya, 1 Std.) mit über 60 aus verschiedenen Landesteilen stammenden Originalgebäuden der Meiji-Zeit, u. a. der Empfangshalle des Imperial-Hotels in Tokyo von Frank Lloyd Wright (► S. 438).

Inuyama Castle: 9–17 Uhr | 550 ¥ | www.japan-guide.com/e/e3351.html
Urakuen: tgl. 9–17 Uhr | 1000 ¥, Kombiticket mit Burg 1300 ¥, Tee und Süßigkeit 600 ¥
Museum Meiji-mura: tgl. 9.30/10–16/17 Uhr | 1700 ¥
www.meijimura.com/english/

Ins Kiso-Tal – Poststationen an einem alten Handelsweg

★ Tsumago und Magome

Ein herrlicher Ausflug führt ins Kiso-Tal zu den ehemaligen Poststationen Tsumago und Magome am Nakasendo, einem alten Handelsweg durch die Berge von Kyoto nach Edo (Tokyo). Die kleinen Ortschaften wurden erfolgreich in ihren einstigen Zustand zurückversetzt: Die oberirdisch verlaufenden Stromleitungen wurden versteckt, motorisierter Verkehr aus dem Ort verbannt und die alten Häuser liebevoll restauriert. Nachdem man **Magome** besichtigt hat, kann man auf dem alten Handelsweg durch Wälder und an Wasserfällen vorbei nach Tsumago wandern (8 km). Mit der Chuo-Linie von Nagoya bis Nakatsugawa (50 Min.), von dort Bus bis Magome (30 Min.).

Qualitätsmesser, Keramik und Papier aus Maulbeerrinde

Seki und Mino

Auf dem Weg von Nagoya oder Gifu nach Norden (Takayama oder Kanazawa) passiert man Seki und Mino. **Seki** als alte Schwerterstadt ist noch heute für Qualitätsmesser bekannt. Die Kleinstadt **Mino** hat relativ gut erhaltene historische Gassen und Häuser mit dekorativen Abschlussziegeln an den Dächern. Traditionell wird hier Keramik (Mino-yaki) und Papier aus Maulbeerrinde hergestellt.

Keramikstadt Seto

Ko-Seto-Keramik

Östlich von Nagoya liegt die Keramikerstadt Seto (129 000 Einw.; Meitetsu-Privatbahnlinie von Nagoya-Sakae, 30 Min.). Schon um 1200 wurde hier die erste, noch unglasierte Ware hergestellt. Die alte, Ko-Seto genannte Keramik (▶ S. 560) des Meisters Kato Toshiro (13. Jh.) ist heute hoch geschätzt.
Der **Fukagawa-Schrein** birgt zwei Koma-inu-Darstellungen (mythische Hund-Löwe-Wesen), angeblich von Toshiro. Der **Kama-Schrein** im Norden der Stadt ist Kato Tamikichi gewidmet, der 1807 die Porzellanherstellung nach den Verfahren von ▶ Arita in Seto einführte. Der **Suehiko-Schrein** wurde für Toshiro (▶ S. 553) errichtet, dessen Porzellan-Denkmal im Seto-Park steht.

★ NAOSHIMA 直島

Hauptinsel: Shikoku | **Präfektur:** Kagawa | **Einwohnerzahl:** 3000

Pilgerziel für Kunst- und Architekturkenner: Dank aufsehenerregender Gebäude des Star-Architekten Ando Tadao sowie mehrerer hochkarätiger Kunstsammlungen und -projekte ist Naoshima heute international bekannt.

Land-Art-Kunstwerk

Die kleine Insel Naoshima in der Inlandsee war zunächst Fischerinsel, später Standort von Schwerindustrie und Recyclinganlagen – kein attraktiver Ort. Dann entstand in den 1990er-Jahren ein einzigartiges von der Land-Art-Bewegung inspiriertes Kunstprojekt. Besucher kommen hier in direkten Kontakt mit der in die Natur eingebundenen Kunst und Architektur.

NAOSHIMA ERLEBEN

INFORMATIONEN

www.benesse-artsite.jp/en

ANREISE

Von Okayama JR-Uno-Linie bis Uno, vom dortigen Hafen mit der Shikoku-Kisen-Fähre in 20 Min. zum Hafen Miyanoura (Nordosten)

BENESSE HOUSE €€€€

Kombination aus Luxushotel mit schöner Aussicht auf die Inlandsee und Museum. Vier Unterkunftsgebäude, Restaurant, Thermalbad, Park und Strand. DZ ab 32 000 ¥.
Infos auf der Webesite:
http://benesse-artsite.jp/en/stay/

Moderne Kunst direkt erleben

★ Kunstmuseen

Zum Kunstmuseum **Benesse House** des gleichnamigen Verlages (der das Kunstprojekt initiierte) mit hochrangigen Kunstobjekten gehört ein (Luxus-) Hotel, ausgestattet mit Kunstwerken in jedem Zimmer. Ebenfalls vom Pritzker-Preisträger Tadao Ando entworfen ist das exklusive, größtenteils unterirdische **Chichu Art Museum**, mit seinen labyrinthartigen Gängen selbst ein Avantgardekunst-Objekt. Highlights sind Wasserlilienbilder von Claude Monet, Lichtinstallationen von Walter de Maria und James Turrell sowie das separate, dem Künstler **Lee Ufan** gewidmete Museum.

Benesse House Museum: tgl. 8–21 Uhr | 1030 ¥
http://benesse-artsite.jp/en/art/benessehouse-museum.html
Chichu Art Museum: März–Sept. Di.–So. 10–18, Okt.–Feb. bis 17 Uhr
2060 ¥ | http://benesse-artsite.jp/en/art/chichu.html
Lee Ufan Museum: geöffnet wie Chichu Museum | 1030 ¥
http://benesse-artsite.jp/en/art/lee-ufan.html

Art-House-Projekt

Honmura

Im Rahmen des Art-House-Projektes wurden im Dorf Honmura traditionelle Häuser zeitgenössischen Künstlern für Installationen und als Ausstellungsräume zur Verfügung gestellt (ausführliche Infos über die einzelnen Künstler und Projekte auf der Website).

Art House Project: Di.–So. 10–16.30 Uhr | Sammelticket 1030 ¥,
http://benesse-artsite.jp/en/art/arthouse.html

Badevergnügen, kombiniert mit Kunst

Naoshima Bath

Entspannung pur bietet das von Shinro Ohtake renovierte **öffentliche Badehaus**, das – in Form eines höchst individuellen Künstleruniversums als Begegnungsstätte – klassisches japanisches Badevergnügen mit moderner Kunst verbindet.

Di.–Fr. 14–21, Sa., So. 10–21 Uhr | Eintritt 510 ¥
http://benesse-artsite.jp/en/art/naoshimasento.html

★★ NARA 奈良

Hauptinsel: Honshu | **Präfektur:** Nara | **Einwohnerzahl:** 360 000

Japans erste permanente Hauptstadt war im 8. Jh. Zentrum von Politik, Kultur und Wissenschaft. Erhalten sind bedeutende Tempel und Kulturschätze, darunter der große Bronzebuddha des Todaiji. Durch das Parkgelände mit den Sehenswürdigkeiten – gleich in der Stadt – streifen zahme Hirsche.

Wiege der japanischen Kultur

Nur 40 km südlich von Kyoto liegt die vorherige Hauptstadt Nara – heute Hauptstadt der gleichnamigen Präfektur, aber ein recht beschaulicher Ort. Im Osten der Stadt erstreckt sich ein großer Naturpark, in dem viele der Tempel aus der Blütezeit im 8. Jh. stehen. Eine besondere Attraktion für die über 10 Mio. Touristen pro Jahr sind die zahmen und sehr zutraulichen **Shika-Hirsche**, die frei im Park herumlaufen. In der näheren Umgebung sind weitere z. T. kunsthistorisch sehr wichtige Tempel aus der Nara-Zeit zu entdecken, und noch weiter südlich erstreckt sich das alte ▶ Asuka, das Kernland des frühen Kaiserreichs, als der Kaiserhof noch häufig umzog. Nara lässt sich gut als Tagesausflug von ▶ Kyoto oder ▶ Osaka aus besuchen, dann muss man allerdings aus den vielen Sehenswürdigkeiten gezielt auswählen.

Erste permanente Hauptstadt

Stadtgründung

Seit der legendären Reichsgründung durch Jimmu-tenno im Yamato-Becken (Nara-Becken) war nach dem Tode des jeweiligen Herrschers jedes Mal die Hauptstadt verlegt worden, weil der alte Palast mit dem Tod des Kaisers als unrein galt. Erst durch die Einführung des Buddhismus wurde dieses Tabu unwichtiger. Unter der Herrschaft der **Kaiserin Genmyo-tenno** (661–721) wurde 710 erstmals eine permanente Hauptstadt gegründet: **Heijokyo**, das heutige Nara. Nach dem Vorbild der damaligen chinesischen Metropole Chang-an (heute Xian) wurde die Stadt, westlich des heutigen Zentrums, auf schachbrettartigem Grundriss angelegt. Die sich südlich des Kaiserpalasts ausdehnende Stadt war durch eine breite Straße in Ost- und Westteil gegliedert, ihre Ausdehnung betrug 4,8 km von Norden nach Süden und 4,3 km von Osten nach Westen. Die Bedeutung von Nara, das sich schnell zum politischen und kulturellen Zentrum des Landes entwickelte, zeigt sich auch in der Einwohnerzahl, die damals bereits etwa 200 000 betrug. 74 Jahre lang blieb Nara Regierungssitz, heute trägt diese Epoche daher den Namen Nara-Zeit (▶ S. 538).

Einführung des Buddhismus unter Einfluss Chinas

Religion, Verwaltung, Kunst

Die herrschende Klasse war an der Einführung des Buddhismus interessiert, weil mit der neuen Religion ein ganzes Repertoire an chinesischer Zivilisation ins Land kam: Schrift, Verwaltung, Zentralisierung, größere Unabhängigkeit von den teils hinderlichen religiösen Riten und Tabus der (eher schamanistischen) einheimischen Religion. Für die Errichtung eines größeren Staatswesens waren diese neuen Strukturen unabdingbar. Gleichzeitig kam auch die Kunst der chinesischen Tang-Zeit als wichtiger Einfluss ins Land. Offizielle Gesandtschaften reisten nach China, und Mönche kamen von dort nach Japan, um hier zu lehren, so der von Shomu-tenno 753 eingeladene **Ganjin** (▶ S. 589). In der Folge gewannen buddhistische Schulen an Einfluss, und auch der Konfuzianismus wurde, wenngleich in geringerem Maß, übernommen.

Wichtige Werke für Kultur und Wissenschaft

Literatur

Unter Genmyo-tenno entstanden in Nara literarische Werke, die bis heute insbesondere für Historiker von großer Bedeutung sind. Im Jahr 712 wurde das Annalenwerk »Kojiki« (▶ S. 538) verfasst, das erste erhaltene Werk mit historischem, wenngleich mit Legenden durchsetztem Inhalt, 713 das »Fudoki«, die von der Kaiserin in Auftrag gegebene und in chinesischer Schrift geschriebene erste Topografie Japans, und im Jahr 720 die nach dem Vorbild chinesischer Geschichtsschreibung abgefasste Landeschronik »Nihon-shoki« (▶ S. 538). Auch das »Man-yoshu«, die älteste überlieferte poetische Sammlung Japans mit 4173 Gedichten (▶ S. 538), entstand in jener Zeit.

Höhepunkt und Verlust politischer Bedeutung

Architektur, Malerei und Plastik

Ihren Höhepunkt erreichte die Nara-Zeit unter der Herrschaft von **Shomu-tenno** (701–756), der den Guss des Daibutsu, einer 16 m hohen, bronzenen Buddha-Statue, in Auftrag gab. Die Verbreitung des Buddhismus wurde durch ein kaiserliches Edikt gefördert, das den Bau von **Provinztempeln** (**Kokubunji**) vorsah; praktisch wurde damit auch ein zentralisiertes Verwaltungssystem eingeführt, denn die Provinztempel waren dem Todaiji unterstellt. Für die Anfertigung von Kopien buddhistischer Schriften wurde ein der Regierung unterstelltes Amt (Shakyoshi) eingerichtet. Der Einfluss Chinas führte zum Bau großer Tempelanlagen; die Plastik und Malerei folgte weitgehend den Stilformen und Techniken Chinas, das seinerseits Elemente aus dem indischen Kulturbereich aufgenommen hatte. Waren die Skulpturen der Suiko-Periode (552–645) noch von strenger Starre gewesen, so zeigten die nun entstehenden Bildwerke weichere Formen.

Im Jahr 784 ließ **Kanmu-tenno** (737–806) schließlich die Residenz von Nara nach Nagaoka und schließlich zehn Jahre später nach Kyoto verlegen, um die Politik dem starken Einfluss der buddhistischen Priesterschaft zu entziehen. Nara verlor seine politische Bedeutung, blieb aber bis in die Gegenwart die **bedeutendste Kulturstätte** Japans. 2010 feierte die Stadt ihr 1300-jähriges Jubiläum, anlässlich dessen auch das Stadtmaskottchen Sento-kun entworfen wurde.

★ Nara-Park

Vom Bahnhof Kintetsu-Nara gelangt man über die Hauptstraße, Noborioji-dori bzw. die südlich parallel verlaufende Sanjo-dori zum Nara-Park. Auf dem von riesigen alten Bäumen bestandenen Areal, mit 525 ha Fläche der größte seiner Art in Japan, verteilen sich zahlreiche historische Bauwerke. Südlich der Straße liegt der **Sarusawa-Teich** (360 m Umfang), in dem sich die Pagode des Kofukuji-Tempels spiegelt und an dessen Nordwestufer der **Uneme-Schrein** steht.

NARA ERLEBEN

TOURISTENINFORMATIONEN
Im Bahnhof Kintetsu: 1st Fl.
Tel. 0742 24 48 58 | tgl. 9–17 Uhr
Im Stadtzentrum: Sanjo-dori 23-4 Kami-sanjo-cho | Tel. 0742 22 39 00 | tgl. 9–21 Uhr
www.narashikanko.or.jp/en
www.visitnara.jp/

ANREISE
Bahn: Von Kyoto Kintetsu-Privatbahnlinie (40 Min.) oder JR-Nara-Linie (45 Min.); von Osaka JR-Kansai-Linie (45 Min., ab Tennoji 30 Min.) oder Kintetsu-Linie ab Namba (30 Min.)

Vom Hbf. verkehren zahlreiche **Buslinien** zu den wichtigsten Sehenswürdigkeiten in der Stadt und der Umgebung.

WAKAKUSA-YAMA-YAKI
Grasfeuerfest, das Gras auf dem Hügel wird rituell abgebrannt, vorher gibt es ein großes Feuerwerk.
Auf dem Hügel Wakakusa, 25. Januar

MANTORO
3000 Stein- und Metall-Laternen werden mit Kerzen beleuchtet.
Kasuga-Schrein, 3. Februar (und 14./15. August)

OMIZU-TORI
Das Fest ist in mehrwöchige rituelle Handlungen der Mönche des Todaiji-Tempels eingebunden, bei denen abends immer riesige Kiefernfackeln über den Besuchern geschwenkt werden. Am Morgen des 13. März holen die Mönche Wasser von einer heiligen Quelle und opfern es den Buddhas.
Todaiji-Tempel, 13. März

KASUGA-MATSURI
Schreinfest mit Bugaku-Vorführungen.
Kasuga-Schrein, Mitte März

SHOMU-TENNO-SAI
Prozession zum Gedenken an Kaiser Shomu.
Todaiji-Tempel, Anfang Mai

UCHIWA-MAKI
Zeremonie mit herzförmigen Fächern, die vor Unglück schützen sollen.
Toshodaiji-Tempel, 19. Mai

ON-MATSURI
Das Fest geht auf ein seit dem 12. Jh. durchgeführtes Pestbekämpfungsritual zurück; mit rituellen Tänzen und historischer Prozession.
Wakamiya Jinja, Kasuga-Schrein, 15.–18. Dezember

❶ JYU JYU €€
In einer stimmungsvollen Seitenstraße nahe dem Sarusawa-Teich liegt dieses vegetarische Restaurant (auch Fischgerichte) mit Bar. Die stets frischen Zutaten sind ausnahmslos aus Bio-Anbau. Die Speisekarte umfasst eine saisonale Auswahl an japanischen, asiatischen und westlich inspirierten Gerichten.
27-1 Mochidono-cho, Nara-shi 630-8222 | Tel. 0742 27 61 21
Di.–So. 17–23 Uhr

❷ KURA €€–€
In dem liebevoll restaurierten Speicherhaus gibt es japanische Kneipengerichte und eine gute Auswahl an

1 Jyu Jyu
2 Kura

1 Nara Hotel
2 Guesthouse Nara Komachi

japanischem Bier und Sake. Und eine englische Speisekarte!
Komyoin-cho 16, Tel. 0742 22 87 71 | Mo.–Fr. 17–22.30, Sa., So. bis 22.30 Uhr

1 NARA HOTEL €€€€

Nostalgisches, 1909 gegründetes Hotel. Die 132 Zimmer verteilen sich auf Hauptgebäude (Honkan) und Neubau (Shinkan). Am Südostrand des Nara-Parks beim hübschen Sarusawa-Teich.
1096 Takahata-cho, Nara-shi, 630-8301 Nara-ken | Tel. 0742 26 33 00 | www.narahotel.co.jp/en

2 GUESTHOUSE NARA KOMACHI €

2010 eröffnetes Hotel schräg gegenüber dem JR-Bahnhof mit westlichen und japanischen Zimmern, auch Schlafsaalbetten. Preiswert, sauber; freundliche, enthusiastische und Englisch sprechende Besitzerin!
41-2 Surugamachi, Nara-shi, 630-8357 Nara-ken
Tel. 0742 87 05 56

Publikumsmagnet sind natürlich die Hirsche im Park Rokuen.

Einer der »Sieben Großen Tempel«

★ Kofukuji

Vom östlichen Teichufer führt ein Weg in nördlicher Richtung zum Kofukuji-Tempel (Bushaltest. Kencho-mae, 10 Min. vom Bhf.), einem der Sieben Großen Tempel und **Teil des UNESCO-Weltkulturerbes**. Im Jahr 669 von Kagami-no-Himehiko, der Gemahlin des Fujiwara-no-Kamatari, gegründet, war er Schutztempel der Familie und **Haupttempel der Hosso-Schule**. Er wurde ursprünglich in Kyoto unter dem Namen Yamashina-dera errichtet, 678 nach Umasaka (südl. von Nara) verlegt und schließlich mit der Gründung der Hauptstadt 710 durch Fubito, einen Sohn des Kamatari, an seinen jetzigen Standort verbracht und in »Kofukuji« umbenannt. Mit der Macht der Fujiwara wuchs die Bedeutung des Tempels, der in seiner Blütezeit 175 Gebäude umfasste. Die meisten von ihnen wurden jedoch während der Kämpfe zwischen den Minamoto und den Taira im 12. Jh. zerstört.

Vom ehemaligen Standort des großen Südtors erblickt man die erhaltenen Gebäude. Zu ihnen gehört die achteckige **Halle Nan-endo**, 813 von Fujiwara Fuyutsugu erbaut und 1741 erneuert. Ihr bedeutendster Kunstschatz ist die 1188 von Kokei, dem Vater des Unkei, geschaffene Statue der **Fukukenjaku-Kannon**, die nur einmal im Jahr, am 17. Oktober, gezeigt wird; Beachtung verdienen ferner die Statuen der vier Himmelswächter sowie der Patriarchen der Hosso-Schule. Vor der Halle befindet sich eine Bronzelaterne aus dem 9. Jh., deren Inschrift von Kobo-daishi stammen soll. Südwestlich von hier steht

die **dreistöckige Pagode**, ein anmutiges Bauwerk der Heian-Zeit. Nördlich der Nan-endo steht die **Nördliche Halle Hoku-endo**, gleichfalls auf achteckigem Grundriss. Sie wurde ursprünglich im Auftrag des Kaisers Gensho 721 zum Gedenken an Fujiwara no Fubito, den Gründer des Kofukuji, errichtet und 1208 erneuert. Die Holzstatue des Miroku-bosatsu schuf wohl Unkei im Jahr 1212.
Eine Hauptsehenswürdigkeiten ist die 710 gebaute **Östliche Goldene Halle To-kondo**, die nach mehrfacher Zerstörung 1415 originalgetreu rekonstruiert wurde und von Statuen des Nikko- und Gakko-bosatsu (vermutlich 8. Jh.) und weiteren Plastiken umgeben ist. Die **Zentrale Goldene Halle Chu-kondo** (714) weist eine sehenswerte hölzerne Shakyamuni-Statue auf, wird aber voraussichtlich noch bis 2018 restauriert. Weitere Restaurierungsarbeiten sind bis 2023 geplant.
Südlich gegenüber erhebt sich die **fünfstöckige Pagode**, im Jahr 730 von Komyo, der Gemahlin des Shomu-tenno, erbaut, fünfmal abgebrannt und 1426 im alten Stil neu errichtet. Sie ist mit 50 m Höhe die zweithöchste Pagode Japans – ein bemerkenswertes Zeugnis der Nara-Architektur. Im Innern stehen Statuen des Amida-nyorai, Shakyamuni, Yakushi-nyorai und Miroku-bosatsu.
Nordöstlich der Halle To-kondo wurden im 1959 erbauten **Schatzhaus Kokuho-kan** einige der bedeutendsten Kunstobjekte des Tempels zusammengetragen, darunter ein bronzener Buddhakopf (7. Jh.), eine hölzerne Figurengruppe der Juni-shinsho (»Zwölf Himmelsgeneräle«; Heian-Zeit), zwei Nio-Standbilder (Kongo, Misshaku), eine Ashura-Statue in Trockenlacktechnik (frühe Nara-Zeit) sowie die zwei Wächterfiguren Kongo-rikishi.

Tgl. 9–17 Uhr | Schatzhaus Kokuho-kan: 600 ¥, Östliche Goldene Halle: 300 ¥, Kombiticket 800 ¥ | http://nara-park.com/en/

Frühe buddhistische Kunst der Nara-Zeit

★ Nationalmuseum

Auf dem vom Kofukuji nach Osten führenden Weg gelangt man zum Nara National Museum. Es zeigt bedeutende Kunstwerke, vor allem aus der Nara-Zeit. Von den hier magazinierten Gegenständen wird eine wechselnde Auswahl präsentiert. Ein Highlight ist die jährliche Herbst-Ausstellung von Schätzen aus dem Shosoin, die im 8. Jh. über die Seidenstraße nach Japan gelangten.

Tgl. 9.30–17, Sa., So. bis 20 Uhr, Ende April bis Ende Okt. Fr. bis 18.30 Uhr | 520 ¥ | www.narahaku.go.jp/english/

Wo die wilden Hirsche leben

Manyo-Garten, Hirschpark Rokuen

Südöstlich des Museums (von der Noborioji-dori rechts, dann links, Bushaltest. Kasuga-taisha-Omote-sando) läuft man auf einem von Zypressen und Zedern gesäumten Weg am Manyo-Garten (links) und dem Hischpark Rokuen (rechts) vorbei zum Kasuga-Schrein; im **Manyo-Garten** gibt es eine kleine Bühne für Gagaku- und Bugaku-Aufführungen (► S. 530). Alle hier wachsenden Pflanzen kommen in

der Gedichtsammlung »Man-yoshu« (▶ S. 538) vor – daher der Name. Die im **Hirschpark Rokuen** lebenden Tiere gelten als Götterboten: Einer Legende zufolge luden die Fujiwara, die Bauherren des Schreins, die Gottheit Takemikazuchi-no-mikoto nach Nara ein, und diese hielt auf dem Rücken eines Hirschen Einzug.
Manyo Garden: Di.–So. 9–17 Uhr, Dez.–März bis 16.30 Uhr | 500 ¥

Schrein der Zehntausend Laternen

Kasuga Taisha

Der Weg zum Kasuga-Schrein durchquert das zweite Torii (Ni-no torii) und setzt sich zwischen zwei Reihen von insgesamt **3000 Steinlaternen** fort, die zweimal jährlich am Mantoro-Fest (▶ S. 316) entzündet werden. Es folgt das Südtor, ein einstöckiger Bau von 1179, in dessen Korridoren kunstvolle Laternen hängen; dahinter steht die Kulthalle Heiden (1650), links von dieser die Festhalle Naoraiden aus der gleichen Zeit. Eine Steintreppe führt zum Mittleren Tor (Chumon), dessen nach beiden Seiten verlaufende überdachte Korridore die Hauptgebäude des Kasuga-Schreins umfassen.
Der **Kasuga-Schrein** (Katsuga-taisha), ebenfalls Teil des UNESCO-Weltkulturerbes, wurde von Fujiwara Nagate (714–771) gegründet. Er besteht aus vier einzelnen Gebäuden und ist den Gottheiten Takemikazuchi und Futsunushi sowie den Ahnengöttern der Fujiwara, Amenokoyane und seiner Gemahlin Hime-okami, geweiht. Die Gebäude sind ein typisches Beispiel für den **Baustil Kasuga-zukuri** und unterscheiden sich von älteren, naturbelassenen Holzbauten durch den roten Anstrich der Balkenkonstruktion, weißen Verputz und geschwungene Dachlinien. Bis 1863 wurden sie in regelmäßigem Turnus alle 20 Jahre abgetragen und in der alten Form neu errichtet (wie die Ise-Schreine; ▶ Ise); seither beschränkt sich diese Erneuerung auf die Dächer.
An der linken Seite steht die **Umzugshalle Utsushi-dono**, wo während der Erneuerungsarbeiten an den Schreingebäuden die Götterbilder untergebracht wurden. Der von hier zum Hauptschrein führende gedeckte **Gang** (**neji-ro**), ein Werk des berühmten Hidari Jingoro (vermutlich 1594–1634), ist mit ausgezeichneten Schnitzereien geschmückt. Nördlich der Umzugshalle steht der **Baum Yadorigi**, auf dessen Stamm sechs andere Arten aufgepfropft sind.
Inneres Schreingelände: tgl. 6–18, Okt.–März 6.30–17 Uhr | 500 ¥ | www.kasugataisha.or.jp | www.japan-guide.com/e/e4102.htm
Kasuga Taisha Museum: tgl. 10–17 Uhr | 500 ¥

Ritualtänze zu Ehren Amaterasus

★ Kasuga-Wakamiya-Schrein

Ein weiterer von Steinlaternen gesäumter Weg führt vom Kasuga-Schrein nach Süden zum Kasuga-Wakamiya-Schrein (Wakamiya-jinja), der dem Gott Ameno-oshikumo, Sohn des Amenokoyane, geweiht ist und wohl 1135 gegründet wurde. Die heutigen Gebäude wurden 1863 gleichfalls im Stil Kasuga-zukuri errichtet. Im Südbau des lang gestreckten Schreins befindet sich die Heilige **Tanzhalle Kaguraden** (1613), wo die »Kagura« genannten **Ritualtänze** (► S. 578) zu Ehren von Amaterasu, der Ahnengottheit des Kaiserhauses, aufgeführt werden. Das **Schatzhaus** des Schreins (Homotsuden) beherbergt wertvolle Kunstobjekte. Auch dieser Schrein ist UNESCO-Weltkulturerbe. Das im Dezember stattfindende Schreinfest **On-Matsuri** gilt als größtes Fest der Stadt und lockt von weit her Besucher an. Ein prachtvoller Festzug mit historischen Gewändern zieht von hier durch die Stadt (► S. 316).

Tgl. 9–17 Uhr | 400 ¥

Dem Heilenden Buddha Yakushi geweiht

★★ Shin-Yakushiji-Tempel

Etwa 600 m südlich des Kasuga-Schreins liegt der Shin-Yakushiji-Tempel, den Kaiserin Komyo im Jahre 747 gründete, um von den Göttern die Heilung ihres Gemahls Shomu von einem Augenleiden zu erbitten. Der Tempel, ein klassisches Werk der späten Nara-Zeit, verdankt seinen Namen dem Heilenden Buddha (Yakushi), dem das Heiligtum geweiht ist. Im Inneren steht die aus einem einzigen Block geschnitzte hölzerne Statue der Yakushi-nyorai, daneben eine Statue der Elfköpfigen Kannon. Beide sind umgeben von zwölf tönernen Wächtergottheiten (Juni-shinsho); alle diese Plastiken sind Meisterwerke der späten Nara-Zeit. Die **Haupthalle Hondo** ist der einzige aus der Nara-Zeit erhaltene Teil des Tempels; alle anderen Gebäude wurden schon früh zerstört.

Tgl. 9–17 Uhr | 600 ¥ | www.japan-guide.com/e/e4112.html

Holzbau ohne Nägel

Berg Wakakusa, Tamukeyama Hachimangu

Auf dem Weg zum Todaiji passiert man den weiter nördlich gelegenen grasbewachsenen Hügel Wakakusayama (342 m, Aussichtspunkt), wo im Januar das Fest Yama-yaki (► S. 316) abgehalten wird.
Am Fuß des Wakakusa liegt der **Tamukeyama-Hachiman-Schrein** (749 gegründet), der dem Kriegsgott Hachiman geweiht ist. Ursprünglich wohl neben dem Heijo-Palast westlich der Stadt erbaut, wurde er 1251 an seinen jetzigen Standort gebracht; die heutigen Gebäude wurden 1691 von dem Priester Kokei errichtet. Die mittlere Halle ist Kaiser Ojin geweiht (postum als Hachiman verehrt), die linke seiner Gemahlin Hime-mikoto und die rechte seinen Eltern Jingu-tenno und Chuai. Im Süden befindet sich das Schatzhaus Hozo.
Interessant ist die »**Azekura-zukuri**« genannte Bautechnik, bei der Holzbalken von dreieckigem Querschnitt ohne Nägel zusammengefügt werden. Bei hoher Luftfeuchtigkeit dehnt sich das Holz aus und verhindert den Luftzutritt in den Innenraum, während bei Trockenheit das Holz etwas schwindet und ausreichend Frischluft eindringen lässt. So entsteht ein relativ **stabiles Raumklima**, dem der hervorragende Erhaltungszustand der zum Teil über 1000 Jahre alten Kunstschätze zu verdanken ist.

★★ Todaiji-Tempel

Weltkultuerbe

Bedeutung

Hauptsehenswürdigkeit von Nara ist der Todaiji oder »Große Ost-Tempel«. Einer der beeindruckendsten Tempel Japans und Weltkulturerbe nimmt praktisch den ganzen Nordteil des Nara-Parks ein: In einer riesigen Holzhalle – dem größten reinen Holzbau der Welt – sitzt **der Große Buddha von Nara**, eine über 15 m große Bronzestatue aus dem 8. Jh., für die damals praktisch alles verfügbare Material aufgebraucht wurde! Im 8. Jh. war der Todaiji administratives Zentrum Japans und Haupttempel aller buddhistischen Schulen – noch heute ist er Haupttempel der seit 736 bestehenden Kegon-Schule.

Ganz Asien bei der Eröffnung

Geschichte

Im Jahr 741 befahl Kaiser Shomu, eifriger Verfechter des Buddhismus, in jeder Provinz einen Tempel zum Schutz des Staates bauen zu lassen (► Kokubunji, S. 315). Zentrum dieser Staatstempel wurde der Todaiji-Tempel in der Hauptstadt Nara. Nachdem schon 743 erste Gussversuche (auf dem Gelände des Shigaraki-Palastes südlich vom Biwa-See) fehlgeschlagen waren, wurde 745 in Nara erneut mit dem Guss der Statue des Daibutsu (Großer Buddha) begonnen.
752 fand die offizielle Einweihung, die **Augenöffnungszeremonie**, statt. Zur prunkvollen Feier waren 10 000 Priester und Gläubige aus

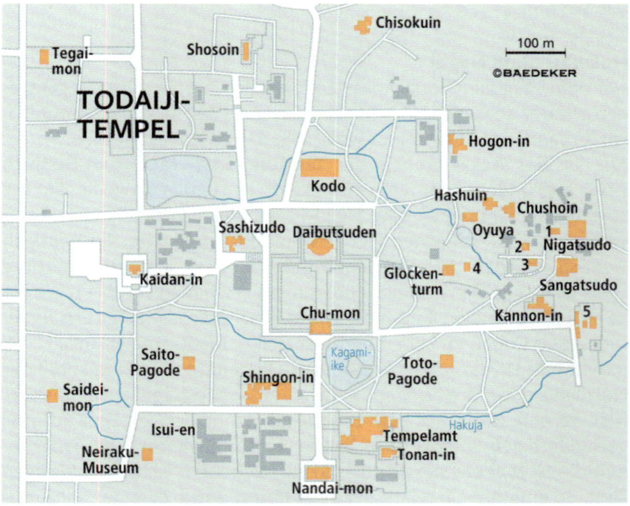

1 Wakasai
2 Kaisando
3 Sammaido
4 Nembutsudo
5 Tamukayama Hachimangu- Schrein

In der Halle des Zweiten Monats im Todaiji-Tempel fand in jedem zweiten Monat des Mondkalenders die Wasserschöpfzeremonie statt.

ganz Asien gekommen, unter ihnen der abgedankte Kaiser Shomu mit Gemahlin und seiner Tochter, der Kaiserin Koken, sowie der gesamte Hofstaat. 855 wurde bei einem Erdbeben der Kopf der Buddha-Statue abgerissen (Wiederherstellung 861). Im Jahr 1180 zerstörte Taira Shigehira im Gempei-Krieg (► S. 539), in dem viele Tempel und Klöster auf der Seite der gegnerischen Minamato standen, die Halle des Großen Buddhas (Daibutsuden), wobei Kopf und rechte Hand der Statue dem Feuer zum Opfer fielen. Auf Veranlassung von Abt Chogen wurde die Statue rekonstruiert und die Fertigstellung (1195) mit einer Zeremonie in Anwesenheit von Kaiser Gotoba und Shogun Minamoto Yoritomo gefeiert. Bei einem Aufstand des Matsunaga Hisahide brannte die Buddha-Halle 1567 nieder. Die erneut beschädigte Statue wurde 1692, die Halle 1709 wiederhergestellt.

Eingang zum Tempelbezirk

Großes Südtor

Den Eingang zum Tempelbezirk bildet das Große Südtor **Nandaimon**, ein von 18 Säulen getragener Bau. Ursprünglich gegen Ende der Nara-Zeit errichtet und 962 durch einen Taifun zerstört, wurde er 1199 in einem eher wuchtigen sogenannten Indischen Stil (Tenjihuyo) neu erbaut – der tatsächlich aus Südchina kam. In den äußeren Seitennischen stehen zwei muskulöse Nio-Statuen (Wächterfiguren) von gut 8 m Höhe, die den Meistern Unkei und Kaikei zugeschrieben werden, in den rückwärtigen Nischen auf einem Steinsockel zwei

Koma-inu (hunde- oder löwenähnliche Tiere), die angeblich 1196 von dem Chinesen Chinnakei geschaffen wurden und ein typisches Beispiel der chinesischen Sung-Kultur darstellen.

Größter aus Holz errichteter Raum der Welt

★★ Halle des Großen Buddha

Hinter dem Südtor führt der Weg nach Norden direkt auf den von hohen Mauern umgebenen Haupthof des Tempels zu, mit einem etwas kleineren, meist geschlossenen **Mittel-Tor** (**Chu-mon**), vor dem seitlich der Kagami-ike oder **Spiegelteich** liegt. Das Dach der Haupthalle ist schon zu sehen, doch erst hinter der Einfriedung wird die ganze Größe des Gebäudes erkennbar: Mit 57 m Länge, 50,50 m Breite und 48,70 m Höhe ist die ebenfalls im »indischen« Tenjiku-yo-Stil gebaute Halle noch immer der größte nur aus Holz gebaute Raum der Welt. Ursprünglich war sie sogar noch deutlich größer, was Modelle im hinteren Teil des Gebäudes veranschaulichen. Nach mehreren Feuern und Zerstörungen wurde die Halle zuletzt im 17. Jh. wieder aufgebaut. Die »shibi« an den Enden der Dachfirste sind Talismane, die vor Feuer schützen sollen.

Im Inneren der Halle steht der **Große Buddha** (Daibutsu), eine Bronzeplastik des Ur-Buddha (Vairoçana), deren ursprüngliche Form nach einem Entwurf des Koreaners Kuninaka-no-Kimimaro entstand. Das Bronzepodest (Umfang 20,70 m) hat die Form einer Lotosblüte mit 56 Blättern. Die Sitzstatue selbst ist mit 14,98 m Höhe die **größte antike Buddha-Statue Japans**. Für den Guss wurden 437 t Bronze, 130 kg Gold und 7 t Wachs verwendet. Kurz zuvor war die Tamayama-Goldmine in Tohoku entdeckt worden, wohl der erste Goldfund in Japan und für den Tenno ein gutes Omen: Die neue Buddhastatue konnte so mit einheimischem Gold überzogen werden. Die Statue hat die Kriege und Katastrophen der folgenden Jahrhunderte nicht immer heil überstanden und ist deshalb mehrfach beschädigt und verändert worden. So ist das ursprüngliche Aussehen nicht sicher bekannt, die Statue erscheint aber sehr archaisch.

Wie bei allen Buddha-Statuen sind die **Hand-Haltungen** (**Mudras**) von Bedeutung: Die erhobene rechte Hand (»Semui-no-in«) verheißt Frieden, die linke (»Yogan-no-in«) die Erfüllung der Wünsche. Die vergoldete Rückwand (Aura) mit der Darstellung von 16 Buddha-Inkarnationen stammt ebenso wie die beiden großen Boddhisattwa-Figuren aus dem 17. Jh.: links der »Wunscherfüller« **Nyoirin-Kannon**, rechts **Kokuzo**, der für Weisheit und Glück steht. Zwei weitere große Figuren im Hintergrund der Halle gehören zu einem anderen Set, nämlich den vier **Himmelswächtern**. Übrig sind nur der Wächter des Westens (Komokuten) mit Pinsel und Sutrenrolle und der des Nordens (Tamonten) mit einer Pagode in der Hand.

Der Große Buddha Daibutsu führt seinen Namen zurecht. Er erhebt die rechte Hand zum Friedensgestus.

Das kleine tunnelartige Loch in dem Pfeiler neben Tamonten ist Ziel geduldiger Besucher(innen): Der Zugang zum Paradies soll für diejenigen leichter werden, die hindurchkrabbeln können. Im Nordosten der Halle gelegen, entspricht es außerdem dem »Teufelstor« (Kimon), durch das böse Geister zurück in ihre Gefilde (im Nordosten nämlich) entweichen können, wenn man sie austreibt.
Rechts vor der Haupthalle passiert man schließlich eine abgewetzte Sitzstatue: der **Heiler Pindola** (jap. Binzuru) war Buddha-Schüler. Das Berühren der Statue am entsprechenden Körperteil soll gegen Krankheiten helfen. Im Gegenzug spenden die Gläubigen den Statuen rote Lätzchen oder Kappen. Sehenswert ist auch die achteckige Bronzelaterne unmittelbar vor der Haupthalle, deren Äußeres mit schönen Reliefs geschmückt ist – sie ist original aus dem 8. Jh. erhalten.
Daibutsuden-Halle: tgl. 7.30–17.30, Okt. bis 17, Nov.–Feb. 8–16.30, März bis 17 Uhr | 500 ¥ | www.japan-guide.com/e/e4100.html
Museum: tgl. 9.30 Uhr bis Schließung Daibutsuden-Halle | 500 ¥

Ordinationsplattform der Mönche

Kaidan-in-Tempel

Etwa 300 m westlich der Daibutsuden-Halle erreicht man den Kaidan-in-Tempel, der nach seiner Gründung (754) mehrmals durch Feuer zerstört und in seiner heutigen Form um 1730 neu errichtet wurde. In der Mitte des Innenraums finden sich die Statuen von Shakyamuni und Taho-nyorai, in den Ecken die Standbilder der vier Himmelswächter in voller Rüstung. »Kaidan« bezeichnet ursprünglich die Terrasse für die Priesterweihe; zum Bau wurde Erde verwendet, die der chinesische Priester Ganjin mitgebracht hatte. Er soll hier 500 Mönche zu Priestern geweiht haben.

Zweitgrößte Glocke Japan

Glockenturm

Östlich der Buddha-Halle steht ein alter Glockenturm, dessen Glocke 749 gegossen und 989 bei einem Taifun stark beschädigt wurde (Neuguss 1239). Mit 3,90 m Höhe und 2,80 m Durchmesser ist sie die zweitgrößte Glocke Japans.

Halle des Zweiten Monats

Nigatsudo

Noch weiter östlich liegt auf einer Erhebung die Halle des Zweiten Monats (Nigatsudo); sie wurde 752 von dem Priester Jitchu, einem Schüler Robens (689–773, erster Abt des Todaiji), erbaut und nach einem Brand 1669 wieder aufgebaut. Ihren Namen verdankt sie der **Wasserschöpfzeremonie Omizu-tori**, die früher in den zweiten Monat des Mondkalenders fiel (heute zwischen 1. und 14. März; ▶ S. 323).

Halle des Dritten Monats

Sangatsudo

Südlich schließt sich die Halle des Dritten Monats (Sangatsudo) an, das 733 von Roben errichtete älteste noch bestehende Gebäude im Tempelbezirk. Die **Bethalle Raido** wurde um 1200 (Kamakura-Zeit) angefügt; beide Bauten lassen sich anhand der Dachkonstruktion unterscheiden. Der Name der Halle leitet sich von der im dritten Mondmonat abgehaltenen Lesung des hier aufbewahrten Hokke-Sutra ab. In der Mitte des Innenraums steht die 3,60 m hohe **Fukukensaku-Kannon**, eine dem Abt Roben zugeschriebene Trockenlackstatue, deren Krone mit 20 000 Perlen und Edelsteinen geschmückt ist. Sie wird flankiert von tönernen Figuren des **Nikko-bosatsu** und **Gakko-bosatsu** (Nara-Zeit). Seitwärts erkennt man die Standbilder von Bonten und Taishakuten, gleichfalls in Trockenlacktechnik, vor der Bonten-Statue wiederum die hölzerne Statue des Fudomyoo, vor Taishakuten die des Jizo-bosatsu. In den vier Raumecken stehen die Himmelswächter (Trockenlack). Hinter der Fukukensaku-Kannon versteckt sich hinter verschlossener Tür das »Geheime Bildnis« des Shukongo-jin, das nur am 16. Dezember zu sehen ist.

»Geborgte Landschaft«

Garten Isui-en

Westlich des Südtors (Nandai-mon) zum Bezirk des Todaiji-Tempels erstreckt sich der Isui-en-Garten; links vom Eingang zeigt das kleine **Neiraku-Museum** altes chinesisches und koreanisches Kunstgewerbe. Der Garten selbst ist in zwei Bereiche aufgeteilt. In seinem vorderen Teil stehen die Teehäuser Seishuan und Sanshutei sowie der Warteraum Teishuken. Der hintere Teil des Gartens wurde 1899 von einem reichen Händler aus Nara angelegt und bedient sich der **Shakkei-Technik** (»Geborgte Landschaft«). Das entfernt sichtbare Dach des Großen Südtors sowie die umliegenden Berge Wakakusa, Kasuga und Mikasa werden bewusst in das Konzept eingebunden, um eine größere Tiefenwirkung zu erzielen. Die Trittsteine sind alte Mahlsteine zur Herstellung von Stofffarben.

Mi.–Mo. 9.30–16.30 Uhr | 900 ¥ | www.japan-guide.com/e/e4114.html

Nordwestliche Umgebung von Nara

Zentrum der alten Hauptstadt Heijokyo

Heijo-kyuden-Kaiserpalast

Nordwestlich der Stadt erstreckt sich der bei Ausgrabungen freigelegte Heijo-kyuden-Kaiserpalast (Bus vom Hbf. Nara, 15 Min., oder vom Bhf. Yamato-Saidaiji, 5 Min.). Auf einer Fläche von 107 ha errichtet, bildete er das politische und kulturelle Zentrum der alten Hauptstadt Heijokyo. Als im Jahr 784 der Regierungssitz nach Nagaoka verlegt wurde, verfiel die Anlage. Bei den **Grabungsarbeiten** wurden diverse Gebäudefundamente, Gräben, Brunnen und Pflasterungen freigelegt. Der gesamte Komplex war von einer Galerie mit mehreren Toren umgeben.

In den 1990er-Jahren wurde begonnen, einzelne Gebäude zu rekonstruieren und den gesamten Palastbezirk als historischen Park freizulegen – dafür sollen auf Dauer auch eine Nationalstraße und die

Kintetsu-Bahnlinie (samt Bahnhöfen) um- bzw. unterirdisch verlegt werden. Bisher sind die Zeremonienhalle Daigokuden, das Suzakumon-Tor und der Östliche Palastgarten rekonstruiert. Mehrere Ausstellungshallen zeigen Funde und Informationen zum Palast.
Gelände und Museum: Di.–So. 9–16.30 Uhr | Eintritt frei

Von der Kaiserin gegründet

Hokkeji-Tempel

Etwa 800 m östlich des Palasts steht der von der Kaiserin Komyo im 8. Jh. als Nonnenkloster gegründete Hokkeji-Tempel, dessen Haupthalle 1601 erneuert wurde. Sehenswert ist die angeblich von einem indischen Künstler geschaffene Holzstatue der Elfköpfigen Kannon.
Tgl. 9–17 Uhr | 500 ¥ | www.hokkeji-nara.jp/en/

Die Göttin von Musik und Tanz

Akishino-dera-Tempel

Nordwestlich des Bahnhofs Yamato-Saidaiji liegt der um 780 gegründete Akishino-Tempel, den 1135 ein Feuer größtenteils zerstörte. Verschont blieb lediglich die Vortragshalle (Kodo), die später zur Haupthalle (Hondo) umgestaltet wurde. Die bekannteste der 25 Statuen in der Haupthalle ist die Trockenlackfigur der **Gigeiten**, Göttin der Musik und des Tanzes. Ihr Kopf stammt aus dem 8. Jh., der Körper wird dem Bildhauer Unkei (13. Jh.) zugeschrieben.
Tgl. 9.30–16.30 Uhr | 500 ¥

Einer der »Sieben Großen Tempel«

★ Saidaiji-Tempel

Nur wenige Schritte westlich des Bahnhofs erstreckt sich das Gelände eines weiteren der Sieben Großen Tempel: Der Saidaiji-Tempel (»Großer Westtempel«) wurde 765 auf Geheiß von Shotoku-tenno (in ihrer ersten Amtszeit von 749–758 Kaiserin Koken genannt) errichtet und ist das Hauptheiligtum der Shingon-Ritsu-Schule. Die Gebäude sind meist neueren Datums. Die **Haupthalle Hondo**, nördlich der Ruinen der Ost-Pagode, stammt von 1752. In ihr befinden sich eine Holzstatue des Shakyamuni, ein Werk des Priesters Eizon (1201 bis 1290), und eine Statue des Monju-bosatsu von 1302.

Südwestlich der Haupthalle ist die **Halle Aizendo** mit Sitzstatuen des Aisen-myoo (1247) und des Priesters Eizon (Kamakura-Zeit) zu sehen. Unweit des Osttors gelangt man zur **Halle Shiodo** mit Statuen der späten Nara-Zeit (Tenpyo-Periode), darunter die vier Himmelswächter (die des Tamonten aus Holz, die anderen aus Bronze); die Dämonenfiguren zu Füßen der Statuen stammen aus der Zeit der Tempelgründung. Im 12. Jh. entstand die Holzstatue der Elfköpfigen Kannon.

Östlich der Haupthalle befindet sich das **Tempelschatzhaus Shuhokan** mit Skulpturen, Gemälden und Kalligrafien. Zum Tempel gehören ferner zwölf Bildrollen mit Darstellungen der Wächter (Junishinsho) auf Seide. Nordöstlich des Tempels liegt das Grab des Kaisers Seimu, ein typisches Hügelgrab der Kofun-Zeit (▶ S. 537).

Tgl. 8.30–17.30, Okt.–März bis 16.30 Uhr | Hondo 400 ¥, Aizendo 300 ¥, Shiodo 300 ¥, Schatzhaus 300 ¥, Kombiticket 1000 ¥

Asiatische Kunst mit großem Garten am See

Das Yamato-bunka-kan-Museum zeigt die Privatsammlung der Bahngesellschaft Kintetsu – asiatische Kunstwerke, darunter Plastiken, Gemälde, Keramik und Lackwaren – in schöner Umgebung und mit großem Garten an einem See. Yamato-bunka-kan-Museum

Di.–So. 10–17 Uhr | ständige Ausstellung 600 ¥ (Zuschlag bei Sonderausstellungen)
www.kintetsu-g-hd.co.jp/culture/yamato/foreign/english.html

Südwestliche Umgebung von Nara

Weltkulturerbe in grünen Reisfeldern

Die beschauliche Landschaft südwestlich von Nara ist heute agrarisch geprägt. Im 8. Jh. lag hier ein geistiges Zentrum der Region, wovon noch einige Tempel zeugen; Toshodaiji und Yakushiji sind gar Teil des UNESCO-Weltkulturerbes. Sie bilden einen reizvollen Kontrast zu den grünen Reisfeldern und bäuerlichen Anwesen. Die Zufahrt erfolgt von Nara (Bhf. Kintetsu-Nara) mit der Nara-Linie der Kintetsu-Privatbahn bis Yamato-Saidaiji, dann mit der Kashihara-Linie bis Nishinokyo. Unweit westlich des Bahnhofs Amagatsuji (eine Station vor Nishinokyo) liegt in einem See das **Grab des Kaisers Suinin**, ein Tumulus mit schlüssellochförmigem Grundriss. Auch dieses Grab entstand in der Kofun-Zeit (▶ S. 537). Landschaft und Anfahrt

Tempel für einen Gastpriester

600 m südl. des Bahnhofs Amagatsuji (bzw. nördl. des Bhfs. Nishinokyo) steht der 759 von **Ganjin** (▶ S. 589) gegründete Toshodaiji-Tempel, oberster von rund 30 Tempeln der Ritsu-Schule. Sein Name leitet sich von »Shodai« ab, was übersetzt etwa »Tempel für einen Gastpriester« bedeutet, und bezieht sich darauf, dass Ganjin, damals größte Autorität des Buddhismus, eingeladen wurde, um hier zu lehren. Aus der Gründungszeit stammen nur noch die Haupthalle und die Vortragshalle; die übrigen Gebäude sind neueren Datums. Toshodaiji-Tempel

Durch das Große Südtor Nandaimon (Rekonstruktion 1960) gelangt man zur **Haupthalle Kondo**, die mit einer Grundfläche von 15 × 29 m als größter und bedeutendster Vertreter der Tenpyo-Architektur gilt. Von klassischer Schönheit ist die Säulengalerie. Die in der Halle aufgestellte 3,30 m hohe Sitzstatue des Buddha Vairocana (Trockenlacktechnik) wurde von chinesischen Schülern des Ganjin, T'an Ching und Szu T'o, entworfen. Ihre prachtvolle Aura war ursprünglich mit 1000 kleinen Buddha-Figuren geschmückt, von denen noch immerhin 864 erhalten sind. Links daneben ist eine Tausendhändige Kannon

(Trockenlack, 5,50 m hoch) zu sehen, rechts eine Statue des Yakushi-nyorai, die gleichfalls in Trockenlacktechnik angefertig wurde und den Ganjin-Schülern Szu T'o und Ju Pao zugeschrieben wird. Ferner finden sich hier zwei 1,70 m hohe Holzstatuen (Bonten und Taishakuten) des Meisters Chun Fa-li sowie ein hölzernes Sitzbild des Dainichi-nyorai (3,70 m hoch) aus der frühen Heian-Zeit.
Hinter der Haupthalle steht die **Vortragshalle Kodo**, die ursprünglich als Versammlungshalle des Kaiserpalasts Heijo-kyuden diente. Sie wurde bereits bei der Tempelgründung hierher versetzt und ist **einziger erhaltener Teil der Palastanlage**. Bedeutendste Skulptur dieser Halle ist eine 2,40 m hohe Miroku-bosatsu-Statue; ferner sehenswert sind die aus einem Zypressenholzblock geschnitzten Statuen von Jikokuten und Zochoten.
Rechts der Vortragshalle birgt ein lang gestreckter Bau die Priesterwohnungen Higashimuro (Norden) und den Sakralraum Raido (Süden). Davor steht ein Trommelturm (Koro oder Shariden), der am 19. Mai Schauplatz des Festes **Uchiwa-maki** ist. Dabei werden geweihte herzförmige Fächer verteilt, die vor Unglück schützen sollen. Östlich der Priesterwohnungen befinden sich zwei in Azekura-zukuri-Technik errichtete Gebäude: die **Sutren-Bibliothek Kyozo** (Süden) und die **Schatzkammer Hozo** (Norden). Das **Schatzhaus Shinhozo** (1970) enthält Gemälde und Skulpturfragmente.
Tgl. 8.30–17 Uhr | 600 ¥, Schatzhaus zzgl. 200 ¥
www.toshodaiji.jp/english/index.html

Wo Buddha auftrat

★ Yakushiji-Tempel

Von der in südlicher Richtung folgenden Bahnstation (Bhf. Nishinokyo) oder vom Toshodaiji zu Fuß (750 m) erreicht man den Yakushiji-Tempel, den heutigen **Haupttempel der Hosso-Schule** (zusammen mit dem Kofukuji). Der Bau des Tempels wurde 680 von Kaiser Temmu geplant, um darin für die Genesung seiner schwerkranken Frau Jito zu beten. Während der Bauzeit verstarb dann aber Temmu selbst, sodass der eigentliche Bau unter der Leitung von Jito, die 687 den Thron bestiegen hatte, erst 698 fertiggestellt wurde. Nach Verlegung des Regierungssitzes nach Nara wurde der Tempel 718 von Asuka an seinen jetzigen Standort verbracht. Er wurde mehrfach beschädigt, besonders schwer im Bürgerkrieg von 1528. Von der ursprünglichen Anlage des Heiligtums, das zu den Sieben Großen Tempeln von Nara zählt, ist nur die Ostpagode erhalten geblieben; alle anderen Gebäude entstanden in oder nach der Kamakura-Zeit.
Die **Haupthalle Kondo**, 1600 erneuert und 1976 auf den alten Fundamenten gänzlich neu errichtet, enthält die berühmte **Yakushi-Trias**. Ihre Zentralfigur ist der 2,60 m hohe Yakushi-nyorai (Medizin-Buddha): Anstatt die übliche Medizindose in der Hand zu halten, sitzt er auf einer Medizinkiste, auf der griechische, persische, indische und chinesische Elemente auszumachen sind; zu beiden Seiten

befinden sich die Standfiguren des Nikko-bosatsu und des Gakko-bosatsu. Durch den Brand von 1528 wurden die ursprünglich vergoldeten Statuen geschwärzt; nur die Auren sind noch vergoldet. Alle drei Statuen wie auch die Yakushi-Trinitas in der hinter der Haupthalle liegenden Vortragshalle Kodo stammen von 697.
Schräg gegenüber erhebt sich die vermutlich im Jahr 698 erbaute dreistöckige **Ostpagode** (37,90 m hoch). Durch kunstvoll eingefügte kleine Zwischendächer erscheint sie sechsstöckig. Kunstvoll ist auch der metallene Dachschmuck (Sorin). Wegen Renovierungsarbeiten ist die Osthalle voraussichtlich bis 2020 eingerüstet. Hinter der Pagode schließt sich die **Osthalle Toin-do** (1285) an. Sie birgt die 1,90 m hohe bronzene Sho-Kannon (Kudara-Kannon, um 600), Geschenk des Königs von Paekche (Korea).
Auf der anderen Seite der Pagode kommt man zur **Halle Bussokudo** mit einem Stein, auf dem sich der **Fußabdruck Buddhas** (Bussokuseki) befinden soll.
Tgl. 8–17 Uhr | 800 ¥ | www.japan-guide.com/e/e4105.html

An Medizin Interessierte sollten die Haupthalle Kondo nicht auslassen.

Südliches Nara-Becken

Südlich der Stadt dehnt sich das Nara-Becken aus, das auch Yamato-Becken genannt wird. Es wird von den Zuflüssen des **Yamato** durchzogen, der die Ebene nach Westen verlässt und südlich von Osaka ins Meer mündet. In diesem Gebiet sind weitere bedeutende Tempelanlagen und Grabhügel zu finden – sie überwiegend älter als Nara selbst und stammen aus der Zeit, als der Staat weniger zentralisiert war und es noch keine dauerhafte Hauptstadt gab – deshalb sind die Sehenswürdigkeiten weiter verstreut.

Älteste Pagode Japans

Hokkiji-Tempel

Von Nara (Bhf. Kintetsu-Nara) geht es mit der Bahn nach Kintetsu-Koriyama (15 Min.), von dort mit dem Bus (20 Min.) zum Hokkiji-Tempel. Seine Gründung 638 geht auf den Priester Fukuryo zurück, der damit den letzten Willen von Shotoku-taishi (574–622) erfüllte. Hier soll sich der Palast des Jomei-tenno (Okamoto no miya) befunden haben, weshalb der Tempel auch **Okamoto-Tempel** genannt wird. Das einzig erhaltene Bauwerk aus der Gründungszeit ist die dreistöckige Pagode, die älteste ihrer Art in Japan.

Tgl. 8–17, 4. Nov. bis 21. Feb. bis 16.30 Uhr | 300 ¥
www.horyuji.or.jp/hokiji_e.htm

Buddha chinesisch-koreanisch

Horinji-Tempel

Zu Fuß sind es 15 Minuten zum südwestlich gelegenen Horinji-Tempel, der 821 von einem Sohn des Shotoku-taishi erbaut wurde. Beherrschende Figur in der Haupthalle Kondo ist die **Sitzstatue des Yakushi-nyorai** in dem an chinesischen und koreanischen Vorbildern orientierten Stil Tori-busshi. Die daneben aufgestellten Skulpturen der Kichijo-ten, Sho-Kannon und Bishamonten stammen aus der späten Heian-Zeit.

Tgl. 8–17, Dez.–Feb. bis 16.30 Uhr | 500 ¥
www.visitnara.jp/venues/A00939/

★★ Horyuji

Perfekte Proportionen sagt man dem Horyuji nach, einem der Sieben großen Tempel von Nara, Teil des UNESCO-Welterbes, der nicht nur die **älteste vollständig erhaltene Tempelanlage Japans** ist, sondern auch wunderbare Kunstwerke aus praktisch allen japanischen Kulturepochen enthält (und zur Freude der Besucher auch öffentlich ausstellt). Der Horyuji liegt zwar 12 km außerhalb von Nara und erfordert von dort etwa einen halben Tag, ist aber ein absolutes Highlight, wenn man sich für japanische Tempel und Kunst interessiert.

Der Bau stammt noch aus der Asuka-Zeit (552–710): Yomei-tenno, der erste buddhistische Kaiser Japans, wurde 586 von einer schweren Krankheit befallen. Er gab den Auftrag, eine Statue des Heilenden Buddha (Yakushi-nyorai) anzufertigen, starb aber vor deren Vollendung. Sein Sohn **Shotoku-taishi** (Kronprinz Shotoku) ist in Japan wesentlich bekannter und gilt erster großer Förderer des Buddhismus, der gleichzeitig wichtige Staatsreformen durchführte. Um den Wunsch seines Vater doch noch zu erfüllen, ließ Shotoku-taishi 607 den Tempel Horyuji errichten, der heute auch **Haupttempel der Shotoku-Schule** ist.
Die gesamte Anlage umfasst 45 Bauten aus unterschiedlichen Epochen; die jüngeren sind in der Momoyama-Zeit Ende des 16. Jh. entstanden. Der Tempel ist in die Komplexe **To-in** (auch Higashi-no-in, Ostteil) mit 14 Gebäuden und **Sai-in** (auch Nishi-no-in, Westteil) mit 31 Gebäuden gegliedert.

Horyuji: tgl. 8–17, Nov.–Feb. bis 16.30 Uhr | 1500 ¥
www.japan-guide.com/e/e4104.html

Der westliche Bezirk Sai-in

Zugang

Den Haupteingang sowohl zum Westteil Sai-in als auch zum gesamten Tempelbezirk bildet das **Große Südtor** (**Nandaimon**), ein mehrmals erneuerter Bau (zuletzt in der Muromachi-Zeit, 1438). Von hier gelangt man, am Tempelbüro vorbei, zum **Inneren Tempelhof** des Sai-in, einer Art Kreuzgang mit den ältesten erhaltenen Gebäuden – sowohl das **Mittlere Tor** (**Chumon**) als auch die Pagode im Hof stammen von 607, also aus dem Gründungsjahr des Tempels, auch die übrigen Gebäude und zahlreiche Kunstwerke darin sind sehr alt. Das Tor, zu dessen beiden Seiten überdachte Korridore (Kairo) ver-

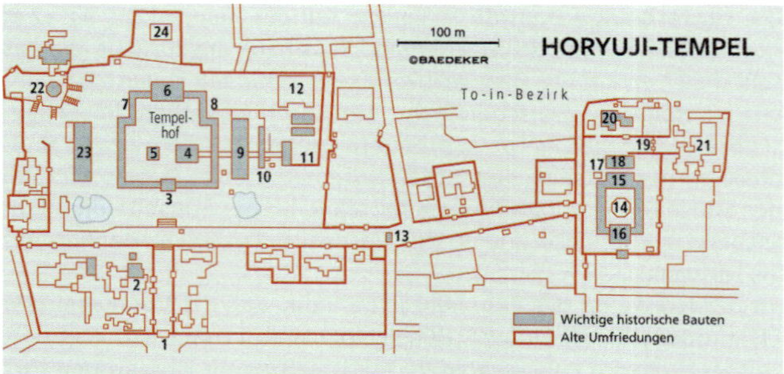

1 Nandaimon (Südtor)
2 Tempelverwaltung
3 Chumon (Mittleres Tor)
4 Kondo (Haupthalle)
5 Fünfstöckige Pagode
6 Daikodo (Vortragshalle)
7 Kyozo (Sutrenhalle)
8 Shoro (Glockenturm)
9 Shoryoin
10 Tsumamuro
11 Kofuzo (Schatzhalle)
12 Daihozoin (Schatzhaus)
13 Todaimon (Osttor)
14 Yume-dono
15 E-den (Gemäldehalle) und Shariden (Reliquienhalle)
16 Raido
17 Shodo (Glockenturm)
18 Denpodo
19 Kitamuroin Karamon (Tor)
20 Kitamuroin Hondo
21 Chuguji-Tempel
22 Saiendo
23 Sangyoin
24 Kami-no-mido

laufen, unterscheidet sich von anderen buddhistischen Torbauten durch seine relativ offene, von Säulen getragene Konstruktion. Zu beiden Seiten des Eingangs stehen zwei **Wächter** (Nio), der rechte (rote) als Symbol des Lichtes, der linke (schwarze) als Symbol der Finsternis. Beide entstanden 711 und wurden 1964 vollständig restauriert.

Im und um den inneren Tempelhof

Haupthalle Kondo, Pagode

Innerhalb des inneren Tempelhofs Sai-in stehen die Haupthalle Kondo (rechts) und die Pagode (links) wunderbar ausgewogen nebeneinander. Die Haupthalle Kondo ist ein zweistöckiger Holzbau von 9,10 × 7,30 m Grundfläche und 17,80 m Höhe. Sie ist in der Asuka-Zeit entstanden und soll das älteste erhaltene Holzgebäude der Welt sein. Die Innenwände der Halle trugen berühmte Fresken, die in Stil und Ausführung jenen in den Höhlen von Ajanta (Indien) vergleichbar waren; sie wurden 1949 durch ein Feuer zerstört (Fotos der Fresken in der Großen Schatzkammer). In der Halle stehen mehrere Statuen aus dem 7. Jh.; die bekannteste ist die bronzene **Shaka-Trias**, die 623 von Tori-busshi gegossen wurde (▶ S. 549). Auf der Rückseite der Hauptfigur Shakyamuni liest man über die Herkunft der Statue: Nachdem Shotoku-taishi und seine Frau kurz nacheinander verstorben waren, ließ Kaiserin Suiko 623 diese Figur in der Größe von Shotoku-taishi anfertigen, um damit seine Wiedergeburt im Paradies zu gewährleisten. Rechts der Trinitas steht eine Statue des Yakushi-nyorai (607), links eine Bronzestatue des Amida-nyorai (1232) sowie die Holzstatuen der Göttin Kichijo-ten und des Kriegsgottes Bishamonten, beide von 1078. Aus der späten Asuka-Periode stammen die Holzstatuen der vier Himmelswächter, die ältesten erhaltenen Darstellungen dieser Art.

Die **fünfstöckige Pagode** im linken Teil des Tempelhofs ist 32 m hoch. An den Ecken der Dächer sind Talismane angebracht, die das schon 607 errichtete Bauwerk vor Feuer schützen sollen; ganz unten ist noch ein Zwischendach (Mokoshi) eingefügt. Im Erdgeschoss zeigen vier in Ton gearbeitete Szenen aus dem Leben Buddhas: an der Ostseite »Gespräch zwischen Yumia und Monju«, an der Südseite »Das Paradies des Miroku«, an der Südseite die »Einäscherung Buddhas« und an der Nordseite den »Eingang Buddhas ins Nirwana«.

An der Nordseite des Tempelhofs befindet sich die **Vortragshalle** (**Daikodo**), die 925 durch Blitzschlag zerstört und 990 erneuert wurde. Hier wird eine vergoldete Yakushi-Trias aus Holz aufbewahrt sowie seitlich davon Nikko-bosatsu und Sakko-bosatsu und die Skulpturen der vier Himmelswächter.

Kyozo und Shoryoin Westlich der Vortragshalle steht in den Umgang integriert die **Sutrenhalle** (**Kyozo**) aus der Tenpyo-Periode (späte Nara-Zeit) mit einer Holzstatue des koreanischen Priesters

Kanroku, der 607 nach Nara kam und in Japan die Astronomie und Geografie eingeführt haben soll. Jenseits der Galerie, die den Hof nach Osten hin begrenzt, steht die der Seele des Shotoku-taishi geweihte **Halle Shoryoin**, das 1121 erneuerte ehemalige Priesterquartier. Sie birgt eine Statue des Shotoku-taishi, die den 45-jährigen Regenten im Prunkgewand der Tang-Zeit zeigt. Flankiert wird er von Skulpturen von Würdenträgern, u. a. des Priesters Eji.

Besondere Objekte in den Schatzhäusern

Schatzhalle und Schatzhaus

Noch ein Stück weiter östlich folgt die kleine **Schatzhalle Kofuzo** mit einigen buddhistischen Plastiken, aber die schönsten Schätze stehen im **Schatzhaus Daihozoin**, das 1998 in archaisierendem Stil errichtet wurde, um die herausragenden Kunstwerke des Tempels auszustellen. Sie stammen aus verschiedenen Stilepochen, aber viele sind einzigartige und ungewöhnliche Stücke aus der Frühzeit des Buddhismus in Japan. Besonders zu erwähnen sind die aus Korea stammende **Kudara-Kannon** (in der eigens für sie errichteten Halle Kudara-Kannon-do), deren weiche Linien einen starken Kontrast zu den starren japanischen Plastiken jener Zeit bilden, sowie eine **Neunköpfige Kannon** aus Holz und die **Yumetagai-Kannon**, die böse Träume in gute verwandelt (beide Plastiken aus der Hakuho-Zeit).
Im Südbau befinden sich Objekte aus der Haupthalle, u. a. der 2,40 m hohe **Miniaturschrein Tamamushi-no-zushi** der Kaiserin Suiko. Seinen Namen verdankt er der Insektenart Tamamushi (Chrysochroa elegans), mit deren vielfarbigen Flügeln Teile des Schreins ursprünglich beklebt waren (heute nur noch an einer winzigen Stelle sichtbar). Der mit durchbrochenen Bronzebeschlägen verzierte Schrein zeigt an allen Seiten auf schwarzem Grund Malereien buddhistischen Inhalts (auf den vorderen Türen Himmelswächter, auf den Seitentüren Bosatsu-Darstellungen, auf der Rückseite Pagoden, Sterne und Phönix).

Wo geträumt werden durfte

Östlicher Bezirk To-in

Südlich des Schatzhauses kommt man wieder auf den Hauptweg zum **Großen Osttor** (**Todaimon**) und östlich davon zum Bezirk To-in, an dessen Stelle bis 622 der Ikaruga-Palast des Shotoku-taishi stand. Nach dem Tod des Regenten verfiel der Palast und wurde auf Befehl des Kaisers 739 durch den Osttempel ersetzt, der der Familie des Shotoku geweiht wurde.
Auch im östlichen Bezirk bildet ein Korridor (Kairo) einen Hof. Darin steht die »**Halle der Träume**« (**Yume-dono**) mit kunstvollem bronzenem Dachschmuck, das älteste japanische Bauwerk auf achteckigem Grundriss. An dieser Stelle soll Shotoku-taishi meditiert haben, sooft er beim Studium der Sutren auf schwer verständliche Stellen gestoßen war. Dann erschien ihm der Legende zufolge ein von Osten kommender Weiser, um ihm die Stelle auszulegen. Das bedeutendste Kunstwerk in der Halle ist eine **vergoldete Kuse-Kannon** (auch Nyoirin-Kannon)

aus Holz, dem Shotoku ähnelnd und angeblich von ihm selbst geschaffen (zweifelsfrei nur der Schule des Tori-busshi zuzuordnen). Die Statue wird nur vom 11. April bis 18. Mai und vom 22. Oktober bis 23. November gezeigt. Sehenswert sind ferner eine Statue des Priesters Gyoshin Sozu (Trockenlack; Tenpyo-Periode) und eine Tonfigur des Priesters Dosen (Heian-Zeit).

An der Nordseite der Umfriedung liegt die **Gemäldehalle E-den** mit Bildern aus dem Leben des Shotoku; rechts schließt sich die **Halle Shariden** (»Halle der Asche Buddhas«) an. Wie diese stammt auch der Glockenturm links davon aus der Kamakura-Zeit.

Nördlich jenseits der Gemäldehalle gelangt man zur Gebetshalle **Denpodo**, die früher Residenz der Kaiserinmutter Tachibana war und 739 in den Besitz des Tempels überging. Die in der Halle befindlichen Skulpturen stammen aus der späten Nara-Zeit: in der Mitte eine Amida-Trinitas in Trockenlacktechnik, zu beiden Seiten zwei weitere Amida-Gruppen aus Holz und Holzplastiken der Heian-Zeit.

Der Nonnenkonvent im nordöstlichen Bezirk

Chuguji-Tempel

Den nordöstlichen Teil des To-in-Bezirks bildet der Chuguji-Tempel, ein Nonnenkonvent, dem ursprünglich Mitglieder der kaiserlichen Familie vorstanden. Sehenswert ist hier eine 1,80 m hohe ausdrucksstarke **Nyoirin-Kannon** aus Holz, die von Shotoku stammen soll. Außerdem ist ein Fragment der ältesten bekannten Stickerei Japans zu sehen, das **Tenjukoku-Mandara** aus dem 7. Jh. Das ursprünglich 4,80 m lange Kunstwerk wurde von der Witwe des Shotoku und ihren Hofdamen angefertigt und zeigt Szenen aus dem Leben während der Asuka-Zeit.

Chuguji: tgl. 8–16.30, Okt.–März bis 16 Uhr | 600 ¥

Rund um Nara

Spirituelles Zentrum mit einem uralten Schrein

Tenri

10 km südlich von Nara liegt die Stadt Tenri (68 000 Einw.), Zentrum der 1838 gegründeten synkretistischen Tenri-kyo-Schule. Der **Isonokami-Schrein** (1,5 km östl. des Bhfs.) ist einer der ältesten Schreine Japans (vermutlich aus dem 3. Jh. n. Chr.). Hier wird das Nanatsusaya-no-Tachi aufbewahrt, ein siebenarmiges Schwert, das der koreanische Kronprinz dem Yamato-König im 4. Jh. geschenkt hatte (nicht zugänglich).

Einer der ältesten Schreine Japans am Berg

Miwa

Von Nara aus fährt die JR Manyo Mahoraba Linie in 25 Minuten nach Miwa, Ausgangspunkt zum **Omiya-Schrein** (auch Miwa Myojin) am Fuß des 467 m hohen Berges Miwa. Der Schrein – einer der ältesten in Japan – ist der Gottheit Omononushi geweiht; er besitzt keine

Haupthalle, gilt doch der Berg Miwa selbst als Heiligtum. Mit dem nördlich gelegenen **Isonokami-Schrein** ist er durch eine alte Straße verbunden, die an frühzeitlichen Grabhügeln und alten Siedlungen vorbeiführt.

Zentrum der Buzan-Schule

Hase-dera-Tempel

Ein Spaziergang (ca. 15 Min.) vom Bahnhof Hasedera der Kintetsu-Privatbahn (Osaka-Linie) führt zum Hase-dera-Tempel. Dieser im Jahr 686 gegründete Tempel ist das Zentrum der Buzan-Schule (Shingon-Buddhismus). In der von Kaiser Shomu gegründeten und 1650 erneuerten Haupthalle steht eine 8 m hohe Holzstatue der **Elfköpfigen Kannon**, die »Schwester-Statue« des Hase-dera in Kamakura (▶ S. 189). Das Tempelgebiet ist ein beliebtes Ausflugsziel, besonders zur Zeit der Kirsch- bzw. der Pfingstrosenblüte (April/Mai).

Tgl. 8.30–17, Okt., Nov., März ab 9, Dez.–Feb. 9–16.30 Uhr | 500 ¥
www.japan-guide.com/e/e4186.html

»Koya-san der Frauen«

Muroji-Tempel

Die Osaka-Linie der Kintetsu-Privatbahn hält auch am Bahnhof Muroguchi-Ono; rund 8 km südlich von diesem (20 Min. mit dem Bus) liegt der Muroji-Tempel der Shingon-Schule, 681 erbaut und 824 von Kobo-daishi erneuert. Zu der schönen Anlage gehört eine 16,20 m hohe Pagode. Der Tempel soll besonders für Frauen erbaut worden sein, da diesen der Zutritt zum heiligen Berg Koya-san lange Zeit verwehrt war; daher wurde der Muroji auch als »Koya-san der Frauen« bekannt. In der Haupthalle Kondo befinden sich eine hölzerne Juichimen-Kannon sowie Sitzstatuen der Nyoirin-Kannon und des Shakanyorai; alle drei Figuren stammen aus der frühen Heian-Zeit.

Tgl. 8.30–17, Dez.–März 9–16 Uhr | 600 ¥
www.japan-guide.com/e/e4187.html

Ein Schrein mit dreizehnstöckiger Pagode

Tanzan-Schrein

Die Stadt Sakurai (JR oder Kintetsu-Privatbahn bis Kashihara-jingumae) ist Ausgangspunkt einer Buslinie in den Südteil des Nara-Beckens. In 30 Minuten gelangt man zum Tanzan-Schrein (Tanzan-jinja) am Fuß des **Berges Tonomine**. Im Jahre 701 von dem Priester Joe, dem ältesten Sohn des Fujiwara no Kamatari, gegründet, wurde er mehrmals (zuletzt 850) erneuert. Bis zur Meiji-Zeit, als eine Politik der Trennung von Buddhismus und Shintoismus verfolgt wurde, existierten hier ein Tempel und Schrein nebeneinander. Nahe dem Eingang zum Schrein steht daher eine dreizehnstöckige **Pagode**, wohl die einzige ihrer Art in Japan. Der Schrein selbst (auch »Nikko-Schrein von Kansai« genannt) ist im Inneren von betonter Schlichtheit.

Tgl. 8.30–17 Uhr | 600 ¥ | www.japan-guide.com/e/e4188.html

NIIGATA 新潟

Hauptinsel: Honshu | **Präfektur:** Niigata | **Einwohnerzahl:** 803 000

Niigata ist eine geschäftige Großstadt an der Westküste Honshus. Die Sehenswürdigkeiten liegen recht verstreut, aber als Sprungbrett zur Insel ▶ Sado, als Verkehrsknotenpunkt und zum Verkosten von Sake und frischem Fisch ist die Stadt ein guter Stopp.

Von Kanälen durchzogen

Das Stadtgebiet wird von dem Fluss Shinano durchzogen, der hier in das Japanische Meer mündet. Gegen das Meer ist die von Kanälen durchzogene Stadt durch sandige Hügel abgeschirmt. Nach der Öffnung Japans erlangte Niigata große Bedeutung im Sibirienhandel.

Wohin in Niigata?

Eines der größten Aquarien Japans

Marinepia Sea of Japan

Nordwestlich des Bahnhofs präsentiert das in Küstennähe liegende Aquarium Bewohner des Japanischen Meeres.

Tgl. 9–17 Uhr | 1500 ¥ | www.marinepia.or.jp/mlg/en

Wie eine reiche Familie lebte

Northern Culture Museum

Im Haus der Familie Ito, einst eine der reichsten Familien in Japan, ist heute ein Museum (Hoppobunka-Hakubutsukan) beheimatet. Die 65 gut erhaltenen Räume der Ende des 19. Jhs. erbauten Residenz zeigen anschaulich den Lebensstil einer reichen Familie.

Tgl. 9–17, Dez.–März bis 16.30 Uhr | 800 ¥
http://hoppou-bunka.com/english/

NIIGATA ERLEBEN

TOURISTENINFORMATION

Bahnhof Bandai, Ausgang:
Tel. 025 2 41 79 14 | tgl. 9–18 Uhr
http://enjoyniigata.com/english/

ANREISE

Flugzeug: Von Tokyo (Haneda Airport; 50 Min.); von Osaka (1 Std.)

Bahn: Von Tokyo JR-Joetsu-Shinkansen-Linie (ca. 2 Std.); von Osaka JR-Tokaido-Linie bis Tokyo, dann Joetsu-Shinkansen (4¾ Std.)

NIIGATA-FESTIVAL

Stadtfest mit 30 000 Tänzern und Großfeuerwerk.
7.–9. August

Infos und Spezialitäten der Region

Niigata Furusato Mura

Südwestlich außerhalb der Stadt (Busverbindung, 30 Min.) zeigt das Kultur- und Veranstaltungszentrum Niigata Furusato Mura eine permanente Ausstellung (mit audiovisuellen Medien) über Kultur und Geschichte der Präfektur; hier werden auch traditionelle Produkte der Gegend wie Sake verkauft.

Tgl. 9–17, Bazar-Halle 9.30–17.30 Uhr (in den Ferien länger)
Eintritt frei | http://furusatomura.pref.niigata.jp/eng/

Wettkampf mit Papierdrachen

Shirone

Der Stadtteil Shirone im Süden Niigatas wird vor allem anlässlich des **Drachenfests »Takoage«** besucht, das jährlich Anfang Juni stattfindet. Es ist ein aufregender Wettkampf mit riesigen Papierdrachen (bis 7 m Seitenlänge), wobei die beiderseits des Flusses postierten Parteien jeweils versuchen, den gegnerischen Drachen zum Absturz zu bringen.

★★ NIKKO 日光

Hauptinsel: Honshu | **Präfektur:** Tochigi | **Einwohnerzahl:** 85 000

Ein geflügeltes Wort in Japan lautet: »Sage nie ›kekko‹ (prächtig), ehe du Nikko gesehen hast.« Denn in Nikko wird alle Pracht der Tokugawa-Dynastie im Mausoleum ihres Gründers aufgeboten: So viel Gold, Farben und Schnitzereien gibt es nirgends sonst.

Ruhestätte des ersten Shoguns

Ende des 8. Jhs. gründete der buddhistische Mönch Shodo Shonin den ersten Tempel auf dem Nikko-zan. In der Folge entwickelte sich Nikko zu einem heiligen Ort des Buddhismus und Shintoismus. Shogun **Tokugawa Ieyasu** verfügte, man möge ihm hier nach seinem Tod einen Schrein errichten. So entstand der Toshogu-Schrein, den Ieyasus Enkel Tokugawa Iemitsu nach gerade 20 Jahren weit prunkvoller als zuvor erneuern ließ.

Edo-Zeit als Themenpark

Edo Wonderland

Edo Wonderland ist der Versuch, die große Edo-Periode mit den Mitteln des Themenparks lebendig werden zu lassen: Geboten werden in der Nachbildung eines Dorfes jener Zeit u. a. klassische Theaterstücke und Vorführungen von Kampfsportarten und Akrobatik, zwischen den Besuchern wandeln Ninjas, Geishas und Samurai.

Mitte März – Nov. tgl. 9 – 17, Dez.– Mitte März 9.30 – 16 Uhr
Tagespass 4700 ¥, kostenloser Shuttlebus vom JR-Bhf. Nikko
http://edowonderland.net/en/

NIKKO ERLEBEN

TOURISTENINFORMATION

Tobu-Bahnhof:
Tel. 0288 53 45 11
tgl. 8.30–17 Uhr
Kyodo Center:
591 Goko-machi, Hauptstraße Richtung Schreinbezirk
Tel. 0288 54 24 96
tgl. 9–17 Uhr
Internet: http://nikko-travel.jp/english/

ANREISE

Bahn: Von Tokyo (Bhf. Ueno) JR-Tohoku-Shinkansen-Linie bis Utsunomiya (45 Min.), dann JR-Nikko Linie (45 Min.); von Tokyo (Bhf. Asakusa) Tobu-Privatbahnlinie bis Tobu-Nikko (ev. Umsteigen in Shimo-Imaichi; 1¾ Std.)
Bus: Mehrere Linien in den Nikko-Nationalpark

YAYOI-MATSURI

Frühlingsfest mit Trageschrein-Prozession. Am 17. April: Hauptumzug mit elf Prunkwagen.
Futara-Schrein, 13.–17. April

ENNEN-NO-MAI

Tänze aus der chinesischen Tang-Zeit.
Rinnoji-Tempel, 7. Mai

TOHAI-MATSURI

Nächtlicher Pilgerzug zum Inneren Schrein des Futarasan auf den Berg Nantai.
Start am Chuzenji-See, Anfang August

UOYOU €

Spezialität in Nikko ist **Yuba**, eigentlich die Haut, die sich bei der Tofuherstellung ablagert (ähnlich wie Milchhaut). Yuba hat einen leicht nussigen Geschmack und wird gerne als Suppeneinlage gegessen. Uoyou stellt sowohl das Yuba als auch die Sobanudeln frisch her!
Gokou-machi 593
Tel. 0228 54 03 33
tgl. 11–15, 17–19 Uhr
http://uoyou-soba.com/en.html

NIKKO KANAYA HOTEL €€€€

Historisches Hotel auf einem Hügel westlich der Hauptstraße vom Bahnhof zum Schreinkomplex. Es besteht aus vier Gebäuden, das älteste aus der Meiji-Zeit, das jüngste aus den 1950er-Jahren. Preise je nach Zimmerkategorie und Saison ab 12 000 ¥ bis über 40 000 ¥ pro Doppelzimmer.
1300 Kami-Hatsuishi-machi, Nikko, 321-1401 Tochigi-ken
Tel. 0288 54 00 01
www.kanayahotel.co.jp/eng/

HOTEL HARUMOTO €€€

Etwas älteres, aber sehr sauberes und gemütliches Hotel mit westlichen und japanischen Zimmern. Kostenloser Transfer vom Bahnhof und schönes Onsen-Bad.
Yasukawa-cho 5-13
Nikko
321-1432 Tochigi
Tel. 0228 54 11 33
www.harumoto.net

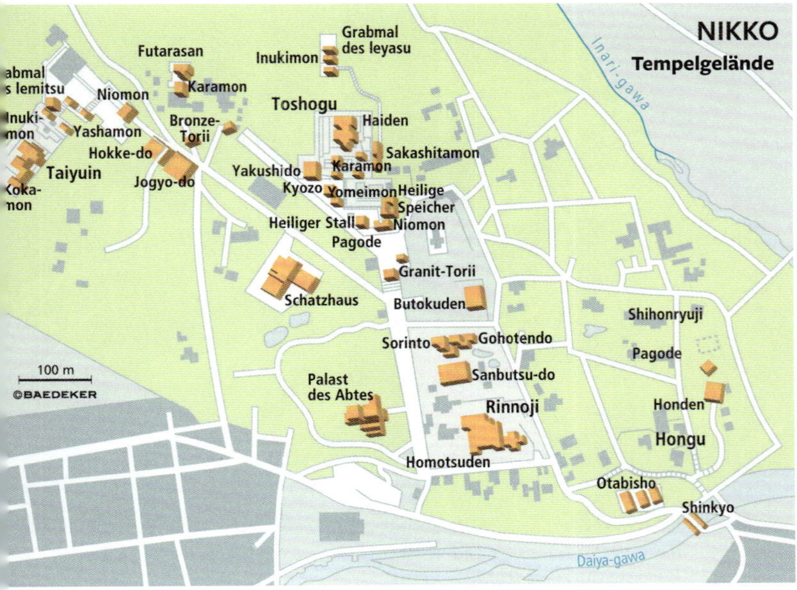

Tempelgelände

Wo der Priester den Fluss überschritt

Der Fluss Daiya trennt die östliche Altstadt von der am westlichen Ufer gelegenen Neustadt (Nishi-machi oder Iri-machi), wo sich die berühmten Sehenswürdigkeiten befinden. Von den nahe beieinander liegenden Bahnhöfen der JR und der privaten Tobu-Linie gelangt man zu Fuß in 15 Minuten zu der rot lackierten **Heiligen Brücke** Shinkyo (auch Mihashi), die den Daiya überspannt und auf der man zu dem von Zedern bestandenen Tempel- und Schreingelände gelangt.

★ Shinkyo-Brücke

Die **Alleen** entlang der Straßen zum Schreingelände wurden von 1625 bis 1651 von Matsudaira Masatsuna gepflanzt, der – weniger wohlhabend als andere Daimyo, die den Bau des Schreins sponserten – damit seinen Beitrag zur Errichtung des Mausoleums für Tokugawa Ieyasu, den Begründer des Shogunats, leistete. Etwa 13 000 dieser Bäume sind noch zu sehen. Die 28 m lange und 7,20 m breite heilige Brücke, eine Rekonstruktion des 1902 durch eine Flut zerstörten Originals von 1636, bezeichnet die Stelle, an der nach der Legende der Priester Shodo (735–817) den Fluss auf dem Rücken zweier riesiger Schlangen überschritt. Früher dem Shogun und seinem Gefolge vorbehalten, darf die aufwendig restaurierte Brücke heute betreten werden.

Nichts hören, nichts sagen, nichts sehen (wollen): die berühmte Affen-Trias im Toshogu-Schrein von Nikko

Im Osten des Geländes

Hongu-Schrein, Shihonryuji-Tempel

Über die neue Brücke daneben erreicht man den 784 von Shodo gegründeten **Hongu-Schrein** (auch Futarasan-Hongu), eines der ältesten Heiligtümer von Nikko. Allerdings wurden die heute sichtbaren Gebäude erst im späten 17. Jh. neu errichtet, ebenso wie der nördlich hinter dem Schrein stehende **Shihonryuji-Tempel**. In dessen Haupthalle findet sich eine Statue der Tausendhändigen Kannon sowie die Standbilder von Godaison, den fünf großen Lichtkönigen, und dem Tempelgründer Shodo (Letzteres angeblich ein Selbstbildnis).

Reminiszenz an den heiligen Berg Hiei

★ Rinnoji-Tempel

Folgt man dem von der Brücke nach links weiterführenden Weg, gelangt man zur **Pilgerstraße Omotesando**, die auf den Toshogu-Schrein zuführt. An ihr liegt zunächst der Rinnoji-Tempel der Tendai-Schule, der vermutlich 848 von dem Priester Ennin (794–864, postum Jikaku-daishi) nach dem Vorbild eines auf dem heiligen Berg Hiei befindlichen Tempels erbaut worden ist. In der **Haupthalle** (Sanbutsu-do, Halle der drei Buddhas; 1648) sind die 8 m hohen vergoldeten Statuen von Amida-nyorai, der Tausendhändigen Kannon und der Bato-Kannon (diese mit einem Pferdekopf an der Stirn, Symbol für die Schutzgottheit der Tiere) zu sehen, ferner die Porträts der Tempeläbte Tenkai (1536–1643, postum Jigen-daishi) und Ryogen

(912–985, postum Gansan-daishi). Zum Tempel gehören ein **Schatzhaus** (Homotsuden) und ein **Garten** (Shoyoen) aus der Edo-Zeit. Die Haupthalle des Rinnoji wird noch bis 2021 renoviert und ist nur eingeschränkt zugänglich.

Tgl. 8–17, Nov.–März bis 16 Uhr | Sanbutsu-do 400 ¥, Schatzhaus und Garten 300 ¥ | www.japan-guide.com/e/e3803.html

Bedeutendstes Heiligtum von Nikko

★★ Toshogu-Schrein

Die Pilgerstraße führt weiter Richtung Norden zum Toshogu-Schrein, dem bedeutendsten Heiligtum von Nikko. **Tosho** ist der postume Name des Dynastiegründers **Tokugawa Ieyasu**, und die Anlage besteht aus seinem (eher buddhistischen) Mausoleum und einem Schrein für die Gottheit Tosho – also den zum Gott gewordenen Tokugawa Ieyasu. Die Lage im Nordosten seiner Hauptstadt Edo/Tokyo machte den Schrein zum Schutztempel gegen böse Mächte, die man traditionell im Nordosten verortete. An der Errichtung des Toshogu-Schreins mit seinen insgesamt 22 Gebäuden waren insgesamt etwa 15 000 Handwerker beteiligt, meist aus Kyoto und Nara, aber auch aus Städten wie Takayama. Die Daimyo aller Provinzen mussten dazu beitragen, durch Geld- und Sachspenden und Arbeitskraft. So entstand ein an Schmuck und Dekor überreicher Bautenkomplex, der noch einmal den ganzen Prunk der vorangegangenen Momoyama-Zeit in sich vereinte.
Zunächst gelangt man zur **Treppe der Tausend** (Sennin-ishidan), dem äußersten früher für das Volk zugänglichen Punkt des Wegs zum Schrein. Oben durchschreitet man ein 8,40 m hohes Granit-Torii mit einer Schrifttafel des Kaisers Go-Mizunoo (1596–1680) zu einem kleinen Platz mit der fünfstöckigen Pagode von 1818 und dem Ticket-Verkauf. Eine weitere Steintreppe führt durch das **Haupttor Niomon** (oder Omotemon) in eine äußere Einfriedung. In diesem äußeren Hof stehen drei **Heilige Speicher** für Spenden an den Schrein (heute für das Zubehör der historischen Paraden) sowie der Stall für die heiligen Pferde. All diese profanen Gebäude sind bereits reich verziert. Eines der Speichergebäude ist an der Giebelseite mit einem polychromen geschnitzten Relief geschmückt, das zwei Elefanten zeigt und von Kano Tan'yu (1602–1674) nach einer literarischen Vorlage gestaltet worden sein soll. (Elefanten waren damals in Japan unbekannt.)
Am **Pferdestall** befinden sich geschnitzte Darstellungen von Affen in moralischen Allegorien, denn Affen sollten die Pferde beruhigen. Eines der Bilder zeigt die **berühmten drei Affen**, die »Nichts Böses sehen, hören oder sagen« (▶ Abb. links). Im Hof ist zudem das Granitbecken des heiligen Brunnens zu sehen, nordwestlich davon die **Sutren-Bibliothek** Kyozo. Den Weg säumen zahlreiche Stein- und Bronzelaternen, die von früheren Daimyo gestiftet worden sind.
Am Eingang zum inneren Hof, noch einen Absatz höher am Hang, glänzt das prunkvolle **Tor des Sonnenlichts**, Yomeimon, das früher nur unbewaffnete, hoch gestellte Samurai durchschreiten durften.

TOR DES SONNENLICHTS

BAEDEKER WISSEN

Das »Tor des Sonnenlichts« – **Yomeimon** *– im Toshugo-Schrein ist strahlendstes Beispiel für die Blüte der japanischen Handwerkskunst zu Beginn der Edo-Zeit. Kein Wunder, dass dieses Meisterwerk auch »Higurashimon« genannt wird: »Tor, an dem man den ganzen Tag verbringt« bzw. »Tor der Dämmerung« – denn wer all die Drachen und anderen Fabelwesen, Szenen aus dem Leben legendärer chinesischer Heiliger, Blumen und Vögel eingehend betrachtet, ist bis zum Abend beschäftigt.*

Tokugawa Ieyasu (1542–1616)
Tokugawa Ieyasu, Begründer des über 250 Jahre herrschenden Tokugawa-Shogunats, wurde 1542 in Okazaki (Präfektur Aichi) als Sohn eines kleinen Fürstengeschlechts geboren. Im Streit zwischen zwei rivalisierenden Clans wurde er als kleiner Junge jahrelang als Geisel gehalten. Später gelang ihm der Aufstieg zum einflussreichen Feldherrn, der 1600 in der Schlacht von Sekigahara fast alle seine Gegner ausschaltete. Seinen Erfolg verdankte er auch geschicktem Taktieren, wobei er keine Rücksicht auf Verluste nahm – seine erste Frau und seinen ältesten Sohn schickte er 1579 in den Tod, als sie der Verschwörung gegen seinen Verbündeten und Rivalen Oda Nobunaga bezichtigt wurden. 1603 vom Kaiser zum Shogun ernannt, wählte er das Fischerdorf Edo (Tokyo) zu seiner Schaltzentrale. 1605 trat er den Shogun-Titel an seinen Sohn Hidetada ab, hielt aber weiter die Fäden der Macht in seiner Hand. So bezwang er seine letzten Gegner beim Sturm auf die Burg von Osaka und ging hart gegen die christliche Mission vor. Bei seinem Tod 1616 war Japan geeint. In seinem letzten Willen äußerte Ieyasu den Wunsch, ein Jahr nach seinem Tod nach Nikko überführt zu werden, wo seine Seele zur Schutzgottheit des Bakufu und ganz Japans werden sollte.

Architektur
Das Yomei-mon ist ein dreischiffiges, zweistöckiges Turmtor mit geschweiftem Giebeldach. Maße: 11,1 m hoch, 4,4 m tief und 7 m breit.

1 Dachgestaltung
Das Dach weist auf allen vier Seiten einen geschwungenen **Kara-hafu**, einen chinesischen Giebel, auf.

2 Drachen
Im oberen Stockwerk laufen unter dem Schild mit dem Namen des vergöttlichten Tokugawa Ieyasu in zwei Reihen Drachenfiguren. Die oberen werden **Ryu** genannt, die unteren **Iki** oder **Soku**. Letztere haben im Unterschied zu den Ryu keine Zähne, dafür aber Bärte und Nasenlöcher auf der Oberlippe. Auf dem weißen Querbalken darunter thront in der Mitte ein »Menuki-no-Ryu« genannter Drache, flankiert von zwei Pferdedrachen (Drachen mit Hufen).

3 Säulen
Insgesamt zwölf weiße Säulen tragen das Tor. Das Muster auf dem letzten hinteren Stützpfeiler der linken Seite wurde absichtlich falsch herum gestaltet: Um nicht den Neid der Götter zu erregen, sollte das Tor nicht vollkommen sein – Perfektion bedeutete dem Volksglauben nach den Beginn des Untergangs.

1
2
3

Der von zwölf Säulen getragene zweistöckige Bau ist überreich mit Schnitzwerk, Lackarbeiten und Blattgold geschmückt (▶ Baedeker Wissen, S. 344).

Im inneren Hof liegt links die **Halle Mikoshi-gura**, wo die bei Festlichkeiten verwendeten Tragschreine aufbewahrt werden; rechts die Halle der Kulttänze, **Kagura-den** sowie das Schreinbüro. Den Zugang zum eigentlichen Schrein bildet das sogenannte **Chinesische Tor** (**Kara-mon**), vorwiegend in Weiß und Gold gehalten und mit schönen Schnitzereien v. a. chinesischer Weiser verziert. Besucher müssen aber heute von hinten hineingehen, Fotos sind strikt verboten. Die Umfriedung des eigentlichen Schreins (Tamagaki) besteht im unteren Teil aus Stein, im oberen aus bemaltem, metallbeschlagenem Schnitzwerk.

Innerhalb der Umfriedung steht die **Kulthalle Haiden** mit den von Tosa Mitsuoki (1617–1691) gemalten Porträts von 36 Dichtern, deren Werke in der Handschrift des Kaisers Go-Mizunoo enthalten sind. Dahinter ist noch ein **Zwischengang** (Ishi-no-ma) zugänglich, von dem aus man zum Reichseiniger beten kann. Die eigentliche Haupthalle, die wiederum aus mehreren Räumen besteht und in der der vergoldete Schrein Tokugawa Ieyasus bzw. des Gottes Tosho steht, ist nicht zugänglich.

In der Galerie des inneren Hofs ist rechts über dem **Tor Sakashita-mon**, das zum eigentlichen Mausoleum führt, das eher unscheinbare Holzrelief einer Schlafenden Katze (**Nemuri-neko**) zu sehen, die dem Meister Hidari Jingoro zugeschrieben wird. Früher durften selbst hoch gestellte Samurai dieses Tor nicht durchschreiten.

Über die folgende 200-stufige Steintreppe erreicht man das oberhalb des Schreins gelegene **Mausoleum des Tokugawa Ieyasu**. Vor dem Tor (Inuki-mon) der Mausoleums-Einfriedung sitzen zwei bronzene Koma-inu (hunde- und löwenähnliche Wesen). Im Zentrum des kleinen Bezirks steht das Grabmal in Form einer kleinen, etwas abgerundeten Pagode im Shingon-Stil; es wurde 1683 nach einem Erdbeben erneuert.

Alljährlich am 17. und 18. April wird am Toshogu-Schrein das **Frühlingsfest Yayoi-Matsuri** gefeiert. Dazu gehören Bogenschützen-Darbietungen am 17. um 13 Uhr und die »1000-Personen-Parade« am 18. ab 11 Uhr. Am 17. Oktober wird das Ganze in kleinerem Rahmen wiederholt.

Toshogu: tgl. 8–17, Nov.–März bis 16 Uhr | 1300 ¥
www.japan-guide.com/e/e3801.html

Heiligtum der Gottheiten des Berges Nantai (Futarasan)

Futarasan-Schrein

Zwischen der fünfstöckigen Pagode am Schreineingang und dem Tor Omotemon zweigt links der Weg zum Futarasan-Schrein ab. Der 784 von Shodo gegründete und 1619 erneuerte Schrein ist dem Götterpaar Onamuchi und Tagorihime sowie deren Sohn Ajisuki-takahikone geweiht, den Gottheiten des Berges Nantai (alter Name: Futarasan, westlich von Nikko; ▶ S. 349). Er ist unterteilt in den Hauptschrein Honsha, die auf dem Berggipfel stehende Kultstätte Okumiya und den Mittleren Schrein Chugushi am Chuzenji-See (▶ S. 349), der für Pilger errichtet wurde, die den Nantai nicht ersteigen können. Der Schrein umfasst eine Kulthalle, das chinesische Tor Karamon und die Haupthalle Honden, wo von jungen Tänzerinnen der **Kulttanz Kagura** aufgeführt wird (▶ S. 578).

Futarasan: tgl. 8–17, Nov.–März 9–16 Uhr | Eintritt frei, Schreingarten 200 ¥ | www.japan-guide.com/e/e3804.html

Hallen des Rinnoji-Tempels

Zwillingshallen Futatsu-do

Südlich des Futarasan-Schreins stehen die zum Rinnoji-Tempel (▶ S. 342) gehörenden Hallen **Hokke-do** und **Jogyo-do**, die auch Futatsu-do (Zwillingshallen) genannt werden. Die im Jahr 848 nach dem Vorbild eines Gebäudes auf dem Berg Hiei errichteten Hallen beherbergen zahlreiche buddhistische Statuen aus dem Toshogu-Schrein, die dort im Zuge der Shinto-Renaissance der Meiji-Zeit entfernt wurden. Südlich von hier befindet sich am Hügel Daikoku die gleichfalls zum Rinnoji gehörende **Halle Jigen-do**, die dem Vertrauten des Ieyasu und Oberpriester von Nikko, Tenkai (1536–1643), gewidmet ist. Auf dem Weg dorthin passiert man die Amida-Halle (links) sowie die Sutren-Halle (rechts) und einen Glockenturm; hinter der von einer Mauer umgebenen Kulthalle liegt die Grabstätte des Tenkai.

Mausoleum des dritten Tokugawa-Shoguns

Taiyuin

Unweit westlich liegt der Taiyuin, das Mausoleum von Iemitsu, dem dritten Tokugawa-Shogun. Obwohl dieses Mausoleum nur 16 Jahre nach dem Toshogu-Schrein erbaut wurde, zeichnet sich hier bereits die Hinwendung zum schlichteren Stil der Edo-Zeit ab. Die Farbgebung beschränkt sich auf Schwarz und Gold.

Durch das erste **Tor Nio-mon** erreicht man das zweite Tor Nitenmon, einen zweistöckigen Bau mit Statuen der buddhistischen Götter Komokuten und Jikokuten (Außennischen) sowie des Wind- und des Donnergotts (Innennischen). Im mittleren Hof stehen ein Glocken- und ein Trommelturm. Der Weg zum Innenhof führt durch das dritte **Tor Yasha-mon** (auch Botan-mon, »Päonientor«) mit Darstellungen von vier buddhistischen Gottheiten und das vierte Tor Kara-mon (chinesisches Tor).

Hier stehen die Kulthalle und die durch den Gang Ai-no-ma mit ihr verbundene **Haupthalle Honden**, in der sich eine Sitzstatue des Iemitsu befindet. Am Zugang zum innersten Hof steht das im Stil der Ming-Zeit erbaute Tor Koka-mon, gefolgt vom Tor Inuki-mon, hinter dem die innere Kulthalle und erhöht das bronzene **Grabmal des Iemitsu** zu finden sind.

Tgl. 8–17, Nov.–März bis 16 Uhr | 550 ¥
www.japan-guide.com/e/e3802.html

★ Nikko-Nationalpark

Westlich der Stadt liegt der 1407 km² große Nikko-Nationalpark. Mit mächtigen Bergen, uralten Wäldern, weiten Moorflächen und Seen gehört er zu den schönsten und meistbesuchten Regionen des Landes.

Nikko Tamozawa Imperial Villa Memorial Park

Kaiserliches Landhaus

Die Kaiserliche **Villa Tamozawa** mit Garten (Bus ab Bhf. Nikko, ca. 15 Min.) ist heute ein Museum. Ursprünglich 1899 für den Taisho-tenno erbaut, diente sie während des Zweiten Weltkriegs auch als Unterschlupf für Kaiser Hirohito.

Mi.–Mo. 9–17, Nov.–März bis 16.30 | 510 ¥
https://travel.tochigiji.or.jp/en/things-to-do/41/

Spazierwege und Wintersport

Kirifuri-Wasserfall, Berg Maruyama

Eine stattliche Anzahl von Wasserfällen kann man nördlich und nordwestlich von Nikko bewundern. Zu Fuß sind es eineinhalb Stunden zum 75 m hohen **Kirifuri-no-taki** (bzw. Kirifuri-Wasserfall; im Sommer auch Bus); hier oben gibt es schöne Spazierwege und gutes Milcheis. Weiter nördlich erstreckt sich an den Hängen des Berges **Maruyama** ein Wintersportgebiet mit mehreren Liften.

Kaiser Hirohito zog sich im Zweiten Weltkrieg manchmal in die Villa Tamozawa zurück.

Bootsfahrten, Wandern und ein beliebter Kannon-Tempel

Chuzenji-See

Eine Buslinie führt in den Westteil des Nationalparks. Über Umagaeshi erreicht man den Chuzenji-See, an dessen östlichem Ufer, bei Chuzenji-Onsen (ab Bhf. Nikko 50 Min.), der **Kegon-Wasserfall** 100 m in die Tiefe stürzt (Lift zum Fuß des Wasserfalls). Der von dem 2484 m hohen Berg Nantai im Nordosten überragte See (Bootsrundfahrten) ist ein beliebtes Ferienziel; zur Zeit der herbstlichen Laubfärbung ist besonders das Südufer mit den Orten Teragasaki und Matsugasaki reizvoll. Am Ostufer steht der **Chuzenji-Tempel** (auch Tachiki-Kannon) mit einer Tausendhändigen Kannon des Priesters Shodo im Innern.

Chuzenji-Tempel: tgl. 8–17, März–Nov. bis 16, Dez.–Feb. 8.30–15.30 Uhr | 500 ¥ | www.japan-guide.com/e/e3820.html

Aufstieg auf den erloschenen Vulkan Nantai

Nebenschreine des Futarasan

Der Aufstieg auf den Nantai (Anfang Mai–Mitte Okt.) beginnt beim **Mittleren Schrein Chugushi**, der zum Futarasan-Schrein gehört (► S. 347) und dessen Kulthalle (Haiden) und Haupthalle (Honden) sehenswert sind. Die Region des Kraters (400 m Durchmesser) ist in etwa vier Stunden zu erreichen; für den Anstieg wird eine kleine Gebühr erhoben. In Gipfelnähe steht der **Innerste Schrein Okumiya**.

Entspannung am »See des Heißen Wassers«

Nikko-Yumoto-Onsen

Über die Senjogahara-Hochebene mit ihrer vielfältigen alpinen Flora erreicht man das am **Yunoko-See** gelegene Nikko-Yumoto-Onsen, das als Sommerurlaubsort und Wintersportgebiet viel besucht wird.

NISEKO ニセコ

Hauptinsel: Hokkaido | **Präfektur:** Hokkaido | **Einwohnerzahl:** 5000

Da bekommen Skifahrer glänzende Augen: Niseko mit seinem großartigen Pulverschnee, Dutzenden Pisten und Liften und internationalem Flair ist sicherlich Japans Top-Skigebiet. In der Umgebung gibt es aber auch ohne Schnee herrliche Landschaft.

Top-Skigebiet

Niseko hat nur ein paar Tausend Einwohner, aber etwa 1,5 Mio. Besucher im Jahr. Die Wintersport-Infrastruktur ist hervorragend, sowohl auf der Piste als auch am Abend. Im Sommer gibt es hier ruhigere Möglichkeiten zum Wandern, Mountainbiken und Klettern.

Vom Hangetsu-See um den Yotei-Hauptkrater

Yotei

Östlich von Niseko erhebt sich der 1893 m hohe erloschene Vulkan Yotei, der Teil des Shikotsu-Toya-Nationalparks ist. Der Hangetsu-See

Herbststimmung am See Toyako. Im Hintergrund die Inselgruppe um Nakajima.

(Bus ab Kutchan oder Niseko) ist Ausgangspunkt der etwa vierstündigen Wanderung zum Gipfel. Die drei Gipfelkrater des Yotei werden »Vater-Kessel«, »Mutter-Kessel« und »Kleiner Kessel« genannt; der Rundweg um den Hauptkrater ist 2 km lang.

Ein richtig runder See

See Toyako

Etwa 20 km südöstlich von Niseko liegt der kristallklare, von Bergen umgebene Toyako. In der Mitte des fast kreisrunden, 183 m tiefen Sees liegt die dicht bewaldete **Insel Nakajima** (auch Oshima), umgeben von den kleineren Inselchen Kannon, Manju und Benten. Am Südwestufer liegt **Toyako-Onsen** (Quellen bis 60 °C). In der Nähe ragt der **Vulkan Showa-Shinzan** (»Neuer Berg der Showa-Zeit«, 398 m) auf, der erst 1944/45 entstand und noch aktiv ist. Bei der Bushaltestelle dokumentiert eine Ausstellung die Entwicklung des Vulkans (Aufstieg zum Gipfel 1 Std.). Der gleichfalls aktive **Vulkan Usu** westlich davon bildete erst 1910 bei einem großen Ausbruch an der Nordflanke den Hügel Meiji-Shinzan (»Neuer Berg der Meiji-Zeit«)

Größtes Thermalbad Hokkaidos

Noboribetsu Onsen

Östlich davon liegt an der JR-Muroran-Hauptlinie Noboribetsu mit dem größten Thermalbad Hokkaidos, Noboribetsu-Onsen (»Elf Quellen«). Das **Daiichi-Takimoto-kan**, Nisekos älteste Badeanlage, hat 40 Becken. Sie werden von Quellen (45–93°C) gespeist, die im sogenannten Höllental (Jigokudani) entspringen. Von hier führt ein kurzer Anstieg zu dem brodelnden **Oyunuma-See**, der bereits an der Oberfläche 40–50 °C heiß ist. Spazierwege führen durchs Marschland und

zu einem heißen Fußbad im Fluss. Daneben steigt der 366 m hohe Hiyoriyama auf, über dem eine Säule aus Schwefeldämpfen steht.

Zur Ainu-Siedlung am Poroto-See

Ein Stück weiter nordöstlich beim Bahnhof Shiraoi am Poroto-See liegt **Poroto Kotan**, das 1965 angelegt wurde, um die eigentlich schon weitgehend verloren gegangenen Traditionen der Ainu zu erhalten. Wie alle »Ainu-Dörfer« ist es eine Mischung aus Museum, Themenpark und Kulturzentrum – für die Nachfahren der Ainu ist die touristische Vermarktung allerdings die beste Möglichkeit, ihre Kultur zu erhalten und wiederzufinden. Landeinwärts Richtung Sapporo liegt der malerische **Shikotsu-See**, der 363 m tief ist und niemals zufriert. Shiraoi

Poroto Kotan: tgl. 8.45–17 Uhr | 800 ¥ | www.ainu-museum.or.jp/en/

NISEKO ERLEBEN

NISEKO PROMOTION BOARD

41-5 Aza Kabayama | Tel. 0136 21 25 51 | www.nisekotourism.com

ANREISE

Bahn: Ab Sapporo JR-Hakodate-Linie nach Kutchan und Niseko (ab 3 Std.), JR-Muroran-Linie nach Shiraoi (1 Std.), Noboribetsu (70 Min.), Toya (2 Std.)

Bus: Direktbusse ab Sapporo (New Chitose Airport, 3 Std.), Direktbusse von Sapporo nach Noboribetsu Onsen (2 Std.)

NOTO-HALBINSEL
能登半島

Hauptinsel: Honshu | **Präfektur:** Ishikawa
Anreise Bahn: Von Tokyo Shinkansen bis Toyama (2¼Std.) und über Takaoka nach Himi (¾ Std.) | Von Osaka über Kanazawa (2½ Std.) nach Wakura Onsen (1 Std.) und per Noto-Privatbahn weiter nach Anamizu (30 Min.). Nördl. von Anamizu gibt es keine Bahnlinie mehr
Anreise Bus: Von Kanazawa nach Wajima (2 Std.), von Anamizu nach Wajima (30 Min)

Der Reiz der Noto-Halbinsel liegt in ihrer zerklüfteten, wildromantischen Küste und in ihrer Ursprünglichkeit. Hier lassen sich noch Spuren des traditionellen Japan entdecken, und das Sashimi ist berühmt.

Berge und Küste

Die Halbinsel Noto schiebt sich an der Nordküste von Zentral-Honshu weit in das Japanische Meer vor. Ihren Westteil bildet ein grünes Bergland mit zerklüfteter Küste und rauem Klima, während der Ostteil mit seinen zahlreichen Buchten geschützter ist.

Wohin auf Noto?

Kirschbaumallee und Burgruine

Takaoka

Im äußersten Südosten der Halbinsel liegt nahe der Toyama-Bucht die Stadt Takaoka (170 000 Einw.). Vom Sakurababa-Park zieht eine 200 Jahre alte Kirschbaumallee zum Takaoka-Park mit den spärlichen Resten der Burg.

Seide, Tempel, Flugobjekte

Hakui

Die Stadt Hakui (21 000 Einw.), seit je geschätzt für ihre Seidenstoffe, liegt an der Chirihama genannten Küstenlinie im Westen der Halbinsel. Nördlich der Stadt befindet sich in Meeresnähe der **Keta-Schrein** mit schöner Haupthalle; besonders sehenswert beim nahe gelegenen **Myojoji-Tempel** der Nichiren-Schule sind die Gründerhalle Kaisando, die Kulthalle Kigando und die fünfstöckige Pagode. Beide Heiligtümer sind vom Bahnhof Hakui mit dem Bus erreichbar (ca. 20 Min.).
Im **Museum Cosmo Isle** von Hakui geht es vor allem um Raumfahrzeuge der USA und der UdSSR – und auch ein wenig um Ufos, die in Hakui im japanischen Vergleich besonders oft gesichtet werden.
Space Science Museum Cosmo Isle: Mi.–Mo. 8.30–17.30 Uhr
800 ¥, Planetarium Cosmo Theatre 700 ¥
http://go-centraljapan.jp/en/sightseeing/detail_466.html

Fachwerk in Japan? Viel los auf dem Morgenmarkt von Wajima.

Felsformationen an der Küste …

Noto-Kongo

Der 8 km lange, weißsandige Strand Chirihama (Chirihama Beach Driveway) wird im Norden von der 15 km langen Küstenlandschaft Noto-Kongo mit ihren malerischen Felsformationen abgelöst (Bus von Hakui).

… und Thermalbäder

Wakura-Onsen

5 km nordwestlich von Nanao, an dem in die Bucht ragenden Kap Benten, liegt das bekannte Thermalbad Wakura-Onsen (Quellen bis 90 °C); lohnend sind Ausflüge in die buchtenreiche Umgebung.

Morgenmarkt, Lackarbeiten und Seetang-Taucherinnen

★ Wajima

Die Stadt Wajima (27 000 Einw.) an der Nordküste (Bus von Kanazawa oder Anamizu) ist ein altes Zentrum der Lackwarenherstellung. Zu den touristischen Attraktionen gehören auf jeden Fall der Morgenmarkt und das **Lackwarenzentrum** und **Museum Wajima Shikki Kaikan** mit Ausstellung und Verkauf.

Wajima ist auch Ausgangspunkt für Schiffsexkursionen zur **Insel Hekurajima**, ca. 50 km vor der Küste (Schiffsverbindung, 2 Std.). Diese wird im Sommer von zahlreichen Fischern aufgesucht, die dort

Muscheln und Meerestang sammeln – eine Tätigkeit, die vielfach von Taucherinnen (Ama) ausgeübt wird.
Morgenmarkt: tgl. 8–12 Uhr, am 2. u. 4. Mi. des Monats geschl.
Wajima Shikki Kaikan: tgl. 8.30–17 Uhr | 300 ¥
www.japan-guide.com/e/e4255.html

An »Tausend Reisfeldern« vorbei zur Felsenküste

Sosogi-Küste

Busverbindungen bestehen von Wajima zur sich nordöstlich davon erstreckenden Sosogi-Küste (auch Oku-Noto-Kongo) mit ihren malerischen Felsformationen. Unterwegs sieht man winzige Reisterrassen, die sich die Hänge hochziehen, die »Senmaida« (Tausend Reisfelder). Maschinen können hier nicht eingesetzt werden.
Hier liegen auch die beiden Anwesen **Kami Tokikunike** und **Shimo Tokikunike**. Errichtet wurden sie von zwei Familienzweigen von Nachkommen des Taira Tokikuni, der Jahrhunderte zuvor von Minamoto Yoritomo hierher verbannt worden war.
8.30–17 Uhr | 600 ¥ | www.hot-ishikawa.jp/kanko/german/20009.html

OGA-HALBINSEL
男鹿半島

Hauptinsel: Honshu | **Präfektur:** Akita

Schroffe Felsenklippen und frisch gefangener, zum Teil von den Klippen aus geangelter Fisch – die Oga-Halbinsel ist urig, abgelegen und sogar ein bisschen schaurig. Bekannt ist die Region auch als Geburtsort des traditionellen Festes Namahage.

Felsige Halbinsel

Die Halbinsel, etwa 40 km nordwestlich von ▶ Akita, war früher das gebirgige Südende einer Nehrung, die sich nordöstlich bis fast nach Noshiro zog. Die ehemals davon begrenzte Lagune Hachirogata wurde zur Landgewinnung trockengelegt und bietet jetzt den freundlichen Anblick grünender, von Kanälen durchzogener Reisfelder. Die schmalste Stelle der Halbinsel misst etwa 10 km unweit westlich des Kanpu (355 m), die Westküste vom nördlichen **Kap Nyudo** bis zum südlichen **Kap Shioze** über 25 km. Die höchsten Gipfel sind der Honzan (716 m), der Kenashi (673 m) und der Shinzan (571 m).

Die Westküste

Panoramastraße

Eine Panoramastraße windet sich entlang der Westküste (Oga-nishikaigan), die man auch aus Mietbooten vom Meer her besichtigenkann.

Wohin auf Oga?

Hauptort an der Südküste

Von Akita aus dem Süden kommend, erreicht man zunächst die Stadt Oga (28 000 Einw.) an der Südküste der Halbinsel. Unweit von hier liegt in einer hübschen Bucht der Fischerort Funakawa (Bootsverleih). An der Westküste der nördlichen Halbinsel in der Toga-Buchtgibt es ein Aquarium (▶ unten).

Oga und Funakawa

Das Scheitern der Dämonen ...

Bereits an der malerischen Westküste der Halbinsel liegt Monzen. In einer halben Stunde erreicht man von dort aus zu Fuß den **Akagami-Goshado-Schrein**, wobei 999 Stufen zu bewältigen sind. Die Legende berichtet, dass die Stufen von Dämonen stammen, die Macht über die hübschen Mädchen des Ortes gewinnen würden, wenn sie bis zum Morgengrauen eine Treppe mit 1000 Stufen gebaut hätten – eine Stufe vor dem Ziel scheiterten sie. Von Monzen aus starten Busfahrten entlang der Panoramastraße Richtung Norden.

Monzen

Zur Nordspitze der Halbinsel

Einen lohnenden Zwischenaufenthalt bietet die Station Oga Suizokukan in der schönen Toga-Bucht (**Aquarium** mit Eisbären). Von Toga aus fahren während der Saison (Mai–Okt.) Ausflugsboote durch die Bucht und entlang der malerischen Felsküste (auch nach Monzen). Günstiges Standquartier im Norden ist das Thermalbad **Oga-Onsen**.

Oga Aquarium GAO: tgl. 9–17 Uhr | 1100¥
www.japanhoppers.com/de/tohoku/oga/kanko/1879/

Toga-Bucht

OGA-HALBINSEL ERLEBEN

TOURISTENINFORMATION

Oga, 1-1 Shinhama-cho, Funakawaminato | Tel. 0185 24 21 00 | tgl. 8.30–17 Uhr
www.jnto.go.jp/eng/regional/akita/ogahantou.html

ANREISE

Bahn: Von Tokyo mit dem dem Shinkansan über Akita (4 Std.), dann weiter mit der JR-Oga-Linie bis Oga (1 Std.)

NAMAHAGE

Junge Männer in struppigen Umhängen und mit Dämonenfratzen klopfen an jede Tür, wo sie der Hausherr in traditioneller Feiertagstracht empfängt. Nachdem sie sich vor dem Hausaltar verneigt haben, beginnen sie zu brummen: »Sind hier etwa Faulpelze zu Hause?« Und erst wenn man sie mit Sake und Reiskuchen besänftigt hat, ziehen sie weiter.
Überall, 31. Dezember

★★ OKAYAMA 岡山

Hauptinsel: Honshu | **Präfektur:** Okayama | **Einwohnerzahl:** 686 000

Wer sich für japanische Gärten interessiert, hält in Okayama an: Denn der Koraku-en ist ein Paradebeispiel. Er gilt neben den Gärten von ▸ Kanazawa und ▸ Mito als einer der drei berühmten Gärten Japans.

Berühmter Garten und Keramik

Berühmter Garten und Keramik
Die Stadt Okayama liegt im Westen von Honshu zu beiden Seiten des Flusses Asahi, der an der Kojima-Bucht in die Inlandsee mündet. Im Norden von den Ausläufern der Chugoku-Berge begrenzt, ist sie Ausgangspunkt für Exkursionen in das schöne Umland. Neben Gartenkunst-Tourismus (**Koraku-en**), Maschinenbau, Textil- und chemischer Industrie spielt vor allem die traditionelle **Keramik** (Bizen-yaki) eine große Rolle.

★★ Koraku-en

Einer der Drei Berühmten Gärten Japans

Im Garten des Späteren Vergnügens
Der wunderbare Garten unterhalb der (wiedererrichteten) Burg von Okayama (ca. 1,5 km östl. des Bhfs.) war früher der Park des Burgherrn – mit seinen Gräben und Mauern weitläufiger Teil der Befestigungsanlage, aber auch Wandelgarten und Freiraum für Teehäuser, eine private No-Bühne und Pavillons, in denen sich die Fürsten entspannen konnten. Nach der Meiji-Restauration und der Abschaffung des Feudalsystems wurde die Anlage zum städtischen Park, und erst seitdem bezieht sich der Name Koraku-en (Garten des Späteren Vergnügens) auf eine ehrbare Maxime, nach der der Fürst der Erste im Dienst sein und erst nach seinen Untertanen feiern solle.

OKAYAMA ERLEBEN

ⓘ

MOMOTARO TOURIST INFORMATION CENTER
3 Min. zu Fuß vom Ostausgang des Bhfs., Filiale im Bhf., Shinkansen Ausgang | (beide) tgl. 9–18 Uhr Tel. 086 2 22 29 12

ANREISE
Flugzeug: Von Tokyo (Haneda Airport; 1¼ Std.)
Bahn: Von Tokyo (Hbf.) JR-Shinkansen-Linie über Osaka (Bhf. Shin-Osaka | 3½ Std.) von Takamatsu (Shikoku) JR-Marine-Liner (1 Std.)

Eine Winkelbrücke (Yatsuhashi) überquert den Schwertlilienteich im Garten Koraku-en (s. a. S. 239).

1687 von Ikeda Tsunamasa, dem Burgherrn der Stadt, in Auftrag gegeben und 1700 vollendet, ist er das typische Beispiel eines **Wandelgartens** (► Baedeker Wissen, S. 358) in der Tradition des **Kobori Enshu** (1579–1647; ► S. 583). Ungewöhnlich aber ist, dass es neben zahlreichen Zierbäumen (u. a. einem ganzen Kirschenhain) auch Nutzpflanzen gibt: ein kleines Reisfeld und einige Reihen Teesträucher.
Tgl. 7.30–18, Okt.–Mitte März 8–17 Uhr | 400 ¥ | Kombitickets mit Burg 560 ¥ | www.okayama-korakuen.jp/english/guide/index.html

Rekonstruierte »Krähenburg«

Die Kulisse des Gartens bildet die jenseits des Flusses (Tsukimi-Brücke) stehende Burg, die wegen ihres schwarzen Anstrichs auch **U-jo** (Krähenburg) genannt wird. Von den im 16. Jh. errichteten Gebäuden sind nur zwei Außentürme erhalten, der Rest wurde nach Zerstörung im Zweiten Weltkrieg 1966 rekonstruiert.
Tgl. 9–17.30 Uhr | 300 ¥, Kombiticket mit Koraku-en 560 ¥, Sonderausstellungen extra | www.okayama-japan.jp/en/spot/776

Burg Okayama-jo

Rund um Okayama

Verbindungen nach Naoshima und zur Shikoku-Hauptinsel

Eine Buslinie führt von Okayama in südlicher Richtung über einen 1558 m langen Deich, der die Mündung der Kojima-Bucht gegen das

Tamano

PHILOSOPHISCHE GÄRTEN

Japanische Gartenkunst ist tief verwurzelt in der Geschichte und Philosophie des Landes. Sie wollen »gelesen« werden, denn ihre verschiedenen Elemente lassen viele Interpretationen zu, ob man sie einzeln betrachtet oder kombiniert. Zwar sind die Gärten genau geplant, doch gibt es keine strengen Vorgaben, wie sie zu deuten sind.

▶ **Kleine Auswahl berühmter Gärten**

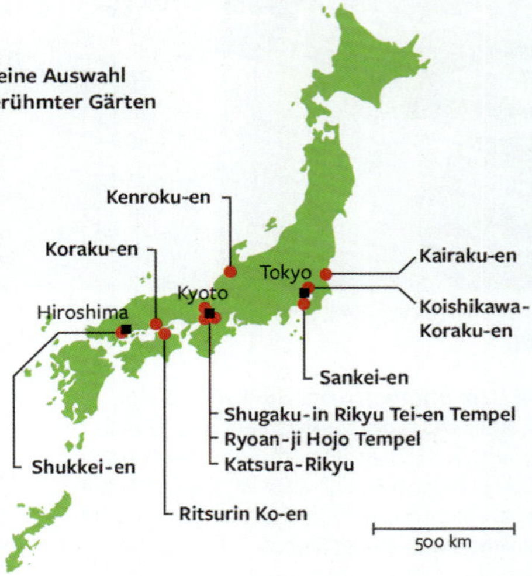

枯山水

Karesansui

Steingarten
Steingärten sind an die Zen-Lehre angelehnt. Die strenge Komposition aus Steininseln und geharkten Linien hat eine abstrakte, zeitlose Anmutung, die zur Meditation anregt. Auf große Pflanzen und Wasser wird verzichtet.

▶ **Die wichtigsten Gartenelemente**

Traditionell markieren Steine heilige Orte. Teiche und Seen sowie geharkte Linien in Steingärten symbolisieren oft mythische Gewässer. Inseln haben teilweise allegorische Formen. Bäume, Moose und Pflanzen setzen farbliche und strukturelle Akzente. Wege und Brücken trennen Areale voneinander ab oder führen zu besonderen Aussichtspunkten. Laternen und Wasserstellen stehen an relevanten Stellen.

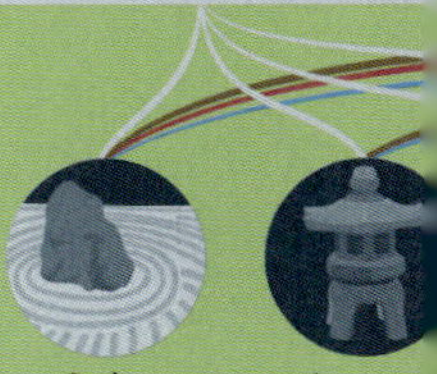

▶ **Geschichte der japanischen Gartenkunst**

Die Gärten entwickelten sich über Jahrhunderte von heiligen Orten zu höfischen Prachtanlagen. Mit der Ankunft des Zen-Buddhismus hielt die religiöse Strenge Einzug in die Gärten. Nach der Edo-Zeit vermischten sich die Stile mehr und mehr.

▶ **Naturgärten**
religiöse Orte

▶ **Lustgärten**
chinesischer Einfluss: Teichinseln und Bogenbrücken

Frühes Japan

Nara vor 794

Heian 794–1185

0 | 100 | 200 | 300 | 400 | 500 | 600 | 700 | 800 | 90

BAEDEKER WISSEN

壺庭

Tsuboniwa

Hofgarten
Insbesondere in urbanen Zentren dienen die Hofgärten heute in Zwischen- und Hinterhöfen als grüne Oasen auf engstem Raum.

露地

Roji

Teegarten
Eine Teezeremonie beginnt mit der spirituellen und physischen Reinigung, die beim Durchschreiten des möglichst naturbelassen erscheinenden Teegartens erfolgen sollte.

回遊式庭園

Kaiyushiki-tei-en

Wandelgarten
In den weitläufigen Landschaftsgärten offenbart die Natur ihre ganze Pracht.

Shinden-Gärten
chinesischer Stil: Pavillons, Seen, künstliche Inseln und Wasserfälle

▶ **Zen-Gärten**
Strenge und Einfachheit: Einfluss der Zen-Lehre

▶ **Hofgärten**
Natur im reduzierten urbanen Raum

▶ **Teegärten**
schlichte und naturbelassen wirkende Gartenanlagen

▶ **Wandelgärten**
ausgedehnte Landschaftsgärten

Kamakura 1185–1333

Muromachi 1333–1573

Momoyama 1573–1603

Edo 1603–1867

00 | 1100 | 1200 | 1300 | 1400 | 1500 | 1600 | 1700 | 1800 | 1900 |

Meer abriegelt, nach Uno, dem Hafen der unweit westlich gelegenen Stadt Tamano. Von hier verkehren Schiffe nach ▶ **Takamatsu** auf der Insel Shikoku (mit malerischen Ausblicken auf bewaldete Mini-Inseln in der Inlandsee) sowie zur Kunst-Insel ▶ **Naoshima**.
Seit 1988 stellt die **Hängebrücke Seto-Ohashi** (»Große Inlandsee-Brücke«; ▶ S. 411) von Tamano (Honshu) bis Sakaide (Shikoku) eine Bahn- und Straßenverbindung zwischen den beiden Hauptinseln her.

»Fest der Nackten« am Saidaiji-Tempel

Saidaiji

Saidaiji, 14 km östlich von Okayama (JR-Ako-Linie, 20 Min.), ist bekannt wegen des 777 gegründeten Saidaiji-Tempels der Shingon-Schule. Dort findet im Februar (3. Sa.) das Fest **Eyo-Matsuri** (auch **Hadaka-Matsuri**, »Fest der Nackten«) statt: Etwa 9000 mit einem Lendenschurz bekleidete Männer versuchen dabei, einen der zwei Glücksstäbe zu erobern, die ein Priester um Mitternacht aus einem Tempelfenster in die Menge wirft.
Tgl. 9–16 Uhr | Eintritt frei, Haupthalle 500 ¥
www.okayama-japan.jp/en/spot/797

Washuzan

▶ **Kurashiki**, Umgebung, S. 222

Einer der »Sechs Alten Öfen«

Bizen-Töpferzentrum

Um den Bahnhof Imbe (JR-Ako-Linie, 35 Min. von Okayama) konzentrieren sich zahlreiche Töpferwerkstätten, die die traditionsreiche, unglasierte **Bizen-yaki** in dunkelgrauen bis rötlichen Tönen herstellen (▶ S. 562). Ein Museum in Bahnhofsnähe zeigt alte und moderne Stücke (Näheres bei der Touristeninformation im Bahnhof).

OKI-INSELN
隠岐諸島

Hauptinsel: Honshu | **Präfektur:** Shimane | **Einwohnerzahl:** 25 000
Touristeninformation: Fährterminal Beppu (Insel Dozen)
Tel. 08 51 47 88 88 | tgl. 7.30–19.30, im Winter 8.30–17.30 Uhr
http://nkk-oki.com/english | für alle Inseln: **http://en.e-oki.net/**
Anreise: Schiffe von Sakaiminato (bei Matsue) nach Saigo (Insel Dogo) oder Beppu (Insel Dozen), ca. 3 Std.
Flug von Osaka nach Saigo (Insel Dogo; 2 Std.)

Zerklüftete Felsküsten, unberührte Natur und historische Schreine mit traditionsreichen Festen – die Oki-Inseln bestehen aus 184 Inseln vor der Küste von Shimane.

70 km vor der Küste gelegen, gehören die Oki-Inseln wie Teile der Küste von Shimane zum ▶ **Daisen-Oki-Nationalpark**. Der Archipel vulkanischen Ursprungs umfasst die beiden Hauptgruppen von **Dozen** und **Dogo** sowie eine große Zahl kleinerer Eilande. Die 25 000 Inselbewohner leben vorwiegend von Land- und Forstwirtschaft sowie Fischfang. Ein Besuch lohnt nicht nur wegen der abwechslungsreichen Landschaft, sondern auch wegen der Schreine für diverse Seefahrer-Gottheiten und Überresten aus der Zeit, als die Inseln kaiserliches Exil waren, u. a. für Kaiser Go-Toba 1221 und Go-daigo, der sich 1331 gegen die Militärregierung auflehnte.

Seefahrer-Gottheiten und kaiserliches Exil

★★ OKINAWA 沖縄

Hauptinsel: Okinawa | **Präfektur:** Okinawa | **Gesamtfläche:** 2267 km²

Subtropische Inseln, wunderbare Korallenbänke und glasklares, immer warmes Wasser – doch es geht noch besser: Okinawa bietet außerdem eine eigenständige alte Kultur, die stärker von China als von Japan geprägt ist, sehr gutes und obendrein gesundes Essen bei japanischem Komfort und Sicherheitsstandards.

● c 5

Okinawa liegt rund 500 km südlich der Hauptinsel Kyushu in einem Inselbogen, der den Pazifik vom Ostchinesischen Meer trennt. Die Präfektur Okinawa umfasst neben der gleichnamigen größten Insel noch etwa 100 kleinere Eilande – weniger als die Hälfte davon sind bewohnt – mit einer Gesamtfläche von 2267,48 km². Neben der Gruppe der Okinawa-Inseln sind dies die weitab östlich gelegenen Daito-Inseln sowie südlich die Miyako- und die Yaeyama-Inseln.

Japans Tropeninseln

Korallen und Krieg

Mit dem aus der Tang-Zeit stammenden Namen Ryukyu bezeichnet man die Gruppen Okinawa, Miyako und Yaeyama. Die meisten Inseln dieser Kette sind vulkanischen Ursprungs und von **Korallenriffs** umgeben, die je nach Größe und Zusammensetzung unterschiedliche Meeresfärbungen bewirken und mit ihrem reichen Bestand an tropischen Fischen ideale **Tauchreviere** sind. In verschiedenen Teilen der Inselwelt wurden Natur- und Nationalparks angelegt; zahlreiche Freizeiteinrichtungen und Sportanlagen ziehen Touristen an.

Ryukyu- und Kerama-Inseln

Neben der Hauptinsel bieten vor allem die nahen Kerama-Inseln mit dem Wrack eines US-Zerstörers aus dem Zweiten Weltkrieg und die **Insel Ishigaki** die vielleicht besten Tauchreviere Japans. Neben vielen Korallen sind hier Mantas die große Attraktion.

OKINAWA ERLEBEN

TOURISTENINFORMATION
Im Zentrum für Kunsthandwerk: Makishi 3-2-10 (Kokusai-dori), Tel. 098 808 48 87
tgl. 9–20 Uhr
www.visitokinawa.jp/
http://visit-okinawa.com/

ANREISE
Flugzeug: Von Tokyo (Haneda Airport, 3 Std.), von Kagoshima (1¼ Std.), von Osaka (2½ Std.); von Fukuoka (1½ Std.) nach Naha, von dort Anschlussflüge
Schiff: A-Line Ferry verkehrt regelmäßig zwischen Kagoshima und Naha.

Alle Eisenbahnlinien auf der Insel Okinawa wurden im Zweiten Weltkrieg zerstört und danach nicht wiederhergestellt. Daher ist man hier auf **Busse** angewiesen – es sei denn, man mietet ein Auto am Flughafen von Naha oder im Zentrum der Stadt (zum Straßenverkehr in Japan ▶ S. 667).
In Naha verkehrt eine Monorail, **Yui-Rail** genannt, die vom Flughafen über das Zentrum der Stadt bis nach Shuri fährt (Fahrschein ab 200 ¥).

OKINAWA MARATHON
Größtes Laufevent auf Okinawa mit internationalem Flair.
Februar

HARYUSEN
Drachenbootrennen mit der Bitte um guten Fischfang.
Anfang Mai

PEACEFUL LOVE ROCK FESTIVAL
Zweitägiges Open-Air-Musifestival mit japanischen und ausländischen Bands.
Juli

EISA
Großes Tanzfest mit japanischen Trommeln.
August

IZAKAYA JIZAKE YOKOCHO
Das markante Instrument der Okinawa-Musik ist die dreisaitige **Sanshin**, ein Zupfinstrument, das mit Schlangenhaut bespannt ist. Wenigstens einmal sollte man es live gehört haben.
Matsuo 2-8-13, Kokusai-dori
Tel. 089 8 60 95 11 | tgl. 17–23, Live-Musik um 18.30, 19.30, 20.30 und 21.30 Uhr
www.zizake.jp (nur jap.)

Die Küche Okinawas unterscheidet sich von der im übrigen Japan. Ein Hauptnahrungsmittel ist Schweinefleisch, wobei jeder Körperteil Verwendung findet, von den Füßen bis zu den Ohren. Beliebte Zutaten sind auch Gluten (Nama-fu), Seetang und die bittere Melonenart Goya.

SUI DUNCHI €€€
Schönes Restaurant im japanischen Stil mit der ganzen Bandbreite der Okinawa-Küche.
Shuri Kinjo-cho 2-81
Tel. 089 8 85 61 61
tgl. 11–16.30, 17–24 Uhr
www.sui-dunchi.com (nur jap.)

UKISHIMA GARDEN €€
In dem veganen Restaurant werden ausschließlich organische Produkte verarbeitet. Besonders nett sitzt man, wenn es nicht zu heiß ist, im kleinen Garten dahinter. Basis ist die klassische Okinawaküche mit internationalen Einflüssen.
Matsuo 2-12-3
Tel. 098 943 21 00
tgl. 11.30–15, 18–22 Uhr
http://ukishima-garden.com/okinawa/

JAL PRIVATE RESORT OKUMA OKINAWA €€€€
Luxuriöse Ferienanlage im Norden der Hauptinsel. »Villen« und »Cottages« in weitläufiger Grünanlage, weißer Privatstrand. Grillrestaurant am Meer, Cocktail- und Karaokebar.
913 Aza-okuma, Kunigami-son, Okinawa 905 | Tel. 0980 41 22 22
http://okumaresort.com/

Bingata, Bashofu und Korallenschmuck
Hauptwirtschaftszweige sind Fischerei, Landwirtschaft, Petrochemie und Tourismus; das traditionsreiche Kunsthandwerk produziert z. B. den Batikstoff Bingata, das aus Pflanzenfasern gefertigte und für Kimonos verwendete Gewebe Bashofu und Korallenschmuck.

Wirtschaft, Kunsthandwerk

Ein- und Auswanderer
Über die Herkunft der Inselbewohner gibt es heute verschiedene Theorien. Vieles spricht dafür, dass Einwanderer aus dem südostasiatischen oder pazifischen Raum die Inseln als Erste besiedelten. Keramikfunde deuten auf eine Verbindung mit dem japanischen Hauptland in der Jomon-Zeit hin; auch auf sprachlichem Gebiet lassen sich gewisse Ähnlichkeiten feststellen.

Geschichte

In der ersten Hälfte des 20. Jhs. wanderten viele Einwohner Okinawas aufgrund der schlechten wirtschaftlichen Lage aus, vor allem nach Hawaii, Brasilien, Peru, Argentinien und auf die Philippinen – bis heute ist Okinawa eine der ärmsten Präfekturen Japans.

Kampf um Okinawa
In den letzten Monaten des Zweiten Weltkriegs wurden die Inseln nach heftigen Kämpfen von US-Truppen erobert, die anschließend große Militärbasen anlegten. Trotz der im Mai 1972 erfolgten Rückgabe der Inseln an Japan sind noch immer US-Verbände hier stationiert. Um eine Reduzierung der Truppenstärke und eine Verlegung von US-Stützpunkten wird zwischen den beteiligten (Präfektur-) Regierungen noch gerungen.

US-Stützpunkt

Wohin auf Okinawa?

Die Hauptinsel Okinawa ist mit 1185 km² die größte der Ryukyu-Gruppe. Im Norden wird sie von Höhenzügen geprägt (Yonahadake,

498 m), während sich im flacheren Süden die Siedlungen konzentrieren. Um die Städte Naha und Okinawa leben rund 80 % der Bewohner der Inselgruppe.

Moderne Großstadt am Meer

Naha

Die Präfekturhauptstadt Naha (320 000 Einw.) liegt im Südwesten von Okinawa an der Mündung des Flusses Kokuba. Im Zweiten Weltkrieg völlig zerstört, wurde die Stadt modern wieder aufgebaut. Die 1,6 km lange **Kokusai-dori** (»Internationale Straße«) mit Läden, Kaufhäusern, dem Daiichi Makishi Public Market und Restaurants ist das touristische Zentrum der Stadt.

Zwischen den Häfen Naha und Tomari steht beim einzigen Badestrand von Naha der **Naminoue-Schrein**, der den drei Ahnengöttern des japanischen Kaiserhauses geweiht ist.

Südöstlich von hier befindet sich der **Gokokuji-Tempel** der Shingon-Schule mit einem Denkmal für den aus Pressburg stammenden Bernard Jean Bettelheim (1811–1870). Dieser kam 1846 als erster protestantischer Missionar nach Japan und übersetzte während seines Aufenthalts in Naha das Neue Testament ins Japanische.

Im Stadtteil **Shintoshin** widmet sich das **Okinawa Prefectural Museum** Geschichte, Kunst und Kultur der Inselgruppe.

Im Viertel **Tsuboya**, südöstlich der Kokusai-dori, erreichbar über die Heiwa-dori, liegen die noch heute in Betrieb befindlichen alten (und neuen) Töpfereien von Naha. Auch ein **Töpferei-Museum** gibt es dort.

Okinawa Prefectural Museum: Di.–Do., So. 9–18, Fr., Sa. bis 20 Uhr
410 ¥ | www.japan-guide.com/e/e7126.html

Naha Municipal Tsuboya Pottery Museum: Di.–So., 10–18 Uhr | 350 ¥
www.edu.city.naha.okinawa.jp/tsuboya/English-information.html

Wahrzeichen und Weltkulturerbe

★ Festung Shuri

Östlich, etwa 6 km außerhalb des Stadtgebiets, liegt die Festung Shuri, von 1429 bis 1879 Herrschersitz der Ryukyu-Dynastie. Nachdem sie im Zweiten Weltkrieg zerstört worden war, wurde sie in den 1990er-Jahren rekonstruiert; seit 2000 gehört sie zum UNESCO-Weltkulturerbe. Vom Informationszentrum (mit Shop und Café) gelangt man zunächst zum **Shurei-no-mon** aus dem 16. Jh., einer Rekonstruktion von 1958 und vor dem Wiederaufbau der Burg das Wahrzeichen von Naha. Auf dem Weg zum Palast passiert man den **Sonohyan-Utaki**, einen Schrein in Form eines (geschlossenen) steinernen Tores, an dem für eine gute Reise gebetet wurde, sowie eine Reihe weiterer Tore.

Vom Vorhof aus führt nach dem rot gestrichenen **Tor Kofukumon** (ab hier Eintrittsgebühr!) ein Pfad zur **Aussichtswarte** Iri-no-Azana, von der aus man die ganze Stadt überblickt. Zurück beim Vorhof bildet das **Tor Hoshinmon** den Eingang zum Schlossplatz Una. Dieses Tor öffnen kostümierte Wachen jeden Morgen in einer kleinen

Der hölzerne Hauptpalast Seiden der Festung Shuri wird flankiert von zwei 4 m hohe Drachensäulen aus Sandstein.

Zeremonie. Der mittlere Eingang war dem König und hohen Beamten vorbehalten.

Vom Schlossplatz aus sieht man linker und rechter Hand Gebäude, die den Regierungsgeschäften dienten und für Veranstaltungen genutzt wurden. Geradeaus steht der eigentliche **Palast Seiden**, ein Holzbau mit Stilmerkmalen wie Drachensäulen.

Vom Shurei-no-mon gelangt man südwärts über eine alte steile Kopfsteingasse zum malerischen **Kinjo-cho-Viertel**, das noch einen Hauch des alten Ryukyu verströmt.

In der Umgebung finden sich noch andere historische Bauten, darunter das **Tama-udun**, die Begräbnisstätte der Sho-Dynastie, der 1502 gegründete und 1968 wieder aufgebaute **Benzaitendo-Tempel** und Teile des von 1492 stammenden **Enkakuji-Tempels**.

Festung: tgl. 8.30–19, Juli–Sept. bis 20, Dez.–März bis 18 Uhr | 820 ¥
www.japan-guide.com/e/e7103.html

"Rund um die Hauptstadt Naha

Rund 7 km nordöstlich von Naha liegt auf einem Berg die Ruine der **Burg Urasoe**. 10 km weiter nordöstlich steht nahe der Pazifikküste die Burgruine Nakagusuku mit größtenteils erhaltener Ummauerung aus dem 15. Jh.; der umgebende **Park** bietet hübsche Aussichten auf den Pazifik und das Ostchinesische Meer.

★ Nakagusuku

12 km südlich von Naha liegt der Hafen **Itoman**, ein Zentrum der Hochseefischerei und Austragungsort des Bootsrennens Haryusen.
Südlich von Itoman erinnert das **Himeyuri-no-to-Monument**, an die Zivilisten, die in der Schlacht von Okinawa ihr Leben ließen. So wurden im März 1945 rund 200 Schulmädchen als Sanitäterinnen zwischen den Fronten regelrecht »verheizt«, nur 14 überlebten. Noch etwas weiter südlich folgt die **Friedensgedenkstätte** (Heiwa Kinen Shiryo-kan), die aus einem umfangreichen Museum und einer Parkanlage mit Gedenksteinen besteht.
Etwa 8 km östlich von Itoman gelangt man zur rund 5 km langen und auf 850 m für Besucher erschlossenen **Tropfsteinhöhle Gyokusendo**; darüber erstreckt sich der Themenpark **Okinawa World** (u. a. Nachbau eines traditionellen Ryukyu-Dorfes).
Sehr stimmungsvoll ist an der wenig belebten Ostküste der **Seifa Utaki**, Hauptschrein der ryukyuischen Urreligion, die mit dem japanischen Shintoismus nur vage Gemeinsamkeiten aufweist: Keine Gebäude, sondern Felsspalten und -Überhänge, von denen stetig Wasser tropft, sind hier die Heiligtümer für die Schöpfergöttin Amamikiyo.
Himeyuri Memorial Tower: tgl. 9–17.30 Uhr | 310 ¥
Peace Memorial Park: tgl. 9–17 Uhr | 300 ¥
www.japan-guide.com/e/e7105.html (zu allen Gedenkstätten)
Okinawa World: tgl. 9–18 Uhr; 1650 ¥ (sämtl. Attraktionen)
Gyokusen-do und Ryukyu-Dorf: 1240 ¥
www.japan-guide.com/e/e7106.html

Nördliche Umgebung Nahas

Yomitan, Onna

Nördlich von Naha ist die Hauptinsel sehr dicht bebaut und von Schnellstraßen durchzogen. Dennoch gibt es an der Westküste schöne Natur, Strände, Klippen und Sehenswürdigkeiten. Der Ort **Yomitan** liegt günstig zu den schönen Küstengebieten und ist touristisch mit mehreren Themenparks zur Ryukyu-Kultur gut erschlossen. Mitten im Ort erhebt sich die Gusuku-Burg Zakimi-jo aus dem 15. Jh. mit ihren geschwungenen Mauern. Nicht weit entfernt liegt das Töpferdorf **Yachimun-no-sato** mit traditionellen Hangöfen und zahlreichen alteingesessenen Töpfereien.
Das **Freilichtmuseum Ryukyu Mura** bei Onna ca. 30 km nördlich von Naha zeigt alte Architektur und Handwerkstechniken Okinawas – ein guter Ort für »Taiken«-Schnupperkurse.
Ryukyu Mura: tgl. 8.30–17.30, Juli–Sept. 9–18 Uhr | 1200 ¥
www.ryukyumura.co.jp/en/official/guide/

Okinawa-Küsten-Quasi-Nationalpark

Schutzgebiet

Der mittlere und nördliche Teil der Westküste zwischen dem Nagahama-Strand und der Bucht von Nago sowie zwischen Nakijin und dem Kap Hedo, der Nordspitze der Insel, bildet den 67 km² großen Okinawa-Küsten-Quasi-Nationalpark mit vielfältigen **Wassersportmöglich-**

keiten (Schnorcheln, Glasbodenboote u. a.). Einen Teil des Schutzgebiets nimmt der Okinawa-Meerespark ein (Okinawa Kaichu Koen); am **Kap Fusena** liegt ein **Unterwasser-Observatorium**, wo Korallenfische in ihrem natürlichen Lebensraum zu sehen sind.

Rund um die Nago-Bucht

Nago

Die Stadt Nago (60 000 Einw.; Bus von Naha, 2 Std.) an der gleichnamigen Bucht ist Ausgangspunkt für Fahrten in den nördlichen Teil von Okinawa sowie auf die Halbinsel Motobu im Westen. Unweit der Stadtmitte liegt, umgeben von Kirschbäumen (Blüte Jan./Feb.), die Ruine der Burg. Ein Besuch im **Nago Pineapple Park**, in dem sich alles um ein wichtiges Landwirtschaftsprodukt Okinawas dreht, ist nicht nur für Kinder interessant. In einem ananasförmigen Elektromobil fährt man durch die Plantagen, wirft einen Blick auf die Produktionsanlagen und probiert sich vor allem durch zahlreiche Ananasprodukte.

Nago Pineapple Park: tgl. 9–18 Uhr | 850 ¥
www.nagopineapplepark.com/english/index.html

Walhaie und Mantarochen

★★ Churaumi Aquarium auf Motobu

Die Halbinsel Motobu erstreckt sich etwa 8 km weit ins Ostchinesische Meer. Von Juli 1975 bis Januar 1976 fand hier die Internationale Meeresausstellung »Expo '75« statt, deshalb heißt die dort entstandene Parkanlage mit verschiedenen touristischen Attraktionen (Orchideengarten, Freilichtmuseum etc.) heute **Ocean Expo Park**.
Hauptsehenswürdigkeit Motobus (und sicherlich auch eine der ganzen Hauptinsel Okinawa) ist das Churaumi Aquarium: Im riesigen zentralen Tank, **dem größten Aquariumstank Japans** und einem der größten der Welt, schwimmen u. a. zwei Walhaie und vier Mantarochen hinter 60 cm dicken, 8 m hohen Scheiben. Haie werden in dem Aquarium auch gezüchtet, inzwischen in dritter Generation. Natürlich werden auch die anderen Tiere des südlichen Meeres in zahlreichen Becken präsentiert, und regelmäßige Shows können Besucher den ganzen Tag lang beschäftigen.

Ocean Expo Park: 424 Ishikawa Motobu, Okinawa
Tel. 09 80 48 27 41 | tgl. 8.30–20, Okt.–Feb. bis 18.30 Uhr
Oceanic Culture Museum: 170 ¥ | Tropical Dream Center: 690 ¥
www.japan-guide.com/e/e7111.html
Churaumi Aquarium: tgl. 8.30–20, Okt.–Feb. bis 18.30 Uhr | 1850 ¥, Kinder (6–11) 610 ¥, (12–17) 1230 ¥, nach 16 Uhr ca. 30 % günstiger
https://churaumi.okinawa/en/

Eine der besterhaltenen Gusuku-Burgen Okinawas

★ Nakijin

Nahe der Nordküste steht die Ruine der Burg von Nakijin (von Nago bis Oyadomari Bus, dann 15 Min. Fußweg), die im 14. Jh. Residenz des Königs Hokuzan war. Nakijin ist eine der am besten erhaltenen Gusuku-Burgen Okinawas (UNESCO-Welterbe). Die zahlreichen

Keramikfunde aus ganz Asien zeugen von den regen Handelskontakten und sind im Museum ausgestellt.
Tgl. 8–18 Uhr, Mai–Aug. bis 19 Uhr | 400 ¥
http://nakijinjo.jp/english/index.html

Miyako-Inseln

Von Korallenriffs umgeben

Insel Miyako

Die größte des aus acht Inseln bestehenden Archipels ist Miyako (176 km²; 50 000 Einwohner; Flugverbindung ab Naha 45 Min.), das von Korallenriffs umgeben und weitgehend von Zuckerrohrfeldern bedeckt ist. Den schönsten Badestrand Miyakos, **Maehama Beach**, findet man im Südwesten der Insel.

»Little Germany« in Japan

Hirara, Ueno

Das Wirtschafts- und Verwaltungszentrum **Hirara** liegt an der Westküste Miyakos. Südlich des Rathauses steht ein Denkmal, das Kaiser Wilhelm I. zum Dank für die Rettung deutscher Schiffbrüchiger 1873 gestiftet hat. Mit dem Kopfsteuerstein (Nintozeiseki) im Norden der Stadt wurden im 17.–19. Jh. die Steuern für die Inselbewohner bemessen: Steuerpflichtig war, wer mindestens so groß wie der Stein (1,40 m) war. An der Westflanke der höchsten Erhebung der Insel, des Hügels Nobaru (109 m), wurde ein **Botanischer Garten** angelegt.
Wegen der deutsch-japanischen Verbindung gibt es in Ueno an der Südküste der Insel einen deutschen Themenpark: Kernstück des **Deutschen Kulturdorfs Ueno** (Doitsu Bunka Mura) ist der originalgetreue Nachbau der rheinischen Marksburg.
Ueno German Culture Village: 9–18 Uhr, Okt.–März nur Fr.–Di. | 850 ¥

Yaeyama-Inseln

Zu Gruppe der Yaeyama-Inseln gehören u. a. Ishigaki, Iriomote, Taketomi und Yonaguni, ferner 15 kleinere Eilande.

Weiße Strände, schwarze Perlen

Insel Ishigaki

Die Insel Ishigaki (Flugverbindung ab Naha, 50 Min.) besitzt weiße Strände und üppige Vegetation (Palmen, Zuckerrohr). Der Inselhauptort ist Ishigaki (40 000 Einw.) mit dem sehenswerten, 1819 erbauten Samurai-Wohnsitz **Miyara-dunchi**, zu dem auch ein Landschaftsgarten gehört. Nördlich von hier erhebt sich der Berg Omoto, mit 524 m der höchste der Präfektur Okinawa.
Besonders reizvoll ist die **Kabira-Bucht** mit zahlreichen kleinen Inseln und verträumten Sandstränden (► Abb. S. 41). Hier werden schwarzen Perlen gezüchtet, Schnorcheln ist daher nicht erlaubt.

Karibik-Feeling: tropischer Bilderbuchstrand auf Miyako

Urwald und wilde Natur

Iriomote ist undurchdringlicher Urwald und wilde Natur: Etwa ein Drittel der 289 km² großen und spärlich besiedelten Insel ist Nationalpark, die einzige Inselstraße führt an der Ost- und Nordküste entlang, weite Teile der Insel und ihrer Küsten sind höchstens per Boot oder zu Fuß zu erreichen – aber gewartete Wege dorthin gibt es nicht. Ihr bekanntester Einwohner ist zugleich der seltenste und scheuste: Die **Iriomote-Wildkatze** ist endemisch und vom Aussterben bedroht, selten wird ein Exemplar dieser kleinsten Raubkatze gesichtet, und wenn, dann oft verletzt nach einem Autounfall. Man besucht Iriomote für Wanderungen und Kajaktouren durch den Dschungel und zu beeindruckenden Wasserfällen, Mangrovenspaziergänge und die Fahrt mit einem **Wasserbüffelkarren** durchs Watt.

★★ Insel Iriomote

Von Funaura an der Nordküste der Insel fährt ein Ausflugsboot zum **Felsen Gunkan-Iwa**, von dort ein Wanderweg in etwa 30–40 Min. zu den vom Urauchi gebildeten **Wasserfällen** Mariudo und Kanpira.

Funaura

»Sternensand« und Ausflugsboote

Die Insel Taketomi (Schnellboot von Ishigaki, 10 Min.) ist bekannt für »**Sternensand**«, der aus den Kalkskeletten maritimer Kleinlebewesen besteht. Das denkmalgeschützte Dorf Taketomi gibt einen guten Eindruck vom Leben auf den Ryukyu-Inseln.

Touristische Infos unter: www.town.taketomi.lg.jp/english/

Insel Taketomi

Alt und neu in Osaka: die Burg vor der Skyline der City

OSAKA 大阪

Hauptinsel: Honshu | **Präfektur:** Osaka | **Einwohnerzahl:** 2,7 Mio.

Die Politik mag in Tokyo gemacht werden, und die feine Kultur ist in Kyoto zu Hause – aber Osaka ist die Stadt der Wirtschaft: Mit großen und spektakulären Hochhäusern, kilometerlangen Shoppingmalls, Vergnügungsvierteln von der Größe kleiner Städte, Restaurants und Bars bis zum Abwinken, und Fun, Fun, Fun!

»Venedig des Ostens«

Osaka, die Hauptstadt der gleichnamigen Präfektur, liegt im westlichen Zentral-Honshu, wo der Fluss Yodo in die weite, sich zum Pazifik öffnende Osaka-Bucht mündet. Die Bucht wird im Südosten von der Kii-Halbinsel begrenzt und im Westen durch die Insel ▶ Awajishima von der ▶ Inlandsee getrennt. Die Stadt bildet das Industrie-, Handels- und Verwaltungszentrum Westjapans und ist ein wichtiger Teil des sich bis Kobe erstreckenden Industriegebiets Hanshin. Osaka liegt im Mündungsdelta des Yodo, dessen verzweigte **Wasserläufe** sie mit einem Netz von Kanälen durchziehen. Diese Tatsache hat der Stadt mit ihren über 1000 Brücken den Beinamen »Venedig des Ostens« eingetragen und bot zudem günstige Voraussetzungen für die Entwicklung des Handels.

OSAKA ERLEBEN

TOURISTENINFORMATION

JR-Bahnhof Osaka in Umeda, Zentral-Ausgang: Tel. 06 63 45 21 89 | tgl. 8–22 Uhr
JR-Bahnhof Shin-Osaka: 3rd Fl. | Tel. 06 63 05 33 11 | tgl. 9–18 Uhr
Nankai-Bahnhof Nanba: Tel. 06 66 31 91 00 | tgl. 9–20 Uhr
Internet: www.osaka-info.jp/en

ANREISE

Flugzeug: Von Fukuoka (1 Std.); von Sapporo (2 Std.); von Kagoshima (1¼ Std.); von Naha (Okinawa; 2 Std.); ferner Linienflüge aus dem Ausland
Osaka besitzt zwei Flughäfen: den Osaka Airport (Itami) im Nordwesten und den südwestlich der Stadt auf einer künstlichen Insel gelegenen größeren Kansai International Airport (www.kansai-airport.or.jp/en/). Itami erreicht man per Bus ab Bhf. Osaka oder Shin-Osaka (ca. 25 Min.), Kansai am einfachsten mit der Nankai-Bahn ab Namba (35–45 Min.); mit dem JR-Haruka-Express ab Shin-Osaka oder Tennoji (45 bzw. 30 Min.).
Bahn: Von Tokyo (Hbf.) JR-Tokaido-Shinkansen-Linie über Nagoya und Kyoto nach Shin-Osaka (2½ Std.); von Fukuoka (Hakata) JR-San'yo-Shinkansen-Linie über Hiroshima und Okayama (2½ Std.). Parallel verlaufen die JR-Tokaido-Hauptlinie und die JR-San'yo-Hauptlinie (erheblich längere Fahrzeiten). Ins Stadtzentrum von Shin-Osaka mit Midosuji-Subway
Schiff: Fährverbindungen über die Inlandsee nach Ehime (7½ Std. 40 Min.), nach Fukuoka (12½ Std.), nach Beppu (knapp 12 Std.), nach Miayazaki (12½ Std.) und nach Kagoshima (13½ Std.)

Osaka verfügt über ein ausgedehntes **U-Bahnnetz** von neun Linien sowie die nützliche **Ringbahn** (Loop Line) der JR. Außerdem verkehren private **Regionalbahnen** wie die Nankai-Linie, die Hankyu-Linie (u. a. nach Takarazuka und Kyoto), die Hanshin-Linie (u. a. nach Kobe), die Keihan-Linie (u. a. nach Kyoto) und die Kintetsu-Linie (u. a. nach Nagoya, Nara, Ise). Die U-Bahnen verkehren von ca. 5 Uhr bis Mitternacht. Eine Tageskarte für U-Bahn, **Stadtbusse** und die **Tram**-Linie kostet 850 ¥ (So., Sa. und Feiertage nur 600 ¥); sie berechtigt auch zu ermäßigten Eintritten (z. B. zur Burg). Verschiedene **Pässe** berechtigen zur Fahrt mit dem ÖPNV und zu verbilligten Eintritten.
www.osaka-info.jp/en/plan/practical_information/travel_passes/

DOYADOYA

Schreinbesuch mit Kampfspielen nur mit Lendenschurz bekleideter Männer, die um eine gute Ernte bitten.
Shitennoji-Tempel, 14. Januar

SHORYO-E-MATSURI

Gedenkfeier zum Todestag des Tempelgründers Shotoku-taishi mit Bugaku-Aufführungen.
Shitennoji-Tempel, 22. April

TENJIN-MATSURI

Bootsprozession und Feuerwerk.
Tenmangu-Schrein, 24./25. Juli

SUMIYOSHI-MATSURI

Mit bunten Trageschreinen geht es in den Fluss, abends gibt es dann noch einen Fischmarkt.
Sumiyoshi-Schrein, 30. Juli–1. August

DEUTSCHER WEIHNACHTSMARKT

Stollen und Glühwein in Japan!
Umeda Sky Building, Ende November–25. Dezember

In der alten Handelsstadt wird Shopping ganz groß geschrieben: Jedes Viertel verfügt über ausgedehnte Einkaufszonen. Gleich südlich und östlich des JR-Bahnhofs Osaka erstreckt sich das Labyrinth unterirdischer Passagen um die Bahnhöfe Umeda, Hanshin-Umeda, Hankyu-Umeda und Higashi-Umeda. Hier befinden sich auch die großen Kaufhäuser Hanshin, Hankyu und Daimaru. Eine große Auswahl an englischer Bücher, darunter viele Übersetzungen japanischer Werke, bietet in dieser Ecke Kinokuniya, im 2. Stock des Bahnhofs Hankyu-Umeda. Östlich von hier verläuft die längste Einkaufsstraße Japans, die 2,6 km lange **Tenjinbashi-suji-shotengai**. Im Süden der Stadt ist die Gegend um den Bahnhof Nanba ein beliebtes Einkaufszentrum. Vom im U-Bahnhof Nanba gelegenen Kaufhaus Takashimaya führt die überdachte Ladenstraße **Ebisubashisuji** nordwärts zum Ufer des Dotonbori, wo sich nicht nur Läden, sondern auch viele Abendlokale versammeln. Auch um den Bahnhof Nanba erstrecken sich unterirdische Passagen wie **Nanba Walk** (östlich), **Nan Nan Town** (südlich) und **Nanba City** (etwas weiter südlich). **Nanba Parks** ist ein weiterer Shopping-Komplex mit Boutiquen und Restaurants sowie viel Grün auf dem Dach. Zwischen Umeda und Nanba liegt die **Shinsaibashisuji**, eine beliebte, überdachte Einkaufsmeile, wo die Einwohner der Stadt alles finden, was sie für das tägliche Leben brauchen (U-Bhf. Shinsaibashi).

MARKT KUROMON ICHIBA

»Osakas Speisekammer«, wo nicht nur die Küchenchefs der Restaurants einkaufen, ist der Markt Kuromon Ichiba beim U-Bahnhof Nipponbashi.

Die Nächte in Osaka kann man sich in **Dotonbori** um die Ohren schlagen, wo viele Bars und Clubs geöffnet sind, bis die erste U-Bahn fährt.

TRADITIONELLES THEATER

Klassisches japanisches **Puppentheater** bietet das Nationale Bunraku-Theater (U-Bhf. Nipponbashi, Ausgang Nr. 7; Tel. 06 62 12 25 31). **Kabuki-Theater** erlebt man u. a. im Shochikuza-Theater in Nanba (Tel. 06 62 14 22 11) und im Shin-Kabukiza (beim Bhf. Uehonmachi; Tel. 06 77 30 21 21).

❶ HAJIME €€€€

Das Restaurant des Kochs Yoneda Hajime ist seit 2009 weithin bekannt geworden durch die Verleihung dreier Michelin-Sternen (aktuell hat es zwei Sterne). Für die durch und durch französische Küche kommen auch die unzähligen, typisch japanischen Gemüsesorten zum Einsatz. Reservierungen sind notwendig.
1-9-11, Edobori, Nishi-ku, Osaka
Tel. 06 64 47 66 88 | Mi.–Sa. 17–20, So. 11.30–14 Uhr | www.hajime-artistes.com (auch auf Dt.)

❷ KIGAWA €€€€–€€€

Mittlerweile ist die sog. **Kappo-Küche** auch in New York und London angekommen, der Trend aber startete in diesem Restaurant in Osaka: In kleinen intimen Restaurants bereitet der Koch ein komplettes, nicht notwendigerweise japanisches Menü direkt vor den Augen der Gäste zu. Unbedingt reservieren.
Dotonbori 1-7-7, Chuo-ku | Tel. 06 62 11 30 30 | Di–So 11.30–14, 17–21.30 Uhr | https://savorjapan.com/0006063303/

1 Hajime
2 Kigawa
3 Green Earth
4 Udon Nagara

1 Swissotel
2 Hiros Guesthouse
3 Hostel 64

3 GREEN EARTH €€
Nahe U-Bhf. Hommachi. Selbst für Fleischesser ist dieses vegetarische Lokal eine Empfehlung. Von Tofu-Burgern über vegetarische Lasagne bis Spinat-Pasta gibt es wechselnde Angebote schmackhafter Mittagsgerichte in freundlicher Atmosphäre.
1F Kyuho Building, 4-2-2 Kitakyuhoji-cho, Chuo-ku | Tel. 06 62 51 12 45 | Mo.–Do., Sa. 11.30–17, Fr 11.30–15, 17–22 Uhr | http://osaka-vegetarian-ge.com/english.htm

4 UDON NAGARA €
In dem stylishen Designer-Nudelladen gibt es handgemacht Udon-Nudeln – solange der Vorrat reicht.
Minami-kyuhojimachi 2-6-11, Chuo-ku | Tel. 06 68 09 62 05 | Mo.–Sa. 11.30–15 Uhr

1 SWISSOTEL €€€€
Luxushotel direkt über dem Nanba-Bahnhof. Der Frühstücksraum im 36. Stock bietet einen tollen Ausblick über die Stadt.
5-1-60 Namba, Chuo-ku, 542-0076 Osaka | Tel. 06 66 46 11 11
www.swissotel.com/hotels/nankai-osaka

2 HIROS GUESTHOUSE €
Neues, sehr freundliches Gästehaus in der großen und quirligen Korea Town von Osaka. Ganz nebenbei lässt sich ein typischer Aspekt von Osaka erleben, wo traditionell die meisten Japaner koreanischer Abstammung leben. Es gibt sowohl Schlafsaalbetten als auch Tatami-Zimmer.
4-9-7 Momodani, Ikuno-ku, Osaka | Tel. 06 78 97 66 08
www.hirosguesthouse.com

3 HOSTEL 64 €
Boutique-Hotel für Preisbewusste: Das Designer-Hostel liegt in Laufentfernung zur Innenstadt und bietet eine Auswahl unterschiedlicher Zimmer: Vom Tatamizimmer über westliche Zimmer bis hin zum Schlafsaal. Das Personal hat immer Tipps zu den angesagtesten Orten bereit.
Shinmachi 3-11-20, Nishi-ku
Tel 06 65 55 65 86
www.hostel64.com

Obgleich Osaka nach dem Zweiten Weltkrieg handelspolitisch von Tokyo überflügelt wurde, spielt es noch immer eine große Rolle – auch international. Es gilt bis heute die Maxime: In Osaka werden die Yen verdient, über die Tokyo wirtschaftspolitisch entscheidet, um sie in Kyoto wieder mit Niveau ausgeben zu können.

Von der Residenzstadt zur Wirtschaftsmetropole

Geschichte

Die Ursprung Osakas reicht bis in die mythologische Frühzeit des japanischen Reiches. Der sagenumwobene Kaiser Jinmu soll nach seiner legendären Odyssee von Kyushu durch die Inlandsee an der Mündung des Yodo gelandet sein und den Ort **Naniwa** (»Schnelle Wellen«) genannt haben. Sicher ist, dass der Ort seiner günstigen Lage wegen sehr früh besiedelt wurde; im 4. Jh. könnte Kaiser Nintoku in der Gegend eine befestigte Residenz gehabt haben. Auch Herrscher des 7. bis 8. Jhs. residierten hier und unterhielten über den Hafen Naniwa politische und wirtschaftliche Beziehungen mit Korea, das damals die Blütezeit seines frühen Reiches hatte.

Im 16. Jh. versah **Toyotomi Hideyoshi** die Burg mit neuen, starken Befestigungswerken und zwang Kaufleute aus Kyoto und dem südlich von Osaka gelegenen Handelsplatz Sakai, ihren Wohnsitz im Bereich seiner Herrschaft zu nehmen. Während der blutigen Fehden um das Shogunat wurde die Burg im Sommer 1615 von Toyotomi Hideyoshi gehalten. Die Belagerung Osakas durch die Truppen seines Rivalen **Tokugawa Ieyasu**, kommandiert von dessen Sohn Hidetada, ist eine der berühmten Episoden aus den Kämpfen um die Vorherrschaft im mittelalterlichen Japan.
Die Tokugawa-Shogune hatten ihre Residenz zwar in Edo, ließen Osaka aber von einem Jodai genannten Gouverneur verwalten und schützten und förderten die Schicht der immer mächtiger werdenden **Kaufleute**. Diese traten ihrerseits als Mäzene berühmter Künstler auf, die in jener Zeit in der reichen Hafenstadt viele hervorragende Werke schufen. In ihren Darstellungen zeigt sich aber oft schon Kritik am Verfall der traditionellen Sitten und Werte, den der Niedergang der verarmenden Samurai hervorrief. Handel und Gewerbe jedoch blühten weiter; während der Meiji-Zeit hatte Osaka bereits fast 500 000 Einwohner, und zu Beginn des Zweiten Weltkriegs war die Bevölkerungszahl der Hafenstadt auf etwa 3,25 Mio. gestiegen. 1970 fand die **Weltausstellung Expo '70** in Osaka statt; die damals geschaffenen Anlagen bilden heute einen Park (► S. 380).

Wohin in Osaka?

Handels- und Vergnügungsviertel

Umeda

Umeda, Teil des Stadtbezirks Kita-ku, ist Verkehrsknoten, Handels- und Vergnügungszentrum der Stadt. Im engeren Bezirk von Umeda und im Bahnhof von Osaka, der mit dem Hankyu-Bahnhof und mit Dutzenden von Zugängen zu Metrostationen und Kaufhäusern kombiniert ist, sind täglich über 2 Mio. Menschen unterwegs. Blickfang auf der Nordseite des Bahnhofs Osaka/Umeda ist das 173 m hohe **Umeda Sky Building** des Architekten Hara Hiroshi, zwei gläserne Türme mit Aussichtsplattform (Floating Garden Observatory) im 39. Stock.
Nahe beim Bahnhof stößt man auf das unterirdische **Umeda-Chika**-Einkaufszentrum, zahlreiche Restaurants und Theater. Weitere kilometerlange unterirdische **Einkaufspassagen** mit Verbindungen vom Hauptbahnhof zu den großen Kaufhäusern Hankyu und Hanshin lassen mit künstlichen Bächen, Wasserfontänen, farbigen Lichtspielen und Ruhezonen vergessen, dass 10 m weiter oben die heiße Sonne scheint. Östlich des Umeda-Labyrinths schließt sich der Shopping-Komplex **HEP Navio/HEP Five** an, dessen rotes Riesenrad auf dem Dach schon von Weitem zu sehen ist (www.hepfive.jp/language/).

Floating Garden Observatory: tgl. 10–22.30 Uhr | 1000 ¥
www.japan-guide.com/e/e4002.html

Prachtstraße von Osaka

Midosuji-dori

Die 2 km lange Midosuji-dori verbindet die Geschäfts- und Amüsierviertel von Umeda im Norden mit denen von Nanba im Süden der Stadt. Die Midosuji ist die Prachtstraße von Osaka: sechs Fahrspuren breit, auf den breiten Fußwegen mit Ginkgo-Bäumen gesäumt, und dahinter die modernen Riesenkaufhäuser, die Glaspaläste der Banken und die eleganten Läden. In den Seitenstraßen warten überdachte Einkaufspassagen, in denen es so gut wie alles zu kaufen gibt.

Flussinsel Nakanoshima

★ Museum für Orientalische Keramik

Den Südteil von Kita-ku bildet die Insel Nakanoshima (U-Bahn-Station Kitahama), das eigentliche Stadtzentrum, mit Hochhäusern, Verwaltungsbüros, Hotels und Teilen der Universität. Die Ostspitze der Insel bedeckt der Nakanoshima Park, der 1891 als erster Park der Stadt eröffnet wurde und in dem sich das hervorragende **Museum of Oriental Ceramics** (MOCO) befindet. Besonders beeindruckend ist dort die Sammlung koreanischer Seladon-Keramik. Weiter westlich auf der Insel Nakanoshima finden sich weitere Museen: neben dem **Osaka Science Museum** (Wissenschaftsmuseum) auch das unterirdische **Nationalmuseum für Internationale Kunst** (NMAO).

MOCO: Di.–So. 9.30–17 Uhr | 500 ¥ | www.moco.or.jp/en/
Science Museum: Di.–So. 9.30–17 Uhr | 400 ¥
www.sci-museum.jp/files/pdf/english.pdf
NMAO: Di.–Do. 10–17, Fr., Sa. bis 21 Uhr | 430 ¥ | www.nmao.go.jp/en/

Wichtigstes Schreinfest Osakas

Tenmangu-Schrein

Östlich der Midosuji-dori und noch nördlich des Flussarms steht der 949 zu Ehren von Sugawara Michizane gegründete Tenmangu-Schrein (U-Bahn-Station Minami-morimachi), dessen gegenwärtige Bauten eine Rekonstruktion von 1901 sind. Weithin bekannt ist das große Schreinfest **Tenjin-Matsuri** (24./25. Juli, ► S. 371).

Hauptquartier des Toyotomi-Shogunats

Burg Osakajo

Noch weiter südöstlich ragt die von einem Parkgelände umgebene Burg auf (von U-Bahn-Station Tanimachi-Yon-chome 15 Min. zu Fuß). Das ursprüngliche Bauwerk wurde 1586 von Toyotomi Hideyoshi nach dreijähriger Bauzeit vollendet und war damals die größte Burganlage des Landes. Die heutigen Bauten sind eine Stahlbeton-Rekonstruktion von 1931, die 1997 aufwendig restauriert wurde. In dem 42 m hohen fünfstöckigen **Hauptturm** (► Abb. S. 370, der sich auf einem Steinsockel von 14 m Höhe erhebt, sind Ausstellungen zur Geschichte von Burg und Stadt untergebracht; vom obersten Stockwerk bietet sich eine lohnende Rundsicht. Der **Burgpark Ninomaru** mit seinem **Kirschbaumgarten** ist einer der beliebten Hanami-Orte.

Osama Castle Museum: tgl. 9–17 Uhr | 600 ¥
www.osakacastle.net/english/

Ninomaru-Garten: tgl. 9–17, Nov.–Feb. bis 16.30, während der Kirschblüte bis 20 Uhr | 200 ¥, (Kirschblüte) 350 ¥

Im Hafenviertel

★ Osaka Aquarium Kaiyukan

Die Chuo-Linie der U-Bahn endet beim Hafen (Station Osaka-ko) mit dem Gelände der Handelsmesse. Ursprünglich lagen die **Hafenanlagen** in der Mündung des Flussarms Ajikawa, der den Bezirk im Norden begrenzt. Wegen Verlandung wurden sie verlegt und erstrecken sich heute bis in die südlich gelegenen Bezirke Taisho-ku und Suminoe-ku. Nördlich der Haltestelle Osaka-ko liegt der **Tempozan**-Komplex mit einer Unzahl von Geschäften und Restaurants.
Nordwestlich des U-Bahnhofs umfasst das große **Aquarium** (Kaiyukan) ein 9 m tiefes Hauptbecken und 13 kleinere Behälter; Themenschwerpunkt ist die Fauna des Pazifischen Ozeans – darunter Walhaie, Delfine, Seeotter und Pinguine.

PICKNICK ZUM HANAMI

Im Frühling verkauft jeder Convenience Store blaue Plastikplanen fürs Hanami, die Blütenschau, und alles für ein kleines Picknick. Machen Sie einfach mit, am besten nachmittags, dann ist es nicht so voll und nicht so kalt **unter den Kirschbäumen**. Nebenan sind schon große Planen für eine ganze Firmen-Abteilung vorbereitet, zwei junge Angestellte halten den Platz frei. Vielleicht freuen sie sich über ein Gespräch auf Englisch.

Auf der vorgelagerten künstlichen **Insel Sakishima** (von Osakako OTS-Linie) entstand das damalige World Trade Center, heute Osaka Prefectural Government Sakishima Building. Sein 256 m hoher **Cosmo Tower** bietet vom 55. Stock eine eindrucksvolle Rundumsicht über die Bucht von Osaka. Gegenüber liegt das architektonisch interessante **ATC** (Asia & Pacific Trade Center) mit Läden und Restaurants.

Osaka Aquarium Kaiyukan: 1-1-10 Kaigan-dori, Minato-ku, Osaka
Tel. 06 65 76 55 01 | tgl. mind. 10–20 Uhr (▶ Website) | 2300 ¥, Kinder (4–6) 600 ¥, (7–15) 1200 ¥ | www.kaiyukan.com/language/eng/
Cosmo Tower: tgl. 11–22 Uhr | Aussichtsplattform 700 ¥

Hauch des alten Osaka

Dotonbori

Im südlichen Teil der Innenstadt im **Bezirk Minami-ku** ist die Dotonbori-Gegend (am gleichnamigen Fluss) als Vergnügungsviertel bekannt. Der südliche Abschnitt der Shinsai-dori bildet das lebhafteste Geschäftszentrum; die Straße Ebisubashi-suji säumen eine stattliche Zahl kleinerer Geschäfte und Restaurants.

Rund um den U-Bahnhof Nanba ist noch ein Hauch des alten Osaka zu spüren, vor allem in der **Hozenji Yokocho**, der Gasse im alten Theaterviertel mit dem kleinen **Tempel Hozenji**, der eine von Moos bedeckte Fudo-Statue bewahrt. Gläubige kommen her, um sie mit Wasser zu begießen und so um Glück zu bitten. Zu beiden Seiten dieser schmalen, kurzen Gasse drängen sich Kneipen, Bars und kleine Imbisslokale.

Unweit östlich der Straße Tanimachi-suji erreicht man den **Kozugu-Schrein**; er ist dem Kaiser Nintoku gewidmet, der in Osaka residierte. Die Originalbauten wurden im Zweiten Weltkrieg zerstört; die Halle ist ein Neubau von 1961. Im umgebenden Parkareal mit schönem Blick auf die Stadt ist eine historische Steinlaterne zu sehen. 200 m entfernt befindet sich das Grab des »japanischen Shakespeare« Chikamatsu Monzaemon (1653–1724).

Landschaft, Geschichte, Tiere

Tennoji-Park

Südlich des Bezirks Minami-ku liegt **Tennoji-ku** mit dem Tennoji-Park (U-Bahn-Station Shitennoji-mae; Tanimachi-Linie). In ihm befinden sich das **Städtische Kunstmuseum**, der große Zoo, der Botanische Garten und mehrere Sportanlagen.

Der Hügel **Chausuyama**, ein prähistorischer Tumulus, war bei der Belagerung von Osaka Standort des Lagers von Tokugawa Ieyasu.

Jenseits der Schnellstraße, die den Tennoji-Park im Westen begrenzt, steht im Bezirk **Naniwa-ku** der 103 m hohe **Aussichtsturm Tsutenkaku** (»Der Turm, der zum Himmel führt«). Um ihn herum erstreckt sich die **Shin-Sekai**, ein etwas zwielichtiges Viertel mit Spielhallen, Billiglokalen und Bars.

Osaka City Museum of Fine Arts: Di.–So. 9.30–17 Uhr | 300 ¥
www.osaka-art-museum.jp/en/
Tennoji Zoo: Di.–So. 9.30–17, Mai–Sept. Sa., So. bis 18 Uhr | 500 ¥

Das Nachtleben im Shin-Sekai-Viertel lockt. Rechts hinten der Tsutenkaku Tower.

Einer der ältesten Tempel Japans

★ Shitennoji-Tempel

Nordöstlich des Tennoji-Parks liegt der Shitennoji-Tempel, einer der ältesten Tempel Japans. Gegründet wurde er 593 von Prinz Shotoku-taishi, dem Verfasser des ersten konfuzianischen Gesetzbuches und Förderer des Buddhismus in Japan. Durch das westliche Tor Saijumon betritt man das rekonstruierte Tempelgelände mit der fünfstöckigen Pagode, der Haupthalle Kondo und der Vortragshalle Kodo. Östlich von hier birgt das **Schatzhaus** das Schwert des Shotoku-taishi und eine Abschrift des Hokkekyo-Sutra aus der späten Heian-Zeit, am Westeingang ein steinernes Torii von 1294, das älteste seiner Art in Japan.

Innerer Tempelbereich und Gokurakujodo-Garten: tgl. 8.30–16.30, Okt.–März bis 16 Uhr | je 300 ¥ | www.japan-guide.com/e/e4011.html
Schatzhaus: gleiche Öffnungszeiten | 500 ¥

Aussicht vom höchsten Gebäudeturm des Landes

Abeno Harukas

Südlich des Bahnhofs Tennoji erhebt sich der 2014 fertiggestellte Wolkenkratzer Abeno Harukas, mit 300 m derzeit der höchste Gebäudeturm Japans. Das 58.–60. Stockwerk nimmt das dreistöckige Atrium **Harukas 300** ein mit einer vollständig verglasten Aussichtsplattform.

Observatory (Aufzug zum 16. Stock, dort Ticketverkauf): tgl. 9–22 Uhr | 1500 ¥ | www.abenoharukas-300.jp/en/

Zu einem der beliebtesten Parks der Stadt

Sumiyoshi-Park

Vom Bahnhof Daikoku-cho gelangt man mit der JR-Nankai-Hauptlinie in den südlichen Bezirk **Sumiyoshi-ku**, der früher zum Hafen gehörte, wovon noch der Leuchtturmsockel am Ostufer des Jusangenbori-Kanals zeugt. Östlich des Bahnhof Sumiyoshi-Taisha/Sumiyoshi-Koen erstreckt sich der Sumiyoshi-Park mit mächtigen Kiefern und Kampferbäumen, einer der beliebtesten Parks der Stadt.

Östlich davon liegt der **Sumiyoshi-Schrein**, der im Jahr 202 in Kobe gegründet und später an seinen jetzigen Standort verbracht wurde (www.sumiyoshitaisha.net/en). Er ist den vier Schutzgöttern der Seeleute geweiht; der Zugang wird von zahlreichen Steinlaternen flankiert, die von Gläubigen gestiftet wurden. Die rot und weiß bemalten, mit Zypressenrinde gedeckten Gebäude, 1810 erneuert, zeigen den rein shintoistischen **Sumiyoshi-Stil** mit vorspringendem Satteldach und gekreuzten Giebelbalken (▶ S. 573).

Park und Schrein: tgl. 6–17, Okt.–März bis 16.30 Uhr | Eintritt frei
www.japan-guide.com/e/e4007.html

Film-Themenpark mit Fahrgeschäften

Universal Studios Japan

Die Universal Studios Japan im Westen von Osaka sind einer von vier Universal-Themenparks weltweit. Die Attraktionen in dem weitläufigen Gelände umfassen zahlreiche Fahrgeschäfte sowie Live-Unterhaltung. Highlight dürfte für viele »The Wizarding World of Harry Potter« sein. Für Kinder auf jeden Fall ein Riesenspaß! Zum Themenpark fährt vom Bahnhof Umeda die JR Osaka Loop oder die JR Yumesaki Line in etwas mehr als 10 Minuten.

Sakurajima 2-1-33, Konohana-ku, Osaka | Tel. 0570 20 06 06
variable Öffnungszeiten (▶ www.usj.co.jp/e/parkguide/calendar.html)
Tagespass 7600 ¥, Kinder (bis 11) 5100 ¥ | www.usj.co.jp/e/

Rund um Osaka

Kofun-Hügelgrab aus der Frühzeit

Saikai

Rund 10 km südlich des Stadtzentrums liegt die administrativ selbstständige Stadt Saikai (840 000 Einw.; Koya-Linie von Nanba bis Bahnhof Mikunigaoka). Hier findet sich das **Grab des Kaisers Nintoku** (»Daisen-ryo«), ein typischer Kofun-Grabhügel mit schlüssellochförmigem Grundriss (3. bis 7. Jh., ▶ S. 573), der sich über eine Fläche von 21 ha erstreckt. Der eigentliche Grabhügel ist der hintere, kreisförmige Teil; das dicht bewaldete Hügelgrab wird ringsum von einem Wassergraben eingefasst. Vom Dach des Rathauses hat man einen guten Blick auf die Grabanlage.

Erinnerungspark auf dem Gelände der Expo 1970

Senri

In die nördlich von Osaka gelegene Satellitenstadt Senri kann man mit der U-Bahn fahren (Midosuji-Linie, Station Senri-chuo). Von der Haltestelle verkehrt ein Bus zum **Expo Memorial Park** (264 ha), dem Gelände der Weltausstellung von 1970. Er umfasst ein **Ethnologisches Nationalmuseum** (u. a. mit japanischer Volkskunst), einen japanischen Garten, den Vergnügungspark »Expo-Land« und noch vieles mehr.

Park: Do.–Di. 9.30–17 Uhr | 250 ¥ | Übersichtsplan mit allen Gärten, Kultur- und Sportstätten (teils separater Eintritt) unter:
www.expo70-park.jp/sys/wp-content/uploads/guidemap_eng.pdf
National Museum of Ethnology: Do.–Di. 10–17 Uhr | 420 ¥
www.minpaku.ac.jp/english/

Freilichtmuseum im Hattori-Ryokuchi-Park

Toyonaka

Die Hankyu-Takarazuka-Linie ab Osaka erreicht in 20 Minuten die nördlich landeinwärts gelegene Stadt Toyonaka (400 000 Einw.). Im Hattori-Ryokuchi-Park lohnt sich ein Besuch des **Freilichtmuseums Nihon Minka Shuraku Hakubutsukan**, das sieben alte Bauernhäuser und andere dörfliche Gebäude aus verschiedenen Regionen Zentraljapans zeigt.

Di.–So. 9.30–17 Uhr | 500 ¥
ww.occh.or.jp/minka/static/pdf/index/english.pdf

Auf den Spuren der Instantnudel

Ikeda

Nur ein Stück weiter am Bahnhof Ikeda stellt das **Momofuku Ando Instant Ramen Museum** die geniale Erfindung des aus Taiwan stammenden Japaners Momofuku Ando (1910 2007; ▶ S. 588) vor: Die Fertignudel gibt es seit 1958, seit 1972 als »Heiße Tasse« im Styroporbecher. In einem Workshop des Museums kann man seine eigene Cup-Noodle-Variante kreieren – es gibt über 5000 mögliche Kombinationen.

Mi.–Mo. 9.30–16 Uhr | Eintritt frei, 300 ¥ pro Nudel-Becher
www.instantramen-museum.jp/en/

Alle Rollen nur von Frauen

Takarazuka

Der Ort Takarazuka am Ende der Hankyu Takarazuka-Linie (25 km nördl. von Osaka) ist ein Pilgerziel: Die glamouröse, üppige, kitschige **Takarazuka Revue** hat Abertausende meist weiblicher Fans. 1913 vom Gründer der privaten Hankyu-Eisenbahngesellschaft als »anständige« Alternative zu anderen Theatern und Vergnügungen etabliert, spielen in der Takarazuka Revue ausschließlich Frauen sämtliche Rollen. Speziell die Männerdarstellerinnen sind heute Top-Stars. Fünf separate Theatertruppen geben Gastspiele oder treten in den Takarazuka-Theatern in Tokyo und Takarazuka auf – dafür reisen die Fans von weither an.

Tickets 3500–12 000 ¥ (Reservierung)
http://kageki.hankyu.co.jp/english/

RISHIRI-REBUN-SAROBETSU-NATIONALPARK
利尻礼文国立公園

L 2

Hauptinsel: Hokkaido | **Präfektur:** Hokkaido | **Fläche:** 340 km^2

Nordisches Licht und alpine Pflanzen – Rishiri und Rebun im äußersten Norden Japans sind Inseln für Naturfreaks. Auf Rishiri spiegelt sich ein perfekter Vulkankegel im See, auf Rebun blühen seltene Gebirgsblumen.

Nordische Verhältnisse

Das Nationalparkareal ist von **Wakkanai** aus zu erreichen. Die Hafenstadt (36 000 Einw.) an der Soya-Bucht (Nordwestspitze der Insel Hokkaido) ist dank der warmen Tsushima-Meeresströmung ganzjährig eisfrei. Von einem Aussichtsturm im Wakkanai Park bietet sich ein schöner Panoramablick über das Meer mit den Inseln Rishiri und Rebun bis hin **zur russischen Halbinsel Sachalin**.

Wohin im Rishiri-Rebun-Sarobetsu-Nationalpark?

Subarktischer Wildblumenpark

Toyotomi

Südlich der Stadt Wakkanai liegen Toyotomi und der kleine Badeort Toyotomi-Onsen. Vom Bahnhof Toyotomi gelangt man mit dem Bus in die weite, fruchtbare Sarobetsu-Ebene, wo sich der beachtenswerte Garten **Sarobetsu Gensei Kaen** erstreckt, ein Feuchtgebiet mit subarktischer Wildflora (Azaleen, Iris u. a.). Beste Besuchszeit ist im Juni und Juli.

RISHIRI-REBUN-SAROBETSU-NATIONALPARK ERLEBEN

Ausführliche Parkinfos (mit Plan): www.env.go.jp/en/nature/nps/park/rishiri/index.html

ANREISE

Flugzeug: Von Sapporo (Okadama Airport) nach Wakkanai (1 Std.)

Bahn: Von Sapporo über Ashikawa (1 Std. 25 Min.) nach Wakkanai (3½ Std.)

Bus: Von Toyotomi und Wakkanai zur Sarobetsu-Ebene; Rundfahrt auf Rishiri

Schiff: Von Wakkanai nach Rishiri und Rebun (jeweils ca. 1¾ Std.)

Ohne Blütenteppich ist die Insel Rebun eine eher kühle Schönheit.

Kreisrunde Insel mit Vulkankegel

Der Sarobetsu-Ebene gegenüber liegt die annähernd kreisrunde Insel Rishiri (183 km²), beherrscht von dem 1721 m hohen gleichnamigen Vulkankegel. Zwischen dem Waldgürtel, der den Vulkan umgibt, und der Küste verläuft eine Straße, die die vier Inselorte Oshidomari, Oniwaki, Senboshi und Kutsugata miteinander verbindet. Lohnend ist eine **Rundfahrt mit dem Bus** (ca. 2 Std.) oder dem Leihfahrrad. Der Himenuma-See bietet gute Angelmöglichkeiten, hübsche Spaziergänge führen zum Misaki-Park und Kutsugata-Misaki-Park. Wer den Vulkan Rishiri erklimmen will, sollte je nach Route für Hin- und Rückweg insgesamt neun bis elf Stunden einplanen. Insel Rishiri

Die »Blumeninsel«

10 km nordwestlich liegt die Insel Rebun (82 km²). Sie heißt auch »Blumeninsel«, blühen hier doch von Juni bis August über 300 Pflanzenarten. Von ihr hat man einen schönen Blick auf den Kegel des Rishiri gegenüber. Besonders schön sind die felsigen Kaps Sukoton an der Nordspitze und Gorota sowie die Aussichtsplattform Momoiwa im Süden. Insel Rebun

SADO 佐渡

Hauptinsel: Honshu | **Präfektur:** Niigata | **Fläche:** 857 km²

Sträflingskolonien und enorme Goldminen haben die abgelegene Insel geprägt, heute paddelt man in Fässern durch die Bucht oder bewundert die Taiko-Trommler mit ihren mannshohen Instrumenten.

Fünftgrößte Insel

Sado liegt vor der Küste des östlichen Zentral-Honshu im Japanischen Meer und ist mit einer Fläche von 857 km² nach den vier Hauptinseln und Okinawa das größte Eiland Japans. Zwei parallel zur West- bzw. Ostküste verlaufende Bergketten schließen die zentrale Kuninaka-Ebene ein. Der größte Teil der Insel gehört heute zum **Sado-Yahiko-Quasi-Nationalpark**. Durch die warme Tsushima-Meeresströmung ist Sado klimatisch begünstigt. Die Inselbewohner leben hauptsächlich von Landwirtschaft und Fischfang. Die Pflanzenwelt im Süden der Insel besteht vorwiegend aus Kamelien und Bambushainen.

Wohin auf Sado?

Ausgangpunkt Inselhauptstadt

Ryotsu

Inselhauptstadt und Anlegestelle der Schiffe von Honshu ist Ryotsu, von wo Buslinien die komplette Insel erschließen. Im näheren Umkreis der Stadt bieten sich die Erholungsorte **Sumiyoshi-Onsen**

SADO ERLEBEN

Ausführliche Touristeninfos unter: www.visitsado.com/en/

ANREISE
Schiff: Von Niigata nach Ryotsu (1 Std.); von Naoetsu nach Ogi (1½ Std.)

REISEZEIT
Am besten eignet sich die Zeit von April bis Oktober, da im Winterhalbjahr die Überfahrt wegen der Stürme unbequem werden kann.

TARAIBUNE-MATSURI
In Fassbooten (Taraibune) wird um die Wette gerudert.
Im Juni in Ogi

MUSIK-FESTIVAL EARTH CELEBRATION
Sado ist die Heimat der Taiko-Trommlergruppe Kodo, die das Festival organisiert.
Jährlich im August, 3 Tage
www.kodo.or.jp/en/

AUF ZUM MATSURI

Es war ein bisschen umständlich, die Reise so zu legen, dass das Fest hineinpasst, und die meisten Zimmer waren auch schon ausgebucht, aber dann hat es doch geklappt. Jetzt werden Festwagen bejubelt, die Zuschauer sind in traditionellen Gewändern gekommen, und bei den einfachen Volkstänzen auf der Straße kann jeder mitmachen. Am beeindruckendsten aber sind die **Taiko**, die riesigen japanischen Trommeln. (► S. 622f. und Erleben-Kästen)

(Bus, 15 Min.) und **Shiizaki-Onsen** (Bus, 10 Min.) für einen entspannten Aufenthalt an. Unweit südlich liegt die mit dem Meer verbundene Kamo-Lagune, ein ehemaliger Süßwassersee, der im Norden und Westen vom Kimpoku (1173 m) überragt wird.

Palast und Tempel zwischen Reisfeldern

Kuninaka-Ebene

In der Kuninaka-Ebene mit ihren ausgedehnten Reisfeldern kann man eine Reihe kultureller Sehenswürdigkeiten entdecken. Dazu gehört, 10 km südwestlich von Ryotsu gelegen, **Izumi** mit dem einstigen Wohnsitz des Kaisers Juntoku, dem Palast Kuroki-gosho.

Unweit davon kommt man in das Dorf **Niibo**; der hiesige Komponji-Tempel war erster Aufenthaltsort des buddhistischen Reformers **Nichiren** während seines Exils. Zum südwestlich auf einem Hügel gelegenen Myosho-ji-Tempel, dem Ort seines zweiten Wohnsitzes, pilgern heute die Mitglieder der buddhistischen Nichiren-Schule. Der Ort **Aikawa** (Bus von Ryotsu, 1¼ Std.) an der Westküste erreichte mit

Die Fischerinnen, die in traditionellen Fassbooten Seegras sammeln, nehmen auch Touristen mit.

der Entdeckung ergiebiger **Goldvorkommen** im frühen 17. Jh. große Bedeutung und hatte zeitweise annähernd 200 000 Einwohner (ganz Sado heute: 57 000). Wegen der 400-jährigen Geschichte der hiesigen Goldminen und der technologischen Entwicklungen in den Minen ist Sado seit 2010 für das UNESCO-Welterbe vorgeschlagen.

Vom Chomyoji-Tempel in der Stadt führt der Weg weiter zu den einstigen Goldminen mit einer Fördermenge von bis zu 400 kg pro Jahr, die ergiebigsten in ganz Japan. In ihnen ist ein interessantes **Museum zur Goldgewinnung** und -verarbeitung untergebracht.

Bis zum Kap Hajikizaki an der Nordspitze von Sado erstreckt sich eine malerische Steilküste. Schönster Küstenabschnitt der Insel ist die Senkaku-Bucht nördlich von Aikawa.

Sado Kinzan Gold Mine: tgl. 8–17.30, Nov.–März bis 17 Uhr
900–1400 ¥ (je nach Führung) | www.japan-guide.com/e/e7678.html

Seegras-Sammlerinnen in Fassbooten

Ogi

Reizvoll zeigt sich die Hafenstadt Ogi im äußersten Süden der Insel mit dem vermutlich im Jahr 808 von Kobo-daishi (Kukai) gegründeten **Rengebuji-Tempel**. Im Mai fahren Fischerinnen in tonnenförmigen Holzbooten zum Sammeln von Seegras aus, das dann am Strand getrocknet wird. Touristen werden in diesen **Fassbooten** (Taraibune)

von den Frauen im Hafen herumgeschippert; beim Taraibune-Matsuri im Juni wird in den Tonnen um die Wette gerudert.
Das **Maritime Museum Kaiun Shiryokan** dokumentiert den Schiffstransport der örtlichen Handelsgüter neben archäologischen Exponaten (Jomon-Keramik). Ein lohnender Bootsausflug führt von Ogi in ca. 40 Minuten zum **Kap Sawazaki** mit Leuchtturm.
Taraibune-Bootstouren: März bis Ende Okt. 8.20–17, Ende Okt. bis Ende Nov. bis 16.40, Ende Nov.–Feb. 9–16 Uhr | 500 ¥
Kaiun Shiryokan Maritime Museum: tgl. 8.30–17 Uhr, Dez.–Feb. nur Sa., So., feiertags | 200 ¥ | www.visitsado.com/en/spot/detail0041/

SAIKAI-NATIONALPARK
西海国立公園

Hauptinsel: Kyushu | **Präfektur:** Nagasaki | **Fläche:** 243 km²
Anreise nach Hirado: Bus vom Sasebo Bus Center (1½ Std.)
nach Sasebo: Bahn oder Direktbusse von Nagasaki und Fukuoka
nach Fukue (Goto-Inseln): Schiff von Nagasaki (1½ Std.)

Südliche Inselchen mit Klippen und Stränden und eine faszinierende Geschichte von Handel und missionarischem Scheitern: Hirado und die umgebenden Inseln waren im 16./17. Jh. Standorte für Holländer, Portugiesen und andere Ausländer.

Inselwelten

Der Saikai-Nationalpark im äußersten Nordwesten Kyushus umfasst neben einem kleinen Küstenstrich von Kyushu Teile der Insel Hirado, die Kujukushima-Inseln (wörtlich »Neunundneunzig Inseln«) und einige Eilande des Goto-Archipels (wörtlich »Fünf Inseln«).

Wohin im Saikai-Nationalpark?

Kujukushima – »99« subtropische Inseln

Insel Hirado

Unmittelbar vor der Nordwestküste von Kyushu verteilen sich dicht gedrängt im Meeresarm vor der Insel Hirado die Kujukushima-Inseln (Kujuku Islands), die meisten davon unbewohnt. Vom **99 Islands Pearl Sea Resort** (Bus von Sasebo, 25 Min.) laufen Rundfahrtschiffe aus. Die insgesamt 208 Eilande sind dicht mit subtropischer Vegetation bedeckt.
Die 171 km² große, hügelige Insel Hirado, nur 600 m von der Küste Kyushus entfernt und durch eine Straßenbrücke mit dieser verbunden,

spielte im 16. Jh. eine bedeutende Rolle, als sich Japan erstmals dem Auslandshandel öffnete. Als gegen Ende des 16. Jhs. erste Christenverfolgungen einsetzten, suchten viele Gläubige hier Zuflucht und errichteten Gotteshäuser, die äußerlich Tempeln glichen – weithin bekannt geworden durch den Scorsese-Film »Silence«.

Die im äußersten Nordosten gelegene Inselhauptstadt Hirado war der erste japanische Hafen, der für den Handel mit dem Ausland geöffnet wurde. Holländer und Engländer errichteten Faktoreien, doch mit dem Ausbau des günstiger gelegenen Hafens von ▶ Nagasaki verlor Hirado seine handelspolitische Bedeutung.

Eine Besichtigung der **Stadt Hirado** (31 000 Einw.) lässt sich bequem zu Fuß durchführen. Auf der Anhöhe hinter dem Ort kommt man zu einigen Gedenkstätten, so beispielsweise für den englischen Lotsen William Adams (= **Miura Anjin**), der im April 1600 in Japan strandete, im Auftrag von Tokugawa Ieyasu Schiffe für die japanische Flotte baute und als Mittelsmann zwischen der Regierung und den ausländischen Faktoreien in Hirado agierte. Adams erhielt als erster Europäer die Samurai-Würde und war Vorbild für den Navigator Blackthorne in James Clavells Roman »Shogun«.

Von hier etwa 200 m entfernt liegen die Reste des Oranda-Shokan-Ato, der **Holländischen Handelsniederlassung**. Südwestlich auf einem Hügel ist die neugotische Kirche zu besichtigen, die, 1931 errichtet, 1971 in **Franz-Xaver-Kirche** umbenannt wurde. Der Jesuitenmissionar brachte das Christentum nach Kyushu. Über die Geschichte der Christen in Hirado und Japan informiert das **Hirado Kirishitan Museum** am Neshiko-Strand im Westen der Insel. Dort wurden 1635 wegen ihres Glaubens 70 Christen hingerichtet.

Auf dem Hügel Kameoka im Nordosten der Insel steht die Burg (ursprünglich 18. Jh., moderne Rekonstruktion) mit Blick auf das Meer und die Brücke zum Festland.

Infos zu Bootstouren: www.pearlsea.jp/english/
Holländische Handelsniederlassung: tgl. 8.30–17.30 Uhr | 300 ¥
http://hirado-shoukan.jp/english/
Hirado Kirishitan Museum: Do.–Di. 9–17.30 Uhr | 200 ¥
www.japan-guide.com/e/e4495.html

»Fünf Inseln« mit Klippen und Badestränden

Goto-Inseln

Das westlichste Teilgebiet des Nationalparks bilden die rund 50 km von der Küste Kyushus entfernten Goto-Inseln (Schiffslinien von Sasebo und Nagasaki). Die Gruppe besteht aus den fünf großen Inseln Fukue, Naru, Wakamatsu, Nakadori und Uku sowie etwa 150 kleineren Eilanden.

Die Küsten bieten zahlreiche hübsche Badestrände; am Kap Osezaki im Südwesten der größten **Insel Fukue** (327 km²) erheben sich eindrucksvolle Klippen. Auf der Insel gibt es eine Burgruine und alte Samurai-Häuser.

SAKATA 酒田

Hauptinsel: Honshu | **Präfektur:** Yamagata
Einwohnerzahl: 115 000

Die Stadt Sakata ist ein Verkehrsknotenpunkt im Reisanbaugebiet an der Japansee-Seite – mit ein paar Sehenswürdigkeiten in der Umgebung.

Reis und »Benibana«-Blumen

Schon in der Edo-Zeit war Sakata Umschlagplatz für den in der Shonai-Ebene angebauten Reis, weshalb hier 1672 der erste große Reisspeicher des Landes gebaut wurde. Die Industrialisierung brachte der Stadt erheblichen Aufschwung; heute überwiegt die chemische Industrie. Ferner spielt der Anbau der »Benibana« (Rot-Blume) genannten goldgelb blühenden Blumen, die zum Rotfärben von Seide verwendet werden, eine beachtliche Rolle. Durch den Reishandel gelangten die Kaufmannsfamilien **Honma** und Abumiya zu geradezu märchenhaftem Reichtum und ausgedehntem Grundbesitz. Ein Volkslied sagt, es sei unmöglich, so reich wie ein Honma zu werden – man könne nur wünschen, die Wohlhabenheit eines Daimyo zu erlangen.

Wohin in Sakata?

Wohnkultur im Landschaftsgarten

Honma-Kunstmuseum

500 m westlich des Bahnhof (Fußweg, 5 Min.) logiert in einem Gebäude, das sich ehemals im Besitz der gleichnamigen reichen Kaufmannsfamilie befand, das Honma-Kunstmuseum mit Schwertern, Bildern, Plastiken und Porzellan aus Familienbesitz. Zum Museum gehört der kunstvoll gestaltete Garten Tsurumai-en.

Honma Art Museum: tgl. 9–17, Nov.–März bis 16.30 Uhr, Dez.–Feb. nur Di.–So. | 700 ¥ | http://en.yamagata-info.com/kanko/shonai/culture/honma_gallery.html

SAKATA ERLEBEN

ANREISE

Flugzeug: Von Tokyo (Haneda) nach Shonai (1 Std); Flughafenbus 40 Min.
Bahn: Von Tokyo über Niigata bis Sakata (4½ Std.); von Yamagata über Shinjo bis Sakata (2 Std.)

BAKEMONO-MATSURI (TENJIN FESTIVAL)

Am 25. Mai in Tsuruoka (▶ unten)

Meerblick mit »selbst mumifizierten« Mönchen

Hiyoriyama-Park

Im Westen liegt unweit des Hafens auf einer kleinen Anhöhe der Hiyoriyama-Park mit einem alten hölzernen **Leuchtturm**; von hier öffnet sich ein weiter Blick auf die Mündung des Flusses Mogami und das Japanische Meer. Westlich des Parks steht der **Kaikoji-Tempel**, mit den Mumien der Mönche Chukai-shonin und Enmyokai-shonin. Sie gehören zu den seltenen Beispielen »selbst mumifizierter« buddhistischer Heiliger. Sie hielten vor ihrem Tod eine strenge Diät und verzichteten schließlich ganz auf Flüssigkeit. Später wurden ihre Leichen durch Trocknen an der Luft oder gar Räuchern endgültig mumifiziert.

Südlich von Sakata

Alte Burgstadt mit Gespenster-Matsuri

Tsuruoka

Südlich von Sakata (JR-Uetsu-Hauptlinie, 30 Min.) erreicht man die alte Burgstadt Tsuruoka (130 000 Einw.), einst Sitz der Fürstenfamilie Sakai und bis heute wichtiger Handelsplatz für Reis. Im 2 km südwestlich des Bahnhofs gelegenen Tsuruoka-Park (Bus, 10 Min.) sind die Reste der Burg zu sehen, ferner der den Sakai gewidmete Shonai-Schrein. Westlich davon zeigt das **Chido-Freilichtmuseum** mehrere historische Bauten der Stadt, darunter die ehemalige Residenz der Sakai.
Der **Tsuruoka-Tenman-gu-Schrein**, 2 km südlich des Bahnhofs, ist alljährlich im Mai einer der Schauplätze des **Bakemono-Matsuri**, des Festes der japanischen Gespenster. Bei dem heiteren Umzug verkleidet man sich bis zur Unkenntlichkeit und schenkt Alkohol aus.

Chido Museum: tgl. 9–17 Uhr | 700 ¥
www.chido.jp/pdf/panf/CHIDO_MMUSEUM-ENG.pdf

An der Bergflanke des Takadate

Zenpoji-Tempel

Nordwestlich von Tsuruoka (Bus, 30 Min.) erstreckt sich an der Bergflanke des Takadate der weitläufige Gebäudekomplex des für seine fünfstöckige Pagode bekannten Zenpoji-Tempels aus der Heian-Zeit.

Di.–So. 9–16 Uhr | 420 ¥

SAPPORO 札幌

Hauptinsel: Hokkaido | **Präfektur:** Hokkaido | **Einwohnerzahl:** 1,92 Mio.

Das Schneefest von Sapporo ist weltbekannt, das Sapporo-Bier und die Ramen-Nudeln zumindest japanweit. Die Stadt hat ein übersichtliches Straßenraster, und die historischen Sehenswürdigkeiten stammen gerade einmal aus dem 19. Jahrhundert.

Was man aus Eis und Schnee alles machen kann, lernt man beim Schneefest.

Das Stadtgebiet erstreckt sich im Tal des Toyohira im Südteil der Ishikari-Ebene. Obwohl Sapporo etwas südlicher als Florenz liegt, sind die Winter kalt und schneereich. Bis ins 19. Jh. war das Gebiet ausschließlich von den proto-japanischen **Ainu** besiedelt, aus deren Sprache sich auch der Stadtname herleitet: »Sato poro petsu« bedeutet »Langes trockenes Flussbett«. Um die Mitte des 19. Jhs. kamen japanische Siedler auf die Insel Hokkaido; 1871 beschloss die Meiji-Regierung, das bis dahin in Hakodate amtierende, für die Kolonisierung zuständige Kommissariat (**Kaitakushi**) nach Sapporo zu verlegen und den Bau der Stadt nach US-Städtebauprinzipien voranzutreiben. 1886 wurde Sapporo Präfekturhauptstadt, 1970 erreichte die Einwohnerzahl die Millionengrenze. Seit der Austragung der 11. **Olympischen Winterspiele** in Sapporo 1972 ist München Partnerstadt.

Heimat der Ainu

Wohin in Sapporo?

»Boys, be ambitious!«

Hokkaido-Universität

Nordwestlich des Hauptbahnhofs erstreckt sich das Gelände der Hokkaido-Universität (zwölf Fakultäten), die aus der 1875 von Tokyo hierher verlegten Landwirtschaftsschule hervorgegangen ist. Auf dem Campus der Agrarwissenschaftlichen Fakultät steht die Porträtbüste von **William Smith Clark** (1826–1886), der die Landwirtschaftsschule begründete und sich mit »Boys, be ambitious« (»Jungs, seid ehrgeizig«) von seinen Studenten verabschiedete.
www.global.hokudai.ac.jp

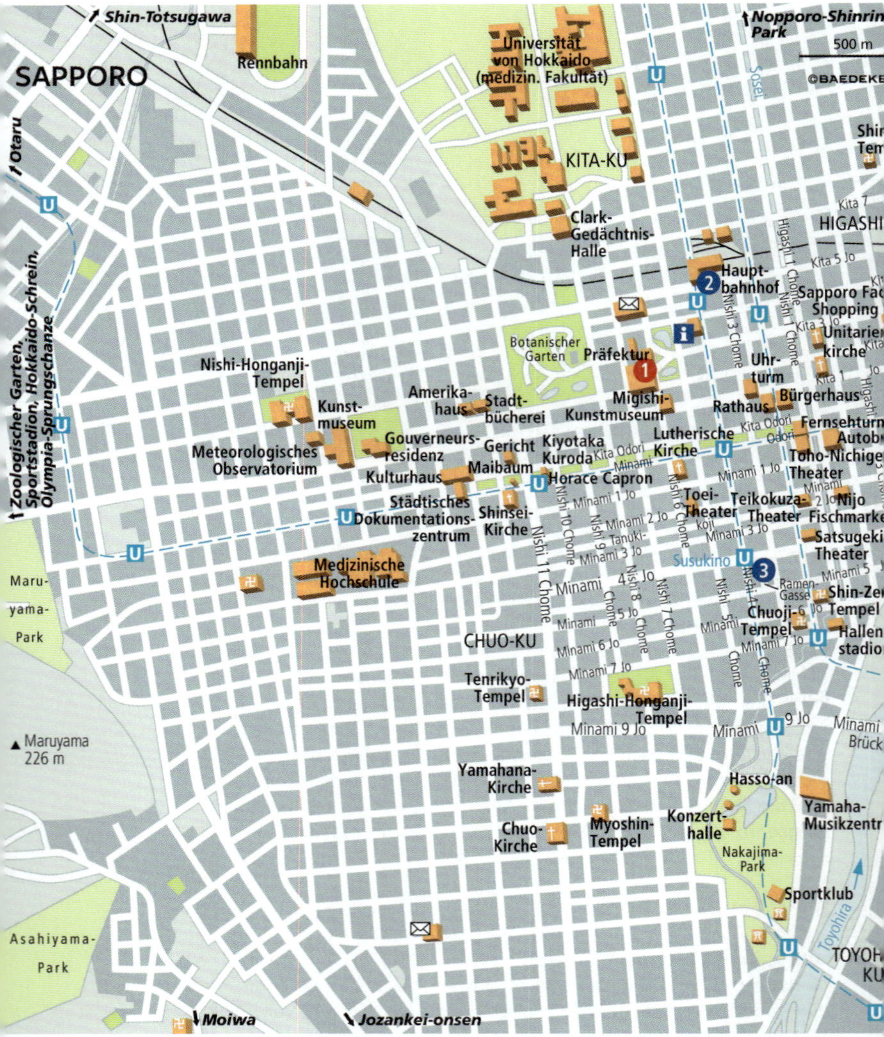

1 Sapporo Biergarten
2 Hanamaru
3 Ramen Yokocho

1 Nakamuraya

SAPPORO ERLEBEN

TOURISTENINFORMATION

Flughafen Chitose:
JR-Infoschalter | Tel. 0123 45 70 01 | tgl. 8.30–21 Uhr
Sapporo JR-Bahnhof,
West-Umgang: Tel. 011 2 13 50 88
tgl. 8.30–20 Uhr
Sapporo International Communication Plaza:
Sapporo MN Building, 3rd Fl., Nord 1, West 3, Chuo-ku
Tel. 011 2 11 36 78
Mo.–Fr. 9–17.30 Uhr
Touristen-Hotline:
Tel. 011 222 48 94
Im Internet: www.sapporo.travel/?lang=en

ANREISE

Flughafen New Chitose: von Tokyo (Haneda Airport; 1½ Std.); von Osaka (1¾ Std.); von Nagoya (1½ Std.); Zug in die Innenstadt 30 Min.
Bahn: Von Tokyo Shinkansen bis Shinhakodate (4½ Std.), dann weiter mit dem JR-Expresszug bis Sapporo (ca. 3 Std.)

ORIENTIERUNG

Die Straßen sind durchnummeriert, ausgehend vom Fernsehturm als Nord (»kita«), Süd (»minami«), West (»nishi«) und Ost (»higashi«).

Es verkehren drei **U-Bahnen**: Namboku, Tozai und Toho. Alle fahren den Bhf. Odori im Zentrum südlich des JR-Bahnhofs an. Südwestlich davon verkehrt eine **Straßenbahn** (Shiden); nützlich für Touristen ist außerdem der **City Bus Kan 88/Factory Bus**, der an der Sapporo Factory Shopping Mall vorbei zum Biermuseum fährt.

YUKI-MATSURI

Schneefest mit bis zu 10 m hohen und 30 m breiten monumentalen Schneeskulpturen.
Anfang Februar

HOKKAIDO-SCHREINFEST

Prozession mit Trageschreinen und Prunkwagen.
Mitte Juni

Eine bekannte Einkaufsgegend ist die überdachte **Tanukikoji** mit vielen Fachgeschäften und Modeläden. Von ihrem östlichen Ende erreicht man den **Nijo-Fischmarkt**. Weitere Shoppingzentren wie **Pola Town** und **Aurora Town** verteilen sich unterirdisch um den Bahnhof Odori.

❶ SAPPORO BIERGARTEN €€

Bierhalle mit über 2000 Plätzen über mehrere Ebenen. Hier wird Sapporo-Bier ausgeschenkt, dazu gibt es die Spezialität Dschingis Khan: am Tisch gebratenes Lammfleisch.
Kita 7, Higashi 9, Higashi-ku
Tel. 0120 15 05 50 | 11.30–22 Uhr

❷ HANAMARU €€–€

Sapporo gilt als Mekka für Sushi-Fans, und bei Nemuru Hanamaru kommt der frische Fang direkt auf das Laufband. Die Atmosphäre ist locker, das Sushi-Angebot groß und frisch und die Preise relativ günstig. Was will man mehr?
Nishi 2, Kita 5, Chuo-ku, im Stellar Tower | Tel. 011 209 53 30
tgl. 11–23 Uhr
Weitere Filialen: www.sushi-hanamaru.com/la_en/

❸ RAMEN YOKOCHO €
16 Nudellokale in der »berühmten Straße für Ramen« (Kouraku Ramen Meitengai), die alle das eine servieren: Miso Ramen bekannt als Sapporo Ramen in allen möglichen Variationen – und das seit 1951!
3 Chome Minami 5 Jonishi, Chuo-ku, Sapporo
www.ganso-yokocho.com

❶ NAKAMURAYA €€€€
Modernes Ryokan in der Nähe des Botanischen Gartens. Einwandfreier Service, ruhig, gutes Essen. Zimmer mit Bad, außerdem öffentliches Bad.
Kita 3, Nishi 7, Chuo-ku,
Tel. 011 2 41 21 11
www.nakamura-ya.com

Zoologie, Botanik, Völkerkunde

Botanischer Garten

Auf dem Gelände des ältesten Botanischen Gartens in Japan südlich des Universitätsgeländes befindet sich auch das **Northern Peoples Museum** (mit Fokus auf die Ainu) in einem 1891 nach englischem Muster errichtete Wohnhaus eines englischen Ainu-Sprachforschers (Bachelor Memorial Building; nur von außen zu besichtigen). Daneben präsentiert das Universitätsmuseum seine archäologischen, völkerkundlichen und zoologischen Sammlungen.

Hokkaido University Botanical Garden: Di.–So. 9–16.30 | 420 ¥
www.hokudai.ac.jp/fsc/bg/index_e.html

Wahrzeichen und wichtiges Kulturgut

Uhrturm

Nahe dem Eingang zum Botanischen Garten steht der Backsteinbau der ehemaligen Präfektur (1888). 500 m östlich erreicht man als Wahrzeichen der Stadt den 1878 errichteten Uhrturm (**Tokeidai**), einen Holzbau, der ursprünglich zur Landwirtschaftsschule gehörte, heute Bibliothek und Ausstellungsraum zur Kolonisationsgeschichte Hokkaidos.

Tgl. 8.45–17.10 Uhr | 200 ¥
http://sapporoshi-tokeidai.jp/english/

Boulevard und Fernsehturm

O-dori

500 m südlich des Hauptbahnhofs wird die Stadt von dem in West-Ost-Richtung verlaufenden, blumengeschmückten Boulevard O-dori durchzogen, auf dem Anfang Februar das bekannte **Schneefest** Yuki-Matsuri (► S. 393, 624) stattfindet. Am östlichen Ende steht der 147 m hohe Fernsehturm, von dessen **Aussichtsplattform** (90 m) sich ein lohnender Blick auf die Ishikari-Ebene bietet.

Sapporo TV Tower: tgl. 9–22 Uhr | 800 ¥ | www.tv-tower.co.jp/en/

Auf den Spuren der ältesten Brauerei des Landes

Sapporo Factory

Südöstlich des Bahnhofs ist die ehemalige Sapporo-Brauerei (1876 gegründet) zur Sapporo Factory Shopping Mall umfunktioniert worden. Von hier fährt der Factory Bus (City Bus Kan 88) weiter zum

Sapporo Biru-en, einem Komplex aus Bierhalle und **Biermuseum** in einem weiteren alten Gebäude der Sapporo-Brauerei.

Sapporo Beer Museum: Di.–So. 11.30–20 Uhr | Eintritt frei, Führung 800 ¥ | www.japan-guide.com/e/e5300.html

Landschaftsgarten, Teehaus, Konzerthalle

Nakajima-Park

Vom Bahnhof führt die Namboku-U-Bahnlinie über Susukino zum Nakajima-Park (Nakashima Koen), der im Osten vom Fluss Toyohira begrenzt wird. Er umfasst u. a. einen Landschaftsgarten, das Teehaus Hasso-an, das als Teil des Kohoan-Tempels in der Präfektur Shiga von Kobori Enshu (▶ S. 583) erbaut und 1918 hierher gebrachte wurde, sowie eine Konzerthalle.

Park und Olympia-Sportgelände

Maruyama-Park

Am Fuß der Hügel, die westlich der Stadt ansteigen, liegt der Maruyama-Park (Bus vom Bhf., 20 Min.) mit Sportstätten und einem Zoologischen Garten. In seinem Nordteil steht der 1869 gegründete Hokkaido-Schrein (heutige Gebäude von 1964).

Westlich des Parks, am Berg Okurayama, befindet sich die Olympia-**Sprungschanze** (Aussichtsplattform; 500 ¥) und das **Wintersportmuseum** mit Skisprungsimulator und Erinnerungsstücken an die Olympischen Spiele.

Sapporo Olympic Museum: tgl. 9–18, Nov.–April 9.30–17, Juni–Sept. Fr., Sa. bis 21 Uhr | 600 ¥
http://sapporo-olympicmuseum.jp/english/

Themenpark um einen Schokoladenkeks

Shiroi-Koibito-Fabrik

Der Shiroi-Koibito-Keks, ein Butterkeks mit weißer Schokoladenfüllung, ist das Markenzeichen der Firma Ishiya. Im Firmenmuseum erfährt man Interessantes über die Firmengeschichte, den Kakaoanbau und die Schokoladenherstellung. Besucher können einen Blick auf die Produktionsanlagen werfen und selbst Kekse und Schokolade herstellen.

Factory Tour: Tel. 011 6 66 14 81 | tgl. 9–18 Uhr | 600 ¥, Kinder 200 ¥
www.shiroikoibitopark.jp/english/

Rund um Sapporo

Bekanntester Thermalbadeort auf Hokkaido

Jozankei-Onsen

Im Bergland südwestlich der Stadt liegt Jozankei-Onsen (Bus, 1½ Std.), neben Noboribetsu (▶ S. 350) der bekannteste Thermalbadeort auf Hokkaido, der nicht zuletzt während der herbstlichen Laubfärbung einen Besuch lohnt. Von Sapporo verläuft die **Nakayama-Toge-Bergstraße** hierher und weiter zum Toyako-See im Shikotsu-Toya-Nationalpark (▶ S. 350).

Teine-Olympia- und -Sportgelände

Berg Teine

15 km westlich von Sapporo erreicht man ein ausgezeichnetes Wintersportgelände mit Anlagen der Winter-Olympiade von 1972 (Bahn, 10 Min.). Das Teine-Olympiagelände am Fuß des 1024 m hohen gleichnamigen Berges umfasst u. a. 14 Lifte, Golfplatz und Schwimmbad.

Nopporo-Shinrin-Park

Freilichtmuseum

11 km nordöstlich von Sapporo (Bus/50 Min. bzw. Bahn/15 Min. bis Shinrin-Koen, dann 20 Min. Fußweg) liegt der Nopporo-Shinrin-Park. Hier steht der **Gedächtnisturm** (Hyakunen Kinen-to; 100 m), der 1971 anlässlich der Hundertjahrfeier der Kolonisation Hokkaidos errichtet wurde. Das weitläufige **Freilichtmuseum** Hokkaido Kaitaku Kinenkan zeigt restaurierte historische Gebäude aus Hokkaidos hundertjähriger Geschichte. Ausstellungen und Vorführungen (auch zum Mitmachen) bringen das Siedlerleben näher. Transport auf dem Museumsgelände per Pferdewagen bzw. im Winter auf Langlaufskiern.

Historic Village of Hokkaido: tgl. 9–17, Okt.–April Di.–So. 9–16.30 Uhr
830 ¥ | www.japan-guide.com/e/e5303.html

SATSUNAN-INSELN
薩南諸島

Hauptinsel: Kyushu | **Präfektur:** Kagoshima
Anreise Flugzeug: Von Kagoshima nach Tanegashima (35 Min.), Amami-Oshima (50 Min.) und Yoron-to (1¾ Std.)
Schiff: Von Kagoshima nach Nishi-no-Omote (Tanegashima; 3½ Std.), Miyanoura (Yakushima; 2 Std.), Naze (Amami-Oshima; 9 Std.) und Yoron-to (20 Std.); von Naha (Okinawa) nach Yoron-to (5 Std.)

E 10 • b–c 4–5

Die Inseln südlich von Kyushu sind subtropische Urlaubsparadiese mit Korallenriffs, üppiger Vegetation – und einer Raketenabschussbasis.

Wohin auf den Satsunan-Inseln?

Gewehre, Raumfahrt und Felsenküste

Tanegashima

Tanegashima (448 km²), die nördlichste der Satsunan-Inseln, ist durch die Osumi-Meerenge von Kyushu getrennt. 1543 landeten hier portugiesische Seeleute, die die ersten Feuerwaffen nach Japan brachten. Inselfürst Tanega Tokitaka ließ diese nach dem Inselnamen als »Tanega-bo« bezeichneten Vorderladergewehre in großer Stück-

zahl nachbauen. Bei Minimitane im Südosten der Insel befindet sich das japanische **Raumfahrtzentrum**, von wo im Februar 1981 die erste japanische Trägerrakete einen Satelliten ins All schoss.
Die Fährschiffe von ▶ Kagoshima legen im Hafen von **Nishi-no-Omote** (15 000 Einw.) an der Nordwestküste an. Mit dem Bus gelangt man durch das Innere der relativ flachen Insel zum Kap Kadokura im äußersten Süden (1 Std.). Hier steht der **Misaki-Schrein** mit einem Denkmal für die portugiesischen Seeleute. Eindrucksvoll ist die durch Brandung erodierte Felsenküste von Kumano.

Yakushima

▶ S. 479

Amami-Inseln

Weiße Strände, Korallenriffs und Tropfsteinhöhlen
Rund 500 km südlich von Kyushu liegen die Amami-Inseln mit einer Gesamtfläche von 1237 km² und nur etwa 100 000 Bewohnern, Tendenz fallend.
Die nördlichste und größte der Amami-Inseln und zugleich Drehscheibe für den interinsularen Verkehr ist **Amami-Oshima** (709 km²). An der Nordwestküste liegt der Hafen Naze. Die reiche subtropische Wildflora wechselt mit Zuckerrohr-, Bananen- und Ananaskulturen. Den weißen Stränden sind Korallenriffe vorgelagert. Große Tradition hat die Herstellung der Oshima-tsumugi-Seidenstoffe. Der Amami Park östlich von Naze widmet sich der Lebenswelt der Amami-Inseln. Außerdem gibt es hier ein kleines Kunstmuseum.
Auf **Tokunoshima** finden als Touristenattraktion viel besuchte Stierkämpfe statt, bei denen nicht Toreros gegen die Tiere antreten, sondern zwei Stiere gegeneinander kämpfen.
Das fröhliche Tanzfest Hachigatsu-odori wird auf Tokunoshima und der südlichen Nachbarinsel **Okinoerabushima** gefeiert. Beide Inseln besitzen über 100 Tropfsteinhöhlen; die Shoryu-do auf Okinoerabushima gehört zu den größten ihrer Art in Asien. Sehenswert sind auch die Klippen von Inno-jo-buta und der Strand von Sumiyoshi.
Yoron-to, die südlichste der Satsunan-Inseln, ist von Korallenriffs mit einer vielfältigen Meeresfauna umgeben, die gute Tauchsportmöglichkeiten bieten. Die Inselbewohner leben fast ausschließlich vom Tourismus. Das geeignetste Verkehrsmittel ist das Fahrrad. Von der Tachibana-Bucht an der Nordküste führt eine Straße zum Botanischen Garten Yunnu im Inselinneren; vom erhöht gelegenen Kotobira-Schrein bietet sich ein lohnender Rundblick. Südöstlich liegt die 40 m hohe Klippe Yukino-misaki.
Die nach Osten weiterführende Straße berührt **Minzoku-mura**, eine alte Siedlung mit aus Stroh und Lehm erbauten Hütten und zahlreichen Kursangeboten. Die Küstenstraße erreicht den Strand von **Yurinohama**, wo einstündige Rundfahrten in Glasbodenbooten starten. Vorgelagert sind zahlreiche Bänke aus »Sternensand« (▶ S. 369), der aus den Skeletten maritimer Kleinlebewesen besteht.

SENDAI 仙台

Hauptinsel: Honshu | **Präfektur:** Miyagi | **Einwohnerzahl:** 1 Mio.

Die Burgstadt Sendai bewahrt das Erbe eines mächtigen Daimyo-Clans: Die Date sind immer noch sehr präsent. Von hier fährt man zur wunderschönen Bucht von ▶ Matsushima.

Tsunami 2011

Als Hauptstadt der Präfektur Miyagi sowie politisches, kulturelles und wirtschaftliches Zentrum des Tohoku-Distrikts hat Sendai erhebliche Bedeutung. Das Stadtgebiet und die Region waren vom Tsunami 2011 stark betroffen (jedoch nicht von der Nuklearkatastrophe), heute sind aber **praktisch keine Schäden mehr zu bemerken**. Eine Gedenkstätte für die Tsunami-Katastrophe ist geplant (▶ S. 59/60).

Wohin in Sendai?

Burg mit Aussicht

Aoba-Hügel

Westlich des Bahnhofs (Bus, 20 Min.) liegt der Aoba-Hügel, an dessen Fuß noch Wälle, die letzten Reste der **Burg Sendai**, ein rekonstruierter Turm und ein Reiterstandbild des mächtigen Fürsten Date Masamune zu sehen sind. Von der Burg hat man einen guten Blick über die Stadt. Gegenstände aus dem Besitz der Date sind im **Museum** nördlich der Burgruinen ausgestellt (Beschriftungen nur auf Japanisch).

Aoba Castle Museum: tgl. 9–17, Nov.–März bis 16 Uhr | 700 ¥
www.japan-guide.com/e/e5152.html

Geschichte, Kunst und spektakuläre Glasarchitektur

Museen

Das **Stadtmuseum** nördlich der Burg am Fuß des Hügels zeigt sehr alte Schnurkeramiken der Jomon-Zeit, Haniwa-Figuren, ein Modell der Burg und den Nachbau eines Höhlentempels. Die Beschriftung ist teilweise auf Englisch; mit Voranmeldung kann man auch eine englische Führung durch freiwillige Fremdenführer bekommen.
Das nahe gelegene **Miyagi-Kunstmuseum** beherbergt u. a. eine große Sammlung des aus Sendai stammenden Bildhauers Sato Churyo. Im Skulpturengarten sind auch internationale Künstler vertreten.
Die pfeilerlose **Mediathek** des Stararchitekten Ito Toyo ist vor allem wegen ihrer Architektur sehenswert. Veranstaltungen und Ausstellungen sprechen eher die Stadtbevölkerung an.

Sendai City Museum: Di.–So. 9–16.45 Uhr | 460 ¥
www.city.sendai.jp/museum/museum/index.html
Miyagi Museum of Art: Di.–So. 9.30–17 Uhr | 300 ¥
www.pref.miyagi.jp/site/museum-en/
Sendai Mediatheque: tgl. 9.30–22 Uhr | www.smt.jp/en/

SENDAI ERLEBEN

TOURISTENINFORMATION
JR-Bahnhof: 2nd Fl. | Tel. 022 2 22 40 69 | tgl. 8.30–20 Uhr
Ichibancho 3-2-17: 1st Fl.
Tel. 080 28 15 83 21
tgl. 10.30–18 Uhr
Internet: http://sendai-travel.jp

ANREISE
Flugzeug: Von Osaka (1¼ Std.), Flughafenbahn (30 Min.)
Bahn: Von Tokyo JR-Tohoku-Shinkansen-Linie (2 Std.)
Schiff: Fähren von Sendai nach Tomakomai auf Hokkaido (15 Std.) und nach Nagoya (21 Std.)

AOBA-MATSURI
Frühlingsfest mit großem Umzug; bekannt ist der Spatzentanz (Suzume odori), der abends aufgeführt wird.
Aoba-Schrein, Ende Mai

YABUSAME-FEST
Auf das 13. Jh. zurückgehendes Reiterspiel mit Bogenschießen und großem Volksfest.
Shiogama, Mitte Juli

TANABATA-MATSURI
Das Sternenfest wird in Sendai besonders groß gefeiert (► S. 625).
Anfang August

Mausoleum des Daimyo Date Masamune

Zuihoden

Südwestlich des Stadtzentrums liegt in einer Schlinge des Flusses Hirose das Mausoleum des zu Lebzeiten äußerst mächtigen Date Masamune (1567–1636) und seiner Erben (Zuihoden), das im Stil der Momoyama-Zeit wiederhergestellt worden ist. In einem kleinen Schatzhaus sind Objekte aus der Zeit der Date-Daimyo ausgestellt (Beschriftung nur auf Japanisch).
Tgl. 9–16.30, Dez./Jan. bis 16 Uhr | 550 ¥ | www.zuihoden.com/en/

Monumentalarchitektur der Momoyama-Zeit

Osaki Hachimangu Shrine

Rund 4 km nordwestlich des Bahnhofs (Bus, 15 Min.) präsentiert sich der schwarz gelackte Osaki-Hachimangu-Schrein (1607) als eines der wenigen vollständig erhaltenen Architekturbeispiele der Momoyama-Zeit (Nationalheiligtum). Die reich geschmückte Haupthalle ähnelt derjenigen des Zuiganji-Tempels in Matsushima.
Tgl. geöffnet | Eintritt frei | www.oosaki-hachiman.or.jp/pop/

Rund um Sendai

Im Zeichen von Thunfischfang und Seefahrt

Shiogama

Die JR-Senseki-Bahnlinie führt in nordöstlicher Richtung nach Shiogama (59 000 Einw.; auch Ausflugsschiff von Matsushima), einem lebhaften Fischerhafen mit großem **Fischmarkt** in der südwestlichen

Matsushima-Bucht. Der den Schutzgöttern der Seeleute und der werdenden Mütter geweihte **Shiogama-Schrein** liegt 700 m nordwestlich des Bahnhofs Hon-Shiogama auf einer bewaldeten Anhöhe. Zu seinen Schätzen gehört eine 1187 von Izumi Saburo gestiftete eiserne Laterne. Im Mitte Juli feiert man in Shiogama ein Reiterspiel mit Bogenschießen (Yabusame; ► S. 399), im August gibt es ein farbenfrohes Hafenfest.

Shiogama Shrine: frei
Museum: tgl. 8–16.30, April–Sept. bis 17, Dez., Jan. bis 16 Uhr
200 ¥ | www.japan-guide.com/e/e5042.html

★★ SHIGARAKI 信楽

Hauptinsel: Honshu | **Präfektur:** Shiga | **Einwohnerzahl:** 14 000
Anreise: mit der Shigaraki Kogen-Privatbahn ab Kibukawa; ca. 1½ Std. ab Kyoto. Zum Miho Museum vom JR-Bhf. Ishiyama in knapp 50 Min. per Bus (Teisan-Linie)

In der Bergeinsamkeit hinter einem alten Töpferdorf versteckt sich ein Kunstmuseum von Weltrang: Im Miho Museum ist die Architektur so einzigartig wie die Sammlung.

Einer der »Sechs Alten Öfen«

Der Ort Shigaraki in den Bergen südlich des ► Biwa-Sees ist für seine Keramik bekannt (Shigaraki-yaki), die zu den »Sechs Alten Öfen« gehört, also den ältesten Töpfertraditionen Japans (► S. 562). Typisch sind neben erdigem Geschirr die oft riesigen getöpferten Marderhunde (Tanuki), die Glück bringen sollen. Zwei Ausstellungen im **Shigaraki Ceramic Cultural Park** (SCCP) erläutern die Töpfertradition.

SCCP: tgl. 9.30–17 Uhr | Tel. 0748 83 09 09 | Eintritt frei
www.sccp.jp/e

Einzigartig: Architektur und Kunstsammlung

★★ Miho Museum

Der versteckte Magnet der Region jedoch ist das in den Bergwäldern gelegene Miho Museum. Für die hochkarätige Privatsammlung der Religionsgründerin Koyama Mihoko hat der Pritzker-Preisträger I. M. Pei ein verblüffendes Gebäude überwiegend in den Berg hinein entworfen. Gezeigt werden neben Sonderausstellungen japanischer Kunst (vieles davon aus der Sammlung von Tee-Zubehör) Objekte aus asiatischen und antiken Sammelschwerpunkten (Iran, Ägypten, Mesopotamien) – so besitzt das Museum den sogenannten »Baktrischen Schatz« mit zahlreichen achämenidischen Votivgaben.

Miho Museum: tgl. 10–17 Uhr | 1100 ¥
www.miho.or.jp/english/index.htm

SHIMOKITA-HALBINSEL 下北半島

Hauptinsel: Honshu | **Präfektur:** Aomori
Anreise Bahn: Von Aomori bis Noheji JR-Tohoku-Hauptlinie, dann JR-Ominato-Linie bis Ominato
Nach Mutsu: Ominato-Linie bis Shimokita, dann Shimokita-Kotsu-Linie bis Tanabu

Der äußerste Zipfel von Honshu ist so etwas wie das Ende der Welt – und der Eingang zur Unterwelt. Schaurig ist es da, aber auch schön, einsam und urtümlich.

Wind und Wellen

Im Osten und Norden wird die Mutsu-Bucht, deren westlicher Teil die Aomori-Bucht ist, von der Shimokita-Halbinsel (Shimakito Hanto) umrahmt, die beilförmig in die Tsugaru-Meerenge hineinragt. Noch ziemlich am Eingang der Halbinsel liegt das Fischerei- und Landwirtschaftszentrum **Mutsu** (65 000 Einw.). Auf der Shimokita-Halbinsel lebt eine Herde Japanmakaken (»Schneeaffen«); es ist die **nördlichste Affenpopulation der Welt**.

Schwelle zur Welt der Toten

Vulkan Osorezan

Nordöstlich von Mutsu erhebt sich der 879 m hohe erloschene und seit dem 9. Jh. als heilig angesehene Vulkan Osorezan (auch Usorisan; Mai–Okt. Bus ab Bhf. Tanabu). Am Nordufer des Kratersees Usori steht der vermutlich durch den Priester Ennin (794–864) gegründete **Bodaiji-Tempel**, auch Entsuji genannt, in einer gespenstischen Landschaft aus brodelnden, dampfenden Schwefelquellen und Fumarolen.
Der Osorezan gilt als Schwelle zur Welt der Toten. Deshalb nehmen viele Pilger hier an Festtagen mit Hilfe blinder, weiblicher Medien (**Itako**) Kontakt zu ihren Ahnen auf.
Bodaiji/Entsuji: tgl. 6–8 Uhr | 500 ¥

Urige Naturbäder und Felsen wie Figuren

Yagen-Onsen

Weiter nördlich auf der Halbinsel liegt vor dem nördlichen **Kap Oma** die kleine Onsen-Siedlung Yagen-Onsen mit urigen Naturbädern (u. a. Kappa Onsen direkt im Fluss).
Die Hauptattraktion an der Westküste sind die ungewöhnlichen **Felsformationen Hotokegaura** aus Tuffstein an den Klippen, die nach Gestalten aus der buddhistischen Lehre benannt sind. Von land sind sie nur schwer zu erreichen, sodass man ssie ich am besten vom Boot aus ansieht. Touren werden vom nördlich gelegenen Sai aus oder von Ushitaki südlich davon angeboten.

SHIMONOSEKI 下関

Hauptinsel: Honshu | **Präfektur:** Yamaguchi | **Einwohnerzahl:** 270 000
Anreise Flugzeug: Von Tokyo (Haneda Airport) bis Kitakyushu (2 Std.)
Anreise Bahn: Von Tokyo Shinkansen bis Kokura (ca. 5 Std.), weiter mit JR Expresszug (20 Min.) | Von Fukuoka (Hakata) über Kitakyushu (Bhf. Kokura, 45 Min.)

Shimonoseki liegt strategisch günstig: an der engsten Stelle der Meerenge zwischen Kyushu und Honshu, und ganz nah an Korea. Daraus resultiert auch die historische Bedeutung der Stadt.

Kriegerisch

1185 unterlagen in den küstennahen Gewässern die Taira (Heike) den Minamoto (Genji) in der **Seeschlacht von Dannoura**. Vor der Meiji-Ära war Shimonoseki Hauptstützpunkt der Choshu, die gegen das Shogunat opponierten. Unter der Devise »Ehret den Tenno, verjagt die Barbaren« beschossen diese 1863 die vor der Stadt liegenden ausländischen Schiffe. Daraufhin griffen amerikanische, französische, britische und niederländische Flottenverbände im August 1864 die Stadt an und eroberten sie innerhalb von drei Tagen. 1895 wurde in Shimonoseki der japanisch-chinesische **Friedensvertrag** unterzeichnet.

Wohin in Shimonoseki?

Geweiht den legendären Kaisern

Kameyama-Hachimangu-Schrein

Knapp 2,5 km östlich des Bahnhofs Shin-Shimonoseki (Bus, 10 Min.) liegt auf einem Hügel der Kameyama-Hachimangu-Schrein. Geweiht ist er den legendären Kaisern Chuai, Ojin und Nintoku sowie der Kaiserin Jingu, die von hier im 3. Jh. nach Korea gezogen sein soll. Vom Schrein hat man einen schönen Blick auf die Meerenge; dahinter steht das Haus, in dem 1895 der japanisch-chinesische Friedensvertrag unterzeichnet wurde.
Gleich südlich des Schreins liegen der Hafen und südöstlich davon das große Shimono City **Aquarium Kaikyokan** (u. a. Pinguine). Der Kugelfisch Fugu, der in der Region als Spezialität gilt (▶ S. 612), wird dort in verschiedenen Arten präsentiert.
Kaikyokan: tgl. 9.30–17.30 Uhr | 2000 ¥

Schrein des Kindkaisers Antoku

Akama-Schrein

Der dem Kindkaiser Antoku (1178–1185) gewidmete Akama-jingu auf dem Benishiyama enthält die Gräber des Antoku, der bei bei der Seeschlacht von Dannoura ertrank, sowie von sieben Mitgliedern der Familie Taira, einer der großen Adelsfamilien der Heian-Zeit, die auch Heike (»Haus der Taira«) genannt werden.

Ein Kampf, der die Geschichte veränderte

Dannoura

Der etwa 1 km lange Küstenstreifen Dannoura liegt östlich des Akama-Schreins (Busverbindung). Die Erinnerung an die **Seeschlacht** von 1185 wird in vielen Erzählungen lebendig erhalten; der Volksglaube, dass sich die getöteten Heike in Meerestiere verwandelt hätten, spiegelt sich wider in den Bezeichnungen »Koheike« für eine hier vorkommende Fischart und »Heike-gani« für die kleinen Krabben.

Verbindung zwischen den Hauptinseln

Kanmon-Meerenge

Beim Bahnhof Dannoura beginnen der Kanmon-Eisenbahn- und Straßentunnel sowie die **Kanmon-Brücke**, die die Verbindung nach Kyushu herstellen; der 3461 m lange **Kanmon-Straßentunnel** verläuft auf einer Strecke von 780 m bis zu 56 m unter der Meeresoberfläche und enthält auch einen separaten **Tunnel für Fußgänger und Radfahrer**.

Am Bahnhof liegt auch die Talstation der auf den **Hinoyama-Hügel** führenden Seilbahn. Von der Anhöhe aus bietet sich ein lohnender Blick auf die Meerenge und die Stadt Kitakyushu gegenüber.

Alte Stadt der Samurai

Chofu

Etwa 5 km östlich des Stadtzentrums liegt das einst von Samurai bewohnte Chofu; einige alte Straßen sind erhalten. Sehenswert ist der im 14. Jh. gegründete **Kozanji-Tempel** mit Haupthalle von 1325; die übrigen Gebäude sind neueren Datums.

★ SHIRAKAMI SANCHI
白神山地

Hauptinsel: Honshu | **Präfekturen:** Aomori, Akita | **Fläche:** 170 km²
Informationen: Shirakami-Sanchi World Heritage Conservation Center, Fujisato | **www.shirakami-fujisatokan.jp/en/access** | Shirakami Sanchi Visitor Center | Tgl. 8.30–17, Nov.–März 9–16.30 Uhr
www.experience-shirakami.com/en/Touristeninformationen

Natur pur – Shirakami Sanchi ist der größte Buchen-Urwald Ostasiens, eine kaum erschlossene Wildnis.

Japanischer Urwald

Das Gebirgsland von Shirakami Sanchi (»Shirakami-Bergland«) im Grenzgebiet der Präfekturen Aomori und Akita ganz im Norden Honshus ist seit 1993 Teil des UNESCO-Weltnaturerbes. Es ist der letzte japanische Urwald von **Kerbbuchen**, die früher den gesamten Norden des Landes bedeckten, und kaum durch Wege und Straßen erschlossen. Hier sind u. a. Schwarzbären, japanische Serau (Wollhaargämse) und japanische Schwarzspechte zu Hause.

Wandern im UNESCO-Schutzgebiet

★ Kernzone

Die Kernzone des UNESCO-Schutzgebiets ist nicht frei zugänglich. Wege führen von ▶ Akita bzw. ▶ Hirosaki zu zwei **Besucherzentren** (Fujisato World Heritage Conservation Center bzw. Shirakami Sanchi Visitor Center) und weiter zu Wanderwegen an den Rändern des Schutzgebiets. Besonders schön ist der **Wasserfall Anmon-no-taki** mit seinem kristallklaren Wasser (Busverbindung ab Hirosaki). Einige Wanderwege auf der Westseite des Gebiets (Juniko, Shirakamidake) sind von der JR-Gono-Linie aus auch mit öffentlichem Transport zugänglich (ab Akita insgesamt ca. 2 Std).

★ SHIRAKAWA-GO 白川郷

Hauptinsel: Honshu | **Präfektur:** Gifu

»Gebetshände« heißt die Bauweise der Bauernhausdächer in den Bergen der Nordalpen, nördlich von Takayama. Denn nur von den steilen, hohen Reetdächern kann der Schnee gut abrutschen – 10, 12 Meter Schnee im Jahr würden sonst die Dächer eindrücken. Die urigen Bergdörfer Shirakawa-go und Gokayama sind dank ihrer ungewöhnlichen Architektur und der langen Abgeschiedenheit Teil des UNESCO-Welterbes.

Traitionelles Dorf

Shirakawa-go war vor dem Bau der Autobahn nur sehr schwer zu erreichen, so hat sich viel von einem traditionellen Dorf und dessen typischem Leben dort erhalten. Noch immer stehen Dutzende traditioneller Häuser mit den markanten Dächern im **Gassho-Zukuri-Stil**, den »Gefalteten Händen«, im Dorf – die meisten sind noch bewohnt, und viele dienen heute als Privatpensionen. Zu besichtigen sind einige der größten, wie das Wada- und das Nagase-Haus. Beim Besucherparkplatz sind weitere Häuser aus umliegenden Tälern im **Freilichtmuseum** (Gassho Zukuri Minka-en) aufgestellt, hier gibt es auch Erklärungen auf Englisch und Vorführungen traditioneller Handwerkskünste.

Wada House und Nagase House: tgl. 9–17 Uhr | jeweils 300 ¥
http://ml.shirakawa-go.org/en/area01/
Gassho Zukuri Minka-en: tgl. 8.40–17, Dez.–Feb. 9–16 Uhr, Dez.–März Do. geschl. | 600 ¥
www.shirakawago-minkaen.jp/english/admin/

Beschaulicher und weniger besucht
Gokayama zählt ebenfalls zum UNESCO-Welterbe, ist aber beschaulicher und weniger besucht. Administrativ gehörte der Ort schon immer zur nächsten Provinz, heute zu Toyama. Die Gassho-Häuser dort sind über mehrere Ortsteile verstreut, 23 davon liegen in **Ainokura**, neun in **Suganuma**. In einigen illustrieren Museen die Bauweise und den Alltag in den Dörfern.

★ Gokayama

Infos: www.gokayama-info.jp/en/gokayama.html

SHIRAKAWA-GO UND GOYAKAMA ERLEBEN

TOURISTENINFORMATION
Die Touristeninformationen vermitteln auch Unterkünfte in den Gassho-Häusern; andere Hotels gibt es nicht.
Shirakawa-go, Parkplatz:
Tel. 0576 96 10 13 | tgl. 9–17 Uhr
www.shirakawa-go.org/en

Infostand am Parkplatz Ainokura: Tel. 0763 66 24 68
tgl. 9–17 Uhr

ANREISE
Expressbus von Takayama nach Shirakawa-go (1 Std.), weiter nach Gokayama (40 Min.), Gokayama nach Takaoka (2½ Std.)

Shirakawa-go: traditionelle Reetdach-Häuser im Stil der »Gefalteten Hände«

★ SHIRETOKO-NATIONALPARK 知床国立公園

Hauptinsel: Hokkaido | **Präfektur:** Hokkaido | **Fläche:** 386 km²

Eine Halbinsel voller Bären, die Lachse fangen, ein warmer Thermalbad-Wasserfall und Bootsfahrten zu Walen und Seelöwen – die Halbinsel Shiretoko ist nicht ohne Grund UNESCO-Weltnaturerbe. In der Ainu-Sprache heißt Shiretoko dasselbe wie »Land's End«.

Urwüchsige Landschaft

Die **Halbinsel Shiretoko**, die größtenteils zum gleichnamigen Nationalpark gehört, schiebt sich als schmaler, rund 65 km langer Keil an der Ostküste von Hokkaido in das Ochotskische Meer. Die urwüchsige Landschaft ist geprägt von den schlafenden Vulkanen Rausu (1661 m), Shiretoko (1254 m) und Io (1563 m). Der Südteil der Halbinsel ist über gute Verkehrswege zugänglich; der geeignetste Ausgangspunkt ist das Seebad Utoro an der Nordwestküste.

Wohin im Shiretoko-Nationalpark?

Durchs Bärengebiet zu den Fünf Seen

Shiretoko-goko

Vom Bahnhof Shari (JR-Semmo-Hauptlinie) gelangt man mit dem Bus an der Küste entlang nach Utoro (50 Min.) und weiter zu den **fünf Seen Shiretoko-goko** mit streng reglementiertem Wanderweg durchs Bärengebiet (bei akuten Bärensichtungen manchmal geschlossen) und einem mit Starkstrom gesicherten erhöhten Aussichtsweg.
Weiter nördlich liegt der warme **Wasserfall Kamuiwakka**. Eine Straße verbindet Utoro mit Rausu an der Südostküste der Halbinsel. Unterwegs zweigt nach dem Pass Shiretoko-toge ein Weg zum 6 km Umfang messenden **Rausu-See** ab, den man nach einer eineinhalbstündigen Wanderung erreicht (auch hier Bärengefahr).

SHIRETOKO-NATIONALPARK ERLEBEN

ANREISE
Bahn: Von Kushiro bzw. Abashiri JR-Senmo-Hauptlinie nach Shiretoko-Shari (2¼ Std. bzw. ¾ Std.)
Bus: Von Kushiro nach Rausu (3½ Std.), von Memanbetsu-Flughafen über Shiretoko-Shari nach Utoro (2¼ Std.), von Utoro nach Rausu (1 Std.; nur Juni–Okt.)

REISEZEIT
Mai bis Oktober

Zur Spitze der Halbinsel am Kap Shiretoko

Nordküste

Von Utoro verkehren auch Ausflugsschiffe zur Spitze der Halbinsel am Kap Shiretoko (Juni–Sept.; ca. 3 Std.). Die Küste besteht großenteils aus bis zu 200 m hohen, steilen Klippen. Im Nationalpark leben u. a. Braunbären, Füchse, Seehunde, Wale, Seeadler und ca. 250 Vogelarten. Schöne Wanderungen erschließen die felsigen Berge und den Kamuiwakka-Wasserfall (▶ links): Der Weg führt durch das warme Flussbett bergauf.

SHIZUOKA 静岡

Hauptinsel: Honshu | **Präfektur:** Shizuoka
Einwohnerzahl: 700 000

Shizuoka ist vor allem die Hauptstadt des Grüntees (▶ Baedeker Wissen, S. 584). Der Teehandel und der Anbau von Tee hat die Stadt groß gemacht. Im Umland werden die Sorten Motoyama und Yabukita in hoher Qualität kultuviert. Die Sehenswürdigkeiten fallen eher bescheiden aus.

Wohin in Shizuoka?

Erinnerungen an die ehemalige Burg

Burggelände Sunpu Park

Im nördlichen Teil der 1945 völlig zerstörten Burg sind nur noch Graben und Mauerreste, der rekonstruierte Südostturm und das Osttor zu sehen. Eine Statue ehrt den Tokugawa Ieyasu.

Di.–So. 9–16.30 Uhr | Sunpu Castle Park: 100 ¥, Südostturm, Osttor: 200 ¥

Schrein am Kirschblüten-Hügel

Sengen-Schrein

Am Nordrand der Stadt, 2 km vom Bahnhof entfernt, erhebt sich der für seine Kirschblüte (Anfang April) bekannte **Hügel Shizuhatayama**; an dessen südlichen Fuß steht der im 17. Jh. gegründete Sengen-Schrein (heutige Gebäude aus dem 19. Jh.). Tokugawa Ieyasu beging hier seinen Eintritt ins Erwachsenenleben. Die Deckengemälde stammen von Meistern der Kano-Schule.

Schutztempel des Imagawa-Clans

Rinzai-ji-Tempel

Nördlich des Sengen-Schreins liegt in einem schönen Garten der Rinzai-ji-Tempel der gleichnamigen Schule. Im frühen 16. Jh. wurde er als Schutztempel des Imagawa-Clans gegründet, der damals die

Provinz Suruga beherrschte. Zu den Tempelschätzen zählen eine aus der Kasuga-Schule stammende Amida-Statue sowie Zeichnungen von Kano Tan'yu (1602–1674). Sehenswert ist ferner ein im ursprünglichen Stil erhaltenes Studierzimmer des Tokugawa Ieyasu.

Siedlung der späten Yayoi-Zeit

Toro-Ruinen

Die Ausgrabungsstätte von Toro liegt 2,5 km südlich des Bahnhofs (Bus, 20 Min.). Nachdem 1943 durch Zufall die ersten Funde gemacht wurden, legten Archäologen hier auf einer Fläche von 16,5 ha eine Siedlung der späten Yayoi-Zeit (etwa 2.–3. Jh.) frei. Das größte der insgesamt zwölf ovalen und ursprünglich mit Stroh gedeckten Häuser misst 12 × 11 m. Auf Pfählen errichtete Nebengebäude dienten vermutlich als Speicher; die Feldanlagen deuten auf Reisanbau hin. Hausrat und Schmuck jener Zeit sind im **Museum** ausgestellt

Eintritt frei | Beschriftung nur japanisch

Rund um Shizuoka

Letzte Ruhestätte des Tokugawa Ieyasu

★ Toshogu-Schrein

10 km südöstlich erreicht man den steil zur Suruga-Bucht abfallenden **Berg Kunozan** (Bus bis Kunozanshita, 35 Min., dann 20 Min. Fußweg oder Seilbahn). Der Berg war die letzte Ruhestätte des Tokugawa Ieyasu, bis dessen sterbliche Überreste nach ▶ Nikko überführt wurden. Sein Sohn Hidetada gründete 1617 auf dem Berggipfel den im Gongen-zukuri-Stil errichteten Toshogu-Schrein. Im **Museum** werden Gegenstände aus dem Nachlass des Ieyasu aufbewahrt, u. a. Rüstungen und Schwerter.

Tgl. 9–17, Okt.–März bis 16 Uhr | Schrein: 500 ¥, Museum: 400 ¥, Kombiticket: 800 ¥ | www.toshogu.or.jp/english/

SHIZUOKA ERLEBEN

TOURISTENINFORMATION

JR-Bahnhof: Tel. 0 54 2 52 42 47
tgl. 9–17.45 Uhr
www.shizuoka-guide.com
www.visit-shizuoka.com/en

ANREISE

Bahn: Von Tokyo (Hbf.) JR-Tokaido-Shinkansen-Linie (1 Std.); von Nagoya JR-Tokaido-Shinkansen-Linie (1¼ Std.)

SHIZUOKA-MATSURI

Großes Stadtfest mit Essensständen und historischem Umzug.
Sengen-Schrein, an drei Tagen Ende März/Anfang April

★ TAKAMATSU 高松

Hauptinsel: Shikoku | **Präfektur:** Kagawa | **Einwohnerzahl:** 422 000

Die wenig besuchte Hauptinsel Shikoku lässt sich gut von Takamatsu aus erkunden, denn die Stadt ist leicht von der Insel Honshu aus zugänglich. Vor allem ist sie Ausgangspunkt für einen Ausflug zum Konpira-Schrein, einem Pilgerzentrum mit toller Aussicht.

Wohin in Takamatsu?

Eine der seltenen Wasserburgen Japans

Takamatsu-jo

Im Norden der Stadt liegen das Hafenbecken und der Hauptbahnhof (JR-Yosan-Hauptlinie). 300 m östlich davon erstreckt sich der **Tamamo-Park** mit den Resten der 1587 von Ikoma Chikamasa erbauten Burg (Takamatsu-jo), einer der sehr raren Wasserburgen in Japan. Zwischen der Burg und dem Ritsurin-Park verläuft die mit 2,7 km längste überdachte Einkaufsmall Japans.

Burg: tgl. je nach Jahreszeit 5.30/7–17/18.30 Uhr | 200 ¥
www.japan-guide.com/e/e5403.html

Park der Sommervilla – Prinzip der »Geborgten Landschaft«

★ Ritsurin-Park

Vom Hauptbahnhof fährt ein Bus zum Ritsurin-Park (10 Min.), der früher zur Sommervilla der Matsudaira gehörte. Der 75 ha große Landschaftsgarten bezieht nach dem Prinzip der »Geborgten Landschaft« den nahen **Berg Shiun** in das Gesamtbild mit ein, das im Übrigen von Teichen, Hügeln, Teepavillons, Felsgruppen und bizarren Bäumen bestimmt wird. Im Parkgelände liegt auch das **Volkskunstmuseum Sanuki Mingeikan.**

Garten: jahreszeitlich wechselnde Öffnungszeiten (5.30/7–17/19 Uhr) inkl. Volkskunstmuseum: 410 ¥ | www.my-kagawa.jp/en/pdf/se01.pdf

Rund um Takamatsu

Hier liegt Buddha

Ichinomiya, Honenjio

5 km südlich des Zentrums von Takamatsu (Privatbahnlinie, 20 Min.) liegt der 701–703 erbaute Ichinomiya-Tempel; nahebei der Honenji-Tempel (Familienheiligtum der Matsudaira) mit einem 4 m langen liegenden Buddha.

Schauplatz einer historischen Schlacht

Yashima

6 km östlich von Takamatsu (Bus- und Straßenbahnverbindung) liegt die einstige Insel Yashima, die heute durch eine Landzunge mit Shikoku

verbunden ist. Im Süden der Hochebene steht auf dem Hügel Nanrei der **Yashimaji-Tempel**, der mit der Schlacht von Yashima (1185) im Gempei-Krieg (► S. 539) in Verbindung steht und zahlreiche Zeugnisse aus der Zeit der Kämpfe zwischen den Minamoto und Taira enthält. Im **Freilichtmuseum** Shikoku-mura (vom Bhf. Yashima 10 Min. zu Fuß), das an den Ausläufern des Berges Nanrei gelegen ist, wurden 33 alte Bauwerke aus ganz Shikoku zusammengetragen, darunter Brücken, ein Leuchtturm und eine Kabuki-Bühne, auf der manchmal auch gespielt wird.

Yashimaji Temple: Gelände frei, Schatzhaus tgl. 9–17 Uhr | 1000 ¥
Freilichtmuseum: tgl. 8.30–18, Nov.–März bis 17.30 Uhr | 1000 ¥
www.japan-guide.com/e/e5402.html

Einer der 88 Pilgertempel auf Shikoku

Shidoji

Weiter östlich im Ort **Sanuki** erreicht man den Shidoji-Tempel der Shingon-Schule (von Takamatsu Kotoku-Bahnlinie, 25 Min.), der im späten 7. Jh. gegründet wurde und zu den 88 Pilgertempeln von Shikoku zählt (► S. 420). Er enthält eine Holzstatue, ein Bild der Elfköpfigen Kannon und das Shidodera-engi-zue, eine Serie von kolorierten Zeichnungen zur Tempelgeschichte.

TAKAMATSU ERLEBEN

TOURISTENINFORMATION

JR Bhf. Takamatsu:
Tel. 087 826 01 70 | tgl. 9–20 Uhr
www.takamatsu.or.jp/eng/tourist/index.html

ANREISE

Flugzeug: Von Tokyo (Haneda Airport; 1¼ Std., Flughafenbus 35 Min.)
Bahn: Von Tokyo (Hbf.) JR-Tokaido-Shinkansen-Linie über Okayama (3½ Std.); von Okayama JR-Marine-Liner (1 Std.)
Schiff: Von Uno (1 Std.); von Kobe (Sannomiya; 3 ½ Std.)

SANUKI-TAKAMATSU-MATSURI

Sommerfest mit großem Feuerwerk und Volkstänzen mit mehr als 4000 Teilnehmern.
12.–14. August

HYOGE-MATSURI

Umzug zum Gedenken an Heiroku Yanobe, der während der Edo-Zeit einen Teich anlegte, um dem periodischen Wassermangel der Stadt entgegenzuwirken.
2. So. im September

Japanweit bekannt sind die **Sanuki-Udon** aus Takamatsu: Dicke Weizennudeln, die früher aus einer speziellen in der Provinz Kagawa angebauten Weizensorte hergestellt wurden; heute benutzt man überwiegend aus Australien importierten Weizen. Man kann die Nudeln in mehreren Udon-Restaurants der Stadt kosten.

Die Seto-Ohashi-Brückenkette über die Seto-Inlandsee kombiniert sechs Brücken und vier Viadukte auf 13 km Länge.

Zur Stadt der Fächer

Sakaide, Marugame

Beim Ort Sakaide überquert die 1988 eröffnete **Seto-Ohashi-Brückenkette** die Inlandsee, die – über fünf der Shiwaku-Inseln hinweg – die Hauptinseln Honshu und Shikoku verbindet (▶ S. 360). In der westlich davon gelegenen Stadt Marugame (100 000 Einw.) sind im Zentrum des Kameyama Parks Reste der 1597 erbauten Burg **Marugamejo** (dreistöckiger Hauptturm und zwei Tore) erhalten. Die Stadt ist bekannt für die Herstellung von **Rundfächern** (Uchiwa). Mehrere Fährlinien kreuzen von hier aus die Inlandsee nach Honshu.

Marugame Castle: tgl. 9–16.30 Uhr | 200 ¥
www.japan-guide.com/e/e5469.html

Geburtsort des Kobo-daishi

Zentsuji

Südlich von Marugame zweigt die JR-Dosan-Hauptlinie in südöstlicher Richtung nach Zentsuji ab (40 Min.), dem Geburtsort des **Kobo-daishi** (auch **Kukai** genannt, 774–835; ▶ S. 214), der die buddhistische Shingon-Schule gründete. Auf ihn geht auch die Errichtung des 1,2 km westlich gelegenen **Zentsuji-Tempels** auf dem Gelände seines Geburtshauses zurück. Die Mehrzahl der Gebäude auf dem zweiteiligen Gelände stammt aus dem 17. Jh. In der Jogyodo-Halle ist ein Buddha-Bildnis zu sehen, im Westen des Tempelbezirks eine 45,60 m hohe,

fünfstöckige Pagode (1882 erneuert) und die im 14. Jh. entstandene Haupthalle Kondo mit einer Holzstatue des Yakushi-nyorai.
Zentsuji Temple: tgl. 7–17, Schatzhaus ab 8 Uhr | Tempelgelände frei, Schatzhaus: 500 ¥ | www.zentsuji.com/english/

Pilgerzentrum für Seefahrer und Reisende

★ Kotohira, Konpira-Schrein

Südlich von Marugame folgt Kotohira (von Takamatsu JR-Dosan-Linie, Kotohira-Privatbahnlinie und Bus, 1 Std.). Der Konpira-Schrein, 2 km westlich des Bahnhofs auf halber Höhe des 521 m hohen Berges Zozusan gelegen, ist eines der bedeutendsten Pilgerziele für alle Seefahrer und Reisenden in Japan.
Zu diesem Heiligtum der Gottheit Omononushi-no-mikoto führt eine am Großen Tor O-mon beginnende **Treppe mit 1300 Stufen** hinauf. Zunächst gelangt man zur einstigen Abtresidenz Shoin (1659), deren Türen und Wände mit Werken des Landschaftsmalers Maruyama Okyo (1733–1795) geschmückt sind. Links folgt die Teehalle Chadokoro, dann die Halle der Morgensonne Asahi-no-yashiro mit Schnitzereien aus dem frühen 19. Jahrhundert.
Über eine **weitere Treppe** (785 Stufen) gelangt man zum Hauptschrein (Hondo) mit der Musikhalle für kultische Tänze. Diese wurde 1878 im Stil Taisha-zukuri neu errichtet, nachdem man während der Meiji-Reform Teile der alten synkretistischen Schreinanlage abgetragen hatte. Unweit des Hauptschreins steht die Votivhalle (Ema-do; zahlreiche Opferbilder).
Eine **dritte Treppe** (583 Stufen) verbindet den Hauptschrein mit dem Inneren Schrein Okusha inmitten eines Gehölzes aus Zedern und Kampferbäumen mit **fantastischer Aussicht** auf das Umland. Die Felswand vor dem Gebäude zeigt den langnasigen Berggeist Tengu.
Die **Jahresfeste** des Schreins finden Anfang Januar und vom 9. bis 11. Oktober statt. Dabei wird Kemari gespielt, ein rund 1400 Jahre altes chinesisches Ballspiel. Dabei muss ein kleiner Ball von einem Spieler zum anderen geworfen werden; Ziel ist, dass er so lange wie möglich in der Luft bleibt.
Abtresidenz und Schrein: tgl. 8.30–16.30 Uhr | 800 ¥
Schatzhaus: tgl. 8.30–17 Uhr | 800 ¥
www.japan-guide.com/e/e5450.html

Älteste aktive Kabuki-Bühne Japans

Kotohira-Park

Im Park Kotohira-koen südöstlich des Schreingeländes steht das 1836 errichtete **Theater Kanamaruza**, die älteste noch bespielte Kabuki-Bühne des Landes.

Tempel und Sandbild einer Münze

Kan-onji

Der südwestlich gelegene Ort Kan-onji ist von Takamatsu über Marugame mit der JR-Seisan-Buslinie zu erreichen (knapp 60 km). Am Fuß des Berges Kotohiki steht der **Kan-onji-Tempel**, ein Pilgerziel mit

Buddha-Statue und bedeutenden Bildrollen. Vom **Kotohiki-Hügel** hat man einen guten Überblick über ein an der Küste angelegtes Grabensystem, das im 17. Jh. entstanden ist und das Bild einer damals gebräuchlichen Münze mit rechteckigem Zentralloch und vier Schriftzeichen darstellt.

Tsurugi-Quasi-Nationalpark

Schluchten und Seilbrücken

Eine rund 50 km lange Straße folgt von Ori aus dem Iya, einem Nebenfluss des Yoshino, durch die **Iyadani-Schlucht** aufwärts nach Sugeoi. Die besonders im Herbst reizvolle Landschaft soll im 12. Jh. den von den Minamoto verfolgten Taira Zuflucht geboten haben. Früher gab es hier zahlreiche Seilbrücken aus Pflanzenfasern; eines der wenigen erhaltenen Beispiele ist die Brücke Iya-no-Kazurabashi (45 m lang, 14 m hoch, 1,40 m breit) bei Zentoku.
In ihrer Nähe beginnt eine Verbindungsstraße zur **Oboke-Schlucht** (Bus von Awa-Ikeda, 40 Min.) und zur **Koboke-Schlucht**, die das größte Schluchtensystem auf Shikoku bilden. Das wildromantische Gelände kann von Oboke aus mit dem Boot (30 Min.) oder auf Wanderwegen erkundet werden.

★★ TAKAYAMA 高山

Hauptinsel: Honshu | **Präfektur:** Gifu | **Einwohnerzahl:** 90 000

Ein paar schöne alte Gassen, traditionelle Holzhäuser, nette Läden mit geschmackvollen Andenken, Kunsthandwerk, Schnitzereien, Stoffen und allerlei Leckereien – nicht zuletzt auch gutem Sake. Takayama, die Kleinstadt in den Bergen mit einem berühmten Festumzug ist ein beliebtes Ausflugsziel für Japaner und ein Highlight auf der Touristenroute.

Wohlhabend dank Zedernholz

Wegen des erstklassigen Zedernholzes in der Gegend war Takayama in der Edo-Zeit eine wohlhabende Stadt und direkt dem Shogun unterstellt. Die Kaufleute waren reich, die Zimmerleute und Holzschnitzer weithin gerühmt, man leistete sich im Frühling und Herbst ein Schreinfest mit extravaganten Festwagen und mechanischen Puppen.

Frische Bergluft und Nordalpen-Panorama

Spezialitäten

Heute ist die Stadt im Zentrum Honshus gut zu erreichen: Zwei Zugstunden von Nagoya bringen Besucher in die frische Bergluft mit dem Panorama der Nordalpen und all den leckeren Lebensmitteln, die es nur auf dem Land gibt: Miso-Paste, Sake (▶ Baedeker Wissen, S. 614), zahlreiche Reis-basierte Süßigkeiten wie die Goheimochi mit Walnuss-Sauce oder süß-salzige Mitarashi-Dango. Auch das Rindfleisch aus der Region – Hida Beef nach dem alten Namen der Provinz – ist sehr bekannt und gilt als annähernd so gut wie das bekannte Kobe-Rindfleisch. Am liebsten wird es als Sukiyaki oder Shabu Shabu gegessen (▶ Baedeker Wissen, S. 613)

Wohin in Takayama?

Ältester Tempel der Region

★★ Traditionelle Kaufmannshäuser

Unweit östlich des Bahnhofs steht mit dem **Kokubunji-Tempel** der älteste Tempel von Takayama. In seiner 1615 errichteten Haupthalle ist ein Sitzbild des Heilenden Buddha (Yakushi-nyorai) und eine Kannon-Statue zu sehen, im Vorhof eine dreistöckige Pagode aus dem Jahr 1807. Weiter östlich, jenseits des Flusses Miyagawa, steht das Haus **Kusakabe-mingeikan**, das in traditioneller Bauweise um 1880 für eine Kaufmannsfamilie errichtet wurde. Ähnlich ist das **Yoshijima-Haus** einige Meter weiter.

Kusakabe-mingeikan: tgl. 9–16.30, Dez.–Feb. Mi.–Mo. 9–16 Uhr
500 ¥ | www.kusakabe-mingeikan.com/english.html
Yoshijima-Haus: tgl. 9–16.30, Dez.–Feb. Mi.–Mo. 9–15 Uhr | 500 ¥

TAKAYAMA ERLEBEN

TOURISTENINFORMATION

Vor dem JR-Bahnhof:
Tel. 0577 32 53 28 | tgl. 8.30–18.30, Nov.–März bis 17 Uhr
www.hida.jp/german/

ANREISE

Bahn: Von Nagoya JR-Takayama-Linie über Gifu (2¼ Std.); von Toyama JR-Takayama-Linie (1½ Std.)

TAKAYAMA-MATSURI

Eines der berühmtesten Feste ganz Japans findet gleich zweimal im Jahr statt. Bei einem Umzug werden prächtige Festwagen durch die Altstadt gezogen, auf einigen sind kunstvolle Marionetten aufmontiert. Bei Regen fällt die Veranstaltung aus.
14./15. April und 9./10. Oktober

SPA HOTEL ALPINA €€€

In Laufentfernung zum Bahnhof bietet das Hotel westliche Zimmer und ein gutes Frühstücksbuffet sowie ein Onsen auf dem Dach.
Nada-machi 5-41, 506-0021 Gifu
Tel. 0577 33 00 33 | www.spa-hotel-alpina.com/english/

Warten auf das Startsignal zum Umzug beim Takayama-Matsuri

Umzugswagen fürs Matsuri

Yatai Kaikan

In der modernen Yatai-Kaikan-Halle am Nordostrand der Stadt werden das Jahr über einige der kunstvollen Prunkwagen (Yatai) des Festes Takayama-Matsuri (► links und S. 624) ausgestellt. Ebenfalls auf dem Gelände befindet sich ein begehbares Modell des Toshogu-Schreins in ► Nikko im Maßstab 1: 10 – das Original (► S. 343) wurde größtenteils von Handwerkern aus Takayama errichtet.

Takayama Matsuri Yatai Kaikan: tgl. 8.30–17, Dez.–Feb. 9–16.30 Uhr | 900 ¥ | www.japan-guide.com/e/e5905.html

Altstadtviertel mit Holzhäusern und Brauereien

★ San-machi-suji

Das Zentrum der Altstadt ist das Viertel San-machi-suji mit drei Parallelsträßchen, die von alten Holzhäusern, Sakebrauereien und Ladengeschäften gesäumten werden. Nicht nur für Shoppingmuffel und Misanthropen: Das **Takeyama Museum of History and Art** am Ostrand der Altstadt mit handwerklichen Gerätschaften und einer Sammlung hölzerner Buddhafiguren in einem eiligen, ausdrucksstarken Schnitzstil ist zwar nur auf Japanisch beschriftet, aber umsonst und kaum besucht.

Tgl. 9–19 Uhr | Eintritt frei

Verwaltungsgebäude aus der Edo-Zeit

★ Takayama Jin'ya

Auf der anderen (westlichen) Seite des Miyagawa-Flusses liegt der Takayama-Jin'ya, einst das Anwesen der Fürstenfamilie Kanamori und später Sitz der Provinzverwaltung. Er ist das einzige erhaltene Verwaltungsgebäude aus der Edo-Zeit.

Tgl. 8.45–17, Aug. bis 18, Nov.–Feb. bis 16.30 Uhr | 420 ¥

Traditionelle Morgenmärkte

Jin'ya-Markt

Vor dem Takayama Jin'ya wird täglich ein traditionsreicher Morgenmarkt abgehalten. Größer ist der ebenfalls täglich stattfindende Miyagawa-Markt nördlich davon am gegenüberliegenden (östlichen) Ufer des Miyagawa-Flusses.

Tgl. 6 Uhr bis mittags, Nov.–März ab 7 Uhr

Traditionelle Handwerkskunst

★ Freilichtmuseum

Südwestlich des Bahnhofs gelangt man zum Freilichtmuseum **Hida-no-sato** (Bus, 10 Min.), wo über 30 historische Gebäude, darunter alte Bauernhäuser – teilweise mit den hohen Gassho-Dächern versehen, die es auch in ► Shirakawa-go gibt –, besichtigt werden können. Hier werden auch traditionelle Handwerkskünste vorgeführt.

Tgl. 8.30–17 Uhr | 700 ¥ | www.hidanosato-tpo.jp/english12.htm

Ein traditionelles Holzhaus im Viertel San-machi-suji

TATEYAMA-KUROBE-ALPENROUTE
立山黒部アルペンルート

Hauptinsel: Honshu | **Präfektur:** Toyama

Mit einer Kombination aus acht Zügen, Bussen, Zahnradbahnen und Seilbahnen über Japans unzugänglichste Bergkette – da ist der Weg das Ziel, doch jede Unterbrechung lohnt, weil die Landschaft einfach spektakulär ist.

Die teils über 3000 m hohe Bergkette der Nordalpen wird längs von Süden nach Norden vom Fluss Kurobe durchzogen. Der Bau des 186 m hohen **Kurobe-Damms** war ein Riesenprojekt der unmittelbaren Nachkriegszeit –speziell für den Dammbau musste auf 1500 m Höhe ein Tunnel durch den tektonisch äußerst schwierigen, durchgängig noch 1000 m höheren Bergriegel geführt werden, und beim Bau starben 171 Arbeiter.

Großprojekt der Nachkriegszeit

Der Weg ist das Ziel

Toyama, Tateyama

Diese Route wird nun touristisch genutzt: Von Toyama (417 000 Einw.) an der gleichnamigen Bucht des Japanischen Meers (Shinkansen-Bahnhof) führt eine private Bahnstrecke nach Tateyama, von dort geht es per Zahnradbahn und Bus weiter auf das Hochplateau von Murodo (2400 m; ► S. 418). Ein Oberleitungsbus fährt von dort durch den 3,6 km langen **Tateyama-Tunnel** – fast direkt unter dem 3015 m hohen Berg Tateyama durch – zur Bergstation einer Seilbahn; weiter geht es per Seilbahn und Zahnradbahn hinab zum Kurobe-Staudamm. Von der anderen Seite des Damms gelangt man mit einem weiteren Oberleitungsbus durch den einspurigen, 5,4 km langen **Kanden-Tunnel** nach Ogisawa und per Linienbus zur JR-Bahnlinie bei Omachi (► S. 100).

ALPENROUTE ERLEBEN

TOURISTENINFORMATION

Bhf. Tateyama: Tel. 076 4 32 28 19
www.alpen-route.com/en/

ANREISE

Bahn: Shinkansen bis Toyama (ab Tokyo gut 2 Std.) oder JR-Chuo und JR-Oito-Linie bis Shinano-Omachi (ab Tokyo knapp 4 Std.)

Auf dem Murodo-Hochplateau

Touristische Nutzung

Auf dem Murodo-Hochplateau (2400 m) liegt noch bis in den Juni oder Juli so viel Schnee, dass die Straße zwischen 10 oder 12 m hohen Schneemauern verläuft. Auf der Strecke gibt es mehrere Unterkünfte und touristische Infrastruktur, aber keine regelmäßig bewohnte Siedlung. Die Alpenroute ist in der Regel von Mitte April bis November geöffnet.

TOKUSHIMA
徳島

Hauptinsel: Shikoku | **Präfektur:** Tokushima
Einwohnerzahl: 260 000

Wer nicht gerade zum ausgelassenen Awa-Odori-Fest im August anreist, kommt am ehesten nach Tokushima, um den 88-Tempel-Pilgerweg zu gehen. Oder zumindest einen Teil davon, denn die Tempel rund um Tokushima sind besonders schön und durch gute Wanderwege verbunden.

Wohin in Tokushima?

Burgruinen am Hügel Shiroyama

Tokushima-Park

In der Stadtmitte, etwa 400 m östlich des Bahnhofs, erhebt sich der fast vollständig bewaldete Hügel Shiroyama, dessen größten Teil der Park einnimmt. Im Parkgelände, einem beliebten Kirschblütenort im Frühjahr, sind die Reste der 1586 erbauten Burg Tokushima zu sehen; zur Anlage gehört auch ein kleines Burgmuseum.

Museum: tgl. 9.30–17 Uhr | 300 ¥

Ein portugiesischer Diplomat und der berühmte Tanz

Bizan-Park

600 m südwestlich des Bahnhofs erinnert am Osthang des Hügels Otaki (Bizan) im Bizan-Park ein kleines Museum (Moraes-kan) an den portugiesischen Marineoffizier und Diplomaten Wenceslao de Moraes, der hier seit 1893 lebte und ein 16-bändiges Werk über Japan verfasste.

Wer nicht im August zum Awa-Odori in Tokushima sein kann, hat im Museum **Awa-Odori Kaikan** die Möglichkeit, den berühmten Tanz zu sehen.

Awa-Odori Kaikan Museum: 9–17 Uhr, 2. und 4. Mi. des Monats geschl. 300 ¥, Awa-Odori-Vorführungen: zzgl. 500–700 ¥

TOKUSHIMA ERLEBEN

TOPIA
Beim Bahnhof: 6th Fl., Clement Plaza, 1-61 Terashima-honcho-nishi
Tel. 088 6 56 33 03 | 10–18 Uhr
https://discovertokushima.net/en/

ANREISE
Flugzeug: Von Tokyo (Haneda Airport; 1¼ Std.)
Bahn: Von Takamatsu JR-Kotoku-Hauptlinie (1 Std.)
Bus: Vom Flughafen Tokushima zur Stadtmitte (25 Min.); von Osaka (Nanba) Expressbus (2¼ Std.)
Schiff: Von Wakayama Nanka-Fähre (2 Std.)

AWA-NINGYO-JORURI
Aufführungen von traditionellem Puppentheater.
Anfang Juni und Mitte August

AWA-ODORI
Historisches Tanzfest, mit dem die Seelen der Verstorbenen zum buddhistischen Totenfest (O-bon) begrüßt werden.
12.–15. August

Rund um Tokushima

Onaruto – Meerenge mit Strudeln

★ Naruto Whirlpools

Die Strudel der Meerenge von Naruto (Naruto Whirlpools) im äußersten Nordosten der Insel Shikoku sind ein einzigartiges Naturschauspiel: Durch den Tidenhub bedingt bilden sich unterschiedliche Wasserstände von Inlandsee und offenem Meer. Es entstehen heftige Strömungen von bis zu 20 km/h und Wasserwirbel mit einem Durchmesser von bis zu 20 m. Die **Onaruto-Brücke** von Shikoku über die Insel Awajishima nach Honshu führt direkt über die Meerenge mit den Strudeln. Aussichtspunkte gibt es auf der Shikoku vorgelagerten **Insel Oge** (Bus vom Bhf., 20 Min.). Vom dortigen Hafen aus werden täglich zahlreiche Bootsrundfahrten zu den Strudeln unternommen.
Whirlpool Cruises: ab 1800 ¥ | www.uzusio.com/en/

Deutsch-Japanische (Kriegs-)Geschichte

Bando

Die Kotoku-Bahnlinie führt zu dem 12 km nordwestlich von Tokushima gelegenen Ort Bando. Ab 1917 waren im dortigen **Lager 953** in Tsingtau (China) gefangen genommene deutsche Soldaten untergebracht, von denen einige später in Japan blieben. Was auch blieb, war Beethovens 9. Sinfonie, die im Lager Bando erstmals in Japan aufgeführt wurde – und heute nirgends sonst so häufig gespielt und mit riesigen Chören gesungen wird wie in Japan. 1972 wurde das **Deutsche Haus** (Doitsu-kan) errichtet, ein Museum mit deutscher Volkskunst und Dokumenten aus dem Gefangenenlager. Sechs Jahre später kam auch der **Deutsche Park** (Doitsu-mura-koen) hinzu, und 1993 baute man ein neues Domizil für das Deutsche Haus.

German House: tgl. 9.30–17 Uhr, 4. Mo. im Monat geschl. | 400 ¥ | www.japan-guide.com/e/e7855.html

Infos zum Kriegsgefangenenlager vom Deutschen Institut für Japanstudien: bando.dijtokyo.org

Auf den Spuren des Kobo-daishi

88-Tempel-Pilgerweg

In Tokushima startet der 88-Tempel-Pilgerweg, der rund um die Insel Shikoku den Spuren des hl. Kobo-daishi (eigtl. Kukai, 774–835) folgt, des aus Shikoku stammenden Gründers des Shingon-Buddhismus (► S. 214). Schon in der Umgebung der Stadt kann man die ersten Tempel auf schön ausgebauten Wegen ansteuern: eine gute Gelegenheit, um eine ein- oder mehrtägige Wanderung zu unternehmen. Die erste Station des 88-Tempel-Pilgerwegs ist der **Ryozenji** ganz in der Nähe des Kriegsgefangenenlagers Bando. Führer zu allen 88 Tempeln sind bei diesen und den Touristen-Informationen (► S. 419) erhältlich.

Pilger-Blog des JNTO (mit weiter verweisenden Links): www.jnto.de/japan-blog/pilgern-shikoku.html

Zwei Tempel in der südlichen Umgebung

Jorokuji-Tempel

Südwestlich von Tokushima stehen etliche alte Tempel, darunter rund 9 km vom Bahnhof (Bus, 30 Min.) der im 8. Jh. gegründete Jorokuji-Tempel der Soto-Schule. Hier wird in der Kannondo-Halle eine hölzerne Sho-Kannon aufbewahrt, die wohl der Priester Gyoki (670–749) geschaffen hat.

6 km weiter südlich (Bus von Tokushima, 30 Min., dann Fußweg, 30 Min.) erreicht man den Nyoirinji-Tempe. Der Haupttempel der Hoju-Shingon-Schule besitzt ein hölzernes Standbild der Nyoirin-Kannon. Das Heiligtum liegt in einem Wald mit mehreren Wasserfällen.

Weitere Pilgerweg-Tempel und ein Schrein

Tatsueji, Kakurinji, Yahoko-Schrein

Der **Tatsueji-Tempel** (Mugi-Bahnlinie bis Tatsue), die Nr. 19 der 88 Pilgertempel von Shikoku (► oben), enthält ein schönes Buddha-Gemälde (www.tatsueji.com/english.html). 13 km südwestlich von Tatsue steht inmitten eines alten Zedernhaines ein weiterer Pilgertempel (Nr. 20), der **Kakurinji** mit einer hölzernen Statue des Jizo-Bosatsu. Westlich des Bahnhofs (4,5 km; Bus, 10 Min.) folgt der **Yahoko-Schrein** mit zwei Holzstatuen shintoistischer Gottheiten, vermutlich aus der Fujiwara-Zeit.

Wilde, einsame Pazifikküste

Kap Muroto

Von Anan bis zu dem etwa 90 km weiter südwestlich gelegenen Kap Muroto, das wild und einsam weit in den Pazifik vorspringt, erstreckt sich der Muroto-Anan-Küsten-Quasi-Nationalpark (► Kochi, Umgebung, S. 212).

BAEDEKER MAGISCHE MOMENTE

ETAPPEN DER ERLEUCHTUNG

Es müssen ja nicht die ganzen 1200 km und alle Tempel des 88-Tempel-Pilgerwegs sein. Der Erleuchtung kommt man auch schon auf einer Etappe ein wenig näher. Sie führt zum **Ryozenji-Tempel** in Tokushima, dem ersten der 88 Tempel. Dort kann man einen Pilgerhut kaufen, zum Wasserfall auf dem Gelände wandeln und dabei über das Sanskrit-A meditieren (s. rechts). Genau das hat Kobo-daishi auch getan, und er hat Erleuchtung erlangt.

अं

Durch Erosion entstanden

Anabuki

Die JR-Tokushima-Hauptlinie folgt von Tokushima nach Westen flussaufwärts dem Fluss Yoshino und führt nach Anabuki (40 Min.). Nordöstlich von hier sind zahlreiche durch Erosion entstandene, 12–18 m hohe **Erdpyramiden** zu sehen (Bus, 15 Min.).

Abstecher in den Tsurugi-Quasi-Nationalpark

Tsurugikyo-Schlucht

Von Anabuki ist auch das östliche Teilgebiet des Tsurugi-Quasi-Nationalparks (► S. 413) zu erreichen. Eine Buslinie (2½ Std.) folgt dem Lauf des am Berg Tsurugi entspringenden Anabuki durch die romantische Tsurugikyo-Schlucht flussaufwärts (besonders lohnend im Herbst) bis **Misogibashi**, dem Ausgangspunkt für die Ersteigung des 1955 m hohen Tsurugi.

★★ TOKYO 東京

Hauptinsel: Honshu | **Präfektur:** Tokyo
Einwohnerzahl: 9,4 Mio. (Stadtgebiet); 13,6 Mio. (Präfektur)

Es ist die größte Metropolregion der Welt, die Stadt mit den meisten Michelin-Sternen, den meisten Pendlern in einem einzigen Bahnhof; auf den Kreuzungen schwappen die Fußgänger ineinander wie Tsunami-Wellen, in den Läden gibt es Mode und Gadgets, die den Rest der Welt nur erreichen, wenn sie hier Erfolg haben: Tokyo ist der unbestrittene politische, wirtschaftliche und kulturelle Mittelpunkt Japans. Und doch finden sich auch hier beschauliche Ecken.

Megacity mit 38 Mio. Einwohnern

Die von etlichen Flüssen durchzogene **Kanto-Ebene** ist mit etwa 17 000 km² Japans größte Ebene – und praktisch vollständig dicht besiedelt. Nur so ist Platz für die Hauptstadt mit all ihren Außenregionen: Die Stadt selbst besteht aus 23 Bezirken, deren größter selbst eine Millionenstadt ist, dazu kommen 26 Städte, fünf Gemeinden und acht Dörfer in der Präfektur Tokyo. Die umschließt nämlich auch die abgelegenen Izu- (► S. 176) und Ogasawara-Inseln und auf der Hauptinsel einen Streifen Bergland mit über 2000 m hohen Bergen.

Die Stadt, die von der 450 m hohen Plattform des Skytree am besten zu betrachten ist (► S. 462), endet aber nicht an den Stadt- oder Präfekturgrenzen: Im Metropolgebiet, das den **Ballungsraum** ► Yokohama und Kawasaki im Süden sowie die Präfekturen Chiba, Kanagawa und Saitama einschließt, leben etwa 38 Mio. Menschen. Die Bevölkerungsdichte beträgt, je nach Berechnungsrahmen, ca. 7000 Menschen pro Quadratkilometer und bis zu 30 000 in einzelnen Vierteln!

Es gibt kein eigentliches Zentrum – schon weil mitten in der Stadt die riesige unzugängliche Fläche des Kaiserpalasts liegt –, sondern **mehrere lebhafte Zentren** hauptsächlich entlang des S-Bahn-Rings (Yamanote-Linie), jeweils mit etwas eigenem Charakter: So ist die Ginza mondän, Shibuya stylish, Shinjuku jung, Ueno hemdsärmelig, Akihabara für Nerds usw. Im Zentrum sind v. a. Geschäfte und Dienstleister angesiedelt, die Industrie (u. a. Elektrogeräte, elektronische und optische Industrie, Feinmechanik) verlagert sich aus den Hafengebieten (die in den letzten Jahren aufgewertet wurden) immer weiter nach Süden.

Vom Fischerdorf zur Riesen-Metropole

Ein Dörfchen namens Edo

Geschichte

Die ersten Spuren menschlicher Besiedlung sind 5000 Jahre alte Muschelhaufen (Omori), die im Bezirk Shinagawa im Südwesten des heutigen Stadtgebiets entdeckt wurden. Im 3. Jh. v. Chr. begann der

Ackerbau, für das 8. Jh. n. Chr. sind erste dörfliche Ansiedlungen am Unterlauf des Tama nachweisbar. Der alte **Stadtname Edo** (»Flussmündung«) bezeichnete ursprünglich ein Fischerdorf, das 1457 erstmals erwähnt wurde, als Ota Dokan am Standort des heutigen Kaiserpalastes eine Burg errichtete. Vorübergehend im Besitz der Uesugi, wurde Edo 1524 Sitz der Odawara-Hojo und ging 1590 als Teil des Lehens Kanto in die Hände von Tokugawa Ieyasu über. Die Stadt war in der Folgezeit Verwaltungssitz dieses Lehens, bis sie sich nach der Ernennung des Ieyasu zum **Shogun** (1603) zum politischen Zentrum des Landes entwickelte. Um die politische Willfährigkeit der Daimyo (Feudalfürsten) zu gewährleisten, verfügte der Shogun, dass deren Familien in Edo wohnen und die Daimyo selbst turnusmäßig anreisen und eine Zeitlang dort leben mussten. Obwohl die Stadt 1657 durch einen Großbrand zu 60 % zerstört wurde, galt sie im 18. Jh. mit rund 1,2 Mio. Einwohnern als größte Stadt der Welt.
Der 15. Tokugawa-Shogun, Yoshinobu, musste die Macht an Kaiser Meiji abtreten. Dieser verlegte 1868 seine Residenz von ▶ Kyoto nach Edo, das in **Tokyo** (»Östliche Hauptstadt«) umbenannt wurde.
Schwere Schäden richtete das Erdbeben von 1923 an, und durch die Bombenangriffe im **Zweiten Weltkrieg** wurden etwa 800 000 Häuser zerstört. Doch bald setzte der Wiederaufbau ein und mit ihm die Entwicklung Tokyos zur Weltstadt; erdbebensichere Hochhäuser wurden aus dem Boden gestampft.
1964 war Tokyo Ausrichter der **Olympischen Spiele**, der ersten in Asien. Trotz der Rezession seit Ende der 1980er-Jahre wurden ehrgeizige Bauvorhaben verwirklicht und in der Bucht von Tokyo modernste Viertel auf Neuland geschaffen.
Das katastrophale **Erdbeben von 2011** und seine Nachbeben machten sich in Tokyo zwar sehr deutlich bemerkbar, es gab jedoch kaum Schäden. Problematischer gestaltete sich indes die Stromversorgung: Nach der **Atomkatastrophe** von Fukushima gab es wochenlang kontrollierte Stromausfälle.

Chiyoda: Rund um den Kaiserpalast

In Chiyoda-ku konzentrieren sich der Kaiserpalast, die wichtigsten öffentlichen und privaten Verwaltungszentren und der Hauptbahnhof, von dem u. a. die Züge der Tokaido-Shinkansen-Linien ausgehen.

Zwischen Bahnhof und Palastbezirk

Tokyo International Forum

Im Viertel Marunouchi, das sich westlich des Hauptbahnhofs erstreckt, liegen mehrere Banken, Kaufhäuser und die Hauptpost. Südlich des Bahnhofs befindet sich das Tokyo International Forum; das architektonisch interessante Konferenz- und Ausstellungszentrum mit einer Reihe von Cafés und Restaurants wurde von Rafael Viñoly entworfen.

Subway and Railway in Tōkyō

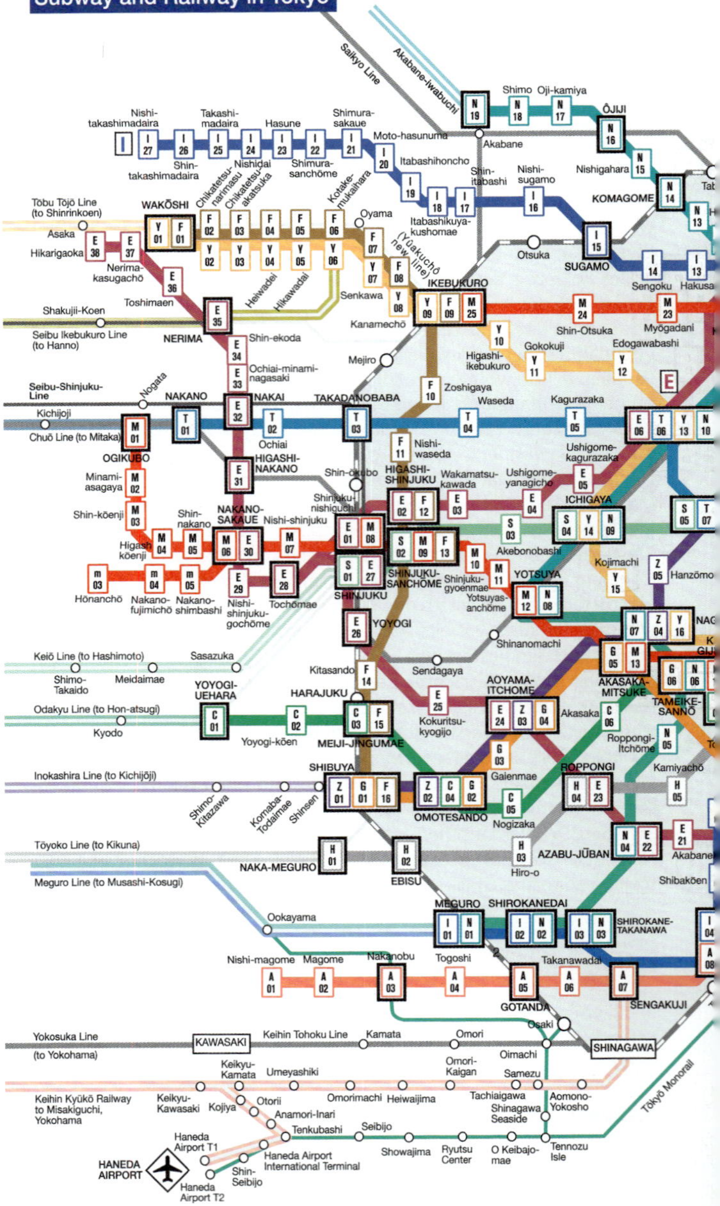

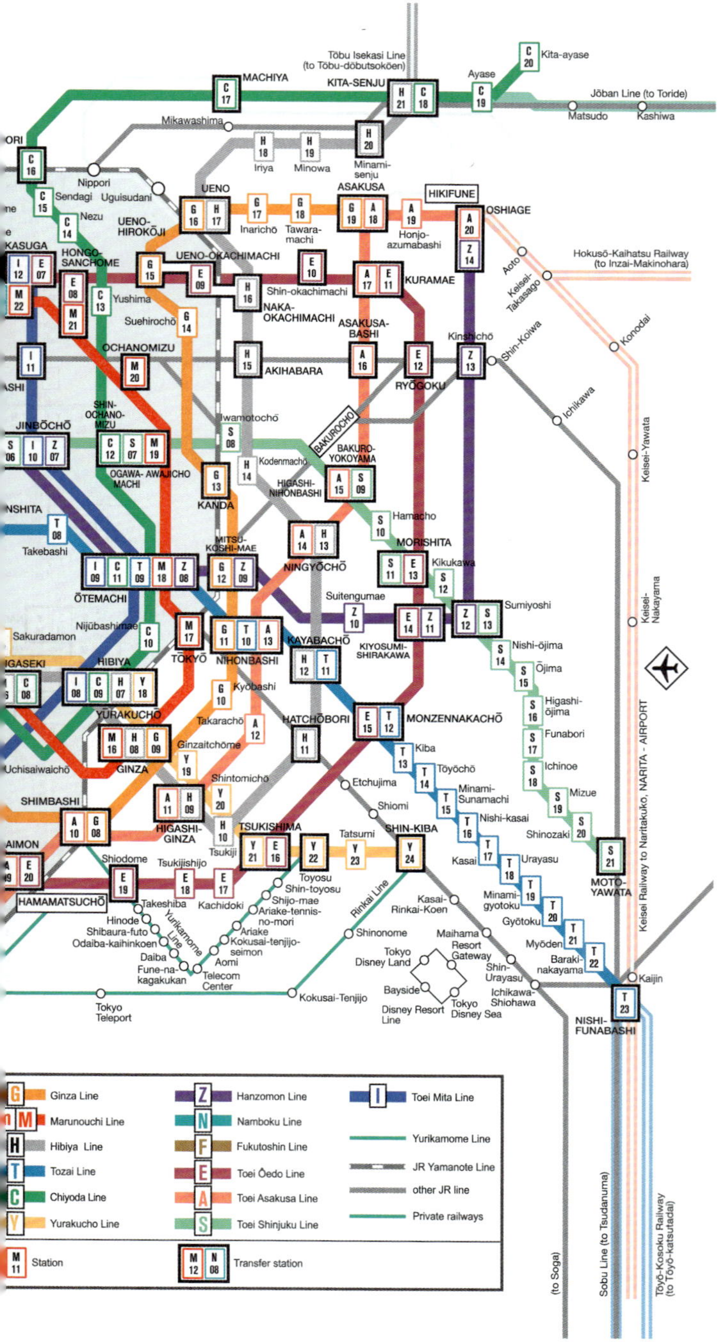

Tōbu Isekasi Line
(to Tōbu-dōbutsokōen)
MACHIYA
KITA-SENJU
Ayase
Kita-ayase
Jōban Line (to Toride)
Matsudo
Kashiwa
Mikawashima
Iriya
Minowa
Minami-senju
Nippori
Sendagi
Uguisudani
Nezu
UENO
UENO-HIROKŌJI
Inarichō
Tawara-machi
ASAKUSA
Honjo-azumabashi
HIKIFUNE
OSHIAGE
KASUGA
HONGO-SANCHOME
UENO-OKACHIMACHI
Shin-okachimachi
KURAMAE
Aoto
Keisei-Takasago
Hokusō-Kaihatsu Railway
(to Inzai-Makinohara)
Yushima
Suehirochō
NAKA-OKACHIMACHI
ASAKUSA-BASHI
Kinshichō
Shin-Koiwa
Konodai
OCHANOMIZU
AKIHABARA
RYŌGOKU
Ichikawa
Iwamotochō
JINBŌCHŌ
SHIN-OCHANO-MIZU
BAKUROCHO
BAKURO-YOKOYAMA
Kodenmachō
Keisei-Yawata
OGAWA-MACHI
AWAJICHO
HIGASHI-NIHONBASHI
KANDA
Hamacho
Takebashi
MITSU-KOSHI-MAE
NINGYŌCHŌ
MORISHITA
Kikukawa
ŌTEMACHI
Suitengumae
Sumiyoshi
Keisei-Nakayama
Nijūbashimae
Sakuradamon
TŌKYŌ
NIHONBASHI
KAYABACHŌ
KIYOSUMI-SHIRAKAWA
Nishi-ōjima
Ōjima
HIBIYA
Kyōbashi
YŪRAKUCHŌ
Takarachō
HATCHŌBORI
MONZENNAKACHŌ
Higashi-ōjima
Funabori
Keisei Railway to Naritakuko, NARITA - AIRPORT
Ginzaitchōme
Kiba
Tōyōchō
Ichinoe
Uchisaiwaichō
GINZA
Shintomichō
Etchujima
Minami-Sunamachi
Mizue
SHIMBASHI
HIGASHI-GINZA
Shiomi
Nishi-kasai
Shinozaki
TSUKISHIMA
Tatsumi
SHIN-KIBA
Tsukiji
Kasai
Urayasu
MOTO-YAWATA
Shiodome
Tsukijishijo
Toyosu
Shin-toyosu
Shijo-mae
Ariake-tennis-no-mori
Ariake
Kokusai-tenjijo-seimon
Aomi
Telecom Center
Rinkai Line
Kasai-Rinkai-Koen
Minami-gyotoku
Gyōtoku
HAMAMATSUCHŌ
Takeshiba
Kachidoki
Hinode
Shibaura-futo
Odaiba-kaihinkoen
Daiba
Fune-na-kagakukan
Yurikamome Line
Shinonome
Maihama
Resort Gateway
Tokyo Disney Land
Shin-Urayasu
Myōden
Baraki-nakayama
Kaijin
Bayside
Disney Resort Line
Tokyo Disney Sea
Ichikawa-Shiohawa
Tokyo Teleport
Kokusai-Tenjijo
NISHI-FUNABASHI
Ginza Line
Marunouchi Line
Hibiya Line
Tozai Line
Chiyoda Line
Yurakucho Line
Hanzomon Line
Namboku Line
Fukutoshin Line
Toei Ōedo Line
Toei Asakusa Line
Toei Shinjuku Line
Toei Mita Line
Yurikamome Line
JR Yamanote Line
other JR line
Private railways
Station
Transfer station
(to Soga)
Sobu Line (to Tsudanuma)
Tōyō-Kosoku Railway
(to Tōyō-katsutadai)

TOKYO ERLEBEN

INFORMATION DER JNTO

Im Bezirk Chiyoda-ku: Shin Tokyo Bld., Erdgeschoss, 3-3-1 Maronouchi | Tel. 03 32 01 33 31
tgl. 9–17 Uhr

TOURISTENINFORMATIONEN

Tokyo Metropolitan Government Building Nr. 1: Erdgeschoss, 2-8-1 Nishi-Shinjuku, Shinjuku-ku
Tel. 03 53 21 30 77 | 9.30–18.30 Uhr
Shinjuku Fernbusterminal: 3rd Fl., Sendagaya 5-24-55, Shibuya-ku | Tel. 03 62 74 81 92
tgl. 6.30–23 Uhr
Flughafen Haneda: International Terminal, 2nd Fl.
Tel. 03 64 28 06 53
rund um die Uhr geöffnet
In Tama: Shibasakicho 3-1-1, Tachikawa-shi | Tel. 042 527 86 11
Mo.–Sa. 10–21.30, So 10–21 Uhr (kostenlose Stadtpläne und Hotelbuchungen)
Go Tokyo: www.gotokyo.org/de (offizielle Homepage der Stadt Tokyo auf Deutsch)

ANREISE

Flugzeug: Von den meisten internationalen Fluglinien wird der Flughafen Narita (etwa 60 km nordöstl.) angeflogen. Innerjapanische und auch immer mehr internationale Fluglinien (darunter Lufthansa) nutzen den Flughafen Haneda (südlicher Stadtrand). Transfer ▶ rechts.
Bahn: Der Hauptbahnhof Tokyo ist Knotenpunkt der Shinkansen-Linien; Bahnlinien aus dem Norden des Landes über den Bahnhof Ueno; aus dem Westen über den Bahnhof Shinjuku. Während der Rushhour sollte man diese Knotenpunkte möglichst meiden!
Schiff: Die meisten Passagierschiffe legen im Hafen von Yokohama (30 km südlich) an.

Das öffentliche Nahverkehrsnetz Tokyos ist gut ausgebaut und wird von unterschiedlichen Gesellschaften betrieben. Entsprechend unübersichtlich ist es allerdings auch. Die **Stadtbusse** sind oft langsam. Für touristische Zwecke sind die S- und U-Bahnen, die etwa ab 5 Uhr bis um Mitternacht verkehren, völlig ausreichend.

U-BAHN UND S-BAHN

Sehr nützlich ist die JR-Yamanote-Ringbahn, die einen großen Kreis um die Innenstadt schließt und dabei alle wichtigen Verkehrsknotenpunkte passiert. Die dreizehn U-Bahnlinien (neun werden von Tokyo Metro, vier von Toei betrieben) sind farblich und mit einem Buchstaben gekennzeichnet (z. B. A für Asakusa-Linie, G für Ginza-Linie), jede Station zusätzlich mit einer Zahl. Zur Rushhour sind die Züge der Yamanote-Linie und einige U-Bahnen wie die Ginza-Linie oder die Marunouchi-Linie sehr überfüllt. Im Norden der Stadt verkehrt die einzige noch verbliebene **Straßenbahn** der Stadt, die Toei-Arakawa-Linie (ab Waseda).
Der **Fahrpreis** richtet sich nach der Entfernung. Im Zweifelsfall kauft man einfach den billigsten Fahrschein und zahlt am Zielort beim Schalterbeamten an der Sperre die Differenz. Ab ca. fünf Fahrten lohnt sich ein Tagespass für 1000 ¥ (Kyotsu Ichinichi-josha-ken) mit Gültigkeit für Metro- und Toei-Linien; Tagespass für alle Toei-Linien (auch Bus u. Straßenbahn) 710 ¥, für Metro-Linien 600 ¥. Das **Tokyo Free Ticket** (Tokyo furi

kippu) für 1580 ¥ gewährt einen Tag lang beliebig viele Fahrten in beiden U-Bahnnetzen, Stadtbussen und den JR-Linien innerhalb der Stadt. Inhaber eines JR-Passes können die JR-Linien im Stadtgebiet nutzen.
Informationsschalter zur U-Bahn gibt es in den Stationen Ginza, Shinjuku, Otemachi und Nihonbashi. www.tokyometro.jp/en (Tokyo Metro); www.kotsu.metro.tokyo.jp/eng (Toei).

FLUGHAFENTRANSFER

Den internationalen Flughafen Narita (www.narita-airport.jp/en) östlich der Stadt erreicht man am schnellsten mit dem JR-Narita Express (NEX) über den Bahnhof Tokyo (1 Std.); es gibt auch Züge ab Shinjuku (80 Min.). Die private Keisei-Linie fährt über Nippori ab/nach Ueno (Keisei Skyliner, 1 Std.). Beide Gesellschaften bieten auch langsamere und billigere Verbindungen an. Daneben gibt es Busse von den großen Hotels.
Zum kleineren **Flughafen Haneda** im Südwesten der Stadt verkehrt die private Keikyu-Linie in einer knappen Viertelstunde ab Shinagawa oder die Tokyo Monorail ab Hamamatsucho (20 Min). Zwischen beiden Flughäfen bestehen Zug- und Busverbindungen (ca. 1¼ Std.).

DEZOME-SHIKI

Parade für ein feuerfreies Jahr der Tokyoter Feuerwehr mit viel Akrobatik.
Tokyo Big Sight, 6. Januar

TOKYO MARATHON

Großes Laufevent mit 36 000 Läufern. In der Profisektion starten auch internationale Größen.
April

KANDA-MATSURI

Wird abwechselnd mit dem Sanno-Matsuri seit Anfang der Edo-Zeit gefeiert und erinnert an den mit dieser Ära einsetzenden Wohlstand.
Kanda-Myojin-Schrein, Mitte Mai (in ungeraden Jahren)

SANJA-MATSURI

Schreinfest für die drei Gründer des Asakusa-Tempels.
Asakusa-Schrein, Mitte Mai

SANNO-MATSURI

Wird abwechselnd mit dem Kanda-Matsuri gefeiert. Die Festprozession zieht in neun Stunden rund 20 km einmal durch das Zentrum Tokyos. Die Prozessionen des Sanno-Matsuri und des Kanda-Matsuri waren die einzigen, die über das Burggelände ziehen durften (▶ Abb. S. 625).
Hie-Schrein, Anfang Juni (in geraden Jahren)

SUMO-WETTKÄMPFE

Drei der sechs jährlichen Sumo-Turniere finden in Tokyo statt.
Ryogoku-Kokugikan-Halle, Januar, Mai und September

HANABI TAIKAI

Großes Feuerwerk (▶ S. 623).
Sumida-Fluss, letzter Sa. im Juli

KIBA NO KAKUNORI

Fest im ehemaligen Holzarbeiterbezirk mit Balanceakten und -spielen auf schwimmenden Holzbalken.
Bezirk Kiba, Ende Oktober

GISHA-SAI

Gedenkfest für die Siebenundvierzig Ronin (▶ S. 596).
Sengakuji-Tempel, Mitte Dezember

KULTURINFORMATIONEN

Eine ausgezeichnete Informationsquelle zu Konzerten, Ausstellungen, Festen und anderen Veranstaltungen ist die kostenlose, englischsprachige Zeitschrift »**Metropolis**«, die auch interessante Artikel zu aktuellen

Themen, Restaurantkritiken und Kleinanzeigen enthält. Sie erscheint jeden Freitag und liegt in Touristeninformationen, Buchläden und zahlreichen Lokalen aus (http://metropolis.co.jp). Karten für Konzerte und andere Veranstaltungen bekommt man über **Ticket Pia**, vertreten z. B. in den Kaufhäusern Isetan und Keio in Shinjuku, im 109 Building in Shibuya und im Sony Building in Ginza, oder über die Loppi-Maschinen in den Lawson-Convenience-Stores.

EINKAUFSZENTREN

Die größten Einkaufszentren sind das vornehme Viertel **Ginza** (Bezirk Chuo-ku), die Gegend rund um die hippe Prachtstraße **Omotesando** (Harajuku) und die Ladenstraßen um die Bahnhöfe Shinjuku und Shibuya. Um den Bahnhof **Daikanyama** (nordwestl. von Ebisu) findet man zahlreiche kleine Boutiquen, die zum Teil in Wohnhäusern in Seitenstraßen untergebracht sind. Akihabara ist auf Elektronik spezialisiert, Kappabashi auf Haushaltswaren, Jinbocho auf Buchantiquariate.
Die **Ameyoko-Ladenstraße** in Ueno ist ein preiswertes Pflaster, wo Einheimische ihre täglichen Einkäufe erledigen. Eine riesige Auswahl an Lebensmitteln bietet jedes große Kaufhaus (meist im Untergeschoss).

FLOH- UND ANTIQUITÄTENMÄRKTE

Die im Folgenden genannten Flohmärkte und Antiquitätenmärkte finden bei schlechtem Wetter normalerweise nicht statt.
Flohmarkt beim Yasukuni-Schrein (Bhf. Kudanshita oder Iidabashi); So. 8 – ca. 15.30 Uhr
Floh- und Antiquitätenmarkt beim Hanazono-Schrein (Bhf. Shinjuku-sanchome oder Shinjuku/Ostausgang); So. 8–15 Uhr.
Heiwajima-Antikmesse (Bhf. Yurakucho): eine der ältesten und größten überdachten Antikmessen, die fünfmal jährlich stattfindet. Infos unter: www.kottouichi.com/heiwajima/ENGLISH.html
Antiquitätenmarkt beim International Forum (Ausgang D5, Bhf. Yurakucho); 1. und 3. So. im Monat, 9–16 Uhr.
Ein Markt mit über 400 Jahre alter Tradition ist der **Setagaya Boro-ichi** (Bhf. Setagaya); 15./16. Dez. und 15/16. Jan.

1 HOBBY CENTER KATO

(▶ Plan S. 442/443)

Im Tokyoter Stammgeschäft des renommierten Modelleisenbahnherstellers werden Modelle des japanischen Shinkansen wie auch amerikanischer und europäischer Loks und Waggons verkauft.
1-24-10 Nishi-Ochiai, Shinjuku-ku (Bhf. Ochiai Minami-Nagasaki)
Tel. 03 39 54 21 71 | 10–19 Uhr
www.katomodels.com/index_e.shtml

2 ORIENTAL BAZAAR

(▶ Plan S. 449)

Das Geschäft bietet auf mehreren Stockwerken eine große Auswahl an Kunst und Antiquitäten, moderner und traditioneller japanischer Kleidung, Porzellan, Keramik, Lackwaren, Wandschirmen, Lampen, Haushalts- und Geschenkartikeln.
5-9-13, Jingumae, Shibuya-ku
Tel. 03 34 00 39 33
Fr.–Mi. 10–19 Uhr
www.orientalbazaar.co.jp/en

3 TOWER RECORDS

(▶ Plan S. 449)

Eines der weltweit größten Musikkaufhäuser mit riesigem Angebot japanischer und internationaler Musik sowie reichlich Gelegenheit zum Reinhören. Es gibt auch eine

gute Auswahl ausländischer Zeitschriften, Zeitungen und Bücher.
1-22-14 Jinnan, Shibuya-ku
Tel. 03 34 96 36 61 | tgl. 10–23 Uhr

4 DAIKANYAMA T-SITE
(▶ Plan S. 449)
Der erst 2011 eröffnete, vom Architekturbüro Klein Dytham entworfene Bau der Tsutaya-Kette zählt zu den 20 schönsten Buchläden der Welt. Doch nicht nur die Verpackung stimmt, auch das Angebot kann sich mehr als sehen lassen: Bücher, DVDs und CDs, verteilt auf drei Gebäudeteile. Angeschlossen ist ein Starbucks-Café.
17-5 Sarugakucho, Shibuya-ku
Tel. 03 37 70 25 25 | tgl. 7–2 (Erdgeschoss), 9–2 Uhr (1. Stock)

5 MUJI YURAKUCHO
(▶ Plan S. 442/443)
Muji-Läden verkaufen alles Mögliche von Büromaterial über Einrichtungsgegenstände und Lebensmittel bis zu Möbeln und Kleidung. Die Kette zeichnet sich durch sehr schlichtes, funktionales Design und klare Farben aus. Filialen in ganz Japan.
3-8-3 Marunouchi, Chiyoda-ku
Tel. 03 52 08 82 41 | tgl. 10–21 Uhr

6 MIKIMOTO GINZA 2
(▶ Plan S. 442/443)
Das 2006 eröffnete Gebäude des japanischen Stararchitekten Ito Toyo ist wegen seiner modernen Architektur und der raffinierten Beleuchtung vor allem abends einen Besuch wert. Außer Perlen gibt es auch Kosmetik, Mode und Accessoires. Das Mikimoto-Stammhaus befindet sich gleich um die Ecke: 4-5-5 Ginza, Chuo-ku.
2-4-12 Ginza, Chuo-ku
Tel. 03 35 62 31 30
tgl. 11–19 Uhr

7 ITOYA (▶ Plan S. 442/443)
Berühmtes Schreibwarengeschäft mit edlem japanischen Papier, Schreibgerät u. v. m.
2-7-15 Ginza, Chuo-ku
Tel. 03 35 61 83 11 | Mo.–Fr. 10–20, Sa., So. bis 19 Uhr

8 UNIQLO (▶ Plan S. 442/443)
Die japanische Erfolgsmarke verkauft Kleidungs-Basics von Socken über T-Shirts und Pullover bis hin zu Jacken und Sportbekleidung – das alles gibt es in guter Qualität, in allen erdenklichen Farben und zu günstigen Preisen. Filialen in ganz Japan.
5-7-7 Ginza, Chuo-ku
Tel. 03 35 69 67 81
tgl. 11–21 Uhr

9 KIMONO SUZUNOYA
(▶ Plan S. 459)
Edles Kimono-Fachgeschäft auch mit ganz modernen Kimonos und Accessoires, z. B. cool gemusterten **Tabi** (steife Zehensocken ▶ 463).
1-20-11 Ueno, Taitou-ku | Tel. 03 38 33 10 01 | tgl. 10–20 Uhr

10 KIDDY LAND (▶ Plan S. 449)
Der bekannteste Spielzeugladen Japans wurde bereits 1946 eröffnet. Im Angebot sind japanische und internationale Spielsachen.
6-1-9 Jingu-mae, Shibuya-ku
Tel. 03 34 09 34 31
tgl. 11–21, Sa., So. ab 10.30 Uhr
www.kiddyland.co.jp/en/stores.html

11 YODOBASHI CAMERA
(▶ Plan S. 451)
Überwältigendes Angebot an allen Arten von Kameras, Elektronik und Elektroartikeln (auch für den Export: Japan hat eine andere Stromspannung). Filiale in Akihabara. Eine ähnliche Auswahl bieten Laox (www.laox.co.jp/en/; Akihabara) und Bic-Camera (www.biccamera.co.jp; Filialen in Shinjuku und Akihabara).
1-11-1, Nishi Shinjuku, Shinjuku-ku | Tel. 03 33 46 10 10
tgl. 9.30–22 Uhr

⑫ FRANC FRANC
(▶ Plan S. 451)
Haushaltswaren in poppigem Design zu erschwinglichen Preisen. Filialen auf der Ginza und in Ikebukuro.
Southern Terrace, 2-2-1 Yoyogi, Shibuya-ku | Tel. 03 53 33 77 01
tgl. 11–22 Uhr

⑬ MANDARAKE
Riesige Auswahl an gebrauchten Manga- und Animeartikeln: DVDs, CDs, Figuren, Comics und, und, und ... Die Verkäufer sprechen Englisch, und auch wenn man nichts kaufen möchte, ist es Fun, durch die poppigen Regale zu stöbern.
Nakano 5-52-15, Nakano-ku, Nakano Broadway/Sun Mall
Tel. 03 32 28 57 87 | 12–20 Uhr
https://earth.mandarake.co.jp

SPEISEN AN BORD
Ein Vergnügen mit jahrhundertelanger Tradition ist ein Essen in einem **Yakatabune**, einem schmalen, überdachten Boot für 20–100 Personen, das gemächlich über das Wasser gleitet. Es gibt verschiedene Anbieter, einige akzeptieren nicht nur Gruppen wie allgmein üblich, sondern auch Paare (nach »noriai yakatabune« fragen). Bewährt haben sich diese zwei Anbieter. Beide verlangen ca. 10 000 ¥ für eine zweieinhalbstündige Kreuzfahrt durch die Bucht von Tokyo inklusive Essen.

Funasei
www.funasei.com
Tel. 03 54 79 27 31; nur japanisch, Hotelrezeption um Reservierung bitten

Harumiya
www.yakatabune-tokyo.com
Tel. 03 36 44 13 44

❶ MIKAWA ZEZANKYO
(▶ Plan S. 442/443) €€€€
Tetsuya Saotome macht vielleicht das beste Tempura in Tokyo. Er benutzt nur Zutaten, die es auch zur Edo-Zeit bereits gab. Es gibt es nur neun Sitzplätze an der Theke, daher unbedingt vorher reservieren.
1-3-1 Fukuzumi, Koto-ku, Chuo-ku, U-Bhf. Mitsukoshi-mae
Tel. 03 36 43 83 83 | Do.–Di. 11.30–13.30, 17–21 Uhr

❷ KYUBEI (▶ Plan S. 442/443) €€€€
Sehr elegantes (und entsprechend kostspieliges) Sushi-Restaurant in Ginza mit 70-jähriger Tradition.
7-6 Ginza 8-chome, Chuo-ku
Tel. 03 35 71 65 23 | Mo.–Sa. 11.30–14, 17–22 Uhr

❸ KAKIDEN
(▶ Plan S. 451) €€€€
Im Rahmen einer Teezeremonie werden in diesem zur Kette Relais et Châteaux zählenden Restaurant kulinarische Speisen der Kaiseki-Küche in edlen Arrangements serviert.
Yasuyo Building, 8th Fl., 3-37-11 Shinjuku, Shinjuku-ku
Tel. 03 33 52 51 21 | tgl. 11–22 Uhr

❹ YAKUMO SARYO
(▶ Plan S. 442/443) €€€€–€€€
Restaurant, Galerie und Teehaus in einem, und das alles in durch und durch designter japanischer Tradition vom Stardesigner Shinjiro Ogata.
Yakumo 3-4-7, Meguro-ku
Tel. 03 57 31 62 | Mo.–Sa. 9–17, Frühstück 9–11, Lunch 12–15.30 Uhr, Reservierung unter: yakumosaryo@simplicity.co.jp | Teehaus 9–17 Uhr
http://yakumosaryo.jp/e/

❺ NINJA (▶ Plan S. 442/443) €€€
Die Gäste werden von einem Ninja durch schwarze Gänge und Falltüren zu einem der Separees geführt. Dort-

hin kommt im Lauf des Abends ein Ninja, der Zauberkünste vorführt (Trinkgeld ca. 1000 ¥). Geboten wird moderne japanische Küche. Reservierung erforderlich. Nachteil: Der Aufenthalt ist auf zwei Stunden begrenzt.
Akasaka Tokyu Plaza,
2-14-3 Nagata-cho, Chiyoda-ku
Tel. 03 51 57 39 36 | Mo.–Sa. 17–1, So. bis 23.30 Uhr

6 CICADA (▶ Plan S. 442/443) **€€€**
Spanische Küche mit marokkanischem Einschlag. Große Fenster mit Blick auf das Straßengeschehen. Internationales Publikum.
5-2-40 Minami-Azabu, Minato-ku, U-Bhf. Hiroo, Ausgang 3
Tel. 03 64 34 12 55
tgl. 11.30–15, 17.30–23 Uhr
www.tysons.jp/cicada/en/

7 MOMINOKI HOUSE
(▶ Plan S. 449) **€€€–€€**
Das Mominoki House eröffnete 1976 als eines der ersten Bio-Restaurants. Die Küche ist überwiegend traditionell japanisch und makrobiotisch; günstigere Lunch-Menüs (um 1000 ¥).
2-18-5 Jingumae, Shibuya-ku, U-Bhf. Harajuku, Meijijingu-mae
Tel. 03 34 05 91 44 | tgl. 08–15, 17–23 Uhr | www.mominoki-house.net/index_en.html

8 TSUKIJI EDOGIN HONTEN
(▶ Plan S. 442/443) **€€€–€€**
Die Riesenportionen mit frischem Sushi locken zahlreiche Gäste an. An der Theke kann man den Sushi-Meistern bei der Arbeit zusehen.
4-5-1 Tsukiji, Chuo-ku
Tel. 03 35 43 44 01
11.30–14.30, 17–21.30 Uhr

9 TAMAHIDE
(▶ Plan S. 442/443) **€€**
Mittags serviert dieses kleine Restaurant nur Oyakodon- (wörtl. Eltern und Kind) Donburi – Huhn mit Reis

Auf dem Yatabune durch die Bucht von Tokyo gleiten und ein traditionelles Essen genießen

auf Ei. Und das so gut, dass sich schon vor dem Öffnen eine Schlange bildet. Abends gibt es kleine Gerichte, Spezialität ist dann das Sukiyaki mit Huhn.
1-17-10 Nihonbashi Ningyocho, Chuo-ku | Tel. 03 36 68 76 51
tgl. 11.30–13.30 (Oyakodon), 17.30–22 Uhr

⑩ MOTI (▶ Plan S. 442/443) **€€**
Die Tokyoter Institution serviert einfache indische Gerichte. Mit vielen Filialen in der Stadt.
6-2-35 Roppongi, 3rd Fl., Roppongi Hama Building, Minato-ku
Tel. 03 34 79 19 39 | Mo.–Sa. 11.30–23, So. ab 12 Uhr

⑪ SIZZLER (▶ Plan S. 451) **€€**
US-Kette, die vor allem wegen des frischen und äußerst reichhaltigen Salat- und Nachtischbuffets beliebt ist. Sehr gute Steaks und Hamburger.
Mitsui Bldg., Nishi-Shinjuku 2-1-1, Shinjuku-ku | Tel. 03 33 42 58 14
ab 11, letzte Bestellung 22 Uhr

⑫ MOKO TAN-MEN NAKAMOTO SHINJUKU (▶ Plan S. 451) **€**
Frische Nudeln in einer scharfen Chilli-Sesamsuppe sind die Spezialität des Hauses. Und günstig ist es auch.
Mikasa Bldg. B1, 7-8-11 Nishi-Shinjuku, Shinjuku-ku
Tel. 03 33 63 33 21
So.–Fr. 10–24, Fr., Sa. bis 2 Uhr

BAEDEKER MAGISCHE MOMENTE

NUR MUT – KARAOKE!

Man muss gar nicht vor fremden Leuten singen – beim Karaoke in Japan mietet jedes Grüppchen einen eigenen Raum mit Karaoke-Anlage, Discokugel und Rhythmusgeräten. Getränke gibt es aufs Zimmer, und die Liedauswahl funktioniert ganz einfach, digital und auch auf Englisch. Ein Riesenspaß!

⓭ BOMBAY BAZAAR

(▶ Plan S. 442/443) €
Günstiges kleines organisches Café im Untergeschoss. Es gibt Pizza, Pasta, Salate und Curries – darunter auch reichlich vegetarische Optionen.
Sarugakucho 20-122, Shibuya-ku
Tel. 03 34 61 85 12 | Mo.–Sa. 11.30–19.30, So 11–20 Uhr

YAKITORI-STÄNDE

(▶ Plan S. 442/443) €
Unter den Bahngleisen südlich von Yuraku-cho (oder U-Bhf. Hibiya, Ausgang A1) befinden sich eine Reihe kleiner, stimmungsvoller Yakitori-Lokale, teilweise nur Stände mit Stühlen im Freien, wo viele japanische Angestellte einen Imbiss einnehmen.

VERGNÜGUNGSVIERTEL

Die beliebtesten Vergnügungsviertel sind **Roppongi**, wo sich vor allem die ausländischen Bewohner der Stadt gern amüsieren – von der Roppongi-Kreuzung wird man geradezu ins Nachtleben hineingestoßen –, und **Kabuki-cho**, im Bezirk Shinjuku, wo es etwas derber zugeht. Hier befindet sich auch die »**Golden Gai**« (Goldene Gasse), in der sich kleine Kneipen und Bars aneinanderreihen.

KARAOKE

Wenn man in Japan ist, gehört es eigentlich dazu, einmal Karaoke auszuprobieren. Es gibt immer auch englische Lieder zur Auswahl. Meist mietet man einen privaten Karaoke-Raum in einem Karaoke-Zentrum (sodass es niemand peinlich werden muss).

THEATER, OPER, TANZ, KONZERTE

Klassische japanische Unterhaltung wie Kabuki, No und Bunraku wird im **Nationaltheater** (Kokuritsu Gekijo, 4-1 Hayabusa-cho) und im **No-Nationaltheater** (Kokuritsu Nogakudo, 4-18-1 Sendagaya) aufgeführt. Spielpläne und Tickets: http://ticket.ntj.jac.go.jp/top_e.htm oder Tel. 03 32 30 30 00 bzw. am Ticketschalter des jeweiligen Theaters. Für Liebhaber von Opern, Ballett, westlichem Schauspiel und modernem Tanz ist das **Neue Nationaltheater** (Shinkokuritsu Gekijo) eine gute Adresse (Honcho 1-1-1, Shibuya-ku, U-Bhf. Hatsudai, Keio New Line; Tel. 03 53 51 30 11; www.nntt.jac.go.jp).
Im kürzlich komplett renovierten **Kabukiza** an der Ginza werden täglich zwei mehrstündige Kabuki-Programme gegeben; man kann auch Tickets für nur einen Akt kaufen (4-12 Ginza, Chuo-ku).
Im **Bunkamura-Kulturzentrum** in Shibuya finden Konzerte, Theateraufführungen und Ausstellungen statt; es gibt auch ein Kunstmuseum, ein Kino, Restaurants und Boutiquen (2-24-1 Dogenzaka; Tel. 03 34 77 91 11; www.bunkamura.co.jp/english/).
Klassische Konzerte werden außerdem in der **Tokyo Bunka Kaikan** im Ueno-Park (Ueno-koen 5-45; Tel. 03 38 28 21 11), in der **Suntory Hall** (Akasaka 1-13-1; Tel. 03 35 84 99 99, www.suntory.com/culture-sports/suntory hall) und in der **Konzerthalle des Opera-City-Komplexes** (3-20-2 Nishi-Shinjuku; Tel. 03 53 53 07 88, www.operacity.jp/en) veranstaltet.

SPORT

Wer ein Baseballspiel sehen möchte, geht am besten in den Tokyo Dome, Heimat der **Yomiuri Giants** (1-3-61 Koraku; Tel. 03 58 00 99 99; www.tokyo-dome.co.jp/e/). Infos zu **Sumo-Turnieren** ▶ Baedeker Wissen, S. 618.

VERGNÜGUNGSPARKS

TOKYO DISNEYLAND AND TOKYO DISNEY SEA

Tokyo Disneyland (▶ S. 467) ist ein klassischer Disneypark mit

KAMPAI – PROST!

Japanische Kneipen heißen Izakaya – wörtlich übersetzt bedeutet das »Haus, in dem es Alkohol gibt«, doch in den wenigsten ist das Angebot auf Alkohol beschränkt. Also: Einfach mal hingehen!

Zwar gibt es unter den Izakaya auch reine Trinkstuben (**Nomiya**), oft kleine Ein-Personen-Betriebe, die weder Platz noch Zeit für große Kochkünste haben, sich stattdessen auf eine Auswahl an Sake und Bier konzentrieren. Die meisten sind aber gleichzeitig richtige Restaurants – oft der beste Ort, um authentische japanische »**Hausmannskost**« zu probieren. Ähnlich ländlichen britischen Pubs spielt oft die Küche eine größere Rolle als der Alkohol, und Gäste kommen von weither, um die Spezialitäten zu kosten. Tokyo nimmt in der japanischen Kneipengeografie naturgemäß eine Sonderstellung ein: Nahezu jede Region Japans ist durch Izakayas vertreten, die die jeweiligen **lokalen Sake-Sorten** (Jizake) vorrätig haben und entsprechende Speisen anbieten. Oft sind die Gäste Einheimische, die in Tokyo arbeiten, sich aber nach ihrer Heimat in der Provinz und dem heimischen Geschmack sehnen. Gleichzeitig verfügt Japans Hauptstadt mit seiner hemdsärmeligen **Shitamachi-Kultur** (»shitamachi« = Unterstadt) über einige der ältesten und urigsten Kneipen des Landes. Selbstverständlich ist die Hauptstadt auch Trendsetter für neues Design in schicken Kneipen, die ein junges, zahlungskräftiges Publikum anziehen.

In einem Izakaya gibt es außer Sake und Bier auch kleine Gerichte.

Getränke

Auch im Izakaya wird gerne **Bier** (»biru«) getrunken, das vom Fass (»nama«) oder in Flaschen für die ganze Runde bestellt wird und das man sich stets gegenseitig nachgießt. **Sake** bestellt man in 180-ml-Einheiten (»go«). Er wird kalt oder warm genossen, es gibt ihn eher herb (»karaguchi«) oder mild (»ama-guchi«) – als Neuling verlässt man sich am besten auf die Empfehlung der Bedienung.
Eine interessante alkoholische Alternative sind die **Mixgetränke** (-»sawa« und -»hai«) mit Sake bzw. dem japanischen Tresterschnaps Shochu. Remon-sawa z. B. besteht aus Zitronensaft, Sake und Wasser.
Außerdem gibt es auch alkoholfreie Getränke, oft Cocktails oder Whiskys, aber selten Wein. (Von dem sollte man auch besser Abstand nehmen.)

Speisen

Die Gerichte im Izakaya sind meist kleine Portionen, die für die gesamte Tischrunde bestellt werden. Für eine volle Mahlzeit ordert man pro Person zwei bis drei Gerichte. Reis und Nudeln spielen keine große Rolle, solche Sattmacher werden üblicherweise erst am Schluss serviert. Der Schwerpunkt liegt auf Fischgerichten wie Sushi und Sashimi sowie Salaten, kleinen frittierten Happen und Fingerfood wie Frühlingsrollen oder Fleischspießchen.

Typische Izakaya-Gerichte

edamame – mit der Schale gekochte und gesalzene grüne Sojabohnen (sie springen beim Daraufbeißen leicht aus der Schale)

Hier geht's hinein in einen Izakaya in Tokyo.

kimchi – koreanischer scharf eingelegter Kohlsalat
tsukemono – sauer eingelegtes Gemüse
agedashi-dofu – frittierter Tofu in Brühe
hiya-yakko – kalter Seidentofu
natto – vergorene Sojabohnen mit intensivem, käseähnlichem Geschmack (schleimig)
gyoza – chinesische, mit Hackfleisch gefüllte Teigtaschen
kara-age – frittierte Fleisch- oder Huhn-Stückchen
renkon-chips – frittierte Lotuswurzelscheiben
ochazuke – mit einer Gewürzmischung garnierter weißer Reis, der mit Tee übergossen wird.

Daneben bieten die meisten Izakaya auch westliches Fast-Food an, z. B. kleine Pizzas, Pommes Frites und Eiscreme.
Ein Abend im Izakaya mit zwei bis drei Getränken und ebenso vielen Gerichten kommt etwa auf 3000–4000 ¥ pro Person. Ein Tipp: Sie können ihn getrost langsam angehen lassen: Es ist nicht unüblich, immer wieder Getränke und auch Gerichte nachzubestellen.

Für Einsteiger

Viele Izakaya gehören großen **Ketten** und sind daher schnell am **Logo** zu erkennen. Sie haben eine bebilderte, üppige Speisekarte und bieten neben einem größeren Gastraum auch Separees (westliche Tische oder japanische Tatami-Räume) für unterschiedliche Gruppengrößen. Die japanischen Räume betritt man ohne Schuhe. Gerade am Wochenende kann es dort wegen zahlreicher Betriebsfeiern recht laut zugehen.

和民–WATAMI

Große Auswahl an Speisen und Alkohol. Relativ urige Einrichtung (gleiche Firmengruppe: Za Watami und Watami-tei).

天狗 – TENGU

Vor allem typisch japanische Speisen, auch Sashimi und Sukiyaki.

魚民 – UOTAMI

Spezialität sind hier Sushi und Fischgerichte.

えん – EN

Sehr stilvoll japanisch eingerichteter Izakaya mit guten Tofugerichten; vor allem in Tokyo vertreten.

笑笑 – WARAWARA

Reichhaltige Karte, Schwerpunkt auf Frittiertem und Spießchen.

Für Fortgeschrittene

Bei den nachfolgenden vier Adressen in Tokyo handelt es sich um privat betriebene Izakayas – wer in einem Ketten-Izakaya geübt hat, kann sich einmal hier versuchen:

ぬる燗 – NURUKAN

In einer Seitenstraße links hinter dem Kannon-Tempel von Asakusa. Relativ unscheinbarer Eingang mit einer weißen Papierlaterne. Kleine familiäre, preiswerte Kneipe mit sehr großer Auswahl an Sake, japanischen Schnäpsen (auch Awamori von Okinawa) und Bieren. Auch kleine Gerichte.
3-20-9 Asakusa, Taito-ku | Tel. 03 38 76 14 21 | tgl. 17.30–2 Uhr

茶茶花 – CHACHAHANA

Am Fußweg »Golden-Gai«, mit Trittsteinen. Hippes Designer-Lokal; die Einrichtung reicht von minimalistischen Thekensitzen bis zu Separees mit Tatami. Sehr gute japanische Küche, oft mit ungewöhnlichen Gemüsesorten oder Speisen wie Nama-fu (Gluten). Am Wochenende oft lange Wartezeiten.
1-1-1 Kabukicho, Shinjuku-ku | Tel. 03 52 92 29 33 | tgl. 17–23.30 Uhr

みますや – MIMASUYA

Haus aus den 1920er-Jahren mit Holzfassade, zwei Blocks südwestlich Kreuzung Yasukuni-dori/Sotobori-dori. Urige Kneipe mit über 100-jähriger Tradition, vermutlich ältester Izakaya in Tokyo. Deftiges Essen, wie in Miso gekochter Fisch. Abends oft sehr voll.
2-15 Kanda Tsukasamachi, Chiyoda-ku Tel. 03 32 94 54 33 | tgl. 11.30–13.30, 17–22.30 Uhr

七代目寅 – NANADAIME TORA

Schräg hinter Omotesando Hills, gegenüber Flying Tiger Copenhagen. Kleine, holzgetäfelte Kneipe im Keller mit einigen kleinen Separees. In der Mitte eine offene Feuerstelle (»irori«), wo auf Holzkohlen gegrillt wird.
4-4-8 Jingu-mae, Shibuya-ku Tel. 03 54 74 59 59 | tgl. 11–13.30, 17–23.30 Uhr

Fahrgeschäften, Restaurants, Shops und Disneyparaden. Eher etwas für ältere Kinder und Erwachsene ist Tokyo Disney Sea mit sieben unterschiedlichen Hafenbereichen (mediterran, arabische Küste etc.) und Themenrestaurants.
Maihama 1-1, Urayasu-shi, Chiba (bei Tokyo) | Tel. 057 0 00 86 32 tgl. 8.30–22 Uhr | Tagespass für einen Park: 7400 ¥, Kinder (bis 11) ab 4800 ¥, (12–17) ab 6400 ¥
www.tokyodisneyresort.jp/en/

SANRIO PURO LAND

Der Indoor-Themenpark der Firma Sanrio, die durch die Figur **Hello Kitty** international bekannt geworden ist, umfasst zahlreiche Fahrgeschäfte und Shows mit Sanrio-Figuren und einen großen Shop.
Ochiai 1-31, Tama, Tokyo
Tel. 042 3 39 11 11 | tgl. mind. 10–17 Uhr (s. Website)
ab 3300 ¥, Kinder ab 2500 ¥
https://en.puroland.jp

❶ DEVIL CRAFT

(▶ Plan S. 442/443)
Bierbar mit 15 Fassbieren aus Japan und den USA und einer guten Auswahl an kalifornischen Weinen. Dazu gibt es Chicago-Style-Pizzas, Chicken Wings und Tortilla-Chips mit Spinat-Artischocken-Dip.
4-2-3 Nihonbashi-Muromachi, Chuo-ku | Tel. 03 62 65 17 79
Mo.–Fr. 17–23.30, Sa. 15–23, So. 15–22 Uhr

❷ BLUE NOTE TOKYO

(▶ Plan S. 442/443)
Die wichtigste Bühne für Live-Jazz – eine Institution der Stadt.
6-3-16 Raika Bldg., Minami-Aoyama, Minato-ku | Tel. 03 54 85 00 88; tgl. 17.30–1 Uhr (Live Acts 19 und 21.30 Uhr)

❸ AZABU JUBAN ONSEN

(▶ Plan S. 442/443)
Ein Onsen in Tokyo? Das gibt es, und dieses hier ist nicht das einzige! Nach dem Bad im bräunlichen Quellwasser, das angenehme 26 °C kalt ist, kann man sonntags ab 15 Uhr bei einem Bierchen auch japanische Schlager (»enka«) hören.
1-5-22 Azabu Juban, Minato-ku, U-Bhf. Roppongi | Tel. 03 34 04 26 10
Mi.–Mo. 11–21 Uhr | 1260 ¥

❹ BLUES ALLEY JAPAN

(▶ Plan S. 442/443)
Schicke Restaurant-Bar mit mediterraner Küche und Live-Jazz (Tickets ab 4000 ¥).
Hotel Wing International Meguro, Untergeschoss B1, 1-3-14, Meguro-ku | Tel. 03 54 96-43 81 | tgl. ab ca. 18 Uhr | www.bluesalley.co.jp

❺ WHAT THE DICKENS

(▶ Plan S. 442/443)
Der gemütliche Pub ist im englischen Look mit viel Holz eingerichtet und bei Expats beliebt. Oft Live-Musik (u. a. Rock, Pop, Folk).
Roob 6 Bldg., 4th Fl., 1-13-3 Ebisu-Nishi, Shibuya-ku, U-Bhf. Ebisu
Tel. 03 37 80 20 99 | Di.–Sa. ab 17, So. ab 15 Uhr

❻ SHINJUKU ROBOT RESTAURANT (▶ Plan S. 451)

V. a. bei westlichen und asiatischen Ausländern beliebt ist die »Roboter«-Show, eine Mischung aus japanischem Matsuri, Karneval in Rio, Gay Pride und Cosplay. Tatsächliche Roboter kommen zwar nicht vor, aber als schrilles Off-Theater macht das Spektakel auf jeden Fall Spaß. Kein Restaurant! (8000 ¥; Getränke und Snacks extra, mehrere Shows tgl.; vor allem im Frühjahr und Herbst unbedingt rechtzeitig reservieren!)
1-7-1 Kabuki-cho, Shinjuku-ku;
Tel. 03 32 00 55 00
www.shinjuku-robot.com

7 GOOD BEER FAUCETS

(▶ Plan S. 449)
Das Good Beer Faucets ist ideal für ein Bier nach dem Shoppingbummel im geschäftigen Shibuya. Über 40 Sorten Fassbier sind im Angebot, der Fokus liegt auf japanischen und amerikanischen Sorten, darunter neun Hausbiere. Mutige probieren das Smoke Pump Stout oder den Yuzu Dream (Yuzu ist eine Zitrusfrucht). Und etwas zu essen gibt es auch.
Shoto 1-29-1, Crossroads Bldg., 2nd Fl., Shibuya-ku | Tel. 03 37 70 55 44 | Mo.–Do. 16–24, Fr. 16–3, Sa. 15–24, So. 15–23 Uhr
https://goodbeerfaucets.jp/

1 PENINSULA HOTEL

(▶ Plan S. 442/443) €€€€
Von außen erinnert das Gebäude an eine traditionelle japanische Laterne, innen gibt es viel japanische Kunst und von vielen Zimmern einen fantastischen Blick über den Kaiserpalast.
1-8-1 Yurakocho, Chiyoda-ku, Tokyo | Tel. 03 62 70 28 88
www.peninsula.com/Tokyo

2 IMPERIAL

(▶ Plan S. 442/443) €€€€
Das von Staatsoberhäuptern, Mitgliedern von Königshäusern und Managern gleichermaßen bevorzugte Haus der Spitzenklasse liegt unweit aller wichtigen Punkte der Stadt. Die Küche der 13 Restaurants (darunter das weltberühmte Les Saisons) mit französischen, japanischen und chinesischen Spezialitäten ist preisgekrönt. Die Old Imperial Bar ist mit Erinnerungsstücken an den Architekten des Hotels, Frank Lloyd Wright, ausgestattet.
1-1-1, Uchisaiwai-cho, Chiyoda-ku 100, Tokyo 100-8558
Tel. 03 35 04 11 11
www.imperialhotel.co.jp

3 CLASKA HOTEL

(▶ Plan S. 442/443) €€€€
Das luxuriöse Boutique-Hotel verfügt über neun individuell eingerichtete Zimmer, einen Buchladen, eine Coffee-Lounge, einen Hundesalon und eine Veranstaltungsfläche für Ausstellungen, Modeschauen und Konzerte.
1-3-18 Chuocho, Meguro-ku, Tokyo 152-0001 | Tel. 03 37 19 81 21
www.claska.com/en/

4 KEIO PLAZA HOTEL

(▶ Plan S. 451) €€€€
Das Keio-Plaza Hotel liegt im Herzen von Shinjuku. Viele der Zimmer bieten einen spektakulären Ausblick auf das Tokyoter Rathaus, bei schönem Wetter ist sogar ein Blick auf den Fuji-san möglich. Vom Pool auf der Dachterrasse im 7. Stock hat man die Skyline Shinjukus gut im Blick.
2-2-1 Nishi-Shinjuku, Shinjuku-ku, Tokyo 160-8330 | Tel. 03 33 44 01 11 | www.keioplaza.com

5 PARK HYATT HOTEL

(▶ Plan S. 451) €€€€
Im Shinjuku Park Tower; das Hotel beginnt im 41. Stock. Schöner Bambusgarten in der Lobby. Im 52. Stock befindet sich die New York Bar, bekannt aus dem preisgekrönten Film »Lost in Translation« – seitdem pilgert so mancher Filmfan hierher. Natürlich alles vom Feinsten!
3-7-1-2 Nishi Shinjuku, Shinjuku-ku
Tel. 03 53 22 12 34 | www.tokyo.park.hyatt.com

6 THE GATE HOTEL

(▶ Plan S. 442/443) €€€
Modernes Designhotel gegenüber vom Kaminari-mon im Herzen von Asakusa. Das Frühstücksbuffet ist reichhaltig und gut und von der Dachterrasse hat man einen wunderbaren Blick.
Kaminarimon 2-16-11, Taito-ku
Tel. 03 58 26 38 77
www.gate-hotel.jp

7 SHIBUYA TOBU HOTEL
(▶ Plan S. 442/443) €€€
Sieben Gehminuten vom Bahnhof Shibuya. Bei Internetbuchung billiger. Am schönsten sind die Twin Rooms. Mit Sushi- und Tempura-Lokal.
3-1 Utagawamachi, Shibuya-ku, Tokyo 150-0042 | Tel. 03 34 76 01 11
http://shibuya-tobu-tokyo.hotel-rn.com

8 SUIGETSU HOTEL OHGAI-SOU (▶ Plan S. 459) €€€
Direkt am Ueno-Park. Stimmungsvolles Hotel im japanischen Stil mit westlichen und japanischen Zimmern (Letztere teurer). Mit einem schönen alten Haus, in dem einst der große Schriftsteller Mori Ogai wohnte, und japanischem Garten. Öffentliches Marmorbad für Männer, aus Zypressenholz für Frauen.
3-3-21 Ikenohata, Taito-ku, Tokyo 110-0008 | Tel. 03 38 22 46 11
Tel. 0120 26 62 66 (in Japan gebührenfrei) | https://ohgai.co.jp

9 SAKURA HOTEL
(▶ Plan S. 442/443) €€
Einfach, aber sauber und günstig am U-Bahnhof Jimbocho, Ausgang A 6, gelegen (plus etliche Filialen). Kleine Einzelzimmer, Doppelzimmer, Zwei-Bett-Zimmer (mit Etagenbett) und Gemeinschaftszimmer mit Etagenbetten (auch für Familien geeignet). Das Personal spricht Englisch. Vermietet auch für längere Aufenthalte.
2-21-4 Kanda-Jimbocho, Chiyoda-ku, Tokyo 101-0051
Tel. 03 32 61 39 39
www.sakura-hotel.co.jp

10 SAWANOYA RYOKAN
(▶ Plan S. 459) €€
Zehn Zimmer ohne Bad (aber mit Waschbecken), zwei mit Bad. Zwei Gemeinschaftsbäder. Gemütliches, von einer Familie geführtes, sauberes und günstiges Ryokan in der Gegend um den Ueno-Park. Mit Münzwaschmaschine und -trockner. Tee, Kaffee, Internet gratis. Vorführung von Löwentanz und Teezeremonie. Unbedingt reservieren!
2-3-11 Yanaka, Taito-ku, Tokyo 110-0001 | Tel. 03 38 22 22 51
www.sawanoya.com

11 RYOKAN ASAKUSA SHIGETSU
(▶ Plan S. 461) €€
Gemütliches Ryokan mitten in Asakusa, von den japanischen Bädern aus Zypressenholz im 6. Stock blickt man auf die Pagode des Sensoji-Tempels. Japanische und westliche Zimmer, Letztere kleiner und weniger schön, aber billiger. Japanisches Restaurant.
1-31-11 Asakusa, Taito-ku, Tokyo 110-0032 | Tel. 03 38 43 23 45
www.shigetsu.com/e

12 ARTNSHELTER
(▶ Plan S. 442/443) €€–€
Das ARTnSHELTER gehört zu einer neuen Generation von Design-Hostels: Galerie, Meeting Place und Hostel in einem. Die Schlafsäle sind recht geräumig, und es gibt es auch Privatzimmer. Alle Zimmer verfügen nur über Gemeinschaftsduschen.
Higashioi 1-19-10, Shinagawa
Tel. 03 37 65 22 88
www.artnshelter.com

13 FIRST CABIN AKIHABARA
(▶ Plan S. 459) €
Versteht sich selbst als die First Class Variante unter den Kapselhotels: Die Schlafkapseln sind so groß, dass man auch stehen kann, und nur einstöckig angeordnet. Allerdings bieten sie keinen Platz für Gepäck, und bei einem mehrtägigen Aufenthalt muss man tagsüber auschecken. Für Frauen gibt es eigene Stockwerke, die nur mit einer speziellen Karte zu betreten sind.
3-38 Kandasakumacho, Chiyoda-ku, Tokyo | Tel. 03 62 40 97 98
http://first-cabin.jp (jap.)

Unweit westlich stößt man auf das Kaiserliche Theater (Teikoku-Theater). Im 9. Stock des Theatergebäudes ist das **Idemitsu-Kunstmuseum** mit einer japanischen und chinesischen Sammlung untergebracht; es zeigt etwa sechs Sonderausstellungen im Jahr.

Idemitsu Museum of Arts: Di.–So. 10–17, Fr. bis 19 Uhr | 1000 ¥
http://idemitsu-museum.or.jp/en/

Für die Öffentlichkeit nur eingeschränkt zugänglich

★ Kaiserpalast, Palastgarten

In der Nähe der Industrie- und Handelskammer erreicht man über einen Wassergraben den Vorplatz (Kokyo Gaien) vor dem Kaiserpalast. Von hier sieht man die »Doppelbrücke« **Nijubashi**, die zum inneren Bereich der von mächtigen Mauern umgebenen Palastanlage führt. Für die Öffentlichkeit ist der Palast im Allgemeinen nicht zugänglich. Es gibt aber tägliche Führungen durch den vorderen Teil der Anlage (nur nach Anmeldung, ▶ unten), vorbei am Kaiserlichen Haushaltsamt, an der Staats-Banketthalle und zur Nijubashi.
Ein weiterer Teil des Palastgeländes mit Teilen der edozeitlichen **Befestigungen** und einer **Ausstellungshalle** ist zudem vom Nordosten her als Park zugänglich (Taschenkontrolle). Der Kaiserpalast erlitt im Zweiten Weltkrieg schwere Schäden und wurde in der alten Form, aber unter Verwendung von Stahlbeton bis 1968 neu erbaut. Frei zugänglich ist der Ostteil des Gartens, der **Higashi-Gyo-en**, mit einigen alten Bauten.
Im Norden des Higashi-Gyo-en steht an der Straße das **Nationalmuseum für Moderne Kunst** mit Exponaten ab der Meiji-Zeit (Bildende Kunst und Fotografie); etwas weiter nördlich folgt das **Wissenschaftsmuseum** (Technik und Naturwissenschaften; Atomenergie, Raumfahrt) – vor allem für Kindxer ein Spaß, weil es viel auszuprobieren gibt.

Kaiserpalast: Anmeldung unter http://sankan.kunaicho.go.jp/english (bis 4 Tage vorher) oder Tel. 03 32 13 11 11 bzw. persönlich im Büro (bis 1 Tag vorher | Mo.–Fr. 8.45–12, 13–17 Uhr) | falls Plätze frei sind, auch persönliche Anmeldung am selben Tag | Führungen: Mo.–Fr. 10 und 13.30 Uhr, 21. Juli–31. Aug. nur 13.30 Uhr
Ostgarten: Eintritt frei, Di.–Do., Sa., So. 9–16.30, März, Sept., Okt. bis 16, im Winter bis 15.30 Uhr
National Museum of Modern Art: Di.–So. 10–17, Fr., Sa bis 20 Uhr 500 ¥ | www.momat.go.jp/ge/ger_museum/(auf Dt.)
Science Museum: Do.–Di. 9.30–16.50 | 720 ¥ | www.jsf.or.jp/eng/

Kriegsopfer-Schrein und Kriegsmuseum

Yasukuni-Schrein

Nordwestlich außerhalb der Parkanlage, jenseits des diese umgebenden Wassergrabens, liegt auf dem Hügel Kudan der Yasukuni-Schrein von 1869. Er ist den japanischen Kriegsopfern gewidmet, darunter auch einige von den Amerikanern verurteilte Kriegsverbrecher, weshalb die Besuche japanischer Ministerpräsidenten in diesem Schrein

Hinter der »Doppelbrücke« Nijubashi erkennt man den Kaiserpalast.

regelmäßig für Proteste im asiatischen Ausland sorgen. Am Weg zum Schrein passiert man das Bronzestandbild von Omura Masujiro (1825–1869), einem Staatsmann der frühen Meiji-Zeit.
Auf dem Schreingelände präsentiert das **Militär- und Kriegsmuseum** (**Yushukan**) ein ausführliches (mit englischsprachigen Erläuterungen versehenes!) Bild der neueren japanischen Geschichte – aufgrund der einseitigen Darstellung ist das Museum aber selbst in Japan umstritten.
Yushukan: tgl. 9–16.30 Uhr | 800 ¥

Erster Park westlichen Stils in Japan

Hibiya-Park

Südlich des Kaiserpalasts liegt der Hibiya-Park, der 1903 als erster Park westlichen Stils in Japan eröffnet wurde. In ihm befinden sich die 1929 in gotisierenden Formen erbaute Halle Hibiya-kokaido und die Hibiya-Bibliothek. Östlich des Großen Brunnens gelangt man zum Imperial-Hotel (► S. 438) und unter der Bahn-Hauptlinie hindurch in den Ginza-Bezirk.
Westlich des Parks erstreckt sich das **Regierungsviertel Kasumigaseki** mit vielen Ministerien. Das 1936 im westlichen Stil errichtete Parlamentsgebäude (Kokkai-gijido) erweist sich als klobiger Granitbau mit 65 m hohem Turm.

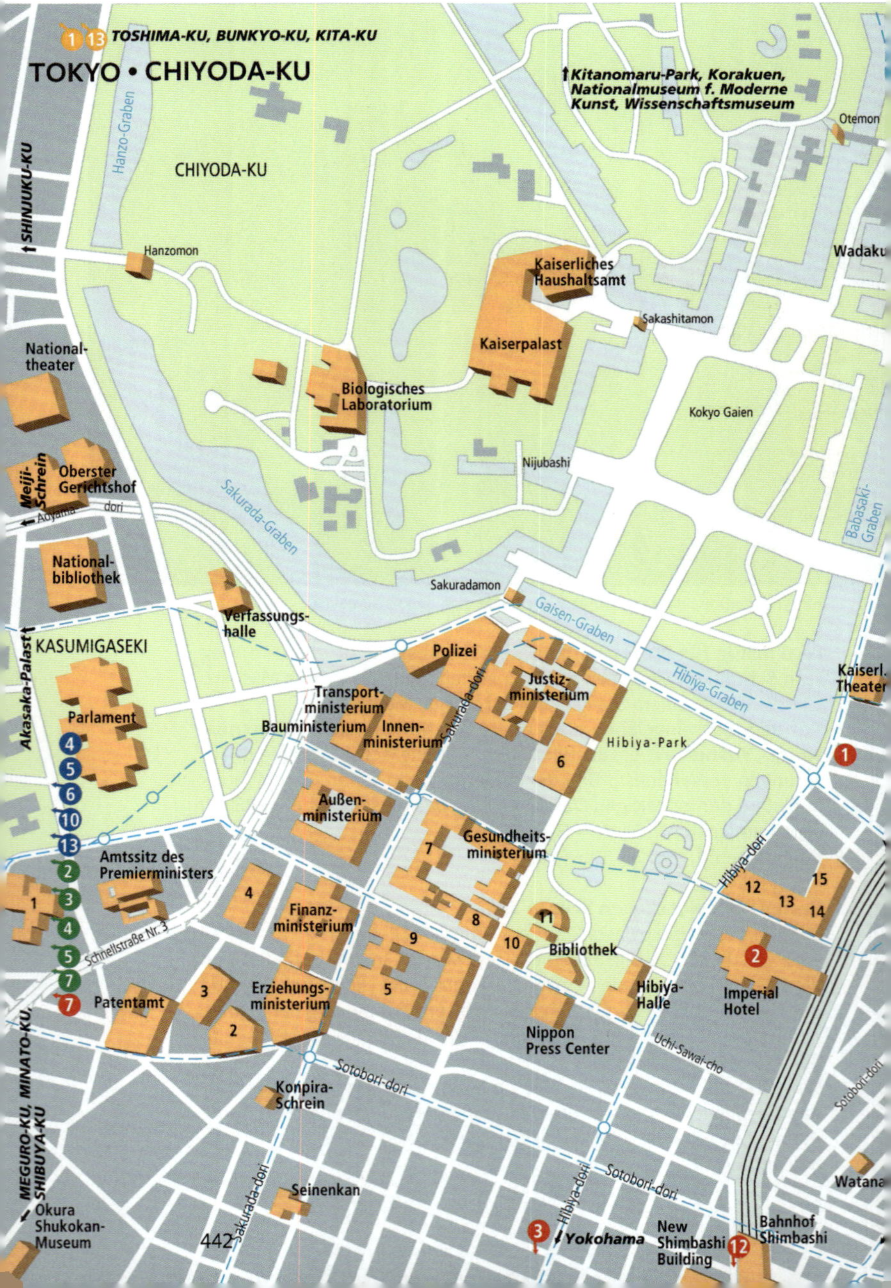
1 13 TOSHIMA-KU, BUNKYO-KU, KITA-KU
TOKYO • CHIYODA-KU
↑Kitanomaru-Park, Korakuen, Nationalmuseum f. Moderne Kunst, Wissenschaftsmuseum
Otemon
Hanzo-Graben
CHIYODA-KU
↑SHINJUKU-KU
Hanzomon
Wadaku
Kaiserliches Haushaltsamt
Sakashitamon
Kaiserpalast
National-theater
Biologisches Laboratorium
Kokyo Gaien
Nijubashi
Meiji-Schrein
Oberster Gerichtshof
Aoyama-dori
Sakurada-Graben
Babasaki-Graben
National-bibliothek
Sakuradamon
Verfassungs-halle
Gaisen-Graben
Akasaka-Palast
KASUMIGASEKI
Polizei
Hibiya-Graben
Kaiserl. Theater
Justiz-ministerium
Transport-ministerium
Bauministerium
Innen-ministerium
Sakurada-dori
Parlament
Hibiya-Park
6
Außen-ministerium
Gesundheits-ministerium
7
Amtssitz des Premierministers
Hibiya-dori
12 13 14 15
4
Finanz-ministerium
11
8
9
10
Bibliothek
Schnellstraße Nr. 3
Imperial Hotel
Erziehungs-ministerium
3
5
Hibiya-Halle
Patentamt
2
Nippon Press Center
Uchi-Sawai-cho
MEGURO-KU, MINATO-KU, SHIBUYA-KU
Sotobori-dori
Konpira-Schrein
Sotobori-dori
Seinenkan
Watana
Okura Shukokan-Museum
Sakurada-dori
Hibiya-dori
Yokohama
New Shimbashi Building
Bahnhof Shimbashi

1 Mikawa Zezankyo
2 Kyubei
4 Yakumo Saryo
5 Ninja
6 Cicada
8 Tsukiji Edogin Honten
9 Tamahide
10 Moti
13 Bombay Bazaar

1 Devil Craft
2 Blue Note Tokyo
3 Azabu Juban Onsen
4 Blues Alley Japan
5 What the Dickens
7 Good Beer Faucets

1 Peninsula Hotel
2 Imperial
3 Claska Hotel
6 The Gate Hotel
7 Shibuya Tobu Hotel
9 Sakura Hotel
12 ARTnSHELTER

1 Hobby Center Kato
5 Muji Yurakucho
6 Mikimoto Ginza 2
7 Itoya
8 Uniqlo
13 Mandarake

1 Residenz des Premierministers
2 Toranomon Building
3 Kasumigaseki Building
4 Raumordnungsbehörde
5 Post- und Fernmeldeministerium
6 Oberster Gerichtshof
7 Ministerium für Landwirtschaft, Forsten und Fischerei
8 Familiengericht
9 Handels- und Industrieministerium
10 Distriktgericht
11 Hibiya-Konzerthalle
12 Nissei-Theater
13 Takarazuka-Theater
14 Yurakuza-Theater
15 Hibiya-Theater
16 Shin-Marunouchi-Building
17 Tokyo Kaijo Building
18 Nichigeki-Theater

Wohin in Akasaka und Roppongi?

Vornehm

Akasaka

Südwestlich des Regierungsviertel erstreckt sich das vornehme Akasaka mit einigen Luxushotels, zahlreichen Botschaften und schicken Restaurants. Hier steht auch der **Hie-Schrein** (Sanno-sama), ursprünglich bereits vor der Edo-Zeit entstanden und dem Berggott Oyamakui-no-kami geweiht. Das Mitte Juni stattfindende Schreinfest **Sanno-Matsuri** gehört zu den bekanntesten der Stadt (▶ S. 427).
Westlich des Bahnhofs Nagatacho, vorbei am bekannten Hotel New Otani mit einem frei zugänglichen sehr schönen Garten, liegt in einem Park der **Akasaka-Palast** (**Geihinkan**), der heute das staatliche Gästehaus beherbergt. Der Bau wurde 1899–1909 in erdbebensicherer Technik erstellt; zuvor hatte sich hier der Wohnsitz der Kii-Tokugawa befunden, in dem der Kaiser residierte, während der Kaiserpalast wieder errichtet wurde. Der Akasaka-Palast zeigt Bauformen, wie sie im Frankreich des späten 18. Jhs. zu finden sind. Er ist nicht zugänglich.

Diplomaten- und Vergnügungsbezirk

Roppongi

An Akasaka schließt im Osten das Roppongi-Viertel an, Wohnquartier zahlreicher Ausländer, Sitz diplomatischer Vertretungen und Vergnügungsviertel. An der Ecke Roppongi-dori und TV Asahi-dori, südwestlich des Bahnhofs Roppongi, ragt der Komplex Roppongi Hills mit dem runden **Mori Tower** auf. Von dessen Aussichtsplattform »Tokyo City View« im 52. Stock hat man einen grandiosen Panoramablick auf die Stadt; bei gutem Wetter kann man sogar auf das Dach steigen (Sky Deck) – für Fotografen attraktiv, weil kein Glas vor dem Stadtpanorama ist, auch wenn man nicht nah an die Brüstung kommt. Im 53. Stock bildet das **Mori Art Museum** eines der besten Museen für Gegenwartskunst in Japan.
Außerdem findet man hier eine Reihe von Restaurants und Geschäften vor, ferner verschiedene Grünanlagen, darunter einen Dachgarten und einen Garten mit einer bunten Skulptur des Künstlers Murakami Takeshi. Durch den Komplex werden auch englischsprachige Führungen angeboten (www.roppongihills.com).

Aussichtsplattformen Tokyo City View: tgl. 10–23, Fr., Sa. bis 1 Uhr 1800 ¥ | **Sky Deck:** tgl. 11–20 Uhr | 500 ¥
Mori Art Museum: tgl. 10–22, Di. nur bis 17 Uhr | 1500 ¥
www.mori.art.museum/eng

Höchster Wolkenkratzer und eines der größten Museen

Midtown-Komplex

Folgt man der Gaien-Higashi-Straße von der Roppongi-Kreuzung nach Norden, erhebt sich rechts der Midtown-Komplex mit dem 248 m hohen **Midtown Tower**, dem momentan höchsten Wolkenkratzer der Stadt. Hier zeigt das renommierte **Suntory-Kunstmuseum** altjapanische Kunst und Kunstgewerbe.

Noch ein Stück weiter nördlich kommt man zum **National Art Center Tokyo** (Wechselausstellungen). Das Gebäude mit der wellenförmigen Fassade stammt vom japanischen Architekten Kurokawa Kisho und ist mit 14 000 m² Ausstellungsfläche eines der größten Museen Japans.

Suntory Museum of Art: Mi.–Mo. 10–18, Fr., Sa. bis 20 Uhr | 1300 ¥
www.suntory.com/sma/

National Art Center Tokyo: Mi.–Mo. 10–18, Fr. bis 20 Uhr
je nach Ausstellung 1500–2000 ¥ | www.nact.jp/english/

Nach Vorbild des Eiffelturms

Tokyo Tower

Der Tokyo Tower südöstlich ist eine 333 m hohe Stahlskelettkonstruktion von 1958, die dem Eiffelturm in Paris ähnelt und lange Höhenrekorde hielt (bis sie der Skytree ablöste; ► S. 462). In 150 und 250 m Höhe gibt es Aussichtsplattformen. Am Fuß des Sendeturms warten Vergnügungseinrichtungen wie ein Wachsfigurenkabinett, ein 3D-Museum sowie das Museum der Guinness-Weltrekorde.

Aussichtsplattformen (150 m): 9–23 Uhr | 900 ¥
(250 m): wg. Renovierung geschl. | www.tokyotower.co.jp/en.html

Der Eindruck täuscht: Es ist nicht der Eiffelturm, sondern der Tokyo Tower.

SCHAUFENSTER MODERNER ARCHITEKTUR

Das 1991 vollendete Tokyo Metropolitan Government Building wird als Initialzündung für die moderne Architektur Japans gesehen. Beim Roppongi-Hills-Komplex von 2003 wurden auch stadtplanerische Vorstellungen auf engstem Raum verwirklicht. Seither hat Tokyo sein Gesicht verändert, insbesondere in den Vierteln Ginza und Omotesando.

1935 1940 1950

Renzo Piano, Italien *1937

Der Schwerpunkt seiner Arbeiten liegt in der Verwendung von Licht und der natürlic

Dior, 2001

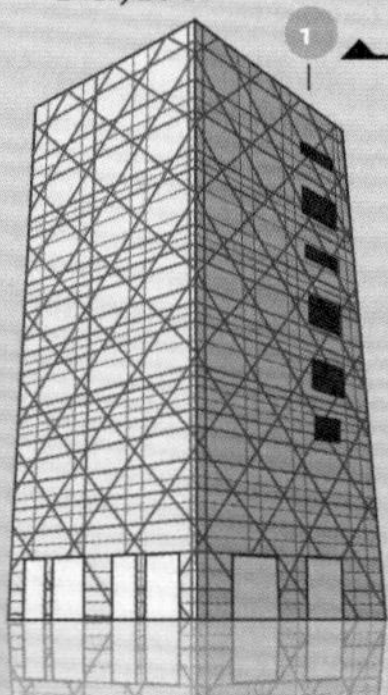

1 **Ricardo Bofill & Kumiko Inui, Spanien & Osaka**

Inui (*1969) arbeitet als Professorin an der Oslo School of Architecture a
Der gebürtige Spanier Ricardo Bofill (*1939) ist bekannt für seinen postm

Tadao Ando, Osaka *1941

Hat als Einziger die vier wichtigsten internationalen Preise seiner Br

2 **Toyo Ito, Korea** *1941

Der Baukünstler ist vielfach für visionäre Entwürfe ausgezeichnet, c

Rafael Viñoly, Uruguay *1944

Lebt und arbeitet seit 1978 in den USA. Zu seinen

Tod's, 2004

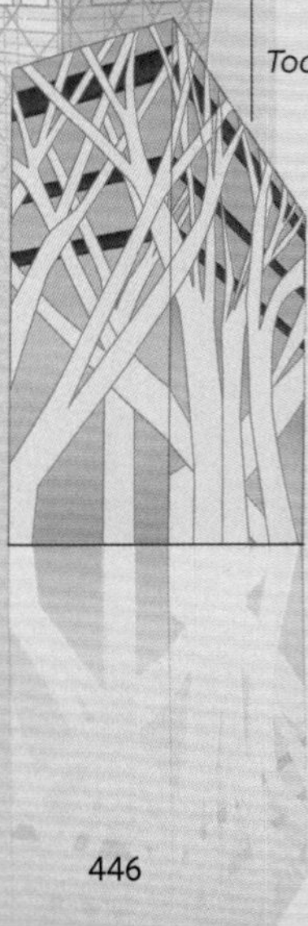

3 **Herzog & de Meuron**

Jacques Herzog und Pierr
Planung ganzer Stadtteile

Prada Aoyama, 2001

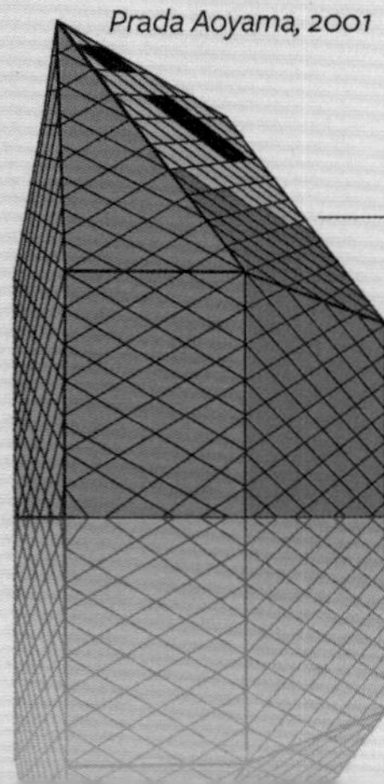

Louis Vuitton, 2004 4

▶ Ginza
Das bekannte Shopping-Viertel bietet vor allem exklusive Edelboutiquen für Mode und Schmuck, die oft in sehr modernen Gebäuden untergebracht sind.

▶ Omotesando
Die Wiederaufbau-Maßnahmen nach dem Erdbeben von 1995 machten die Straße zur attraktiven Shopping- und Architekturmeile.

1960 1970 2000 2010

1 2 3 4

Bekanntes Bauwerk in Tokyo: Maison Hermès, 2001

ringung in die Umgebung.

n und an der Tokyo University of the Arts.
Stil.

Omotesando Hills, 2001

ewonnen. Seinen minimalistischen Stil entwickelte er im Selbststudium.

onventionelle Umgang mit Materialie n überschreiten.

Tokyo International Forum, 1996

gehören eine Vielzahl öffentlicher Gebäude in aller Welt.

hweiz *1950

ron sind durch Großprojekte wie das Nationalstadion in Peking oder die
bekannt.

Jun Aoki, Tokyo *1950

Gründete 1991 Jun Aoki & Associates, entwirft gegenwärtig weitere Vuitton Boutiquen.

Shigeru Ban, Tokyo *1955

Swatch-Gebäude, 2015

Seine Kartonkonstruktionen für Katastrophenhilfe bekamen den Pritzker-Preis. Aus dem flexiblen Material wurden Schulen, Museen und sogar Brücken errichtet.

SANAA, Tokyo

Dior-Gebäude, 2004

1995 von Kazuyo Sejima (*1956) und Ryue Nishizawa (*1966) gegründetes Architekturbüro. Sejima arbeitete in den 80ern bei Toyo Ito. Das New Museum of Contemporary Art in New York gehört zu den bekanntesten Projekten des Studios.

Wohin in Shibuya und Harajuku?

Erinnerung an den treuen Hund

Hachiko-Statue

Mit der Yamanote-Linie erreicht man den westlichen Bezirk Shibuya. Ein Denkmal auf dem Bahnhofsvorplatz, ein beliebter Treffpunkt von Jugendlichen, ist dem treuen Hund Hachiko gewidmet. Dieser begleitete sein Herrchen jeden Morgen zur U-Bahnstation und empfing ihn dort abends wieder. Als sein Besitzer starb, kam Hachiko elf Jahre lang – bis zu seinem eigenen Tod – täglich hierher. Die rührende Geschichte wurde 2009 mit Richard Gere verfilmt (»Hachiko – Eine wunderbare Freundschaft«).

Pilgerziel und Rückzugsort

★ Meiji-Schrein

Eine Station weiter nördlich liegt der Innere Garten des Meiji-Schreins mit einer Größe von 72,4 ha. Bäume und Büsche sind Spenden aus allen Landesteilen. Von den hier abgehaltenen Feiern und Festen sind der Geburtstag des Kaisers Meiji (Anfang Nov.) und die Aufführungen höfischer Tänze und Musik (Mai bzw. November) besonders erwähnenswert. Im Südteil des Parks befinden sich ein Teich und der **Irisgarten** (Lieblingsblume des Meiji-tenno).

Das Zentrum des Parkareals bildet der **Meiji-jingu**, der dem Kaiser Meiji und seiner Gemahlin gewidmet ist. Er ist eines der bedeutendsten Pilgerziele in Japan und wurde schon bald nach dem Tode des Monarchen 1912 begonnen (Fertigstellung 1920). Die schlichten Gebäude wurden 1945 weitgehend zerstört und 1958 nach dem alten Vorbild erneuert. Die an den Zugängen stehenden Torii wurden aus Zypressenholz vom Berg Ari auf Taiwan erbaut.

Unweit des Nordteichs steht das **Schatzhaus** des Schreins (**Homotsuden**) mit Gegenständen aus dem Besitz des Kaisers.

Schrein, Gelände: Sonnenauf- bis -untergang | frei
Schatzhaus, Innerer Garten: 9–16.30, Nov.–Feb. bis 16 Uhr
jeweils 500 ¥ | www.meijijingu.or.jp/english

Denkmal für den ersten Motorflug

Yoyogi-Sportzentrum

Südlich grenzt an den Inneren Garten das Yoyogi-Sportzentrum an, das für die Olympischen Sommerspiele von 1964 von Tange Kenzo entworfen wurde. Hier steht die Bronzebüste des Flugpioniers **Tokugawa Yoshitoshi** (1884–1963).

Mode, Shopping, Szenetreff

Harajuku

Die Metro-Station Meiji-jingu-mae ist der beste Ort, Tokyos Jugendszene zu beobachten. Exklusive Modegeschäfte und skurrile Happenings beleben den **Omotesando-Boulevard**, der etwas hochtrabend »Champs Élysées von Tokyo« genannt wird. Eindrucksvoll ist besonders die Glasfassade des Prada-Gebäudes und der neue Komplex **Omote Sando Hills**. Nördlich, parallel zur Omotesando, verläuft

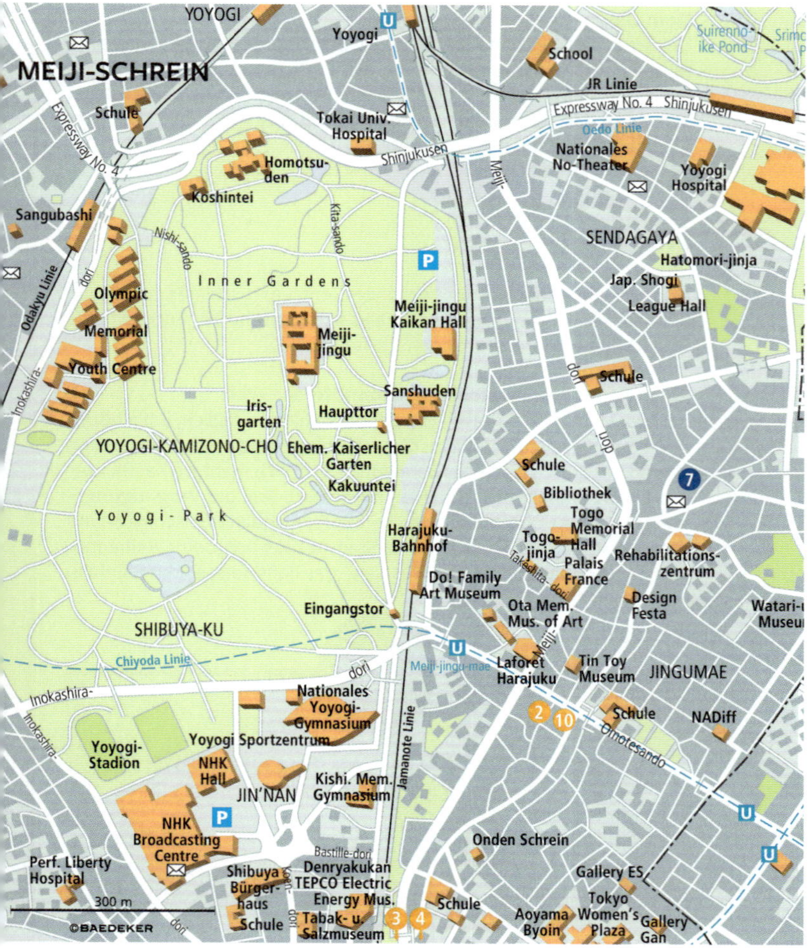

7 Mominoki House

7 Good Beer Faucets

2 Oriental Bazaar
3 Tower Records
4 Daikanyama T-Site
10 Kiddy Land

zwischen Meiji-dori und Harajuku JR-Bahnhof die **Takeshita-dori**, besonders am Wochenende Einkaufs- und Flaniermeile für ausgeflippte junge Tokyoter.

Dem Ukiyo-e gewidmet

Ota-Ukiyo-e-Museum

Unweit östlich des Bahnhofs Harajuku erreicht man das Ota Memorial Museum of Art mit einer umfangreichen Sammlung farbiger Holzdrucke – mit diversen Highlights dieser Gattung (Hokusai, Hiroshige; ► S. 489). Aus der riesigen Sammlung wird eine Auswahl präsentiert (Druckgrafik, Gemälde, Fächer).

Di.–So. 10.30–17.30 Uhr | 700 ¥ | www.ukiyoe-ota-muse.jp/eng/

Wohin in Shinjuku?

Nördlich von Harajuku (nordwestl. des Zentrums) schließt das urbane Subzentrum Shinjuku an. Hier befand sich während der Edo-Zeit eine Poststation an der historischen Koshu-Straße.

Einer der verkehrsreichsten Bahnhöfe der Welt

Shinjuku-Bahnhof

3,6 Mio. Menschen betreten den Bahnhof Shinjuku täglich, um eine der zwölf Bahnlinien zu benutzen, die auf fünf unterirdischen Ebenen verkehren. An der Ostseite des Bahnhofs reihen sich mehrere Kaufhäuser und Einkaufspassagen aneinander; nordöstlich liegt das **Vergnügungsviertel Kabuki-cho** mit zahlreichen Bars, Soaplands, Pachinko- und Karaokeläden. Den Anblick dieses Stadtbezirks prägt eine Reihe moderner **Hochhäuser** auf der Westseite des Bahnhofs, so das Shinjuku

BAEDEKER MAGISCHE MOMENTE

IN DER RUSHHOUR AUF TUCHFÜHLUNG

Es gibt sie tatsächlich, die Bahnangestellten, die mit weißen Handschuhen noch mehr Fahrgäste in die überfüllte U-Bahn drücken. Allerdings nur an einigen Bahnhöfen und nur zu den schlimmsten Stoßzeiten: gegen 8.30 Uhr in Shinjuku, Shibuya oder Akasaka-Mitsuke, an der Marunouchi oder Ginza-Linie oder an den wichtigen Bahnhöfen der Yamanote-Linie. Auch wenn es sicherlich nicht jeder braucht (und Klaustrophobiker gewarnt seien), doch ein solches **Bad in der Menge** ist ein Erlebnis, das in Erinnerung bleibt.

Mitsui Building (212 m hoch), das Shinjuku Sumitomo Building (200 m; Aussichtsplattform im 51. Stock), das Shinjuku Center Building (223 m) und das KDDI Building (164 m). Erst 2008 wurde der 204 m hohe Mode Gakuen Cocoon Tower, im Volksmund »Zigarre« genannt, fertiggestellt.

3 Kakiden
11 Sizzler
12 Moko Tan-Men

4 Keio Plaza
5 Park Hyatt

11 Yodobashi Camera
12 Franc Franc

6 Robot Restaurant

Wahrzeichen mit »schwingenden« Doppeltürmen

★★ Tokyo Metropolitan Government Building

Wahrzeichen Tokyos ist das 1991 errichtete, beeindruckende **Rathaus** von Tange Kenzo mit seinen 246 m hohen Doppeltürmen. Die frei (und kostenlos) zugängliche **Sky Lobby** im 45. Stockwerk kann man übrigens beruhigt besuchen: Die Türme schwingen bei einem Erdbeben gefahrlos bis zu 6 m aus (▶ Baedeker Wissen, S. 454).

Grüne Lunge in der Stadt

★ Shinjuku Gyoen

Südöstlich des Shinjuku-Bahnhofs erstreckt sich der Park Shinjuku Gyoen. Das einst kaiserliche, nach dem Zweiten Weltkrieg verstaatlichte Parkgelände von 58,5 ha gliedert sich in einen Teil nach klassisch japanischem Muster und einen nach französischen bzw. englischen Vorbildern; in einem Gewächshaus gedeihen u. a. viele tropische Pflanzen.

Di.–So. 9–16 Uhr | 200 ¥

www.env.go.jp/garden/shinjukugyoen/english/2_guide/guide.html

Wohin im Norden Tokyos?

Mausoleum der kaiserlichen Familie

Gokokuji-Tempel

An der Yurakucho-Linie der U-Bahn (Hst. Gokokuji) steht im Bezirk Bunkyo-ku der Gokokuji-Tempel, Zentrum der zur Shingon-Schule gehörenden Buzan-Schule und einer der größten Tempel der Stadt. Der hinter dem Tempel liegende Hügel ist seit 1873 **Mausoleum** der kaiserlichen Familie; die Steinlaternen auf dem Areal sind Kopien der besten Stücke aus Kyoto und Nara. Im Inneren befindet sich eine vermutlich aus Indien stammende Kannon-Statue aus Bernstein. Der Tempelschatz umfasst u. a. eine Mandala-Darstellung der Kamakura-Zeit.

Auf dem **Zoshigaya-Friedhof** östlich des Tempelgebäudes ist Lafcadio Hearn (1850–1904; ▶ S. 269) bestattet; der irischstämmige Schriftsteller mit dem japanischen Namen **Koizumi Yakumo** prägte Anfang des 20. Jhs. wesentlich das westliche Bild Japans.

Sitz des Erzbistums

Kathedrale St. Marien

Rund 800 m südlich des Gokokuji-Tempels steht die nach Plänen des bekannten japanischen Architekten Tange Kenzo 1965 fertiggestellte römisch-katholische Marienkathedrale. Die Glocken in dem 62 m hohen Glockenturm sind eine Spende aus Deutschland.

Stadt in der Stadt

Sunshine City

Gut 1 km nordwestlich des Gokokuji-Tempels erreicht man im Viertel Ikebukuro den Hochhauskomplex Sunshine City mit dem 240 m hohen **Sunshine 60 Building**, 1975 bis 1985 das höchste Gebäude Ostasiens. Der Expresslift bis zur »Sky Circus«-**Aussichtsplattform** im 60. Stock braucht nur 35 Sekunden. Dazu gehört eine analoge und

OBEN: Die geschwungene Skulptur vor dem Tokyo Metropolitan Government Building steht in Kontrast zur strengen Linearität der Türme.

UNTEN: Wer hier arbeitet, hat auch eine atemberaubende Sicht auf die Stadt.

RATHAUS MIT AUSSICHT

13 000 Angestellte strömen werktags in die Türme des Tokyoter Rathauses in West-Shinjuku, wo im Zuge seiner Errichtung Ende der 1980er-Jahre die größte Hochhauskonzentration Japans entstand. Architekt Tange Kenzo soll von der Pariser Kathedrale Notre-Dame inspiriert worden sein. Ob man seinen Entwurf nun etwas abgewinnen kann oder nicht: Die Aussicht vom 45. Stock begeistert nicht nur Freunde moderner Hochhausarchitektur.

Einige Fakten
Erbaut 1988–1991 auf einer Grundfläche von 27 000 m². Die Kosten sollen so hoch gewesen sein, dass Spötter das Rathaus »Tax Tower« tauften. Sein Standort war mit Bedacht gewählt: Die Stadtregierung sollte sich räumlich von der Landesregierung im Stadtteil Marunouchi absetzen und die bis dahin unterentwickelte Gegend West-Shinjuku aufgewertet werden – der Plan ging auf.

Der Architekt
Tange Kenzo (1913–2005), der bekannteste Architekt Japans (▶ S. 596), kombinierte bereits früh avantgardistische Strömungen mit traditioneller Baukunst seines Landes. Seine Arbeit verstand er als Vereinigung von Technik und Menschlichkeit. Das Tokyoter Rathaus zeichnet sich wie alle seine Bauten durch klare strukturale Ordnung aus. Das geometrische Muster aus Granit ist angeblich von Fenstern in traditionellen japanischen Häusern inspiriert, gleichzeitig soll die Fassade an einen Computerchip erinnern.

Sicherheit
Seismografen und Windmesser sind einige der Sicherheitsvorkehrungen.

❶ Hauptgebäude Nr. 1 (Main Building No. 1)
In diesem Gebäude befinden sich die Büros des Bürgermeisters von Tokyo. Ab dem 33. Stock teilt sich der Bau in zwei Türme. Im 45. Stock bzw. in 202 m Höhe befinden sich zwei **Aussichtsplattformen**, Nord und Süd, von denen man an klaren Tagen bis zum Fuji blicken kann. Ein Fahrstuhl fährt in 55 Sekunden hinauf.
Höhe: 243 m
Stockwerke: 48, plus 3 Untergeschosse

❷ Hauptgebäude Nr. 2 (Main Building No. 2)
Der abgestufte, asymmetrische Bau ist über die Fureai Mall mit Hauptgebäude Nr. 1 verbunden.
Höhe: 163 m
Stockwerke: 34, plus 2 Untergeschosse

❸ Ratsaal (Assembly Building)
Hier sind die Büros der 127 Stadtabgeordneten untergebracht, die für vier Jahre gewählt werden.
Höhe: 41 m
Stockwerke: 7, plus 1 Untergeschoss

❹ Bürgerplatz (Tomin Hiroba)
Dieser Platz, für den der Petersplatz in Rom Pate gestanden haben soll, ist symmetrisch angelegt und von mehrstöckigen Portiken umgeben. Die für Veranstaltungen genutzte Freifläche bietet bis zu 6000 Menschen Platz.
Größe: 5000 m²

1
2
3
4

digitale Erlebnis-Installation mit Virtual-Reality-Elementen – eine witzige Mischung aus begehbarem Kaleidoskop und Spiegelkabinett.
Tgl. 10–22 Uhr | 1200 ¥

Mädchenschule »Haus der Zukunft«

★ Jiyu Gakuen Myonichikan

Etwas weiter westlich liegt beim Bahnhof Ikebukuro etwas versteckt die Jiyu Gakuen Myonichikan-Schule (»Freie Schule Haus der Zukunft«, 2-31-3 Nishi-Ikebukuro). Gebäude und Einrichtung entwarf 1921 **Frank Lloyd Wright**. Die vier Gebäude der ehemaligen progressiven Mädchenschule sind weitgehend im Originalzustand erhalten.
Di.–So. 10–16 Uhr | 600 ¥ | www.jiyu.jp/kengaku/kengaku-e.html

Von Japan- bis Recycling-Papier

Papiermuseum

Vom Bahnhof Ueno führt die JR-Keihin-Tohoku-Linie nach Oji im Bezirk Kita-ku. In Bahnhofsnähe liegt im Asukayama-Park das interessante Paper Museum mit einer Ausstellung zur Papierherstellung, die sich vor allem dem japanischen Washi-Papier widmet.
Di.–So. 10–17 Uhr | 300 ¥ | www.papermuseum.jp/en/

Wohin in Ginza und Nihonbashi?

Luxuriöses Einkaufs-, Restaurant- und Vergnügungsviertel

★★ Ginza

Östlich des Hauptbahnhofs erstreckt sich Chuo-ku, dessen bekanntester Teil die Ginza ist. Der Name leitet sich von der Münzstätte her, die Tokugawa Ieyasu 1612 von Shizuoka hierher verlegte (»gin« = Silber; »za« = Ort). Sie ist das luxuriöseste **Einkaufszentrum** der Stadt und besitzt darüber hinaus zahlreiche Restaurants, Bars und Vergnügungsstätten. An Sonn- und Feiertagen ist die Ginza ab 12 Uhr Fußgängern vorbehalten; die Geschäfte sind auch an diesen Tagen geöffnet.
Das Zentrum der Ginza ist die Kreuzung Chuo-dori und Harumi-dori mit dem halbrunden **Wako-Gebäude** (**Wako Honkan**) des gleichnamigen Kaufhauses mit Glockenturm von 1932, einem der Wahrzeichen der Einkaufsmeile. Die Uhr spielt die Big-Ben-Melodie.
Vom Café im ersten Stock des **Mitsukoshi-Kaufhauses** bietet sich ein teurer, aber aufregender Ausblick auf die pulsierende Straßenkreuzung. Günstiger ist das Doutor-Café schräg gegenüber.

Lebhaftes Gewusel am größten Fischmarkt der Welt

★ Tsukiji Fischmarkt

Weiter südlich erreicht man am Fluss den Tsukiji-Großmarkt (U-Bhf. Tsukiji-Shijo, Toei-Oedo-Linie), wo rund 90 % des Fischbedarfs Tokyos und ein Drittel aller Fischprodukte Japans umgeschlagen werden. Die lebhafteste Zeit ist morgens von 5 bis 9 Uhr (nur Mo.–Sa.) – dann sind Touristen in den Hallen, aber auch am wenigsten gern gesehen, und das Gedränge, auch mit beladenen Karren, ist groß. Robustes Schuhwerk und aufmerksames Verhalten erforderlich!

Die beiden **Thunfischauktionen** (5.25 u. 5.50 Uhr) dürfen Besucher nur noch vom Rand beobachten, und zwar jeweils 60 Personen. Die Vergabe der (kostenlosen) Plätze erfolgt ab 5 Uhr, Reservierungen sind nicht möglich. Weil die Auktionen extrem populär sind, muss man sich deutlich früher anstellen (oder über einen Veranstalter buchen). Außerhalb der Markthallen liegen weitere Läden und Fischrestaurants. Nach mehr als 80 Jahren soll der Fischmarkt demnächst umziehen.

Meerwasserteich und Ausflugsschiffe

Garten Hama-rikyu

Gegenüber dem Großmarkt liegt der dreiseitig von Wasser umgebene Garten Hama-rikyu, wo sich früher eine Sommervilla mit Entenjagd der Tokugawa befand. Hier legen Ausflugsschiffe aus Asakusa an.

Tgl. 9–17 Uhr | 300 ¥

Spezialität Monjayaki

Tsukishima

Wer nach dem Besuch des Fischmarkts genug rohen Fisch gesehen hat, kann weiter ostwärts nach Tsukishima fahren, wo sich eine ganze Straße der Spezialität der Tokyoter Shitamachi (Alt- bzw. Unterstadt) verschrieben hat: Monjayaki, einer Art Okonomiyaki (► S. 612), nur etwas saftiger. Die Insel wurde übrigens 1892 aus Land geschaffen, das man dem Meer abtrotzte. Die nächste Insel gleich östlich davon, **Harumi**, wurde ausgewählt, um dort das Olympische Dorf für 2020 zu bauen und es anschließend in große Wohnanlagen umzuwandeln.

Im Schatten der Autobahn: Eine legendäre Brücke

Nihonbashi

Am Nordende der Straße Chuo-dori erkennt man die Brücke Nihonbashi (1603 erbaut, 1911 letztmals erneuert), die früher als Mittelpunkt der Stadt angesehen wurde und Bezugspunkt für alle Entfernungsmessungen des Landes war. Heute fristet sie ein Schattendasein unter einer mehrspurigen Stadtautobahn.
Jenseits der Brücke steht das traditionsreiche **Kaufhaus Mitsukoshi**, das auf ein Textilgeschäft aus dem 17. Jh. zurückgeht.

Wohin in Ochanomizu?

Staatsmännische Bildung und lebhaftes Matsuri

Yushima Seido, Kanda-Myojin-Schrein

In Ochanomizu liegt die **Halle Yushima Seido**, ursprünglich 1690 erbaut und dem chinesischen Philosophen Konfuzius geweiht. Sie wurde mehrfach nach Bränden erneuert; die gegenwärtigen Gebäude entstanden 1935. In der Halle ist ein Bronzestandbild des Konfuzius zu sehen; in der früher dem Schrein angegliederten Schule erhielten mehrere Staatsmänner ihre konfuzianische Bildung.
Nördlich der Halle Yushima Seido erreicht man den **Kanda-Myojin-Schrein** (heutige Bauten von 1934), wo das lebhafte Fest Kanda-Matsuri gefeiert wird (Mitte Mai; ► S. 427).

Ins Kanda-Buchviertel

Viertel Surugadai

Südlich des Kanals erstreckt sich das Viertel Surugadai auf dem gleichnamigen Hügel. An dessen östlichem Ende steht die orthodoxe **Nikolai-Kathedrale** (Nikolai-do, auch Auferstehungskathedrale, 1884; 1929 restauriert), südöstlich davon die berühmte **Meiji-Universität**.
500 m weiter südwärts gelangt man zur Kreuzung mit der Yasukuni-dori und 300 m östlich an der Station Jimbocho zum Kanda-Buchviertel mit unzähligen Buchantiquariaten.
Kathedrale: tgl. 13–16, im Winter bis 15.30 Uhr | 300 ¥

Landschaftsgarten mit »Vollmondbrücke«

Koishikawa Korakuen

Eine Station nördlich von hier (Suidobashi) erreicht man den Garten Koishikawa Korakuen, der 1626 von Tokugawa Yorifusa angelegt wurde und zu den bedeutendsten Landschaftsgärten der Stadt gehört. Auf der Teichinsel steht ein kleiner **Tempel**, der der Glücksgöttin Benten geweiht ist. Die **Brücke** wird wegen ihres Spiegelbilds, das den Brückenbogen zu einem vollen Kreis ergänzt, auch »Vollmondbrücke« genannt.
Tgl. 9–17 Uhr | 300 ¥

Wohin in Ueno?

Aus dem zentralen Bezirk Chiyoda-ku gelangt man mit Bahn oder U-Bahn nach Norden in den Bezirk Taito-ku (Bhf. und Hst. Ueno).

Der »Central Park« der Stadt

★ Ueno-Park

Westlich des Bahnhofs erstreckt sich der große Ueno-Park (84 ha). Das Gelände gehörte ursprünglich einem Daimyo, wurde im 17. Jh. vom Shogunat übernommen und 1878 der Allgemeinheit zugänglich gemacht.
Der Haupteingang befindet sich am Südostrand des Parkgeländes, nahe dem Bahnhof der Keisei-Privatbahnlinie. Über eine breite Treppe erreicht man den **Kirschbaumhügel** (**Sakuragaoka**); hier findet man ein Standbild des Saigo Takamori (1827–1877; ▶ S. 177) und das Denkmal für die Shogitai, die in den Restaurationskämpfen gefallenen Anhänger des Shogunats.
Den Südteil des Parks nimmt der **Teich Shinobazu** (2 km Umfang; Bootsverleih) ein, in dem auf einer Landzunge der achteckige **Benten-Tempel** (**Benten-do**) steht. An den Nordwestteil des Teiches grenzt das **Aquarium** (auch Amphibien und Reptilien), von wo eine Einschienenbahn zum **Zoo** – dem ältesten Japans – führt.
Östlich der dortigen Haltestelle liegt der 1627 zum Gedenken an Tokugawa Ieyasu erbaute **Toshogu-Schrein**. Die reich verzierten Gebäude wurden 1651 erneuert. Den Zugang säumen über 250 Steinlaternen, die von Daimyo gestiftet wurden. Der im Stil Gongen-zukuri

UENO-PARK
Staatliche Kunsthochschule
Bibliothek
Gokoku-in
Kuroda Halle
Nationalmuseum Tokyo
Asakusa
Horyu-ji (Treasury)
Hyokeikan
Galerie für Fernöstliche Kunst
Shinobazu-dori
Städtisches Kunstmuseum
Rinnoji
8
Zoo
Naturwissenschaftliches Nationalmuseum
Pagode (5 Stockw.)
Nezu
Nationalmuseum für Westliche Kunst
Monorail
Toshogu-Schrein
Zoo
Bunka-Kaikan
Restaurant Seiyoken
Shinobazu-dori
Wasser-
Gojoten-Schrein
Bahnhof Ueno
Aquarium
zoo
Japanische Kunstakademie
Ueno-No-mori-Kunstmuseum
Kiyomizu-Kannon-do
Benten-do
Takamori-Saigo
Keisei-Ueno
Ueno-Tokyu-Theater
Universität
Shinobazu
Chuo-dori
Kyodo-Gebäude
Shitamachi-Museum
Showa-dori
100 m
Ameyoko
Suzumoto-Engeijo-Theater
©BAEDEKER
13
9
8 Suigetsu Hotel Ohgaisou
10 Sawanoya Ryokan
13 First Cabin Akihabara
9 Kimono Suzunoya

errichtete Hauptschrein ist durch das Tor Kara-mon zugänglich; dahinter erheben sich eine fünfstöckige Pagode und ein Glockenturm.
Im Südosten grenzt das **Shitamachi Museum** an den Shinobazu-Teich an; gezeigt werden nachgebaute Häuser der Edo-Zeit und eine anschauliche Ausstellung zum Alltag im alten Tokyo.
Nördlich des Zoos steht das **Städtisches Kunstmuseum** (Wechselausstellungen), westlich jenseits die Staatliche Kunsthochschule.

Zoo: Di.–So. 9.30–17 Uhr | 600 ¥
Toshogu-Schrein: tgl. 9–17.30, innerer Bereich bis 17 Uhr
Schrein 500 ¥, Botanischer Garten 700 ¥
Shitamachi Museum: Di.–So. 9.30–16.30 Uhr | 300 ¥
Tokyo Metropolitan Art Museum: tgl. 9.30–17.30, Fr. bis 20 Uhr, 1. und 3. Mo. im Monat geschl.

Kunst und Wissenschaft

★ Nationalmuseum und ★ Nationalmuseum für Westliche Kunst

Die Gebäude im Norden des Parks beherbergen das **Nationalmuseum**, das größte Museum des Landes. Empfehlenswert ist ein Rundgang durch die »Höhepunkte der japanischen Kunst« im ersten Stock der Hauptgalerie (Honkan). Ebenfalls zum Museum gehören die Galerie für fernöstliche Kunst (Toyokan) mit Kulturdenkmälern aus Korea, China, Südostasien, Indien und Ägypten sowie zwei weitere Gebäude (Heiseikan und Hyokeikan) für Sonderausstellungen und das wunderbare Horyuji-Schatzhaus (Horyuji Homotsukan). Dort werden Kunstgegenstände der kaiserlichen Familie ausgestellt, die ursprünglich aus dem Horyuji-Tempel in Nara stammen.
Schräg gegenüber dem Nationalmuseum befindet sich das beachtenswerte **Naturwissenschaftliches Nationalmuseum** mit Exponaten zu Zoologie, Botanik, Geografie, Chemie, Astronomie, Meteorologie und Ozeanografie. Davor steht die Statue des Bakteriologen Noguchi Hideyo (1876–1928; Porträt auf dem 1000-Yen-Schein).
Das **Nationalmuseum für Westliche Kunst** (nach Plänen von Le Corbusier, 1959; das Gebäude gehört zum UNESCO-Welterbe) beherbergt die Sammlung westlicher Plastik und Malerei des Industriellen Matsukata Kojiro, die Werke u. a. von Cézanne, Degas, Monet und Rodin umfasst. Südlich gegenüber liegt die städtische Festhalle (**Bunka Kaikan**, 1961), in der Konzerte, Theaterstücke und Konferenzen veranstaltet werden. Benachbart ist die Japanische Kunstakademie.

Nationalmuseum: Di.– So. 9.30–17 Uhr | 620 ¥
Naturwissenschaftliches Museum: Di.–So. 9–17, Fr., Sa. bis 20 Uhr | 620 ¥
Nationalmuseum für Westliche Kunst: Di.–So. 9.30–17.30, im Winter bis 17, Sa, So. bis 20 Uhr, 430 ¥

Durch das Amüsierviertel zum Gott der Gelehrsamkeit

Yushima-Tenjin-Schrein

Südlich des Parks gelangt man durch das Einkaufs- und Amüsierviertel **Ameyoko** – nach dem Krieg war hier der Schwarzmarkt – zum Yushima-

Tenman-gu-Schrein aus dem 14. Jhs. Umgeben ist er von einem kleinen Park mit Pflaumenbäumen (Blüte im Februar). Vor den Aufnahmeprüfungen für die Uni (Februar/März) kommen zahlreiche Schüler hierher, um **Tenjin**, den Gott der Gelehrsamkeit (der vergöttlichte Gelehrte Sugawara Michizane, 845–903), auf Votivtafeln um Erfolg zu bitten.

Alles für Küche und Restaurants

Kappabashi-Straße

Etwa 1 km östlich des Bahnhofs Ueno verläuft in Nord-Südrichtung die Kappabashi-Straße (U-Bhf. Tawaramachi, Ginza-Linie, Ausgang Nr. 3), wo es alles für Küchen und Restaurants gibt – u. a. auch die Plastiknachbildungen von Gerichten, die vor japanischen Restaurants stehen (als Souvenirs auch in Miniaturausgaben). Auch für japanische Messer, Sushi-Zubehör und Keramik-Geschirr ist man hier richtig.

Wohin in Asakusa?

Kernzelle der Edokko

Vergnügungsviertel

Östlich von Ueno liegt Asakusa, eine Kernzelle der Edokko, der alteingesessenen Bewohner der Stadt. Es ist mit seinen zahlreichen Kinos, Theatern und Restaurants ein viel besuchtes Vergnügungszentrum. Vor 100 Jahren befand sich hier das berühmt-berüchtigte Rotlicht-

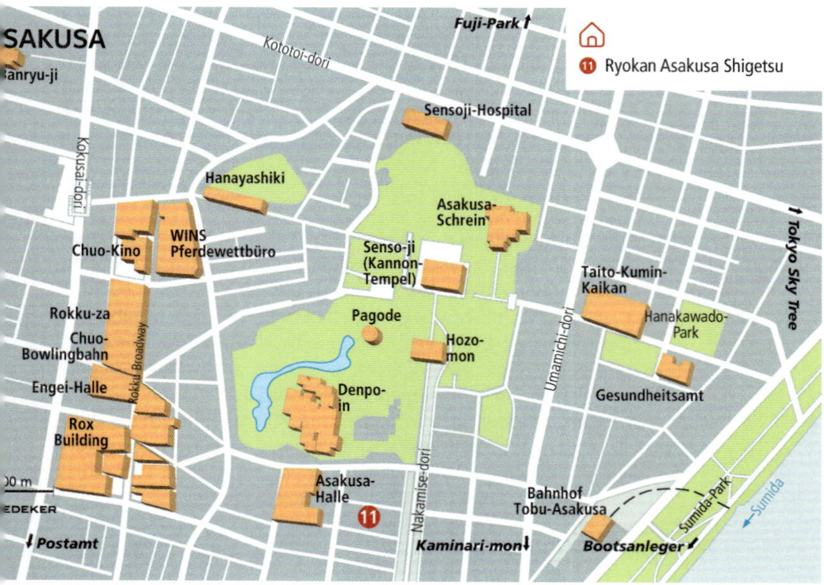

viertel **Yoshiwara**. Von der **Azumabashi-Brücke** beim Bahnhof Asakusa fahren Ausflugsboote den Sumidagawa entlang zum Hama-rikyu-Garten (30 Min.; ▶ S. 457) und weiter bis Hinode-Pier und Odaiba (▶ S. 465). Eine Reservierung ist für Individualtouristen nicht nötig.

Bierkultur mit goldener Flamme

Asahi-Brauerei

Jenseits der Azumabashi-Brücke brennt die goldene Flamme über dem Verwaltungsgebäude der Asahi-Brauerei (Asahi Beer Headquarters) – ein Bauwerk von Philippe Starck mit einem Restaurant, in dem zu japanischen und westlichen Speisen Asahi-Bier ausgeschenkt wird. Eine willkommene Unterbrechung des Stadtrundgangs!

Altes Pilgerzentrum

★★ Asakusa-Kannon-Tempel

Das Zentrum des Asakusa-Viertels bildet der Asakusa-Kannon-Tempel, der eigentlich **Sensoji** heißt. Die Zugangsstraße, die von Süden auf die Haupthalle zuführt, war schon immer von gesäumt, die in den Pilgern gute Kunden hatten. Heute ist sie (einschließlich mehrerer Parallelstraßen) ein Restaurant- und Shopping-Paradies für Andenken, Süßigkeiten, Kunsthandwerk und alles, was Touristen sonst in Japan gerne kaufen.

Am Eingang der Straße im Süden steht das **Donnertor Kaminari-mon** mit seiner 4 m hohen und 670 kg schweren Laterne und dem Wind- und Donnergott in den Seitenflügeln. Der Tempel selbst, der der Legende nach schon im 7. Jh. von zwei Fischern gegründet wurde, die im Fluss eine Kannon-Statue gefunden hatten, wurde im Zweiten Weltkrieg zerstört und 1958 aus Stahlbeton neu errichtet. Daneben werden die beiden Fischer in einem Schrein verehrt. Der Weihrauch aus dem großen Becken vor dem Tempel soll Krankheiten heilen. Das **Schreinfest Sanja-Matsuri** Mitte Mai ehrt die Tempelgründer.

Sensoji: Haupthalle tgl. 6–17, Okt.–März ab 6.30 Uhr | Eintritt frei
www.japan-guide.com/e/e3001.html

Höchster Fernsehturm der Welt

★★ Tokyo Skytree

Etwa 30 Gehminuten vom Asakusa-Kannon-Tempel entfernt ragt östlich des Flusses unübersehbar der Tokyo Skytree in den Himmel, mit 634 m derzeit höchster Fernsehturm und nach dem Burj Khalifa in Dubai das zweithöchste Bauwerk der Welt. Die Doppelkonstruktion aus innerem Turm und netzartigem Außengerüst verbessert die Erdbebensicherheit, weil sich die Schwingungen beider Gebäudeteile ausgleichen. **Plattformen** befinden sich in 350 m und 450 m Höhe. Die 350 m-Plattform ist recht breit und erstaunlich wenig schwindelerregend – der Blick geht bei gutem Wetter weit über Häusermeer bis zum Horizont. Spektakulär ist auch die nächtliche Beleuchtung.

Tgl. 8–22 Uhr | 2060 ¥ (obere Plattform +1000 ¥) | online buchbare »Fast Skytree Tickets« (3000/4000¥) garantieren kürzere Wartezeiten
www.tokyo-skytree.jp/en/

BAEDEKER ÜBERRASCHENDES

6X TYPISCH

Dafür fährt man nach Japan

1. HANDY-ANHÄNGER

Am Handy baumeln oft Anhänger oder Stofftiere mit regionalen Motiven (in Andenkenläden), »**Character Goods**« oder **Plüschtieren** gibt. Vorher checken, ob das eigene Handy eine Öse dafür hat!

2. FEUERWERK

Frierend in den Winterhimmel starren? Feuerwerk ist in Japan ein **Sommerspaß**, ob privates Funkensprühen am Strand oder großes Spektakel für Millionen Zuschauer.
(▶ **S. 623**)

3. ZEHENSOCKEN

Für den Sandalenriemen am großen Zeh sind die klassischen japanischen **Tabi** zwischen großem und zweitem Zeh gespalten. Heute haben Socken oft auch einzelne Zehen – praktisch für die Sandalen, aber auch gut fürs Fußklima.
(▶ **S. 429**)

4. FACH FÜR DIE NACHT

Nach westlichem Maßstab haben die meisten japanischen Hotelzimmer Kaninchenstall-Dimensionen – doch echte **Kapselhotels** sind raumeffiziente Designprodukte, u. a. für Großstädter, die den letzten Zug an den Stadtrand verpasst haben.
(▶ **S. 635**)

5. OMAMORI-BEUTEL

Kleine Brokatbeutelchen baumeln an fast jeder Japanertasche – es sind **Schutzamulette**, die man im Tempel oder Schrein kauft – als Andenken, und weil es nicht schaden kann.
(▶ **S. 630**)

6. MELON-PAN

Weiche »Melonenbrötchen« aus Hefeteig mit leichter Zuckerkruste haben wenig mit Melonen zu tun, doch als **Sofortenergie** beim Sightseeing sind sie super – und besonders buttrig-lecker in Asakusa.
(▶ **S. 461**)

Im Museum Miraikan sollte man Ausschau halten nach Asimo, dem Roboter.

Giganten des Rings und ein Besuch im alten Edo

★ Edo-Tokyo Museum

Von der Haltestelle Asakusa führt die U-Bahn (Toei-Asakusa-Linie) nach Süden. Östlich der Haltestelle Asakusabashi bzw. nördlich des Bahnhofs Ryogoku steht die **Kokugikan-Sumo-Halle** (13 000 Plätze; Kampfsportveranstaltungen im Jan., Mai und Sept.), Zentrum des Sumo-Ringkampfes (▶ Baedeker Wissen, S. 618); angeschlossen ist ein kleines **Sumo-Museum**.

Nahebei lohnt das **Edo-Tokyo Museum** dank seiner Multimedia-Shows und Dioramen zur Geschichte des alten Tokyo einen Besuch.

Sumo-Museum: Mo.–Fr. 10–16.30 Uhr | Eintritt frei
Edo-Tokyo-Museum: Di.–So. 9.30–17.30, Sa. bis 19.30 Uhr | 600 ¥
www.edo-tokyo-museum.or.jp/en/

Wohin in Meguro?

Begräbnisplatz der Siebenundvierzig Ronin

Sengakuji-Tempel

Im Südzipfel des Yamanote-S-Bahn-Rings liegt der Sengakuji-Tempel (gleichnamige Hst.). Er ist weithin berühmt als Begräbnisplatz der Siebenundvierzig Ronin, die im Hof bestattet sind und noch heute als Inbegriff größter Loyalität verehrt werden (▶ S. 596). Im **Tempelmuseum** sind Erinnerungsstücke und die hölzernen Bildnisse der Ronin ausgestellt.

Neben dem Sengakuji-Tempel eröffnete 2018 das neue Gebäude des **Japanese Sword Museum** (Sammlung mit über 120 antiken und modernen Schwertern).

Sengakuji: tgl. 7–18, Okt.–März bis 17 Uhr | Eintritt frei
Schwertermuseum: Di.–So. 9.30–17 Uhr; 1000 ¥; www.touken.or.jp

Essen, Shopping, Kino, Kunst

Teien-Kunstmuseum

Das Richtung Westen in einem Park liegende Teien Art Museum in einem westlichen Bau der 1930er-Jahre ist derzeit geschlossen. Noch weiter nordwestlich beim Bahnhof Ebisu (zu Fuß 5 Min.) befindet sich der Ebisu Garden Place-Komplex mit einladenden Cafés und dem sehenswerten **Tokyo Photographic Art Museum** (Tokyo-to Shashin Bijutsu-kan, wechselnde Ausstellungen).

Teien Art Museum: Di.–So. 10–18, Do. bis 20 Uhr
Eintritt variabel, Park 100 ¥
www.teien-art-museum.ne.jp/en/visit/
Tokyo Photographic Art Museum: Di.–So. 10–18, Do., Fr. bis 20 Uhr
Eintritt je nach Ausstellung | www.topmuseum.jp/e/contents/index.html

Wohin in Odaiba?

Futuristisches In-Viertel auf einer künstlichen Insel

Vergnügungsviertel

Das futuristisch anmutende Odaiba ist ein hippes Vergnügungsviertel auf einer künstlich aufgeschütteten Insel mit großen Shoppingmalls, Terrassencafés, mehreren Themenparks, einem Internationalen Ausstellungszentrum (Big Sight) und dem Spielecenter Joypolis. Man erreicht Odaiba von Shimbashi aus mit dem fahrerlosen Yurikamome-Zug auf leisen Gummirädern über die kühn geschwungene **Rainbow Bridge** bis zur Station Odaiba-Kaihinkoen. Die 2 km lange Brücke kann auch zu Fuß überquert werden; vor allem für Fotografen ist dies lohnend. Auch mit einem **Ausflugsboot** von Asakusa oder mit der Fähre von der Station Hinode ist der Besuch möglich.

Schifffahrt und Zukunftstechnologien

Miraikan

Ein 2 km langer Spaziergang an der Küste am Strand vorbei und durch den Odaiba-Park oder die Fahrt bis zur Station Fune-no-Kagakukan führt zum **Maritimmuseum** (Fune-no-Kagakukan), das eine sehenswerte Ausstellung rund um das Thema Schifffahrt beherbergt.
Gegenüber zeigt das **Wissenschaftszentrum** Miraikan Technologien der Zukunft, u. a. wird der humanoide Roboter **Asimo** in regelmäßigen Shows präsentiert.

Maritimmuseum: Di.–So. 10–17 Uhr | Eintritt frei
ab 1. Okt. 2017 wegen Renovierung geschl.
Miraikan: Mi.–Mo. 10–17 Uhr | 620 ¥
www.miraikan.jst.go.jp/en/

BAEDEKER ÜBERRASCHENDES

6X ERSTAUNLICHES

Überraschen Sie Ihre Reisebegleitung: Hätten Sie das gewusst?

1. PÜNKTLICHKEIT

Penibel, ordentlich, pünktlich, das erwartet man von Japanern. Doch dass sich sämtliche **Shinkansen**-Schnellzüge angeblich nur insgesamt 5 Min. täglich verspäten, überrascht. Also bitte nicht in der Tür trödeln!
(▶ **S. 664**)

2. SAUBERKEITSPROBLEM

Ob Züge oder Straßen, alles ist super-sauber. Doch im öffentlichen Raum findet man kaum **Mülleimer**. Auch als Tourist trägt man daher oft lange Abfall im Tütchen herum.

3. DURCHBLICK

Nicht nur Kulturinteressierte, auch **Taucher** fahren gern nach Japan: Die Unterwasser-Sichtweite in Okinawa beträgt oft über 50 m – auch zum **Schnorcheln** wunderbar.
(▶ **S. 361, 366**)

4. SCHLAGKRÄFTIG

Bei vielen Matsuri, traditionellen Sommerfesten, werden **Taiko, mannshohe Trommeln**, mit hoher Frequenz und Energie geschlagen. Das macht Stimmung – und schon vom Hinsehen Muskelkater.
(▶ **S. 202, 268, 385**)

5. MUNDSCHUTZ

Im Frühjahr sind viele Japaner mit Mundschutz unterwegs – ungewohnt für Europäer. **Allergiker** versuchen sich mit Masken vor Pollen zu schützen; andere tragen sie aus Rücksichtnahme, wenn man z. B. selbst erkältet ist und seine Mitmenshen nicht anstecken will.

6. ASIMO

Auf zwei Beinen gehen, ohne umzukippen, ist eine der großen Herausforderungen – für Roboter. Japans **Vorzeige-Humanoide** Asimo kann inzwischen sogar verhalten rennen.
▶ (**S. 465**)

Erlebnispark mit heißen Quellen

Oedo Onsen Monogatari

Hinter dem Maritimmuseum lädt das Oedo Onsen Monogatari zum Entspannen ein. Heißes Wasser wird aus 1400 m Tiefe nach oben gepumpt. Die großzügige Anlage umfasst neben zahlreichen Außen- und Innenbecken auch die Replik einer **Straße der Edo-Zeit** mit Vergnügungsbuden, an denen Wahrsager oder Messerwerfer ihren Geschäften nachgehen. Für das leibliche Wohl sorgen sechs Restaurants.

Tgl. 11–21 Uhr | (inkl. Yukata) Mo.–Fr. 2612 ¥, Sa., So. 2828 ¥
http://daiba.ooedoonsen.jp/en/

Rund um Tokyo

Ghibli Museum – Einblicke in die Welt des Trickfilms

Mitaka

Die Trickfilme der Ghibli-Studios sind preisgekrönt und weltbekannt, Klassiker wie »Chihiros Reise ins Zauberland«, »Prinzessin Mononokehime« haben Spielfilmqualität und »Mein Nachbar Totoro« ist ein Star. Westlich von Tokyo unterhält das Filmstudio ein eigenes Museum in Mitaka – weil die Tickets so begehrt sind, muss man sie lange im Voraus kaufen (im Ausland ab 4 Monate vorher, in Japan jeweils ab dem 10. des Vormonats); vor Ort werden keine Tickets verkauft!

Mi.–Mo. 10–18 Uhr | 1000 ¥ | Tickets: JTB Deutschland (Tel. 069 92 18 77-27/-28; www.japanspecialist.de/ghibli-museum)
www.ghibli-museum.jp/en/

Die Maus in Japan

Tokyo Disney

Rund 10 km östlich von Tokyo in Urayasu wurde 1983 das riesige **Tokyo Disneyland** eröffnet, das erste außerhalb der USA. Konzipiert wurde er nach bewährtem Schema mit einer Hauptstraße im Stil der Jahrhundertwende (»World Bazaar«,), an die sich Themenbereiche wie »Adventureland« und »Fantasyland« anschließen. Im **Tokyo Disney Sea** gruppieren sich die Attraktionen um das Thema Meer.

Je nach Jahreszeit, ca. 8.30–22 Uhr | Tagespass jeweils 7400 ¥
www.tokyodisneyresort.jp/en/

Mehr als nur ein Großflughafen

Narita

Narita kennen Touristen meist nur als Standort des Flughafens, dabei pilgern jährlich über 7 Mio. Gläubige in den Ort: Vom JR-Bahnhof gelangt man durch das bunte **Einkaufsviertel Omotesando** nach Norden zu dem rund 1 km entfernten, 940 gegründeten **Naritasan-Shinshoji-Tempel**. Die 20 ha große Tempelanlage umfasst u. a. das Tor Niomon, die Halle der Drei Heiligen, die Buddha-Halle und die Haupthalle Hondo, die 1963–1968 in traditionellem Stil erbaut wurde, ferner einen Glockenturm und eine dreistöckige Pagode. Besonders zu Neujahr und zum Setsubun-Fest (Anfang Februar) wird der Tempel von zahlreichen Gläubigen besucht. An den Tempelbezirk schließt sich der 16,5 ha große **Naritasan Park** an, der besonders während der Kirsch- und Pflaumenblüte einen reizvollen Anblick bietet. Im Park zeigt ein **Kalligrafie-Museum** Werke seit der Edo-Zeit.

Park: tgl. 5.30–16 Uhr | Eintritt frei
Museum: Di.–So. 9–16 Uhr | 500 ¥ | www.naritasan.or.jp/english/

Retortenstadt im Dienst der Wissenschaft

Tsukuba Science City

60 km nordöstlich liegt am Fuße des Tsukuba die »Wissenschaftsstadt« Tsukuba Science City (Tsukuba Express ab Akihabara, 45 Min.). Auf dem etwa 2700 ha großen Gelände wächst seit den 1970er-Jahren eine von Maki Fumihiko entworfene Retortenstadt mit futuristischen Hochbauten und weiträumigen Fußgängerzonen. Inzwischen sind hier rund 40 % aller japanischen Forschungsinstitute sowie zwei Universitäten untergebracht; außerdem wurden Wohnbereiche, Einkaufszentren, Schulen und Freizeiteinrichtungen geschaffen. Zur Ausstattung der »Denkfabrik« gehören neben hochmodernen Laboratorien ein siebenstöckiges Stahlbetongebäude mit Erdbebensimulator, eine mehr als 6 km lange Straßenverkehrs-Teststrecke sowie ein 380 m langer Tunnel für Versuche zur Lärmminderung, Belüftung und Beleuchtung und zu anderen Umweltaspekten. Vom Bhf. Tsukuba sind es 15 Minuten mit dem Bus zum **Berg Tsukuba**. Sowohl auf dem Hauptgipfel, Nyotai (»weiblicher Berg«), als auch auf dem Nebengipfel Nantai (»männlicher Berg«; 870 m) befinden sich Schreine; auf dem Nantai auch eine Wetterstation und eine drehbare Aussichtskanzel (Blick über die Kanto-Ebene auf den Fuji). Auf beide Gipfel fahren **Seilbahnen**; bizarre Felsformen lohnen den Auf- oder Abstieg zu Fuß.

TOTTORI 鳥取

Hauptinsel: Honshu | **Präfektur:** Tottori | **Einwohnerzahl:** 195 000

Die einzigen Sanddünen Japans gibt es bei Tottori. Überhaupt ist die kleine Präfekturhauptstadt in erster Linie Ausgangspunkt für Naturerlebnisse.

Wohin in Tottori?

Ausblick über Burgruinen

Kyushu-Park

Die Reste der im 16. Jh. errichteten **Burg Tottori** findet man im erhöht gelegenen Kyushu-Park, 1,7 km nordöstlich des Bahnhofs. Die Burg wurde 1581 von den Truppen Toyotomi Hideyoshis 200 Tage lang unerbittlich belagert.

TOTTORI ERLEBEN

TOURISTENINFORMATION

Nähe JR-Bhf.: Tel. 0857 22 79 35
tgl. 8.30–17.30 Uhr | www.city.tottori.lg.jp/foreign/index.htm

ANREISE

Flugzeug: Von Tokyo (Haneda Airport; 1¼ Std.); von Osaka (45 Min.)
Bahn: Von Okayama mit JR (1¾ Std.)

Ein Tässchen Matcha am Tempel mit Teichgarten
Südlich der Burg erreicht man den schönen Garten Kannon-in mit dem gleichnamigen Tempel sowie den benachbarten, dem Tokugawa Ieyasu gewidmeten **Ouchidani-Schrein** aus dem Jahr 1650. Kannon-in
Kannon-in-Tempel: tgl. 9–17 Uhr | 600 ¥ (mit Tee-Service)
www.japan-guide.com/e/e8104.html

Allerlei zur Stadtgeschichte
Interessant sind auch das Yamabikokan-Museum (**Tottori City History Museum**) zu Geschichte und Kultur der Stadt (Burgmodell, Luftaufnahmen der Stadt) und der **Friedhof** (Ikeda Clan Cemetery) der ehemaligen Fürstenfamilie Ikeda (südwestl. des Bhfs.) mit Grabsteinen auf Schildkrötensockeln. Yamabikokan

San-in-kaigan-Nationalpark

Größtes Sanddünengebiet des Landes
Nördlich der Stadt fließt der Sendai ins Japanische Meer. Seine Mündung ist gekennzeichnet durch eine ausgedehnte Dünenlandschaft (Bus, 20 Min., Hst. Sakyu Kaikan), Japans größtes Sanddünengebiet. Ihr östlicher Teil gehört zum San-in-kaigan-Nationalpark, der sich von hier nahezu 80 km weit nach Osten erstreckt; dort blühen ab Ende Oktober die Rakkyo-Felder (eine Schalottenart) in dunklem Lila, und man kann sich sogar Kamele für Dünenritte ausleihen. Zu den Aktionen gehören die **Kasumi-Küste**, der Strand von **Uradome** und der Badeort **Kinosaki**. Von Tottori aus folgt die JR-San-in-Hauptlinie der Küste. **Badestrände** findet man bei Uradome, Tajiri und Ajiro; den kleinen Buchten sind Klippen und Inseln mit Grotten vorgelagert. Sendai-Flussmündung

Malereien auf Schiebetüren
Als besonders reizvoll gilt die Umgebung von Kasumi. 1,5 km südlich des Bahnhofs steht der **Daijoji-Tempel** der Shingon-Schule (Gründung wohl im 8. Jh.); die Malereien auf den Schiebetüren stammen von Maruyama Okyo (1753–1795). Kasumi
Tgl. 9–16 Uhr | 800 ¥

Badeort in Hügellage

Kinosaki-Onsen

Schöne Ausblicke auf die Parklandschaft bietet das in einer Hügelkette gelegene Kinosaki-Onsen mit sieben öffentlichen Bädern. In der Nähe des Onsenji-Tempels führt eine Seilbahn auf den **Berg Daishi** (ausgezeichneter Blick auf die Maruyama-Mündung).

★★ TOWADA-KO
十和田湖

Hauptinsel: Honshu | **Präfekturen:** Akita, Aomori und Iwate
Fläche: 59,1 km²

Der schöne klare Kratersee im Norden Tohokus ist ein angenehmes Sommer-Ausflugsziel. Besonders beliebt ist der Spazierweg durch das Oirase-Tal, wo die herbstliche Laubfärbung früh einsetzt.

★★ Rund um den Towada-See

Malerischer Kratersee

Towada-See

Inmitten urwüchsiger Wälder liegt der 334 m tiefe Kratersee Towada-ko (59,1 km²), der von einer Uferstraße umzogen wird. Ursprünglich lebten in dem klaren Kratersee überhaupt keine Fische, erst während der Meiji-Zeit im späten 19. Jh. wurden im See Forellen ausgesetzt; heute ist die Forelle eine der regionalen Spezialitäten. Im Südosten ragen **zwei Halbinseln** in den See, die diesen in drei Becken

TOWADA-KO ERLEBEN

VISITOR CENTER
In Yasumiya: Tel. 0176 75 24 25
tgl. 8.30–17, Dez.–März 9–16 Uhr

ANREISE ZUM SEE
Bahn: Von Tokyo JR-Tohoku-Shinkansen bis Hachinohe (3 Std.), dann Bus (2¼ Std.)
Bus: Von Aomori (knapp 3 Std.).

TOWADA HOTEL €€€€
Hotel im Chalet-Stil aus den 1930er-Jahren mit Blick auf den See. Zimmer in japanischem und westlichem Stil, alle mit Halbpension.
Towadako Nishikohan,
Kosaka-cho, 018-5511 Akita-ken
Tel. 0176 75 11 22

Sonnenuntergang über dem Towada-See

Higashi-no-umi (»Östlicher See«), Naka-no-umi (»Mittlerer See«) und Nishi-no-umi (»Westlicher See«) unterteilen.

Yasumiya – Hauptort am See

»Grazien vom See«

Der touristische Hauptort am See ist Yasumiya im Südwesten. 15 Minuten zu Fuß sind es von hier nach Norden zu der in Japan recht bekannten Figurengruppe der »Grazien vom See« des Bildhauers Takamura Kotaro. Eine der beiden nackten Figuren soll seine Frau darstellen, die unter Schizophrenie litt und sehr jung verstarb.
Am Gozengahama-Strand vorbei gelangt man zu dem nordwestlich auf der Halbinsel gelegenen **Towada-Schrein** und den dort lebenden kleinen Schildkröten.

Wanderweg am Oirase-Fluss

Oirase-Tal

Bei Nenokuchi fließt der Fluss Oirase ab. In seinem Tal verläuft der leichte Wanderweg beschaulich am Fluss, vorbei an Wasserfällen und moosbegrünten Felsen (▶ Abb. S. 503). Da die Buslinie parallel läuft, lässt sich die Wanderung fast beliebig unterbrechen. Besonders reizvoll ist der 14 km lange Abschnitt zwischen Nenokuchi und Yakeyama.

Abstecher in die Hakkoda-Berge

Sukayu-Onsen, Odake

Nach Norden erheben sich zwischen dem Towada-ko und der Küstenstadt ► Aomori die Hakkoda-Berge. Das Massiv besteht aus acht erloschenen Vulkanen, deren höchster der Odake (auch Sukayu; 1585 m) ist. Eine JR-Buslinie verbindet den See (etwa 3 Std.) über Sukuya-Onsen und Tsuta-Onsen mit Aomori. Sukayu-Onsen, im Winter einer der schneereichsten Orte der Welt, ist für sein »**1000-Personen-Bad**« bekannt. Bis zu 1000 Menschen sollen gleichzeitig in dem gut 40 °C warmen, leicht schwefelhaltigen Wasser baden können. Von Sukayu-Onsen gibt es gute Wanderwege in die Hakkoda-Berge.

TSUWANO 津和野

Hauptinsel: Honshu | **Präfektur:** Shimane | **Einwohnerzahl:** 8000
Anreise Bahn: Von Yamaguchi JR-Yamaguchi-Linie (1¼ Std.)

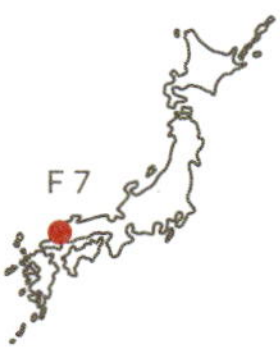

Westliche Touristen kommen nicht oft nach Tsuwano. Der Ort ist recht abgelegen – aber idyllisch, mit zahlreichen historischen Gebäuden, wie Bürger- und Samurai-Häusern.

Wohin in Tsuwano?

Wo die Ritter wohnten

Samurai-Residenzen

Im Zentrum (Tonomachi) liegen die alten, von Kanälen gesäumten, Samurai-Residenzen mit weiß getünchten Mauern.

Kapelle der Märtyrer aus Nagasaki

Maria-Gedächtnis-Kapelle

Westlich hinter dem Bahnhof steht auf einem Hügel die von Kirschbäumen umgebene Maria-Gedächtnis-Kirche (Otome Toge Maria Chapel; zu Fuß 20 Min.). Sie ist dem Andenken an 153 christliche Märtyrer gewidmet, die von Nagasaki nach Tsuwano verbannt wurden, wo einige gefoltert und umgebracht wurden.

Familientempel der Tsuwano-Clans

Yomeiji-Tempel

Südwestlich des Bahnhofs (15 Min.) ist im Yomeiji-Tempel der Novellist und Mediziner **Mori Ogai** begraben, der hier geboren wurde und in Berlin studiert hatte (► S. 595).

Tgl. 8.30–17 Uhr | 300 ¥

Mit der Seilbahn auf den Burghügel

Taikodani-Inari-Schrein

Westlich der Stadt erhebt sich der Aussichtshügel **Shiroyama** mit dem prunkvollen Inari-Schrein. Der Aufstieg erfolgt durch 1000 rot lackierte Torii (von der Terrasse schöne Aussicht auf den Ort). Eine **Seilbahn** führt hinauf zu den in einem Park gelegenen Resten der Burg (südwestlich des Inari-Schreins; Station an der Zufahrtsstraße zum Schrein). Es gibt nur wenige Fundamentreste, doch eine eindrucksvolle Aussicht über Ort und Tal.

Seilbahn: tgl. 9–16.30 Uhr, Dez.–Feb. nur Sa., So.
hin und zurück 450 ¥

UNZEN-AMAKUSA-NATIONALPARK
雲仙天草国立公園

Hauptinsel: Kyushu | **Präfekturen:** Nagasaki, Kumamoto und Kagoshima | **Fläche:** 282 km²

Nicht weit von ▸ Nagasaki liegt die Halbinsel Unzen, wo kochend heißes Wasser aus dem Boden dampft und Gedenkstätten an die Christenverfolgungen des 17. Jhs. erinnern. Nach Süden setzt sich der Nationalpark in das Inselreich von Amakusa fort: Unzählige Inselchen sind z. T. mit Brücken untereinander verbunden.

Meer und Buchten

Der Unzen-Amakusa-Nationalpark umfasst das Zentrum der Shimabara-Halbinsel und die Gruppe der Amakusa-Inseln vor der Küste bei Kumamoto. Umrahmt wird das Gebiet von der Ariake-See, der Chijiwa-Bucht und der Yatsushiro-Bucht.

UNZEN-AMAKUSA-NATIONALPARK ERLEBEN

ANREISE

Bahn: Von Nagasaki: JR-Nagasaki-Hauptlinie bis Isahaya (25 Min.), Shimabara-Privatbahnlinie über Shimabara und an der Ostküste der Halbinsel nach Kazusa (2¼ Std.)

Bus: Von Isahaya über Obama nach Unzen;
von Kumamoto nach Hondo (Amakusa; 2½ Std.)

Schiff: etwa stündlich von Kuchinotsu (Shimabara-Halbinsel) nach Oniike (Amakusa-Insel), 30 Min.

Wohin auf der Shimabara-Halbinsel?

Heiße Quellen und Fumarolen

★ Unzen-Massiv

Den Mittelpunkt der Shimabara-Halbinsel bildet das Unzen-Massiv. Der vulkanische Ursprung des Bergstocks zeigt sich noch immer in Geysiren, Fumarolen und brodelnden Schlammteichen. Schon in **Obama** an der Westküste der Halbinsel gibt es heiße Quellen – sehr heiße sogar, denn das Wasser kommt hier mit 105 °C aus der Erde. Beim öffentlichen **Fußbad** »Hot Foot 105« am Hafen – mit 105 m Japans längstes Fußbad – kann man sich Körbe leihen, um Gemüse oder Eier in diesem Thermal-Dampf zu garen. Von hier führt eine Straße in das Unzen-Massiv und weiter nach Shimabara. Am Südfuß des Berges Myoken liegt der viel besuchte Badeort **Unzen-Onsen** (727 m ü. d. M.; Thermalquellen bis 95 °C). Nahe beim Ort sind die Fumarolen **Unzen-Jigoku** zu sehen, in denen im 17. Jh. japanische Christen gefoltert wurden, die sich weigerten, ihrem Glauben abzuschwören. 1 km nordöstlich befindet sich der älteste Golfplatz Japans.

Seilbahnfahrt zum Aussichtspunkt

★ Myoken

Vom 1100 m hohen Nita-Pass (Bus) fährt eine Seilbahn auf den 1334 m hohen Myoken. Von hier sieht man über die Bucht im Osten und die Amakusa-Inseln den aktiven **Vulkan Fugen** (1360 m), der nicht bestiegen werden darf. Beim Ausbruch 1991 starben 43 Menschen.

Alte Burgstadt

Shimabara

Etwa in der Mitte der Ostküste liegt die alte Burgstadt Shimabara (45 000 Einw.). Die 1618 bis 1624 erbaute fünfstöckige **Burg** (400 m westl. des Bhfs.) wurde 1964 rekonstruiert und beherbergt ein Museum zur Geschichte des Christentums in Japan. Hinter der Burg liegt das **Seibo-Museum** mit Werken des Künstlers Kitamura Seibo, von dem u. a. die Statue im Friedenspark von Nagasaki stammt. Westlich von hier verläuft ein alter Straßenzug mit **Samurai-Häusern**.
Vor dem Hafen liegen die **Tsukumojima-Inseln**, die 1792 bei einem Ausbruch des Mayuyama, westlich der Stadt, entstanden sind.
Burg: tgl. 9–17.30 Uhr | 540 ¥ (inkl. Seibo Memorial Hall)
www.japan-guide.com/e/e4454.html

Reminiszenz an den Shimabara-Aufstand

Harajo

Im Süden der Halbinsel, knapp 10 km vor dem Fährhafen Kuchinotsu, stehen die alten Burgmauern der **Burg Hara** (Hara Castle Ruins; frei zugänglich), wo 1637/38 japanische Bauern, viele von ihnen Christen oder herrenlose Samurai (Ronin), den Truppen des Tokugawa-Shogunats letzten Widerstand leisteten. Auslöser dieses »Shimabara-Aufstands« war die drückende Steuerlast, in dessen Verlauf kamen aber auch religiöse Motive hinzu. Die wochenlange Belagerung endete mit dem Tod von annähernd 40 000 Rebellen und Sympathisanten.

Wohin auf den Amakusa-Inseln?

120 Inseln

Fünf Brücken

Südlich der Shimabara-Halbinsel, jenseits der Hayasaki-Meerenge, liegen die Amakusa-Inseln. Man gelangt von Kuchinotsu per Fähre zum Hafen Oniike im Norden der Insel Shimoshima. Eine andere lohnende Route führt von Misumi auf der anderen Seite der Shimabara-Bucht, also von Kumamoto, über die fünf Brücken Amakusa Gokyo, die eine Straßenverbindung von der östlichsten Insel **Oyanoshima** über **Kamishima** bis zur westlichsten Insel Shimoshima herstellen. Rund 120 kleinere Inseln sind in dieser Gegend im Meer verstreut.

Kannon und Jesus

Amakusa

In der Stadt Amakusa auf der Ostseite der Insel Shimoshima erinnert an der Stelle der einstigen Burg ein **Museum** (Amakusa Kirishitan-kan) an die Opfer des Shimabara-Aufstands (▶ S.474). Bekannt ist die Statue der Kannon mit dem Jesuskind. Die im Allgemeinen weiblich dargestellte Kannon wurde stellvertretend für die Madonna verehrt. Weitere Anziehungspunkte sind der **Meitokuji-Tempel**, die **Brücke Gionbashi** und das **Aquarium**.

Amakusa Christian Museum: Di.–So. 9.30–18 Uhr | 200 ¥

Diese der »Fünf Brücken von Amakusa« verläuft bei Kumamoto.

Malerische Küstenstriche und Thermalquellen

Tomioka, Shimoda

Über den Hafen Oniike im Nordosten der Insel erreicht man Tomioka, in dessen Nähe malerische Küstenstriche liegen, und danach das Seebad Shimoda (mehrere Thermalquellen).

UWAJIMA 宇和島

Hauptinsel: Shikoku | **Präfektur:** Ehime | **Einwohnerzahl:** 77 000

Uwajima ist das ländliche Shikoku schlechthin, mit Zitrusfrüchten, gutem Fisch und einer kleinen Burg. Bekannt ist der Ort auch für seine Perlenzucht und für die unblutigen Stierkämpfe.

Wohin in Uwajima?

Burgturm aus der Edo-Zeit

Burggelände

700 m südwestlich des Bahnhofs (Bus, 5 Min.) steht auf einem 80 m hohen Hügel der dreistöckige Hauptturm der einstigen Burg, einer von nur zwölf erhaltenen Burgtürmen aus der Edo-Zeit (Kulturgut). Alle anderen Gebäude wurden abgerissen, geblieben ist neben einem Tor nur ein Speichergebäude.

Tgl. 9–17, Okt.–März bis 16 Uhr | 200 ¥

UWAJIMA ERLEBEN

ANREISE

Bahn: Von Matsuyama JR-Yosan-Linie (1¼ Std.)

STIER-SUMO

Fünfmal jährlich werden die »Togyu« genannten Stierkämpfe veranstaltet. Beim Kampf Tier gegen Tier ähneln die Regeln jenen für Sumo-Ringkämpfe. Diese Tradition geht auf die zweite Hälfte des 17. Jhs. zurück; damals bekam Uwajima als Dank für die Rettung eines holländischen Schiffes zwei Stiere geschenkt.

Stierkampf-Stadion (1 km nördl. des Bhfs. von Uwajima), 2. Jan., 1. So. im April, 24. Juli, 14. Aug., 4. So. im Oktober

WAREI TAISAI MATSURI & UWAJIMA USHI-ONI MATSURI

Drei Trageschreine werden nachts bei Fackelbeleuchtung durch den Fluss getragen. Bei einer weiteren Prozession werden Schreine mit dem Monster Ushi-Oni durch die Straßen gezogen.

Warei-Schrein, Ende Juli

Zuständig für Langlebigkeit und Fruchtbarkeit

Bekannt ist die Stadt für ihren unversehrt gebliebenen Taga-Jinja nördlich der Burg (vom Uwajima-Bhf. zu Fuß, 15 Min.), der einen riesigen Holzphallus birgt. Auf dem Gelände des Schreins befindet sich ein **Fruchtbarkeitsmuseum** (Dekoboko Shindo). Taga-Schrein

Schrein: frei zugängl., Museum: tgl. 8–17 Uhr | 800 ¥
www.japan-guide.com/e/e5580.html

Stein-Torii und Festival

Der Warei-Jinja (vom Uwajima-Bhf. zu Fuß, 8 Min.) besitzt eines der größten Stein-Torii Japans (12 m). Ende Juli findet das Schreinfest (▶ links) mit Fürbitten um guten Fischfang und Ernte statt. Warei-Schrein

Garten und Familienmuseum des Date-Clans

Der hübsche **Landschaftsgarten** Tensha-en (2 km südwestl. des Bhfs.) wurde im 19. Jh. für die Sommerresidenz der Familie Date angelegt. Nordöstlich davon steht in Gotenmachi das Date **Museum** (Date-hakubutsukan) mit Waffen, Rollbildern und anderen Dingen aus dem Besitz der Familie, die hier zur Edo-Zeit herrschte. Tensha-en

Tensha-en: tgl. 8.30–17, Juli–März bis 16.30 Uhr | 300 ¥
Date Museum: Di.–So. 9–17 Uhr | 500 ¥
www.japan-guide.com/e/e5578.html

Alles über Perlen

Im Perlencenter (Uwajima Shinshu Kaikan, 2 km nördl. des Bhfs.) können sich Besucher über die Perlenherstellung informieren, selbst Schmuck herstellen und natürlich auch Perlen kaufen. Perlencenter

Tgl. 8–20 Uhr | Eintritt frei

WAKAYAMA 和歌山

Hauptinsel: Honshu | **Präfektur:** Wakayama | **Einwohnerzahl:** 383 000

Die alte Burgstadt an der Westküste der Kii-Halbinsel, vis-à-vis von Shikoku, war schon früh ein Tor zum Inneren des Landes. Das nahe Küstengebiet von Wakanoura ist ein beliebtes Reiseziel.

Wohin in Wakayama und Umgebung?

»Weiße Burg« mit Garten aus der Edo-Zeit

In der Stadtmitte steht die 1585 von Toyotomi Hideyoshi erbaute Burg. Der dreistöckige Hauptturm wurde nach Kriegszerstörung erneuert; Burg, Kap Saikazaki an seiner Nordseite erstreckt sich der **Garten Momiji-dani Teien**, einer der wenigen aus der Edo-Zeit, die erhalten geblieben sind (beliebter Kirschblütenort). Der **Garten Bandokoro Teien** am südwestlich der Stadt gelegenen **Kap Saikazaki** bietet einen herrlichen Meerblick auf die gegenüberliegende, unbewohnte Insel.

Burg: tgl. 9–17.30 Uhr | 410 ¥

Pilger-Tempel in Küstenlandschaft

Kimiidera-Tempel

Unweit südlich erreicht man das **Seebad Wakanoura** (Bus, 25 Min.) mit seiner reizvollen Küstenlandschaft und einem guten Ausblick auf die Insel Awaji. In der Nähe am westliches Abhang des Berges Nagusa steht der 770 gegründete Kimiidera-Tempel, Zentrum der Guse-Kannon-Schule und einer der 33 Kannon-Pilgertempel der Westprovinzen. Sehenswert sind das Haupttor, der Glockenturm, die Pagode und eine hölzerne Statue der Elfköpfigen Kannon.

Tempel: tgl. 8–17 Uhr | 200 ¥

Inspiriert vom Koya-san

Negoroji-Tempel

Nördlich bzw. nordöstlich von Wakayama (JR-Hanwa-Linie) lohnen einige Tempel den Besuch. Der Negoroji-Tempel (8 km östl. des Bhfs. Kii) wurde 1126 von Kakuban gegründet, einem Priester, der gegen die zunehmende Verweltlichung der Shingon-Schule ankämpfte, was schließlich zur Abspaltung der »Neuen Shingon-Schule« führte. Wer zuvor die Tempel am ▶ Koya-san besucht hat, wird von der Ähnlichkeit überrascht sein.

Tgl. 9.10–16.30, Nov.–März bis 16 Uhr | 500 ¥

Izumi-Hashimoto und Umgebung

Ushitaki

Nächste Station an der Bahnlinie ist Izumi-Hashimoto. In der Nähe stehen der **Mizuma-Kannon-Tempel** der Tendai-Schule (4 km) und der **Ko-onji-Tempel** (auch Kozumi-Kannon; 4,8 km), in dessen Halle (Kannon-do) buddhistische Skulpturen stehen.

14 km südwärts erhebt sich der von Ahornwäldern bedeckte **Berg Ushitaki**, von dessen Hängen zahlreiche Wasserfälle plätschern.

WAKAYAMA ERLEBEN

TOURISTENINFORMATION

Im Wakayama Historical Center bei der Burg: 3-6 Ichibancho
Tel. 073 4 35 11 85 | 8.30–17.15 Uhr
https://en.visitwakayama.jp/

ANREISE

Bahn: Von Osaka (Bhf. Tennoji) JR-Hanwa-Linie (45 Min.); vom Bhf. Namba Nankai-Privatbahnlinie bis Wakayama-shi (1 Std.)

★★ YAKUSHIMA 屋久島

Hauptinsel: Kyushu | **Präfektur:** Kagoshima | **Fläche:** 503 km²
Einwohnerzahl: 383 000

Eine kleine subtropische Insel mit gut 20 km Durchmesser und fast 2000 m hohen Bergen – auf Yakushima ergibt sich durch die großen Höhenunterschiede direkt am Meer ein sehr ungewöhnliches Klima mit seltenen Pflanzen, endemischen Tieren und uralten Baumriesen. Auch weil der undurchdringlich wirkende Wald durchaus seit Jahrtausenden bewirtschaftet wird, gehört die Insel zum UNESCO-Welterbe.

Yakushima liegt rund 70 km vor der Südspitze Kyushus und wird aus 32 erloschenen Vulkanen gebildet. Der höchste Gipfel ist der **Miyanoura**, mit 1936 m der höchste Berg von ganz Kyushu (▶ unten). In dem von Nebel und ständigem Regen bestimmten Klima an den steilen Berghängen gedeihen subtropische Bergpflanzen; die Temperaturunterschiede zwischen Berg und Küste, Sommer und Winter sind extrem.

Unberührte Natur

Uralte Sicheltannen

Die hiesigen Sicheltannen (Yaku-Sugi; sugi = jap. Zeder) können mehrere Tausend Jahre alt werden. Das älteste Exemplar (etwa 25 m hoch, Stammumfang 5 m) wird als »Jomon-Sugi« bezeichnet, nach der prähistorischen Jomon-Zeit (bis etwa 250 v. Chr.). Alles über diese Bäume (Geschichte, Verarbeitung) erfährt man im **Yakasugi Museum** (5 Min. Autofahrt von Anbo).

★★ Yaku-Sugi und Jomon-Sugi

Yakasugi Museum: tgl. 9–17 Uhr, 1. Di. des Monats geschl. | 600 ¥
www.japan-guide.com/e/e4656.html

YAKUSHIMA ERLEBEN

TOURISTENINFORMATION

Miyanoura: Yakushima Environmental and Cultural Village Center | Tel. 0997 42 10 19
tgl. 9–17 Uhr.
Infos auch in ▶ Kagoshima

Im Internet: www.town.yakushima.kagoshima.jp/en/

ANREISE

Flug: ab Kagoshima (40 Min.)
Schnellboot: von Kagoshima nach Miyanoura (Yakushima) 2 Std.
Fähre: 4 Std.

Bergwander-, Spazierwege, Wasserfälle, Strände

Berg Miyanoura

Die höchsten Berge wie der Miyanoura (1936 m) sind durch Wanderwege erschlossen (▶ Abb. S. 603). Leichter lässt sich die einzigartige Natur auf besucherfreundlichen Wegen in den **Primärwald-Naturparks** Yakusugi Land (Bus von Anbo, ca. 40 Min.) und Shiratani Unsuikyo (Bus von Miyanoura, ca. 30 Min.) erkunden.
Auf der Insel sind außerdem einige imposante **Wasserfälle** zu sehen, wie der Okonotaki im Westen der Insel oder der Senpironotaki nahe der Südküste, es gibt schöne Strände und sogar ein bei Flut im Meer gelegenes Onsen.

Yakusugi Land: 300 ¥ | www.japan-guide.com/e/e4655.html
Shiratani Unsuikyo: 300 ¥ | www.japan-guide.com/e/e4654.html

YAMAGATA 山形

Hauptinsel: Honshu | **Präfektur:** Yamagata
Einwohnerzahl: 256 000

Mitten im »Schneeland« liegt Yamagata, »Schneemonster« gehören neben dem malerischen Yamadera-Tempel zu den Hauptsehenswürdigkeiten – keine Yetis, sondern zottelig verschneite Tannen.

Wohin in Yamagata?

Burgreste und Provinzmuseum

Kajo-Park

Im Kajo-Park (nördlich des Bhfs., 10 Min. Fußweg) stehen die Reste der von Shiba Kaneyori im 15. Jh. erbauten Burg sowie das Präfekturmuseum (Yamagata-kenritsu hakubutsukan).

Park: tgl. 5–22, Dez.–März ab 5.30 Uhr

Grabmal der Toyotomi-Nebenfrau und schöner Tempelgarten

Senshoji-Tempel

Ein Bus (10 Min.) verkehrt zum Senshoji-Tempel der Jodo-Schule; hier steht das Grabmal von Komahime, einer Nebenfrau des Toyotomi Hidetsugu, der wegen Hochverrat zum Tode verurteilt wurde.
Zu den schönsten Gärten der Region Tohoku gehört der Garten des nahe gelegenen **Kozenji-Tempels**.

Kozenji: tgl. 8–16.30 | 500 ¥

Weitere Tempel am Chitose-Hügel

Chitose-Park

2 km nordöstlich des Bahnhofs liegt der Chitose-Park mit dem **Yakushido-Tempel** (8. Jh.). Am Fuß des Chitose-Hügels steht der **Banshoji-Tempel**, vermutlich aus dem 7./8. Jahrhundert.

YAMAGATA ERLEBEN

TOURISTENINFORMATION
Im Kajo Central-Komplex,
beim Westausgang des Bahnhofs Yamagata: Tel. 023 6 47 23 33
tgl. 10–18 Uhr | www.jnto.go.jp/eng/location/regional/yamagata/

ANREISE
Flugzeug: Von Tokyo (Haneda Airport; 1 Std.);
von Osaka (Itami Airport, 1¼ Std.)
Bahn: Von Tokyo JR-Yamagata-Shinkansen (3 Std.); von Sendai JR-Senzan-Linie (1¼ Std.)

HANAGASA-MATSURI
10 000 Tänzer mit Blumenhüten (»hanagasa«) ziehen durch die Straßen.
5.–7. August

ONSEN-TOUR
Onsen-meguri (durch die Onsen ziehen): Für 1300 ¥ bekommt man ein traditionelles Holzpüppchen (kokeshi), das zum Eintritt in drei Onsen berechtigt.

SAKE
In der Präfektur Yamagata gibt es 56 mitunter sehr traditionsreiche Sake-Brauereien; viele davon sind zu besichtigen.

FUJIYA INN €€€€
Nur acht Zimmer hat dieses von Kuma Kengo restaurierte Hotel, das Tradition und Komfort mit der Quintessenz moderner japanischer Ästhetik vereint. Viel Holz schafft eine natürliche Atmosphäre. Zimmer im japanischen und westlichen Stil.
443 Ginzan Shinhata, Obanazawa-shi, 999-4333 Yamagata
Tel. 023 7 28 21 41
www.fujiya-ginzan.com/english/

Wohin im Zao-Quasi-Nationalpark?

»Schneemonster von Zao«

Östlich vor der Stadt erstreckt sich der gut 400 km² große Zao-Quasi-Nationalpark. Das vulkanische Zao-Massiv, bestehend aus den drei Gipfeln Kumano (1841 m), Goshiki (1674 m) und Katta (1759 m), bildet das bedeutendste Wintersportgebiet der Gegend (Busse von Yamagata, ca. 1 Std.). Die dick verschneiten Bäume sind als »Schneemonster von Zao« bekannt. Zao-Massiv

Von Kaminoyama (südl. von Yamagata; Bahnverbindung) durchzieht die 26 km lange gebührenpflichtige Straße »**Zao-Echo-Linie**« über den Kattadake nach Togatta-Onsen in der Präfektur Miyagi das Gebiet zwischen Katta und Togatta (Busverbindung).

Auf den Kattadake führt von der gleichnamigen Bushaltestelle die Seilbahn **Zao Ropeway**. Vom Gipfel aus kann man zum kobaltblauen **Okama-Kratersee** wandern.

Seilbahn: tgl. 8.15/8.30–16.30/16.45, April–10. Dez. 8.30–17 Uhr bis Mittelstation 800/1500 ¥ (einfach/doppelt), bis Bergstation 1500/2600 ¥ | http://zaoropeway.co.jp/en/

Größter Erholungsort im Zao-Massiv

Zao-Onsen

Der größte Erholungs- und Skiort im Zao-Massiv ist Zao-Onsen (Bus von Yamagata, 45 Min.). In zahlreichen Onsen, Rotenburo und öffentlich zugänglichen Fußbädern kann man nach dem Wandern oder Skifahren wunderbar entspannen.

Landschaftsgarten und Schutzgottheit der Reisenden

Jizosan

Zwischen dem 1735 m hohen Jizosan (erreichbar ab Zao-Onsen mit der Seilbahn Zao Ropeway, ▶ oben) und dem 1703 m hohen Sanpokojinyama liegt der Landschaftsgarten **Zao Shizen Shokubutsu-en** (Blütezeit Juni–Sept.); daneben befindet sich eine **Statue des Jizo** (Schutzgottheit der Reisenden), 1775 zum Schutz der Bergsteiger aufgestellt.

Am besten mit Yukata

Kaminoyama-Onsen

Den schönen Badeort Kaminoyama-Onsen erreicht man von Yamagata vom JR-Bahnhof Kaminoyama (20 Min.). Von April bis September ist das Tragen eines Yukata (Baumwollkimono) auch außerhalb der Hotels und Ryokans ausdrücklich erwünscht.

Das sehenswerte **Museum Kaisendo** nahe dem Bahnhof zeigt antike Waffen und Lackwaren. Der **Tsukioka-Park** mit Burgruine ist für seine Kirschblüte bekannt.

Kaisendo: Mi.–Mo. 9–17 Uhr, Dez.–Feb. bis 15.30 Uhr | 500 ¥

Uesugi-Clan und Seidenweber

Yonezawa

Die JR-Ou-Hauptlinie führt weiter zum Textilort Yonezawa (93 000 Einw.). Vom Bahnhof fährt ein Bus zum **Matsugasaki-Park**. Einst stand hier die Burg der mächtigen Sippe Uesugi. Heute befindet sich an ihrer Stelle der Uesugi-Schrein; er ist Uesugi Harunori (1756–1822) gewidmet, der die **Seidenmanufaktur** von Yonezawa gründete. Die Grabstätte der Familie Uesugi ist mit dem Bus zu erreichen (15 Min.).

Bedeutendstes Heiligtum der Tendai-Schule

★ Yamadera

Nördlich von Yamagata (Bahn, 25 Min.; Bus, 40 Min.) liegt Yamadera mit dem gleichnamigen Tempel (auch **Risshakuji-Tempel**), dem größten Heiligtum der Tendai-Schule in Nordjapan. Die vermutlich um 860 vom Priester Ennin gegründete Anlage liegt weit verstreut und sehr pittoresk an einem Berghang. Eine 1000-stufige Treppe führt zum Okunoin, dem Hauptheiligtum auf dem Gipfel. Im Tuffstein des Berges finden sich viele Grotten; in einer von diesen soll der Tempelgründer gestorben sein.

Yamadera: tgl. 8–17 Uhr | oberer Bereich 300 ¥
(plus Zusatzgebühr für Schatzhaus und andere Gebäude)
www.japan-guide.com/e/e7940.html

Mächtige Clans und Japanisches Schach

Tendo

14 km nördlich von Yamagata liegt Tendo (63 000 Einw.; JR-Ou-Hauptlinie, 25 Min.), einst Burgstadt der Familie Tendo, später Wohnsitz der Nachkommen des mächtigen Daimyo Oda Nobunaga (▶ S. 542). Im **Maizuru-Park** stehen die Burgruine und der dem Oda Nobunaga gewidmete Kenkun-Schrein. Tendo ist bekannt als Herstellungsort des japanischen Brettspiels **Shogi**.

YAMAGUCHI 山口

Hauptinsel: Honshu | **Präfektur:** Yamaguchi
Einwohnerzahl: 200 000

Die Hauptstadt der gleichnamigen Präfektur ganz im Westen Honshus ist für viele nur Durchgangsstation zur Hauptinsel Kyushu. Es gibt hier aber einiges zu sehen – christliche Geschichte, alte Tempel und eine wunderschön gelegene Pagode.

Kyoto des Westens

Seit dem 14. Jh. entwickelte sich hier unter der Schirmherrschaft der Familie Ouchi ein reiches Kunstschaffen, das während der Onin-Kriege (1467–1477) durch Zuzug vieler Künstler, darunter auch der Maler Sesshu (1420–1506; ▶ S. 553), zusätzliche Impulse erhielt.

Wohin in Yamaguchi?

Hügel mit Aussicht und Geschichte

Kameyama-Park

Der aussichtsreiche Kameyama-Park, auf einem Hügel (1,5 km nordwestl. des Bhf.) gelegen, ist zur Zeit der Kirsch- und Azaleenblüte sowie der herbstlichen Laubfärbung besonders reizvoll. Im Park stehen die Bronzestatuen von Mitgliedern der Familie Mori, die sich um die Meiji-Reform verdient gemacht haben.

Auf den Spuren des heiligen Franz Xaver

Daidoji-Tempel

Der Daidoji-Tempel liegt 2,5 km nordöstlich des Bahnhofs. Einst Wirkungsstätte von Francisco de Javier (Franz Xaver; ▶ S. 542), enthält er ein 6 m hohes Granitkreuz sowie eine Büste des Missionars (1926). An den Aufenthalt des spanischen Missionars in Yamaguchi 1551 erinnert auch die **Xaver-Gedächtniskirche** mit Museum (1,5 km

YAMAGUCHI ERLEBEN

TOURISTENINFORMATION
JR-Bahnhof Yamaguchi (1st Fl.):
Tel. 083 9 33 00 90 | tgl. 9–18 Uhr |
www.yamaguchi-city.jp/w/en/
JR-Bahnhof Shin-Yamaguchi (Shinkansenausgang):
Tel. 083 9 72 63 73 | tgl. 9–18 Uhr

ANREISE
Flugzeug: Von Tokyo (Haneda Airport) bis Ube (1½ Std.), dann Bus (40 Min.)
Bahn: Von Tokyo (Hbf.) JR-Sanyo-Shinkansen-Linie bis Shin-Yamaguchi (4½ Std.), dann JR-Yamaguchi-Linie (20 Min.) bis Bhf. Yamaguchi

nordwestl. des Bhfs.). Nachdem das ursprüngliche Gebäude von 1952 niedergebrannt war, wurde ein Neubau 1991 fertiggestellt.
Kirche: tgl. 9–17 Uhr | Kirche frei, Museum 300 ¥

Tempel nördlich des Bahnhofs
3 km nördlich des Bahnhofs steht der Rurikoji-Tempel mit seiner berühmten fünfstöckigen Pagode von 1442, einer der ältesten des Landes. Noch weiter nördlich liegt der **Zen-Tempel Joeiji** mit einem Garten, den der Künstler Sesshu gestaltete. ★ Rurikoji
Rurikoji-Tempel: tgl. 9–17 Uhr | 300 ¥
Joeji-Tempel: tgl. 8–17, Nov.–März bis 16.30 Uhr | 300 ¥

Fahrt mit der historischen Dampflok
Zwischen den Bahnhöfen Shin-Yamaguchi und Tsuwano verkehrt von März bis November an den Wochenenden ein historischer Dampfzug, die SL Yamaguchi-go (Fahrtdauer 2 Std.). SL Yamaguchi-go

Rund um Yamaguchi

Romantische Szenerie
Nördlich von Yamaguchi durchströmt der Fluss Abu die Chomonkyo-Schlucht (rund 20 km außerhalb der Stadt). Zwischen dem Bahnhof Chomonkyo und dem Ort Uzugahara bilden Wasserfälle, Grotten und dichte Waldungen eine romantische Szenerie. Chomonkyo-Schlucht

Ausflug vom Badeort ins Karstgebiet des Akiyoshi-Plateaus
Eine Buslinie (1 Std.) führt vom Badeort **Yuda-Onsen** südlich der Stadt (Bus, 12 Min.; Thermalquellen) nach Nordwesten zum 30 km entfernten Akiyoshi-Plateau-Quasi-Nationalpark mit reizvollen Tropfsteinhöhlen, wie der riesigen Akiyoshi-do (Infos ► S. 130). Akiyoshi-do

Im Grün versteckt sich der Rurikoji mit seiner berühmten fünfstöckigen Pagode.

YOKOHAMA 横浜

Hauptinsel: Honshu | **Präfektur:** Kanagawa | **Einwohnerzahl:** 3,7 Mio.

Yokohama, die zweitgrößte Metropole Japans, ist noch heute eine der großen Hafenstädte der Welt – dank des Hafens auch geschichtsträchtig (besonders im 19. Jh.) und international. Westliche Ausländer, westliche Firmen, fremde Kulturen und nicht zuletzt die Chinatown zeugen davon.

Tor für Schiffs-reisende

Yokohama liegt im östlichen Zentral-Honshu, unweit südlich von Tokyo, mit dem zusammen es den industriellen Ballungsraum Keihin (Tokyo–Kawasaki–Yokohama) bildet. Yokohama ist Hauptstadt der Präfektur Kanagawa und für Schiffsreisende das wichtigste Tor nach Japan. Die bedeutende Industrie umfasst u. a. Werften, Maschinen- und Automobilbau sowie Petrochemie.

Vom Fischerdorf zum lebhaften Handelszentrum

Öffnung nach Westen

Yokohama ist relativ jung. Als die Schwarzen Schiffe des Kommodore Perry in die Bucht von Tokyo eingedrungen waren (► S. 544) und er die Öffnung Japans zum westlichen Ausland durchgesetzt hatte, entwickelte sich das kleine Fischerdorf innerhalb kürzester Zeit zu einem lebhaften Hafen und Handelszentrum. 1859 ließen sich die ersten Ausländer nieder, u. a. der erste Generalkonsul der USA, Townsend Harris. Schon 1889 war die Einwohnerzahl der Stadt auf über 120 000 angewachsen. Bei dem katastrophalen Erdbeben von 1923 und im Zweiten Weltkrieg wurden weite Teile der Stadt zerstört.

Wohin in Yokohama?

Am Zentralbahnhof geht's los

Noge-Viertel

Südöstlich des Hauptbahnhofs liegt der **Bahnhof Sakuragicho**, von wo aus die wichtigsten Sehenswürdigkeiten gut erreichbar sind. Von hier führte 1872 die erste Bahnlinie Japans nach Shinbashi in Tokyo. Vom Bahnhof führt der Weg westlich durch das alte Noge-Viertel. Rote Laternen laden zu Nudeln oder Yakitori-Spießen ein.

Iseyama-Schrein und Aussichtspunkt

Kamon-yama-Park

Nordwestlich des Bahnhofs Sakuragicho (10 Min. Fußweg) steht der 1870 erbaute Iseyama-Schrein (Iseyama Kotai), der zur Gruppe der Ise-Schreine gehört und dem Schutzgott der Stadt geweiht ist. Er besitzt ein 10 m hohes Torii aus Zypressenholz. Nördlich schließt sich der besonders zur Kirschblütenzeit gerne besuchte Kamon-yama-Park an (Aussichtspunkt).

YOKOHAMA ERLEBEN

TOURISTENINFORMATION
JR-Bahnhof Yokohama:
Tel. 045 4 41 73 00 | tgl. 9–19 Uhr
Bahnhof Shin-Yokohama:
Tel. 045 4 73 28 95 | tgl. 9–21 Uhr
Bahnhof Sakuragicho:
Tel. 045 2 11 01 11 | tgl. 9–18 Uhr
Im Internet: www.welcome.city.yokohama.jp/eng, https://trip.pref.kanagawa.jp

ANREISE
Bahn: Von Tokyo diverse Linien, ca. 30 Min.
Bus: Von Narita (Tokyo International Airport; 1½ Std.)

CHINESISCHES NEUJAHR
Bunte Straßenumzüge und Feuerwerk.
Chinatown, Mitte Februar

JAHRESTAG DER HAFENÖFFNUNG
Großfeuerwerk und Volksfest.
Yamashita-Park, 2. Juni

YOKOHAMA HONMOKU JAZZ FESTIVAL
Japanische und internationale Jazz-Größen geben sich ein Stelldichein.
August

MOTION BLUE YOKOHAMA
Yokohama gilt als Wiege des japanischen Jazz. Im Motion Blue Yokohama kann man sich davon überzeugen: Zweimal am Abend gibt's Live-Jazz.
In den Akarenga-Speicherhäusern, 1-1-2 Shinko, Naka-ku | Tel. 045 2 26 19 19 | www.motionblue.co.jp (jap.)

❶ MANCHINRO HONTEN €€€
Alteingesessenes chinesisches Spitzenrestaurant in Chinatown. Spezialität sind die verschiedenen Teigtaschen und Krabbengerichte. Das Essen ist geschmacklich eher an den japanischen Gaumen angepasst.
153 Yamashitacho, Naka-ku
Tel. 045 6 81 40 04 | 11–22 Uhr
http://en.manchinro.com/

❷ KOHI NO DAIGAKUIN €
Im Kohi no Daigakuin (wörtlich »Kaffeekolleg«) scheint die Zeit in den 1930er-Jahren stehen geblieben zu sein: Auf die Gäste warten europäische Möbel, viel Holz und Schnickschnack und vor allem richtig guter Kaffee. Der Milchkaffee wird mit einer kleinen Showeinlage serviert!
1-18 Aioicho, Naka-ku
Tel. 045 6 41 77 50

❸ SHIN YOKOHAMA RAMEN MUSEUM €
Nahe des JR-Bahnhofs Shin-Yokohama. Mehr als ein Dutzend Ramen-Restaurants sind auf zwei Untergeschossen in rekonstruierten Tokyoter Straßen der 1950er-Jahre versammelt. Eine kleine Ausstellung informiert zur Geschichte der chinesischen Nudel in Japan.
2-14-21 Shinyokohama, Kohoku-ku, Yokohama 222-0033
Tel. 045 4 71 05 03 | tgl. ab 11, So. ab 10.30 Uhr, je nach Restaurant bis 23 Uhr | Ausstellung: 310 ¥
www.raumen.co.jp/english/

❶ YOKOHAMA BAY HOTEL TOKYU €€€€
Blick auf die Bucht und den Hafen ist das entscheidende Qualitätsmerkmal

für Hotels in Yokohama. Und den hat man hier wahrlich: Das Yokohama Bay Hotel ist ein modernes Luxushotel mit 480 Zimmern und jedem erdenklichen Komfort, inklusive Sauna, Pool, Spa und Schönheitssalon.
2-3-7 Minatomirai, Nishi-ku,
Yokohama, 220-8543 Kanagawa
Tel. 045 6 82 22 22
http://ybht.co.jp/en

2 BAYSIDE MARINA HOTEL €€€

Yoshimura Yasukatas Hotel wurde weltweit in Architekturzeitschriften vorgestellt. Die Zimmer bestehen aus Schiffscontainern, die stylishe Einrichtung bietet alle Annehmlichkeiten.
6-1 Shiraho, Kanazawa-ku,
Yokohama, 236-0007 Kanagawa
Tel. 045 7 70 13 01
www.baysidemarinahotel.jp (jap.)

Vom Park ins Zentrum von Naka-ku

Nogeyama Park

Südwestlich des Iseyama-Schreins (ca. 7 Min. Fußweg) liegt an einem Hang der aussichtsreiche Nogeyama Park mit **Zoo** und Schwimmbad. Von hier in südöstlicher Richtung erreicht man die Einkaufsstraße **Isezaki-cho**, die ins Zentrum von Naka-ku führt.

Zoo: Mi.–Mo. 9.30–16.30 Uhr | 800 ¥

Atemberaubende Aussicht mit dem schnellsten Aufzug Japans

Landmark Tower

Vom Ostausgang des Bahnhofs Sakuragicho befördert ein Rollband den Besucher zum 296 m hohen Landmark Tower, der bis zur Fertigstellung des Abeno Harukas in Osaka im Jahr 2014 (▶ S. 379) der höchste Wolkenkratzer Japans war.

Von der **Aussichtsplattform** »Sky Garden« im 69. Stock (263 m) genießt man eine atemberaubende Sicht über die Bucht von Tokyo bis hin zum Fuji-san. Hinauf fährt man übrigens mit dem schnellsten Aufzug Japans (750 m/min.).

Sky Garden: tgl. 10–21 Uhr | 1000 ¥
www.yokohama-landmark.jp/skygarden/web/english/

Futuristisches Vergnügungsviertel mit Museen

Minato Mirai 21

Der Landmark Tower steht im futuristischen Viertel Minato Mirai 21 (MM21), einem auf Neuland geschaffenen Bezirk aus Wolkenkratzern, die Hotels, Apartments, Büros und den Vergnügungspark **Cosmo World** beherbergen.

Zwei Museen ergänzen das Angebot: das **Yokohama-Kunstmuseum** (Yokohama Bijutsukan) mit Kunst des 20. Jhs. und das **Mitsubishi-Minatomirai-Industriemuseum**, das sich anschaulich mit technischen Errungenschaften befasst (u. a. mit einem Hubschrauberflugsimulator).

Östlich des Towers erstreckt sich der **Nippon-maru Memorial Park** mit dem außer Dienst gestellten Segelschulschiff »Nippon-maru« und dem **Yokohama-Hafenmuseum**.

Minato Mirai 21: Cosmo World Fr.–Mi. 11–21 Uhr (im Sommer, Sa., So. länger, im Winter kürzer) | Eintritt frei, je Attraktion 300–800 ¥
allgemeine Infos: www.japan-guide.com/e/e3200.html/
Yokohama-Kunstmuseum: Fr.–Mi. 10–18 Uhr | 500 ¥
Mitsubishi-Minato-Mirai-Industriemuseum:
Mi.–Mo. 10–17 Uhr | 500 ¥
»Nippon-maru« und Yokohama-Hafenmuseum:
Di.–So. 10–17 Uhr | 600 ¥

Restaurants:
1 Manchiniro Honten
2 Kohi no Daigakuin
3 Shin Yokohama Ramen Museum

Hotels:
1 Yokohama Bay Hotel Tokyu
2 Bayside Marina Hotel

»Heiße Tasse«

Cup Noodle Museum

1958 wurde in Japan die Instantnudel erfunden. Im Cup Noodle Museum erfährt man alles über ihre Geschichte und Entwicklung. In einem Workshop kann man dann eine eigene Cup-Noodle-Variante kreieren – es gibt 5460 mögliche Kombinationen (Extrakosten 300 ¥ pro Nudel-Becher).

Cup Noodle Museum: Tel. 045 3 45 09 18 | Mi.–Mo. 10–18 Uhr | 500 ¥, Kinder frei | https://www.cupnoodles-museum.jp/en/yokohama/

Internationale Kunst und Emigranten

Akarenga

Von hier gelangt man über eine Promenade zu zwei alten **Lagerhäusern** aus rotem Backstein, den Akarenga. Sie enthalten eine gelungene Mischung aus schönen Geschäften und gemütlichen Lokalen. Hier und in der **Shinko-Pier-Ausstellungshalle** in der Nähe findet seit 2001 alle drei Jahre die **Yokohama Triennale** statt, eine internationale Ausstellung zur Gegenwartskunst (nächstes Mal: 2020; www.yokohamatriennale.jp/english/). Gegenüber den Akarenga-Backsteinhäusern zeigt das **Auswanderermuseum** anhand von Dokumenten und zahlreichen Ausstellungsstücken das Leben der über 1 Mio. Japaner, die im 19. Jh. nach Süd- und Mittelamerika emigrierten.

Auswanderermuseum: Di.–So. 10–18 Uhr | Eintritt frei
ww.jomm.jp/information/pdf/eng-jomm.pdf

Im Hafenviertel

Hafenviertel

Vom Yokohama-Park (Bhf. Kannai) nach Norden erreicht man den Hafen (mehrmals täglich Rundfahrten). Beim Osanbashi-Pier steht das neunstöckige **Silk Center**, das u. a. das Seidenmuseum beherbergt. Am rechts anschließenden Hafenbecken erstreckt sich der **Yamashita-Park** (Schiffsverbindung von der Anlegestelle östl. des Bhfs. Yokohama, 15 Min.; Blick auf den Hafen); im Hafen ankert das ehemalige Passagier- und Containerschiff **»Hikawa Maru«**, heute Museum und Aquarium. Südwestlich steht der 108 m hohe **Marine Tower**; der 360°-Panoramablick ist abends besonders reizvoll.

Seidenmuseum: Di.–So. 9–17 Uhr | 500 ¥
www.silkcenter-kbkk.jp/museum/en
»Hikawa Maru«: Di.–So. 10–17 Uhr | Schiff 300 ¥, Museum 400 ¥, Kombiticket 500 ¥
Marine Tower: tgl. 10–22 Uhr | 750 ¥

Tempel für den Gott der guten Geschäfte

Chinatown

500 m westlich liegt die **Chinatown** (Chuka-gai) von Yokohama mit vielen guten chinesischen Restaurants und Läden. Die Chinesen kamen bereits Mitte des 19. Jhs. mit der Öffnung des ersten Hafens als

Blick in die Zukunft wortwörtlich:
Zu Füßen des Landmark Tower liegt Minato Mirai, der »Hafen Zukunft«.

6:43

Übersetzer nach Yokohama. Mitten im Viertel steht der **Kantei-byo-Tempel**; er ist Kanwu Guan Yu geweiht, dem Gott der guten Geschäfte.

Ausländerviertel Yamate-machi

★ Ausländer-friedhof

Südlich jenseits des Flusses Nakamura verläuft die **Einkaufsstraße Motomachi**; hier beginnt das Ausländerviertel Yamate-machi (auch Bluff genannt). Auf dem Ausländerfriedhof Yokohamas sind Menschen aus über 40 Ländern begraben; eine Ausstellung informiert über die erste ausländische Community in Yokohama. Mehrere der historischen **Wohnhäuser** sind renoviert und zugänglich gemacht worden, z. B. Berrick Hall (Architekt: J. H. Morgan) und Ehrismann Residence (Architekt: Antonin Raymond).

Ausländerfriedhof: März–Dez. Sa./So. 12–16 Uhr
freiwillige Spende (200 ¥) | www.yfgc-japan.com/message_e.html
Berrick Hall, Ehrismann Residence: tgl. 9.30–17 Uhr,
2. Mi. des Monats geschl. | Eintritt frei

Bei den Acht Weisen der Welt

Sankei-en

Im Äußeren und Inneren Garten des Sankei-en an der südöstlichen Peripherie (Bus vom Ostausgang des Bhfs., 35 Min., dann 10 Min. zu Fuß) versammeln sich mehrere historische Bauwerke aus anderen Landesteilen: so die 500 Jahre alte dreistöckige Pagode des Tomyoji-

Mal kein Tempel, sondern eine Villa: Rinshun-kaku im Sankei-en-Park

Tempels in Kamo (Kyoto); das Rinshun-kaku, eine ehemalige Villa der auf der Kii-Halbinsel ansässigen Tokugawa-Linie (1649); der Teepavillon Choshu-kaku des Tokugawa Iemitsu; der Bauernhof Yanohara-ke (18. Jh.); und der Tempel Tenzuiji Juto Sayado vom Daitoku-ji in Kyoto (1592).
Im Südteil des Parks sind im Gebäude Hasseiden die Statuen der – aus japanischer Sicht – Acht Weisen der Welt aufgestellt: Shakyamuni, Konfuzius, Sokrates, Christus, Shotoku-taishi, Kobo-daishi, Shinran und Nichiren.

Sankei-en: tgl. 9–17 Uhr | 700 ¥
www.sankeien.or.jp/en-about/index.html
Hasseiden Museum: tgl. 9.30–16 Uhr | Eintritt frei

Blick von der Brücke auf die Bucht

Yokohama Bay Bridge

Eine 860 m lange, architektonisch kunstvolle Brücke über die Bucht von Yokohama in Richtung Tokyo zieht seit 1989 viele Besucher an. Vom Daikoku-Pier führt eine 320 m lange Fußgängerbrücke (**Sky Walk**) über einen Wasserarm zum Aussichtsturm, von wo sich ein guter Blick auf die kühne Konstruktion und das Meer bietet.

Ältester Tempel der Shingon-Schule

Gumyo-ji-Tempel

Vom Hauptbahnhof gelangt man mit der Keihin-Kyuko-Privatbahnlinie oder mit der Untergrundbahn nach Südwesten zum Gumyo-ji-Tempel der Shingon-Schule, dem ältesten der Stadt. Im Inneren ist eine aus dem 9. Jh. stammende Holzstatue der Elfköpfigen Kannon zu sehen.

★ YOSHINO-KUMANO-NATIONALPARK
吉野熊野国立公園

Hauptinsel: Honshu | **Präfekturen:** Nara, Mie und Wakayama
Fläche: 597 km²

Yoshino ist so gleichbedeutend mit »Kirschblüte«, dass die häufigste Kirschbaumsorte in Japan Somei-Yoshino heißt. Es ist der Ort für »Hanami satt«. Damit nicht genug: Die Yoshino-Berge, die Schreine und Tempel der Region sowie das Hunderte von Kilometern umfassende Wegenetz alter Pilgerrouten gehören zum UNESCO-Weltkulturerbe.

Wohin im Yoshino-Kumano-Nationalpark?

30 000 Kirschbäume

Yoshino-Berge

Den isoliert liegenden nordwestlichsten Teil des Nationalparks bilden die Yoshino-Berge (Hana-eshiki). Die Bergregion ist für ihre Kirschblüte weithin bekannt; in vier ausgedehnten Hainen wachsen etwa 30 000 Kirschbäume, die je nach Höhenlage von Anfang bis Ende April in voller Blütenpracht stehen. Angeblich hat der Priester En-no-Ozunu im 7. Jh. die Bäume gepflanzt und der Berggottheit Zao-Gongen geweiht. Mitte April wird das **Kirschblütenfest Hana-Matsuri** gefeiert.

Eines der höchsten Holzgebäude Japans

★ Kinpusenji-Tempel

Vom unteren Kirschbaumhain führt ein Weg bergan zum Kinpusenji-Tempel, dessen ursprüngliche Gebäude 1348 einem Brand zum Opfer fielen (Erneuerung im 15. Jh.). Die Haupthalle (Zaodo) ist mit 34 m Höhe eines der höchsten Holzgebäude Japans. Die beiden Deva-Statuen am Eingang werden den Künstlern Unkei und Tankei (12./13. Jh.) zugeschrieben.

Tgl. 8.30–16.30 Uhr | 500 ¥ | www.japan-guide.com/e/e4153.html

Zum Garten des Teemeisters

Chikurin-in-Tempel

Weiter nach Süden gelangt man zum Chikurin-in-Tempel, dessen Garten von Teemeister Sen-no-Rikyu (1522–1591; ► S. 582) angelegt wurde. Heute ist hier ein traditionelles Ryokan mit sehr guter Kaiseki-Küche untergebracht.

Gunpoen Garden: tgl. 8 Uhr bis Sonnenuntergang | 300 ¥
www.japan-guide.com/e/e4155.html

Schrein der Gottin Mikumari

★ Yoshino-Mikumari-Schrein

Weiter steht an einer Weggabelung der Yoshino-Mikumari-Schrein (ursprünglich 9. Jh.), der im frühen 17. Jh. von Toyotomi Hideyori umgebaut worden ist (seit 2004 UNESCO-Weltkulturerbe als Teil der Heiligen Stätten und Pilgerstraßen in den Kii-Bergen).

Tgl. 8–16 Uhr, April bis 17 Uhr | Eintritt frei
www.japan-guide.com/e/e4156.html

Zum Hain der »Inneren tausend Bäume«

Kokeshimizu-Tempel

Am Kinpu-Schrein vorbei erreicht man den Hain der »Inneren tausend Bäume«, in dem sich der Kokeshimizu-Schrein befindet. Er war die einstige Einsiedelei des vom Krieger zum Priester gewordenen Saigyo (1118–1190).

Der weitaus größere Teil des Nationalparks umfasst die südöstlich des Yoshino gelegenen **Omine-Berge** mit den Gipfeln Sanjo, Misen, Odaigahara und Shaka, jeweils mit Tempeln auf dem Gipfel, sowie die Osugidani- und die Doro-Schlucht.

BAEDEKER MAGISCHE MOMENTE

AUF EDLEN PILGERPFADEN

Die **Pilgerroute »Nakahechi«**, seit dem 10. Jh. von Kaisern und Feldherren genutzt und daher »edel«, ist heute bei ausländischen Besuchern sehr beliebt. Sie führt durch unberührte Natur an zahlreichen kleinen Schreinen und Heiligtümern vorbei. Besonders schön und medidativ ist der Abschnitt zwischen **Takijiri-Oji** und **Hongu** (40 km), aber auch kürzere Abschnitte sind möglich. Offizieller Führer bei der Touristeninformation des Nationalparks.

In traditionellen Holzbooten vorbei an bizarren Felsen

★ Doro-Schlucht

Der Oberlauf des Kitayama, der sich bei Miyai mit dem Totsu zum Kumano vereint, durchströmt die 3 km lange, romantische Doro-Schlucht (Doro-kyo Gorge). Besonders schön ist das 1,2 km lange Stück zwischen Tamaoki-guchi und Tado. Besucher können sich in traditionellen Holzbooten (mit Außenbootmotor) an bizarren Felsformationen vorbeischippern lassen.

»Drei große Schreine von Kumano«

★ Kumano Sanzan

Ziel der meisten Pilger und Touristen sind die »Drei großen Schreine von Kumano« (Kumano Sanzan) auf der Halbinsel Kii. Am größten und am meisten verehrten **Kumano-Hongu-Schrein** (Bus von Miyai nach Hongu, 30 Min., Schreinfest Mitte April) laufen die Pilgerwege sternförmig zusammen. Er ist seit dem 11. Jh. Pilgerziel und befand sich bis 1889 noch 500 m entfernt am Ufer des Kumano. Im UNESCO-Welterbezentrum (Kumano Hongu Heritage Center) daneben wird die Bedeutung der Schreine und der Pilgerwege erläutert.

YOSHINO-KUMANO-NATIONALPARK ERLEBEN

TOURISTENINFORMATION

Beim Kumano Hongu Taisha:
Tel. 0735 42 07 35 | 8.30–17 Uhr
www.tb-kumano.jp/en
Für Yoshino:
www.yoshinoyama-sakura.jp/english/

ANREISE

Bahn: Von Osaka (Bhf. Abenobashi) Kintetsu-Privatbahnlinie nach Yoshino (1 Std.); von Wakayama (Bhf. Wakayama-shi) JR-Wakayama-Linie nach Yoshinoguchi (1¾ Std.), dann Kintetsu-Yoshino-Privatbahnlinie nach Yoshino (25 Min.); von Osaka (3½ Std.) oder Nagoya (3½ Std.) nach Shingu

In Shingu (15 Min. Fußweg vom JR-Bhf. Shingu) befindet sich der scharlachrote **Kumano-Hayatama-Schrein** mit einem heiligen Baum und einem heiligen Fels.

In Nachi wurde ursprünglich der 133 m hohe Nachi-Wasserfall (tgl. 7–16.30 Uhr; Plattform 300 ¥) in der Nähe des **Kumano-Nachi-Schreins** (auf halber Höhe des Nachisan-Berges) verehrt. Die heutigen Schreinbauten stammen aus dem Jahr 1853 (20 Min. mit dem Bus vom JR-Bhf. Nachi). Die Pilgerroute »Nakahechi« führt durch unberührte Natur an zahlreichen kleinen Schreinen und Heiligtümern vorbei. Besonders schön ist das Teilstück zwischen Takijiri-Oji und Hongu (40 km).

Schreine: tgl. geöffnet | Eintritt frei | Kumano Hongu 6–19, Kumano Hayatama 8–17 Uhr, Kumano Nachi frei zugänglich (Schatzhaus 8–16 Uhr | 300 ¥) | www.japan-guide.com/e/e4950.html
Kumano Hongu Heritage Center: tgl. 9–17 Uhr | Eintritt frei
www.city.tanabe.lg.jp/hongukan/en/sisetu.html

Startpunkt der Wallfahrten zu den 33 Kannon-Tempeln

Seigantoji-Tempel

Nahe dem Kumano-Nachi-Hauptschrein, am Beginn der zum Wasserfall hinabführenden Treppe, steht der Seigantoji-Tempel (7. Jh.) der Tendai-Schule mit dreistöckiger Pagode. Er ist der Nyoirin-Kannon geweiht und bildet den Startpunkt der Wallfahrten zu den 33 Kannon-Tempeln der Westprovinzen.

Tgl. 8.30–16 Uhr | Gelände frei, Pagode 300 ¥
www.japan-guide.com/e/e4955.html

Ein bisschen Grand Canyon:
die Felsschlucht Doro-kyo am Oberlauf des Kitayama-Flusses

H
HINTER-
GRUND

Direkt, erstaunlich, fundiert

Unsere Hintergrundinformationen beantworten (fast) alle Ihre Fragen zu Japan.

Die »Burg des Weißen Reihers« in Himeji ist zur Kirschblüte noch mal so schön. ►

DAS LAND UND SEINE MENSCHEN

Was haben andere Länder, was Japan nicht hätte? Alte Tempel, Volksfeste, imposante Burgen, reizvolle Landschaften, Gärten, elegante Geschäfte, Spitzenrestaurants ... Alles da! Und noch viel mehr, was es so nur in Japan gibt, wie die shintoistischen Schreine, das klassische No-Drama oder die ausgefeilte Teezeremonie. Doch nur wenige wissen um diese Schätze.

Fernöstliche Exotik

Manga, Sushi und Shiatsu

Japanische Autos und Hi-Fi-Geräte, Kameras, Handys und Computerspiele haben längst den Weg in die entlegensten Winkel der Erde gefunden. Kinder begeistern sich – je nachdem, was die japanische Spielzeugindustrie gerade wieder ausgeheckt hat – für Tamagotchi, Pokémon oder Yu-Gi-Oh, Jugendliche lesen Manga. Erwachsene schwören auf Shiatsu und Reiki, schlemmen Sushi oder halten sich

In einem Japangarten hat jedes Element eine symbolische Bedeutung. Auch im Ritsurin-Park bei Takamatsu.

mit japanischen Kampfsportarten fit. Aber wer war schon in Japan? Im Vergleich zu anderen Fernreisezielen ist die Zahl westlicher Touristen in Japan nämlich eher gering. Auch deshalb umgibt das Inselreich bis heute eine Aura des Rätselhaften und Exotischen.

250 Jahre isoliert

Vermutlich hat dieses Gefühl von Fremdartigkeit auch mit der japanischen Geschichte zu tun, war das Land doch über 250 Jahre von der übrigen Welt isoliert. In dieser Zeit der Abschottung hatten die Militärherrscher ein wachsames Auge darauf, dass ihre Untertanen das Land nicht verließen, und beschränkten Kontakte zum Ausland auf das chinesische Viertel in Nagasaki und einen Handelsposten der Holländer vor der Küste dieser Stadt. Nach langen Bürgerkriegswirren herrschte dauerhafter Frieden im Land, sodass sich in den Städten eine bürgerliche Kultur entwickeln konnte, die typisch japanische Künste wie das **Kabuki-Theater** (▶ S. 581), den Holzschnitt (▶ S. 555) und die **Geisha-Unterhaltung** (▶ S. 587) zur Blüte brachte. Mit der erzwungenen Öffnung des Landes und der anschließenden Restauration der kaiserlichen Herrschaft 1868 begann eine neue Ära, die von Wissensdurst und großer Neugier geprägt war. Westliches Knowhow wurde eingeführt, ausländische Moden kopiert, und die Industrialisierung schritt rasant voran. Dadurch nahm Japan äußerlich viele europäisch-amerikanische Züge an, aber hinter der Fassade besteht das durch jahrhundertelange Tradition geprägte Selbstverständnis der Japaner fast ungebrochen fort.

Zwischen uralten Traditionen und modernem Lebensstil

Gegensätze ziehen sich an

Und so fasziniert auf einer Reise durch Japan besonders der Kontrast zwischen uralten Traditionen und modernem Lebensstil. In Tokyo ist man überwältigt von dem Hochhausmeer, den riesigen Kaufhäusern und dem Puls der Metropole. Auf dem Land sieht man Reisbauern, kleine Fischerboote und hölzerne Schreine. Pilger besteigen wie eh und je heilige Berge, während Autofahrer ihren Neuwagen beim Schrein einer rituellen Reinigung unterziehen, um ihn vor Unfällen zu schützen. Der komfortable Hochgeschwindigkeitszug Shinkansen eilt von Großstadt zu Großstadt (▶ Baedeker Wissen, S. 664), während Bummelbahnen mit uniformierten Schulkindern, dösenden Angestellten und schwatzenden Rentnern gemütlich von einem kleinen Ort zum nächsten zuckeln. Bräuche wie das Bad im Onsen, die **Kirschblütenbetrachtung** oder ausgelassene Volksfeste haben bis heute überlebt, während Japan **Haushaltsrobotor** und Hybridmotoren entwickelt. Mag das Land geografisch auch noch so vielseitig sein, das starke Traditionsbewusstsein bei gleichzeitiger Begeisterung für alles Neue ist für das gesamte Land charakteristisch.

Probieren geht über Studieren Um die japanische Lebens- und Wesensart zu verstehen, muss man sich schon in den Flieger setzen und das Land mit eigenen Augen sehen. Wer genau hinschaut, entdeckt zwischen viel Kitsch und Kommerz den **japanischen Schönheitssinn**: Er offenbart sich beispielsweise in der ansprechenden Verpackung eines Gegenstandes (▶ S. 567) oder dem kunstvollen Arrangement einer traditionellen Mahlzeit. Wer den Kontakt zu Japanern sucht, wird ihre Unaufdringlichkeit, Anpassungsfähigkeit und Höflichkeit schätzen lernen und vielleicht hinter das Geheimnis der Kommunikation ohne viele Worte kommen. Auf der Reise wird sich vermutlich nicht jedes Rätsel lösen, aber das ein oder andere Klischee gerät mit Sicherheit ins Wanken.

Naturräumliche Gliederung

Land der tausend Inseln Das der östlichen Festlandküste des eurasischen Kontinents bogenförmig vorgelagerte Inselland Japan erstreckt sich von Nordosten nach Südwesten über eine Entfernung von 2790 km bei einer Breite von maximal 400 km (im Durchschnitt 230 km). Die Hauptlandmasse (97 %) bilden die Inseln **Hokkaido**, **Honshu**, **Shikoku** und **Kyushu**, das bereits der Korea-Halbinsel gegenüberliegt. Den Rest der Landfläche machen 3918 kleinere und kleinste, oft unbewohnte Inseln, Eilande und Klippen aus.

Symbiose mit dem Meer Durch die starke Strukturierung dieser Landmasse ergibt sich die außerordentliche **Küstenlänge** von 29 700 km – und damit eine enge Wechselbeziehung zum umgebenden Meer: Im Norden dehnt sich zwischen der zu Russland gehörenden Insel Sachalin und der Kurilenkette (russisch; im Südteil von Japan beansprucht) das Ochotskische Meer bis zur Nordostküste von Hokkaido aus; zwischen Honshu und dem asiatischen Festland (Russland, China, Korea) erstreckt sich das Japanische Meer; die japanischen Inseln Kyushu und Shikoku sind durch die **Inlandsee** von Honshu getrennt. Im Osten und Süden umschließt der Pazifische Ozean den Inselbogen. In ihn reichen zwei aus kleineren Eilanden gebildete **Inselketten** hinein: südlich von Tokyo die Nanpo-Inseln, südwestlich von Kyushu die Nansei-Inseln, zu denen auch die Ryuku-Inseln mit der bis 1972 von den USA besetzten Insel Okinawa gehören. Dieser Inselbogen zieht sich bis vor Taiwan und grenzt das Ostchinesische Meer gegen den Pazifik ab.

Geologie Die japanische Inselkette ist die Gipfelflur eines **Gebirges**, das vom Japangraben (8412 m u. d. M.) bzw. vom Boningraben (10 340 m u. d. M.) aus dem Pazifischen Ozean steil aufsteigt, mehrfach gefaltet Höhen von über 3000 m ü. d. M. erreicht und durch die 3000 m tiefe Senke des Japanischen Meeres vom asiatischen Festland getrennt ist. Den nördlichen, der Insel Sachalin vorgelagerten Bogen quert die von

Der Herbst zieht ein im Oirase-Tal im Bezirk Tohoku.

Vulkanen erfüllte Fossa Magna, die mit ihren Randgebieten das Landschaftsbild Mitteljapans prägt. Die Inselkette war ursprünglich mit dem Festland verbunden; ihre Loslösung erfolgte im Untermiozän (Aquitan, vor 20–23 Mio. Jahren) durch allmähliches Absinken des Japanischen Meeres. Die einstige **Verbindung Japans mit dem Festland**, welches seine Entwicklung vielfältig beeinflusst hat, ist noch heute zu erkennen: Hokkaido liegt nur 45 km von Sachalin entfernt und von Kyushu zur Korea-Halbinsel sind es nicht mehr als 200 km Luftlinie.

Berge (-yama, -sen, -san, -zan, -dake, -take, -mine)

Japan zeigt sich topografisch als ausgesprochenes Gebirgsland, dessen Gesamtfläche zu rund 70 % von waldreichen **Bergmassiven** eingenommen wird. Etwa 7 % des Landes gelten gar als unzugängliche Gebiete. Trotz einiger verhältnismäßig weitläufiger Niederungen sind nur rund 18 % der Landfläche dauerhaft kultivierbar, 11 % Wiesen und Weideland; und nur etwa 3 % bilden den eigentlichen Siedlungsraum. Im Zentralgebiet von Honshu, das vom Grabenbruch der Fossa Magna durchteilt wird, sind die höchsten und steilsten Gipfel aufgefaltet (darunter der 3776 m hohe Fuji-san, höchster Berg und Wahrzeichen des Landes); sanftere Kuppen und Hänge finden sich vornehmlich auf Hokkaido, das von den Bewegungen der Erdkruste in geringerem Maße betroffen war.

Erdbeben und Vulkane

Japan liegt in der **zirkumpazifischen Erdbebenzone** und zeigt als relativ junge Landformation anhaltende Aktivität. Von den (einschl. unterseeischen) 110 **aktiven Vulkanen** sind mehrere Dutzend in den letzten Jahrzehnten ausgebrochen. Neue Vulkanbildungen konnten ebenfalls beobachtet werden, wie der 1944/1945 entstandenen Vulkans Showa-Shinzan auf Hokkaido. Größter und bekanntester Vulkan ist der 3776 m hohe Fuji, der zuletzt 1707 ausbrach. Als besonders aktiv gelten die Vulkane Asama (Zentral-Honshu), Aso (Zentral-Kyushu), Sakurajima bei Kagoshima (Süd-Kyushu) und Mihara auf Oshima. Erst 2014 starben bei einem Ausbrauch des Ontake in den Nordalpen 54 Wanderer. Von besonderer Schönheit sind der Fuji mit seiner klassischen Kegelform – viele kegelförmige Vulkane in anderen Landesteilen sind nach ihm benannt, z. B. Satsuma-Fuji – und der als größter Vulkan der Welt angesehene Aso mit den am Rand der alten Caldera gelegenen reizvollen Ebenen und Dörfern. Dichte Wälder, **Kraterseen** und unzählige **heiße Quellen**, in deren Umkreis zauberhafte Orte liegen, prägen das Bild der ausgedehnten Bergwelt.

Ebenen (heiya), Becken (bonchi), Hochebenen (daichi)

Die enormen Bergketten Japans lassen dem Flachland wie der Kanto- und der Nobi-Ebene (Honshu), der Tsukushi-Ebene (Kyushu) sowie der Ishikari- und Konsen-Ebene (Hokkaido) wenig Raum; das Flachland der Küstenregionen ist meist **nur ein schmaler Streifen** zwischen den Ausläufern des zentralen Berglands und dem Meer. An den Unterläufen der Flüsse sind fruchtbare Ebenen (heiya) anzutreffen, die landwirtschaftlich genutzt werden (Reisanbau). Größte Becken (bonchi) des Landes sind das Yamagata-Becken (Nord-Honshu) mit der gleichnamigen Stadt, das Kofu-Becken (Zentral-Honshu) mit der Stadt Kofu sowie das die Stadt Kyoto umgebende Kyoto-Becken. Die zahlreichen Hochebenen (daichi) gehören vom Frühsommer bis zum Herbst zu den attraktivsten Erholungsgebieten Japans.

Flüsse (-kawa, -gawa)

Aufgrund der geringen Breitenausdehnung (durchschnittlich 230 km) und dem Gebirgscharakter des Landes ist der Lauf der Flüsse (-kawa, -gawa) relativ kurz und von starkem Gefälle. Dies sowie massive Geröllablagerungen und jahreszeitlich bedingte Schwankungen in der Wasserführung (Schneeschmelze im Frühjahr, Taifune im Herbst) machen sie auf weiten Strecken unschiffbar. Andererseits bieten sich dadurch zahlreiche Gelegenheiten zu Bootsfahrten durch **Stromschnellen** und Schluchten, die herrliche tiefe Wälder und bizarre Felslandschaften durchziehen. Am bekanntesten sind die Stromschnellen der Flüsse Kiso (bei Nagoya), Hozu (Kyoto), Tenryu (Präfektur Shizuoka) und Kuma (Präfektur Kumamoto); zu den schönsten **Schluchten** (-kyo) gehören die Kurobe-kyo, Tenryu-kyo (Zentral-Honshu), die Soun-kyo (Hokkaido) und die Takachiho-kyo (Kyushu). Von den drei größten Flüssen – Shinano, Tone (beide Zentral-Honshu) und Ishikari (Hokkaido) – bildet der letzte die weiteste Ebene.

Der Ota-Fluss speist die Wasserfälle in der Sandankyo-Schlucht.

Seen (-ko, -numa, -ike)

Viele der meistens in Nationalparks gelegenen Seen (-ko, -numa, -ike), die vorwiegend in der Folge vulkanischer Tätigkeit entstanden sind, weisen aufgrund mineralischer Inhaltsstoffe eine hohe Farbintensität auf. Die natürlichen Stauseen Inawashiro (Nord-Honshu), Chuzenji (Nikko) sowie die fünf Fuji-Seen wurden wie viele andere durch Lavaströme gebildet, die die Flussläufe blockiert haben. Dank der Hochgebirgslage haben die meisten Seen kaum etwas von ihrer Ursprünglichkeit eingebüßt, so z. B. die Seen von Hokkaido, der als klarster See der Welt gerühmte Mashu-See, der Akan-See und der Shikotsu-See. Neben den nördlichen Kraterseen Tazawa, dem tiefsten See Japans (425 m), und Towada sowie den zuvor genannten Stauseen zählen der unweit von Tokyo gelegene Ashi-See (Hakone), eines der schönsten Feriengebiete, und der Biwa-See (bei Kyoto), der größte See Japans, zu den bemerkenswertesten Binnengewässern des Landes, die sich auch durch reiche Fischbestände auszeichnen.

Nebeninseln, bezaubernde Archipele

Eine Unzahl kleiner Inseln, manche mit Raum für mehrere Städte, andere nur aus einigen baumbestandenen Felsen bestehend, umlagert die vier Hauptinseln oder schiebt sich als Inselkette über Hunderte von Kilometern in pazifische Gewässer vor. Zu den größten

FÜNF REGIONALTYPISCHE KLIMASTATIONEN

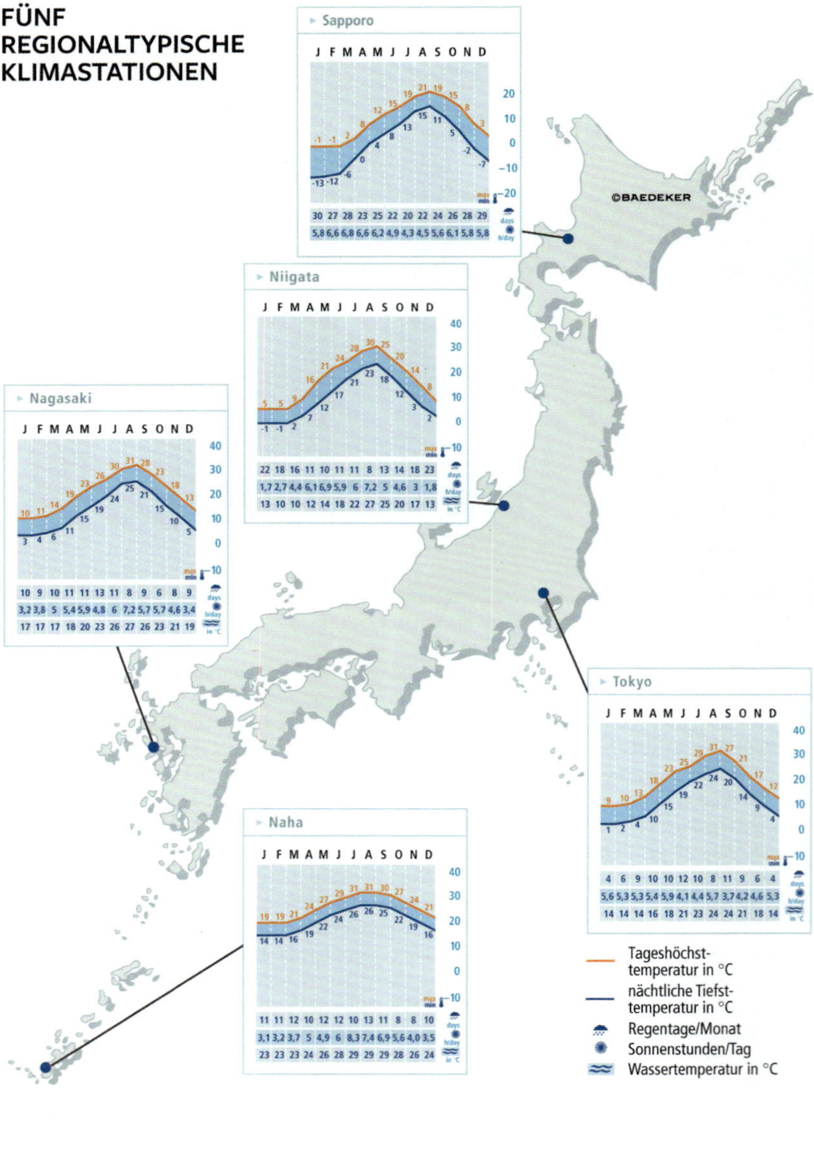

Nebeninseln zählen die Insel **Sado** im Japanischen Meer, die Inseln Awaji und Shodo-jima in der Inlandsee, die zwischen Südjapan und Korea gelegenen Tsushima-Inseln, die westlich von Kyushu gelegenen Amakusa-Inseln, die Inseln Tanegashima und Yakushima sowie Okinawa. Ferner gehören zu Japan mehrere bezaubernde Archipele wie etwa die Goto-Inseln westlich von Kyushu. Als eine der drei schönsten Landschaften gelten die Inseln in der **Bucht von Matsushima** (Honshu). Die meisten dieser Inseln haben schöne weiße Badestrände, hier und dort von schroffen Felsformationen und steilen Brandungsklippen abgelöst. In der **Inlandsee** (Setonaikai), dem schmalen Meeresarm zwischen den Hauptinseln Honshu, Shikoku und Kyushu, liegen rund 1000 Inseln und Inselchen verstreut.

Die schönsten Küsten

Zu den schönsten Küstenstrichen des japanischen Hauptlands – mit ebenso eindrucksvollem Landschaftswechsel zwischen halbmondförmigen Buchten und bizarren Rias – zählen die um Sanriku (Präfektur Iwate), Kumano (Kii-Halbinsel) sowie um die Kaps Muroto und Ashizuri (Shikoku), ferner die Küsten der Shima-Halbinsel (Präfektur Mie). Besonders schöne Küstenpartien besitzen außerdem die Halbinseln Oga (Präfektur Akita), Noto (Präfektur Ishikawa) und Sotomo (Präfektur Fukui) im Westen von Honshu am Japanischen Meer, die Inselgruppe Oki (Daisen-Oki-Nationalpark, Japanisches Meer) und die Kujuku-shima-Inseln (Saikai-Nationalpark, Kyushu). Die südlichsten Inseln (Präfektur Okinawa) sind klassische Badeparadiese mit malerischen Steilküsten und weißen Sandstränden.

Klima

Klar ausgeprägte Jahreszeiten

Die klimatischen Unterschiede innerhalb Japans ergeben sich aus der großen Nord-Süd-Ausdehnung des Landes (20 bis fast 46 ° nördlicher Breite) sowie durch lang gestreckte Gebirgsketten in seiner Längsachse. Es gibt vier klar differenzierte Jahreszeiten, die mit jenen Mitteleuropas vergleichbar sind: mit recht konstanten Wetterverhältnissen während der Sommer- und Wintermonate bzw. stärkeren Wetterschwankungen während der Übergangszeiten Frühjahr und Herbst.

Kalter Norden, milder Süden

Der **Winter** beginnt fast gleichzeitig im ganzen Land etwa Mitte Dezember, wenn kalte sibirische Luftmassen von Nordwesten her übergreifen. Dauer und Intensität nehmen von Norden nach Süden ab. Zwischen Nordjapan (Hokkaido) mit strenger Kälte und Südwestjapan (Okinawa), wo die Temperaturen ganzjährig über dem Gefrierpunkt bleiben, besteht eine beträchtliche Temperaturdifferenz.

Kirschblüte

Ab Mitte Februar steigen die Temperaturen allgemein an. Im März beginnt im südlichen Kyushu und Shikoku mit der Kirschblüte schon der **Frühling**, während in Hokkaido und Ura-Japan noch kalte und unbeständige Witterung herrscht. Bis Ende April hat die Kirschblüte auch den Norden der japanischen Hauptinsel Honshu erreicht. Die weitere Erwärmung macht den Mai zu einem angenehmen Monat mit Temperaturen, wie sie im Sommer in Mitteleuropa herrschen.

Sommer: Regenzeit und Hitze

Ab Ende Mai beginnt die sommerliche **Hauptregenzeit** (**tsuyu**). Sie ist an die Front maritim-tropischer Luftmassen geknüpft, die von Süden her kommend die polaren Luftmassen nach Norden und Westen zurückdrängen. Dementsprechend setzen diese Regenfälle im Süden früher ein, dauern dort länger und sind auch ergiebiger (Okinawa: zweite Maihälfte; südliches Kyushu: erste Junihälfte; Tokyo: zehn Tage später; Hokkaido: Juli). Während der Regenzeit ist es drückend schwül, fast windstill, der Himmel bewölkt, die Luftfeuchtigkeit hoch, der Regen fein und durchdringend; Leder, Papier und andere organische Stoffe beginnen leicht zu schimmeln.
Etwa Mitte Juli hört der Regen auf, stabile tropische Luftmassen beherrschen ganz Japan. Es überwiegt schönes, heißes Wetter, das nur gelegentlich von Gewittern und Taifunregen unterbrochen wird. Auch der Norden ist jetzt warm, sodass selbst in Hokkaido Reis angebaut werden kann. Die zweite Julihälfte bis in den August hinein wird vielfach als drückend heiß empfunden. Es sind die **Hundstage** mit hohen Temperaturen (max. ca. 35 °C) bei relativ hoher Luftfeuchtigkeit, vor denen, wer kann, gerne in die kühleren Sommerfrischen und Badeorte der Bergregionen Mitteljapans flieht.

Sommer-Taifune

Von Ende August bis Mitte September ist die Wahrscheinlichkeit am größten, dass Taifune, die Okinawa aus südöstlicher Richtung erreichen und dort in nordöstliche Richtung umschwenken, über Japan hinwegziehen. Die meisten der etwa 30 Wirbelstürme, die jedes Jahr im Nordwestpazifik entstehen, treffen allerdings Japan nicht direkt. Doch bringt in Südwestjapan ein Taifun etwa 300 mm Niederschlag, in Zentraljapan 150 mm und weiter im Norden noch weniger; das sind beträchtliche Anteile am Gesamtjahresniederschlag. Sturmfluten, **Deichbrüche**, **Überschwemmungen** und **Erdrutsche** im Gefolge von Taifunen sind angesichts vieler tief liegender und dicht besiedelter Flächen (z. B. in Tokyo) eine reale Gefahr.

Bunte Laubfärbung im Herbst

Mitte September geht der Sommer zu Ende. Kältere, vom Kontinent kommende Luftmassen drängen die maritim-tropischen Luftmassen allmählich wieder nach Süden zurück. Trotzdem gibt es in Japan bis Ende November oft warme Tage, an denen es tagsüber durchaus ausreichend ist, ein T-Shirt zu tragen. Der Oktober ist der Herbstmonat mit häufig klarem Wetter, bunter Laubfärbung und gelegentlichen Nachtfrösten. Im Bergland Mitteljapans fällt der erste Schnee. Mitte Dezember beginnt der Winter.

Pflanzen und Tiere

Eingriffe durch den Menschen

Die Ausdehnung über 25 Breitengrade und damit über mehrere Klimazonen, regenreiches ozeanisches Klima und die unterschiedlichen Höhenlagen der Bergketten bescheren Japan eine außergewöhnlich artenreiche Pflanzen- und Tierwelt. Freilich hat auch hier der Mensch durch intensive Kulturmaßnahmen stark verändernd gewirkt, sodass heute die **endemische Flora** nur noch in unzugänglichen Gebieten oder wirtschaftlich wenig entwickelten Randlagen erkennbar ist.

Schutzgebiete

Neben 28 **Nationalparks** und zahlreichen Quasi-Nationalparks und Schutzgebieten stehen mittlerweile vier Regionen Japans auf der Liste des UNESCO-Weltnaturerbes: die ▶ Shiretoko-Halbinsel auf Hokkaido, die ▶ Shirakami-Sanchi-Wälder auf Honshu, die Insel ▶ Yakushima bei Kyushu, und die südlich von Tokyo liegenden Ogasawara-Inseln.

Immergrüne Laubwälder

Etwa zwei Drittel der Landesfläche sind bewaldet. Größte Verbreitung in den **Küstenregionen** haben immergrüne Laubwälder der gemäßigten Zone mit Lorbeerbäumen (japanisch teriha-boku), verschiedenen Eichenarten (kashi), Eichenkastanien (shii) und Kamelien, nach Süden hin mehr und mehr durchsetzt von Palmen, Baumfarnen, Kampferbäumen (kusunoki, yabunikkei) und in Flussniederungen lichtgrünen Bambushainen (u. a. auf Honshu, Shikoku und Teilen von Kyushu). Auf den südlichen Ryukyu-Inseln bis Okinawa herrscht immergrüner Scheinkastanien-Wald (shii) vor. Die Küsten säumen Mangrovensümpfe, denen sich landeinwärts ein Dickicht aus Pandanus (adan), wilder Feige (gajumaru) und Farnpalmen (sotetsu) anschließt.

Laub- und Mischwälder

In den klimatischen **Übergangszonen** von Nord-Honshu – zwischen warm-gemäßigter und subtropischer Zone – dominieren sommergrüne Laub- und Mischwälder, die sich nach Süden in immer höheren Lagen fortsetzen und auf Kyushu noch in Höhen zwischen 1000 und 1500 m anzutreffen sind. Sie bestehen vor allem aus Eichen, Eichenkastanien und Kiefern (matsu), die wegen ihrer Genügsamkeit unabhängig von der Klimazone in allen Landesregionen zu finden sind. In den Wäldern der **gemäßigten Zone** ist durch künstliche Aufforstung die japanische Zeder (sugi), das bedeutendste Nutzholz in Japan, überreichlich vertreten, häufig sind ferner der zur Herbstzeit wunderschön gefärbte Ahorn (akagi), die Japanische Zypresse (hinoki), Birken, Buchen und Paulownien (kiri). Im Norden, auf Hokkaido, breiten sich Wälder aus subarktischen Koniferen wie insbesondere Latschen (haimatsu) aus.

Alpenflora

In **Hochlagen** oberhalb 2500 m findet sich in Zentral-Honshu im Wechsel mit dichten Wäldern aus Zwergkiefern eine ebenfalls artenreiche Alpenflora. Eine alpine Grasformation, wie man sie in Europa kennt, fehlt hingegen. Gegen Norden sinkt die Vegetationsgrenze und erreicht auf Hokkaido eine Höhe von nur noch 1500 m. Rund 50 % der übrigen häufig vertretenen Wild- und Kulturpflanzen wurden vom asiatischen Festland eingeführt. Sie tragen dennoch sehr häufig den Beinamen »japanisch«, »japonica« oder »nipponica« (z. B. Japanische Mandel, Quitte, Kirsche u. a.).

Vielfältige Lebensräume

Großer Artenreichtum zeichnet auch die **Fauna** aus, die sich ähnlich der Flora nach Region und Höhenlage unterscheidet und deren Entfaltung durch die Vielfalt der Lebensräume, die immensen Waldflächen und das Zusammentreffen warmer und kalter Meeresströmungen begünstigt wird. Von Bedeutung für den Artenreichtum waren weiterhin die in Japan nur geringen Auswirkungen der Eiszeit und die daraus resultierende Erhaltung einiger altertümlicher Tierformen.

Trennlinien zwischen den Lebensräumen

Trennlinien zwischen den Lebensräumen einzelner Tiergattungen wurden von den Zoologen Watase und Blakiston erkannt. Die sogenannte **Watase-Linie** verläuft zwischen den südlich von Kyushu liegenden Inseln Yakushima und Amami-Oshima (30° nördlicher Breite) und stellt die Abgrenzung zur Tierwelt der südpazifischen Tropeninseln dar; unter den südlich dieser Linie lebenden Tieren sind besonders erwähnenswert das unter Naturschutz stehende Ryukyu-Kaninchen, die Iriomote-Katze und die Amami-Stachelmaus.

Das Rotwild auf Hokkaido muss harte Winter ertragen.

Die nördliche Verbreitungsgrenze für verschiedene Tierarten ist die **Blakiston-Linie** in der Tsugaru-Meeresstraße zwischen Honshu und Hokkaido. Zur Tierwelt Hokkaidos, die mit jener Sibiriens deutliche Verwandtschaft aufweist, gehören Braunbär, Rotwild, Zobel, Erdhörnchen, Maus- und Hasenarten sowie eine Reihe nordischer Vogelarten (Kamtschatka-Rabe, Blakiston-Uhu u. a.).

Mit der Fauna Chinas verwandt

Zwischen diesen beiden tiergeografischen Trennungslinien leben vorwiegend mit der Fauna des nordostchinesischen Festlands verwandte Gattungen, deren Vorläufer über die später abgesunkene Landverbindung zwischen Japan und dem Kontinent hierher gelangten. Dazu gehören Fuchs, Rotgesichtsmakake, Gämse, Wildschwein, Kragenbär, Siebenschläfer, bei den Vogelarten u. a. Japanischer Grünspecht, Grüner Jagdfasan, Japanischer Kupferfasan und Drossel. Besonderem Schutz unterstehen der Japanische Ibis (Toki) mit einem sehr kleinen Bestand auf der Insel ► Sado, ferner der nur noch äußerst selten in der Präfektur Hyogo vorkommende Schwarzschnabelstorch sowie die auf das Tertiär zurückgehenden Riesensalamander in den Gebirgsbächen West-Honshus und Nord-Kyushus.

Maritime Tierwelt

Von großer Vielfalt und überraschender Schönheit ist auch die maritime Tierwelt, die besonders in den südjapanischen Gewässern mit ihren korallenumlagerten Inseln einen überwältigenden Formen- und Farbenreichtum entwickelt hat; ausdrücklich erwähnt seien hier die Seeschlangen (Hydrophiidae), relativ kleine Giftnattern, die ausschließlich an den Küsten des Pazifischen und Indischen Ozeans mit den dort herrschenden hohen Wassertemperaturen vorkommen. Als Zierfisch in Gartenteichen erfreut sich der japanische Karpfen (Koi), der bis zu 60 Jahre alt werden kann, großer Beliebtheit.

Bevölkerung

Dünn besiedelt – eng geballt

Rechnerisch betrug die Bevölkerungsdichte in Japan 2014 etwa 335 Einwohner pro Quadratkilometer Landfläche. Dies ist freilich eine rein statistische Größe, die nichts über die tatsächlichen, regional höchst **unterschiedlichen Siedlungsdichten** aussagt. Während im Gebirge nur die Täler bewohnt und bewirtschaftet sind, drängen sich die Menschen in den industriellen Ballungsräumen der wenigen Ebenen und Beckenlandschaften. Landflucht und Verstädterung der bäuerlichen Kreise, bedingt durch ein krasses Lohngefälle, verschärfen dieses Ungleichgewicht. Laut Volkszählung von 2010 leben 67 % aller Japaner in dicht besiedelten Bezirken auf nur 3,3 % der Landfläche; die Bevölkerungsdichte in diesen Bezirken beträgt fast 7000 Einwohner pro Quadratkilometer, in den Kernzonen von Tokyo (ohne die zur Präfektur gehörenden Berglandschaften) sogar gut 12 000 Einwohner und in

POLITISCHE GLIEDERUNG

DISTRIKT
Präfektur

HOKKAIDO
1 Hokkaido

TOHOKU
2 Aomori
3 Akita
4 Iwate
5 Yamagata
6 Miyagi
7 Fukushima

KANTO
8 Tochigi
9 Gumma
10 Ibaraki
11 Saitama
12 Chiba
13 Tokyo
14 Kanagawa

CHUBU
15 Niigata
16 Toyama
17 Ishikawa
18 Fukui
19 Gifu
20 Nagano
21 Yamanashi
22 Shizuoka
23 Aichi

KINKI
24 Mie
25 Shiga
26 Kyoto
27 Hyogo
28 Osaka
29 Nara
30 Wakayama

CHUGOKU
31 Tottori
32 Okayama
33 Hiroshima
34 Shimane
35 Yamaguchi

SHIKOKU
36 Kagawa
37 Tokushima
38 Kochi
39 Ehime

KYUSHU
40 Fukuoka
41 Oita
42 Myazaki
43 Kumamoto
44 Saga
45 Nagasaki
46 Kagoshima
47 Okinawa

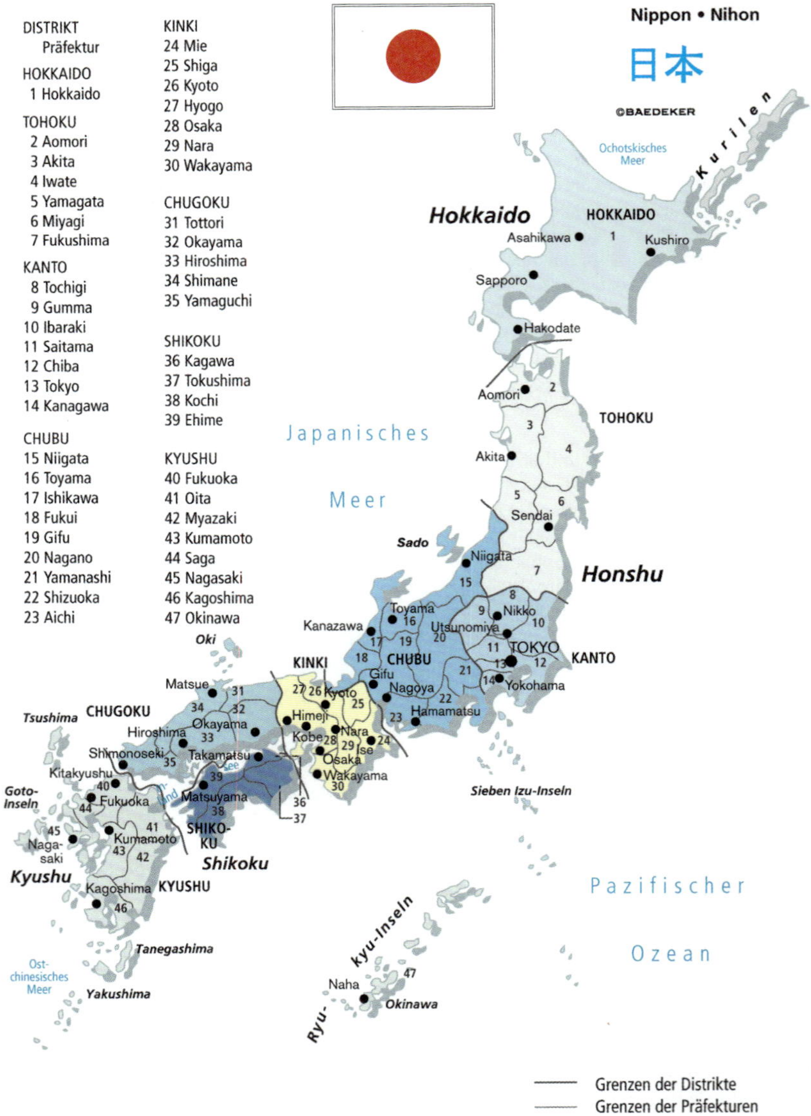

einzelnen Bezirken noch mehr (bis etwa 30 000). Dabei hat sich in den städtischen Randgebieten, wo das Heer der Neben- und Zuerwerbslandwirte lebt, die bäuerliche Lebensweise weitgehend erhalten.

Demografischer Wandel

Japan gehört zu den Ländern, die den (auch in Europa bevorstehenden) demografischen Wandel besonders früh und heftig erfahren. Die Kombination aus sehr hoher Lebenserwartung (im Durchschnitt 85 Jahre; Frauen 88 Jahre!) und niedriger Geburtenrate (1,4 Kinder pro Frau) führt zu einer **Überalterung** der Gesellschaft, die wegen der im Vergleich zu Europa schnellen Veränderung der Lebensumstände vor allem seit der Nachkriegszeit besonders plötzlich auftritt. Mehr als 27 % der Bevölkerung sind bereits über 65 Jahre alt, Tendenz steigend. Seit 2008 schrumpft die Bevölkerung sogar; der Höchststand lag bei über 128 Mio.

Minderheiten

Die Nachkommen der japanischen Ureinwohner, die bis ins 19. Jh. als Jäger und Fischer den Großteil der Bevölkerung von Hokkaido stellten, werden als **Ainu** bezeichnet. Sie besaßen eine eigene Sprache, wurden aber durch staatliche Diskriminierung v. a. seit der Meiji-Zeit fast vollständig assimiliert. Heute identifizieren sich schätzungsweise 25 000 Japaner als Ainu; Muttersprachler gibt es nicht mehr.
Unter den rund 2,1 Mio. **Ausländern** in Japan stellen die Chinesen mit 650 000 die größte Minderheit, gefolgt von Koreanern (500 000, durch Einbürgerung langsam sinkend), Brasilianern (175 000) – darunter viele ethnische Japaner, deren Vorfahren nach Brasilien ausgewandert waren – und Filipinos (220 000). Diese Gruppen konzentrieren sich vor allem in Tokyo und Osaka (▶ S.14ff.)

Staat und Verfassung

Demokratische Monarchie

In Ablösung der Meiji-Verfassung des Jahres 1889 trat am 3. Mai 1947 im Kaiserreich Japan (Nippon oder Nihon = »Ursprung der Sonne«) die heutige Verfassung (Nihon Koku Kempo; verkündet am 3.11.1946) in Kraft, welche die Grundlage für die Bildung einer demokratischen Gesellschaft wurde. Danach ist der **Kaiser** (**Tenno**; seit 1989 Akihito, geb. 1933), früher unumschränktes Oberhaupt des Reiches, nur noch Symbol des Staates sowie der Einheit der Nation. Staatlicher Souverän ist das japanische Volk. Weitere wichtige Verfassungsinhalte sind die Gewaltenteilung, die Garantie der Menschenrechte und der Verzicht auf Angriffskriege.

Parlament (Kokkai)

Höchstes Organ des Staates ist das Parlament (Kokkai), das in allgemeinen und geheimen Wahlen gewählt wird und den Ministerpräsidenten bestimmt. Es besteht aus zur Gesetzgebung berufenem **Unterhaus** (Shugi-in) und dem beratend fungierenden **Oberhaus**

Rentner beim Gateball – der japanischen Gesellschaft droht die Überalterung.

(Sangi-in). Der Ministerpräsident beruft die Minister in das Kabinett; dieses ist dem Parlament (nicht dem Kaiser) verantwortlich und kann durch Misstrauensvotum zum Rücktritt gezwungen werden.

Repräsentatives Oberhaupt

Obwohl der **Tenno**, der auch oberster Priester des Shintoismus ist, lediglich offizielle Repräsentationspflichten erfüllt, genießt er höchsten Respekt. Die Bevölkerung nimmt regen Anteil an Freud und Leid der kaiserlichen Familie, besonders am Thronfolgerpaar Naruhito und Masako. Als die beiden nach acht Jahren Ehe im Dezember 2001 eine Tochter bekamen, entbrannte eine Diskussion über die **Thronfolge**, sieht diese doch vor, dass der Kaiserthron nur von einem Mann in männlicher Erblinie bestiegen werden kann. Da laut Meinungsumfragen eine große Mehrheit der Bevölkerung für die Anerkennung einer weiblichen Kaiserin war, schien eine Verfassungsänderung nicht unwahrscheinlich; es gab sogar schon eine entsprechende Empfehlung eines eigens gebildeten Expertenrats – bis der Bruder des Thronfolgers, Prinz Akishino, im September 2006 Vater eines Jungen und eine Verfassungsreform damit vorerst wieder obsolet wurde.

Verzicht auf Angriffskrieg

Ein weiterer in letzter Zeit viel diskutierter Verfassungsinhalt ist der Verzicht auf Kriegführung und die Androhung militärischer Gewalt. Die Entsendung japanischer Truppen in den Irak 2004–2006 – der erste Auslandseinsatz seit dem Zweiten Weltkrieg überhaupt – war sehr umstritten, auch wenn die Soldaten nur humanitäre Hilfe leisten durften.

Streng genommen ist laut Verfassung sogar der Unterhalt einer Armee untersagt, weshalb das mit einem Budget von 46 Mrd. US-$ durchaus schlagkräftige Militär – eine Berufsarmee – offiziell »Selbstverteidigungsstreitkräfte« (Jieitai) heißt. Der **pazifistische Artikel 9** der japanischen Verfassung wurde 2014/15 nach langer Debatte nicht förmlich geändert, sondern durch Gesetze offiziell uminterpretiert, sodass nun sogar **Auslandseinsätze des Militärs** zur Unterstützung von Bündnispartnern möglich sind. Bereits unter der ersten Regierung Abe wurde 2007 die bisherige »Agentur für Verteidigung« zu einem vollwertigen Ministerium aufgewertet, und die Politik größerer militärischer Unabhängigkeit vom US-Verteidigungsbündnis wird seitdem konstant weiterverfolgt. Begründet wird diese Tendenz u. a. mit den nordkoreanischen Atomtests und der Aufrüstung Chinas.

Politische Parteien

Nach Auflösung aller politischen Parteien im Zweiten Weltkrieg und ihrer erneuten Zulassung nach 1945 vereinigten sich 1955 die beiden größten Parteien, Liberale und Demokraten, zur konservativ orientierten **Liberal-Demokratischen Partei** (LDP/Jiyu Minshuto), die seit 1955 mit nur zwei kurzen Unterbrechungen ununterbrochen regiert hat, zuletzt öfters in Koalitionsregierungen. In den Unterhauswahlen von 2009 konnte sich zwar die **Demokratische Partei Japans** (Minshuto/DPJ) durchsetzen, die innerhalb von drei Jahren drei Ministerpräsidenten stellte; 2012 gewann jedoch wieder die LDP, und Abe Shinzo wurde zum zweiten Mal Premier. Trotz einiger umstrittener Positionen, wie dem Festhalten an der Atomenergie und den Bemühungen, die Verfassung zu ändern, konnte die LDP 2016 bei Wahlen in beiden Häusern wieder klare Mehrheiten erringen. Bei den kleineren Parteien spielen höchstens noch die **Partei für Saubere Politik** (Komeito) und die **Kommunistische Partei** (JCP) eine Rolle.

Verwaltung

Japan ist ein zentral regierter Einheitsstaat, der sich verwaltungstechnisch in acht Distrikte/Regionen und 47 **Präfekturen** gliedert (► S. 512): 43 Landpräfekturen (ken), zwei Stadtpräfekturen (fu; Kyoto und Osaka), die Hauptstadt Tokyo (to) und das Inselterritorium Hokkaido (do). Die Präfekturen sind ihrerseits in Stadtkreise (shi), Kleinstadtkreise (cho) und Landkreise (son) unterteilt. An der Spitze jeder Prväfektur steht ein direkt gewählter Präfekt, der die Interessen seiner Präfektur auch bei der zentralen Landesregierung vertritt.

Wirtschaft

Moderner Industriestaat

Im Jahr 2016 lag Japans Wirtschafts mit einem Bruttosozialprodukt von 4932 Mrd. US-$ weltweit an 4. Stelle hinter den weitaus bevölkerungsreicheren Staaten China, USA und Indien. Die Leistung, für die diese Zahl steht, wird deutlich, wenn man bedenkt, dass erst nach der

Thronbesteigung des Meiji-Kaisers (1868) die Entwicklung Japans zu einem modernen Industriestaat begann. Durch den Zweiten Weltkrieg verlor Japan nicht nur seine überseeischen Kolonien, sondern erlitt auch schwerste Zerstörungen an den Industrieanlagen im Mutterland. Erst im Gefolge des Koreakrieges gelang es der japanischen Wirtschaft 1951 wieder, den Produktionsstand der Vorkriegszeit zu erreichen und ohne Wirtschaftshilfe der USA auszukommen. Mitte der 1950er-Jahre setzte eine rege Investitionstätigkeit ein, die durch staatliche Maßnahmen wirksam gefördert wurde.

Vom Wachstum in die Rezession

Das Hauptgewicht lag dabei auf der Eisen- und Stahlindustrie und der Kohleförderung. Bald kamen neue Industriezweige hinzu, insbesondere die Herstellung von Konsumgütern wie Pkw und Fernseher. Das rasante Wirtschaftswachstum im zweistelligen Bereich dauerte bis in die 1970er-Jahre an; danach stieg Japan allmählich zu einer **führenden Wirtschaftsmacht** und zum größten Nettogläubiger der Welt auf. Ende der 1980er-Jahre kam es durch Spekulationsgeschäfte zu einem schwindelerregenden Anstieg der Aktien- und Bodenpreise. Als Regierung und Nationalbank Gegenmaßnahmen ergriffen, platzte die »Seifenblase« und Japan schlitterte in eine Rezession.
Durch die seit den 1990er-Jahren aufeinander folgenden Wirtschaftskrisen in Kombination mit Globalisierung und demografischen Umwälzungen sind auch die Beschäftigungsstrukturen der Nachkriegszeit verloren gegangen, die eine quasi lebenslange Beschäftigung und Beförderung per **Senioritätsprinzip** garantierten und umgekehrt (zumindest bei großen Betrieben) große Loyalität, Effizienz und Identifikation mit dem Unternehmen. Heute arbeitet mehr als ein Drittel aller Arbeitnehmer in unregelmäßigen Beschäftigungsverhältnissen, oft mit signifikant niedrigeren Löhnen als regulär Angestellte. 16 % der Bevölkerung leben unter der (nationalen) Armutsgrenze.

Rückläufige Landwirtschaft

Nur 13,3 % der Landfläche werden landwirtschaftlich genutzt, wobei sich große regionale Unterschiede zeigen; überwiegend agrarisch ausgerichtet ist die Insel Hokkaido. Nur noch 3 % der Bevölkerung sind in diesem Sektor tätig, viele davon Senioren. Wichtigstes Anbauprodukt ist der **Reis**: Statistisch gesehen isst jeder Japaner trotz veränderter Essgewohnheiten immer noch 54 kg Reis pro Jahr. Im Übrigen werden Weizen, Gerste, Zuckerrüben, Rettich, Kohl, Zitrusfrüchte, Hülsenfrüchte, Kartoffeln und nicht zuletzt Tee angebaut. Von geringerer Bedeutung ist die Viehzucht; während der Bestand an Schafen und Ziegen zurückgeht, befindet sich die Geflügelhaltung in stetiger Ausweitung. Nicht zu unterschätzen ist die **Seidenraupenzucht**, gebunden an Maulbeerbaumkulturen mit Schwerpunkt in Mittel-Honshu.

Bedeutende Fischerei

Die Fischerei spielt von jeher eine herausragende Rolle. Auf ihr Konto gehen ca. 15 % der Weltfischfangerträge. Das seit 1986 geltende

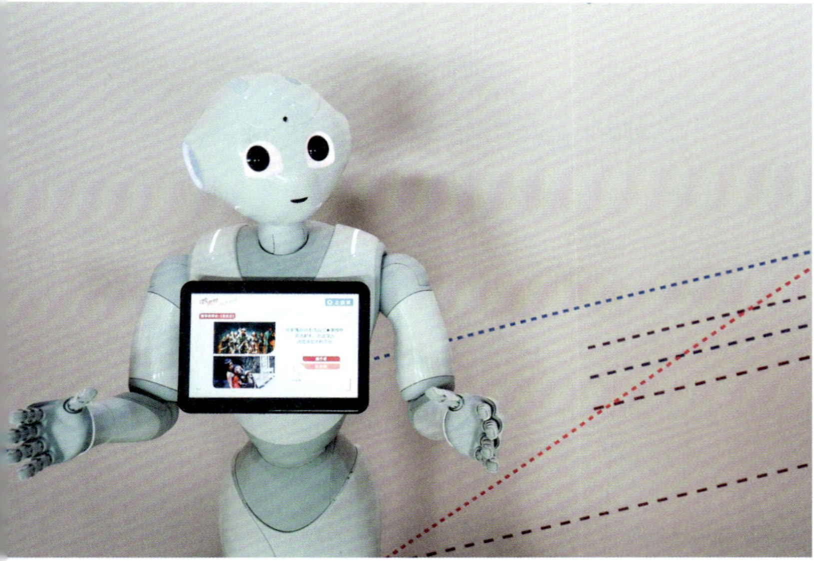

Japan setzt auf Maschinenmenschen: Pepper, der humanoide »Roboter-Gefährte«.

Verbot des kommerziellen **Walfangs** versucht Japan immer wieder zu unterlaufen, indem es Walfang »zu Forschungszwecken« betreibt.

Bodenschätze

Japan besitzt vielfältige, doch wenig ergiebige Vorkommen an Bodenschätzen. Mit diesen ist das Land nur zu 1 % an der Weltrohstoffförderung beteiligt und fast gänzlich auf die Einfuhr aus anderen Ländern angewiesen. Eine nahezu vollkommene **Importabhängigkeit** besteht für Bauxit, Eisenerz und Rohöl; Kupfererz muss zu 92 % und Kokskohle zu 85 % eingeführt werden. Für diese Rohstoffe ist Japan auf dem Weltmarkt zum Hauptabnehmer geworden.

Wirtschaftsschwerpunkt Industrie

Wirtschaftlicher Schwerpunkt des Landes ist die Herstellung von **Industriegütern**. Nachdem Japan in einigen Bereichen wie der Automobil- und der Pharmaindustrie vorübergehend die Weltspitze erreicht hatte, liegen die Exporte heute noch für viele Konsumgüter im Spitzenbereich; vor allem in der Robotik-Industrie ist Japan weltweit führend. Das Land ist die **viertstärkste Exportwirtschaft der Welt**. Hauptexportartikel sind nach wie vor Fahrzeuge und Fahrzeugteile (2016: 122 Mrd. US-$; 20,2 % aller Exporte). Weiterhin bedeutend sind auch die Halbleiter- und die Werftindustrie.
Die Industrie konzentriert sich in den Küstengebieten, vor allem in den alten Hafenstädten und ihrer Umgebung, die den Standortvorteil

▶ Japanische Schreibweise:

日本

(**»Nihon«**, »ni« = Tag, Sonne, »hon« = Wurzel)

Lage:
Inselkette vor der Ostküste Asiens

Landfläche: **377682 km²**,
viertgrößter Inselstaat der Welt,
Nordost-Südwest-Ausdehnung: **2790 km**
Breite max.: **400 km**

Einwohner:
ca. 126,05 Mio.
(Deutschland: 82,5 Mio.)

Bevölkerungsdichte:
348,7 Einwohner/km²

▶ Land

Hauptlandmasse 97 %, weitere 3918 kleine Inseln

▶ Staat

Parlamentarische Monarchie

Staatsoberhaupt:
Kaiser (Tenno) Akihito (seit 1989)

Ministerpräsident:
Shinzo Abe (seit 2012)

Parlament:
gesetzgebendes Unterhaus (Shugi-in, 480 Sitze) und beratendes Oberhaus (Sangi-in, 242 Sitze)

Verwaltungsstruktur:
47 Präfekturen

▶ Städte

Mio. Einwohner

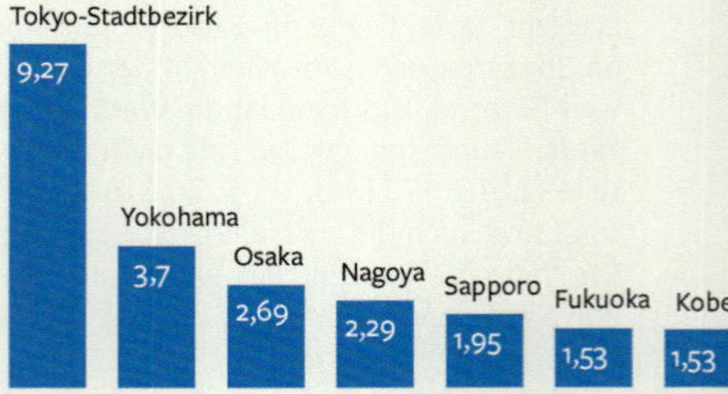

Wirtschaft (2016)

Bruttoinlandsprodukt:
4940 Mrd. US-$

BIP pro Kopf:
41 500 US-$

Arbeitslosenquote: 2,9 % (2017)

Wirtschaftswachstum: 1,5 % (2017)

Religion

Der Großteil der Japaner fühlt sich sowohl dem Shintoismus als auch dem Buddhismus verbunden.

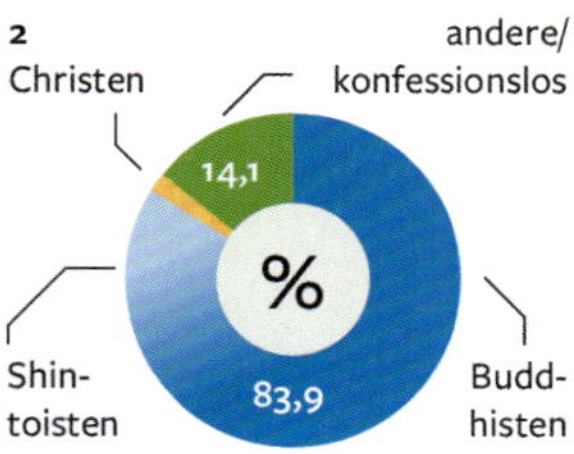

Klimastation Tokyo

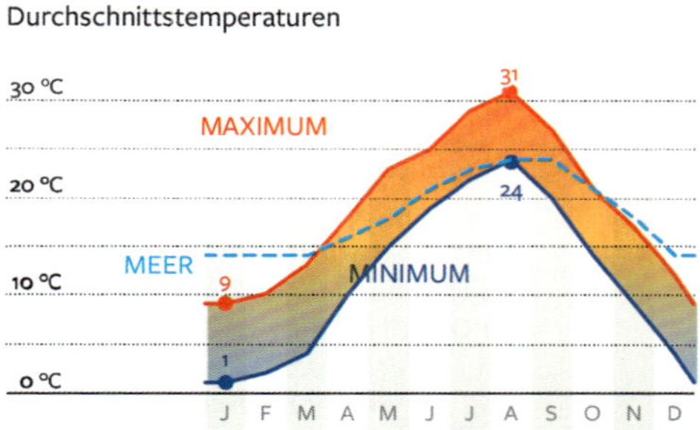

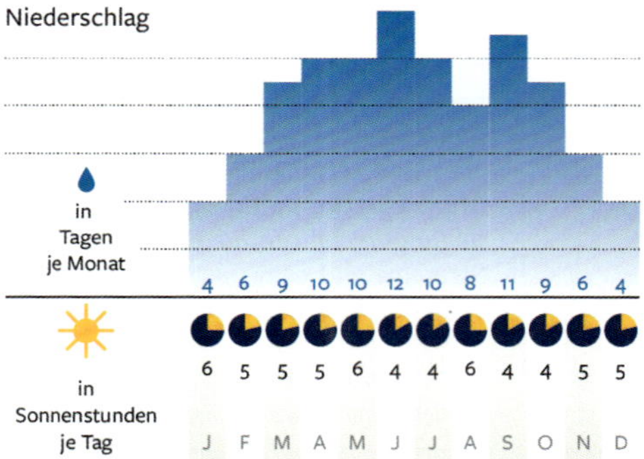

Inselstaaten im Vergleich

Inselstaaten besitzen keine Verbindung zur Landfläche eines Kontinents.

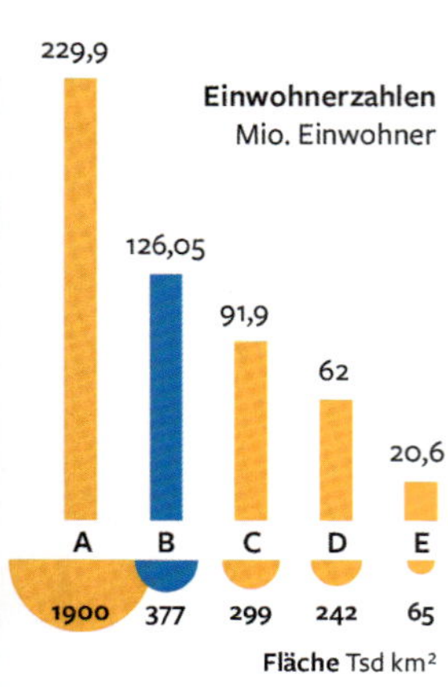

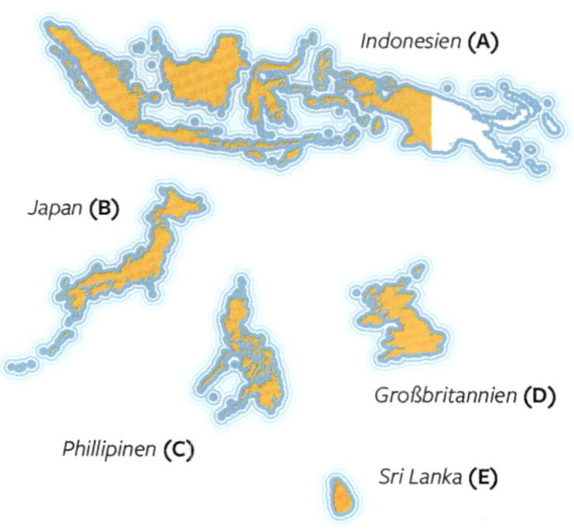

bieten, Artikel günstig an ihren Bestimmungsort zu transportieren. Die wichtigsten Handelspartner Japans sind die USA und China.

Energiewirtschaft

Auf dem Gebiet der Energieversorgung – und hier speziell beim Erdöl, das zu 100 % importiert wird – ist die Importabhängigkeit besonders deutlich. Um Abhängigkeit abzubauen, hat das Land verstärkt auf die Entwicklung der **Kernenergie** gesetzt. Schon um 1980 waren über 20 Kernkraftwerke in Betrieb; ihre Zahl stieg bis auf ein bisheriges Maximum von 56 im Jahr 2007.

Der **Unfall im Kernkraftwerk Fukushima Daiichi**, ausgelöst durch den verheerenden Tsunami am 11. März 2011, ließ einen laxen Umgang der Verantwortlichen mit Sicherheitsstandards erkennen und führte unmittelbar dazu, dass in der Folgezeit sämtliche Kernkraftwerke vorübergehend für Sicherheitsprüfungen vom Netz genommen wurden. Der nukleare Anteil am Energiemix in Höhe von fast einem Drittel wurde teils durch Importe gedeckt, teils durch radikale Energiesparprogramme abgefangen; der Ausbau erneuerbarer Energien wurde nur minimal vorangetrieben. Bis Mitte 2017 waren vier Atomreaktoren wieder am Netz, etwa ein Dutzend weitere in Genehmigungsverfahren für eine Wiederinbetriebnahme. Eine langfristige Strategie gibt es bisher nicht, weder für einen etwaigen Nuklearausstieg noch für nukleare Endlager (▶ Baedeker Wissen, S. 58).

Der Tsunami vom 11. März 2011 hinterließ eine Schneise der Zerstörung. Schiffe wurden kilometerweit ins Land gespült.

RELIGION

Offizielle religiöse Statistiken Japans muten auf den ersten Blick oft seltsam an: Wer die Dienste eines buddhistischen Mönchs in Anspruch nimmt, gilt statistisch als Buddhist, wer Geld an den lokalen Schrein spendet, als Shintoist. Daher sind offiziell rund 84 % der Bevölkerung Shintoisten und 71 % Buddhisten.

Animismus

Die religiösen Vorstellungen während der japanischen Frühgeschichte standen auf der Stufe des Animismus. Schamanen beschworen die **Kami** genannten Verkörperungen der Naturkräfte, um Erfolg bei Jagd und Fischfang oder später gute Ernten zu erflehen.

Chinesischer Einfluss

Unter dem Einfluss der chinesischen Hochkultur bekam der Naturglaube einen geistigen Hintergrund, ein Ritual sowie religiöse Architektur und bildliche Darstellungen der nun personifizierten Naturgeister, die vorher (heute teilweise wieder) in Form von Fetischen verehrt wurden. Zunächst übernahm der später als **Shintoismus** (shinto = »Weg der Götter«; ▶ S. 528) bezeichnete Kult aus der Philosophie des Konfuzius (latinisiert aus chinesisch Kung fu-tse = Meister Kung, eigentlich Kung Chin; um 550 bis um 479 v. Chr.) die Lehre von der Anbetung der Ahnen und die während der Chou-Dynastie in China entwickelte **Idee vom Himmelssohn**, d. h. der göttlichen Abstammung des jeweiligen Herrscherhauses. Beide Vorstellungen kamen den Yamato-Kaisern sehr entgegen, denen es darum ging, ihren Herrschaftsanspruch über ganz Japan weltanschaulich zu begründen.

Taoismus

Das aus der späten Naturlehre des Taoismus (nach den ursprünglichen mystischen Spruchweisheiten »Tao-te-ching« des Lao-tse; 4.–3. Jh. v. Chr.), insbesondere aus dem »Buch der Wandlungen« stammende, dualistische Prinzip des **Yin und Yang**, d. h. eines weiblich-passiven und eines männlich-aktiven Grundfaktors, wurde mit den archaischen Naturriten und der Wahrsagekunst kombiniert. Schließlich wurde die aus früheren Kulten übernommene Sonnengottheit **Amaterasu** als Ahnherrin des kaiserlichen Geschlechts an die Spitze einer äußerst vielfältigen Hierarchie von Natur- und Ahnengöttern gestellt.

Buddhismus

Leben des Gautama Buddha

Buddha (altind. »der Erwachte«, »der Erleuchtete«) ist der Ehrentitel des Religionsgründers Siddharta; er wird nach einem Sehergeschlecht seiner Heimat in Nordindien auch Gautama (Gotama) oder nach seiner Familie (Shakya) **Shakyamuni** – der Asket aus dem Hause Shakya – genannt. Aus einer alten Fürstenfamilie stammend, wurde er um 560 v. Chr. im Vorland des nepalesischen Himalaja geboren. Mit 29 Jahren entsagte er Reichtum, Macht und Adelsstand, um als Pilger die Lehren der Entsagung zu studieren. Enttäuscht von seinen Lehrern, sammelte er eigene Schüler um sich und widmete sich der Askese fern von aller Buchweisheit. Bei der Meditation unter einem Feigenbaum (Bodhi) kam ihm die Erleuchtung, die er von da an als **Vier Wahrheiten** lehrte: Alles Dasein ist unaufhörliches Leiden, seine Ursache das Verlangen, die Abtötung des Verlangens erlöst vom Leiden. Zu dieser Entsagung führt der **Achtfältige Pfad**: rechte Erkenntnis und rechtes Denken; rechtes Reden, Handeln und Leben; rechtes Streben, Wachsamkeit und innere Sammlung.

Buddhismus als Staatsreligion

Nach anfänglichem Widerstand der Befürworter traditionellen Naturglaubens wurde der Buddhismus von der japanischen Oberschicht akzeptiert, 594 vom Kronprinzen Shotoku zur Staatsreligion erklärt und in der Folge für mehrere Jahrhunderte für das kulturelle Leben Japans bestimmend. Was dorthin kam, war aber schon nicht mehr die reine Lehre des Gautama. Diese erwähnt weder Gott noch das Jenseits, und ihr Heilsweg erfordert von jedem Gläubigen absolute Selbstdisziplin und Selbstverleugnung. Da solche Eigenschaften nur von einer kleinen Elite zu erwarten waren, hatte sich neben dem anspruchsvollen »**Großen Fahrzeug**« (Mahayana), dessen Anhänger keine Abstriche von den Forderungen des Shakyamuni zuließen, die Lehre vom »**Kleinen Fahrzeug**« (Hinayana) unter Laien verbreitet.

Glaubenshelfer für die Laien

Da Laien wegen ihrer Verstrickung in die Fesseln des täglichen Lebens die strenge Einhaltung des »Achtfältigen Pfades« unmöglich erschien, schuf man als Hilfskonstruktion – vergleichbar christlichen Nothelfern – die **Bodhisattwas** (sanskrit. etwa »Erleuchtungswesen«; japan. »**Bosatsu**«). Es handelt sich um Asketen, die den Grad der Vollkommenheit erreicht haben, der ihnen Erlösung und Eingang ins Nirwana ermöglicht, aus Mitleid mit unvollkommenen Gläubigen aber in einer Art Zwischenwelt verharren und eine Mittlerrolle einnehmen.

Buddhistische Schulen

Obwohl der Buddhismus seinem Wesen nach undogmatisch ist und anderen Religionen und Weltanschauungen mit gelassener Toleranz begegnet, hatten sich schon in Indien und China Schulen (japan. »**Shu**«; im Deutschen etwas unglücklich auch als Sekten bezeichnet) gebildet, die den weltverneinenden Anspruch des Gründers mildern oder umgehen wollten, um die Lehre auch dem Volk zugänglich zu machen. Sie wurden um einige japanische Schulen vermehrt. Von den sechs Schulen der Nara-Zeit haben heute noch **Hosso**, **Ritsu** und **Kegon** eine – allerdings kleine – Anhängerschaft.

Tendai und Shingon

Die **Tendai-Schule**, 805 von Saicho (767–822, postum Dengyo-dai-shi) gegründet, machte später aus den inneren Qualen der Verstrickung

OBEN: Mönche vor einem der Tempel auf dem Heiligen Berg Koya-san, Zentrum des Shingon-Buddhismus

UNTEN: Eines der unzähligen kleinen Gebäude im Zen-buddhistischen Tempelzentrum Kamakura

in die Wirrnis der Welt leibhaftige Dämonen, deren üblen Einfluss man mit Beschwörungen und rituellen Opfern bannen musste.
Eine ähnliche, ebenfalls esoterische und ritualbetonte Schule, die **Shingon-Schule**, gründete der Mönch Kukai (774-835, postum Kobodaishi; ▶ S. 214). Beide hatten mehrere Jahre zum religiösen Studium in China verbracht und die dort gerade vorherrschende Strömung des Buddhismus mit nach Hause gebracht.

Jodo und Jodoshin

Der Tendai-Priester Genshin (942–1017) verdinglichte die abstrakten buddhistischen Begriffe weiter, indem er der dämonischen Unterwelt ein paradiesisches Jenseits hinzufügte. Damit war er Vorläufer der von Honen gegründeten Jodo-Schule und der von Shinran gegründeten Jodoshin-Schule, die beide bald viele Anhänger hatten, weil sie die Hölle negierten. In der Jodo-und der Jodoshin-Schule wird der **Buddha Amida** angerufen, der über das »Reine Land im Westen« herrscht und Gläubigen aus Gnade dorthin Einlass gewähren kann. Dort fällt die Einhaltung der strengen buddhistischen Regeln zur Erlangung der Erleuchtung nicht schwer.

Reformator Nichiren

Noch volkstümlicher ist die Lehre des Nichiren (1222–1282). Er reduzierte den religiösen Anspruch so weit, dass er von den zahllosen buddhistischen Schriften lediglich einen Satz aus dem Lotos-Sutra (japan. »Hokke-kyo«, weshalb die Schule auch **Hokke-shu** genannt wird) für ausreichend hielt, das Heil zu erlangen. Wenn der Gläubige also gebetet hat: »Verehrt sei das Sutra vom Lotos des wundervollen Gesetzes«, hat seine Seele von selbst den Stand der Vollkommenheit erreicht! Trotz oder vielmehr wegen dieser ungeheuren Simplifizierung ist die Schule bis heute unter Japanern sehr beliebt.

Laienbewegung Soka Gakkai

Nichiren war der Vorläufer der sogenannten »Werteschaffenden Gesellschaft« von heute. Dank großzügiger Spenden aus industriellen Kreisen kann die nicht unumstrittene Soka Gakkai riesige Tempel errichten, deren schwülstiger Stil von den sonst so schlichten ästhetischen Prinzipien der japanischen Architektur abweicht. Der politische Arm dieser Schule ist die 1964 gegründete rechtskonservative **Komeito-Partei**.

Zen-Buddhismus

Eigenständig japanisch

Der Zen-Buddhismus entwickelte sich als eigenständiger japanischer Beitrag zum meditativen Buddhismus, der nicht nur das Geistesleben des Landes durchdrungen hat, sondern auch westliche Denker nachhaltig beeinflusste. Viele Zen-Meister fühlen sich nicht an eine bestimmte Religion gebunden. Der Kern des Zen liegt nicht philosophischen Systemen, sondern vielmehr in der **mystischen Erfahrung**.

Meditationsübung

Das japanische »Zen« ist eine Kurzform von Zenna (später Zazen) und bedeutet Meditationsübung, insbesondere eine **Versenkungsübung** in sitzender Haltung (sanskrit. »Dhyana«), die mit dem Buddhismus aus Indien nach China gelangte. Dort wurde sie »Chan« genannt, wegen des starken Einflusses der Mahayana-Schulen und der rationalen chinesischen Grundhaltung von den offiziellen Verwaltern des neuen Glaubens aber zunächst in den Hintergrund gedrängt.

»
Wenn dein Herz rein ist, dann sind alle Dinge deiner Welt rein. Gib diese vergängliche Welt auf, gib dich selbst auf. Dann werden der Mond und die Blumen dir den Weg weisen.
«

Zen-Meister Ryokan (1758 – 1831)

Keine Religion im eigentlichen Sinne

Wie der Taoismus ist Chan keine Religion im eigentlichen Sinne. Es kennt keinen theologischen Gottesbegriff, keine Riten, keine Dogmen, keine heiligen Texte. Es erfordert nicht Analyse und rationales Begreifen, sondern eine direkte Form **intuitiver Wahrnehmung**. Die Welt der Dinge wird behandelt, wie westliche Menschen oft die Glaubens- und Geisteswelt behandeln: als eine konventionelle Betrachtungsweise, die für etwas Irreales steht.

Befreiung vom logischen Denken

Der Novize muss sich durch strenge Selbstdisziplin von allen rationalen Unterscheidungen des logischen, diskursiven Denkens befreien. Sein Ziel ist, die **transzendentale Weisheit** zu erreichen, die alle Gegensätze zwischen dem Ich und dem All aufhebt. Dieses **Einswerden mit allem Geschaffenen** wurde in Indien »Prajnag« genannt. Er bezeichnet den gleichen Zustand der Erleuchtung, der dem Gautama einst unter dem Bodhi-Baum zuteil wurde, ist also dem Erlangen der Buddhaschaft, die zutiefst in uns allen ruhe, gleichzusetzen.
Die Japaner prägten später dafür den Ausdruck **Satori**. Dieser Bewusstseinszustand und der Weg dorthin sind durch Worte und logische Begriffe nicht zu beschreiben. Für einen Zen-Meister, der das Satori bereits erreicht hat, stellt sich daher das Problem, wie er seinen Schüler außer durch Anleitung in der Technik des »Sitzens in Versenkung« (**Zazen**) der Erleuchtung näher bringen kann. Die Lösung waren alogische Rätselsprüche (**Koan**). Bei einem der bekanntesten klatscht der Meister in die Hände und sagt: »Das ist der Klang zweier Hände. Was ist der Klang nur einer Hand?« Der Schüler ist nun aufgerufen, eine Antwort zu finden, die spontan und intuitiv dem Unlogischen des Rätsels entspricht.
Zuweilen entspinnen sich zwischen Schüler und Lehrer **Frage-und-Antwort-Spiele** (Mondo). Diese Techniken erschüttern das Vertrauen des Novizen in diskursive Denkschemata und sollen ihn von den

ZEN UND DER WEG DER SAMURAI

Die Einführung des Zen-Buddhismus in Japan fiel in die kriegerische Kamakura-Zeit (1185–1333). In dieser Epoche, die den Beginn der japanischen Feudalzeit markierte, festigte sich nach den Wirren des Gempei-Krieges die Macht der Shogune. Diese stützten sich auf eine aufstrebende Kriegerkaste, deren Mitglieder sich als Samurai bezeichneten.

Den rauen Kriegern mangelte es an der literarischen Bildung des höfischen Adels, dessen verweichlichte Lebensweise sie verachteten. Hieraus erklärt sich das große Interesse der Samurai an der neuen Lehre, die alle Buchweisheit nur als Hindernis auf dem Weg zur letzten Wahrheit ansah. Besonders die Rinzai-Schule mit ihrer asketischen Lebensweise und dem spontanen, plötzlichen Moment der Erleuchtung zog viele Angehörige des neuen Ritterstands an. Nachdem beim ersten **Invasionsversuch der Mongolen** 1274 die Niederlage nur durch einen plötzlich hereinbrechenden Sturm verhindert wurde, legten die Hojo-Regenten die Ausbildung ihrer Kämpfer in die Hände von Zen-Mönchen. Erfolge zeigten sich beim zweiten Landungsversuch der Mongolen 1281. Sieben Wochen lang widerstanden die Samurai der mongolischen Übermacht, bis auch diesmal ein später »Kamikaze« (Götterwind) genannter Taifun die feindliche Flotte zerstreute.

Schwertkampf

Der Schwertkämpfer, der durch Zazen-Meditation und Koan-Praxis (▶ S. 525) das Stadium des Mu-shin (etwa »Nicht-Denken«, »kein Bewusstsein«) erreicht hat, handelt **intuitiv**. Sein Geist ist frei von allen Gefühlen, von Furcht und selbst vom Verlangen nach dem Sieg. Sein Körper und das Schwert verschmelzen zu einem einzigen Instrument des Unbewussten. Damit ist er einem Gegner überlegen, der seine Handlungen rational planen muss, um den Plan dann in Bewegung umzusetzen.

Das Schwert ist für den Samurai jedoch nicht nur Waffe, sondern gilt als Symbol für den **Bushido** (»Weg des Kriegers«) genannten Ehrenkodex. Seine Forderungen sind Furchtlosigkeit angesichts des Todes, Lehenstreue, Verachtung von Geld und Gut sowie bedingungslose Verteidigung der eigenen Ehre und jener der Familie. Wird diese Ehre angetastet, muss der Samurai jederzeit bereit sein, sie durch den **Seppuku** genannten rituellen Selbstmord (der Begriff »Harakiri« ist in Japan wenig gebräuchlich) wiederherzustellen, wozu er stets ein zweites, kürzeres Schwert im Gürtel trägt.

Die **Schwerter** werden nach einem durch Jahrhunderte überlieferten Verfahren hergestellt, bei dem der Schmied sich und seine Werkstatt vor Beginn der Arbeit einer rituellen Reinigung unterzieht. Aus einem Stück Stahl mit Schichten verschiedener Härtegrade wird durch wiederholtes Erhitzen und Falten eine Klinge aus zahllosen Lagen gehämmert, deren Kern weich und zäh bleibt, während nach außen die Härte der Schichten bis zur Schneide zunimmt.

Hohe Kunst: Bogenschütze hoch zu Ross im Asakusa-Viertel in Tokyo

Bogenschießen

Der japanische Bogen, hergestellt aus mehreren Bambusleisten und dem Holz des Wachsbaums, ist asymmetrisch; er hat seinen Griff im unteren Drittel. Die Zen-Technik des Bogenschießens stützt sich wie die Zazen-Meditation vor allem auf **richtiges Atmen**. Begleitet von genau bemessenen rhythmischen Atemzügen wird der Bogen gespannt. Das Abschnellen der Sehne vom Daumen erfolgt wie der Angriff des Schwertkämpfers intuitiv, unabhängig vom Willen. Beherrscht der Schütze den Handlungsablauf richtig, so muss er sich nicht mehr bewusst um Treffsicherheit bemühen – sie stellt sich von selbst ein. Scheinbar unabsichtlich lässt die Hand den Pfeil in genau dem Moment fliegen, in dem seine Spitze auf das Ziel gerichtet ist.

Selbsterkenntnis

Die martialischen Künste des mittelalterlichen Zen haben sich bis auf den heutigen Tag erhalten. **Kyudo**, das Bogenschießen, wird noch in der gleichen Form ausgeübt wie zur Glanzzeit der Zen-Samurai. Dabei dienen die ehemaligen Kampftechniken nicht nur der körperlichen Ertüchtigung, sondern werden als Mittel zur Selbsterkenntnis und Bewusstseinsänderung aufgefasst. Im Geiste des Zen ausgeübt, führen sie zum »Kensho«, was »Erschauen des Selbst-Wesens« bedeutet, also Einsicht in die eigene Wesensnatur.

Fesseln der eher simplen Logik des Syllogismus befreien. Als die Zahl der Mönche noch kleiner war, hatten die Chan-Meister jedem Schüler ein auf ihn zugeschnittenes Koan aufgegeben.Als die Klöster mehr Zulauf hatten, bediente man sich der bewährten Rätselsprüche aus der Tang-Zeit, die schon damals schriftlich festgehalten worden waren. Man wählte aus diesen Sammlungen einen geeigneten aus und gab ihn einer Schar von Adepten auf. Die sehr umfangreichen Spruchsammlungen gelten jedoch nicht als dogmenhafte heilige Texte, da das einzige Dogma des Zen darin besteht, dass es keine Dogmen gibt.

Meister-schulen aus China

Die berühmten chinesischen Tschan-(Zen-)Meister gründeten Schulen, deren Lehren später nach Japan gelangten. Die des Lin-chi († 867) heißt japanisch **Rinzai**; sie bevorzugt den »plötzlichen« Weg zum Satori durch die Koan-Technik. Die Schule des Tung-shan (807–869) und des Tsao-shan (840–901), deren japanischer Name, zusammengezogen aus Tsao und Tung, **Soto** lautet, verlässt sich eher auf den »allmählichen« Weg durch die Übung des Sitzens in Versenkung.

Erste Zen-Meister in Japan

Der erste Zen-Meister in Japan war der ehemalige Tendai-Mönch **Eisai** (1141–1215), der auf zwei Reisen nach China die Tschan-Techniken studiert hatte und nach seiner Rückkehr 1191 auf Kyushu ein Rinzai-Kloster gründete. Als Begründer der Soto-Schule in Japan gilt **Dogen** (1200–1253), der ebenfalls aus einem Tendai-Kloster hervorging und nach China reiste, um die neue Lehre kennenzulernen. 1236 konnte er ein eigenes Kloster in Japan stiften.

Shinto

Archaischer Naturglaube

Der Shinto, ist den ihrem Wesen nach undogmatischen Japanern eigentlich erst im 18. Jh. als besonders »japanisch« präsentiert worden. Archäologische Relikte der Jomon-Kultur (etwa ab dem 5. Jt. v. Chr.) deuten auf Totemismus, Naturverehrung und den Kult einer Fruchtbarkeits- und Muttergöttin hin; Elemente einer matriarchalischen Gesellschaft haben sich in der Rolle der Schamaninnen und Schreintänzerinnen des späteren Shinto erhalten. Für die Yayoi-Periode (bis 300 n. Chr.) ist **Sonnenverehrung** nachweisbar. Chinesische Annalen des 4. Jhs. berichten von Sippen und deren Gottheiten (Clangötter Ujigami), Natur- und Totenseelenkult, Schamanismus und der Verehrung Nahrung spendender göttlicher Kräfte.

Kult der Ahnengötter

In den Jahrhunderten bis zum Einsetzen historisch aussagekräftiger schriftlicher Quellen (»Kojiki« 712, »Nihon-Shoki« 720) entwickelte sich der Ahnengottkult, wahrscheinlich schon früh vom konfuzianischen Schrifttum beeinflusst; der Kult der Clangottheiten wurde von dem der Sonnengöttin Amaterasu im Nationalheiligtum, dem **Groß-**

schrein von ▶ Ise, überhöht. Erst als der Buddhismus eingeführt wurde, erhielt der einheimische Kult der »Acht Millionen (also unzähligen) Kami« den unterscheidenden Namen **Shinto** (»Weg der Götter«).

Eng mit dem Staat verbunden

In den folgenden Jahrhunderten war der Shinto-Kult im Kaiserpalast eng mit staatlicher Repräsentation und den Regierungsgeschäften verbunden. Eine Art Symbiose mit dem Buddhismus wurde im **Ryobu-Shinto** (= »Weg der Götter beider Bereiche«) erzielt: Die Kami wurden als Reinkarnationen von Buddha und Bodhisattwa angesehen, die Sonnengottheit dem Dainichi Nyorai (Licht-Buddha) gleichgesetzt. Seit dem 14. Jh. versuchte man, den archaischen Yuiitsu-Shinto wieder herzustellen und ihn auch von konfuzianischen Zutaten zu reinigen.

National-bewusstsein

Im Zuge der Meiji-Restauration machten sich nationalbewusste Intellektuelle daran, die von **Motoori Norinaga** (1730–1801) aufgestellte These einer »Nationalen Lehre« (»Kokugaku«), basierend

BESUCH BEI DEN GÖTTERN

Überall in den Wohnvierteln stößt man auf kleine **Shinto-Schreine**. Bleiben Sie doch einmal kurz davor stehen, wie die Anwohner: Zweimal verbeugen, zweimal in die Hände klatschen, dann das Gebet und noch einmal verbeugen. Man darf sich auch ganz ungeniert etwas wünschen dabei: Shinto ist die Religion fürs Diesseits!

auf den mythologischen Stellen des »Kojiki«, zur offiziellen Denkungsart »Yamato gokoro« (»japanischer Geist«) und später zur Staatsreligion zu erklären. Dabei wurden aus chauvinistischem Eifer die im Shinto-Glauben enthaltenen chinesischen Elemente entweder negiert oder als »oberflächliche chinesische Denkungsart« abgetan. Wenn solche Wesenszüge auch durch apokryphe Geschichtsklitterung nicht mehr vertuscht werden konnten, hat man sie als unjapanisch ignoriert. Nach der Niederlage im Zweiten Weltkrieg musste der Tenno seiner Göttlichkeit entsagen, der Staats-Shinto wurde abgeschafft; Schreine und Priester sind heute auf Spenden der Gläubigen angewiesen. Gleichwohl versäumen auch heute viele Politiker nicht, an hohen Feiertagen einem Shinto-Schrein ihre Aufwartung zu machen; denn wenn auch nach 1945 der Shinto offiziell anderen Bekenntnissen gleichgestellt wurde, so gilt die einstige Staatsreligion als besonders »patriotisch«.

Kultische Handlungen

Der Shinto-Kult ist für den Gläubigen einfach: Reinigung der Hände und des Mundes, Anschlagen der Glocke und Händeklatschen, das die Aufmerksamkeit der Gottheit erregen soll, Gebet, Verneigung, Geldspende, Kauf eines Amuletts. Bei **Festen** (**Matsuri**) sind die Handlungen von Schreinpriester (Kannushi) und Gemeinde umfangreicher: Auf die Beschwörung des Gottes folgt die exorzistische Reinigung (Harai) oder das volkstümlichere Abwaschen (Misogi) moralischer und ritueller Unreinheit; zur Unterhaltung der Götter werden – nach Opferung von Speisen und Sake – ein ursprünglich schamanistischer **Trancetanz** (**Kagura**) und **Hoftänze** (**Bugaku**) vollzogen. Zu den halb sakralen Handlungen können Darbietungen mit ausgeprägt lokalem Kolorit gehören, deren spektakulärste die Prozession mit dem tragbaren Schrein (Mikoshi) ist. In diesem sowie in der Haupthalle des eigentlichen Schreins befindet sich, dem Blick des Gläubigen entzogen, ein den Gott vertretendes Symbol (Shintai = Götterleib). Markantes Kennzeichen des Schreins ist das in der Regel rote Tor (**Torii**) aus senkrechten und (meist zwei) waagerechten Balken.

Andere Religionen

Das Christentum ...

Das Christentum hatte im Jahre 1549 der spanische Jesuitenmissionar **Francisco de Javier** (**Franz Xaver**, 1506–1552; ► S. 542) nach Kyushu gebracht. Damit begann das »christliche Jahrhundert«, in dessen Verlauf Süd- und Westjapan christliche Glaubensinhalte und Liturgien, aber auch Kultur, Lebensart und Technik des Westens kennenlernten; es entwickelten sich eine christliche Literatur und Malerei und westliche Musikinstrumente wurden für kurze Zeit beliebt. Die Feudalherren im Südwesten förderten das Christentum allerdings hauptsächlich aus wirtschafts- und machtpolitischen Gründen, was die Shogunatsbehörden 1614 zu seinem **Verbot** bewog; blutige

Verfolgungen führten bis 1638 praktisch zur Ausrottung des Christentums. Lediglich an abgelegenen Orten konnten Laien in der Verborgenheit, die sogenannten **Kryptochristen** (**Kakure-kirishitan**), Glaubensregeln und Bräuche mündlich tradieren.

... setzt sich nicht durch

Erst 1873 wurde das Verbot aufgehoben, doch auch nach der Verankerung der **Religionsfreiheit** in der japanischen Verfassung von 1889 konnte sich die christliche Mission nur schwer gegen die einheimischen Religionen und die traditionellen Vorurteile durchsetzen. Erst im Zuge der nach dem Zweiten Weltkrieg verordneten Demokratisierung des Landes wurde der christliche Einfluss wieder spürbar.

Shinshukyo: »Neue Religionen«

Seit Mitte des 19. Jhs. sind in Japan zum Teil außerhalb der traditionellen Glaubenslehren Hunderte neue Religionen entstanden, die auf den Lehrsätzen meist charismatischer Gründer fußen und häufig synkretistische, zuweilen auch monotheistische Glaubensinhalte vertreten. Zu diesen gehören u. a.:

- **Tenrikyo** – »Lehre der Himmlischen Vernunft«; Gründerin: Nakayama Miki (1798 – 1887), aus dem Shintoismus hervorgegangen, messianisch, monotheistisch.
- **Mukyokai** – »Nicht-Kirche«; Gründer Uchimura Kanzo (1861 bis 930), protestantisch; vertritt ein nicht institutionalisiertes, allein auf die Bibel gegründetes, rein japanisches Christentum.
- Auf Nichiren beruft sich u. a. die 1913 gegründete **Nichiren Shoshu** (»Wahre Schule des Nichiren«), die den Glauben an Nichiren als den Buddha der gegenwärtigen Endzeit (»**Mappo**«) pflegt. Aus ihr haben sich mehrere Gruppierungen abgespaltet, darunter die Laienbewegung **Soka Gakkai**, die als Soka Gakkai International mit 12 Mio. Mitgliedern mittlerweile weltweit agiert.

Shinshinshukyo: »Neue Neue Religionen«

Im Unterschied zu diesen bereits etablierten Neuen Religionen (shinshukyo) werden noch neuere religiöse Gruppierungen als »Neue Neue Religionen« (shinshinshukyo) bezeichnet. Der Begriff umfasst ein breites Spektrum: von Splittergruppen der etablierten Religionen über spirituelle und Selbsthilfegruppen bis zu sektenhaften Organisationen wie der 1995 durch Giftgasanschläge bekannt gewordenen Aum Shinrikyo (heute Aleph).

Synkretismus und Religiosität

Die zuvor genannten Bekenntnisse – ausgenommen das christliche – schließen einander in Japan nicht aus. Freilich kam es im Mittelalter und in der frühen Neuzeit oft zu Kämpfen um Prestige und Privilegien, um wirtschaftliche und politische Macht mit und unter den großen buddhistischen Tempeln, die sich riesige Heere von sogenannten Mönchskriegern hielten. Diese Kämpfe erwuchsen jedoch nicht aus doktrinären Streitigkeiten und wurden in der Regel mit allgemein moralischen Gründen gerechtfertigt. Auch die grausame Christenverfolgung zu Beginn der Edo-Zeit hatte politische Ursachen; für die Tokugawa waren die Christen den Reichsfrieden und die Macht des Shogunats gefährdende subversive Elemente.

Grenzüberschreitungen

Japanisches Denken und Fühlen war – und ist es bis zu einem gewissen Grad heute noch – harmonisierend, nicht diskriminierend. Diese Grundhaltung führt im Religiösen zu einem Synkretismus, der es dem Einzelnen erlaubt, sich mehreren Glaubensgruppen zuzurechnen. Japan verdankt dem Shinto die Einbindung des Menschen in Familie und Staat, dogmatisiert und ins Politische erhoben durch den Konfuzianismus. Die Dimension des Geistigen und Spekulativen, einen Hauch Transzendenz und individueller Bewusstwerdung fügte der Buddhismus hinzu. Den Anstoß zur Entwicklung eines die traditionellen Grenzen überschreitenden sozialen Bewusstseins endlich gab das Christentum.

Erbe des Mahayana

Aus dem vielgestaltigen Lehr- und Glaubensgebäude des Mahayana haben die Japaner jene Elemente ausgewählt, die sich in ihre religiösen Grundhaltungen gut einfügten. Hierzu gehören der Kult der **Helfergottheiten**, die Idee der **Erlöserbuddha** und **Bodhisattwa**, magisch-esoterische Praktiken (Bauplatzweihe, Exorzismus), das Devotionalienwesen und die Bestattungs- und Totenfestrituale. Buddhistische Philosophie oder Konzeptionen wie die durch Meditation erreichbare »Entselbstung« (»Muga«) haben, so groß ihre Bedeutung für Kunst und Geistesleben auch gewesen sein mag, das Alltagsleben aller Schichten des Volkes nie so nachhaltig bestimmt, wie das System von Beschwörungen, Bestattungsriten, Amuletten, Tabus und Wahrsagerei (Handlesekunst) es tat.

GESCHICHTE

Was ist das Besondere an den Hügelgräbern der Kofun-Zeit? In welcher Epoche kamen die Shogune an die Macht? Warum schottete sich das Land über Jahrhunderte völlig gegen das Ausland ab? Japans Geschichte ist für viele Europäer buchstäblich ein unbeschriebenes Blatt.

Besiedlung und erste Handelskontakte

»Steinzeit«

Wann Japan besiedelt wurde, ist nicht bekannt. Obwohl zahlreiche primitive **Steinwerkzeuge**, hauptsächlich aus Achat, Schiefer und Obsidian, gefunden wurden, zögert die Wissenschaft wegen der unsicheren Datierung, den Begriff »paläolithisch« anzuwenden.

OBEN: Das Kofun-Hügelgrab Ishibutai steht am mutmaßlichen Geburtsort des Asuka-Regenten Shotoku-taishi.

UNTEN: Haniwa-Tonfiguren wie Tiere, Menschen und Häuser waren typische Grabbeigaben.

Die Funde aus dem **Neolithikum** (Jungsteinzeit) sind besser einzuordnen. Ein um 8000 v. Chr. datierter Fund in der Kanto-Ebene (Iwajuku, Präfektur Gumma) besteht aus Äxten und Steinmessern; die Form der Äxte ähnelt denen vergleichbarer Perioden auf dem südasiatischen Festland, die der Messer denen in Sibirien und Nordchina.

Jomon-Kultur

Von etwa 7000 bis um 250 v. Chr. entwickelt sich die **Schnurkeramik-Kultur** (Jomon-Kultur). Wichtige Funde dieser Kultur, deren Träger noch Jäger und Sammler waren, stammen aus Nord-Honshu und der Kanto-Ebene. Zunächst bewohnten diese Menschen Wohngruben mit zeltartigen Dächern. In der mittleren Jomon-Zeit entstanden bereits Häuser. Wie man aus Waffen und Werkzeugen schließen kann, ist diese Epoche als eine Art verspätetes Neolithikum zu betrachten, das jedoch bald von einer Bronzekultur überlagert wurde.

Yayoi-Kultur

Von etwa 250 v. Chr. bis zum 3. Jh. n. Chr. dringt die Yayoi-Kultur von Süden her auf die japanischen Inseln vor. **Töpferscheibe** und **Ackerbautechniken** wie der **Nassreisanbau** werden eingeführt. Bronzegegenstände japanischen Ursprungs tauchen auf. Da aber in Gräbern der mittleren Yayoi-Periode (Nord-Kyushu) auch Bronzespiegel und Waffen aus China gefunden wurden, ist es unwahrscheinlich, dass die neuen Kulturtechniken, die auf dem Festland wesentlich früher auftreten, einer selbstständigen Entwicklung in Japan entstammen. Die **Yayoi-Keramik** aus dünnem rötlichem Ton (► S. 547) zeigt geringere Vielfalt der Formen als diejenige aus der späten Jomon-Zeit.

Koreanische Einflüsse

Koreanische und chinesische Geschichtsschreiber berichten übereinstimmend, dass etwa zur Zeit der Eroberung Koreas durch die Han-Dynastie Japaner in Mimana an der Südküste Koreas siedelten. Statt des Schnurabdrucks werden Muster gemalt, eingeritzt oder mit dem Kamm in die feuchte Oberfläche gestrichen. Charakteristische **Grabfunde** sind aus Korea importierte **Bronzespiegel**, die in Japan später als Symbole der Sonnenscheibe und der göttlichen Herkunft betrachtet wurden, Bronzewaffen sowie Nachbildungen in Stein und glockenförmige Ritualobjekte (**Dotaku**), die vielleicht als Opfergaben vergraben wurden und in der Spätphase schöne figürliche Verzierungen erhielten. Krugbestattungen und Steinkistengräber herrschten vor; es wurden auch Dolmen aufgerichtet.

Hügelgräber, erste Hauptstadt und Familienclans

Kofun-Zeit

Während der **Epoche der Hügelgräber** (Kofun-Zeit) vom ausgehenden 3. bis zum 6. nachchristlichen Jahrhundert wurde die durch die neuen Agrartechniken stark angewachsene Bevölkerung in immer größeren Herrschaftsbereichen organisiert und schließlich unter den

EPOCHEN

FRÜHGESCHICHTE

Ca. 7000–250 v. Chr.	Jomon-Zeit. Töpfer-Kultur mit typischem Schnurmuster
Ab ca. 250 v. Chr.	Yayoi-Kultur. Erste Kontakte zu China und Korea

ZEIT DER HÜGELGRÄBER

Ab 3. Jh.	Reichseinigung unter den Yamato-Herrschern
3. bis 6. Jh.	Kofun-Zeit mit riesigen Hügelgräbern als typischen Zeugnissen

552–710 ASUKA-ZEIT

594	Der Buddhismus wird Staatsreligion.
604	Erste japanische »Verfassung«; Konzentration der Macht auf das Kaiserhaus
645	Taika-Reform nach chinesischem Vorbild

710–794 NARA-ZEIT

710	Gründung von Nara als erste permanente Hauptstadt; Entstehung des Annalenwerks »Kojiki«
720	Erste Chronik des Landes »Nihon-shoki«

794–1185 HEIAN-ZEIT

794	Verlegung des Regierungssitzes nach Heiankyo (Kyoto)
1156–1185	Kämpfe zwischen den Taira und Minamoto
1185	In der Seeschlacht von Dannoura unterliegen die Taira.

NANBOKU-ZEIT

1136–1392	Krieg zwischen Nord- und Süd-Dynastie

1185–1333 KAMAKURA-ZEIT

1192	Tenno Go-Shirakawa ernennt Minamoto Yoritomo zum ersten Shogun in der Geschichte Japans. Yoritomo begründet das Kamakura-Shogunat.
1274/1281	Missglückte Mongoleneinfälle auf Kyushu

1336–1573 MURAMACHI-ZEIT

1401	Aufnahme diplomatischer Kontakte zum China der Ming-Dynastie
1534	Portugiesen landen in Tanegashima.
1568	Oda Nobunaga befriedet das Reich.

1573–1603 AZUCHI-MOMOYAMA-ZEIT

1592/93	Eroberungsfeldzüge gegen Korea unter Toyotomi Hideyoshi

1600–1867 EDO-ZEIT

1600	Schlacht von Sekigahara, Beginn des Tokugawa-Shogunats. Über 250 Jahre dauernder Friede
1603	Verlegung des Regierungssitzes nach Edo (Tokyo)
Ab 1616	Abschottung gegen das Ausland
1853/54	Der US-amerikanische Admiral Perry erzwingt durch Flottenpräsenz die Öffnung Japans.
1868	Mit der Abdankung des Shoguns und Übergabe der Macht an Kaiser Meiji endet die Shogunatszeit.

1868–1912 MEIJI-ZEIT (»AUFGEKLÄRTE HERRSCHAFT«)

1894/95	Chinesisch-Japanischer Krieg
1904/05	Russisch-Japanischer Krieg

1912–1926 TAISHO-ZEIT (»GROSSE GERECHTIGKEIT«)

1914–1918	Erster Weltkrieg: Japan auf Seiten der Alliierten

1926–1989 SHOWA-ZEIT (»ERLEUCHTETER FRIEDEN«)

Ab 1931	Militärische Expansion in Asien
1941–1945	Pazifischer Krieg (Zweiter Weltkrieg): Japan kämpft auf Seiten der Achsenmächte gegen die Alliierten.
14.8.1945	Kapitulation Japans nach Atombombenabwürfen auf Hiroshima (6. August) und Nagasaki (9. August)
1952	Ende der Besetzung Japans
1956	Japan tritt den Vereinten Nationen bei.

SEIT 1989 HEISEI-ZEIT (»FRIEDEN SCHAFFEN«)

1995	Erdbeben im Großraum Kobe; Giftgasanschlag auf die Tokyoter U-Bahn durch die Aum-Sekte
11.8.2011	Ein Erdbeben vor der Küste Japans und ein verheerender Tsunami lösen die Reaktor-Katastrophe von Fukushima aus.

Yamato-Herrschern in einem Reich vereinigt. Dabei verwandelten sich die friedlichen Dorfgemeinden, die einem religiösen Oberhaupt unterstanden, in militärisch straff geführte kleine Königreiche.

Erste literarische Werke

Die im 8. Jh. verfassten **Annalen**, insbesondere das »Kojiki« und das »Nihon-shoki«, die in vielen Aspekten mehr der Literatur als der Geschichtsschreibung zuzurechnen sind, werfen durch anekdotische Schilderungen Licht auf diese Periode. Darin wird **Kaiserin Jingo**

(Jingu) erwähnt, deren Regierungszeit von 201 bis 269 n. Chr. überliefert ist. Sie wird als schamanistische Prophetin beschrieben, die nach einem erfolgreichen Eroberungszug gegen Korea den späteren Kaiser Ojin gebar.
Was Japan und Korea betrifft, waren die Machtverhältnisse damals eher umgekehrt; erst in der zweiten Hälfte des 4. Jhs. sind militärische **Expeditionen Japans in Korea** belegt. Die Legende rührt wohl daher, dass die japanischen Chronisten aus Patriotismus eine als geschichtlich anzusehende militärische Unternehmung der Kaiserin Saimei (Mitte 7. Jh.) in die Kofun-Zeit zurückversetzt haben. Fest steht, dass bald danach diesen legendären Geschehnissen – Ojin wird vielfach als Gründer der Yamato-Dynastie angesehen – die Einigung des größten Teils der japanischen Inselwelt erreicht wurde.

Riesige Kofun-Grabhügel

Archäologische Zeugnisse für dieses Entwicklungsstadium sind die berühmten Kofun-Hügelgräber. Die ersten wurden Ende des 3. oder zu Beginn des 4. Jhs. im Kansai-Gebiet errichtet. Sie gehen mit großer Wahrscheinlichkeit auf koreanische Vorbilder zurück und wurden von den Yamato-Herrschern schon in größerem Maßstab als Symbol ihrer Machtfülle aufgeführt. Die Zeit der Giganten unter ihnen ist das 5. Jh.; damals entstanden die Mausoleen der **Kaiser Nintoku** (▶ S. 380) und Richu, deren Existenz als geschichtliche Persönlichkeiten schon eine große Wahrscheinlichkeit aufweist.

Grundrisse der Gräber

Die Grundrisse der Kofun-Hügelgräber zeigen sowohl runde als auch quadratische Formen; der charakteristische Umriss ist in Japan jedoch ein runder Hügel mit rechteckigem oder trapezförmigem Vorbau, der aus der Vogelperspektive an ein **Schlüsselloch** erinnert. Viele Gräber sind von Wassergräben umgeben. Die Toten wurden in der Frühzeit in ausgehöhlten Baumstämmen beigesetzt, später in Steinsärgen, deren runde Form noch an die Stämme erinnert, schließlich in kubischen oder hausförmigen Sarkophagen aus Steinplatten.

Grabbeigaben: Waffen und Tonfiguren

An Grabbeigaben finden sich anfangs einfache metallene Werkzeuge und Pfeilspitzen. Merkwürdig ist die Sitte, Gegenstände aus Eisen, Bronze oder Holz durch vorbildgetreue steinerne Kopien zu ersetzen, deren Herstellung gewiss mehr Aufwand erforderte als diejenige der Originale. An die kriegerische Zeit der Einigung des Reiches unter den Yamato-Herrschern erinnern Waffen, insbesondere Rüstungen, Schilde und Schwerter. Die häufigsten und archäologisch aufschlussreichsten Grabbeigaben sind die als »**Haniwa**« berühmt gewordenen Tonfiguren, nach denen in der Kunstgeschichte oft die ganze Periode benannt wird (▶ Abb. S. 533). Ihr Stil ist schlicht und realistisch; es finden sich Hausmodelle, Repliken von Alltags- und Gebrauchsgegenständen, Tierfiguren und Darstellungen von Menschen, aus deren Kleidung sich auf Beruf und Klassenzugehörigkeit schließen lässt.

Buddhismus und Konfuzianismus

Buddhismus und Konfuzianismus gelangen – zunächst über Korea – nach Japan und lösen hier eine bedeutende geistige und kulturelle Entwicklung aus, bilden aber auch mehrmals Anlass zu Konflikten zwischen weltlichen und priesterlichen Machtinteressen. Die mit der Übernahme des Buddhismus verbundenen Machtkämpfe zwischen den Mononobe, die am nationalen Shinto festhalten, und den Soga, die den Buddhismus verteidigen, enden 587 mit dem Sieg der Letzteren und der Machtübernahme durch **Prinz Shotoku-taishi**, dem stärksten Befürworter des neuen Glaubens. Er veranlasst den Bau des Shitennoji-Tempels (Osaka; ▶ S. 379) und erklärt 594 den **Buddhismus zur Staatsreligion**. Shotoku-taishi übernimmt auch das chinesische System des zentralisierten Beamtenstaats sowie den chinesischen Kalender und fördert in der Folgezeit den kulturellen Einfluss des festländischen Nachbarstaats auf Japan.

Taika-Reform

Die Taika-Reform von 645 durch **Prinz Nakano-oe** (626–671, postum Kaiser Tenchi) und seines Vertrauten Nakatomi no Kamatari (614–669, Ahnherr der Fujiwara) vollendet das **Reformwerk** des Shotoku-taishi. Der gleichfalls chinesischem Vorbild folgende Kodex umfasst u. a. eine Landreform, die Einführung eines Schulsystems und die Festschreibung der kaiserlichen Zentralgewalt.

Nara wird kulturelles Zentrum

Die Stadt ▶ Nara, die einer ganzen Epoche den Namen gibt, entwickelt sich ab 710 zum Zentrum einer kulturellen Blüte. Mit ihrer Gründung nach Vorbild chinesischer Städteplanung entsteht erstmals eine **permanente Hauptstadt**. Dies war erst durch das Erstarken des Buddhismus möglich, da zuvor nach dem Tod eines Herrschers wegen der damit verbundenen kultischen Unreinheit der Regierungssitz verlegt werden musste.

Bedeutende literarische Werke

Im 8. Jh. entstehen die ersten bedeutenden literarischen Werke: Im »**Kojiki**« sind Legenden und historische Ereignisse zusammengetragen; das »**Nihon-shoki**« (auch »Nihongi«) bildet die wichtigste Quelle der frühen Landesgeschichte; die Historie freilich ist mit Mythen und Legenden vermengt. Das »**Man-yoshu**« (»Zehntausend-Blätter-Sammlung«), die im 5. Jh. begonnene erste Anthologie Japans, wird 759 vollendet.

Blüte des Buddhismus

In der Regierungszeit des **Shomu-tenno** (reg. 724–749) gelangt der Buddhismus zu hoher Blüte, den Ganjin und andere chinesische Priester in Japan lehren. Mit der Errichtung von Provinztempeln erstarkt der Klerus. Besonders die »**Sieben großen Tempel von ▶ Nara**« bedrohen das Kaiserhaus. Die Kaiserin **Shotoku-tenno** (in einer früheren Amtszeit Kaiserin Koken) steht unter dem Einfluss des 765 zum Großkanzler ernannten Priesters Dokyo, der als »Mönchskaiser« (seit 762) Exponent des buddhistisch-klerikalen

Machtstrebens ist, jedoch 770, nach dem Tod der Kaiserin, verbannt wird.

Heiankyo (Kyoto) wird Hauptstadt

Um die Macht des Klerus zu brechen, wird 794 die Hauptstadt Heiankyo (Kyoto) gegründet. Es folgt eine Phase nationaler Besinnung mit Entwicklung eigenständiger Kulturformen und einer eigenen Silbenschrift (Katakana und Hiragana). Die Heian-Zeit gilt als die **klassische Periode der japanischen Literatur**, die besonders von Hofdamen gepflegt wurde. Die Hofdame Sei Shonagon verfasst das »Kopfkissenbuch«; Murasaki Shikibu, ebenfalls eine Hofdame, schreibt das »Genji-Monogatari« (»Geschichte vom Prinzen Genji«; ▶ Abb. S. 90), das bedeutendste Werk der klassischen japanischen Prosa. Nach Sturz der Tang-Dynastie schwächen sich die Kontakte zu China ab.

Aufstieg des Fujiwara-Clans

Das Streben des Kaisers nach Unabhängigkeit wird vom Clan der Fujiwara unterlaufen, die das Kaiserhaus durch Verschwägerung an sich binden und seine politische Bedeutungslosigkeit herbeiführen; ab 859 regieren sie als »**Schattenkaiser**« (Regenten für unmündige Kaiser oder solche, die sich von den Regierungsaufgaben zurückgezogen hatten). Die 645 begonnene Taika-Reform scheitert endgültig; Gouverneure, Beamte und Klöster eignen sich Lehensgüter an; der zu ihrem Schutz bestellte Schwertadel gewinnt an Einfluss.

Einfluss des esoterischen Buddhismus

Anfang des 9. Jhs. gelangen die Schulen des esoterischen Buddhismus nach Japan. Im Jahr 805 kehrt der Priester Saicho (Dengyo Daishi) vom Studium in China zurück und gründet die **Tendai-Schule.** Ein Jahr später wird durch den gleichfalls aus China zurückgekommenen Priester Kukai (Kobo-daishi, 774–835) die **Shingon-Schule** gegründet.

Erstarken des Militärs

Die Dezentralisierung führt zu Unruhen; das Militär erstarkt, besonders die im Osten des Landes ansässige Familie **Minamoto** (auch Genji) und die Familie **Taira** (auch Heike) im Westen. Die Macht der Fujiwara geht allmählich auf die Taira über. In der Folgezeit befehden die beiden Familien einander heftig; nach Kämpfen in der Tohoku-Region (1083–1087) obsiegen die Minamoto.
Knapp 70 Jahre später wendet sich das Blatt: Im **Heiji-Krieg** trägt Taira no Kiyomori den Sieg über die Minamoto davon und leitet nach seiner Ernennung zum Kanzler (»Dajo-daijin«) die Blütezeit des Hauses Taira ein. Kurz darauf wendet sich das Kriegsglück abermals im **Gempei-Krieg**. Die wieder erstarkten Minamoto unter Minamoto Yoritomo (1147–1199) vernichten die Taira in der entscheidenden Seeschlacht von Dannoura (▶ S. 402), wobei auch der Kindkaiser Antoku den Tod findet. Die Auseinandersetzungen zwischen den Minamoto und den Taira finden ihren literarischen Niederschlag um 1250 im Epos »**Heike-Monogatari**«.

OBEN: Die entscheidende Schlacht von Rokuhara (1333) im Genko-Krieg gegen das Kamakura-Shogunat ist Thema eines Epos über die Namboku-Zeit: Detail einer Bilderrolle

UNTEN: Rüstung eines Samurai-Kriegers im Tokyoter Samurai-Museum

Reichseinigung und dezentrale Machtkämpfe

Macht-übernahme der Militärs

Die **Kamakura-Zeit** (1136–1333) ist geprägt durch die völlige Entmachtung des Kaisers und die Übernahme der Staatsgewalt durch **Shogune** (Militärregenten), die das Land nach den strengen Prinzipien ihres Standes lenken. 1192 wird **Minamoto Yoritomo** vom Kaiser zum Shogun ernannt. Um dem höfischen Luxusleben auszuweichen, verlegt er den Regierungssitz nach Kamakura und begründet das nach diesem Ort benannte Shogunat. Er schafft eine straffe Regierung und sichert durch Truppenstationierungen die Landesgrenzen. Seine später von den Hojo fortgeführte Politik gründet sich auf die **Ethik des »Bushido«** (»Weg des Ritters«; ▶ Baedeker Wissen, S. 526), die auch auf die Gesellschaft allgemein Einfluss gewinnt. Nach seinem Tod übernehmen seine Witwe Hojo Masako und deren Vater Hojo Tokimasa die Macht. 1205 wird Tokimasas Sohn Hojo Yoshitoki erster Reichsverweser (shikken); dieses Amt bleibt weiterhin in der Familie der Hojo. Die Priester **Honen** und Shinran, deren Schulen Jodo und Jodo-shin-shu im Volk starke Verbreitung gefunden haben, werden 1207 in die **Verbannung** geschickt. Mit der Ermordung von Minamoto Sanetomo, dem Sohn des Yoritomo, 1219 geht das Geschlecht der Minamoto unter; in der Folge kommt es zu Bürgerkriegen; allerdings misslingt der Versuch des Kaiserhauses, die Macht zurückzugewinnen.

Mongolen-einfälle

In den Jahren 1274 und 1281 kommt es an der Nordküste Kyushus zu Mongoleneinfällen unter **Kublai Khan**, der zeitgleich China einnimmt. Beide Male zerstört ein plötzlich einsetzender Taifun (»Kamikaze« = »Götterwind«) die mongolische Flotte. Der nationale Zusammenhalt wird gestärkt, aber die Regierung leidet unter den Kosten des Krieges, und die Samurai zeigen wachsende Unzufriedenheit.

Zeit der zwei Kaiserhöfe

Godaigo-tenno nutzt 1333 die Schwäche des Kamakura-Shogunats zum Sturz der Hojo. Er schickt seinen Feldherrn Ashikaga Takauji in den Kampf gegen das Kamakura-Shogunat, das nach langen Kämpfen fällt. Zunächst übernimmt wieder der Kaiser die Regierungsgewalt, wird aber dann von Takauji vertrieben, der 1336 Komyo-tenno als **Gegenkaiser** einsetzt. Dieser begründet die **Nord-Dynastie** und ernennt Takauji zum Shogun. Godaigo flieht mit den Reichsinsignien nach Yoshino, wo er die **Süd-Dynastie** errichtet. Nach dieser Konstellation erhält die **Namboku-Ära** (»Zeit der zwei Kaiserhöfe«) ihren Namen.

Jahrzehnte-lange Bürgerkriege

In der **Muromachi-** und **Azuchi-Moyama-Zeit** (um 1336–1603) geht die Macht der Shogune zurück. Das Land wird in jahrzehntelange Bürgerkriege verwickelt, die im Machtstreben regionaler Fürsten und Klöster sowie in den Auseinandersetzungen zwischen Anhängern der beiden Kaiserdynastien ihre Ursache haben. Gleichwohl entwickeln sich in diesen Jahren bedeutende **neue Künste** (etwa die Theaterform »No«, die Teezeremonie u. a.). Mit der Abdankung von Gokameyama, dem dritten Nachfahren des Godaigo, geht das ganze Reich samt den Reichsinsignien an den Nordkaiser über, doch bleibt der so gewonnene Friede nur von kurzer Dauer. **Yoshimitsu**, der dritte Ashikaga-Shogun (▶ S. 260), verlegt seinen Amtssitz nach Muromachi (**Kyoto**) und leitet eine **kulturelle Blüte** ein.

Befriedung des Reiches

Der Nachfolgestreit unter den Ashikaga führt zum Ausbruch der **Onin-Kriege** (1467–1477) und schließlich zu einem fast 100 Jahre andauernden Bürgerkrieg. Durch die wachsende Dezentralisierung erstarken die **Daimiate** (die regionalen Fürstentümer), die ihre Unabhängigkeit als Teilstaaten anstreben. Künstler und Gelehrte fliehen in entlegene Provinzen, wo sich neue Kulturzentren bilden. Mit seinem Einzug in Kyoto gelingt es **Oda Nobunaga** 1568, die Macht der Klöster und Daimiate zu brechen und weite Teile des Reiches zu befrieden.

Erste Kontakte mit Europäern

Schon 25 Jahre zuvor hat es mit der Landung von Portugiesen in Tanegashima erste Kontakte mit Europa gegeben, was sich u. a. in der Einfuhr und weiten Verbreitung von Feuerwaffen äußert. Daneben hat der Missionar **Francisco de Javier** (Franz Xaver) das Christentum ins Land gebracht. Er wird von mehreren Daimyo unterstützt, die in der neuen Religion ein Mittel ihrer Machtentfaltung sehen. Auch Oda Nobunaga gestattet die Tätigkeit der **christlichen Missionare** als Gegengewicht zu den buddhistischen Klöstern. Ab 1571 ist Naga-

General Toyotomi Hideyoshi bei Verhandlungen zum Waffenstillstand mit Korea

saki für den Handel mit dem Ausland geöffnet. **Europäische Wissenschaften**, allen voran Medizin und Naturwissenschaften, beginnen sich auszubreiten (▶ Baedeker Wissen, S. 590).

Reichseinigung

1573 wird der letzte Ashikaga abgesetzt und damit das Ashikaga-Shogunat beendet. Nobunaga festigt seine Macht und verlegt 1576 seinen Amtssitz auf die Azuchi-Burg in Omi. Rund zehn Jahre später wird er durch seinen Lehnsmann Akechi Mitsuhide ermordet; **Toyotomi Hideyoshi** setzt das von ihm begonnene Werk der Reichseinigung fort. Er lässt die Verwaltung reorganisieren und bereitet die Grundlagen für das **Feudalzeitalter**. Als Großkanzler weist er die christlichen Missionare aus. Nach seinem Sieg über die Hojo in Odawara (1590) ist die Einigung des Landes vollendet. Nun setzen **Eroberungsfeldzüge nach Korea** ein; sowohl 1593 als auch 1598 enden sie mit einem Waffenstillstand. Etwa gleichzeitig kommt es zu ersten Christenverfolgungen.

Abschluss von außen – Öffnung nach Westen

Tokugawa-Shogunat

In der Schlacht von Sekigahara besiegt **Tokugawa Ieyasu** 1600 den Sohn des Hideyoshi, Hideyori, und legt den Grundstein für das Shogunat der Tokugawa, die die Geschicke des Landes bis 1867 lenken.

Abschottung

In der Edo-Zeit schließt sich Japan nach einer vorübergehenden Öffnung völlig von der Außenwelt ab. In der über 250 Jahre dauernden Friedensperiode wird durch das Shogunat ein sich praktisch über alle Lebensbereiche erstreckendes **Kontrollnetz** errichtet, das eine stärkere Konzentration politischer und wirtschaftlicher Macht verhindert. Ieyasu, vom Tenno zum Shogun ernannt, verlegt seinen **Regierungssitz nach Edo** (**Tokyo**) und fördert Buddhismus und Konfuzianismus. Nach Abdankung zugunsten seines Sohnes Hidetada werden Handel und Wirtschaft ausgebaut. Vor Nagasaki entsteht ein **holländisches Handelskontor** (Hirado, später Dejima; ▶ S. 301). Gleichwohl kommt es wieder zu **Christenverfolgungen**.

Verbot des Christentums

In der Schlacht von Osaka (1614/1615) obsiegt Ieyasu über Hideyori, den Letzten aus der Toyotomi-Dynastie; dieser begeht Selbstmord. In der Folgezeit schottet sich Japan völlig ab; die Beziehungen zu England und Spanien werden beendet und Auslandsreisen untersagt. Der **Aufstand von Shimabara** 1637/38, in dem sich die christlichen Daimyo gegen die drückende Besteuerung zur Wehr setzen, zieht das endgültige Verbot des Christentums nach sich. Als einzige Ausländer bleiben die Holländer geduldet, dürfen aber ihren Stützpunkt nicht verlassen. Innenpolitisch sind die folgenden 200 Jahre durch Frieden und eine hohe **Blüte der bürgerlichen Kultur** gekennzeichnet.

Erzwungene Öffnung

Erst 1853 kommt es wieder zu einer – wenngleich erzwungenen – Öffnung Japans nach außen: Der US-Admiral **Matthew Perry** ankert mit den »Schwarzen Schiffen« in der Uraga-Bucht, um die Einrichtung von Handelsbeziehungen zu erwirken. 1854 wird in Kanagawa der Vertrag zwischen Japan und den USA geschlossen, der die Häfen Shimoda und Hakodate für den Außenhandel öffnet. Verträge mit Russland und England folgen; im Vertrag von Shimoda mit dem Zarenreich wird die japanisch-russische Staatsgrenze im Bereich der Kurilen zwischen den Inseln Uruppu und Etorofu festgelegt. Sachalin (jap. Karafuto) gilt als gemeinsames Eigentum beider Staaten. Mit der Abdankung des Shoguns 1868 und der Übergabe der Macht an Kaiser Meiji endet die Shogunatszeit.

Militärische Konflikte – Wirtschaftlicher Aufstieg

Reformen und Auslandskontakte

Die **Meji-Zeit**, die Regentschaft des Tenno **Mutsushito** (1868–1912) mit dem Motto »Aufgeklärte Herrschaft«, ist geprägt von umfangreichen Reformen und einer konsequenten Öffnung Japans gegenüber dem Ausland. Das Land unternimmt große Anstrengungen, um Anschluss an den Weltstandard zu finden. Das Staatssystem wird durch eine Verfassung neu gegliedert. Der Meiji-Tenno behält Edo als Regierungssitz bei und nennt es **Tokyo** (»Östliche Hauptstadt«).

Verfassung mit zwei Kammern

Das bisherige **Klassensystem** wird aufgehoben, bürgerliche Familiennamen eingeführt und öffentliche Grundschulen eingerichtet; der traditionelle Mondkalender wird durch den Sonnenkalender abgelöst. Im Austausch gegen Sachalin erhält Japan von Russland die gesamte Kurilenkette. 1889 wird eine Verfassung nach preußischem Muster mit Zweikammersystem eingeführt; Japan wird zur **konstitutionellen Monarchie**.

Wichtige Siege

Mit seinem Sieg im **Chinesisch-Japanischen Krieg** (1894/95) behauptet sich Japan als ernst zu nehmende Großmacht im Osten. Durch den Sieg im **Russisch-Japanischen Krieg** (1904/05) gewinnt es die südliche Hälfte der Insel Sachalin und die Schutzherrschaft über Korea. Fünf Jahre später wird Korea von Japan annektiert.

Expansion in Ostasien

Kaiser Meiji stirbt 1912; sein Sohn **Yoshihito** tritt seine Nachfolge unter dem Regierungsmotto **Taisho** (»Große Gerechtigkeit«) an. In Ostasien verfolgt Japan zunehmend eine Expansionspolitik und stellt sich im Ersten Weltkrieg auf die Seite der Alliierten; die Aufrüstung fördert die Entwicklung der Schwerindustrie. Japan erobert die deutschen Besitzungen in China (Tsingtau) und im Pazifik.
1923 verwüstet das **Kanto-Erdbeben** den Großraum Tokyo-Yokohama. Die Taisho-Ära endet 1926 mit dem Tod des Tennos.

Nachfolger wird Kaiser **Hirohito** mit dem Regierungsmotto **Showa** (»Erleuchteter Frieden«). Die Weltwirtschaftskrise beschert Japan vorübergehend einen boomenden Export von Billigwaren. 1931 wird die Mandschurei besetzt und als **Mandschukuo** japanisches Protektorat. Wegen internationaler Kritik tritt Japan aus dem Völkerbund aus. Im zweiten **Chinesisch-Japanischen Krieg** (1937) stößt Japan ins Innere Chinas vor und blockiert zudem die gesamte chinesische Küste. Im Dezember 1937 besetzen japanische Soldaten die chinesische Stadt **Nanking** und verüben ein Massaker an der Bevölkerung, dem bis zu 300 000 Menschen zum Opfer fallen.

Protektorat Mandschurei, Vorstoß nach China

Am Zweiten Weltkrieg nimmt Japan an der Seite der Achsenmächte teil. Der japanische Überfall auf den US-Flottenstützpunkt **Pearl Harbor** löst 1941 den Krieg im Pazifik aus. Mit dem Ziel, durch die Pax Japonica eine »großostasiatische Wohlstandssphäre« zu schaffen, stoßen die Japaner an der Küste des asiatischen Festlandes vor und nehmen Hongkong, Singapur und Rangun ein; gleichzeitig greifen sie die Philippinen sowie Niederländisch-Indien an und besetzen die Insel Guam. Mit Luftangriffen auf Nordaustralien und der Landung auf den Aleuten sowie Neuguinea erreicht die japanische Expansion über ein Gebiet mit mehr als 450 Mio. Bewohnern ihren Höhepunkt.

Pazifischer Krieg

Nach erbitterten und verlustreichen Rückzugsschlachten an allen Fronten wird Japan durch die **Atombombenabwürfe** auf Hiroshima und Nagasaki 1945, den ersten in der Geschichte der Menschheit, zur bedingungslosen Kapitulation gezwungen, die der Kaiser am 14. August 1945 im Radio verkündet; es ist die erste Ansprache eines Tenno an sein Volk. Hirohito gibt gleichzeitig die traditionelle »Göttlichkeit« des Tenno auf; gemäß der neuen Verfassung bleibt er lediglich in repräsentativer Funktion Symbol des Staates und der Einheit der Nation. Alle kürzlich eroberten Gebiete müssen zurückgegeben werden und Japan wird erstmals in seiner Geschichte besetzt (bis 1952). Im **Frieden von San Francisco** 1951 verzichtet Japan auch auf Korea, Taiwan, die Pescadores-Inseln, die Kurilen und Süd-Sachalin; die Beziehungen zur UdSSR und zu China bleiben ungeklärt.

Bedingungslose Kapitulation

Nach Kriegsende bestehen die Siegermächte auf einer Demokratisierung des Landes, das sich von der vernichtenden Niederlage nicht nur verhältnismäßig rasch erholt, sondern sogar binnen weniger Jahrzehnte zu einer führenden Weltwirtschaftsmacht aufsteigt. Im Koreakrieg (1950–1953) wichtiger Partner des Westens, tritt Japan den Vereinten Nationen bei. 1964 wertet die **Olympiade von Tokyo** das Land international auf. Um 1965 wird infolge des enormen Wirtschaftswachstums der Yen zur voll konvertierbaren Währung. Okinawa, das den Amerikanern im Vietnamkrieg als Versorgungsbasis gedient hat, gelangt 1972 wieder unter japanische Oberhoheit.

Aufstieg zur Wirtschaftsmacht

Erdbeben und Giftgas-Anschlag

Am 7. Januar 1989 stirbt Kaiser Hirohito; neuer Tenno wird sein Sohn **Akihito**, der seine Amtszeit unter das Motto **Heisei** (»Frieden schaffen«) stellt. Im Januar 1995 wird der industriereiche Ballungsraum Kobe von einem katastrophalen Erdbeben verwüstet, dem mehr als 5000 Menschen zum Opfer fallen; Hunderttausende werden obdachlos. Kurz danach erschüttert der Sarin-Gas-Anschlag der Aum-Sekte in der Tokyoter U-Bahn das Sicherheitsbewusstsein der Japaner.

Regierungen Koizumi und Abe

Unter **Koizumi Junichiro** (reg. 2001–2006), einem der beliebtesten Premierminister im Nachkriegsjapan, gibt sich das Land selbstbewusster: Es entsendet im Januar 2004 erstmals seit dem Zweiten Weltkrieg Soldaten in ein Krisengebiet, den Irak. Koizumi bewirkt außerdem die Ausreise mehrerer Japaner, die in den 1970er- und 1980er-Jahren von Nordkorea entführt worden waren, um Spione im Japanischen zu unterrichten. Innenpolitisch stehen auch für Koizumis Nachfolger **Abe Shinzo** (reg. 2006–2007 und seit 2012) Reformen auf der Agenda, darunter die Privatisierung der Post, die Bekämpfung der Korruption und Maßnahmen zur Eindämmung der enormen Staatsverschuldung. Er setzt auch die Schaffung eines Verteidigungsministeriums durch. Bei den Unterhauswahlen 2009 verliert die konservative Liberaldemokratische Partei LDP die Mehrheit.

Nuklearkatastrophe 2011

Das **Erdbeben**, das am 11. März 2011 die japanische Küstenregion von Tohoku erschüttert, ist mit einer Stärke von 9,0 das stärkste je in Japan gemessene Beben. Das Epizentrum liegt etwa 130 km östlich von Sendai unter dem Meeresboden. In der Folge flutet eine **Tsunami** das Land, die an einigen Küstenpartien wohl weit über 30 m hoch gewesen ist. Mehrere Städte und Küstenstriche in der betroffenen Region werden komplett zerstört. Fast 16 000 Menschen werden getötet, fast 3000 seitdem vermisst. In der Folge kommt es im **Kernkraftwerk von Fukushima**, das durch die Tsunami völlig überschwemmt wird, zu einer Nuklearkatastrophe (▶ Baedeker Wissen, S. 58).

Nuklear-, Militär- und Wirtschaftspolitik

Im September 2011 tritt Premierminister Kan zurück, sein Nachfolger Noda erleidet bei den Unterhauswahlen 2012 eine schwere Niederlage. Seitdem ist die LDP, wieder unter Abe Shinzo, mit einer komfortablen Mehrheit zurück in der Regierung. Sie hat sich für eine Fortführung der Nuklearpolitik entschieden und 2015 eine umstrittene Neuinterpretation der Verfassung durchgesetzt, die **Militäreinsätze im Ausland** erlaubt. Alle Maßnahmen, die stagnierende Wirtschaft durch lockere Geldpolitik wieder in Schwung zu bringen, blieben jedoch erfolglos, 2017 scheiterte das bereits beschlossene **Transpazifische Freihandelsabkommen TPP** zwischen Japan und zahlreichen Pazifik-Anrainerstaaten am plötzlichen Ausstieg der USA, woraufhin Neuverhandlungen zwischen den übrigen Teilnehmern beginnen sollten.

KUNST UND KULTUR

Das japanische Verständnis von Kunst umfasst ein breites Spektrum von schönen Dingen bis hin zu Kunstfertigkeiten und Geschick, oft (aber nicht immer) verbunden mit einer Geisteshaltung. So gehören dazu Kalligrafien und bunte Holzschnitte, religiöse Statuen ebenso wie Keramikschalen für die Teezeremonie, Gartenanlagen oder die Kunst des Blumensteckens. Historische Einflüsse auf die japanische Kunst kamen aus China und Korea, über die Seidenstraße, aber auch aus Indien und Persien.

Kunsthistorischer Überblick

Jomon-Kultur (7. Jt. bis zum 3. Jh. v. Chr.)

In der Jomon-Periode (7. Jt.–3. Jh. v. Chr.) entsteht **Keramik**, deren Formenreichtum den hohen Entwicklungsstand handwerklicher Fähigkeiten zeigt. Die über 70 000 Fundstellen dieser wegen ihrer **Schnurabdruckmuster** »Jomon-Keramik« benannten Kunst geben Aufschluss über deren weite Verbreitung; nur bei Niigata wurden Vorratsgefäße mit einem markanten **Flammenmuster** gefunden. Die Gefäße werden noch ohne den Gebrauch der Töpferscheibe gefertigt; ferner gibt es teils geschlechtsspezifisch betonte Terrakotten und Masken in Tierkopfform.

Yayoi-Kultur (250 v. Chr. bis zum 3. Jh. n. Chr.)

Wegen der geografischen Isolierung Japans gelangt die Kenntnis der Bronzeherstellung erst relativ spät, etwa im 3. Jh. v. Chr. (vermutlich über China), ins Land. Die Träger dieser Kultur, die Yayoi, drängen die Jomon-Leute in den Norden Japans ab. Die Technik der Keramikherstellung verfeinert sich, die **Töpferscheibe** kommt in Gebrauch. Die Yayoi-Keramik ist rot gebrannt, teilweise auch bemalt oder mit Schnur- bzw. Kammmustern versehen. Aus **Bronze** werden u. a. Spiegel und Waffen angefertigt, ferner zylindrische, von einem Metallband eingefasste **Glocken** (**dotaku**). Die Toten werden in Steinplattengräbern oder Tonkrugsärgen beigesetzt.

Kofun-Kultur (3. bis 6. Jh.)

Um 300 n. Chr. setzt die Kofun-Kultur ein. Ihre augenfälligsten Zeugnisse sind die riesigen **Hügelgräber** auf schlüssellochförmigem Grundriss (▶ S. 537, Abb. S. 533), vor allem im westlichen Honshu um Osaka, Kyoto und Nagoya. In ihnen zeigt sich eine zunehmende soziale Differenzierung; die reichen **Grabbeigaben** umfassen in der späteren Zeit neben Waffen und Rüstungen auch chinesischen Jadeschmuck. Als spiritueller Schutzring wird der Sarg mit **»Haniwa«** umgeben, ursprünglich einfachen Tonzylindern, aus denen sich später Darstellungen von Häusern, Tieren und schließlich Menschen entwickeln (▶ Abb. S. 533). Den Höhepunkt dieser Kultur bilden die Gräber der

OBEN: Ein Torii ist ein charakteristisches Element traditioneller japanischer Tempelarchitektur. Das bekannteste steht am Itsukushima-Schrein auf der nach ihm benannten Insel Miyajma.

UNTEN: Tusche und Pinsel: Mehr braucht es nicht für Kalligrafie und Tuschmalerei.

Kaiser Ojin und Nintoku. Stilistische Untersuchungen der Grabbeigaben lassen vermuten, dass ein über Korea gekommenes Reitervolk diese Zeugnisse hinterlassen hat. In der Mitte des 4. Jhs. verstärken sich die **Kontakte zu Korea**, von wo neue Techniken kommen (**Eisenguss**, **Webtechnik**, hart gebrannte **Sue-Keramik**).

Asuka-Zeit (552–710)

Das Vordringen des Buddhismus leitet die Asuka-Periode (552–710) ein, in der neben die shintoistische Naturverehrung der **Kult anthropomorpher Gottheiten** tritt. Über die Seidenstraße gelangen Elemente der griechischen, persischen und indischen Hochkulturen nach Japan, die die japanischen Meister aufgreifen und weiterentwickeln. Die Tempelarchitektur beginnt sich zu verselbstständigen, und es entsteht eine große Zahl von Kultbildern. Wahrscheinlich waren auch koreanische Bildhauer an japanischen Tempeln tätig. Besonders erwähnenswert ist die bronzene **Shaka-Trias** (623) im Horyuji bei Nara (▶ S. 334) von Tori-busshi, dem ersten namentlich bekannten bildenden Künstler Japans. Sie zeigt noch deutlich chinesischen Einfluss, während die vergoldete Holzstatue der Guze-Kannon, stärker individualisiert, bereits den Beginn eines spezifisch japanischen Stils andeutet. Die Miroku-Statuen des Chuguji-Klosters und des Koryuji-Tempels, Darstellungen des in Meditation versunkenen Buddha, überwinden die materialgegebene Gesetzmäßigkeit des Holzes und zeigen eine scheinbar zum Leben erwachte Körperlichkeit.
Ein neues Verfahren ist die **Trockenlacktechnik** auf Holzkern. Um die Mitte des 7. Jhs. entsteht auch der Hausaltar **Tamamushi-no-zushi** (▶ S. 335), das früheste Beispiel kunstvoller japanischer Malerei. Die **Lacktechnik** kommt auf.

Hakuho-Zeit (645–671)

Auch die Hakuho-Periode steht unter dem Einfluss des Buddhismus. Die japanischen Gesandtschaften am chinesischen Hof (Sui- und Tang-Dynastie), dem kulturellen Zentrum des damaligen Ostasien, werden zu Übermittlern künstlerischer Stilelemente. Die **Skulpturen** zeigen starke Lebendigkeit; in den fließenden, geschmeidigen Körperformen manifestiert sich auch indischer Einfluss. Ein Beispiel ist der bronzene **Buddha-Kopf** (685) im Kofukuji-Tempel von Nara (▶ S. 318). Ein ebenbürtiges Maß an Vollkommenheit erreicht die Kunst in den **Wandmalereien** der Halle des Horyuji-Tempels (1949 durch Feuer zerstört). Auch hier treten Ähnlichkeiten mit indischen Vorbildern zutage, doch bleibt der japanische Stil dominant.
In dieser Zeit breitet sich das Kunstschaffen erstmals auch in entferntere Landesteile aus und führt, namentlich im kultischen Bereich, zu lokaltypischen Ausformungen.

Nara-Zeit (710–794)

In der Nara-Zeit (710–794) entsteht die **Bronzestatue** des Daibutsu, des **Großen Buddha** (▶ S. 325). Beste Beispiele für die ausgewogene Ästhetik und Naturtreue der damaligen Kunstwerke, die zunehmend

individuelle Züge tragen, sind die Statuen des Nikko- und Gakko-bosatsu (Bodhisattwa) im Todaiji-Tempel (Nara; ► S. 327), ferner die Darstellung der sechs Jünger Buddhas und die Wächtergottheit im Kofukuji-Tempel (Nara; ► S. 318), die wie die Fukukensaku-Kannon im Todaiji-Tempel (► S. 329) in **Trockenlacktechnik** ausgeführt sind. Die Sitzstatue des blinden Priesters Ganjin, der nach 753 den Tosho-daiji-Tempel (► S. 329) gründete, steht in ihrer Verinnerlichung in deutlichem Gegensatz zu den Werken der Hakuho-Periode.
Die **Gigaku-Masken**, wohl schon für szenische Darstellungen verwendet, zeigen karikierende Übertreibung der physiognomischen Eigenheiten. Im Zuge der Individualisierung der Menschendarstellung tritt auch die **Porträtmalerei** hervor.

Sammlung des Kaisers Shomu

Aus der Nara-Zeit stammt die angeblich 100 000 Stücke umfassende Sammlung des Kaisers Shomu im Shosoin, dem Schatzhaus des Todaiji-Tempels, die Kunstgegenstände aus dem ganzen östlichen Kulturraum der damaligen Ära beinhaltet und von der ein wechselnder kleiner Teil einmal jährlich im Nationalmuseum in Nara (► S. 319) ausgestellt wird.

Frühe Heian-Periode (794 bis um 900)

Kultur und Kunst der frühen Heian-Periode (794 – um 900) werden wesentlich von zwei sich zusehends ausbreitenden neuen Schulen des esoterischen Buddhismus bestimmt: von **Tendai** und **Shingon**. Die religiöse Mystifizierung zieht gänzlich neue Formen der bildenden Künste nach sich, die sich vom Realismus der vorangegangenen Epoche lösen und die künstlerische Kreativität zugunsten einer nahezu schematischen Symbolik in den Hintergrund drängen. So gewinnt das **Mandala** (mystisches Diagramm) weite Verbreitung, eine Darstellung des esoterisch-buddhistischen Weltbilds, die sich in zahlreichen Abteilungen und Unterabteilungen um einen Buddha (Erleuchteten) oder Bodhisattwa (der Erleuchtung Harrenden) gruppiert, um so im Bild die komplizierten Glaubensgrundsätze entschlüsseln zu helfen.

Holzbildhauerei

Bevorzugtes Material der Bildhauerei ist Holz. Zunächst werden die Plastiken aus einem Block geschnitzt. Die von der Symbolsprache gesetzten Grenzen überwinden die Künstler beispielsweise durch die Ausdrucksstärke der furchterregenden Gesichter der Lichtgötter. Allgemein umgibt die Statuen eine **Aura der Vergeistigung**, die sich nur meditativ erschließen lässt. Gute Beispiele sind der Yakushi-nyorai des Jingoji-Tempels in Kyoto und die Nyoirin-Kannon im Kanshinji-Tempel von Osaka.

Anthropomorphe Götterbilder

Auch der **Shintoismus** wendet sich jetzt der anthropomorphen Darstellung der Gottheiten zu. Weniger als im Buddhismus von strengen ikonografischen Regeln eingeschränkt, zeigen die Bildwerke noch die an der naturgetreuen Wiedergabe orientierte **Realistik** der Nara-Zeit.

Historische Beispiele der Kana- und Hiragana-Schrift auf Reispapier

Späte Heian-Periode (um 900–1184)

In der späten Heian-Periode (um 900–1184) wird, bedingt durch die Verlegung des Kaiserhofs, die neu erbaute Hauptstadt **Heiankyo** (**Kyoto**) zum **kulturellen Mittelpunkt** des Reiches. Seit dem Bruch mit China (Ende 9. Jh.) gelangen spezifisch japanische Aspekte der Künste zu hoher Blüte. Aus den bisher benutzten ideografischen chinesischen Schriftzeichen entwickelt sich eine zunächst hauptsächlich von Frauen verwendete **Silbenschrift** (»**kana**«), in der am Kaiserhof bedeutende literarische Werke entstehen. Die Kaiser, durch die Fujiwara-Sippe der politischen Macht beraubt, widmen sich dem verfeinerten kulturellen und künstlerischen Leben am Hof.

Palastbaustil Shinden-zukuri

Der Palastbaustil (Shinden-zukuri) gewinnt an Großzügigkeit und wird zur neuen **symbolhaften Darstellungsform** der in den Mandala-Bildern vorgegebenen buddhistischen Glaubenswelt. Grundlage dieser Wandlung ist die Ablösung des diesseitig-esoterischen Buddhismus durch die **Lehre vom Reinen Land** (»**Jodo**«), eine allseits erfassbare jenseitige Heilsverkündung, die auf dem Glauben an Amida und der Anrufung seines Namens beruht.

Bildhauerkunst

Vom hohen Entwicklungsstand der Bildhauerkunst zeugt die **Amida-Statue des Jocho** (gest. 1057) im Byodo-in-Tempel in Kyoto (► S. 264). Durch das neue Verfahren, die Holzplastiken aus mehreren Teilen zusammenzufügen, erhalten diese eine erhöhte Dynamik. Im gleichen

Maße lösen sich die furchteinflößenden Mienen früherer Skulpturen im friedvollen Ausdruck der **Amida-Darstellungen**. Die Künstler entziehen sich der klösterlichen Abgeschiedenheit und gründen Werkstätten und Schulen. Die religiöse Symbolik wird durch den **ästhetischen Realismus** überlagert, der sich in weicheren, fast weiblichen Formen zeigt. Beispiele für den feinsinnigen Ausdruck dieser Plastiken sind die **Kannon-Statuen**, besonders die der Kichijo-ten im Joruri-Tempel von Nara, ferner die Darstellung des siebenjährigen Shotoku-taishi im Horyuji-Tempel im Nara-Becken (► S. 332).

Nationale Malerei Yamato-e

Das in der Plastik reich verwendete Blattgold und die überaus detailreiche Bemalung finden ihr Pendant in der von der chinesischen stark unterschiedenen nationalen Malerei **Yamato-e**, die ihren Höhepunkt in den **Emaki** finden, meist literarischen Vorlagen nachgestalteten **Bildrollen** religiösen und historischen Inhalts. Eine der bekanntesten, das »Genji-Monogatari« (► Abb. S. 90), schildert das höfische Leben im 12. Jh.; charakteristisch sind die stilisierte Menschendarstellung und die parallelperspektivische Raumordnung, in der das Fehlen der Dächer den Blick in den Innenraum freigibt. In der religiösen Malerei dominieren, beeinflusst durch die Jodo-Lehre, Szenen von der **Aufnahme Gläubiger ins Paradies** oder von der Wiederkehr des Amida-Buddha. Auch die zu beträchtlicher Selbstständigkeit gelangte **Lackkunst** erreicht einen Höhepunkt. Mithilfe der **Makie-Technik** (das Dekor entsteht durch auf den frischen Lack gestreuten Gold- oder Silberstaub, ► S. 566) kommen hervorragende Werke zustande.

Kamakura-Periode (1185–1333)

Die Kamakura-Periode (1185–1333), politisch geprägt durch das Erstarken des Militärs in den Provinzen, lehnt sich in Einfachheit und kraftvollem Ausdruck an die Kunst der Nara-Zeit an und führt die **Plastik** zu einem Höhepunkt, wie er später nicht mehr erreicht wird. Träger des neuen Stils sind **Unkei** (gest. 1223), **Kukei** (spätes 12. Jh.) und **Jokei** (um 1200). Schon in den frühen Werken des Unkei, so dem Dainichi-nyorai des Enjoji-Tempels (1178) in Nara, zeigt sich die Abwendung von der Heian-Periode. Auf der Grundlage des Naturalismus entstehen **individuelle, weltliche Porträts**. Den neuen Stil repräsentieren in Nara die von Unkei geschaffenen Nio-Statuen des Nandaimon-Tors vom Todaiji-Tempel (► S. 323) sowie die zu den bedeutendsten Werken zählenden Statuen der Priester Muchaku und Seshin (beide im Kofukuji-Tempel; ► S. 318).

Einschränkung der Ausdrucksmittel

Die Wiederaufnahme der Kontakte zu China (Sung-Dynastie) lässt den **Zen-Buddhismus** nach Japan gelangen, der dem Geist der Kamakura-Periode weitgehend entspricht. Er verzichtet auf alle äußeren Mittel zur Heilsfindung und verkündet die Erlösung durch den Blick nach innen. In der Kunst führt diese Einstellung zu einer drastischen Einschränkung der Ausdrucksmittel, was einerseits eine Stagnation mit sich bringt, andererseits aber die Ausdruckskraft der **Kalligrafie und Tuschmalerei** zu höchster Vollendung führt. Bildrollen und Porträts erfreuen sich wachsender Beliebtheit; die feudale Gesellschaft entdeckt sozusagen sich selbst. Künstlerisches Ziel wird die Ebenbildlichkeit; zu nennen ist das Bildnis des Minamoto Yoritomo von Fujiwara Takanobu (1142–1205). Populär sind die bis zu 25 m langen **Bildrollen**, die in weiten Kreisen Verbreitung finden und ihre Thematik auf Biografien, Entstehungsgeschichten von Tempeln und Schreinen, heroische Selbstdarstellungen der herrschenden Militärklasse u. a. ausdehnen (»Heiji-Monogatari«). Auch satirische Werke wie die Tierskizzenrolle »Choju-Giga« (im Kozanji-Tempel in Takao bei Kyoto; ► S. 263) entstehen, in der höfisches Leben persifliert wird.

Kunsthandwerk

Besonders reich entwickelt sich das Kunsthandwerk: Es entstehen **Damaszenerklingen** von hervorragender Qualität; die Tradition von **Lackarbeit** und **Textilkunst** wird weitergeführt; und der aus China zurückgekehrte Kato Shirozaemon Kagemasa (Toshiro) fertigt um 1230 bedeutende **Keramiken** und legt in Seto (► S. 312) die Grundlage für die Entstehung von rund 200 Keramiköfen.

Muromachi-Periode (1338–1573)

In der Muromachi-Periode (1338–1573) verbindet sich die wieder entdeckte höfische Eleganz der Heian-Zeit mit Einflüssen des Zen-Buddhismus. Der Zen wirkt sich auf die Gestaltungsmittel stark reduzierend aus und verdrängt das farbenfreudige Yamato-e zugunsten der **monochromen Tuschzeichnung**, in der die genial hingeworfene Andeutung über die detaillierte Durchgestaltung triumphiert: Gegenstand ist nicht mehr die Darstellung des gegebenen Motivs, sondern dessen Quintessenz, die sich dem Künstler in spontaner Erleuchtung offenbart. Das Tuschbild beschränkt sich auf wenige emphatische Pinselstriche, deren Dynamik durch Schattierungen unterstrichen wird. Bedeutende Maler sind Mokuan und Kao (14. Jh.), beliebtes Motiv die imaginären Porträts der chinesischen Mönche Kanzan und Jittoku (Tang-Zeit, 618–907), die, in ihrer Erleuchtung ruhend, im Gegensatz zum intellektuellen Anspruch anderer Schulen stehen.

Landschaftsmalerei, Teezeremonie, Gartenarchitekur

Auch die **Landschaftsmalerei** gelangt im 14. und 15. Jh. zu hoher Blüte und Perfektion. Zu nennen sind Künstler wie Josetsu (14. Jh.), einer der größten Lehrer seiner Zeit, Mincho (1352–1431) und Shubun (frühes 15. Jh.). Vorbilder sind die Malereien der chinesischen Sung- und frühen Ming-Dynastie (10.–15. Jh.), die größten Einfluss auf die Werke von Noami (1397–1471), seinem Sohn Geiami (1431 bis 1495) und seinem Enkel Soami (1472–1525) ausüben. Unbestritten der bedeutendste Landschaftsmaler seiner Zeit ist **Sesshu Toyo** (1420–1506), der während seines China-Aufenthalts 1468/69 aus ungleich reicheren Quellen schöpfen konnte. Er verbindet wie kein anderer die chinesische Technik mit einer betont japanischen Motivwahl und hält die **Zeitlosigkeit der japanischen Landschaft** fest; berühmte Werke sind z. B. »Ama-no-hashidate«, die heute im Nationalmuseum von Tokyo befindliche Landschaft »Haboku« und nicht zuletzt die »Große Landschaftsbildrolle«, die sich an Vorbilder der Sung-Dynastie anlehnt, aber im Gegensatz zu den Bildrollen der Heian- und Kamakura-Periode steht. Immer beliebter wird die **Teezeremonie** (▶ S. 582), deren komplexe Verfeinerung auch auf Keramik (▶ S. 559), Malerei und **Gartenkunst** (▶ S. 568) befruchtend wirkt. Die Naturverbundenheit des Zen lässt eine Reihe von Priestern zu den besten Gartenarchitekten der Zeit werden.

Betonung des Dekorativen

In der späten **Muromachi-Periode** setzt eine Gegenströmung zu der vom Zen-Buddhismus geprägten Kunst ein, die das dekorative Moment bevorzugt. Ihr Mittelpunkt ist die **Kano-Schule**, begründet von Kano Masanobu (1435–1530), in ihrer Tradition bestärkt durch Kano Motonobu (1476–1559). Die Kunst hat sich ihrer religiösen Bindungen entledigt und ist ganz von Weltlichem durchdrungen. In den mehr als 300 Jahren ihrer Existenz wird die Schule mit der Innendekoration der meisten neu entstehenden Paläste und Tempel betraut, deren Landschafts- und Tierbilder noch heute an vielen Orten (u. a. in Kyoto) zu sehen sind. Im 15. Jh. tritt außerhalb von Kyoto auch eine neuerliche Belebung des Yamato-e ein.

Momoyama-Periode (1573–1603)

In der zweiten Hälfte des 16. Jhs. wird das Land durch die drei Landeseiniger Oda Nobunaga, Toyotomi Hideyoshi und Tokugawa Ieyasu befriedet. Dies zieht auch eine Umorientierung der Kultur nach sich, die in der Momoyama-Periode (1573–1603) ihren höfischen Akzent verliert und sich dem Bürgertum zuwendet. Die **Kano-Schule** widmet sich der Innendekoration der jetzt entstehenden Burgen. Sie vereint die in der Tuschmalerei vorherrschende Linearität mit der Farbenfreude des Yamato-e zu einer überschwänglich-prachtvollen neuen Form, welche die Figuren aus dem Blattgoldhintergrund hervortreten lässt. Gegen Ende des 16. Jhs. wird die stilistische Verschmelzung der Kano-Schule mit der in der Tradition des Yamato-e stehenden **Tosa-Schule** erreicht. Von Kano Eitoku (1543–1590) stammt die künstlerische Ausstattung der Azuchi-Burg (nur als Ruine erhalten; ▶ S. 90) auf Faltschirmen und Schiebetüren.

Namban-Kunst (ab etwa 1550)

Die Namban-Kunst schildert die Ankunft der Europäer in Japan. Mit der Genredarstellung stellt sich eine größere **Hinwendung zum Individuellen** ein; Menschenansammlungen werden zu kleinen Gruppen reduziert und gehen in der folgenden Periode in Einzeldarstellungen über – ein absolutes Novum dieser Kunstgattung.

Kunsthandwerk

Auch das Kunsthandwerk erfährt im 16. Jh. neue Impulse: **Lack-** und **Metallarbeiten** schmücken die Räume und werden zu Wohlstandssymbolen des aufkommenden Bürgertums. Kontakte mit dem Ausland durchbrechen die Isolation und bringen die Technik der **Ölmalerei** und neue Aspekte der Kunst und Kunstbetrachtung ins Land. Die **Keramik** erhält neue Anregungen durch koreanische Meister, die während Toyotomi Hideyoshis Korea-Feldzügen nach Japan verschleppt werden. In Kyoto formt **Chojiro** (1515–1592) die ersten **Raku-Teeschalen** in den bevorzugten Tönen schwarz und rot; neue Manufakturen entstehen (Seto-, Oribe- und Shino-yaki; ► S. 562).

Edo-Zeit (1600–1867)

In der Edo-Zeit (Tokugawa-Periode; 1600–1867) setzt sich die **bürgerliche Kultur** vollends durch. Von allen Kontakten zum Ausland weitgehend abgeschnitten und allenthalben von den Zwängen der strengen sozialen Schichtung eingeengt, wendet sich das Bürgertum dem Kunstgenuss und einem aufwendig-eleganten Lebensstil zu.

Rimpa-Schule: Anspruchsvoll, dekorativ

Während die Kano-Schule seit dem Ende der Momoyama-Periode Anzeichen einer routinebedingten Stagnation, ja einer Ermüdung der schöpferischen Kräfte zeigt, wird sie durch das Aufkommen neuer Stile und Kunstmittel unterlaufen. Es entstehen Gruppierungen wie die von Honami Koetsu gegründete Rimpa-Schule. Zu ihr gehört **Ogata Korin** (1658–1716), der einen anspruchsvollen dekorativen Malereistil mit typisch japanischen Motiven zum Höhepunkt führt. Seine bekanntesten Werke sind u. a. die Faltwand »Rote und weiße Pflaumenblüte« und »Schwertlilien«. Ein anderes Mitglied dieser Gruppe, die nördlich von Kyoto wirkt, ist der ebenfalls an das Yamato-e und die Tosa-Schule anknüpfende Maler **Tawaraya Sotatsu** (um 1600–1640), von dem u. a. Faltwände zur Geschichte des Genji und eine Bugaku-Szene überliefert sind.

Lackarbeiten und Keramik

Honami Koetsu (1558–1637) schafft bedeutende Lackarbeiten und Keramiken; ein anderer Keramikmeister der Gruppe ist **Ogata Kenzan** (1663–1743). Die Vielseitigkeit dieser Künstler gibt der gesamten Kunstwelt Japans neue Anregungen. Neben chinesische Einflüsse treten auch europäische Elemente; es ist eine Wendung von der bisher üblichen Parallelperspektive zur **Zentralperspektive** zu beobachten.

Malerei der »Südschule«

Mit Beginn des 17. Jhs. entwickelt sich die Kunstrichtung des **Bunjinga** (auch **Nanga** genannt), in welcher Gelehrte und Kalligrafen Illustrationen zu literarischen Vorlagen schaffen, die in ihrer an keine künstlerische Tradition gebundenen Genialität Höchstleistungen vollbringen.

Ukiyo-e: Holzschnitt-Technik

Auch die Holzschnitt-Technik, bisher nur für Illustrationen in Büchern verwendet, verselbstständigt sich. Ab 1765 können aufwendige **Farbdrucke** mit mehreren Druckstöcken gefertigt werden: (billige) Massendruckerzeugnisse, oft mit erotischen Motiven oder Darstellungen populärer Schauspieler (Ukiyo-e = »Bilder aus der vergänglichen

MANGAS: COMICS AUS JAPAN

Manga haben auch außerhalb Japans eine große Fangemeinde: Man bekommt die japanischen Comics sogar im Kaufhaus um die Ecke. Allerdings haben Comics in Japan einen viel höheren Stellenwert als hierzulande: Etwa jedes dritte dort verkaufte Druckerzeugnis ist ein Manga!

Bei einem Marktvolumen von über 500 Mrd. ¥ für Manga gibt es für **jeden Geschmack** und jede Bevölkerungsgruppe etwas: Manga für Jungen, Mädchen, Frauen, Männer, Senioren, Homosexuelle, Geschichtsfans, Fantasy-, Horror- oder Sci-Fi-Freunde ... Es gibt sogar von Fans geschriebene, inoffizielle Fortsetzungen beliebter Serien (**Dojinshi**) und Sachmanga mit Bildungsanspruch, etwa über Wirtschaft oder Religion. Man unterscheidet zwischen Comic-Zeitschriften (**Manga-zasshi**), die wöchentlich bis monatlich herauskommen, und Taschenbüchern, in denen mehrere Kapitel einer beliebten Serie als Sammelband erscheinen (**Tankobon**). Zu den größten japanischen **Manga-Zeitschriften** zählen »Shonen Sunday« (seit 1959) und »Shonen Jump« (seit 1968), die sich an eine jugendliche Leserschaft richten.

Vom Pinsel zum Druck

Die Anfänge der »spontanen Bilder« – wie der Holzschnittkünstler Hokusai erstmals für eines seiner Skizzenbücher nannte – reichen weit zurück. Vorläufer werden bei **Karikaturen** in Tempeln aus dem 7. Jh. gesehen. Im 12. Jh. zeichnete der Priester Toba Sojo komische Bilder über das Klosterleben. Seine Art der Darstellung lustiger Szenen in einem einzigen langen Rollbild wurde in der Edo-Zeit beliebt und deshalb **Toba-e** (Toba-Bild) genannt. Damals entstanden auch **Kibyoshi**, die eine durchgängige Geschichte aus Einzelbildern und Text erzählten und satirischen Inhalts waren. Mit Öffnung nach Westen erschienen Ende des 19. Jhs. in Zeitungen und Zeitschriften humorvolle Darstellungen zur Politik und zu bestimmten Bräuchen in Form eines Comicstrips. Der Pinsel wurde bald vom Bleistift abgelöst, die Sprechblase von amerikanischen Comics übernommen, und einfachere Drucktechniken sorgten für die massenweise Verbreitung der Comics, für die sich Anfang des 20. Jhs. der Name Manga durchsetzte.

Moderne Manga

Als Urvater des modernen Manga gilt **Tezuka Osamu** (1928–1989), der die Grundlagen des heutigen Manga-Stils schuf, wie die extrem großen, runden Kinderaugen der Figuren oder Ausschnittsvergrößerungen, die so charakteristisch dafür sind. Von ihm stammen u. a. die Serien »Kimba, der weiße Löwe« (1950) und die Geschichte vom kleinen Roboterjungen »Tetsuwan Atomu« (1952; dt. »Astroboy«), die als erste Comic-Reihe im japanischen Fernsehen zu sehen war. Tezuka schuf auch das erste Manga für Mädchen: »Ribon no kishi« (1953; »Der Ritter mit den Schleifen«) über eine Prinzessin, die als Ritter verkleidet ihren Thronanspruch verteidigen muss. Von japanischen Fans wurde Tezuka für seine Verdienste der Ehrentitel »Gott des Manga« verliehen.

Aus den 1960er-Jahren stammt eine Manga-Figur, die in Japan so bekannt ist wie Micky Maus und Donald Duck im Westen: die blaue Roboterkatze **Doraemon**, die in die Vergangenheit reist, um ein Kind vor dem finanziellen Ruin in der Zukunft zu retten: Sie wurde 1969 von Fujiko Fujio – dem Duo Motoo Abiko und Fujimoto Hiroshi – ersonnen.

Bewegte Bilder

Viele Manga werden zu Trickfilmen (**Anime**) und Computerspielen verarbeitet . Die Ausstrahlung des Manga als Fernsehserie sorgt für Bekanntheit der Figuren und damit für die Produktion von dazugehörigem Spielzeug, Konsolen- und Computerspielen, Sammelkarten etc. Fans stylen sich wie ihre Lieblingsfiguren und gehen in diesen Outfits zu sogenannten **Cosplay**-Treffen (von »costume play«), wo sich dann ein kunterbuntes Defilee von Manga- und Animefiguren abspielt.

Reiche der Fantasie

Die **Themen** der Manga sind vielfältig, die Qualitätsunterschiede teilweise erheblich. Sehr beliebt unter jungen Leuten sind Serien, die sich um einen Helden/eine Heldin mit magischen Kräften drehen, die für das Gute kämpfen. Diesem Muster entspricht z. B. die Serie »Sailor Moon« von Takeuchi Naoko, die als Anime im deutschen Fernsehen lief und erheblichen Anteil am Manga-Boom in Deutschland hat. Ähnliches gilt für »Dragon Ball« von Toriyama Akira oder »Angel Sanctuary« von Yuki Kaori. Da droht der Weltuntergang oder beherrschen Androiden die Erde, die Helden begeben sich auf die Suche nach magischen Kugeln oder wundersamen Kristallen, und Außerirdische oder Engel nehmen mit ihnen Kontakt auf. Dabei greifen die Manga-Künstler (Manga-ka) oft auf alte **Mythen** aus Japan oder anderen Weltgegenden zurück und bedienen sich japanischer

Typisch für Mangas sind kindhafte Figuren mit riesengroßen Augen.

Cosplay auf der Manga-Messe »Comiket« in Tokyo: Aussehen wie die Vorbilder

Symbole, deren Bedeutung westlichen Lesern nicht selten verborgen bleibt. Ein Manga, der 2002 mit dem Osamu-Tezuka-Kulturpreis ausgezeichnet wurde und auch Erwachsene anspricht, ist »Vagabond« von Inoue Takehiko (dt. bei EMA), angelehnt an die Geschichte von Miyamoto Musashi, einem legendären Schwertkämpfer aus dem 17. Jh. Wer es lieber lustig mag, kann es mit der Seeräubergeschichte »One Piece« von Oda Eiichiro versuchen (1997; dt. im Carlsen Verlag). Kriminalistische Spürnasen werden dagegen ihre Freude an »Detektiv Conan« haben, der von seinen Gegnern durch ein Gift in einen kleinen Jungen verwandelt wurde (dt. bei EMA). Die erste Manga-Serie, die auf Deutsch erschien, war übrigens »Akira« von Otomo Katsuhiro (1991, Original 1982–1990), ein 2019 in Neo-Tokyo angesiedeltes Science-Fiction-Drama. Japanische Manga werden natürlich »von hinten nach vorn« gelesen – und diese Leserichtung ist seit Ende der 1990er-Jahre auch in deutschsprachigen Ausgaben üblich.

Auf Spurensuche

Manga sind inzwischen so erfolgreich, dass manch einer gar als Manga-Tourist nach Japan reist: Immerhin gibt es bereits eine Reihe von **Manga-Museen** in verschiedenen Städten Japans, darunter ein Tezuka Osamu gewidmetes in seinem Geburtsort Takarazuka, ein 2007 in Kyoto eröffnetes (▶ S. 246) und das Ghibli Museum in Tokyo (▶ S. 467). Im Tokyoter Stadtteil Nerima befinden sich nicht nur viele Studios, sondern dort haben sich auch viele Manga-ka niedergelassen, im Stadtviertel Akihabara wurde 2006 ein Anime Center eröffnet (www.animecenter.jp) und in etlichen Manga-Cafés kann man auf Gleichgesinnte treffen und in Manga blättern. Beinahe Kultstatus genießt der Comicladen **Mandarake** mit inzwischen mehreren Läden in Tokyo und anderen Großstädten (www.mandarake.co.jp). Das mehrstöckige Mutterhaus in der etwas altmodischen Sun Mall im Tokyoter Stadtteil Nakano hat eine ganz eigene Atmosphäre.

Welt«). Da die strenge Zensur solche Themen aber immer wieder verbietet, entstehen in der Spätphase zahlreiche Landschaftsbilder von höchster Qualität, u. a. von **Hokusai** (1760–1849; ▶ S. 589) und **Hiroshige** (1797–1858). Diese Künstler signierten ihre Bilder zwar, waren aber schlecht bezahlte Handwerker. Bilderserien (z. B. »36 Ansichten des Fuji«) dienten zur Kundenbindung.

Porzellan

Die Entdeckung von Kaolinvorkommen lässt um 1600 die Porzellanerzeugung rasch anwachsen. Die **Nabeshima-Porzellane** (▶ S. 69) bleiben dem herrschaftlichen Gebrauch vorbehalten; gröbere Exportware (u. a. für Europa) wird in Imari produziert (▶ S. 69).

Meiji-Zeit (ab 1868): Spaltung der Malerei

Die rasche Öffnung nach Westen ab der Meiji-Zeit wirkt sich auch auf das Kunstgeschehen aus. Die Malerei spaltet sich in zwei Richtungen. **Nippon-ga** repräsentiert die traditionelle japanische Malerei, während **Yo-ga** westliche Techniken verwendet, insbesondere Ölmalerei. Zur letzteren Gruppe, die sich besonders an Pariser Vorbildern orientiert, gehören Kuroda Kiyoteru (1866–1924), Ishida Ayusai (1891–1926) und Yasui Sotaro (1880–1935).

Pop-Art, Concept und Performance

In den letzten Jahrzehnten sind zahlreiche japanische Künstler vor allem mit Pop-Art und Konzeptkunst, aber auch Performance-Kunst bekannt geworden. Zu den international renommiertesten gehören neben Yoko Ono auch Kusama Yayoi, On Kawara und Hiroshi Sugimoto. Ausdrucksweisen von **Manga** und **Anime** (▶ S. 557)spielen bei vielen eine auffällige Rolle (Murakami Takashi, Nara Yoshitomo, Mori Mariko).

Keramik: Kunst mit Sitz im Alltagsleben

Die Anfänge

Die neolithische Jomon-Periode (7. Jt.–3. Jh. v. Chr.) hinterließ in Japan die ältesten, frei geformten Keramiken, die sich durch vielfältige **Schnurabdruckmuster** (**Jomon**) auszeichneten und im Ton dunkel waren. Zwischen 300 v. Chr. und 300 n. Chr. entstanden die hellen, schon auf der Töpferscheibe gedrehten **Yayoi-Keramiken** schlichten Dekors, denen die von Korea übernommene **Sue-Keramik** folgte. Die dünnwandigen, bei hohen Temperaturen gebrannten, im Ton dunklen Gefäße von karg linearem Dekor blieben bis zur Heian-Zeit (8.–12. Jh.) in Produktion. In die Zeit der Sue-Keramik fallen auch die »**Haniwa**« genannten Tonzylinder, Grabbeigaben, die in späterer Zeit figürlich gestaltet wurden (▶ Abb. S. 533).

Einflüsse aus China

Schon in der Nara-Zeit (8. Jh.) schätzte man chinesische Keramiken, importierte diese oder ahmte sie in Form von glasierten Stücken (z. B. Tempeldachziegel) nach. Dieser Einfluss verstärkte sich in der

Kamakura-Zeit (12.–14. Jh.). Die Öfen von Seto bei Nagoya fanden mit ihren glasierten Waren in gelblichen bis dunklen Tönen besonders bei Teemeistern Anklang; daneben wurden Töpfe und Vasen in olivfarbenen und braunen Glasuren hergestellt (**Seladon**).

Die »Sechs Alten Öfen«

Besonders renommiert waren die sogenannten Sechs Alten Öfen: Echizen (Präfektur Fukui), Shigaraki (Präfektur Shiga; ▶ S. 400), Tamba (Präfektur Hyogo), Bizen (Präfektur Okayama; ▶ S. 360), Ko Seto und Tokoname (beide Präfektur Aichi), wo vorwiegend unglasierte, robuste Gebrauchsgegenstände hergestellt wurden, die bei **Teemeistern** späterer Zeit großen Anklang fanden. (Zu den Keramiköfen ▶ auch S. 562.)

Einflüsse aus Korea

Allein die hell- bis dunkelbraunen sowie grüngelblichen **Ko-Seto-Waren** (»ko« = alt, zur Unterscheidung von neueren Seto-Waren gebraucht) wurden glasiert und erhielten u. a. auch transparente Aschglasuren. Der sich bereits hier abzeichnende Einfluss koreanischer Meister war seit Ende des 16. Jhs. bestimmend. Kyushu wurde das erste große Zentrum ihres Wirkens; typisch sind die von Einfachheit und ruhigen Farben geprägten **Waren Karatsu-yaki** und **Satsuma-yaki**. Auch ▶ Hagi (Präfektur Yamaguchi) gewann zunehmend an Bedeutung. Die Teemeister sahen in den aus rauem Ton frei gestalteten Teeschalen zen-buddhistisch geprägte Ästhetikmerkmale ausgeformt. Das Unwillkürliche von Farbe und Form, der Zufall, selbst Brennfehler galten als höchstes Maß künstlerischer Gestaltung, weil Natürlichkeit dargestellt wurde.

Im Dienst der Teezeremonie

Besonders die auf Chojiro (1515–1592) zurückgehenden **Raku-Teeschalen** – so genannt nach einem Siegel mit der Aufschrift »Raku« (= Freude), das Toyotomi Hideyoshi dem Sohn des Chojiro, Jokei, verlieh – wurden mit ihren dicken Glasuren von Schwarz, Braun und Rotbraun bis Rot mit helleren Flecken hoch geschätzt. Bekannte Raku-Meister waren u. a. **Ninsei** (gest. 1678 oder 1695) und **Kenzan** (1664–1743); dieser war Mitglied eines von **Koetsu** (1558–1637; ▶ S. 555) gegründeten Künstlerkreises, der in Takagamine nördlich von Kyoto wirkte. Koetsu selbst schuf hervorragende Teeschalen; Ninsei, der Lehrer Kenzans, erreichte schöpferische Höhepunkte in Arbeiten mit der im 17. Jh. bekannt werdenden Schmelzfarbenmalerei auf glasierter Scherbe. Primär stand die Keramik zu jener Zeit im Dienst der Teezeremonie.

Bedeutung in Kunst und Alltagsleben

Die Verbindung unterschiedlicher Keramik-Traditionen, auch aus Korea und China, mit der Ästhetik des Zen-Buddhismus hat der japanischen Keramik dauerhafte Bedeutung sowohl in der Kunst als auch im Alltagsleben gesichert. Im 20. Jh. entwickelten so namhafte Künstler wie Kawai Kanjiro (1890–1966) und Hamada Shoji (1884–1978)

OBEN: Japanische Keramik ist Handwerk mit langer Tradition.
UNTEN: Teeschalen gehören zu den am häufigsten hergestellten Produkten.

die künstlerische Keramikproduktion weiter. Und bis heute macht Keramik einen Großteil des Alltagsgeschirrs in japanischen Haushalten aus.

Klassische Keramiköfen

Einige der wichtigsten japanischen Keramiköfen (in alphabetischer Ordnung) sind:

- **Bizen** (Präfektur Okayama; ▶ S. 360): Unglasierte Waren in dunkelgrauen bis rötlichen Tönen, die durch niederfallende Asche natürliche Glasuren erhielten; durch Umwicklung mit Reisstroh wurden unregelmäßige Glasurstreifen erzeugt. Anfänglich als Gebrauchsware hergestellt, wurde Bizen-yaki später für die Teezeremonie entdeckt. Einer der Sechs Alten Öfen.
- **Echizen** (Präfektur Fukui): Große, dickwandige Gefäße in graubraunen bis rötlichbraunen Tönen mit grünlichen Aschglasuren. Einer der Sechs Alten Öfen.
- ▶ **Hagi** (Präfektur Yamaguchi): Seit dem 17. Jh. bis heute in ungebrochener Tradition hergestellte Waren mit dicken Craquelé-Glasuren in milchigen bis graugelben Tönen, begonnen von dem Koreaner Li Kyong.
- **Mino** (Präfektur Aichi; ▶ S. 311): In den Öfen von Mino wurden seit dem Ende der Muromachi-Zeit (16. Jh.) weiße Shino-Ware, Seto-yaki und grüne Oribe-Ware gebrannt.
- **Seto** (Präfektur Aichi; ▶ S. 312): Ältestes Keramikzentrum Japans, das seit der Kamakura-Zeit (12.–14. Jh.) glasierte Waren produzierte. Dunkelbraune bis schwarze Glasuren entstanden seit dem 16. Jh., craquelierte gelbliche Glasuren (Ki Seto) und eine Reihe anderer Scherben kamen später hinzu. Heute ist Seto das größte Keramikzentrum Japans, Seto-mono (= Seto-Ware) wurde zum Synonym für keramische Waren. Einer der Sechs Alten Öfen.
- **Shigaraki** (Präfektur Shiga; ▶ S. 400): Transparente gelblichgraue bis graugrüne Aschglasur auf grau- bis dunkelbraunen Tönen mit heller Körnung, seit der Kamakura-Zeit (12.–14. Jh.) einer der Sechs Alten Öfen, im 16. Jh. bevorzugte Keramik der Teemeister.
- **Shino** (Präfektur Aichi): Seit dem 16. Jh. für die Teezeremonie produzierte Keramiken in gelblichen bis hellroten Tönen mit grauweißer Glasur; bis heute in fortgesetzter Tradition hergestellt. Der Name geht auf den Teemeister Shino Soshui (16./17. Jh.) zurück.
- **Takatori** (Präfektur Fukuoka): Graubraune Scherbe mit gesprenkelter Glasur in braunen bis rotbraunen Tönen. Wurde vom Garten-bau- und Teemeister Kobori Enshu (1579–1647) beeinflusst.
- **Tamba** (Präfektur Hyogo): Durch langes Brennen erreichte dunkelbraune bis rotbraune Farben mit dicker Aschglasur. Einer der Sechs Alten Öfen; heute in Tachikui bei Sasayama hergestellt.
- **Tokoname** (Präfektur Aichi): Braune Scherbe mit grünen Naturglasuren. Nach dem Ende des 16. Jhs. nur noch geringe Produktion, ab dem 19. Jh. Baukeramik. Ebenfalls einer der Sechs Alten Öfen.

Metallbearbeitung: Glocken, Plastiken, Waffen

Anfänge

Früheste Belege der Metallbearbeitung in Japan stammen aus der Yayoi-Zeit (um 300 v. Chr.–300 n. Chr.). Es sind dies längliche **Glocken** (**Dotaku**), Schmuck und Kultgeräte aus Bronze oder Eisen. Mit dem Buddhismus gelangten im 8. Jh. vom Festland her neue und feinere Techniken nach Japan und führten insbesondere den Bronzeguss zu hoher Vollendung. Stets noch unter dem Einfluss **chinesischer und koreanischer Lehrmeister** entstanden Schmuck, Kultgeräte, Beschläge, Gefäße und Plastiken in unterschiedlichsten Verfahren.

Bronzeguss

Als hervorragendstes Beispiel des Bronzegusses jener Epoche gilt die **Shaka-Trias** des **Tori-busshi** im Horyuji bei Nara (von 623; ▶ S. 334). Die Nara-Zeit (8. Jh.) brachte unter dem Einfluss der chinesischen Tang-Ära realistische Monumentalplastiken in Bronzeguss hervor, darunter insbesondere den **Großen Buddha im Todaiji** (von 752; ▶ S. 325). Erst nach 800 konnte sich die Metallkunst vom festländischen Vorbild lösen und zu eigenständigen Formen finden. Mit dem Aufblühen der Holzplastik trat die Technik des Bronzegusses in den Hintergrund. Das Metallhandwerk konzentrierte sich mehr und mehr auf die Herstellung von Gebrauchsgegenständen, Schmuck und Zierrat aus edleren Metallen, die bereits das typische Naturdekor japanischer Prägung tragen.

Schwerter

In der kriegerischen **Kamakura-Zeit** (12.–14. Jh.) gewann das Schwert- und Waffenschmiedehandwerk überragende Bedeutung. Seine vollkommensten Leistungen entstammen dem beginnenden 14. Jh. Während bis zum 9. Jh. noch das auf dem Festland verwendete ein- oder zweischneidige Schwert mit gerader Klinge (**Tsurugi**) allgemein in Gebrauch war, kam mit dem beginnenden 10. Jh. ein nur in Japan gebräuchliches einschneidiges Schwert mit leicht gebogener Klinge (**Nihonto**) auf. Die Herstellung erfolgte nach dem Verfahren des Damaszierens, d. h. verschiedene Metallschichten werden übereinander geschweißt, gefaltet oder verwunden und gehämmert. Ebenso wie in anderen Kulturen genossen die Waffenschmiede auch in Japan höchstes Ansehen; ihre Arbeit war von kultischen Handlungen begleitet. Neben einigen historischen Museen im Land zeigt das Japanische **Schwertermuseum in Tokyo** (▶ S. 465) die wohl beste Sammlung japanischer Schwerter weltweit.

Textilkunst: Feine Seiden, schliche Schnitte

(Nicht nur) Seide

Schon in der Yayoi-Zeit (3. Jh. v. Chr.–3. Jh. n. Chr.) ist der Gebrauch des Webstuhls in Japan belegt. In dieselbe Zeit fällt wohl auch der Beginn der **Seidenraupenzucht**. Verwoben wurden damals neben

Seide auch Hanf, Nessel und verschiedene Baste. Bereits für die Nara-Zeit (8. Jh.) ist eine große Zahl ausgereifter **Webtechniken** nachgewiesen, die alle aus China und Korea übernommen worden waren: Verbreitete Gewebe waren Köper, Damast, einfache Brokate und Gaze. Mit dem materiellen Aufschwung des Shogunats im 13. Jh. kamen vom Festland her weitere verfeinerte Webverfahren nach Japan, darunter Silber- und Goldbrokate sowie Satin. Baumwolle wurde erst seit dem 15. Jh. verarbeitet.

Färbetechniken

Neben der Webtechnik kommt der Färberei von jeher große Bedeutung zu. Da sich der Schnitt der traditionellen Gewänder über Jahrhunderte hinweg kaum veränderte, offenbarten sich modische und stilistische Entwicklungen hauptsächlich in Farbe und Dekor. Schon im 8. Jh. waren die drei Grundverfahren des Färbens, die noch heute im textilen Kunstgewerbe Anwendung finden, weitgehend ausgereift. Es sind dies die **Batik**, das Färben gefalteter Stoffe mit **Schablonen** sowie das **Abbindeverfahren**, bei dem durch nur stellenweises Einfärben schöne zufällige Muster erzeugt werden. Seit dem 13. Jh. erzielt man durch die Kombination verschiedener Färbetechniken und durch Besticken insbesondere mit Gold- und Silberfäden oder durch Aufreiben von Blattgold und -silber prächtige Wirkungen.

Traditionsverbunden

Mit der Öffnung Japans in der Meiji-Zeit (19. Jh.) gelangten **industrielle Verfahren** ins Land und verdrängten rasch die alten Techniken.

Historischer Kimono in traditioneller Webtechnik der Ainu mit Applikationen

Diese haben aber heute noch ihren Platz im Kunstgewerbe und finden darüber hinaus Anwendung bei der Anfertigung besonders kostbarer Tuche für die sehr teuren Seidenkimonos, die zu festlichen Anlässen noch immer gern getragen werden.

Weberei-zentren

Zentrum der Weberei ist das traditionsreiche **Weberviertel Nishijin in Kyoto**. Hier werden Natur- und Kunstfasern verwoben, neue Techniken entwickelt und alte, verloren gegangene Verfahren neu belebt. Führende Färbereizentren sind neben Kyoto auch ▶ Kanazawa, die Präfekturen Miyagi und Yamagata sowie Tokyo. Nordjapan, besonders ▶ Aomori, ist bekannt für geometrische Stickereien auf dunklem Untergrund. Auf Hokkaido, besonders um ▶ Sapporo und in den Ainu-Dörfern Chikabumi (▶ S. 103) und Shiraoi (▶ S. 351), findet man noch Tuche mit Applikationen, wie sie früher bei den Ainu gebräuchlich waren. Einen guten Überblick über das Tuchmacherhandwerk vermitteln das **Seidenmuseum** in Yokohama (▶ S. 492) und das **Nishijin-Textilzentrum** in Kyoto (▶ S. 250). Die Seidenraupenzucht ist in ▶ Shirakawa-go anschaulich dargestellt.

Lackkunst: Kostbar und teurer als Porzellan

Veredelung der Oberflächen

Bereits in vorgeschichtlicher Zeit gelangte die Lackkunst, die ihren Ursprung auf dem asiatischen Festland nahm, in ihrer einfachsten Form auf die japanischen Inseln. Mit dem Saft des **Lacksumach** (Rhus verniciflua), der getrocknet gegen Säuren, Hitze und Feuchtigkeit beständig ist, überzog man Gebrauchsgegenstände zu deren Schutz und erkannte dabei schon früh, dass durch Hinzufügen von natürlichen Farbpigmenten ein einfaches Dekor zu erzielen war.

Techniken aus China

Mit dem Buddhismus kamen im 6. Jh. n. Chr. aus China bereits hoch entwickelte Lacktechniken nach Japan, die dort in der Folge weiter verfeinert wurden. Schon bald schufen japanische Lackmeister erlesene Werke, welche die chinesischen Arbeiten handwerklich wie auch künstlerisch übertrafen. Dosen, Schachteln, kleine Möbelstücke, Essgeschirr, Kultgerät, Schmuck, Plastiken und andere Objekte aus Holz, Bambus, Leder, Metall, Keramik, Tuch und sogar Papier wurden mit feinsten Lackdekors gleichermaßen geschützt wie verziert.

Höchste Blüte

Ihre höchste Blüte erreichte die Lackkunst zu Ende des 15. Jhs. Mit der Öffnung Japans Mitte des 19. Jhs. wurden japanische Lackarbeiten weltweit berühmt; junge Lackkünstler arbeiteten bald auch in Europa und Amerika und vermittelten dort ihre Kenntnisse. Heute lehren und wirken herausragende Meister mit dem Ehrentitel »Träger unantastbarer Kulturgüter« an Kunsthochschulen und Spezialwerkstätten.

Techniken Die japanische Lackkunst kennt drei verschiedene Bearbeitungsmethoden, die jeweils in mehreren Varianten angewendet werden: die sogenannten flächigen Verfahren, eingelegte und geschnittene Lacke.

- Die zu den flächigen Verfahren zählenden **Makie-Goldlacktechniken** (»Makie« = »Streubild«) sind die bedeutendsten eigenständig in Japan entwickelten Verfahren. Sie reiften bereits in der Heian-Zeit (8.–12. Jh.) zu höchster handwerklicher und künstlerischer Vollkommenheit.
- Das Dekor des **Togidashi** entsteht durch Aufstreuen von Gold- oder Silberstaub auf einen feuchten Lackgrund, der nach dem Trocknen mit mehreren Schwarzlackschichten überdeckt wird. Durch anschließendes Schleifen der Oberfläche mit Holzkohle erscheint allmählich das Goldstaubdekor in unübertroffener Zartheit.
- Bei der **Hiramakie** wird das Dekor direkt in die Lackoberfläche gestreut. **Takamakie** ist eine erhaben gearbeitete Streubildtechnik, das **Okibirame** ersetzt den Metallstaub durch Metallplättchen.

Lackmalerei Die Lackmalerei war besonders im 7. Jh. verbreitet. **Negoro-nuri** ist ein flächiges Verfahren, bei dem eine rote Oberschicht so weit abgetragen wird, bis der schwarze Lackgrund stellenweise hervortritt. Es wurde bereits seit der Muromachi-Zeit angewendet und ist auch heute noch sehr beliebt.

Eingelegte Lacke In der Nara-Zeit (8. Jh.) erschienen erstmals nachweisbar eingelegte Lacke. Sie werden in Japan vielfach mit Makie-Techniken verbunden. Bevorzugt waren zunächst Perlmutteinlagen, später auch Gold- und Silberfolien, Korallen, Elfenbein und verschiedene Halbedelsteine.

Schnitz-Lack-Arbeiten Schnitzlackarbeiten (**Tsui-shu**) wurden seit dem 15. Jh. in Nachahmung chinesischer Waren hergestellt und waren von diesen kaum zu unterscheiden. Ein eigenständiger japanischer Schnitzlackstil bildete sich erst seit dem 17. Jh. aus. Neben den sehr aufwendig gearbeiteten echten Schnitzlacken, bei denen der Künstler in die dicke Lackschicht feine Bilder schnitzt, entwickelte sich schon früh das einfachere **Kamakura-bori**, bei dem bereits geschnitztes Holz mit Lack überzogen wurde.

Polieren Alle Lackarbeiten erhalten ihren Glanz erst durch das Polieren der Oberfläche – ein mühevoller und zeitraubender Vorgang. Lackarbeiten waren daher zu allen Zeiten kostbar und übertrafen selbst Porzellan an Wertschätzung.

Heute pflegt man die Lackkunst in den alten Produktionszentren von Tokyo, Kyoto und Kanazawa; weitere traditionelle Werkstätten befinden sich in Takamatsu und Nagoya. Einfachere Waren für den häuslichen Gebrauch werden vorwiegend in den Präfekturen Fukushima, Ishikawa, Toyama und Wakayama hergestellt.

Netsuke, Papier- und Verpackungskunst

Kunstvolle Halteknäufe

Die im 15. Jh. aufgekommenen und seit dem 17. Jh. äußerst populär gewordenen **Netsuke** (Ne = Wurzelholz; Tsuke = Aufhänger) sind kunstvoll in Form von Figuren, Tieren, Pflanzen und verschiedenen Gegenständen gestaltete Halteknäufe für Utensilienbeutel und Taschen, in denen man allerlei Dinge des täglichen Gebrauches wie Schreibzeug, Geld, Medizin oder Tabak mit sich führte. Die Knäufe besitzen eine oder zwei Lochführungen für die Schnüre des Täschchens und verhindern dessen Hinabgleiten, indem man die Schnur mit Netsuke von unten hinter dem Gürtel (Obi) durchsteckt. Die Gestalt eines guten Netsuke soll zum einen dieser Aufgabe gerecht werden, zum anderen aber auch griffig sein und keine Spitzen oder scharfen Kanten haben.

Materialien und Motive

Ursprünglich waren diese Kleinplastiken aus Wurzelholz geschnitzt, später verwendete man zunehmend auch Elfenbein, Horn, Bambus, Nussschalen, Lack, Keramik, Porzellan, Halbedelsteine oder Metall. Die Wahl der Motive war völlig frei und bezog sich auf praktisch alle Bereiche des Lebens, des Mythos, der Religion, der Sagenwelt und Dichtung oder entsprang der Fantasie des Künstlers. Netsuke sind heute als **Sammlerobjekte** begehrt.

Papierkunst und Objekte

Das Papier und seine diversen Herstellungstechniken gelangten vermutlich zuerst im 7. Jh. n. Chr. von China über Korea nach Japan. Hier wurde Papier in großer Vielfalt erzeugt und fand die unterschiedlichsten Verwendungen, die von zarten Papierpuppen über bunte Schachteln, bedruckte Brieftaschen, papierbespannte **Trennwände** und **Schiebetüren** und kunstvolle **Kalligrafien** bis hin zu **Origami** reichten, den kleinen Wunderwerken der Papierfaltkunst. Anfänglich höfischen Kreisen vorbehalten, haben Papier und Papierkunst seit der Edo-Zeit (ab Mitte des 17. Jhs.) schließlich auch im Bürgertum weite Verbreitung gefunden.

Papierarten

Japanpapier ist ein festes, langfaseriges Papier aus dem Bast der Papiermaulbeerpflanze (Broussonetia papyrifera); **Reispapier**, ein sehr zartes, jedoch erstaunlich festes und dauerhaftes Material, wird aus dem weißen Mark des Araliengewächses Tetrapanax papyrifera hergestellt, das feine **Mitsumatapapier** hingegen aus der Rinde des Seidelbastgewächses Edgeworthia chrysantha. Das besuchenswerte **Paper Museum** in Tokyo (http://www.papermuseum.jp/en/;) präsentiert nicht nur die verschiedensten Papiere und Drucktechniken, sondern auch die Werkzeuge und Gerätschaften zur Herstellung.

Tsutsumi

Eine beachtenswerte Form des japanischen Handwerks ist die traditionsreiche **Kunst des Verpackens** (Tsutsumi), mit der dem

Harmoniebedürfnis Rechnung getragen wird. Der Idee liegt die Auffassung zugrunde, dass man »reine« Dinge nicht offen vorzeigt, sondern möglichst ansprechend verhüllt. Ursprünglich wurden hauptsächlich Lebensmittel für den Transport und zur Aufbewahrung verpackt. Zu diesem praktischen Aspekt des Nutzwerts gesellte sich der Schönheitssinn als ästhetischer Anspruch. Im Laufe der Zeit hat sich so eine regelrechte Kunstform herausgebildet, die heute noch vor allem bei Geschenkgaben fortlebt und sogar Auswirkungen auf industrielle Verpackungen der Gegenwart hat, die nun zusätzlich auch unter anderen Gesichtspunkten perfektioniert werden (Gewicht, Materialverbrauch, intuitive Öffnung, Wiederverschließbarkeit etc.).

Bevorzugte Materialien

Bevorzugte natürliche Materialien zur Verpackung sind von alters her Reisstroh, Bambus und Zedernholz. Da der Reis eines der Hauptnahrungsmittel der Japaner darstellt, ist Reisstroh reichlich vorhanden; zugleich widerstandsfähig und elastisch, lässt es sich gut zu Flechtwerk oder Schnüren verarbeiten. Aus **Reisstroh** werden luftdurchlässige Behältnisse etwa für Eier oder Reisklöße geflochten; Reisweingefäße ummantelt man mit Reisstrohmatten. Der schnellwüchsige, Kraft und Fruchtbarkeit symbolisierende **Bambus** liefert mit seinen Blättern und hohlen Stammsegmenten nützliche Hüllen und Hülsen für vielerlei Nahrungsmittel; Bambusgras ist ein wichtiger Rohstoff für die Korbflechterei. In Holzkästchen verschiedenster Formen werden beispielsweise Fisch oder Reis unter kunstvoll verschnürten Pressdeckeln konserviert.

Aromatisierende Verpackung

Die Verpackung dient nicht nur der Konservierung, sondern kann Nahrungsmittel auch aromatisieren: Reiskuchen werden im Frühling in Kirschblätter, im Frühsommer in Eichenblätter und im Winter in Kamelienblätter gehüllt; andere Geschmacksnuancen verleihen ihnen Blätter von Bambus, Schilfrohr oder Wasserreis.

Gartenkunst: Harmonie und ruhevolle Atmosphäre

Landschaftsgärten

Der japanische Garten (▶ Baedeker Wissen, S. 358) übt mit seiner ruhevollen Atmosphäre, seiner Harmonie und der trotz kleinster Flächen erreichten Komplexität einen außerordentlichen Reiz auf den Betrachter aus. Japanische Landschaftsgärten lassen die Hand des Gärtners im Verborgenen; das Maß der Vollkommenheit liegt gerade in der **scheinbaren Zufälligkeit**, in der Ursprünglichkeit, mit der die Gesamtheit der Natur zum Ausdruck gebracht wird.

Lustgärten

Vom chinesischen Vorbild geprägt, entstanden schon während der Nara-Zeit (8. Jh.) herrliche Gärten, deren Teichinseln durch kleine Bogenbrücken mit dem Ufer und untereinander verbunden waren. In der anschließenden Heian-Zeit (8.–12. Jh.) entfalteten sich die Gartenanlagen in Ergänzung des großzügig eleganten Architekturstils Shinden-zukuri. Der höfische Adel richtete bunte Lustgärten ein, die Seen, Wasserfälle, künstliche Inseln und Pavillons im chinesischen Stil umfassten. Diese ausgedehnten Privatparks luden zum Flanieren und Bootfahren ein und entbehrten der religiösen und symbolischen Bedeutung. Im 11. Jh. erreichte die Gartenkunst eine noch heute andeutungsweise im **Garten des Byodoin-Tempels** in Uji bei Kyoto (▶ S. 264) feststellbare Vollendung; andere Beispiele aus dieser Zeit sind der **Garten des Motsuji-Tempels** in Hiraizumi (▶ S. 147) sowie der des Joruri-ji in Kyoto.

Zen-Gärten

Ganz andere Akzente setzte der Zen-Buddhismus, dessen starker Einfluss auf das Leben während der Kamakura-Zeit (12.–14. Jh.) schon bald auf die Gartenarchitektur übergriff und die höfische Eleganz durch **Strenge und Einfachheit** ablöste. War der Garten bislang weitgehend für Spaziergänge, Spiele und zur Erbauung da, wurde er nun zu einem kunstvollen Arrangement, dessen oberstes Prinzip die **Symbolik** war, der entsprechend nicht mehr begangen, sondern von einer Veranda aus betrachtet wurde. Ihre formalen Prinzipien stammen vornehmlich aus der monochromen Landschaftsmalerei der chinesischen Sung-Zeit.
Hauptziel der Zen-Landschaftsgärtner ist es, auf begrenzter Fläche den Anschein eines endlosen Raumes zu erwecken. Um diesen Anschein des Unbegrenzten hervorzurufen, bedienen sie sich **optischer Täuschungen**, die größere Entfernungen vorspiegeln. Die natürliche Perspektive wird dadurch verstärkt, dass man im Vordergrund große, stark gegliederte Felsen und großblättrige helle Bepflanzung verwendete, während der Hintergrund mit kleinen, glatten Steinen und kleinblättrigen, dunklen, oft sogar zwergwüchsigen Bäumen ausgestattet wurde. Pfade und Wasserläufe werden nach hinten schmaler, ihr gewundener Verlauf täuscht größere Länge vor, und ihr Ende verschwindet hinter Felsen und Strauchwerk, sodass sie immer weiterzugehen scheinen. Die Begrenzungsmauern sind aus dunklem, natürlichem Material hergestellt oder durch Buschwerk verdeckt; jede Spur des Eingriffs durch den Menschen wird sorgfältig kaschiert. Dadurch entsteht der **Eindruck unberührter Natur**; andererseits sind die Anlagen so komponiert, dass sie sich dem Auge des Betrachters wie ein Gemälde aus natürlichen Bestandteilen darbieten.
Die berühmtesten Landschaftsgärten im Zen-Stil finden sich in Kyoto: Es sind die des **Saihoji** (um 1339; ▶ S. 255) und des **Tenryuji** (um 1343; ▶ S. 257), die der Zen-Meister Muso unter der Herrschaft des Takauji entwarf, der **Garten des »Goldenen Pavillons«** (Kinkakuji, 1397; ▶ S. 262), angelegt durch den Shogun Yoshimitsu, und der des **»Silbernen Pavillons«** (1484; ▶ S. 245), der unter der Ägide des Yoshimasa entstand.

Im Zen-Garten Saihoji in Kyoto ist die Natürlichkeit in Perfektion angelegt.

Steingärten Während sich in den Landschaftsgärten Realität und abstrahierender Formwille noch auf geradezu verwirrende Art vermengen, wird in den Steingärten (**Karesansui**) die **reine Abstraktion** erreicht (► Abb. S. 96). Es sind **Trockengärten** ohne Wasser und Vegetation, nur aus Sand und Steinen bestehende Kompositionen. Dennoch können sie auf engstem Raum weite Landschaften darstellen, wobei der sorgsam geharkte Sand die Wasseroberfläche von Strömen oder Meeren darstellt, aus dem die Steine wie Felsinseln emporragen. In ihrer kargen Schlichtheit kommen sie als künstlerischer Ausdruck der Zen-Lehre am nächsten; gleichzeitig sind viele von ihnen als die vollkommenste räumliche Darstellung von Tuschlandschaften der Sung-Zeit anzusehen, welche die Zen-Künste so nachhaltig beeinflusst haben. Auch für diesen Gartentypus finden sich die besten Beispiele in Kyoto (Ryoanji; ► S. 258).

Teegärten Die klassische Einfachheit der Steingärten findet ihre Fortsetzung in den Teegärten (**Roji**) der Momoyama-Zeit (16. Jh.), in der sich aber die Kargheit des Bildes verliert und die auf kleinstem Raum komprimierte Natur in scheinbar unverfälschter Form lebt.

Die bewusste Natürlichkeit bzw. Naturbelassenheit drücken die zu den Teegärten gehörenden **Teehäuser** auf andere Weise aus. Doch schwelgt die Momoyama-Zeit in realistischer Lebensfreude, die den mystifizierten Zen-Garten verdrängt, Pracht und Vielfalt weiter

Wandelgärten vorzieht. Beispielhaft dafür steht der Garten des Nijo-Schlosses in Kyoto (▶ S. 247).

Gärten der Edo-Zeit

Der Anbruch der Edo-Zeit zu Beginn des 17. Jhs. brachte kaum neue Stilelemente; doch entstanden zu Anfang dieser Epoche einige wundervolle Gärten wie jene der Katsura-Kaiservilla (▶ S. 254) und des Nanzenji-Tempels (▶ S. 244) in Kyoto. Die **Vergrößerung der Anlagen**, etwa in den Gärten Korakuen (Okayama; ▶ S. 356) und des ursprünglich viel kleineren Kenrokuen (Kanazawa; ▶ S. 195), führte einerseits zur Schaffung reizvoller **Wandelgärten**, leitete in gewisser Weise aber auch das Verblassen dieser typisch japanischen Kunstform ein, die noch vor Beginn der Neuzeit ihren vorläufigen Entwicklungsendpunkt erreichte.

Kunstsinniger Umgang mit Bäumen und Blumen

Bonsai

Die heute weltweit bekannte und geschätzte Kunst des Bonsai, des »**Baumes in der Schale**«, ist wohl chinesischen Ursprungs, doch schon seit dem 11. Jh. in Japan belegt. Der **Zen-Buddhismus** hat sie grundlegend geprägt. Aus Samen oder Stecklingen besonders geeigneter Pflanzen wie Wacholder, Kiefer, Fichte, Sicheltanne, mehreren Ahornarten u. a. werden durch Beschneiden von Trieben und Wurzeln, durch Dressieren der Äste mittels Draht und durch geringe, wohl dosierte Nahrungszufuhr in nur wenig und festem Erdreich Miniaturbäume von 20–60 cm Höhe gezogen. Schnittstellen müssen dabei so angebracht sein, dass sie vollkommen verwachsen und unsichtbar bleiben. Drahtbindungen werden nach einem Jahr gelöst, um das Einschneiden in die Rinde zu verhindern. Unter der behutsamen Hand seines Züchters wird der Bonsai in einer flachen Schale, einem Stück Rinde oder auf einer Steinplatte zu einem Kunstwerk, das in vollkommener Harmonie mit seiner Umgebung einer natürlichen Situation nachgestaltet ist.
Im Laufe von Jahrzehnten entwickeln sich windwüchsige, knorrige und verwachsene Gebilde ebenso wie lichte Haine und zarte, Blüten und Früchte tragende Miniatursträucher, die wie ihre großen Vorbilder das Aussehen von Jahreszeit zu Jahreszeit wechseln. Bonsai können mehrere hundert Jahre alt werden. Man zieht sie in vielen japanischen Familien und vererbt sie von Generation zu Generation. **Hauptzuchtzentren** sind Omiya (nahe Tokyo), Kurume, Nagoya und Takamatsu (Kinashi). Gehandelt werden Bonsai wie Antiquitäten, wobei neben dem Alter besonders die ästhetische Gesamterscheinung den – hohen – Preis bestimmt.

Ikebana

Die Kunst des **Blumensteckens** hat als Ausdruck der Ästhetik tiefe Wurzeln im kulturellen Leben der Japaner geschlagen. Ursprünglich

als Blumenschmuck vor buddhistischen Statuen aus China eingeführt, wandelte sich das Blumenstecken infolge der Loslösung von seinem religiösen Verwendungszweck zur eigenständigen Kunstform. Schon während der Heian-Zeit (8.–12. Jh.) fanden höfische Kreise Gefallen an **Blumensteckwettbewerben** (Hana-awase); in der Muromachi-Zeit (14.–16. Jh.) übten sich weite Bevölkerungskreise in dieser Kunst, die mit der späteren Einbeziehung von Vase und Schale in das Gesamtbild erhöhte Ausdrucksstärke fand.
Der lineare Aufbau des Arrangements, in seiner philosophischen Bedeutung die **Dreiheit Himmel – Mensch – Erde** symbolisierend, zeugte schon früh von der typisch japanischen Hinwendung zum Naturalismus, wie er sich in der Naturbelassenheit der verwendeten Zweige und Blüten zeigt. In der im 15. und 16. Jh. besonders populären **Teezeremonie** (► S. 582) spielte Ikebana eine ergänzende Rolle, wurde von führenden Meistern späterer Zeit jedoch weitgehend aus dieser Funktion gelöst und entwickelt; im Laufe der Edo-Zeit (17.–19. Jh.) zu größter Popularität gelangt, wurden in Vorbereitung der heutigen Schulen neue Techniken erarbeitet, variierte und steigerte man die Wirkung der in der Schmucknische (Tokonoma) platzierten Gestecke durch Verwendung neuer Materialien und Gefäße. Heute gibt es **verschiedene Schulen**, die die Pflege alter Traditionen ebenso verfolgen wie die Entfaltung neuer Kreativität. Zu den bekanntesten gehören Ohara, Sogetsu, Ikenobo, Misho, Keikei.

Blumenstecken als Kunstform: Ikebana-Arrangement in passender Umgebung

Architektur: Burgen, Tempel und Pagoden

Einfach, funktional, harmonisch

Die japanische Architektur zeichnet sich in ihren Grundelementen traditionell durch Einfachheit, Funktionalität und Harmonie mit der umgebenden Natur aus. Die konsequente Beachtung nutzungsbedingter Proportionen findet im Westen erst mit Beginn der Moderne nach der Wende vom 19. zum 20. Jh. eine Entsprechung. Abgesehen von der Großstadtarchitektur der neuesten Zeit überwiegt bei Weitem der ebenerdige, einstöckige Bau, oft mit einer deutlichen Gliederung in die einzelnen Lebensbereiche verbunden. Die Innenräume sind durch Stell- und Schiebewände sehr variabel, und die **Offenheit der Bauweise** führt zu einer Wechselwirkung zwischen Außen und Innen, wie sie in massiveren Bautechniken unvorstellbar ist. Das bevorzugte Baumaterial des waldreichen Landes ist seit jeher Holz, dessen Struktur als ästhetische Komponente den Gesamteindruck wesentlich mitbestimmt. Auch praktische Erwägungen sprechen für diesen Baustoff; denn in dem sehr stark von Erdbeben gefährdeten Land bietet die Elastizität eines aus Holz gefügten Baukörpers einen wesentlich höheren Sicherheitsfaktor als der starre Steinbau. Wie in der bildenden Kunst macht sich auch in der Architektur Japans der chinesische Einfluss deutlich bemerkbar, der im 7. und 8. Jh. bestimmendes Element wurde und im 13. Jh. neue Impulse gab, die später völlig assimiliert wurden und zur eigenständigen Entwicklung künftiger Bauformen führten.

Archaische Formen

Älteste Beispiele einheimischer Architektur geben die Haniwa der **Kofun-Zeit** (3.–7. Jh.), tönerne Grabbeigaben, die ein- und zweistöckige Haustypen mit charakteristischem Satteldach darstellen (▶ S. 537). Die archaischen Bauformen, von den Pfahlbauten des südpazifischen Raumes beeinflusst, zeigen noch fast keine Unterschiede zwischen Wohnhaus-, Schrein- und Palastarchitektur. So kann der älteste japanische Baustil, **Taisha-zukuri**, der noch in den **Shinto-Schreinen** Izumo-Taisha (Izumo; ▶ S. 271) und Sumiyoshi (Osaka; ▶ S. 380) zu sehen ist, auch für andere Bauten dieser Zeit als gültig angesehen werden. Seine wesentlichen Merkmale sind das weit vorspringende Satteldach, der an der Giebelseite sich öffnende Eingang, vier Eckpfeiler auf quadratischem Grundriss und ein Zentralpfeiler.

Weiterentwicklung

Eine Weiterentwicklung dieses Stils ist der **Shinmei-zukuri**, überliefert in den Gebäuden Naiku und Geku des Ise-Schreins (▶ S. 159). Der Eingang ist an die Traufseite verlegt, die gekreuzten Giebelsparren (Chigi) und die auf den Giebel aufgelegten walzenförmigen Querhölzer (Katsuogi) zur Befestigung des Strohdachs treten markant hervor. Schlichtheit und konsequente Geradlinigkeit sind bis heute die Merkmale der shintoistischen Architektur, zu der auch das gleichfalls sehr alte Element des **Torii** (Eingangstor zum Schrein) gehört, dessen Ursprung und Funktion allerdings bis heute nicht zweifelsfrei geklärt sind.

Schmuckelemente

Zu Beginn der **Asuka-Periode** (6./7. Jh.) dringt während der Regentschaft der Kaiserin Suiko der Buddhismus nach Japan vor, der das Land mit einer unbekannt komplexen, aus einer fortgeschrittenen Kultur und Zivilisation hervorgegangenen Architektur konfrontiert. Die starre Form wird durch **Weichheit der Linien** abgelöst, und erstmals finden auch schmückende Elemente Anwendung.

Strenge Symbolik

Im Mittelpunkt der **buddhistischen Sakralanlage**, die sich grundlegend von den Profanbauten und den diesen sehr ähnlichen Shinto-Schreinen unterscheidet, steht die **Pagode** (**To**), eigentlich ein Reliquiar. Eine solche wird 588 als zentraler Baukörper in den Shitennoji-Tempel (Osaka; ▶ S. 379) integriert. Ihre Architektur ist von strenger Symbolik bestimmt: Der Zentralpfeiler stellt die Weltachse dar, die fünf Stockwerke die fünf Elemente (in Japan: Erde, Wasser, Feuer, Luft und leerer Raum), die Spitze (Sorinto) die neun Himmelssphären.

Klassischer Grundriss

Der Horyuji-Tempel bei Nara (▶ S. 332) zeigt den klassischen Grundriss: im Zentrum die Pagode, daneben die **Goldene Halle** (**Kondo**), beide von einer um den Innenhof laufenden Galerie eingefasst, in deren Nordteil die von **Bibliothek** (**Kyozo**) und **Glockenturm** (**Shoro**) flankierte **Vortragshalle** (**Kodo**) einbezogen ist. Priesterwohnungen, Tempelamt und Schatzhaus befinden sich außerhalb des Zentralhofs.

Betonung der Symmetrie

Die neue Bauweise bringt den Wechsel vom Stroh- zum Schindeldach; das Balkenwerk wird differenzierter, die Holzkonstruktion erhält schmückende Elemente. Die Wände sind mit Lehm verputzt und rot gestrichen. Die starke Betonung der Symmetrie zeigt sich in der Einführung einer zweiten Pagode, wie sie die ursprüngliche Form des 680 in Asuka errichteten und später nach Nara übergeführten Yakushiji-Tempels zeigte (heute nur noch eine Pagode erhalten; ▶ S. 330). Diese dreistöckige Pagode erhält durch dekorative Zwischengeschosse (Mokoshi) den Anschein eines sechsstöckigen Gebäudes und ist insofern einmalig. Die für das 8. Jh. beispielhaften Pagoden sind einfach dreistöckig gebaut.

Vergrößerung der Anlage

In der **Nara-Zeit** (8. Jh.) vergrößern sich die Tempelanlagen; die Gebäude erheben sich auf Steinsockeln. Unter chinesischem Einfluss wird die Dachkonstruktion geschwungen; bevorzugt sind Walmgiebeldächer, vielfach mit unterlaufenden Pultdächern versehen, deren Enden Schmuckelemente (Shibi) tragen. Die bedeutendsten Tempelanlagen der damaligen Hauptstadt sind der Kofukuji-Tempel (710; ▶ S. 318) und der **Todaiji-Tempel** (745–752); letzterer ist ein klassisches Beispiel jener Zeit und mit der Daibutsuden, der größten jemals erbauten Tempelhalle Japans, trotz der verkleinerten Rekonstruktion von 1708 (▶ S. 325) noch heute das ausgedehnteste Holzbauwerk der Welt.

Chinesische Einflüsse

In dieser Zeit zeigen sich Einflüsse der frühen chinesischen **Tang-Ära**, die besonders in der von einer klassischen Säulenreihe getragenen Goldenen Halle des Toshodaiji-Tempels (▶ S. 329) deutlich werden. In der Vortragshalle des gleichen Tempels, einst Teil des Kaiserpalastes, ist das einzige Beispiel der Feudalarchitektur des 8. Jhs. mit seinem typischen Walmgiebeldach (Irimoya) erhalten. Weitere bemerkenswerte Bauwerke dieser Zeit sind die Sangatsudo-Halle und das Schatzhaus (Shosoin) des Todaiji-Tempels (▶ S. 326), ferner die achteckige Yumedono-Halle des Horyuji-Tempels (▶ S. 335), eine einzigartige Konstruktion im Stil chinesischer Pavillons.

Berge als Tempelstandorte

In der **Heian-Zeit** (8.–12. Jh.) verliert sich die symmetrische Form der Tempelanlagen. Die aufkommenden buddhistischen Schulen Tendai und Shingon bevorzugen Berge als Tempelstandorte; die Sakralbauten müssen sich den besonderen topografischen Gegebenheiten anpassen. Einzige erhaltene Bauten des **esoterischen Buddhismus** jener Zeit sind die 824 errichtete fünfstöckige Pagode und die Goldene Halle des Muroji-Tempels in Yamato. Beide Schulen führen eine räumliche Trennung zwischen Mönchen und Laien ein, wodurch eine zusätzliche Veranda erforderlich wird, die im 11. Jh. als Kulthalle (Raido) zu eigenständiger Bedeutung gelangt.

Shintoistische Schreinarchitektur

Selbst die shintoistische Schreinarchitektur übernimmt buddhistische Elemente, so in der Lockerung der bisherigen strengen Linearität und der Bemalung der Holzkonstruktion. Korridore und zweistöckige Torii sind zweifelsfrei buddhistischen Ursprungs (wie der Kasuga-Schrein in Nara, ▶ S. 320, und der Usa-Schrein auf Kyushu, ▶ S. 84).

Schlichte Wohnbauten

Weit weniger von chinesischen Einflüssen geprägt, bleiben die Wohnbauten weitgehend der Schlichtheit des nationalen Stils **Shinden-zukuri** verhaftet. Verschieden große Hallen in Pfahlbauweise sind durch Galerien verbunden; die betont nüchterne Außenlinie wird durch räumliches Versetzen der Gebäudeteile aufgelockert und erhält so eine charakteristische Leichtigkeit. Künstlerische Pracht und Freude am Dekor entfalten sich in der Innenarchitektur.

Drei neue Stile

Die **Kamakura-Zeit** (12.–14. Jh.) bringt drei neue Stile von militärischer Strenge und Wucht hervor. Zum einen wird die einheimische Bauweise im **Wayo-Stil** weitergeführt, zum anderen fasst der ausladende Stil **Tenjihuyo** – dem Namen nach indischen Ursprungs, jedoch aus Südchina stammend – Fuß und repräsentiert sich in dem 1199 rekonstruierten Südtor (Nandaimon) des Todaiji-Tempels (▶ S. 323).

Letztlich setzt sich der Stil, der in seiner Schwere zu den elegant-leichten Bauten der Heian-Zeit in starkem Kontrast steht, aber nicht durch. Der gleichfalls wuchtige Stil **Karayo** (= chinesischer Stil), mit dem Zen-Buddhismus nach Japan gekommen, bestimmt nun die Architektur dieser Glaubensrichtung. Er zeigt sich in dem 1253 erbauten Kenchoji-Tempel (Kamakura; ► S. 190), dem 1293 errichteten Nanzenji-Tempel (► S. 244) und dem 1319 entstandenen Daitokuji-Tempel (► S. 250), beide in Kyoto, ferner in der Reliquienhalle des Engakuji-Tempels (Kamakura, 1285; ► S. 189).

Palast- und Wohnbauten

Die in der Heian-Zeit mit dem Begriff des Shinden-zukuri definierte Palast- und Wohnhausarchitektur hat sich in der Kamakura-Zeit kaum verändert, ist aber unter dem Druck verteidigungstechnischer Erfordernisse zu dem auf engerem Grundriss zusammengedrängten **Buke-zukuri** (»Kriegerwohnung«) geworden.

Stilsynthese

Bis in die frühe **Muromachi-Zeit** (ab 14. Jh.) wirkt der Zen-Buddhismus als Quelle einer neuen Ästhetik und fördert die Weiterentwicklung des **Karayo**, der sich nun zunehmend japanischer Stilelemente bedient und schließlich in dem 1397 erbauten Kinkakuji-Tempel in Kyoto (► S. 259) eine vollendete Synthese zwischen dem majestätischen Stil chinesischen Ursprungs und der leichten Grazie des nationalen japanischen Stils hervorbringt. Die Zen-Architektur wirkt sich auch auf den Shintoismus aus, dessen Schreinanlagen auf mehrere Gebäude erweitert werden.

Klassische Wohnhausarchitektur

Die Profanbaukunst des **Buke-zukuri** wandelt sich in Anlehnung an die Abtwohnungen zum **Shoin-zukuri**, dessen Bezeichnung sich vom Fenstererker des Studierzimmers (**Shoin**) herleitet. Der Boden dieser Gebäude wird mit Strohmatten (**Tatami**) ausgelegt; ausschließlich dekorativen Zwecken dient die Schmucknische (**Tokonoma**) für das Rollbild. Dieser Stil ist die Grundlage der klassischen Wohnhausarchitektur, zu deren wesentlichen Merkmalen die Verwendung von Holz als Baumaterial, Schiebewände (**Fusuma**) und Schiebetüren zum Garten hin (**Shoji**) gehören. Vorläufer dieser von großen Teemeistern beeinflussten, auf Einfachheit bedachten Bauform ist die 1483 von Shuko erbaute Halle Togu-do im Ginkakuji-Tempel (► S. 244), die trotz späterer Veränderungen einen umfassenden Eindruck damaligen Bauens vermittelt.

Harmonische Strenge

In der **Momoyama-Zeit** (16. Jh.) gelangt der **Shoin-zukuri** zur Vollendung und findet seinen Höhepunkt in der Katsura-Kaiservilla (frühes 17. Jh.) bei Kyoto, im Kohoan des Daitokuji-Tempels und im Hiankaku des Nishi-honganji-Tempels (beide in Kyoto), die sich durch harmonische Strenge auszeichnen. Zum Extrem gesteigert wird diese Schlichtheit in den **Teehäusern** (Chashitsu, Sukiya), die sich wieder altjapanischen Formen und Materialien zuwenden. Andererseits entfaltet der eigenständige Stil des Landes ein **reiches Innendekor**: Funktionalität wird ornamental angereichert, Wände und Türen werden prachtvoll bemalt und metallene Verbindungsstücke zu Zierbeschlägen geformt.

Repräsentative Burgen

Im Mittelpunkt der Bautätigkeit stehen die eindrucksvollen Burgen, die in der friedlichen Edo-Zeit allmählich ihren militärischen Charakter verlieren und sich zu fürstlichen Repräsentationsbauten entwickeln, die hohe Haupttürme (**Tenshukaku**) und zahlreiche geschwungene **Schmuckgiebel** besitzen. Beste Beispiele sind die Himeji-Burg (spätes 16. Jh.; ▶ S. 141), die Burg von Kumamoto (um 1600; ▶ S. 218) und die Nagoya-Burg (1610; ▶ S. 306). Einen weiteren Höhepunkt bildet das 1603 in Kyoto errichtete Nijo-Schloss (▶ S. 246) mit seinem üppigen Gebäudeschmuck.

Schreinbauten

Ähnlich prunkvoll sind auch die dem **Gongen-Stil** zurechenbaren Schreine der Momoyama-Zeit. Sie übernehmen den Architekturkanon des chinesischen Buddhismus, der den Schrein in Kulthalle, Zwischenbau und Sanktuarium gliedert. Diesen Typus vertritt auch der in der Edo-Zeit (ab 17. Jh.) als Mausoleum der Tokugawa-Shogune in Nikko erbaute **Toshogu-Schrein** (▶ S. 343), der überreich mit Schnitzereien, Golddekor und farbenprächtigen Malereien ausgestattet ist.

Westliche Einflüsse

Mit dem Anbruch der **Neuzeit** (ab 1868), in der sich Japan westlichen Einflüssen öffnet, kommt es auch in der Architektur zu einschneidenden Veränderungen. So wird beispielsweise die englische **Backsteingotik** imitiert, und erst im späteren Verlauf stellt sich eine Rückbesinnung auf traditionelle Formen des Landes ein. Industriearchitektur und Ingenieurbau folgen in ihrer Zweckhaftigkeit internationalen Gepflogenheiten und Mustern.

Modernismus

In den 1920er-Jahren entwickelt sich auch in Japan eine moderne Architektur, bezeichnenderweise in deutlicher Beziehung zu zeitgenössischen Erneuerungsbestrebungen im Westen; so baut etwa Frank Lloyd Wright in Japan (▶ S. 311, 456). Zu nennen sind **Horiguchi Sutemi**; **Yoshida Tetsuro**, dem bereits der Anschluss an die internationale Architektur gelingt; der bauhausgeschulte **Maekawa Kunio**; sowie **Sakakura Junzo**, zeitweilig Mitarbeiter im Atelier von Le Corbusier, der u. a. den japanischen Pavillon der Pariser Weltausstellung von 1937 entwirft.

Auch im Westen renommiert

Im Westen besonders bekannt sind **Tange Kenzo** (▶ S. 596) und **Ando Tadao**, die nicht nur in Japan hervorragende Werke geschaffen haben (Tange Kenzo: Friedenszentrum in Hiroshima, 1946–2002, ▶ S. 154; Rathaus von Tokyo, 1988–1991, ▶ S. 454; Ando Tadao:

Chichu Art Museum auf Naoshima, 1989–2004, ► S. 313), sondern auch im Ausland (Tange Kenzo: Wiederaufbau von Skopje, Jugoslawien, 1965; Ando Tadao: Langen-Stiftung von Hombroich, 2004).

International vernetzt

Die Gruppe der **Metabolisten** widmete sich ab 1960 vorwiegend der Städteplanung und tendiert zu futuristisch-utopistischen Entwürfen. Für die Olympischen Sommerspiele in Barcelona 1992 baute **Isozaki Arata** eine riesige freitragende Wettkampfhalle. Für die EXPO 2000 in Hannover entstand eine ebenfalls freitragende Halle aus Papiermaterial. Mit dem neuen Hauptbahnhof in Kyoto (► S. 235), dem Umeda Sky Building in Osaka von Hara Hiroshi (► S. 375) und vielen Neubauten in Tokyo hat sich die Tendenz zur internationalen Moderne fortgesetzt (► Baedeker Wissen, S. 445).

Wurzelnd im Tanz: Theater als hoch stilisierte Kunstform

Das japanische Theater besteht im Wesentlichen aus den vier Gattungen **No**, **Kyogen**, **Banraku** und **Kabuki**, die sich seit dem 14. Jh. zu hoch stilisierten Kunstformen entwickelten.

Rituelle Tänze

Die heute noch lebendigen traditionellen Theaterformen Japans finden ihre Wurzeln in den rituellen Tänzen der Vorzeit, die in engem Zusammenhang mit dem Leben der Menschen und ihren Bedürfnissen standen. Die Beschwörung des Jagderfolgs, Huldigung der Licht und Leben spendenden Sonnengöttin Amaterasu, Opferung und Verherrlichung des Hirsches (als Jagdbeute sowie Sendbote der Götter) und Danksagung für reichen Fischfang sind Inhalt der in den verschiedenen Gegenden des Landes eigenständigen Charakter gewinnenden, von **Priestern und Schamanen** vollzogenen Tänze, die fragmentarisch noch heute in einer Anzahl von Volkstänzen, in höfischem Tanz wie auch klassischer Theaterform existent sind.

Kagura: Ältester Ritualtanz

Die Geschichtswerke »Kojiki« (712) und »Nihon-shoki« (»Nihongi«, 720) geben Schilderungen der im **Mythos** wurzelnden Anfänge tänzerischen Ausdrucks. Danach erzürnte der Sturmgott Susanoo-nomikoto seine Schwester Amaterasu-omikami derart, dass sich diese in eine Höhle zurückzog und mit ihr das Licht aus der Welt schwand. Erst der Göttin Ama No Uzume gelang es, die Sonnengöttin durch vor der Höhle vollzogene Tänze aus ihrem Versteck zu locken und die Sonne ins Reich der Menschen zurückzuholen.

Sato-kagura

Während dieser Höhlenmythos Ursprung des ältesten japanischen Ritualtanzes Kagura war, wurden **pantomimische Tänze** (Sato-kagura) zur Aufführung in shintoistischen Schreinen entwickelt, die in ihrer

Abfolge das Herbeirufen der Götter (**Kami-oroshi**) und die tänzerische Unterhaltung der Götter (**Kami-asobi**), die Übermittlung der Wünsche und zum Ende des Tanzes die Rücksendung der Götter (**Kami-okuri**) beinhalten. Diese Tänze bildeten ebenso die Grundlage für spätere Theaterformen wie darstellerische Kunstformen, die bereits im 7., dann verstärkt im 8. Jh. von China nach Japan gelangen (**Gigaku**) und im Zusammenwirken mit der Einführung von Musikinstrumenten und buddhistischer Geisteswelt frühe Formen volkstümlicher Tanz- und Singspiele (**Sarugaku**) entwickelten.

Possenspiel mit Tänzen

Der No-Vorläufer **Sangaku** (»Musik zur Zerstreuung«) war eine Art Possenspiel mit artistischen Kunststücken und Tänzen, in dem oft auf burleske oder sogar obszöne Weise buddhistische und shintoistische Geistliche verspottet wurden.
Einen Einfluss übte auch das **Dengaku** (»Feldmusik«) aus, das sich aus ländlichen Erntetänzen entwickelt hatte. Im 13. Jh. erhielten diese derben Volksbelustigungen ernstere Inhalte, und eine straffe dramaturgische Form und wurden von Berufsschauspielern aufgeführt. Die so entstandenen Schauspiele wurden **Sarugaku-no-No** (»Kunst-Sarugaku«) bzw. **Dengaku-no-No** genannt. Später verwendete man lediglich die Kurzform »No«.

No-Theater: Stilisierte Verfeinerung

Die Sarugaku-Spieler Kan'ami (1333–1384) und sein Sohn Zeami Motokiyo (1363–1443) entwickelten die Sarugaku-Spiele zu dem lyrisch-melodramatischen No-Theater, dessen stilisierte Verfeinerung den Tanz als dramatischen Höhepunkt einsetzt und die realistische Ausdrucksweise zugunsten einer **starken Symbolik** gänzlich aufzugeben scheint. Von den heute existierenden **240 No-Dramen** werden etwa die Hälfte vorbenannten Künstlern zugeschrieben, insbesondere ist Zeami Autor bedeutender kunsttheoretischer Schriften, in denen die ästhetischen Prinzipien des No fixiert sind.

Fünf No-Theater-Schulen

Das No-Theater ähnelte in der Funktion damals schon den europäischen Mysterienspielen, seinem Wesen nach war es aber immer noch Volkstheater. Das heutige No-Theater wird von fünf Schulen – **Kanze** (die größte), **Komparu**, **Hosho**, **Kongo** und **Kita** – getragen, die in Familientradition bis ins 14. Jh. (Kita bis ins 17. Jh.) zurückgeführt werden können.

Bühne und Kulissen

In Nachahmung der ursprünglich im Freien stattfindenden No-Aufführungen schiebt sich die 5,40 m im Quadrat messende überdachte **Bühne** aus schlichtem Zypressenholz seitwärts offen in den Zuschauerraum. Ständige Kulisse ist das **Bild einer Kiefer**, vor dem die Musiker (Leitinstrument Flöte, dazu drei Trommeln) platziert sind, welche die Rezitationen des auf der rechten Bühnenseite sitzenden Chors begleiten.

No-Theateraufführung vor gewaltiger Kulisse an der »Krähenburg« in Matsumoto

Alle Darsteller sind männlich

Der vom linken hinteren Teil der Bühne führende, von drei perspektivisch angeordneten Kiefern gesäumte Steg ist Bühnenzugang für den Hauptdarsteller (**Shite**), seinen Begleiter (**Tsure**) und den Darsteller der Nebenrolle (**Waki**), alle stets von männlichen Schauspielern verkörpert. Während die teils mit, teils ohne Masken auftretenden Nebendarsteller eine verständnisfördernde Funktion ausüben, wird die Handlung vom Shite mit typisierender Maske getragen, der sich im Spiegelraum (**Kagami-no-ma**) meditativ in seine Rolle als Gottheit, Geist eines toten Ritters oder auch als schöne Frau versetzt. Den einführenden Erläuterungen des Waki folgt der Auftritt des stets (selbst entgegen seiner Rolle) elegant und prächtig gekleideten Shite, seine von symbolischen Bewegungen getragene Darstellungsweise ist nahezu abstrahierend. Das ästhetische Grundprinzip wird selbst durch dramatische Ereignisse in keiner Weise verletzt, von keinerlei Realismus unterlaufen.

Kyogen: Humorvolle Interludien

Kyogen-Stücke, humorvolle Interludien der No-Dramen, entwickelten parallel zu diesen eine eigenständige Form und standen dennoch in engem Zusammenhang zum No. Sie karikieren in zeitgenössischer Volkssprache des 16. Jhs. die Gesellschaft und tangieren nicht selten die Grenze des **Tragikomischen**. Unterschiede zum No sind der Dialog zwischen zwei Schauspielern bzw. Gruppen, die seltene Verwendung von Masken sowie die betont realistische Darstellungsweise.

Bunraku: Puppentheater zu Musik

Das Puppentheater Bunraku geht auf das 16. Jh. zurück, als sich die Rezitationen blinder Musiker aus den großen Kriegshistorien wie dem »Heike-Monogatari« zu **Biwa**-Klängen großer Beliebtheit erfreuten. In der zweiten Hälfte des 16. Jhs. steigerte sich ihre Popularität durch die Aufnahme der Liebesgeschichte »Joruri-junidan-zoshi«. Zur selben Zeit ersetzte man die Biwa durch die von Okinawa kommende **Shamisen**; gegen Ende des Jahrhunderts wurden primitive Puppen eingeführt. Thematisch konzentrierte man sich auf historische Vorlagen und Begebenheiten der Gegenwart, löste die Puppen durch Vermeidung legendärer oder märchenhafter Themen ganz aus der ihnen anhaftenden Irrealität und erreichte so eine bis ins 18. Jh. andauernde Blütezeit, die nahezu das Kabuki verdrängte.

»Japanischer Shakespeare«

Obwohl die meisten Stücke letztlich in beiden Theaterformen gespielt wurden, schrieb z. B. der »japanische Shakespeare« **Chikamatsu Monzaemon** (1653–1724) rund 100 Stücke explizit für das Bunraku. Schon 1780 begann der Verfall dieser Theaterkunst, der erst durch Uemura Bunrakuken, der Anfang des 19. Jhs. in Osaka ein Puppentheater errichtete, aufgehalten wurde.

Kabuki: Schauspiel, Tanz, Musik

Das bürgerliche Kabuki-Theater (Ka = Gesang, Bu = Tanz, Ki = darstellende Kunst) hat seinen Ursprung in der Edo-Zeit (17.–19. Jh.). Es bediente sich mehrerer Elemente der verschiedenen Theaterformen, die zu einer selbstständigen, noch in jüngerer Vergangenheit zu hoher Blüte gelangenden Kunstform vereint wurden. Es besteht aus Schauspiel, Tanz und Musik, ist ebenfalls auf männliche Schauspieler beschränkt, erreicht **starke Dynamik** und **darstellerische Vielfalt** und spricht dadurch insbesondere heute ein breiteres Publikum an als das klassisch-formalistische No-Theater.

Ursprünge des Kabuki

Das Kabuki-Theater geht auf einen religiösen Volkstanz (**Nembutsu-odori**) zurück, den Okuni, eine Tänzerin des Izumo-Schreins, in Kyoto vorführte. Aus diesem entwickelten sich die **Onna-kabuki**, populäre Sing- und Tanzspiele meist erotischen Inhalts, die 1632 (knapp 30 Jahre nach ihrer Entstehung) als unmoralisch verworfen und für Frauen verboten wurden. Jünglinge unter 15 Jahren übernahmen die Rollen (**Wakashu-kabuki**), erschienen dem Shogunat jedoch ebenso moralgefährdend. Folglich wurden nur noch Männer zugelassen, die inhaltliche Konzeption auf realistische Handlungsabläufe beschränkt und somit die Grundlagen der dramatischen Form des Theaters geschaffen. Damit waren weibliche Darsteller für rund 260 Jahre von den Bühnen Japans verbannt, die bis 1891 gänzlich und auch heute noch weitgehend von männlichen Schauspielern beherrscht werden.

300 Klassiker

Die rund 300 heute vorliegenden klassischen Kabuki-Stücke gehören den Kategorien **Jidai-mono** (historische Dramen meist tragischen Inhalts), **Sewa-mono** (Geschichten des bürgerlichen Lebens) und **Buyo-geki** (Tanzspiele) an. Die in ihrem Wesen realistischen Dramen bedienen sich dabei oft verfremdender Elemente, wie der klanglich exaltierten Rezitation.

Teezeremonie: Ein komplexes Gesamtkunstwerk

Kulturelle Bedeutung

Chanoyu, die Teezeremonie (auch **Sado**, **Chado**), ist, oberflächlich betrachtet, die tradierte Art der Zubereitung und das Servieren des grünen Tees (Matcha). Die kulturelle Bedeutung geht jedoch weit darüber hinaus (▶ Baedeker Wissen, S. 584). Die aus Ratespielen der höheren Gesellschaft entwickelte Zeremonie hat ihre Ursprünge in China, wurde aber unter dem Einfluss des japanischen **Zen-Buddhismus** im 16. Jh. stark ritualisiert und mit philosophischer Bedeutung gefüllt. Die Auseinandersetzung mit der kulturhistorischen und religiösen Entwicklung ist daher essenziell für das Verständnis der heutigen Teezeremonie. Die Zeremonie – ggf. zumindest als Gast – souverän praktizieren zu können, ist noch heute unabdingbar nicht nur für jede Japanerin der Mittel- und Oberschicht, sondern auch für Geschäftsleute und Manager. Neben der im Folgenden dargestellten kompletten Zeremonie gibt es aber auch eine Vielzahl vereinfachter Kurzversionen.

Entstehungsgeschichte

Den eigentlichen Grundstein für die heute noch praktizierten Regeln der Teezeremonie legten Noami (1397–1471) und Murata Shuko (1423–1502). Shuko begründete in Nara eine Richtung, die sich durch Einfachheit und starke Verbundenheit mit den Dingen des täglichen Lebens auszeichnete. Die Ausrichtung auf Stille und Bescheidung führte Shuko zu den Glaubensgrundsätzen des Zen-Buddhismus, deren Lehre zufolge die Seele durch die Verrichtung alltäglicher Dinge Zufriedenheit findet. Chado, der »**Weg des Tees**«, schien Shuko ein geeigneter Weg zur Erlangung dieses Ziels. Noami, einst Lehrer Shukos, nahm dessen Ideen später auf. Die endgültige, bis heute unverändert erhaltene Form der Teezeremonie geht auf **Sen-no-Rikyu** (1522–1591) zurück, der die seinerzeit bestehenden Schulen und Praktiken zu einer formal gefestigten Kunstform verband.

Wichtige Kriterien

Wichtige Kriterien bei der Durchführung einer Teezeremonie sind die Einhaltung innerer und äußerer Reinheit (**Sei**), die Ehrfurcht vor allem Leben (**Kei**), die Harmonie (**Wa**) und die Stille (**Jaku**). Diese Voraussetzungen werden durch detailliert fixierte Regeln gewährleistet, die – je nach Schule – im Einzelnen wohl differenziert sein mögen, in der Quintessenz jedoch nicht voneinander abweichen.

Historische Teehäuser

Heute noch erhaltene Beispiele historischer Teehäuser sind u. a. das Teezimmer des Ginkakuji-Tempels in Kyoto (1482; ▶ S. 254), dessen Entwurf auf Shuko zurückgeht, sowie der Teeraum des Hauses Shokintei, der zur 1624 in Kyoto erbauten Katsura-Kaiservilla gehört und dem Teemeister **Kobori Enshu** (1579–1647) zugeschrieben wird. Enshu gilt ebenfalls als Schöpfer der Teehäuser Shinjuan und Kohoan (▶ S. 253), die zum Daitokuji-Tempel (1324) in Kyoto gehören. In diesem Tempel blieben der Nachwelt eine Reihe von Kunstwerken sowohl von Sen-no-Rikyu als auch von Kobori Enshu erhalten; hier befinden sich auch die Grabstätten beider Teemeister. Sen-no-Rikyu war der Erbauer des zum Myokian-Tempel (15. Jh.) gehörenden Teehauses in Yamazaki (nahe Osaka, heute Nationalschatz). Ein weiteres bedeutendes Teehaus, Rokusan, befindet sich im Nationalmuseum von Tokyo.

Ablauf der Zeremonie

Der Verlauf einer richtigen Teezeremonie beginnt mit dem **Versammeln der Teilnehmer** (selten mehr als fünf) im Yoritsuki (Warteraum). Die Funktion des **Shokyaku** (Haupt- oder Ehrengasts) fällt einem vom Gastgeber und Teemeister ausgewählten Teilnehmer zu und wird von diesem bis zum Ende der Zeremonie beibehalten.

Einstimmung im Teegarten

Vom Warteraum aus führt der Weg der Gäste durch den vorderen Teil des **Teegartens** (**Soto-roji**) bis zu einer überdachten **Bank** (**Koshikake**), die sich am Eingang zum inneren Teil des Gartens (**Uchi-roji**) befindet. Hier erfolgt die Begrüßung durch den Gastgeber, ebenso wortlos wie die durch eine Verbeugung angezeigte Aufforderung, den Gang zum Teehaus anzutreten. Der Garten gibt ein komplexes Bild der Natur wieder, seine formvollendete Schönheit stimmt die Gäste auf die Atmosphäre der Teezeremonie ein. An Bäumen, Strauchwerk und Steinlaterne (Ishi-doro) vorbei führt der Weg über im Moos des Erdreichs versetzte **Trittsteine** (**Tobi-ishi**) zu einem »Chozubachi« genannten steinernen **Wasserbecken**, wo sich die Gäste einer Reinigung von Mund und Händen unterziehen, allen voran der Ehrengast.

Betreten des Teeraums

Das im hinteren Teil des inneren Gartens gelegene, strohgedeckte **Teehaus** (**Sukiya**) vermittelt einen unauffälligen, rustikalen und schlichten Eindruck. Auf Steinen, Sträuchern und Moos schimmern Tropfen kurz zuvor versprengten Wassers und verleihen der Szenerie den Anschein von Frische und Kühle. Der Ehrengast betritt als Erster den **Teeraum** (**Chashitsu**), dessen im Umfang klein gehaltener Eingang ihn und die folgenden Gäste zwingt, sich auf Knien fortzubewegen: Diese Geste symbolisiert die Gleichstellung aller und die Demut jedes Einzelnen. Die übliche Größe des Teeraums beträgt 2,70 m²; der Boden ist mit viereinhalb Strohmatten (Tatami) ausgelegt. Augenfällig wird auch hier die Schlichtheit der Baumaterialien.

DER WEG DES TEES

BAEDEKER WISSEN

Prinzipiell gibt es drei Möglichkeiten, eine Teezeremonie (sado = Weg des Tees) zu erleben: auf persönliche Einladung in einem klassischen Teehaus (›cha-ji‹, sehr förmlich), in einer Teeschule (›cha-kai‹, weniger förmlich) oder in entsprechenden Cafés und Workshops (am einfachsten). Wichtig ist die Beachtung der philosophischen Grundhaltung des Teewegs.

▶ Im Teehaus
Der schlichte Raum für die Teezeremonie ist in der Regel viereinhalb Tatami (Strohmatten, ca. 2,7 m²) groß. Fester Bestandteil sind die Nische für ein kalligrafisches Rollbild und eine Blumenvase.

▶ Wichtige Utensilien

chawan Teeschale

chasen Bambusbesen

chaire Teedose

▶ Wichtigste Anbaugebiete
Tee gedeiht vom nördlichen Niigata bis zum subtropischen Okinawa. Ureshino hat die längste Tradition. Aus Uji kommt wenig, aber hochwertiger Tee. Die größten Anbaugebiete sind Shizuoka und Kagoshima.

▶ Die größten Teeproduzenten 2013
Produktion und Export (in 1000 t)

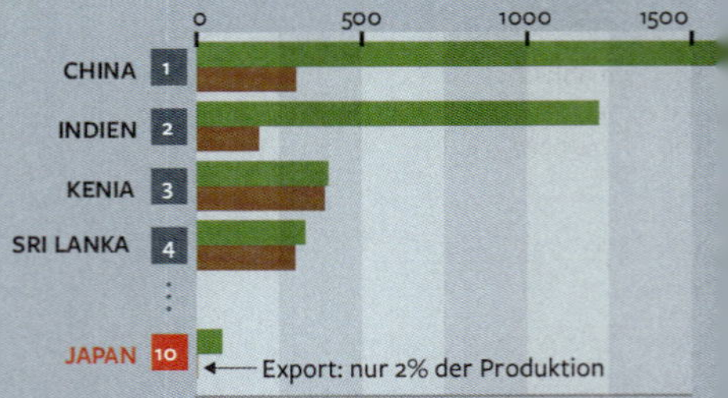

Grundsätze des Teewegs

chashaku
Bambuslöffel

▶ **Die wichtigsten Regeln der mehrstündigen Zeremonie:**

Das wagashi, eine vorab gereichte **Süßigkeit,** wird sofort und ganz aufgegessen.

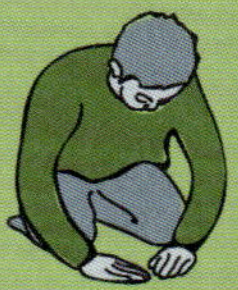

Wird die Teeschale serviert, macht man eine **Verneigung** vor den Gästen linker und rechter Hand mit den Worten »o-saki ni« (»Vor Ihnen«) und »go-issho ni« (»Lassen Sie uns gemeinsam trinken«).

Die **Schale** wird zunächst mit der rechten Hand auf die Finger der linken gestellt, dann leicht angehoben, während gleichzeitig eine Verneigung vor dem Gastgeber mit den Worten »itadakimasu« (»Danke«; wörtl. »Ich bekomme«) erfolgt.

Aus Respekt wird die **Schauseite der Schale,** die beim Servieren dem Gast zugewandt ist, wieder durch eine zweifache Vierteldrehung im Uhrzeigersinn dem Gastgeber zugewendet.

Das **Trinken** geschieht meist in drei schlürfenden Zügen, ohne dabei die Schale abzustellen.

Die **leere Teeschale** wird in die Nähe des Gastgebers abgestellt, wobei diesem erneut die Schauseite mit zwei Vierteldrehungen zugewandt wird.

Kleine Teekunde

抹茶 **matcha**
Fein gemahlener grüner Tee, mit dem chasen aufgeschlagen; lieblich bis herb

煎茶 **sencha**
Alltagstee mit nadelartig aufgerollten Blättern; frisches Frühlingsgras

番茶 **bancha**
Grob, günstiger als sencha, erdig herb

ほうじ茶 **hojicha**
Gerösteter Tee, auch kalt getrunken, karamellig

玉露 **gyokuro**
Qualitativ hochwertig, blumig-mild bis würzig

玄米茶 **genmaicha**
Mit bis zu 50% gerösteten Reiskörnern vermischt, nussig-süßlich

Im alten Japan konnten nur Männer zum Teemeister ausgebildet werden, inzwischen sind auch Frauen zugelassen.

Ausstattung und Accessoires

Nacheinander bewundern die Gäste das in einer **Nische** (**Tokonoma**) hängende **Rollbild** (**Kakemono**), das ein Tuschbild oder eine Kalligrafie sein kann. In der Mitte des Raumes ist eine Feuerstelle in den Boden eingelassen; daneben steht das **Teegerät**, bestehend aus Chawan (Teeschale), Chaire (Teedose), Chasen (kleiner Bambusbesen zum Verrühren des Pulvertees) und Hisaku (Schöpflöffel aus Bambus). Jedes Teil wurde vom Teemeister mit größter Sorgfalt ausgewählt.

Beginn der Zeremonie

Nachdem die Teilnehmer Raum, Dekor und Gerät gewürdigt haben, betritt der Teemeister den Teeraum vom **Vorbereitungsraum** (**Mizuya**) her, um die in einer Reihe Sitzenden durch eine Verbeugung willkommen zu heißen. Während des folgenden Ablaufs bleibt der Teeraum von jeder äußeren Störung abgeschlossen. Der Teemeister serviert die für die Zeremonie typische leichte **Mahlzeit** (**Kaiseki**) die mühevoll vorbereitet ist und deren einzelne Speisen der Sitte folgend restlos verzehrt werden müssen. Nach Beendigung des Essens werden Süßigkeiten serviert; damit endet der erste Teil der Teezeremonie.

Pause im Teegarten

Die Gäste werden zu einer Pause in den Garten gebeten, wo sie auf einer Bank Platz nehmen, bis sie Gongschläge in den Teeraum zurückrufen, den sie nach neuerlicher Reinigung von Mund und Händen betreten. Zwischenzeitlich ist das Rollbild in der Nische durch eine Vase mit Blumen ersetzt worden.

Hauptteil der Zeremonie

Jetzt beginnt der Hauptteil der Teezeremonie: **Gozairi**. Der Teemeister holt aus dem Vorbereitungszimmer ein Gefäß mit Süßigkeiten, das er vor dem Ehrengast platziert, und beginnt sodann mit der **Zubereitung des dickflüssigen Tees** (**Koicha**). Hierzu füllt er, nachdem er das Teegerät mit einem hierfür bestimmten Tuch (Fukusa) gereinigt hat, zwei bis drei Löffel des zerriebenen grünen Tees in die Teeschale, gießt mithilfe des Schöpflöffels heißes Wasser hinzu und schlägt den Tee mit dem Bambusbesen schaumig. Koicha wird gewöhnlich aus jungen Blättern von mindestens 20, oftmals sogar mehr als 50 Jahre alten Teestauden zubereitet.
Ist der Tee fertig, wird die Teeschale an einen bestimmten Platz neben dem Herd gestellt, von wo sie der Ehrengast, der zuvor seinen Kuchen verspeist hat, mit einer Verbeugung zu den anderen Gästen aufhebt. Dies geschieht auf vorgeschriebene Weise, indem die Schale auf die linke Hand aufgesetzt und die rechte Hand seitlich angelegt wird.

Erste Kostprobe

Der ersten Kostprobe des Tees folgt das Kompliment an den Teemeister, nach zwei weiteren Schlucken und einer bewundernden Äußerung über das Aussehen der Teeschale wird diese an den nächsten Teilnehmer weitergereicht, nicht ohne die zum Mund geführte Stelle der Schale sorgfältig mit einem **Papiertuch** (**Kaishi**) gereinigt zu haben. Nachdem auch der letzte Teilnehmer den Tee gekostet hat, geht die Schale zurück an den Ehrengast, der sie dem Teemeister übergibt. Das Gozairi endet, indem sich jeder der Reihe nach lobend über die kunstvolle Ausführung des Teegeräts äußert.

Abschluss der Zeremonie

Der Abschluss der Teezeremonie, **Usucha** genannt, unterscheidet sich vom Gozairi vor allem durch einen weniger formellen Ablauf. Für die **Zubereitung des dünnen Tees** (**Matcha**) verwendet man Blätter von drei- bis 15-jährigen Stauden. In einer kleineren Teeschale werden zwei Löffel dieses Tees für jeden Gast einzeln angerührt, die Teeschale wird jedes Mal völlig geleert. Hat auch der letzte Gast seine Schale zurückgereicht, trägt der Teemeister und Gastgeber das Gerät hinaus und bedeutet mit einer tiefen Verbeugung das Ende der Teezeremonie. Die scheidenden Gäste verabschieden sich mit Verbeugungen ihrerseits und werden nicht versäumen, sich am folgenden Tag schriftlich oder persönlich für diese Einladung zu bedanken.

Geishas: Unterhaltungskünstlerinnen von hohem Ansehen

»Person der Künste«

Die japanische Geisha ist keine Edelprostituierte. Geisha heißt übersetzt »Person der Künste«. Sie ist also eine Künstlerin, die jahrelang in der Kunst des Musizierens, des Tanzens, der Kalligrafie, des Ikebana, der Teezeremonie und der gepflegten Konversation ausgebildet wurde. Ihre Aufgabe ist es, in der distanzierten, männerorientierten japanischen Gesellschaft eine angenehme, entspannte Atmosphäre zu schaffen, etwa in traditionellen Restaurants und Teehäusern. Nur dann tragen sie ihre volle »Berufskleidung« – kostbare Kimonos, **Holzsandalen** (**Getas**), hochgesteckte Frisuren – und schminken ihre Gesichter bis zum Hals und den Nacken weiß, rot den Mund.

Ausbildung

Heute ist ► Kyoto die Hochburg der Geisha-Kultur. Geishas werden ab dem 16. Lebensjahr – zumeist in **Geisha-Häusern** (**okiya**) – fünf Jahre lang ausgebildet und während dieser Zeit als **Maiko** (»Tanzendes Mädchen«) bezeichnet. Zunächst erlernen sie das Handwerk der »Minarai« oder »Oshaku«: Weinserviererinnen, die auch das Essen reichen, singen und tanzen, sich jedoch nicht an der Konversation beteiligen dürfen.

Nach der Ausbildung

Nach Beendigung der anspruchsvollen Ausbildung (Kalligrafie, Kunst der Gesprächsführung, Kenntnisse der Sitten und Gebräuche Japans, Gesang, Tanz und Instrumentenspiel, Schminken, Kimono-Binden, Frisuren-Stecken und der Kunst der Teezeremonie) arbeiten die Geishas entweder für eine Agentur (Kenban) oder auf eigene Rechnung. Geisha-Partys sind teuer und exklusiv. Von einem Japaner zu einer solchen Party eingeladen zu werden, ist eine hohe Ehre, doch wer kein Japanisch versteht, wird von Niveau und Reiz einer solchen Einladung nur einen Bruchteil erfassen können.

INTERESSANTE MENSCHEN

Erfinder der Instant-Nudel: Ando Momofuku

1910–2007
Lebensmittelfabrikant

55 000 Menschen kamen zu seiner Trauerfeier ins Baseball-Stadion von Osaka, und mit Sicherheit hat jeder von ihnen seine Erfindung zu Hause: Ando Momofuku, in Taiwan geboren und mit 23 Jahren japanischer Staatsbürger geworden, ersann die Trockennudel. Er wollte den großen Nahrungsmittelbedarf im hungernden Nachkriegs-Japan mit traditionellen japanischen Nudeln befriedigen – die aber sollten rasch zubereitet werden können. 1958 stellte er die erste vorgekochte Instant-Nudel (jap. »Chikin Ramen«, wegen des Hühnerbrühengeschmacks = »chicken«) vor, 1972 brachte er Nudeln und Instant-

Hühnerbrühe zusammen in einem Styropor-Becher abgefüllt auf den Markt – die »**Heiße Tasse**« war geboren. Sein Nissin-Konzern hat seither annähernd 100 Mrd. Stück davon verkauft.

Impulse für den Buddhismus: Ganjin

688–763
Chinesischer Mönchsgelehrter

Ganjin (chinesisch Chien Chen) war ein hoher Priester in der chinesischen Tang-Dynastie. Shomu-tenno lud ihn nach Japan ein, wo er den **Buddhismus verbreiten** sollte. Im Jahre 742 brach Ganjin zum ersten Mal nach Japan auf, musste aber diese und vier weitere Reisen wegen Piratenüberfällen, Stürmen und Schiffbruch abbrechen. Bei einer dieser glücklosen Seereisen verlor er sein Augenlicht.
Erst 754, im Alter von 66 Jahren, gelangte Ganjin nach Nara, wo er im **Todaiji-Tempel** (▶ S. 314) lehrte und Priester weihte. Nach dem Bau des Toshodaiji-Tempels (▶ S. 329) siedelte er hierher über, wo er am 6. Mai 763 starb.

Symbol der Kontinuität: Hirohito – Showa-Tenno

1901–1989
Japanischer Kaiser

Kein anderer japanischer Kaiser regierte so lange. Obwohl er schon 1926 den Thron bestiegen hatte, hörte das japanische Volk seine Stimme am 15. August 1945 zum ersten Mal. Da musste der Tenno im Radio die **Kapitulation Japans** bekannt geben. Er selbst verlor seinen göttlichen Status als direkter Nachfahre der Sonnengöttin, nicht aber den Thron, obwohl seine Mitverantwortung für den Krieg bis heute umstritten ist. Doch General Douglas MacArthur, dem der Tenno seinen Rücktritt anbot, brachte ihn nicht vor das Kriegsverbrechertribunal, da er annahm, der Tenno sei ein Garant für den Frieden im Land.
Die von den Amerikanern entworfene japanische Verfassung sieht ihn denn auch als »Symbol der Einheit des japanischen Volkes«. Und so beschränkte sich seine Rolle nach dem Krieg auf eine rein repräsentative. Fortan reiste der scheue Kaiser durch das Land, um Volksnähe zu proben, schrieb Bücher über Meeresbiologie und führte mit seiner Familie ein **zurückgezogenes Leben**. Als er am 1989 seinem Krebsleiden erlag, ging mit ihm eine ganze Epoche zu Ende, die Zeit des »Erleuchteten Friedens« (Showa).

Erneuerer der Kunst: Hokusai Katsushika

1760–1849
Maler und Holzschnitt-Künstler

Hokusai Katsushika, der wohl bekannteste Maler und Vertreter des Farbholzschnittes (Ukiyo-e; ▶ S. 555) im neuzeitlichen Japan, stammte aus Tokyo. Anregungen für seine Arbeiten erhielt er nicht zuletzt von der europäischen Kunst. Das Werk Hokusais umfasst Einzelblätter,

MISSIONARE IM AUFTRAG DER MEDIZIN

Dass die deutsche Medizin in Japan bis heute einen ausgezeichneten Ruf genießt, verdankt sie nicht zuletzt einer Reihe deutscher Ärzte, die es ins Land der aufgehenden Sonne zog. Zu ihnen gehörten hierzulande kaum bekannte Namen wie Engelbert Kaempfer, Philipp Franz von Siebold oder Erwin von Bälz. Sie hinterließen aber nicht nur in der japanischen Medizin Spuren, sondern trugen auch in der Heimat viel zum Wissen über Japan bei.

Franz Xaver, der erste christliche Missionar, ging 1549 in Kagoshima an Land (► S. 542). Nach Handelskontakten zwischen Europa und Japan wurden aus Furcht vor einer Invasion ausländischer Mächte ab 1636 alle Europäer aus Japan ausgewiesen. Sakoku – die nationale Abschottung von der übrigen Welt – wurde erst 1858 wieder aufgehoben.
Eine winzige Handelsbasis blieb allerdings erhalten: Auf der künstlichen Insel **Dejima** vor Nagasaki (► S. 301) wurde den protestantischen Holländern 1641 erlaubt, weiter Waren auszutauschen.

Engelbert Kaempfer

Während dieser Zeit betrat Engelbert Kaempfer (1651–1716) aus Lemgo in medizinischen Diensten der Niederländisch-Ostindischen Gesellschaft 1690 erstmals japanischen Boden. Er nutzte seinen zweijährigen Aufenthalt zu intensiven landeskundlichen, historischen und botanischen Studien. Seine Wissbegier und Aufgeschlossenheit trugen ihm rasch das Vertrauen der Japaner ein. Im Vorwort zu seiner »Geschichte und Beschreibung von Japan« heißt es: »Diese Nation ... ist ausnehmend freundlich, umgänglich und ... so neugierig, wie nur irgendeine Nation auf der Welt sein kann. Besonders sind die Japaner sehr begierig, von den Geschichten, Verfassungen, Künsten und Wissenschaften fremder Völker etwas zu erfahren.«
Zweimal begleitet Kaempfer eine holländische Abordnung, die dem Shogun in Edo (heute Tokyo) ihre Aufwartung macht. Der Shogun befragt ihn nach westlicher Medizin, gleichzeitig wird Kaempfer mit Akupunktur und Moxibustion (Therapie, bei der Heilkräuter auf den Akupunkturpunkten verbrannt werden) vertraut. Unterwegs befasst er sich mit der Botanik des Landes; durch ihn wird der **Ginkgo biloba** in Europa bekannt. Mithilfe eines versteckten Kompasses fertigt Kaempfer auch Stadtpläne und **Landkarten** an.
Sein Werk gilt als Basis aller Schriften über Japan bis zur Öffnung des Landes im 19. Jh. Die Japaner schätzen ihn bis heute wegen seiner objektiven Darstellungen – seinerzeit aus europäischer Sicht eher ungewöhnlich.

Philipp Franz von Siebold

Kaempfers Japanwerk wurde vor allem durch Philipp Franz von Siebold (1796–1866) aus Würzburg weitergetragen. Auch er erhielt Gelegenheit, als Stabsarzt bei der Niederländisch-

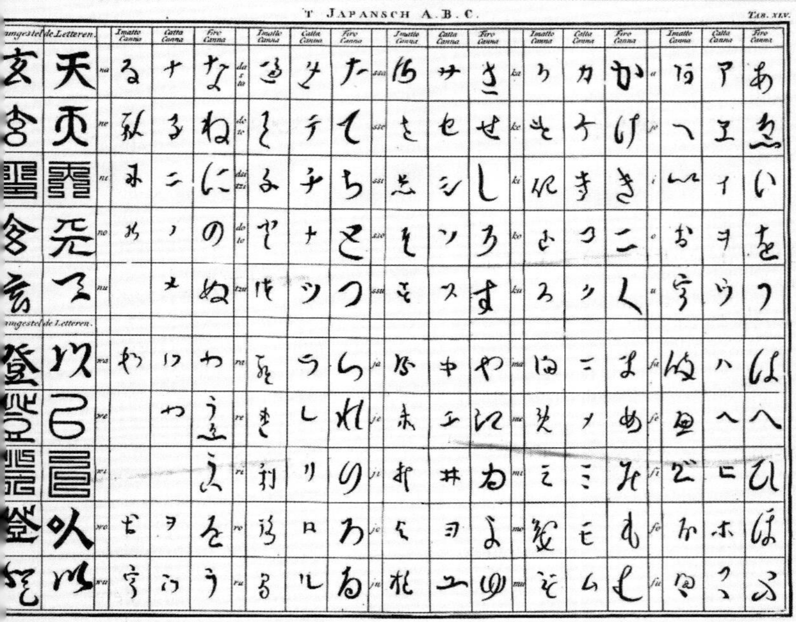

Japanisches Alphabet von Engelbert Kaempfer

Ost-indischen Kompanie zu dienen; 1823 kam er auf die Insel Dejima. Über Vorlesungen zur westlichen Medizin, die Einführung der Pockenschutzimpfung, die Operation des Grauen Stars und die Anlage eines botanischen Gartens zur Gewinnung von Arzneimitteln erlangte er schnell Vertrauen und Popularität. Seine japanische Frau gebar ihm eine Tochter, Ine, die später durch Vermittlung von Dr. Erwin von Bälz als erste japanische Frauenärztin am Kaiserhof in Tokyo tätig wurde.
1826 wurde Siebold beim Shogun in Edo zur Audienz zugelassen und bekam so Kontakt zu den Leibärzten und Hofastronomen. Seine Sänfte war zur **mobilen Studierstube** geworden, er konnte unbemerkt Tagebuchaufzeichnungen machen, geodätische Messungen vornehmen und insgeheim für die Holländer Teesamen zur Aussaat in Java sammeln. Bei seiner Rückreise 1828 geriet sein Schiff mit den wertvollen Aufzeichnungen in einen Taifun; die Kisten fielen in die Hände des japanischen Zolls, Siebold wurde als Spion angeklagt und – trotz seiner Verdienste – des Landes verwiesen. Ins holländische Leyden zurückgekehrt, begann er mit der Veröffentlichung seiner Bücher »Nippon« (Standardwerk für die Japanologen), »Fauna und Flora Japonica« und eines japanischen Handatlas, dessen sich sogar die britische Admiralität bediente.

Nach der erzwungenen Öffnung Japans durch die Amerikaner 1854 wurde die Verbannung Siebolds aufgehoben, 1859 trat er seine **zweite Japanreise** an. Hier setzte er problemlos seine früheren Tätigkeiten als Lehrer, Arzt und Forscher fort bis zur endgültigen Rückkehr 1862, nach der er in Würzburg und München seine Sammlungen pflegte. Siebold ist in Deutschland fast vergessen – trotz einer gemeinsamen deutsch-japanischen Briefmarkenausgabe von 1996. In Japan dagegen ist er weit bekannt und hoch geehrt. Auf einem **Gedenkstein in Nagasaki** (► S. 300) steht: »Unter den Gelehrten Europas gilt Siebold als der wissenschaftliche Entdecker Japans, und dieser Ruf ist wohlbegründet. Hier sei es in Stein gehauen und als ein Denkmal für ihn an der Küste von Nagasaki aufgestellt: Sein Name ist unsterblich durch seine große Tat, das Edelste unseres Landes und die Kunde davon den Nationen vermittelt zu haben. Hier in diesen Stein, den wir zu seinem ewigen Andenken an der Küste von Nagasaki errichtet haben, sei sein Ruhm eingemeißelt.«

Erwin von Bälz

Der dritte bedeutende deutsche Arzt in Japan war Erwin von Bälz (1849–1913) aus dem schwäbischen Bietigheim. Er traf nach der Öffnung des Landes 1876 in Japan ein; an der Kaiserlichen Universität Tokyo lehrte er als Ordinarius in deutscher Sprache Physiologie, Psychiatrie und Gynäkologie. Deutsch galt seither bis nach dem Zweiten Weltkrieg als Grundsprache der japanischen Medizin.
Seine Interessen waren weit gefächert. Anthropologische Forschungen, Empfehlungen zum Körpertraining durch Kampfsport, Schwimmen und Gymnastik oder Ratschläge zu Hygiene und Seuchenprophylaxe, ja selbst Übungen im Bogenschießen machten ihn im Land so populär, dass ihm auch das Vertrauen des kaiserlichen Hofs zuteil wurde. 1890 wurde er zum Leibarzt des Kronprinzen Yoshihito ernannt. Seinen Ruf als »**Wunderarzt**« begründete er mit der Suggestionsheilung eines Falles von hysterischer Blindheit. Bei einem Anthropologenkongress in Karlsruhe erhielt er den Ehrennamen »Japaner-Bälz« und von der japanischen Regierung wurde er in den Rang eines Chokuin erhoben – den höchsten, den ein Ausländer erlangen konnte.
Im Shirane-Gebirge bei Kusatsu entdeckte Bälz schwefel-, eisen- und alaunhaltige **Thermalquellen** und begründete so die japanische Balneologie; 1904 ließ er das erste Sanatorium für Hautkrankheiten und Arthritis erbauen. Seither gibt es das geflügelte Wort: »Eine Krankheit gibt es, die kein Arzt und nicht einmal das Wasser von Kusatsu zu heilen vermögen – die Liebe.«
Als Begründer der wissenschaftlichen Medizin, der Balneologie und des öffentlichen Gesundheitswesens in Japan genoss Bälz **internationalen Ruf**; er war Träger des Großkreuzes vom Orden der Aufgehenden Sonne in Japan, des Komturkreuzes vom Kronenorden des Königreichs Württemberg, wurde in den persönlichen Adelsstand erhoben und zum Präsidenten für Tropenmedizin ernannt. 1905 kehrte Bälz nach Stuttgart zurück; 1908 führte ihn ein letzter Besuch erneut zu Kronprinz Yoshihito. Im Jahr 1913 wurde Bälz auf dem Waldfriedhof in Stuttgart beigesetzt.

Landschafts- und Figurenserien, Buchillustrationen und Karikaturen. Im späten 19. Jh. gelangten seine Werke auch in Europa zu erheblichem Ansehen und inspirierten dort Künstler wie van Gogh, Gauguin und Klimt. Um 1830 schuf er das wohl berühmteste japanische Kunstwerk: »**Die große Welle vor Kanagawa**« aus den »36 Ansichten des Berges Fuji«.

Kampfsport-Pionier: Kano Jigoro

1910–1998
Begründer des Judo

Abkömmling einer Samurai-Familie, kam Kano in der beginnenden Meiji-Zeit zum Studium nach Tokyo. Dort soll der kränkliche junge Mann den deutschen Arzt Erwin von Bälz (► S. 592) getroffen haben, der ihn vielleicht darin bestärkte, mehr Sport zu treiben, insbesondere zur Selbstverteidigung. Kano lernte die **Selbstverteidigungstechnik Jiu-Jitsu** bei mehreren Meistern und entwickelte seine eigene Variante, das Judo.
Bei diesem **»Weg der Sanftheit«** wird besonders viel Wert auf das Training des Geistes gelegt und darauf, die Energie des Gegners zum eigenen Vorteil zu nutzen. Seit den Olympischen Sommerspielen in Tokyo 1964 ist Judo olympische Sportart; Kano Jigoros Bild hängt auch in Europa in vielen Judo-Trainingsstätten.

Publikumsliebling auf der Schanze: Kasai Noriaki

geb. 1972
Skispringer

Seit Jahrzehnten ist er zu Neujahr dabei: Eine Vierschanzen-Tournee ohne Kasai Noriaki scheint kaum denkbar, der stille Japaner ist ein Publikumsliebling. Kasai hält diverse Rekorde als ältester Weltcupsieger und olympischer Medaillengewinner im **Skispringen**. Er hat seit 1988 an über 500 Weltcup-Einzelwettbewerben teilgenommen und noch mit über 40 mehrfach seine eigene Bestweite gesteigert.

Japanischer Kosmopolit: Kurosawa Akira

1910–1998
Regisseur

Wenn der japanische Film in Europa und den USA überhaupt wahrgenommen wird, dann ist es einem Mann zu verdanken: dem im Tokyoter Stadtbezirk Omori in eine alte Samurai-Familie hineingeborenen Kurosawa Akira, den Cineasten in einem Atemzug mit Größen wie John Ford, Alfred Hitchcock und Ingmar Bergman nennen. Zum ersten Mal machte er 1950 international auf sich aufmerksam mit **»Rashomon«**, Oscar-Gewinner 1952, in dem der Mord an einem Samurai und die Vergewaltigung von dessen Frau aus verschiedenen Perspektiven geschildert werden. Mit **»Die Sieben Samurai«** (1953) beeinflusste er Hollywood nachhaltig – durch das Western-

Kurosawa Akira am Set

Remake »Die Glorreichen Sieben« von John Sturges und stilistisch durch Zeitlupenaufnahmen der Actionszenen mit mehreren Kameras, wie sie später auch z. B. Sergio Leone einsetzte.
Kurosawa war aber alles andere als ein »Eastern«-Regisseur. Sein Hauptthema war zwar das **Japan der Samurai**, doch bei ihm müssen die stolzen Krieger erkennen, dass ihre Zeit zu Ende geht. So in »**Kagemusha**« (1979), in dem das überkommene Herrschaftssystem im Hagel der neuen Schusswaffen untergeht, so in »Ran« (1985), angelehnt an Shakespeares »König Lear«, in dem Fürst Hidetora wahnsinnig wird, weil sich seine Söhne gegen ihn verbündet haben. Diese Filme machten Kurosawa im Westen bekannt; fast vergessen bleiben darüber Werke wie »Rhapsodie im August« (1991) mit Richard Gere, ein Versuch, das Trauma von Hiroshima und Nagasaki aufzuarbeiten.

Demokratisierung der Perle: Mikimoto Kokichi

1858–1954
Zuchtperlen-Erfinder

Der »Perlenkönig« Japans gilt als Erfinder des Verfahrens zur Perlenzucht. Um die Wende vom 19. zum 20. Jh. gelang es ihm, durch das Einsetzen kleiner Fremdkörper in Perlmuscheln diese gezielt zur Produktion von Perlen anzuregen. Noch heute besteht in Toba bei Ise (Süd-Honshu) eine Zuchtanlage (► S. 163).

Technoider Modestil: Miyake Issei

Der in Hiroshima geborene Designer ist Überlebender des Atombombenabwurfs vom 6. August 1945 und entwickelte später eine Knochenmark-Krankenheit, aufgrund derer er heute hinkt. Er studierte in Tokyo und arbeitete in Paris und New York, bevor er in Tokyo ein eigenes Modestudio (Issey Miyake) gründete. Berühmt wurde er vor allem durch seinen technoiden Stil, der auch in seiner »**Pleats Please**«-Modereihe zum Ausdruck kommt: Ihr Markenzeichen sind die markanten superhaltbaren Falten, oft in Kombination mit kräftigen Farben, als Stoffe verwendet er häufig sehr leichte Polyester-Materialien und Seiden.

Geb. 1938
Modedesigner

»Super-Mario«-Erfinder: Miyamoto Shigeru

Seinen Namen kennt kaum jemand, dafür ist seine Erfindung, Super Mario, rund um den Globus ein Begriff. Nach Studium des Industriedesigns entwarf er für Nintendo den **Klassiker unter den Computerspielfiguren**, den sympathischen, etwas beleibten Klempner und Schnurrbartträger Mario (ursprünglich »Jumpman«), der seine Freundin aus den Klauen des Affen Donkey Kong zu befreien versucht. Dabei geht es Miyamoto darum, durch seine Spiele Menschen zusammenzubringen – statt sie vor dem Bildschirm zu isolieren.

Geb. 1952
Spiele-Entwickler für Nintendo

Prägte das japanische Deutschlandbild: Mori Ogai

Der in Tsuwano geborene Mori Ogai absolvierte einen Teil seines Medizinstudiums in Deutschland (u. a. in Berlin bei Robert Koch). Später diente er als Arzt in der japanischen Armee. Internationale Bedeutung errang er allerdings als Schriftsteller und Übersetzer; so ist ihm die erste vollständige Übertragung von Goethes »Faust« ins Japanische zu verdanken.

1862–1922
Arzt, Schriftsteller und Übersetzer

Zwischen Kunst und Pop: Murakami Takashi

Der vielleicht bekannteste japanische Gegenwartskünstler studierte ursprünglich klassische japanische Malerei. Heute bezieht sich seine Kunst unter dem Oberbegriff »**Superflat**« auf Manga, Kitsch und Kommerz: Seine comichaften Figuren wie »Mr. DOB« sind Markenartikel, die er mit einer eigenen Firma vermarktet. Zugleich hat er mit seiner Kooperation mit dem Taschenhersteller Louis Vuitton Furore gemacht. In Deutschland hatte Murakami 2008 eine eigene Ausstellung im Frankfurter Museum für Moderne Kunst.

Geb. 1962
Künstler

Bedingungslose Treue: Die Siebenundvierzig Ronin

17./18. Jh.
Legendäre
Samurai

Die 47 Ronin, wiewohl in Japan als Helden verklärt, sind historische Gestalten. Diese Samurai waren Gefolgsleute des Daimyo Asano am Hof des Shoguns. Bei einer Audienz 1701 beleidigte ihn der Höfling Yoshinaka Kira, woraufhin ihn Asano sogleich mit dem Schwert angriff, aber nur leicht verletzte. Nun war es ein schweres Vergehen, bei Hof die Waffe zu ziehen, und Asano wurde dazu verurteilt, sich selbst den Tod zu geben.
Seine 47 Samurai sannen darauf, ihren Herrn zu rächen. Zum Schein sagten sie sich von ihrem toten Gebieter los, womit sie zu Ronin, d. h. zu **herrenlosen Rittern**, geworden waren. Um Kira in Sicherheit zu wiegen, warfen sie alle ritterlichen Tugenden über Bord und führten ein zügelloses Leben. Im zweiten Jahr nach dem Selbstmord Asanos drangen sie in Yoshinaka Kiras Haus ein und hieben ihm den Kopf ab, den sie am Grab ihres Herrn niederlegten. Nach diesem Racheakt, zugleich Beweis für die unbedingte Treue zu Asano, begingen die 47 Ronin rituellen Selbstmord.

»Oscar«-Preisträger der Architektur: Tange Kenzo

1913–2005
Architekt

Der in Imabari (Hauptinsel Shikoku) geborene Tange Kenzo ist einer der bekanntesten japanischen Architekten. Ursprünglich vom Neuen Bauen Europas beeinflusst, das er mit der japanischen Architekturtradition verband, entwickelte er einen eigenständigen Stil. Neben zahlreichen repräsentativen Einzelbauten, vorwiegend in Japan, darunter das **Tokyo Metropolitan Government Builduing** (▶ Baedeker Wissen, S. 45), schuf er auch stadtplanerische Konzepte, so für den Wiederaufbau der 1963 durch ein Erdbeben zerstörten mazedonischen Stadt Skopje. 1987 erhielt er den Pritzker-Preis, den weltweit anerkannten »Oscar« der Architektur-Szene.

Der Erfinder des Reiseführers: Karl Baedeker

1801–1859
Verleger

Als Buchhändler kommt Karl Baedeker viel herum, und überall ärgert er sich über die »Lohnbedienten«, die die Neuankömmlinge gegen Trinkgeld in den erstbesten Gasthof schleppen. Nur: Wie soll man sonst wissen, wo man übernachten kann und was es anzuschauen gibt? In seiner Buchhandlung hat er zwar Fahrpläne, Reiseberichte und gelehrte Abhandlungen über Kunstsammlungen. Aber will man das mit sich herumschleppen? Wie wäre es denn, wenn man all das zusammenfasst? Gedacht, getan: Zwar hat er sein erstes Reisebuch, die 1832 erschienene »Rheinreise«, nicht einmal selbst geschrieben. Aber er entwickelt es von Auflage zu Auflage weiter. Mit der Eintei-

»Zwei kämpfende Samurai«, Farbholzschnitt von Utagawa Kuniyoshi (1948). Blatt 28 der Serie »Wettbewerb ruhmreicher treuer Vasallen« zur Erzählung der Siebenundvierzig Ronin

lung in »Allgemein Wissenswertes«, »Praktisches« und »Beschreibung der Merk-(Sehens-)würdigkeiten« findet er die klassische Gliederung des Reiseführers, die bis heute ihre Gültigkeit hat. Bald sind immer mehr Menschen unterwegs mit seinen **»Handbüchlein für Reisende, die sich selbst leicht und schnell zurechtfinden wollen«**. Die Reisenden haben sich befreit, und sie verdanken es bis heute Karl Baedeker.

E

ERLEBEN & GENIESSEN

Überraschend, stimulierend, bereichernd

Mit unseren Ideen erleben und genießen Sie Japan.

Das Wasser dampft, die Utensilien stehen bereit: hinein ins Rotenburo, das japanische Freiluft-Bad. ►

BEWEGEN UND ENTSPANNEN

Japaner sind sportbegeisterte Ausrüstungsfanatiker. Bevor sie sich das erste Mal in die Berge wagen, steht erst mal ein umfangreicher Einkauf im Sportartikelgeschäft an. Doch keine Angst, auch wer nicht die neueste Hightech-Ausrüstung vorweisen kann, wird nicht schief angeschaut. Im Gegenteil, Japaner sind im Allgemeinen zurückhaltend dezent – und erfrischend unternehmungslustig. Wenn Sie also schon immer mal die eine oder andere Sportart ausprobieren wollten, bietet Japan eine gute Gelegenheit dafür.

Fitness für Körper und Geist

Joggen

In Großstädten wie Tokyo und Kyoto sieht man zahlreiche Jogger. Manch ein »Jogging-Pendler« hat gar einen kleinen Rucksack dabei und bewältigt den Weg zur Arbeit im Laufschritt. Wer im Urlaub fit bleiben möchte und die Laufschuhe einpackt, wird überall gute **Laufstrecken** finden (► S. 605). Besonders beliebt ist die Strecke um den Kaiserpalast in Tokyo (ca. 6 km).

Radfahren

Angesichts der Entfernungen, voller Straßen und fehlender Radwege scheint Radfahren in Japan kaum empfehlenswert. Radwege oder gar Radwanderwege in der Natur gibt es (noch) fast gar nicht, wenig befahrene Landstraßen sind schwer zu finden. Rennradler können sich für schöne Küsten- oder Gebirgsstrecken immerhin an sogenannten **Doraibu** (Spazierfahrten) für Autos orientieren, für die es ganze Zeitschriften gibt. In öffentlichen Verkehrsmitteln ist der Transport von Fahrrädern nur in speziellen Fahrradtaschen erlaubt. Dafür müssen Pedale und Räder abmontiert werden. Eine durchaus vergnügliche Option ist in kleineren Touristenorten die **Erkundung per Fahrrad**. In einigen Städten (wie Matsumoto oder Toyama) gibt es inzwischen einen **Fahrradverleih**, der oft von der Stadtverwaltung oder einer lokalen NGO arrangiert und sehr preiswert bzw. gar umsonst ist.
Auch die Autobahnbrücke **Shimanami Kaido** über die Inlandsee lässt sich auf einem Drahtesel erleben: Von Onomichi nach Imabari folgt ein ca. 80 km langer Radweg der Meerbrücke über etliche Inseln; es gibt Fahrradleihstationen und Rücktransportmöglichkeiten (► S. 283). Helme sind eher unüblich, sollten also besser mitgebracht werden.

Wanderwege, Pilgerrouten

Die japanischen Berge durchzieht ein gut ausgebautes Wegenetz. Gute **Wanderstrecken** sowohl für Tages- als auch für Mehrtages-Touren gibt es in den Japanischen Alpen um Matsumoto und Nagano, dazu

Japan ist nicht nur etwas für Kultur-Urlauber. Sportliche Angebote reichen vom Schneeschuhwandern in der Wildnis von Hokkaido (oben) bis zum Radfahren auf dem Shimanami Kaido (70 km), der über sechs kleine Inseln der Inlandsee und mehrere Brücken die Hauptinseln Shikoku und Honshu verbindet (unten).

Wanderer finden im Hodaka-Gebirgsmassiv ihr Revier.

kommen Pilgerrouten auf Shikoku (88-Tempel-Pilgerweg; (► S. 420) und im ► Yoshino-Kumano-Nationalpark. Von Tokyo aus ist Okutama (► S. 94) mit zahlreichen Wandermöglichkeiten (oft mit Fuji-Blick) in einem Tagesausflug zu erreichen. Die Wege sind durchgehend ausgeschildert und gut gepflegt, allerdings ist die Wegführung oft relativ steil und mit weniger Serpentinen als in Europa versehen.
Berghütten sorgen für das leibliche Wohl und bieten eine (relativ kostspielige) Unterkunftsmöglichkeit. Zudem ist es meist erlaubt, in der Umgebung der Hütten gegen ein geringes Entgelt zu zelten. **Karten** – nur auf Japanisch – sind in guten Buchläden und in den Wandergebieten erhältlich. Die Serie »Yama to Kogen« (Berge und Hochebenen) deckt alle beliebten Wandergebiete von Hokkaido bis Yakushima ab.

Klettern

Sportklettern sowohl draußen am Fels als auch in der Halle erfreut sich in Japan großer Beliebtheit, nicht nur bei jungen Leuten – auch Rentner im Vorstieg sind durchaus keine Seltenheit. Dank der Topografie Japans finden sich zahlreiche Klettergebiete in fast allen Regionen: In der Nähe von Tokyo sind Okutama und Chichibu (► S. 91, 94) beliebte Ziele. Die Routen sind in der Regel gut gesicherte kürzere **Sportkletter-** und **Boulder-Routen**; Letztere sind in **Kletterhallen** in allen Schwierigkeitsstufen vertreten. Die Betreiber der Hallen verleihen grundsätzlich auch Schuhe und Gurte und verkaufen Topos; wer draußen klettern will, muss seine Ausrüstung aber von zu Hause mitbringen. Für viele Routen ist ein 60-m-Seil erforderlich.

WANDERN IN JAPAN

Die rote Hängebrücke von Kamikochi glänzt im Morgenlicht, dahinter ragt weiß das Massiv des Hotakadake auf. Mit 3190 m ist er Japans dritthöchster Berg und einer der »100 berühmten Berge«. Um 7 Uhr tummeln sich bereits etliche Touristen in karierten Hemden und Trekkingschuhen auf der Brücke: Schnell noch ein paar Fotos knipsen, bevor es gegen Mittag wieder nach Tokyo oder Yokohama zurückgeht.

»Japanische Alpen«

An den Wochenenden trifft man überall in den Bergen auf Gruppen von zünftigen Wanderern, dabei ist es noch gar nicht so lange her, dass die Berge als Wohnort der Götter angesehen wurden und höchstens Pilger auf die Gipfel stiegen. Als der britische Missionar und Bergsteiger Walter Weston Ende des 19. Jhs. zum ersten Mal die Berge von Kamikochi sah (▶ S. 98), verglich er sie, überwältigt, mit den Alpen und begann sie zu erkunden. Seitdem werden nicht nur die Berge in dieser Region »Japanische Alpen« genannt, sondern die Japaner selbst sind auch auf den Wandergeschmack gekommen.

Hyakumeizan – »100 berühmte Berge«

Und weil Japaner Listen und klare Vorgaben lieben, gibt es längst einen **Kanon von Bergen**, die man bestiegen haben muss, so wie man die schönsten Landschaften, die schönsten Ansichten des Berges Fuji und die herrlichsten Blütenmeere abhaken möchte. Eine Liste von 90 besonders schönen Bergen existierte bereits in der Edo-Zeit (1603–1868). Streng genommen waren einige davon eher Hügel, und so stellte der Alpinist **Fukuda Kyuya** 1963 eine neue Liste von 100 signifikanten Bergen zusammen: Die Hyakumeizan (»100 berühmten Berge«) sind nicht zuletzt durch die Anerkennung von Kronprinz Naruhito verbindlich. Heute sind sie alle für Bergwanderer erschlossen, die meisten ohne spezielle Anforderungen – manche wurden dafür recht aufwendig mit Leitern und Seilen abgesichert. Der höchste und bekannteste der Hyakumeizan ist der ▶ Fuji-san; als der schwierigste gilt der Tsurugi-dake (▶ S. 421) in den Nordalpen.

Hinauf auf den Berg Miyanoura

Platz ist in Japan rar, Golfen also einmal anders: Golfing Range in Tokyo.

Wassersport Bei Tausenden von Kilometern Küstenlinie und teils subtropischen Gewässern gibt es natürlich unzählige Wassersportmöglichkeiten. Zwar findet man auch auf den Hauptinseln schöne **Strände**, für den Badeurlaub mit weißen Traumstränden und touristischer Infrastruktur fährt man aber am besten nach ► **Okinawa**. Die südlichste Provinz verfügt auch über hervorragende **Tauch- und Schnorchelreviere**, und in den Wintermonaten lassen sich vor der Küste Wale beobachten.

Kajak-Fahren, Surfen Vor der über weite Strecken sehr felsigen und malerischen Küste von Honshu und Shikoku lassen sich schöne Ausflüge mit dem **Kajak** unternehmen. Nur wenige Kajakschulen verleihen auch Kajaks an geübte Kajaker, für längere Touren muss die Ausrüstung mitgebracht werden. Die flachen Pazifik-Strände sind wegen der guten Windbedingungen bei **Surfern** beliebt, vor allem im Sommer bei höherer Brandung; Ausrüstung kann an allen Surfspots ausgeliehen werden.

Wintersport Auf den japanischen Hauptinseln gibt es über 500 **Skiresorts**, die meisten davon sind allerdings wesentlich kleiner als die Skigebiete in Europa. Die größten und international bekanntesten Skigebiete sind ► Niseko und Furano auf Hokkaido mit nicht allzu steilen Pisten und die Region um Nagano/**Hakuba** (► S. 100), Austragungsort der Olympischen Winterspiele 1998. Von Tokyo aus ist Yuzawa bei Niigata in 90 Minuten mit dem Shinkansen zu erreichen. Die Resorts von Hakuba und Niseko ausgenommen, ist Après-Ski kaum angesagt.

Schneeschuhwandern

In einigen Regionen, so auch in Hakuba und Niseko, hat sich Schneeschuhwandern als Alternativsportart entwickelt; dort gibt es markierte Routen sowie die Möglichkeit, Ausrüstung auszuleihen.

Golf

Mit fast **2400 Golfplätzen** – weltweit die meisten nach den USA – ist Golf fast ein Breitensport und aus manch geschäftlichen Zusammenhängen nicht wegzudenken. Für Touristen, die nicht gleich ihre ganze Ausrüstung mitbringen wollen, kann es ganz interessant sein, einen der riesigen Golf-Übungs- und -Abschlagplätze aufzusuchen.

Pachinko

Wer gerne flippert, sollte sich einmal in eine Pachinko-Halle wagen. Stahlkugeln bringen, wenn sie richtig fallen, mit Lämpchenflackern und Klingeln Gewinn: neue Kugeln. Jeder dritte Japaner sitzt einige Stunden in der Woche vor dem beliebtesten **Geschicklichkeitsspiel**; die gewonnenen Kugeln kann man am Ende gegen Olivenöl, Zigaretten, Damenstrümpfe oder Ähnliches eintauschen. Wer das Treiben genauer beobachtet, wird feststellen, dass die materiellen Gewinne oft in Seitenstraßen – natürlich inoffiziell – in Bargeld zurückgetauscht werden.

Go, Shogi, Mah-Jongg

Beim Go – der japanischen **Entsprechung zum Schach** – versuchen zwei Spieler auf einem Spielbrett mit 19 × 19 kleinen Quadraten mit ihren schwarzen bzw. weißen Spielsteinen jeweils Gebiete des Gegners zu umranden und dessen Steine für sich zu gewinnen. Dem klassischen Schach ähnlicher ist Shogi. Beim aus China stammenden Mah-Jongg spielt man meist um Geld in speziellen Mah-Jongg Clubs.

SPORTANGEBOTE

GOLF

GOLF IN JAPAN
www.golf-in-japan.com

JOGGEN

LAUFSTRECKEN
www.runmap.net
www.jognote.com/jogmaps (jap.)

KLETTERN

T-WALL
Mehrere Kletterhallen in Tokyo, u. a.:
Edogawabashi-Halle, 2-5-23 Suido, Bunkyo-ku, Tokyo 112-0005
Tel. 03 58 02 22 73
http://twall.jp (jap.)

SURFEN

SURFING IN JAPAN
Informationen zu Surfregionen von surfenden Expats in Japan
www.surfinginjapan.com

RAVE SURF SPORTS
4-9-1 Yuigahama, Kamakura, Kanagawa 248-000
Tel. 0467 24 29 77
tgl. 9 – 20 Uhr

Badekultur: Ritualisierte Umgangsformen

Ursprungsmythos Japan verdankt seine segensreichen heißen Quellen den vulkanischen Aktivitäten. Tausende solcher **Onsen** gibt es im Land um die sich zahlreiche Badeorte entwickelt haben. Fast jedes Onsen mit Tradition weiß eine Geschichte zu erzählen, die sich um die Entdeckung der Quelle rankt. Da legte etwa ein verwundeter Berggott einst seinen Bogen ab, oder einer jungen Dichterin der Heian-Zeit, die auf der Suche nach ihrem Vater erkrankte, erschien der Buddha und schickte sie zu einer Quelle. Mögen diese Geschichten auch dem Reich der Legende angehören, fest steht, dass die Wurzeln der japanischen Badekultur weit in die Vergangenheit zurückreichen (▶ Baedeker Wissen, S. 82).

Onsen-/Rotenburo-Ausflug Betriebsausflüge mit Übernachtung in einem nahe gelegenen Thermalbadeort sind besonders zum Jahresende beliebt. Nach dem Bad sitzen die Kollegen dann entspannt im **Yukata** (einem leichten Baumwollkimono) beim Essen (und Trinken!) beisammen und amüsieren sich. Auch Familien, Freunde und Paare unternehmen gern eine Kurzreise in ein Onsen. Ungemein reizvoll ist ein **Rotenburo**, ein Freiluft-Onsen, ob nun hoch in den Bergen oder mit Blick aufs Meer. Es tut vor allem im Winter gut – was auch japanische Affen zu schätzen wissen. Besonders stilvoll sind Bäder aus Zypressenholz: Das Holz duftet nicht nur angenehm, sondern soll auch antibakterielle Eigenschaften besitzen.

In Beppu dreht sich alles ums Baden. Hier wartet die Quelle Kamado-Jigoku.

Wasserqualität

Offiziell gelten nur solche Quellen als Onsen, deren Wasser mindestens **25 °C warm** ist und einen bestimmten Gehalt an **Mineralien** aufweist. Das Onsen-Wasser hilft je nach Zusammensetzung u. a. bei rheumatischen Beschwerden, Muskelschmerzen, Hautkrankheiten, Neuralgien – manche Bäder sollen sogar gegen Diabetes und Hämorrhoiden wirken. In einigen Onsen kann man sich auch in heißen Sand einbuddeln lassen (**Sunaburo**) oder in Schlamm baden (**Doroyu**). Doch selbst wer kerngesund ist, wird die wohltuende, entspannende Wirkung des Wassers spüren.

Besuchszeiten

Ein Besuch im Onsen ist sicher einer der reizvollsten Aspekte einer Japanreise. Bei der Vielzahl an Onsen ist es jedoch schwer, Empfehlungen auszusprechen – jede Region hat ihre eigenen berühmten oder verborgenen Onsen. Gegen 18 Uhr ist im Onsen nicht viel Betrieb, weil dann die meisten Gäste im Ryokan zu Abend essen.

Achtung: **Tätowierungen** – in Japan mit der Mafia (Yakuza) assoziiert – werden nicht gern gesehen und sind in vielen Bädern explizit verboten!

Sentos

Wer es nicht in ein Onsen schafft, aber trotzdem ein wenig japanische Badeatmosphäre schnuppern möchte, kann ein Sento aufsuchen. Diese **öffentlichen Badehäuser** werden zwar immer seltener, da die allermeisten japanischen Wohnungen heute über ein eigenes Badezimmer verfügen, aber einige sehr stimmungsvolle Häuser haben sowohl in Großstädten als auch auf dem Land überlebt. Daneben gibt es seit den 1990er-Jahren sogenannte **Super Sento**, riesige Anlagen mit bis zu 20 Bädern, Saunen und anderen Extras. Eine Klasse höher angesiedelt ist das **Kenko Land** (»Gesundheitsland«), das neben dem Bad auch Essen, Karaoke, Massagesessel oder andere Vergnügungen bietet.

Etikette

Bei einer so alten Badekultur wie der japanischen verwundert es nicht, dass Japaner im Allgemeinen der morgendlichen Dusche ein abendliches Bad vorziehen. Dabei ist es für sie geradezu ein Frevel, sich einfach ungewaschen in ein Schaumbad zu setzen. Zu Hause gelten dieselben Regeln wie im Onsen und im Sento.

Nach Geschlechtern getrennt

Heute haben fast alle Bäder nach Geschlechtern getrennte Bereiche – das Gemischtbaden wurde von den amerikanischen Besatzern nach dem Krieg verboten. Die **Schuhe** werden gleich im Eingangsbereich ausgezogen und ggf. gegen Pantoffeln eingetauscht. Im Vorraum zum Bad stehen Körbe oder Fächer bereit, in die man seine **Kleidung** und ein Handtuch legt. Den Baderaum betritt man nackt. Japaner haben meist ein schmales, dünnes Handtuch dabei, mit dem sie ihr Geschlechtsteil bedecken.

Reinigung Das Handtuch wird zugleich als Waschlappen benutzt (aber nie mit ins Wasser genommen). Diese Tücher gibt es meist vor Ort zu kaufen; im Onsen-Hotel liegen sie zum Mitnehmen bereit. Man setzt sich vor einen der Wasserhähne auf einen kleinen Schemel und seift sich gründlich ein. Seife und Haarshampoo stehen meist zu diesem Zweck bereit. Erst **nachdem man sich gewaschen und abgeduscht hat**, steigt man ins Becken.

Entspannen im Wasser Da das Wasser oft **sehr heiß** ist, sollte man sich vorsichtig hineinbegeben. Im Onsen schwimmt man nicht, sondern man sitzt im Wasser und entspannt sich. In einem **Minshuku** (**Pension**) steht eventuell nur ein Bad mit Badewanne zur Verfügung. In diesem Fall fragt man nach den Badezeiten für Männer und Frauen. Nach dem Bad nicht den Stöpsel ziehen, sondern die Wanne mit der dafür vorgesehenen Abdeckung wieder bedecken.

Ruhephase Nach einem Bad im Onsen sollte man sich nicht waschen, da sonst die Wirkung der Mineralien verloren geht. Um den Kreislauf nicht zu überlasten, empfiehlt es sich außerdem, eine Weile zu ruhen.

ESSEN UND TRINKEN

Die japanische Esskultur als Ganzes, »Washoku«, wurde 2013 in die UNESCO-Liste des Immateriellen Kulturerbes aufgenommen: Essen wird in Japan als Einheit von Geschmack, Aussehen, Konsistenz und Geschirr verstanden. Oft gleichen japanische Gerichte kleinen Kunstwerken, Gemüsescheiben haben die Form eines Ahornblattes, Reisbällchen sehen aus wie Blumen. Die Speisen erscheinen anfangs vielleicht nur schwach gewürzt – wer sich darauf einlässt, wird schon bald ungewöhnliche Nuancen entdecken.

Grundzutaten Grundzutaten der japanischen Küche sind Reis, Eier, Gemüse und Fisch. Traditionell wurde in Japan, bedingt durch die geografische Situation und wegen der buddhistischen Ernährungsgebote, recht wenig Fleisch gegessen. Nachweislich gab es bereits im 7. Jh. Verbote von Fleischkonsum bzw. Tierhaltung. Erlaubt waren aber die Jagd und der Verzehr von Vögeln und Wild. Erst seit dem 19. Jh. wird mehr Fleisch gegessen, vor allem Huhn, Schwein und Rind. Doch im Gegensatz dazu ist der Fischkonsum mit rund 70 kg pro Kopf und Jahr einer der weltweit höchsten. Fisch wird in allen möglichen Varianten gegessen: gekocht, gebraten, gegrillt, eingelegt und roh.

OBEN: Sushi – die wohl berühmteste kulinarische Spezialität Japans

UNTEN: Soba war ursprünglich ein Tempelgericht zur Teezeremonie.

Fisch in allen Varianten

Sashimi ist roher, filetierter, und vor allem ganz frischer Fisch, der daher gar nicht riecht. Beim **Sushi** wird der rohe Fisch zusammen mit Reis zu appetitlichen Häppchen angerichtet (es gibt auch Sushi ohne Fisch). Japan ist eines der wenigen Länder, in denen man noch Walfleisch auf den Speisekarten findet. Historisch ein wichtiger Proteinlieferant, hat die Beliebtheit von Walfleisch in den letzten Jahrzehnten aber stark abgenommen.

Soja, die Wunderbohne

Die Sojabohne ist die Wunderbohne der japanischen Küche, aus der zahlreiche unterschiedliche Lebensmittel produziert werden. So kommt kaum ein japanisches Gericht ohne **Sojasauce** aus. Diese besteht aus fermentierten Sojabohnen, Salz und Wasser. Im Gegensatz zu chinesischer Sojasauce enthält japanische meist auch Weizen, was sie milder macht. Ein weiterer Bestandteil vieler Rezepte ist **Miso**, eine ebenfalls aus fermentierten Sojabohnen gewonnene Würzpaste, die zur Herstellung von Suppen und Saucen genutzt wird.

Tofu und Natto

Tofu wird ähnlich wie Quark aus gestockter Sojamilch hergestellt. In Japan unterschiedet man zwischen Momen- und Kinu-Tofu. Bei der Herstellung des **Momen-Tofu** (Baumwolltofu) wird überschüssige Flüssigkeit durch ein Baumwolltuch herausgepresst; der Abdruck des Tuches ist auf dem Tofu zu sehen. Dagegen ist bei der Herstellung des **Kinu-Tofu** (Seidentofu) nicht etwa ein Seidenschal involviert – der Name bezieht sich nur auf die weiche Konsistenz des Endprodukts. Ein für Nicht-Japaner gewöhnungsbedürftiges Sojaprodukt ist **Natto**. Ganze ungeschälte Sojabohnen werden weich gekocht und mit einer Bakterienkultur versetzt. Es entsteht ein schleimiger Bohnenbrei mit strengem Geruch, der Fäden zieht, aber sehr gesund und voller Vitamine ist. Natto wird kalt über Reis gegessen.

Frühstück

Das traditionelle japanische Frühstück (**Asa-gohan/choshoku**) besteht aus einer Schale **Miso-Suppe** (**Misoshiro**), **eingelegtem Gemüse** (**Tsukemono**) sowie **getrocknetem Seetang** (**Nori**); meist gibt es noch ein Stück gegrillten Fisch und ein »Frühstücksei«. Das allerdings ist roh: Wer mag, rührt es in den Reis. Zum Frühstück wird – wie zu allen Mahlzeiten – vorzugsweise grüner Tee getrunken. Immer mehr Japaner essen aber auch Toastbrot mit Butter und Marmelade und trinken dazu Kaffee.

Mittagessen

Das Mittagessen ist gewöhnlich leicht und besteht oft nur aus einer Schale Nudelsuppe, Sushi oder Reis mit einer Beilage. Eine besondere Art der Verpflegung außer Haus für Angestellte und Reisende ist das **O-bento**, ein wunderbar angerichtetes japanisches Essen in einer Box. Beliebt auf Reisen sind die sogenannten Bahnhofs-Bento (Ekiben), die mit den Spezialitäten der Region zubereitet sind und am Bahnsteig sowie im Zug verkauft werden.

FINGERFERTIGKEIT GEFRAGT

Das landesübliche Essbesteck sind Stäbchen (»O-hashi«) genannt. Es gibt sie in einer Vielzahl von Varianten: von naturbelassenen Holz- oder Bambusstäbchen bis zu kunstvoll lackierten oder gar aus Elfenbein gefertigten Aus-führungen.

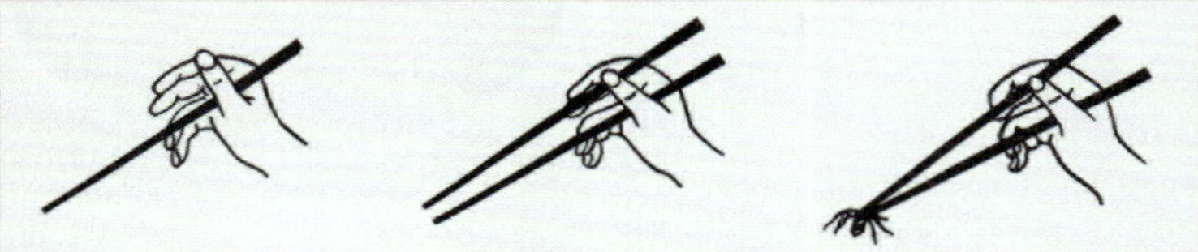

Stäbchen sind seit der Westlichen Han-Dynastie (206 v. bis 220 n. Chr.) in China bekannt. Wegen Brennmaterialknappheit wurde es üblich, Nahrungsmittel vor dem Kochen zu zerteilen, um die Garzeit zu verringern. Die im Fernen Osten beliebten **Suppen**, angereichert mit zerkleinerten Zutaten, werden geschlürft, die Einlagen mit den Stäbchen nachgeschoben. Selbst lange Nudeln kann man mit Stäbchen essen, wenn man sie mit diesen über die vorgehaltene Schale zum Mund führt, abbeißt und den Rest wieder in der Suppe versenkt.

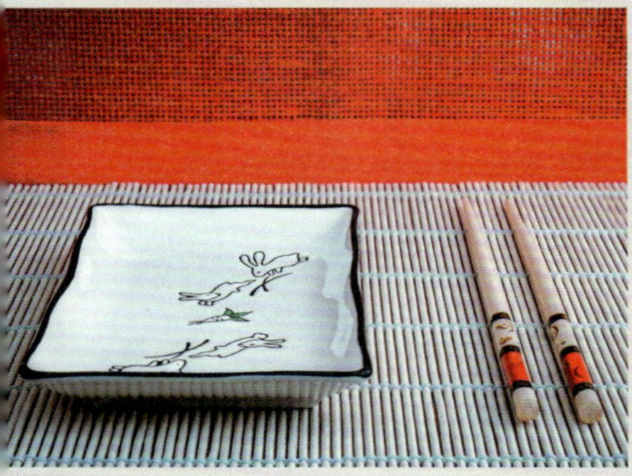

Wie macht man es?

Essen mit Essstäbchen ist weniger kompliziert, als es den Anschein haben mag: Das untere Stäbchen liegt fest in der Beuge zwischen Daumen und Zeigefinger sowie an der Kuppe des Ringfingers, während das obere mit Daumen, Zeigefinger und Mittelfinger gehalten und wie ein Stift geführt wird. Wenn man die Stäbchen so gefasst hat, stößt man sie leicht auf die Tischplatte auf, sodass die Spitzen auf gleicher Länge sind.

Tischsitten

Das geräuschvolle **Schlürfen** ist zwar für Europäer nicht gerade ästhetisch, doch umgekehrt wird es jedem Japaner schlecht, wenn wir uns während des Essens schnäuzen; notwendiges Hochziehen ist aber erlaubt. Auch darf man bei Tisch die Stäbchen nicht in den Reis stecken – das ist nur bei einem rituellen Speiseopfer für Verstorbene zulässig. Bei der v. a. an Neujahr praktizierten Kochkunst werden die Zutaten, denen eine symbolische Bedeutung zukommt, harmonisch miteinander vereint.

TYPISCHE GERICHTE

Auch wenn Fisch und Soja die Hauptbestandteile der japanischen Küche sind, müssen Fleischliebhaber nicht verzagen. Exquisites Rindfleisch und feine Geflügelgerichte gibt es im ganzen Land. Oft sind aber auch diese mit nach Meer schmeckenden Algen (Kombu, Wakame, Nori) garniert.

Fugu: Berühmt-berüchtigt ist der giftige Kugelfisch. Das Gift befindet sich in den Innereien, die beim Entfernen nicht verletzt werden dürfen. Doch keine Angst, die Köche haben eine spezielle Ausbildung durchlaufen und sind lizenziert. Fugu wird roh – in hauchdünne Scheiben geschnitten – als Sashimi gegessen, aber auch frittiert, gebraten oder in Suppen gereicht. Fugu-Restaurants haben oft nur in der Fugu-Saison von November bis März geöffnet.

Kobe-Rindfleisch: Glückliche Rinder, die Mozart hören, Bier trinken und massiert werden – so das Image der Kobe-Rinder. Echtes Kobe-Rindfleisch stammt von Tajima-Rindern, die mit viel Aufwand in der Präfektur Hyogo großgezogen werden (► S. 209). Da das zarte Fleisch von ganz dünnen Fettadern durchzogen ist, benötigt man zum Braten kein zusätzliches Fett.

Kabayaki: Ein beliebtes Sommergericht ist Süßwasseraal (unagi), der entgrätet und mit süßer Sojasauce bepinselt gegrillt wird. Liegt er auf einem Reisbett, dann ist es ein Una-don (Abkürzung für Unagi-Donburi), sind kleine Stückchen in den Reis gleich untergemischt, dann heißt das Gericht Hitsumabushi – eine Spezialität der Region Nagano.

Okonomiyaki: »Gebratenes nach Belieben« heißt dieser Pfannkuchen wörtlich übersetzt. Nach Gusto kommen Fleisch, Meeresfrüchte und/oder Gemüse in den Teig. (Beim Hiroshima-Okonomiyaki wird geschichtet, nicht gemischt.) Bestrichen wird das Ganze mit einer süßen braunen Soße und dann mit Bonito-Fischflocken garniert.

Shabu Shabu: »Shabu-shabu« zischeln die hauchdünnen Rindfleischscheiben in der Fonduebrühe. Dazu werden Gemüsesorten wie Chinakohl, Möhren und Pilze in den Topf gegeben. Den Abschluss bilden Nudeln, die man in der dann kräftigen Fleischbrühe kocht. Beim Sukiyaki sind die Fleischscheiben dicker und werden etwas länger in einer süßen, angedickten Sauce gekocht.

Soba: Meist hellbraune Buchweizennudeln (Abb. ► S. 609) die ursprünglich zur Teezeremonie gereicht wurden. Heute einer der beliebtesten Snacks für zwischendurch. Im Sommer isst man sie kalt als Zarusoba, im Bambuskörbchen (zaru) serviert. Die kalten Nudeln werden in eine sojabasierte Sauce getunkt und schmecken am besten frisch zubereitet in speziellen Soba-Restaurants.

Tempura: Tempura kam im 16. Jh. mit den Portugiesen ins Land. Die Japaner hielten das lateinische »ad tempora« (»in der Fastenzeit«) irrtümlich für den Namen des Gerichts: Gemüse, Fisch oder Shrimps werden in einem luftigen Teigmantel aus Ei, Mehl und Wasser frittiert. Gutes Tempura ist kross, nicht fettig und wird gern als Topping auf Reis oder Nudelsuppen gegessen. Isst man es als Einzelgericht, wird ein leicht süßlicher Dip mit geriebenem Rettich dazu gereicht.

Yakitori: Tori bezeichnet eigentlich ein Hühnchen, und es werden auch fast alle Teile des Huhns gegrillt. Es gibt Nankotsu (Knorpel), Tebasaki (Flügel) oder Momo (Schenkel). Der Begriff Yakitori wird auch generisch für alle Spießchen benutzt, so finden sich auch Gyutan (Rinderzunge), Asupara-bêkon (Spargel in Speck) und Butabara (Schweinebauch) auf der Spießchenkarte.

GROSSER GESCHMACK AUS KLEINEN BECHERN

Wein oder Schnaps, warm oder kalt? Jedenfalls sollten Sie ihn probieren: ***Sake*** *ist neben Tee das zweite Nationalgetränk der Japaner, seine Herstellung eine Wissenschaft für sich.*

Das aus Reis gewonnene alkoholische Getränk ist **herstellungstechnisch ein Bier**: Die Stärke im Reis muss erst in Zucker und dann durch den Zusatz von Hefe in Alkohol umgewandelt werden. Der Alkoholgehalt von Sake hingegen entspricht einem starken Wein. Es gibt in Japan auch Schnaps, also Branntwein aus Reis (Shochu bzw. auf Okinawa Awamori). Das Wort »sake« bezeichnet im Japanischen Alkohol im Allgemeinen, den Reiswein bestellt man als Nihon-shu (d. h. »japanischen Alkohol«).
Da im Inneren des Reiskorns der Stärkeanteil höher ist, werden vor dem Gärprozess die äußeren Kleieschichten der Körner durch Polieren abgetragen. Für den ersten Schritt, die Umwandlung von Stärke in Zucker, wird der Schimmelpilz Koji (Aspergillus Oryzae) beigegeben. Der nun ziemlich süße Reisbrei wird mit einer speziellen Hefe versetzt, die den neu entstandenen Zucker in Alkohol umwandelt. Die Gärung dauert 18–32 Tage. Danach wird die Maische gefiltert – übrig bleibt der klare Sake mit einem Alkoholgehalt von ca. 20 Vol-%. Meist wird er anschließend pasteurisiert, um die Resthefe abzutöten und ein Nachgären zu unterbinden. Vor der Abfüllung lagert man ihn noch sechs bis zwölf Monate und verdünnt ihn dann auf den endgültigen Alkoholgehalt von ca. 15 Vol-%. Nicht pasteurisierter Sake heißt **Namazake** (»frischer Sake«) und muss immer kühl gehalten werden, um weitere Gärung auszuschließen. Außerdem gibt es den etwas trüben **Nigorizake**, bei dem die Filter grobmaschiger sind.

Qualität und Sorten

Qualität und Geschmack eines Sake bestimmen sich in erster Linie aus der Qualität der Rohstoffe Reis und Wasser. Daneben unterscheiden sich Sorten auch danach, ob im Prozess eine (streng reglementierte) Menge destillierter Alkohol zugesetzt wird, um den Geschmack zu verdichten.
Premium-Sake zeichnet sich dadurch aus, dass ein größerer Teil des Reiskorns wegpoliert wird, mindestens 30 %. Die Polierrate bezeichnet umgekehrt den Anteil des Reiskorns, der verwendet wird. **Honjozo** ist ein Sake mit zugesetztem Alkohol und einer Polierrate von maximal 70 %, d. h., 30 % des Reiskorns sind wegpoliert. Dagegen ist **Junmai** ein Premium-Sake, der nur aus Reis, Wasser, Koji und Hefe besteht und dem kein Extra-Alkohol hinzugefügt wurde. Junmai Sake hat meist ein volles, kräftiges Geschmacksprofil. Über dem Junmai und dem Honjozo steht der **Ginjo**, für den dem Namen nach die Produkte »sorgfältig ausgewählt und fermentiert« werden. Kontrollen fangen schon bei der Auswahl des Reises an, die Körner werden auf bis zu 60 % der Original-

größe poliert. Beim Ginjo wird destillierter Alkohol zugesetzt, das Ergebnis ist sehr feiner Sake mit komplexem, leichtem und duftigem Geschmacksprofil. Daneben gibt es auch den **Junmai Ginjo**, der ohne Zugabe destillierten Alkohols erzeugt wird, sonst aber dem Ginjo entspricht.

Als bester Sake gilt der **Daiginjo** (»Großer Ginjo«), bei dem die Polierrate höchstens noch 50 % beträgt, d. h. nur die Hälfte des Reiskorns wird verarbeitet. Bei Spitzensakes kann sich das sogar auf bis zu 35 % reduzieren. Auch hier gibt es die Variante des **Junmai Daiginjo** ohne zugesetzten destillierten Alkohol.

Sake-Regionen

In Japan gibt es über 2000 Sake-Brauereien. Besichtigungen sind meist nur in den Wintermonaten während des Brauvorgangs möglich. Zu den bedeutendsten Sake-Regionen gehört **Nada** in der Nähe von Kobe, wo etwa ein Drittel des japanischen Sake produziert wird. Neben guter Wasserqualität war dafür historisch die Nähe des Hafens entscheidend. Der Sake ist eher kräftig, trocken und weniger aromatisch. Zu besichtigen ist z. B. die Brauerei Kobe Shushinkan (http://enjoyfukuju.com).

Eine lange Saketradition hat auch ▸ **Niigata** mit seinen vielen alteingesessenen Brauereien. Entscheidend für die trockenen, klaren Sakesorten sind hier das klare Wasser aus den Bergen und der Qualitätsreis der Region. Mitte März findet das Niigata Sake Festival statt, bei dem man Sake von bis zu 600 Sakebrauereien probieren kann.

Der beste Sake-Ort auf der Touristenroute ist ▸ **Takayama** in den Bergen nördlich von Nagoya mit sehr klarem Wasser und etlichen traditionsreichen Brauereien. Takayama ist eher für milden und aromatischen Sake bekannt.

Und wie trinkt man ihn?

Sake wird auch gern warm getrunken, vor allem im Winter. Japanische Mikrowellengeräte haben einen eigenen Knopf für die richtige Sake-Temperatur! Den Sake besser nicht im Topf, sondern im Wasserbad erwärmen. Erkundigen Sie sich unbedingt nach der besten Temperatur für jede Sorte, denn während billiger Sake beim Erwärmen oft gewinnt, kommen die Nuancen eines Premium-Sake meist leicht gekühlt besser zur Geltung – letztendlich ist es natürlich Geschmacksache.

Abendessen Die Hauptmahlzeit des Tages ist das Abendessen (**Ban-gohan/yushoku**), in japanischen Haushalten eine Kombination heimischer und chinesischer Küche. Unentbehrlich auch hier sind Reis und Suppe. Dazu wird Fisch, Fleisch und Gemüse in beliebiger Kombination und Variation gereicht. Getrunken werden gern grüner Tee, Reiswein (Sake) oder Bier.

Tischsitten Sehr angenehm sind die **Oshibori**, feucht-heiße Tücher, die zur Reinigung der Hände vor dem Essen gereicht werden. Eigentlich gilt es als unfein, sich damit auch das Gesicht abzuwischen, viele Japaner halten sich jedoch nicht daran.

Anfangs mag das **Essen mit Stäbchen** (▶ Baedeker Wissen, S. 611) eine Herausforderung sein. Hier empfiehlt sich – durchaus tischfein –, Schale oder Teller an den Mund zu heben und das Essen mit den Stäbchen in den Mund zu schieben. Vermeiden Sie, die Stäbchen aufrecht in den Reis zu stecken oder Essen von Stäbchen zu Stäbchen weiterzugeben – beide Handlungen sind mit buddhistischen Totenritualen verknüpft.

Getränke gießt man sich nicht selbst, sondern gegenseitig ein. Die einzelnen Speisen werden nicht nach-, sondern nebeneinander gegessen und geteilt.

Im Restaurant Eine Besonderheit erleichtert dem sprachunkundigen Gast die Speisenauswahl: Entweder sind in Schaukästen Attrappen der angebotenen Gerichte gezeigt, oder die Speisekarte enthält Fotos. Zum **Bestellen genügt ein Fingerzeig.** In Nudelsuppenrestaurants löst man vor der Bestellung oft einen Bon am Automaten.

Die **Rechnung** wird am Ausgang, nicht am Tisch bezahlt. Japaner teilen den Betrag in der Regel durch die Anzahl der Leute. Längeres Sitzen und Plaudern nach dem Essen ist eher unüblich, denn vor allem mittags und in den frühen Abendstunden werden die Tische in den billigeren Restaurants mehrfach besetzt. **Trinkgeld** ist unüblich.

Getränke Im Restaurant bekommt man zum Essen oft unaufgefordert Wasser oder **Tee** gereicht (▶ Baedeker Wissen, S. 584). Das ist dann auch umsonst.

Zum Essen wird auch gerne Alkohol konsumiert, typischerweise **Bier** (meist helle Lagerbiere) oder **Sake** (▶ Baedeker Wissen, S. 614). Shochu ist ein aus Reis (seltener aus Kartoffeln) gebrannter hochprozentiger Schnaps.

Der **Awamori**, eine Schnapsspezialität Okinawas, wird nicht aus japanischem Rundkornreis, sondern aus thailändischem Langkornreis gebrannt.

Vor allem bei Frauen sind auch Mixgetränke mit **Shochu** (Name mit »-High«) oder Sake (»-Sawa«) sowie der Pflaumenwein **Ume-shu** beliebt.

FEIERN

Trotz des stark zunehmenden Einflusses der westlichen Moderne halten die Japaner im Brauchtum konsequent an uralten Traditionen fest. Dies zeigt sich besonders deutlich in den vielen religiösen Festen, bei denen reiche Ausstattung und kostbare Gewänder zu sehen sind.

Traditionen

Es ist kurz nach Mitternacht und bitterkalt. Ein Meer von Menschen schiebt sich langsam durch den Meiji-Park, um die Ecke und auf den Meiji-Schrein zu. Zu **Hatsumode**, dem ersten Schreinbesuch im neuen Jahr, kann es an den großen Schreinen schon mal etliche Stunden dauern, bis man an der Gebetshalle anlangt, der Gottheit ein paar Münzen opfern und scheppernd die Glocke schlagen kann. Überhaupt sind viele Feiertage und traditionelle Feste, **Matsuri** genannt (▶ Baedeker Wissen, S. 624), mit Shinto-Ritualen verbunden. Zwei landesweite Feste – Kanbutsue und O-Bon (▶ S. 622 und 623) – entstammen dagegen dem buddhistischen Glauben.

Kurztrips als Urlaubsersatz

Japaner haben zwar nur wenige Urlaubstage pro Jahr, doch viele gesetzliche Feiertage, die Kurzreisen und Verwandtenbesuche ermöglichen. Um derartige Kurztrips zu erleichtern, sind viele Feiertage von einem festen Datum auf den jeweils darauf folgenden Montag gelegt worden. So ballen sich um Neujahr und in der »**Goldenen Woche**« Anfang Mai gleich mehrere Feiertage – dann sind fast alle Japaner unterwegs, entweder auf einem Ausflug im eigenen Land oder auf Verwandtenbesuch, und viele Restaurants und Läden geschlossen.

Buddhistisches Totenfest

Zahlreiche Geschäfte schließen auch zum im August stattfindenden Fest **O-Bon**, dem buddhistischen Totenfest, an dem die Seelen der Verstorbenen zurückkehren und von den Verwandten bewirtet werden. Oft finden Lampionfeste und Tanz statt, und wer kann, fährt in die »alte Heimat« zu den Familiengräbern.

Zuschauersport: Dabeisein und Mitfiebern

»Weg des Samurai«

Wenn man in Japan Sport erleben will, dann vor allem als Zuschauer. Die traditionellen Sportarten (mit Ausnahme des Sumo) werden unter dem Oberbegriff **Budo** (»Weg des Samurai«) zusammengefasst. Allen hierzu gehörenden **Kampfsportarten** liegt die Philosophie des Zen zugrunde, die eine vollendete Harmonie zwischen Körper und Geist anstrebt und für den Ausübenden eine mindestens ebenso wichtige Rolle spielt wie das rein sportliche Geschehen. Während Aikido, Judo, Karate, Kendo und Kyudo daher keine Zuschauersportarten im

KAMPF DER GIGANTEN

Sumo-Ringkampf ist der älteste Sport Japans. Gemästet mit Chanko-nabe, einem proteinreichen Eintopfgericht, haben sich die bis zu 200 kg schweren Sumotori zu japanischen Ideal- und Nationalsportlern entwickelt. Ist das denn aber wirklich japanisch? Und vor allem: Ist das sportlich?

Sumo ist beides. Der Ringkampf ist mehr Religion als Sport – wird doch hier der Legende nach in einem symbolisch-historischen Kampf zweier Götter um den Besitz einer Provinz gerungen. Wahrscheinlicher ist allerdings, dass die ersten Sumo-Kämpfe **Rituale für die Götter** darstellten, um eine gute Ernte zu erbitten, und auf Schreingelände stattfanden. An diesen Bezug erinnert nicht zuletzt das über dem Kampfplatz – einem Ring von 4,5 m Durchmesser – hängende Dach im Stil eines Shinto-Schreins.

Regeln, Ränge, Ställe

Das Regelwerk des Sumo ist komplizierter, als es auf den ersten Blick scheint: Es gibt über 80 Techniken, zehn verschiedene Ränge, genau festgeschriebene Rituale, aber überraschenderweise keine Gewichtsklassen. Der höchste Rang im Sumo ist der des **Yokozuna**, den der japanische Sumo-Verband einem Sumo-

Klare Sache – der Herr in Schwarz steht als Verlierer fest.

Ringer unter bestimmten Voraussetzungen verleiht. Seit 300 Jahren haben nur 71 Kämpfer diesen Rang erreicht. Im Gegensatz zu allen anderen Rängen kann ein Yokozuna nicht degradiert werden, sondern er behält den Titel, bis er aus diesem Sport aussteigt, um einem Besseren Platz zu machen. Selbst die Kampfrichter (Gyoji) nehmen unterschiedliche Ränge ein, zu erkennen an den Farben der Troddel ihres Fächers, mit dem sie das Startzeichen geben.

Die Sumoringer gehören bestimmten **Ställen** (Heya) an, die sie in ihrer Laufbahn nie wechseln. In diesen (etwa 40) Trainingslagern wohnen sie auch, bis sie sich aus dem Sumosport zurückziehen. Sie geben sich **klangvolle Künstlernamen** wie »Junge Blume« oder »Reiches Meer«, lassen sich prachtvolle Lendenschurze anfertigen und tragen Haarknoten wie zur Edo-Zeit.

Turnierablauf

Es gibt sechs große **Sumo-Turniere** (**Hon-Basho**) im Jahr, die jeweils 15 Tage dauern (in Tokyo Jan., Mai und Sept., in Osaka im März, in Nagoya im Juli, in Fukuoka im Nov.). Wer zu dieser Zeit in Japan ist, sollte es sich nicht entgehen lassen, einmal eines dieser ureigenen japanischen Spektakel anzusehen. Schon allein der **Einzug der Sumo-Ringer** in die Arena (Dohyo-iri) ist ein eindrucksvoller Anblick. Nicht minder imposant ist der Abschluss der Veranstaltung, den der von einem Sumo-Ringer ausgeführte **Bogentanz** bildet.

Zum Kampf treten die Sumo-Ringer im Lendentuch an. Zu Beginn wird handweise **reinigendes Salz** gegen böse Geister geworfen; die Leiber lockern sich und vertreiben weitere Geister durch stampfende seitliche Beinbewegungen. Vor dem eigentlichen, im doppelten Sinne des Wortes sehr kurzweiligen Kampf starren die Ringer sich eine Weile an – früher konnte dieses **geistige Kräftemessen** ewig dauern; heute sind maximal vier Minuten zulässig. Urplötzlich prallen die Kolosse aufeinander. Die Entscheidung fällt meist in Sekundenschnelle: Entweder ist der Gegner aus dem Ring gestoßen, oder er liegt am Boden.

Beim Sumo-Turnier kämpfen zunächst die untersten Ränge, die Yokozuna kommen zuletzt. Jeder Ringer (außer jene der untersten Ränge) kämpft jeden Tag gegen einen anderen – insgesamt also 15 Mal. Wer am Ende des Turniers die meisten Siege errungen hat, gewinnt den sogenannten Kaiserpokal.

Nicht japanische Ringer

Seit einiger Zeit erfreut sich Sumo auch im Ausland zunehmender Beliebtheit. So finden sich in den Heya immer mehr Ausländer, vor allem aus der Mongolei und Osteuropa. Manch ein Japaner sieht darin eine Bedrohung der japanischen Tradition, weshalb inzwischen eine **Quotenregelung** von nur einem Ausländer pro Heya eingeführt wurde. Der erste Ausländer, der den höchsten Rang im Sumo erreichte, war der aus Hawaii stammende **Akebono** (Yokozuna 1993–2001). Im Januar 2017 wurde der Sumo-Ringer **Kisenosato** zum Yokozuna ernannt. Damit ist er seit 2003 der erste Japaner, der diesen Rang erreicht hat.

Mehr über Sumo auf der offiziellen Website des japanischen Sumo-Verbands (http://sumo.or.jp/en).

OBEN: Traditionelle Feste vor historischer Kulisse werden oft von farbenprächtigen Prozessionen begleitet wie hier im Tokyoter Asakusa-Viertel.

UNTEN: Auch das ist Japan: schräge Parade im Tokyo Disneyland.

klassischen Sinn darstellen und Veranstaltungen für ausländische Touristen schwerer zu finden sind, haben seit dem Zweiten Weltkrieg mediengerechte westliche, vor allem amerikanische Sportarten Einzug gehalten, die auch ein Millionenpublikum begeistern.

Aikido

Aikido, eine seit dem 12. Jh. bekannte Art der Selbstverteidigung, erhielt seine heutige Form durch Ueshiba Morihei (1883–1969). Waffen werden nur dann benutzt, wenn auch der Gegner bewaffnet ist; für den Ausgang des Kampfes ist **vollkommene Körperbeherrschung** entscheidend.

Judo

Judo ist eine Weiterentwicklung des von den Samurai gepflegten Jiu-Jitsu (▶ Kano Jigoro, S. 593). Ziel dieser Sportart ist es, die **Kraft des Gegners zum eigenen Vorteil zu nutzen**; erlaubt sind nur Griffe oder Würfe. Der Grad, den ein Judoka erreicht hat, ist an der Farbe des Gürtels zu erkennen. Im internationalen Sport gibt es sieben Gewichtsklassen.

Karate

Wer Karate mit spektakulärem Zerschlagen von Ziegeln mit der Handkante gleichsetzt, irrt. Der legendäre Karateka Oyama Masutatsu hat die **Kampftechnik der »leeren Hand«** (da ohne Waffe) so charakterisiert: »Karate ist kein Spiel. Es ist kein Sport. Es ist nicht einmal eine Technik der Selbstverteidigung. Karate ist zur Hälfte eine körperliche, zur anderen Hälfte eine spirituelle Disziplin. Der Karateka, der die erforderlichen Jahre der Übung und Meditation hinter sich hat, ist ein heiterer und friedlicher Mensch. Er hat keine Furcht. Inmitten eines brennenden Hauses bleibt er gelassen.«

Kendo

Kendo, aus der früheren **Fechtkunst** mit dem Schwert entstanden, wird heute mit Bambusstäben ausgeübt. Die Kämpfer tragen einen Kopf- und Gesichtsschutz sowie einen aus Leder und Bambus angefertigten Brustpanzer. Kendo gehört zum Ausbildungsprogramm der japanischen Polizei; zum Training haben Zuschauer Zutritt. Weitere Infos gibt es bei der All Japan Kendo Federation (www.kendo.or.jp).

Bogenschießen

Kyudo, die sehr alte Kunst des Bogenschießens, hat noch heute eine große Zahl von Anhängern. Verwendet wird ein unsymmetrischer, etwa 2,25 m langer Bogen. Der rein sportliche Aspekt tritt gegenüber der **meditativen Komponente** stark in den Hintergrund. Schulen und Übungshallen sind vielfach an Tempel angeschlossen; im Lauf der Jahrhunderte haben sich mehrere Lehren herausgebildet.

Sumo

Bei dieser Art des Sumo-**Ringkampfs** kommt es darauf an, den Gegner aus dem Kampfkreis (Durchmesser 4,50 m) hinauszudrängen oder zu erreichen, dass er mit einem anderen Körperteil als den Fußsohlen den Boden berührt (▶ Baedeker Wissen, S. 618).

FEIERTAGE UND EVENTS

Da viele Feste dem Mondkalender folgen, lassen sich zu Terminen nur ungefähre Anhaben machen.

GESETZLICHE FEIERTAGE

1. Januar: Shogatsu (Neujahr). Die meisten Firmen, Restaurants und Läden schließen für mehrere Tage.
2. Mo. im Jan.: Tag der Volljährigen
11. Februar: Tag der Staatsgründung
20. (21.) März: Frühlingsanfang
29. April: Tag des Showa-Tenno (Beginn der »Goldenen Woche«)
3. Mai: Tag der Verfassung
4. Mai: Tag des Grüns
5. Mai: Tag der Kinder
3. Mo. im Juli: Tag des Meeres
3. Mo. im September: Tag der Ehrerbietung für ältere Menschen
23. Sept.: Herbstanfang
2. Mo. im Oktober: Tag des Sports und der Gesundheit
3. November: Tag der Kultur
23. Nov.: Tag der Arbeit/Erntedank
23. Dezember: Geburtstag des jetzigen Kaisers

EVENTS IM JANUAR

IM GANZEN LAND

Shogatsu/Neujahr (Anfang Jan.)

TOKYO

Dezome-shiki: Neujahrsparade der Feuerwehr in historischen Uniformen mit akrobatischen Vorführungen auf Bambusleitern (6. Jan.)

NARA

Wakakusa-yama-yaki: Grasfeuerzeremonie auf dem Hügel Wakakusa (am Tag vor dem Tag der Volljährigen)

FEBRUAR

IM GANZEN LAND

Setsubun: Winteraustreibung mit Bohnenwerfen, Natto-Maki und dem Ruf »Glück herein – Teufel raus!« (3./4. Feb.)

NAGASAKI

Laternenfest/Chinesisches Neujahrsfest: Zweiwöchiges Fest mit Löwentänzen, Kostümparade und chinesischen Lampions

SAPPORO

Yuki-Matsuri: Schnee-Skulpturen-Fest (▶ S. 393, 624)

YOKOTE

Kamakura-Matsuri: Iglufest in einer der schneereichsten Gegenden Japans (Mitte Feb.; ▶ S. 63, 624)

SAIDAIJI

Hadaka-Matsuri/Nackten-Fest: Fast nackte Männer versuchen Talismane zu ergattern. (3. Sa. im Feb.; ▶ S. 360, 624).

MÄRZ

IM GANZEN LAND

Hina-Matsuri: Mädchenfest mit prächtigen Puppen (3. März; ▶ S. 625)

NARA

Omizu-tori: Brunnenöffnung am Todaiji-Tempel zum Frühlingsanfang mit riesigen Kieferfackeln (13. März; ▶ S. 316)

APRIL

IM GANZEN LAND

Kanbutsue/Buddhas Geburtstag: In den Tempeln werden Statuen des neugeborenen Buddha mit Wasser übergossen (8. April).

TAKAYAMA

Takayama-Matsuri: Frühlings-Umzug mit prächtigen historischen Festwagen (Monatsmitte; (▶ S. 414, 624)

MAI

IM GANZEN LAND

Kodomo no hi/Kindertag: Ursprünglich das Jungenfest, bei dem Familien mit Söhnen karpfenförmige Fahnen aufhängen (5. Mai).

FUKUOKA

Hakata-Dontaku-Matsuri: Festumzüge und riesiges Volksfest mit Verkleidungen (3./4. Mai)

KYOTO

Aoi-Matsuri: Festumzug am Shimogamo- und Kamigamo-Schrein in Kostümen aus der Heian-Zeit (15. Mai; ▶ S. 229, 624)
Mifune-Matsuri: Schiffsparade auf dem Oigawa-Fluss mit Kostümen aus der Heian-Zeit (3. So. im Mai; ▶ S. 229)

NIKKO

Shunki Reitaisai: Frühlingsfest mit Tragschreinen und Umzug in historischen Kostümen der frühen Tokugawa-Zeit (17./18. Mai)

JUNI

REGION TOHOKU

Tohoku Rokkonsai: neues Festival, das erst seit 2011 stattfindet und sechs bekannte Tohoku-Matsuri zusammenfasst (Anfang Juni)

TOKYO

Sanno-Matsuri: Schreinfest des Hie-Schreins mit historischem Umzug; eines der drei großen Feste Japans (Mitte Juni; ▶ S. 419, 625)

JULI

IM GANZEN LAND

Tanabata-Matsuri: Sternenfest für die einander liebenden Sterne Vega und Altair; mit Kinderwünschen und Gedichten, die in Bambussträuße gehängt werden (7. Juli; ▶ S. 625)
Japan Feuerwerk: Im Hochsommer finden überall in Japan große Feuerwerke statt; das größte ist das Sumida-Fluss-Feuerwerk **Hanabi Takai** in Tokyo (letzter Sa. im Juli; ca. 1,5 Std., 20 000 Raketen, 1 Mio. Besucher).

KYOTO

Gion-Matsuri: Umzug mit über 30 historischen Festwagen und privaten Antiquitätenausstellungen (Mitte Juli; ▶ S. 229, 624)

AUGUST

IM GANZEN LAND

O-Bon: Buddhistisches Totenfest, bei dem die Seelen zurückkommen, bewirtet werden und oft mit Papierlaternen auf dem Fluss zurückfahren (15. Aug.).

AOMORI UND HIROSAKI

Nebuta/Neputa-Matsuri: Nächtlicher Umzug mit Festwagen, die wie Laternen von innen heraus leuchten (Anfang Aug.; ▶ S. 67, 624).

SENDAI

Tanabata-Matsuri: Das Sternenfest (▶ links, S. 625) wird hier nach dem Mondkalender mit riesigen Papierdekorationen, Feuerwerk und Prozessionen gefeiert (Anfang Aug.).

AKITA

Kanto-Matsuri: 8 m hohe Pfosten mit je 46 Papierlaternen werden durch die Straßen balanciert (▶ S. 63).

TOKUSHIMA

Awa-Odori-Matsuri: Großes Tanzfest (12.–15. Aug.; ▶ S. 419, 625)

KYOTO

Daimonji-gozan-okuribi: Große Schriftzeichen aus Feuer auf den Bergen um Kyoto (16. Aug.; ▶ S. 229)

MATSURI: MIT VIEL GESCHICHTE UND TAMTAM

Der Gott sitzt in einem geschlossenen Trageschrein wie in einer Sänfte, und er scheint sich gut zu amüsieren, jedenfalls hüpft er wild auf und ab, der Schrein lässt sich kaum bändigen. Zwei Dutzend Männer und Frauen in sommerlichen bunten Happi-Jäckchen, Schweißtücher um die Stirn gebunden, tragen ihn in tropischer Hitze durch die Gassen des Viertels. Dazu werden Trommeln geschlagen, es gibt süßen, wenig alkoholischen Sake, und am Schreinplatz ist ein kleiner Jahrmarkt aufgebaut.

So oder ähnlich sehen die **shintoistischen Sommerfeste** aus, die von Juli bis September in den Dörfern und Stadtvierteln stattfinden – eine Mischung aus Karneval, Kirmes und religiöser Prozession. Wer jetzt durch Japan reist, hat gute Chancen, irgendwo ein Matsuri zu erleben – und dann heißt es: mitfeiern!

Ein Matsuri (»Fest«) muss weder religiös sein, noch ist es auf den Sommer beschränkt. Es findet auch im Winter statt, wie das **Yuki-Matsuri** (Schneefest) in Sapporo, bei dem riesige Skulpturen aus Eisblöcken hergestellt werden (Anfang Feb.; ▶ S. 393), oder das **Kamakura-Matsuri** in Yokote, für das die Kinder Dutzende kleiner Iglus errichten, in denen man Sake und Süßigkeiten bekommt (Mitte Feb.; ▶ S. 63).

Und zu den exzentrischsten Festen gehört sicher das **Hadaka-Matsuri** (»Nackten-Fest«; ▶ S. 360) in Saidaiji bei Okayama, ebenfalls im Februar.

Prozessionswagen und historische Kostüme

Die meisten großen bekannten Matsuri finden jedoch im Sommerhalbjahr statt. Statt eines einzelnen Tragschreins werden oft mehrere prunkvolle Prozessionswagen durch die Straßen gezogen. Besonders alt und wertvoll sind diejenigen des **Gion-Matsuri** in Kyoto (16./17. Juli; ▶ S. 229), in denen u. a. antike Teppiche ausgestellt werden, die vor Jahrhunderten über die Seidenstraße nach Japan gelangten. Die Prozessionswagen des **Takayama-Matsuri** (Mitte April und Mitte Okt.) sind ebenfalls elaboriert und teils mit beweglichen Puppen geschmückt.

Beim **Nebuta-Matsuri** in Aomori und Hirosaki (Anfang Aug.; ▶ S. 67) fahren nachts von innen beleuchtete Festwagen wie überdimensionale Lampions durch die Straßen.

Bei anderen Festen stehen Prozessionen von historisch gekleideten Teilnehmern im Mittelpunkt. Allein Kyoto hat zwei davon, das historische **Aoi-Matsuri** am 15. Mai, das an eine kaiserliche Prozession aus dem 10. Jh. erinnert (▶ S. 229), und das **Jidai-Matsuri** (Fest der alten Zeiten, 22. Okt.; ▶ S. 229), das erst 1895 eingeführt wurde und Kyotos lange Geschichte zelebriert.

In **Nikko** wird am Mausoleum des Tokugawa Ieyasu an Ereignisse aus der Tokugawa-Zeit erinnert. Zum Frühjahrsfest **Yayoi-Matsuri** (13.–17. Mai; ▶ S. 340) und Herbstfest (17. Okt.) stellen die Prozessionsteilnehmer die Überführung des Leichnams von Tokugawa Ieyasu nach Nikko dar.

Das Sanno-Matsuri in Tokyo im Juni ist eines der drei großen Feste Japans.

Die Mischung macht's

Oft stehen auch Volkstanz und traditionelle Musik – gerne zum Mitmachen – im Fokus eines Matsuri. Die Insel Awajima bei Tokushima ist bekannt für rustikale Tänze; das dortige Tanzfest **Awa-Odori** im August (▶ S. 419) zieht jährlich Tausende von Besuchern an. Einige Feste finden nicht jährlich, sondern in größeren zeitlichen Abständen statt, umso größer ist dann der Andrang. Bekannt ist das für die Teilnehmer nicht ganz ungefährliche **Onbashira-Matsuri** am Suwa-See, bei dem alle sechs Jahre junge Männer auf Baumstämmen talwärts rutschen (das nächste Mal: April/Mai 2022). Andere Matsuri hingegen sind nicht regional beschränkt, sondern werden landesweit gefeiert. So der Mädchentag am 3. März, der auch als **Hina-Matsuri** (Puppenfest) bezeichnet wird: Nicht nur in Familien, sondern auch in öffentlichen Gebäuden sieht man dann Puppen, die den Hofstaat eines Kaiserpaars aus der Heian-Zeit darstellen.

Das **Tanabata-Matsuri** (Sternenfest) am 7. Juli oder 7. August feiert die einmal jährlich stattfindende Begegnung von zwei Sternen, die zwei Figuren der japanischen Sagenwelt, »Weberin und Kuhhirte«, versinnbildlichen. Dafür werden Gedichte und Wünsche auf farbigen Papierstreifen an Bambuszweige gehängt, im Garten, aber auch auf der Straße, in U-Bahnhöfen und Shopping-Malls. Besonders bekannt ist das Tanabata Matsuri in Sendai (Aug.) und das in Hiratsuka bei Tokyo (Juli).

OKTOBER

TAKAYAMA
Takayama-Matsuri: Herbst-Umzug mit prächtigen historischen Festwagen (9./10. Okt.; ► S. 414, 624)

NIKKO
Shuki Taisai: mit Tragschreinen und Kostümumzug (17. Okt.)

KYOTO
Jidai-Matsuri: Großer Umzug mit historischen Kostümen (22. Okt.; ► S. 229, 624)

NOVEMBER

IM GANZEN LAND
Shichi-go-san: Schreinbesuch der in Kimonos gekleideten sieben-, fünf- und dreijährigen Kinder (15. Nov.)

DEZEMBER

NARA
On-Matsuri: Schreinfest am Kasuga-Schreins mit historischen Musikvorführungen und Umzug in historischen Kostümen (15.–18. Dez.; ► S. 316)

Baseball Den Stellenwert, den hierzulande der Fußball hat, nimmt in Japan Baseball ein, der Ende des 19. Jhs. aus Amerika eingeführt wurde. An fast allen Schulen gibt es Baseballteams und die Ausscheidungsspiele der Hochschulvereine im August halten fast das ganze Land in Atem. Auf nationaler Ebene gibt es **zwei Profiligen**, die Central und die Pacific League, mit jeweils sechs Mannschaften, die meist von Großunternehmen wie dem Zeitungsriesen Yomiuri (Yomiuri Giants) oder dem Schokoladenhersteller Lotte (Chiba Lotte Marines) unterstützt werden. Die Saison geht von Ende März bis Ende September. Anschließend treten die Spitzenteams der beiden Ligen in den **Japan Series** bis zu sieben Mal gegeneinander an. 2016 gewannen die Japan Series die Hokkaido Ham Fighters (Pacific League) gegen die Hiroshima Carps (Central League).

Fußball Nicht erst seit der gemeinsam von Japan und Korea ausgetragenen WM 2002 hat der Fußball in Japan eine wachsende Fangemeinde. Bereits seit 1992 besteht die Profiliga **J-League**, in deren 1. Division 18 Vereine antreten. Die Herren-Nationalmannschaft gewann bereits vier Mal die Asienmeisterschaft und schaffte es bei den Weltmeisterschaften 2002 und 2010 ins Achtelfinale. Shinji Okazaki (Mainz 05) und Shinji Kagami (Borussia Dortmund) sind nur zwei von mehreren japanischen Spielern in der deutschen Fußball-Bundesliga. International erfolgreicher sind die Frauen: Sie wurden 2011 Weltmeisterinnen und standen 2015 im Finale. Mit **Homare Sawa** stellten sie sogar die Weltfußballerin des Jahres 2011.

Leichtathletik Großen Anklang finden auch Leichtathletik-Übertragungen, insbesondere Laufdisziplinen. Der **Tokyo Marathon** im Februar gehört zu den wichtigsten Marathon-Qualifizierungsläufen weltweit (www.marathon.tokyo/en).

SHOPPEN

Shopping in Japan fällt meist nicht gerade in die Kategorie »Wenig zahlen – viel bekommen«. Dafür ist gute Qualität aber in den meisten Fällen garantiert. Wie schön die Auslage dekoriert ist! Jeder Apfel in einer eigenen Styropor-Manschette und so groß wie eine kleine Honigmelone. Daneben das Preisschild: 800 ¥! Im Nobelkaufhaus Mitsukoshi erwirbt man teure Präsentkörbe und Edles zum Verschenken, nicht etwa Dinge für den täglichen Gebrauch.

Was Touristen kaufen

Die meisten Touristen kaufen in Japan traditionelles Kunsthandwerk, Elektronik, Alltagsgegenstände und Lebensmittel. Verwegenere finden aber auch ihr Traum-Geschäft für schräge Designer-Klamotten, Modelleisenbahnen, Cosplay-Zubehör, Outdoor-Artikel u. v. m.

Mehrwertsteuerfrei

Läden, in denen man steuerfrei einkaufen kann, zeigen dies durch ein Schild mit der Aufschrift »Tax-free« an. Die Ersparnis beträgt 8 %; allerdings fällt in Europa eventuell eine **Einfuhrumsatzsteuer** an (► Zollbestimmungen, S. 643).

Elektronik

Bei Elektroartikeln muss man auf die **richtige Stromspannung** (in Japan 100 V) und auf die **Service- und Garantiebedingungen** achten. Verlässliche Adressen für Elektrogeräte, Computer und Kameras sind das Elektronikviertel Akihabara in Tokyo sowie die Elektrokaufhäuser Yodobashi Camera und Bic Camera (► S. 429).

Zuchtperlen

Die Zuchtperle wurde in Japan erfunden und so verwundert es nicht, dass die meisten hochwertigen Zuchtperlen noch heute aus Japan stammen. Kaufen kann man sie direkt bei Mikimoto in Toba (mit Perlenmuseum; ► S. 163), auf Okinawa oder bei Tasaki in Nagoya. In Tokyo und anderen Großstädten unterhalten die Perlenfarmen glitzernde Fachgeschäfte und Filialen in den Luxushotels und -kaufhäusern.

Traditionelle Schuhe

An die japanischen **Holzsandalen** (**Geta**) muss sich der europäische Fuß zwar erst gewöhnen, aber anmutiger als hiesige Badelatschen sind sie allemal. Leichter läuft es sich mit flachen **Zehensandalen** (**Zori**). Beide sollen gut für die Füße sein, da die Riemen angeblich Akkupressurpunkte zwischen den Zehen anregen. **Ninja-Schuhe** (**Jika-tabi**) werden in Japan von Bauarbeitern getragen, in Europa gelten sie aber als Modetrend. Auch Designer haben die Schuhe mittlerweile »entdeckt« (etwa in Nara: www.tabi-ji.jp/english).

Süßes und Knabbereien

Japanische Süßigkeiten sind hübsch anzusehen. Unter den traditionellen japanischen **Süßwaren** (**Wagashi**) gibt es »trockene« und »feuchte«. Zu den trockenen Varianten zählen süße wie salzige Senbei

(Reiskekse) und bunt gefärbte **Higashi** aus Reispuder, die von Aussehen und Konsistenz an Traubenzucker erinnern und die Form jahreszeitlich passender Blumen und Blätter haben. Die klebrigen **Mochi** (Klöße aus gestampftem Reis, oft mit einer Füllung aus süßem Bohnenmus) und **Yokan**, ein süßes Bohnengelee, zählen zu den feuchten Süßigkeiten. An allen Sehenswürdigkeiten werden hübsch verpackte Süßigkeiten verkauft, meist kann sogar probiert werden.

Kunsthandwerk Traditionelles Kunsthandwerk wurde durch die Industrialisierung nie völlig verdrängt. Bereits Anfang des 20. Jhs. gründeten der Sammler Yanagi Soetsu (1889–1961) und die Keramiker Kawai Kanjiro und Hamada Shoji einen Verein für japanische Volkskunst (Nihon-mingei-kyokei) sowie das **Volkskunstmuseum** in Tokyo (Nihon-mingei-kan; www.mingeikan.or.jp/english/), um traditionelle Fertigungsweisen zu bewahren und wiederzubeleben. Heute gibt es trotz der Vermischung von Kunst und Kitsch immer noch hochwertiger Erzeugnisse. Viele Orte sind für bestimmte Produkte bekannt, aber man findet alle Arten von Kunsthandwerk auch in den Souvenirgassen und in speziellen Läden in den Touristenorten. Die japanische Regierung vergibt für besonders authentische Artikel (derzeit etwas über 200) das Siegel »**Traditionelles Kunsthandwerk**« (**Dento Kogeihin**; Infos: www.dentokogeihin.eu/de/).

Keramik Japanische Keramik (Yakimono), die seit den Feldzügen des Toyotomi Hideyoshi (1592–1598) von koreanischen Meistern entschieden beeinflusst und weiterentwickelt wurde, zeichnet sich durch schlichte Form und unaufdringlich-ästhetisches Dekor aus. Bekannte **Keramikorte** sind u. a. Seto (▶ S. 312), ▶ Kanazawa, ▶ Shigaraki, ▶ Kyoto, ▶ Hagi und ▶ Arita. Die Manufakturen haben meist Verkaufs- und Ausstellungsräume, viele bieten auch Führungen und Töpfer-Schnupperkurse an. Echte Raku-Keramik, die nur von einer Familie in Kyoto hergestellt wird, ist selten und praktisch nicht käuflich.

Messer und Schwerter In mehreren alten Zentren der Schwertschmiedekunst, z. B. den Kleinstädten Miki (bei Kobe), Seki (bei Gifu; ▶ S. 311) und Sakai (bei Osaka), werden heute noch hochwertige Messer und Schwerter hergestellt. Fachgeschäfte für japanische Schwerter findet man besonders **rund um das Schwertermuseum in Tokyo** (U-Bhf. Hatsudai).

Lackarbeiten Gebrauchsgegenstände aus Lack wie Suppenschüsseln und Stäbchen sind leicht transportable Mitbringsel. Zu den traditionellen Zentren der Lackkunst gehören Wajima (▶ S. 353) und ▶ Takayama, Yuzawa in der Provinz Akita sowie Okinawa; ▶ Kamakura ist für Schnitzlacke berühmt. Mancherorts wie in ▶ Hiraizumi wurden neue Lacktraditionen geschaffen; so gibt es dort beispielsweise auch Sektgläser aus Lack.

OBEN: Beliebte Souvenirs sind Fächer in allen Varianten. Runde Blattfächer aus Papier (Uchiwa) eignen sich gut für auffällige Bemalung.

UNTEN: Geta-Holzsandalen – Hingucker, doch gewöhnungsbedürftig für europäische Füße

Textilien Zum Färben von Textilien wurden je nach Region schon früh Abbinde-, Batik- und Schablonentechniken angewandt (► S. 564). Spezialität von Okinawa sind prägnante Webmuster, ► Aomori in Nordjapan ist bekannt für geometrische Stickereien auf dunklem Grund, und auf Hokkaido findet man noch Applikationen, wie sie früher von den Ainu angefertigt wurden. Aufwendig gewebte und gestickte Textilien finden sich auch in der alten Kaiserstadt ► Kyoto.

Komonos und Yukata **Echte Kimonos** kosten neu ein Vermögen, man kann sie aber preiswert auf Flohmärkten oder in Secondhandläden erstehen. Ein schönes Mitbringsel sind auch Baumwoll-Yukata (**Nemaki**), die man nach dem Bad und zum Schlafen trägt. Achtung: Japanische Stoffbahnen haben traditionell eine Breite von nur einer Elle (ca. 35 cm)!

Papier Japanisches Papier (**Washi**) wird u. a. zur Herstellung von Puppen, bunten Schachteln, für die Bespannung von Wandschirmen und Schiebetüren sowie für kunstvolle Faltarbeiten (**Origami**) verwendet. Vermutlich gelangte die Kunst der Papierherstellung schon im frühen 7. Jh. von China nach Japan. Heute sind 90 % des Washi-Papiers aus Maulbeerbaumrinde hergestellt.

Puppen Japanische Puppen sind weniger Spielzeug als Dekorationsgegenstände. Beliebt und erschwinglich sind **Kokeshi**, schlichte Holzpuppen aus Nordjapan mit zylindrischem Körper, großem Kopf und rotschwarzer Bemalung. Prächtiger sind sogenannte **Kimekomi Ningyo** (Holzritzen-Puppen), benannt nach der Herstellungstechnik: Der Torso ist mit schmalen Ritzen versehen, in die die verschiedenen Stoffstücke geklemmt werden – die Kleider kleben der Puppe also sozusagen am Leib und können nicht ausgezogen werden.

Fächer Dekorativ und nützlich – zumindest an heißen Sommertagen – sind **Faltfächer** (**Ogi** oder **Sensu**) und runde **Blattfächer** (**Uchiwa**), die beide aus Papier hergestellt werden.

Tempelsouvenirs Preiswerte Souvenirs und Mitbringsel sind die Talismane aus Shinto-Schreinen und buddhistischen Tempeln. In kleine bunte **Brokatbeutel** (**Omamori**) verpackt, befinden sich an die Götter gerichtete Wünsche für Gesundheit, familiäre Harmonie, Sicherheit im Straßenverkehr, eine unkomplizierte Geburt u. v. m. (circa 500 ¥). Die Beutel dürfen – will man die Erfüllung des Wunsches nicht riskieren – nicht geöffnet werden. Wünsche werden auch auf kleine **Holztäfelchen** (**Ema**) geschrieben, die eigentlich am Schrein aufgehängt, aber natürlich auch als Andenken mitgenommen werden können (um 800 ¥). Oder man lässt sich im Schreibbüro (No-kyosho) eine kunstvolle Tuschekalligrafie und den Schrein- bzw. Tempelstempel in ein brokatgebundenes Besucherbuch eintragen (ca. 500 ¥ pro Eintrag).

Ema mit den Wünschen der Schreinbesucher: Wunsch-Uni und Abschlussnote, Gesundheit für Verwandte oder einfach Friede auf Erden

Kauf- und Warenhäuser

Kaufhäuser haben meist auch eine Abteilung für hochwertige Souvenirs und bieten erstklassige Beratung. In den Großstädten gibt es Filialen von traditionsreichen Kaufhausketten wie Daimaru, Sogo, Seibu, Isetan, Takashimaya und Matsuzakaya. Das Tokyoter Kaufhaus **Mitsukoshi** besteht seit über 300 Jahren, **Matsuya** ist das größte Warenhaus in der bekannten Einkaufsstraße Ginza.

Bedarfsartikel

Artikel des täglichen Bedarfs während der Reise bekommt man meist in **Konbini**. Diese Läden gibt es fast an jeder Ecke, sie haben 24 Stunden geöffnet und führen Getränke, Snacks, Schreibwaren, Toilettenartikel und überhaupt so ziemlich alles, was vielleicht gebraucht wird.

100-Yen-Shops

100-Yen-Shops verkaufen eine riesige Palette unterschiedlichster Produkte für 100 ¥ (+ Mwst.). Auf oft mehreren Stockwerken werden Büroartikel, Lebensmittel, Haushaltsgegenstände, Spielwaren und Kleidung angeboten. Hier kann man auch günstige Souvenirs wie Fächer, Teeutensilien, Essstäbchen, riesige Wäscheklammern, um den Futon ans Balkongeländer zu klammern, oder witzige Schreibwaren erwerben – ideal, wenn zu Hause viele Personen beschenkt werden wollen.

Souvenirgassen und Flughäfen

Der Zugang zu vielen Hauptsehenswürdigkeiten führt durch eine Straße oder Gasse mit unzähligen Andenkenverkäufern. Eine besonders gute Auswahl haben die Ladenstraßen am Sensoji-Tempel in Asakusa (Tokyo; ► S. 462) und am Kiyomizu-Tempel in Kyoto (► S. 240). Wer es während des Urlaubs nicht schafft sich mit Souvenirs auszustatten, wird an den internationalen Flughäfen fündig. Das Angebot ist dort allerdings kleiner und teurer.

ÜBERNACHTEN

Ob Schlafkapsel oder zweckmäßiges Businesszimmer, Ryokan oder internationale Kette – in Japan gibt es für jedes Budget eine fernöstliche und eine vertraute westliche Zimmervariante.

Zimmergröße

Über dem Bett ein Fernseher, an der Wand ein Ablagebord und am Fußende eine Einstiegsluke. Klimaanlage und WLAN sind in dem 2 m^2 großen »Hotelzimmer« selbstverständlich. Auch wenn das Kapselhotel (Abb. rechts; ► S. 635) die extreme Minimalversion eines Hotelzimmers ist, sollte der ausländische Gast doch auf kleinere Zimmer als in vergleichbaren Hotels in Europa und den USA vorbereitet sein.

Kosten

Dennoch findet man in Japan auch durchaus luxuriöse Unterkünfte – und viel Exotik! So gibt es neben westlichen Hotels zahlreiche japanische Übernachtungsangebote, bei denen der Preis meist pro Person berechnet wird. Oft gehören zwei üppige japanische Mahlzeiten zur Übernachtung. Die angegebenen Kategorien (► S. 6) beziehen sich entweder auf ein Standard-Doppelzimmer (ohne Frühstück) oder auf den Preis pro Person mit Halbpension.

Saisonale Preise

Die Mehrzahl der Gäste sind Japaner und so orientieren sich auch die Preise an den japanischen Feiertagen – in der »Goldenen Woche« Anfang Mai z. B. sollte man besonders teurere Unterkünfte sehr früh buchen. Günstige Angebote findet man am ehesten bei mittel- bis kurzfristiger Buchung im Internet. Explizite Nichtraucherzimmer sind in Japan, abgesehen von einigen Business Hotels, selten.

Häuser gehobenen Standards

In allen größeren Städten und wichtigen Touristenorten gibt es Hotels des gehobenen internationalen Standards, darunter auch internationale Ketten. Hier sind Service und Ausstattung sehr gut, die Zimmer für japanische Verhältnisse recht groß, Inneneinrichtung und Design greifen japanische Elemente wie Schiebetüren oder einen japanischen Garten auf. Große Hotels haben meist mehrere **Restaurants** und **Geschäfte**; die Zimmer sind mit Klimaanlage und Fernseher, WiFi oder WLAN ausgestattet. Diesen Komfort bezahlt man mit Preisen, die im oberen Bereich des internationalen Spektrums liegen.

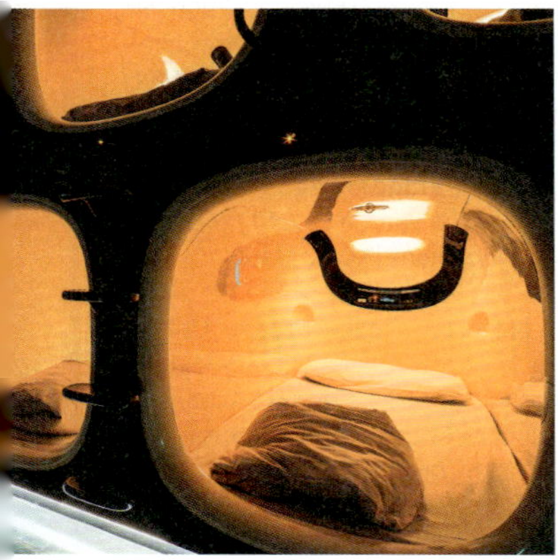

OBEN: In einem Ryokan sucht man Mobiliar im westlichen Stil vergeblich.

UNTEN: Wenig Platz, doch dafür preiswert – Kapselhotels, die Minimalversion japanischer Hotelzimmer

Business-hotels

Eine einfache und preisgünstige Alternative sind Businesshotels. Sie liegen üblicherweise in Bahnhofsnähe, sind für japanische Geschäftsreisende konzipiert und verfügen über weit mehr Einzel- als Doppelzimmer. Die Zimmer sind funktional, aber oft recht klein. Eingeschlossen im Preis ist oft ein kleines Frühstück, in der Regel ist ein Restaurant mit japanischer und westlicher Küche angeschlossen. Für Frauen gibt es manchmal extra Stockwerke, ebenso für Nichtraucher.

Empfehlenswerte Ketten
(mit englischem Reservierungssystem im Internet)
Toyoko Inn (www.toyoko-inn.com)
Route Inn (www.route-inn.co.jp)
Sunroute (www.sunroute.jp)
Dormy Inn (http://dormy-inn.partner.booking.com)

Unterkünfte im japanischen Stil

Neben den **Ryokan** (► Baedeker Wissen, S. 636), die meist etwas vornehmer und teurer sind, gibt es noch weitere kostengünstigere Möglichkeiten, mal in einem typisch japanischen Zimmer auf Tatami-Matten zu schlafen. Die **Minshuku** genannten pensionsähnlichen Familienbetriebe sind in vielen kleineren Orten die billigsten Übernachtungsmöglichkeiten. Man wohnt quasi im Gästezimmer einer Familie und benutzt das Gemeinschaftsbad, mit Fremdsprachenkenntnissen darf man nicht immer rechnen.

Volks-hotels und -feriendörfer

Daneben bieten auch die »Volkshotels«, **Kokumin Shukusha**, überwiegend Zimmer im japanischen Stil an. Kokumin Shukusha wurden auf Veranlassung der japanischen Regierung gebaut, befinden sich ausschließlich in Kurorten und Feriengebieten und sind auch ausländischen Reisenden zugänglich. Die Gemeinschaftseinrichtungen sind eher westlich gestaltet und entsprechen etwa Familien- und Jugendgästehäusern. Der Komfort ist im Allgemeinen geringer als bei Ryokan oder westlichen Hotels, aber gerade in schöner landschaftlicher Umgebung bieten die Volkshotels ein gutes Preis-Leistungs-Verhältnis. Einige von ihnen liegen in sogenannten Volksferiendörfern, **Kokumin Kyuka Mura**, die außerdem zahlreiche Freizeiteinrichtungen wie Sportplätze, Wassersport, Skianlagen und Wanderwege bieten. Buchungen sind u. a. durch das Japan Travel Bureau (► S. 644) möglich oder direkt über die Website https://www.qkamura.or.jp/en/.

Tempel-unterkünfte

Auch buddhistische Tempel bieten authentische japanische Unterkünfte an. Die Quartiere für Pilger (**Shukubo**) haben überwiegend Zimmer im japanischen Stil, teilweise mit durchaus hohem Komfort. Sie schließen in der Regel zwei ausgezeichnete Mahlzeiten mit ein und bieten außerdem die Möglichkeit, an den Gebetsstunden bzw. Meditationen teilzunehmen.
Infos bei den einzelnen Tempeln (► Ziele von A – Z)

Kapselhotels, Manga-Cafés

Der Schlafplatz ist zwar recht beengt im **Kapselhotel**, doch die Gemeinschaftsräume bieten dafür nicht nur WC und Waschbecken, sondern ein komfortables japanisches Bad, Sitzgelegenheiten, Getränkeautomaten und eine Mikrowelle. Derartige Hotels sind vor allem für Angestellte konzipiert, die abends den letzten Vorortzug verpasst haben und notgedrungen in der Stadt übernachten. Viele stehen nur Männern offen, inzwischen aber gibt es auch etwas schickere Variationen wie die First-Cabin-Hotelkette, die sich an Airline-Sitzen der ersten Klasse orientiert und auch Frauenkapseln im Angebot hat (http://first-cabin.jp). In den meisten Kapselhotels muss man tagsüber auschecken, das macht sie unpraktisch für mehrtägige Aufenthalte.
Ähnlich sind **Manga-Cafés**, die eine Übernachtungsrate anbieten. Man bekommt einen kleinen Verschlag mit schulterhohen Wänden, Computer und Sitzkissen. Der Platz reicht im Zweifelsfall aus, sich auszustrecken – das Schnarchen aus der Nachbarkabine muss man einkalkulieren. Oft sind Softdrinks im Preis eingeschlossen, mittlerweile haben die meisten auch Duschmöglichkeiten.

Jugendherbergen und Hostels

Außerhalb Europas ist Japan mit rund 350 Häusern das Land mit der größten Dichte an **Jugendherbergen**. Viele liegen in landschaftlich reizvollen Gegenden; der weit überwiegende Teil ist privat geführt. **Reservierung** ist empfehlenswert, entweder telefonisch direkt bei der Jugendherberge oder im Internet. Der internationale Jugendherbergsausweis ist zwar in den meisten Jugendherbergen keine Voraussetzung für die Übernachtung, ohne ihn erhöht sich der Übernachtungspreis aber um circa 500 ¥. Der Aufenthalt in einer Jugendherberge ist jeweils auf drei Tage begrenzt.
Noch billiger als Jugendherbergen sind private **Hostels**, die es mittlerweile in allen Großstädten und Touristenorten gibt. Sowohl bei Jugendherbergen als auch bei privaten Hostels überwiegen inzwischen Zimmer im westlichen Stil, doch auch Unterkünfte mit japanisch gestalteten Zimmern sind keine Seltenheit.
Informationen zu Jugendherbergen: www.jyh.or.jp/e/index.php

Camping

Wohnwagen und Wohnmobile sind in Japan nicht üblich und für Touristen auch im Hinblick auf die Kosten (u. a. Mautgebühren!) keine sinnvolle Alternative. Camping ist dennoch recht verbreitet. Grundsätzlich darf man auf öffentlichem Land zelten, sofern es nicht explizit durch ein Verbot untersagt wird (in manchen Nationalparks, in Stadtparks etc.).
In den Bergen gibt es einfache und billige **Zeltplätze** für Wanderer oft in der Umgebung von Berghütten (nur Plumpsklo; ab ca. 300 ¥/Pers.). Im Gegensatz dazu sind Zeltplätze, die in schöner Landschaft näher an Städten liegen, per Auto zu erreichen sind und über Duschen verfügen, oft ziemlich teuer (um 5000 ¥ pro Stellplatz).

ÜBERNACHTEN IM »REISEHAUS«

Die Übernachtung in einem Ryokan, dem traditionellen japanischen Gasthof, ist ein Highlight, das man sich einmal auf der Japanreise gönnen sollte. Dort wird man wunderbar verwöhnt und umsorgt und bekommt gleichzeitig einen Eindruck vom traditionellen Wohnstil Japans – eine Mischung aus Luxushotel und Familienbesuch.

Ryokan bedeutet wörtlich »Reisehaus«. Ryokans entstanden im 17. Jh. als Unterkunft für Reisende, die auf den gut ausgebauten Handelswegen in Japan unterwegs waren. Auch wenn diese Häuser heute eher altmodische, biedere Familienbetriebe im mittleren Preissegment sind, verbindet man den Begriff vor allem mit gehobener japanischer Gastlichkeit, mit Stil, Tradition, gutem Essen und tollem Service.

Oft ist dem Ryokan eine **heiße Quelle** (**Onsen**) angeschlossen, auf jeden Fall aber gibt es ein großes Gemeinschaftsbad. Die Räume sind mit **Strohmatten** (**Tatami**) ausgelegt und durch Schiebewände aus Papier unterteilt. Wundern Sie sich nicht über das fehlende Bett – das ist im Schrank versteckt und wird erst abends ausgebreitet.

Der Futon wird erst abends auf den Strohmatten am Boden ausgebreitet.

Etikette

Beim Aufenthalt in einem Ryokan gilt es, Regeln zu beachten: Die Straßenschuhe sind bei Betreten des Hauses gegen bereitstehende Pantoffeln auszutauschen. Diese müssen beim Betreten eines Tatami-Raumes ausgezogen werden; auf der Toilette wiederum gibt es extra Schlappen, die nur dort benutzt werden! Der bequeme hauseigene **Yukata**, eine Art einfacher Hauskimono, ist innerhalb des Hauses und des Gartens üblich. Bei kühlerem Wetter trägt man eine wattierte Jacke, den **Haori**, darüber. Japaner schlafen auch im Yukata.
Das Zimmermädchen (im Kimono) zeigt dem neuen Gast das Zimmer, serviert den Begrüßungstee und vereinbart den Zeitpunkt für das Abendessen, in der Regel relativ früh gegen 18 oder 19 Uhr. Abendessen und Frühstück werden oft auf dem Zimmer serviert. Häuser, die auf Ausländer oder größere Gruppen eingestellt sind, haben mitunter auch einen Speisesaal mit Tischen und Stühlen.
Für Europäer sind die äußerst servil wirkende Art und die traditionell dezenten Bewegungen mit vielem Hinknien und Verbeugungen anfangs irritierend – versuchen Sie einfach, die Ihnen zuteil werdende **Aufmerksamkeit** zu genießen.
Wichtiger Bestandteil des Ryokan-Erlebnisses ist das Baden. Das **Bad** (**O-furo**) ist fast ausnahmslos ein nach Geschlechtern getrenntes Gemeinschaftsbad. Selbst wenn das Gasthaus an keine natürliche Quelle angeschlossen ist, gelten hier die gleichen Regeln wie im Onsen (▶ S. 606): Man seift sich außerhalb des Beckens ein, spült sich gründlich ab und begibt sich erst dann in das sehr heiße Wasser. Die meisten Gäste nehmen gleich nach dem Einchecken ein erstes Bad und wiederholen dies gern abends oder morgens noch einmal. Danach kann man sich noch am **Garten** des Ryokan erfreuen, der oft auf kleinster Fläche ein Kunstwerk an Landschaftsgestaltung darstellt.
Nach dem Essen bzw. währenddessen wird der Raum mit wenigen Handgriffen in ein Schlafzimmer verwandelt. Auf dem Boden wird ein Bett auf **Futons** (gesteppten Baumwollmatratzen) hergerichtet. Wer den Futon als zu hart empfindet, kann ungeniert nach einer zweiten Matratze fragen (oder sich eine aus dem Schrank nehmen).

Wie buchen?

Aus Mangel an Fremdsprachenkenntnissen oder nach schlechten Erfahrungen mit ausländischen (nicht nur westlichen) Gästen reagieren manche Ryokan-Betreiber sehr zurückhaltend auf Reservierungswünsche von Ausländern. Verständlich, da die Inneneinrichtung wie Papierschiebetüren und Tatami sehr empfindlich und teuer ist. Es kann daher hilfreich sein, japanische Bekannte oder ein Reisebüro reservieren zu lassen, wobei diese betonen sollten, dass die ausländischen Gäste die Verhaltensweisen in einem Ryokan kennen und respektieren.
Einige Ryokan lassen sich mittlerweile auch bequem auf Englisch über das Internet buchen. Sie sind auf westliche Gäste eingestellt, jemand spricht Englisch, und es gibt ein (englisches) Merkblatt mit den wichtigsten Ryokan-Regeln. Ca. 80 Ryokan, die ausdrücklich ausländische Gäste willkommen heißen, haben sich zudem zur **Japanese Inn Group** zusammengeschlossen, mit englischsprachiger Onlineplattform (http://ja paneseinngroup.com).

P
PRAKTISCHE INFOS

Wichtig, hilfreich präzise

Unsere Praktischen Infos helfen in allen Situationen in Japan weiter.

Linksverkehr und fremde Schrift. Japan gibt zunächst einige Rätsel auf. ►

水上ビル
水上ビル
茶茶丸
7F
焼肉バイキング
6F
石塚ビル
パチスロのデパート
グリンピース
ディック
自動契約機設置店
8F
今宮ビル
クレディア
北の家族
アラビアンロック
レイク
三和ファイナンス
プロミス
星の雫
GIZA
3F
東海苑
消火栓
EXCELSIOR CAFFE
富士そば
ATOM
24H
4F
星丸
7F
PRONTO
麻雀
アエル
新宿
4F
6F

KURZ & BÜNDIG

ELEKTRIZITÄT
100–110 Volt Wechselspannung (60 Hertz im Westen, 50 Hertz im Osten Japans). In den großen Hotels gibt es Steckdosen für 110 und 220 Volt. Gerätestecker nach der Europanorm sind meist nicht verwendbar; Adapter gibt es im Elektrofachhandel.
Umschaltbare Geräte müssen vor Anschluss an das heimische 220-Volt-Netz wieder auf diese Spannung zurückgestellt werden, da sie sonst irreparablen Schaden nehmen können!

NOTRUFE

ALLGEMEINE NOTRUFE
Polizei
Tel. 110

Feuerwehr, Ambulanz
Tel. 119

SPERR-NOTRUF
Für fast alle Bank-, Giro- und Kreditkarten, einige Mitarbeiterausweise und SIM-Karten. Für Bank- und Giro/EC-Karten muss man die Kontonummer durchgeben, für Kreditkarten nur Namen und ausstellende Bank.
Tel. +49 11 61 16 oder +49 (0)30 40 50 40 50

TOKYO ENGLISH LIFE LINE
Notfallberatung:
Tel. 03 57 74 09 92

NOTRUFDIENST ÖSTERREICH
ÖAMTC-Notrufzentrale Wien
Tel. +43 12 51 20 00
Medizin. Notfälle:
Tel. +43 12 51 20 20

DEUTSCHE RETTUNGSFLUGWACHT STUTTGART
Tel. +49 71 17 00 70

DRK-FLUGDIENST BONN
Tel. +49 21 19 17 49 90

NOTRUFDIENST SCHWEIZ
Schweizerische Rettungsflugwacht Zürich
Tel. +41 44 6 54 32 22

VORWAHLEN
Internationale Vorwahl Japan:
Tel. 0081, dann die Telefonnummer ohne die Null

Auslandsvorwahl von Festnetztelefonen in Japan:
Tel. 010, dann folgen die Ländervorwahl (z. B. 49 für Deutschland) und die Rufnummer ohne die Null.

WAS KOSTET WIE VIEL?
Japan hat ein hohes Preisniveau. Sparen kann man mit den Broschüren »Erschwingliches Japan« und »Japan for Free« der JNTO ▶ S. 652.

Übernachtungen (pro Pers.):
In der Jugendherberge: ca. 3000 ¥
Im Businesshotel: ab 5500 ¥
Im Ryokan: ab 8000 ¥
O-bento (Snackbox): ab 650 ¥
Mittagsmenü: ab 800 ¥
Eine Tasse Kaffe: 350–400 ¥
Ein Bier (im Lokal): 550–700 ¥

ZEIT
Japan (Japanische Normalzeit: JNZ) ist Mitteleuropa um 8 Stunden voraus, während der Sommerzeit nur um sieben Stunden.

ADRESSEN

In der Zeitung »Asahi Evening News« fand sich folgendes Inserat eines Krankenhauses: »Benutzen Sie den Westausgang der Station Ikebukuro. Bleiben Sie die nächsten 500 m auf der Hauptstraße, das sind sechs Minuten Fußweg. Wenn Sie zu einer Tankstelle kommen, biegen Sie in die kleine Straße rechts ein, die zwischen dem Krämerladen und einem Briefkasten liegt.« Selbst mit Online-Karten und GPS sind solche Wegbeschreibungen verbreitet. Anschriften im europäischen Sinne gibt es in Japan nicht.

Adressaufbau

»12-18-A Shiroganedai, 5-chome, Minato-ku« ist ein Haus oder eine Wohnung im Tokyoter Verwaltungsbezirk Minato. Dieser Bezirk ist in **Unterbezirke** gegliedert, einer davon ist Shiroganedai. Jeder Unterbezirk ist seinerseits in **Blocks** (»chome«) aufgeteilt. In Block Nr. 5 muss man also nach dem Grundstück 12-18 suchen. **Hausnummern gibt es nicht**; wo vorhanden, erfolgt die Nummerierung nicht unbedingt nach Standort, sondern nach Baujahr. Auf dem Beispiel-Grundstück steht nicht nur ein Haus; es kommt darauf an, A zu finden – das bedeutet: Alle Türen nach dem Namen des Bekannten überprüfen. (In Japan gibt es kein Erdgeschoss, die Zählung beginnt ebenerdig mit dem ersten Stock.) All das ist auch für einheimische Briefträger und Taxifahrer schwer. Zu bekannten Sehenswürdigkeiten, Hotels u. a. finden Taxifahrer aber meist problemlos. Wichtig ist es, nach Möglichkeit die Telefonnummer der gesuchten Adresse mitzunehmen, so können Taxifahrer oder Passanten anrufen und sich für Sie den Weg erklären lassen. Auch die Revierpolizisten sind bei der Adressensuche behilflich; kleine Polizeistationen (koban) gibt es in den meisten Vierteln.

Ein Beispiel

ANREISE · REISEPLANUNG

Besucher aus Europa reisen in aller Regel auf dem Luftweg an. Es gibt **Direktverbindungen** von Frankfurt a. M., München, Zürich und Wien; fast alle Fluggesellschaften fliegen über Moskau und Sibirien nach Tokyo. Der Nonstop-Flug dauert zwischen 11 und 12 Stunden.

Mit dem Flugzeug

Flüge aus Europa landen auf dem Narita-Flughafen von Tokyo, am Flughafen Haneda, am Kansai International Airport (bei Osaka) und

Zielflughäfen

FLUGGESELLSCHAFTEN
(* gebührenpfl. Service.-Nr.)

JAPAN AIR LINES (JAL)
Tel. *05 70 02 51 21,
*03 67 33 30 62 | tgl. 7 – 20 Uhr (nationale Flüge), 8 – 19 Uhr (internationale Flüge)

In Europa werden alle Reservierungen über das Reservierungszentrum in London durchgeführt.
Aus Deutschland:
Tel. *01802 22 87 00
Aus Österreich:
Tel. 01 5 02 91 88 88
Aus der Schweiz:
Tel. *08 44 88 87 00
Im Internet:
www.jal.co.jp/en

ALL NIPPON AIRWAYS (ANA)
Internationale Flüge:
Tel. 03 67 41 11 20
Inlandflüge:
Tel. 0570 02 97 09
Allgemeine Fluginformationen:
Tel. 0570 02 90 75
www.ana.co.jp

Kundenzentrum in London
Aus Deutschland:
Tel. 069 1 70 77 66 47
Aus Österreich:
Tel. 01 79 56 73 60
Aus der Schweiz:
Tel. 0844 8 03 35 45

Büro Deutschland
Rossmarkt 21,
60311 Frankfurt a. M.
Tel. 069 29 97 61 10

DEUTSCHE LUFTHANSA
Shiba Koen, 3-1-13, Shiba Koen 3-chome, Minato-ku,
105-0011 Tokyo
Tel. 0120 05 18 44, 03 43 33 76 56

AUSTRIAN AIRLINES
Urban Shibakoen, 3-1-13 Shibakoen, Minato-ku, 105-0011 Tokyo
Tel. 0120 96 17 86, 03 44 55 64 07

SWISS
Narita International Airport, S3130, Dai-1 Passenger Terminal Building, Narita, Chiba
Tel. 0120 66 77 88

---

am Central Japan International Airport (Centrair) in Nagoya. Bei Flügen über Asien wird die Auswahl an Zielflughäfen größer, was v. a. für den Südwesten Japans Zeit und Flugkilometer (und damit auch CO_2) sparen kann: So sind z. B. auch Verbindungen nach Okinawa, etwa über Hongkong oder Taipeh, möglich.

Mit der Bahn

Eine extravagante Anreisemöglichkeit ist die Bahnfahrt mit der **Transsibirischen Eisenbahn** über Moskau, Omsk und Irkutsk nach Nachodka; vor dort geht es dann per Schiff nach Japan. Ab Moskau dauert die Reise zehn Tage.

Einreisebestimmungen und Reisedokumente

Personalpapiere

Zur Einreise nach Japan genügt für Reisende aus Deutschland, Österreich und der Schweiz ein gültiger **Reisepass**, sofern der Aufenthalt sechs Monate nicht überschreitet und der Reisezweck nicht beruflicher Art ist; ansonsten ist ein Visum erforderlich. Kinder benötigen

eigene Ausweisdokumente (**Kinderreisepass**). Die zulässige **Aufenthaltsdauer** für Touristen beträgt 90 Tage; sie kann in Japan bei der zuständigen Einwanderungsbehörde (Liste unter www.immi-moj.go.jp/english/info) um weitere 90 Tage verlängert werden. Bedingung für die Einreise ist ein Rück- oder Weiterflugticket sowie der Nachweis ausreichender Geldmittel für den Aufenthalt im Land, was aber so gut wie nie überprüft wird.
Alle ausländischen Einreisenden über 16 Jahren werden bei der Einreise fotografiert und es werden digitale **Fingerabdrücke** genommen. Diese Daten werden anschließend als vorbeugende Maßnahme gegen terroristische Taten mit einer Datenbank abgeglichen.

Führerschein

Österreichische Touristen müssen einen Internationalen Führerschein haben; Deutsche und Schweizer Staatsangehörige benötigen die japanische Übersetzung ihres Führerscheins; diese ist u. a. erhältlich bei der Deutschen Botschaft in Tokyo oder beim Japanischen Automobilclub JAF (www.jaf.or.jp, Büros in allen größeren Städten; ca. 3000 ¥).

Krankenversicherung

Über die Vereinbarungen für den Krankheitsfall sollte man sich bei der Krankenversicherung in der Heimat informieren. Auf alle Fälle empfehlenswert ist der Abschluss einer Reisekrankenversicherung für das Ausland, die auch den Rücktransport im Notfall übernimmt.

Impfungen

Für die Einreise sind keine Schutzimpfungen erforderlich.

Zollbestimmungen

Einreise

Gegenstände des persönlichen Bedarfs und der touristischen Ausrüstung dürfen vorübergehend zollfrei eingeführt werden. Eine schriftliche Einfuhrerklärung ist bei Überschreiten der Freimengengrenzen sowie für unbegleitetes Gepäck erforderlich. **Zollfrei** dürfen u. a. folgende Waren eingeführt werden: 200 Zigaretten, 50 Zigarren oder Tabakwaren bis zu 250 g; drei Flaschen alkoholischer Getränke à 0,76 l; 75 ml Parfüm; sonstige Waren bis zu einem Wert von 200 000 ¥. **Verboten** ist die Einfuhr von Rauschdrogen, pornografischen Erzeugnissen sowie Waffen, genehmigungspflichtig die Einfuhr von bestimmten Medikamenten, Salz, Pflanzenarten und Haustieren.

Mehrwertsteuer-Rückerstattung

In vielen Läden, nicht nur am Flughafen, sondern insbesondere in Kaufhäusern und Elektronikgeschäften, können Touristen steuerfrei (also ohne die 8 % Mehrwertsteuer) einkaufen: Ab einem Einkauf von 5000 ¥ bekommt man in der Regel eine Karte in den Pass, die der japanische Zoll bei der Ausreise kontrolliert. Nötig ist der Pass mit entsprechendem Touristenvisum; die gekauften Artikel müssen als Souvenirs bzw. für den Export gedacht sein, nicht zum sofortigen Gebrauch.

Ausreise

Bei der **Wiedereinreise** in die EU können 200 Zigaretten oder 100 Zigarillos oder 50 Zigarren oder 250 g Rauchtabak zollfrei eingeführt werden, ferner 1 l Spirituosen über 22 Vol.-%-Alkoholgehalt oder 2 l unter 22 Vol.-% Alkoholgehalt und außerdem 16 l Bier und 4 l Wein. Waren als **Geschenk** oder zum persönlichen Verbrauch sind für EU-Bürger bis zu 430 € zollfrei, für Reisende aus der Schweiz nur bis zu einer Höchstgrenze von 300 CHF pro Person.
www.zoll.de, www.bmf.at/zoll, www.zoll.ch

AUSKUNFT

Tourist Information Centers (TIC)

Informationszentren für Touristen (Tourist Information Centers) mit fremdsprachenkundigem Personal gibt es in vielen Städten, meist am Bahnhof oder Flughafen. Die Büros der **Japan National Tourist Organization** halten auch englischsprachiges, selten sogar deutschsprachiges Prospektmaterial bereit (auch online). Sie sind an ihrem Logo, einem roten Fragezeichen, zu erkennen. Manchmal spricht hier auch jemand Englisch. Adressen ► Ziele (ab S. 54).

IN JAPAN

JAPAN NATIONAL TOURIST ORGANIZATION (JNTO)
Sehr umfangreiche Webseite, auch auf Deutsch
Shin Tokyo Building, 3-3-1 Marunouchi, Chiyoda-ku, Tokyo
Tel. 03 32 01 33 31 | www.jnto.go.jp

IN DEUTSCHLAND

JAPAN NATIONAL TOURIST ORGANIZATION (JNTO)
Kaiserstraße 11
60311 Frankfurt a. M.
Tel. 069 2 03 53 | www.jnto.de

JAPAN TRAVEL BUREAU (JTB)
Auch Verkaufsstelle für den Japan Rail Pass (► S. 663)
Weißfrauenstraße 12 – 16
60311 Frankfurt a. M.
Tel. 069 92 18 77 27
www.japanspecialist.de/

DEUTSCHE GESELLSCHAFT FÜR ASIENKUNDE
Rothenbaumchaussee 32
20148 Hamburg
Tel. 040 42 88 74 36
www.asienkunde.de

JAPANISCH-DEUTSCHES ZENTRUM BERLIN
Saargemünder Str. 2, 14195 Berlin
Tel. 030 83 90 70 | www.jdzb.de

VERBAND DER DEUTSCH-JAPANISCHEN GESELLSCHAFTEN
Die Webseite listet eine Übersicht aller deutsch-japanischen Vereinigungen.
www.vdjg.de

IN ÖSTERREICH

Japanisches Informations- und Kulturzentrum in der Japanischen Botschaft
Schottenring 8, 1010 Wien
Tel. 01 5 33 85 86
www.at.emb-japan.go.jp/

IM INTERNET
www.japan-guide.com
www.gojapan.about.com
www.att-japan.net
www.jref.com

DIPLOMATISCHE VERTRETUNGEN IN JAPAN

BOTSCHAFT DER BUNDESREPUBLIK DEUTSCHLAND
4-5-10, Minami Azabu, Minato-ku, 106-0047 Tokyo
Tel. 03 57 91 77 00
www.japan.diplo.de

DEUTSCHES GENERALKONSULAT OSAKA–KOBE
Umeda Sky Building, Tower East, 35th Fl., 1-1-88-3501 Oyodonaka, Kita-ku, 531-6035 Osaka
Tel. 06 64 40 50 70
www.japan.diplo.de

BOTSCHAFT DER REPUBLIK ÖSTERREICH
1-1-20 Moto Azabu, Minato-ku, 106-0046 Tokyo
Tel. 03 34 51 82 81
www.bmeia.gv.at/botschaft/tokio.html

BOTSCHAFT DER SCHWEIZERISCHEN EIDGENOSSENSCHAFT
5-9-12 Minami-Azabu, Minato-ku, 106-8589 Tokyo
Tel. 03 54 49 84 00
www.eda.admin.ch/tokyo

JAPANISCHE BOTSCHAFTEN

IN DEUTSCHLAND
Hiroshimastraße 6
10785 Berlin
Tel. 030 21 09 40
www.de.emb-japan.go.jp

IN ÖSTERREICH
Hessgasse 6, A-1010 Wien
Tel. 01 53 19 20
www.at.emb-japan.go.jp

IN DER SCHWEIZ
Engestraße 53, CH-3000 Bern 9
Tel. 031 3 00 22 22
www.ch.emb-japan.go.jp

ETIKETTE

Regeln der Höflichkeit

Obwohl sich vor allem in den Großstädten Japans die Lebensgewohnheiten zunehmend westlichen Gepflogenheiten annähern, kommt der aus jahrhundertalter Tradition gewachsenen Etikette noch immer große Bedeutung zu. Die **japanische Höflichkeit** ist sprichwörtlich; Japaner werden beispielsweise einem Gesprächspartner möglichst nicht direkt widersprechen, vielmehr eine konziliante Umschreibung suchen. Zeichen von Ungeduld, Ärger oder Missbilligung gelten als unhöflich. Lächeln und äußere Ausgeglichenheit bestimmen die Kommunikation.

Unhöflich: Naseputzen

Als unfein wird ferner betrachtet, sich in der Öffentlichkeit laut die Nase zu putzen. Am besten sucht man sich eine unauffällige Ecke dafür. Hochziehen (auch laut!) dagegen ist akzeptiert.

Begrüßung Für die Begrüßung ist der Handschlag im Allgemeinen nicht üblich. Stattdessen verneigt man sich voreinander – Männer mit seitlich angelegten Armen, Frauen auch mit den Händen vor dem Schoß.

Kleidung und Schuhe Großer Wert wird auf korrekte **Kleidung** gelegt, auch wenn hier westliche Einflüsse ständig zunehmen. Männer sollten keine Shorts oder grellfarbige Hemden tragen. Im Geschäftsleben sind dunkler Anzug und Krawatte obligatorisch. Beim Betreten eines Wohnhauses oder auch eines Tempels werden die **Straßenschuhe ausgezogen** und gegen Pantoffeln ausgetauscht; mit Tatami (binsenbespannten Reisstrohmatten) ausgelegte Räume betritt man nur in Strümpfen. In Bädern und WCs stehen oft Extrapantoffeln nur für die Toilette bereit.

Beim Essen Suppe zu schlürfen, entspricht durchaus dem guten Ton. Die Essstäbchen darf man nicht in den Reis stecken – das ist einem rituellen Totenopfer vorbehalten. Als schlechtes Benehmen gilt, im Gehen oder in öffentlichen Verkehrsmitteln zu essen.

Trinkgeld Trinkgelder sind in Japan **allgemein nicht üblich**. Ausnahmen bilden westliche Hotels, wo die Bediensteten für das Tragen des Gepäcks ca. 200 ¥ erhalten. Auch im Ryokan ist es üblich, der Bedienung am Anfang oder Ende des Aufenthalts ein Trinkgeld zu geben. Es gilt in jedem Fall als taktlos, Geld offen zu überreichen; besser ist ein Briefumschlag.

Sitzhaltung Sitzhaltung Japaner sitzen oft kniend auf dem Boden, z. B. im eigenen Tatamiwohnzimmer, im Restaurant oder bei der Teezeremonie. Für Ausländer, die das nicht gewöhnt sind, wird das Knien schnell zur Tortur. Wenn man es nicht mehr aushält, darf man es sich durchaus bequemer machen: Männer können auf den Schneidersitz ausweichen, Frauen schräg zur Seite »abrutschen«. Wer die Beine ausstreckt, sollte darauf achten, niemandem seine Fußsohlen zuzuwenden.

Schlafen Im Ryokan wird der Yukata (ein dem Kimono ähnlicher Baumwollumhang) säuberlich links über rechts gebunden – nur Tote werden in der Gegenrichtung gewickelt. Es ist üblich, den Yukata auch zum Schlafen anzubehalten.

Visitenkarten und Siegel In Japan werden weit öfter als in Europa **Visitenkarten** ausgetauscht; ein entsprechender Vorrat ist angezeigt. Für berufliche Zwecke sollten die Karten europäisch und japanisch beschriftet sein; in größeren Städten gibt es entsprechende Druckereien. Visitenkarten werden mit beiden Händen und einer Verbeugung überreicht und sehr pfleglich behandelt. Anstatt zu unterschreiben, verwenden Japaner meist ein **Siegel** (»inkan« bzw. »hanko«), das man sich auch als Tourist anfertigen lassen kann (beim Siegelmacher!) – ein wirklich hübsches Souvenir.

GELD

Währung Japans Währung ist der Yen. Es gibt Banknoten zu 1000, 2000, 5000 und 10 000 ¥ sowie Münzen zu 1, 5, 10, 50, 100 und 500 ¥.

WECHSELKURS

1 EUR = 135 ¥	1 CHF = 116 ¥
100 ¥ = 0,74 EUR	100 ¥ = 0,86 CHF

Info: www.oanda.com/lang/de/currency/converter

Devisenbestimmungen

Die Einfuhr von Landeswährung und Devisen unterliegt keinerlei Beschränkungen. Bargeld und Wertpapiere im Wert von mehr als 1 Mio. ¥ sowie Edelmetall (Gold von einem Reinheitsgrad über 90 %) müssen deklariert werden.

Wie bezahlen?

Erstaunlich: Im hoch technisierten Japan ist das Zahlen mit **Kreditkarte** – außer in großen Hotels und Geschäften – nicht sehr verbreitet: **Bargeld** ist immer noch Zahlungsmittel Nummer eins. Japanische **Geldautomaten** akzeptieren oft nur in Japan ausgestellte Bankkarten (auch wenn z. B. ein »Visa« Logo darauf ist). Ausnahmen sind die Automaten der japanischen Post (ca. 20 000 in ganz Japan) und der der Konbini-Ladenkette 7-Eleven (ca. 10 000). An ihnen kann man mit Visa- und Mastercard-Kreditkarten sowie mit Bankkarten mit dem Maestro-Logo meist problemlos Geld abheben.

Banken, Geldwechsel

Banken öffnen Mo.–Fr. 9 – 15 Uhr. Achtung: Ausländische Währungen und **Reiseschecks** (nur von American Express) werden nur von einigen Banken, Hauptpostämtern und (recht seltenen) Wechselstuben gewechselt. Außerhalb der Schalterstunden tauschen große Hotels nur für Gäste Travellerschecks und Bargeld, meist ohne Kommission.

GESUNDHEIT

Verständigungshilfen

Das »**Tourist Language Handbook**«, das über **JNTO** kostenlos zu beziehen ist (► S. 644), enthält einen zweisprachigen Abschnitt medizinischer Begriffe, Fragen und Antworten. Viele Ärzte verstehen etwas Deutsch, da dies während des Studiums ein Pflichtfach ist.

Apotheken

In Japan sind viele Medikamente rezeptfrei erhältlich; englischsprachige Beipackzettel sind meist obligatorisch. Die Apotheken haben gewöhnlich werktags von 9–18 Uhr geöffnet. Dringend benötigte Medikamente sollte man mitbringen, nicht alle in Europa erhältlichen Produkte werden auch von japanischen Apotheken geführt, und dann z. T. unter anderem Namen.

LESE- UND FILMTIPPS

Sachbücher

Ian Buruma: Erbschaft der Schuld. Rowohlt, 1996. Eine Analyse der ganz unterschiedlichen Vergangenheitsbewältigung in Deutschland und Japan.

Florian Coulmas: Die Gesellschaft Japans. Arbeit, Familie und demografische Krise. Beck'sche Reihe, 2007. Der ehemalige Leiter des Deutschen Instituts für Japanstudien in Tokyo beschäftigt sich mit der Überalterung der japanischen Gesellschaft und den daraus resultierenden Problemen.

Kerstin und Andreas Fels: Die Axt im Chrysanthemenwald. Conbook Medien, 2008. Herr Lehmann, erstmals auf Geschäftsreise in Japan, lässt kein Fettnäpfchen aus und bewahrt den Leser damit vor dem einen oder anderen. Am besten vor der Reise lesen.

Kurihara Harumi: Einfach japanisch kochen. Dorling Kindersley, 2007. Die Autorin moderiert in Japan zahlreiche TV-Shows und Kochsendungen. Die traditionellen japanischen Gerichte zum Nachkochen gelingen auch in Deutschland.

Abt Muho: Zazen oder der Weg zum Glück. Rowohlt, 2007. Abt Muho, ein Deutscher, der das Zen-Kloster Antaiji in den Bergen bei Kyoto leitet, veranschaulicht, wie die Praxis des Zen bei der Suche nach dem persönlichen Glück helfen kann.

Murakami Haruki: Untergrundkrieg. Der Anschlag von Tokyo. Btb, 2007. In zahlreichen Interviews mit Tätern und Opfern beleuchtet der (sonst eher für seine Romane bekannte) japanische Erfolgsautor Hintergründe und Folgen des Sarin-Giftgasanschlags in der U-Bahn von Tokyo im Jahr 1995.

Belletristik

Abe Kobo: Die Frau in den Dünen. Ullstein, 1997 (Erscheinungsjahr 1964). Verstörender Roman über einen Insektenkundler, der in eine seltsame Gefangenschaft in den Sanddünen gerät, wo er einer Frau bei ihrem offensichtlich sinn- und aussichtslosen Bemühen hilft, ihr

Haus vor der Versandung zu schützen. Auch verfilmt (Regisseur: Hiroshi Teshigahara).

Max Dauthendey: Die acht Gesichter am Biwasee. Acht exotische Liebesgeschichten, zu denen der deutsche Autor auf einer Japanreise durch »acht Landschaftsgesichter von unsterblicher Leidenschaft« inspiriert wurde. Zahlreiche Nachdrucke der 1911 erstmals erschienenen Ausgabe, u. a. elv, 2015.

Endo Shusako: Schweigen. Droemer Knaur, 1995. Der Roman des katholischen Schriftstellers handelt von den Christenverfolgungen im Japan des 17. Jhs., als ausländische Missionare des Landes verwiesen wurden und japanische Christen in den Untergrund gehen mussten. 2016 von Martin Scorsese verfilmt.

Arthur Golden: Die Geisha. Btb, 2006. Bestseller über das Schicksal einer jungen Geisha. Wer »Die wahre Geschichte der Geisha« erfahren will, auf deren Leben Goldens Roman basiert, sollte obendrein die gleichnamige Autobiografie von **Iwasaki Mineko** (Ullstein, 2004) lesen.

Kawabata Yasunari: Schneeland. Suhrkamp, 2005. Hauptwerk des Nobelpreisträgers von 1968. Der Roman, der im schneereichen, dem Japanischen Meer zugewandten Nordwesten Japans spielt, erzählt die komplizierte Beziehung eines Tokyoter Geschäftsmannes zu einer ländlichen Geisha.

Keigo Higashino: Verdächtige Geliebte. Klett-Cotta, 2012. Ungewöhnlich für einen Krimi, ist der Täter, bzw. die Täterin, fast von Anfang an bekannt. Doch wie konstruiert man das perfekte Alibi? Gibt es das überhaupt, ein perfektes Alibi? Ein spannendes Logikduell entwickelt sich zwischen Täterin und Kommissar.

Kirino Natsuo: Die Umarmung des Todes. Goldmann, 2005. Vier Arbeiterinnen einer Lunchbox-Fabrik zerstückeln in Heimarbeit eine Leiche: Einblicke in das japanische Vorstadtleben und den Alltag derer, die die Dauer-Wirtschaftskrise als Erste spüren.

David Mitchell: Die tausend Herbste des Jacob de Zoet. Rowohlt, 2013. Fesselnder Roman über die niederländische Handelsniederlassung Dejima während der jahrhundertelangen japanischen Isolation von der Welt.

Oe Kenzaburo: Eine persönliche Erfahrung. Suhrkamp, 1991. Autobiografischer Roman des Literaturnobelpreisträgers: Der Autor lernt, seinen geistig behinderten Sohn anzunehmen.

Ruth Ozeki: Geschichte für einen Augenblick. Fischer, 2014. Eine fesselnde, ein bisschen magische Geschichte über Kulturschocks, Mobbing, Jugendliche, Zen und den Krieg. Passt alles rein und ist gut recherchiert.

Yoshikawa Eiji: Musashi. Droemer Knaur, 2000. Umfangreicher historischer Roman über den Schwertmeister Musashi; mehrfach verfilmt und auf der Bühne aufgeführt.

Japan im Film

Rashomon von Kurosawa Akira (1953)
Reise nach Tokyo – Tokyo Monogatari von Ozu Yasujiro (1953)
Die Kunst der Erpressung von Itami Juzo (1992)
Hana-Bi von Kitano Takeshi (1997)
Chihiros Reise ins Zauberland von Miyazaki Hayao (Zeichentrick, 2001)
Lost in Translation von Sofia Coppola (2003)
Kirschblüten – Hanami von Doris Dörrie (2008)
Kirschblüten und rote Bohnen von Naomi Kawase (2015)
Unsere kleine Schwester von Hirokazu Koreeda (2015)
Grüße aus Fukushima von Doris Dörrie (2016)

MEDIEN

Rundfunk

Die Deutsche Welle kann in Japan **nur direkt über Satellit** empfangen werden. Auskünfte erhält man auf der Internetseite oder über den Kundenservice: **www.dw.com**.

Fernsehen

Das staatliche japanische Fernsehen NHK strahlt ein allgemein-unterhaltendes und ein pädagogisch-informatives Programm aus. Ferner gibt es private Sendeanstalten mit unterschiedlichem Programm. In Hotels mit Kabel- oder Satellitenfernsehen können auch englischsprachige Programme empfangen werden.

Zeitungen

Die größten **Tageszeitungen** in Japan sind die »Yomiuri Shinbun«, »Asahi Shinbun«, »Mainichi Shinbun« und »Chunichi Shinbun«. Wichtigste Wirtschaftszeitung ist die »Nikkei Shinbun«. An Zeitungsständen von Bahnhöfen findet man auch diverse **englischsprachige Zeitungen** aus Japan, z. B. »The Japan Times«, »Daily Yomiuri« und »Asahi Evening News«.

NATIONALPARKS

Weit verstreut

Im März 1934 wurden die ersten drei Nationalparks eingerichtet: Setonaikai (▶ Inlandsee), ▶ Unzen-Amakusa und Kirishima-Yaku (▶ S. 180). Die über 30 Nationalparks schützen Landschaft mit besonderen Eigenheiten und umfassen häufig auch **Kulturdenkmäler** wie Tempel- und Schreinanlagen (Liste: www.env.go.jp/en/nature/nps/park). Viele Nationalparks bestehen aus einer Anzahl von räumlich nicht zusammenhängenden Schutzgebieten.

Gesamtfläche

Mit über 2 Mio. ha bedecken die Nationalparks mehr als 5 % der gesamten Fläche Japans. Noch einmal fast so viel nehmen die 55 **Quasi-Nationalparks** ein.

UNESCO-Welterbe

Von den 20 UNESCO-Welterbestätten in Japan sind vier als **Weltnaturerbe** klassifiziert (▶ Shirakami-Sanchi, ▶ Yakushima, ▶ Shiretoko und die Ogasawara-Inseln), die übrigen als **Weltkulturerbe** (Liste: http://whc.unesco.org).
Viele davon bestehen aus zahlreichen Einzelsehenswürdigkeiten, so z. B. die gemeinsam gelisteten historischen Monumente von ▶ Kyoto, Uji (▶ S. 263) und Otsu (▶ S. 86).

PREISE · VERGÜNSTIGUNGEN

Spar-Möglichkeiten

Japan hat ein hohes Preisniveau. Es gibt aber durchaus Möglichkeiten, zu sparen: Eine Schale Udon in einem Nudellokal macht satt und ist schon für 500 ¥ zu haben. Wasser und Tee bekommt man in den einfachen Lokalen gratis zum Essen. Jugendherbergen, die auch älteren Semestern offen stehen, gibt es in jeder sehenswerten Stadt. Wer auf ein eigenes Badezimmer bzw. eine Dusche nicht verzichten möchte, kommt am billigsten in einem Businesshotel unter. Und wer Zeit hat, kommt statt mit dem Shinkansen auch mit einem vergleichsweise billigen Bummelzug oder einem Fernbus ans Ziel. Auch ein **Japan Rail Pass** kann sich rentieren (▶ S. 663). Nur während der japanischen Semesterferien wird das Seishun-juhachi-Ticket (Jugendlichen-18-Ticket) verkauft. Es steht Reisenden aller Altersstufen offen (11 850 ¥ für fünf Abschnitte, die jeweils zu einem Tag unbegrenzter Fahrt in Bummelzügen von Japan Railways berechtigen).

Günstige Läden

Billig einkaufen kann man in den **100-Yen-Shops** (► S. 631) und **Discount-Ticket-Shops**. Letztere befinden sich oft in Bahnhofsnähe und verkaufen Fahrkarten für Zug, Bus und Flugzeug sowie Telefonkarten, Konzert- und Kinotickets, oft auch Geschenkgutscheine für normale Läden und Kaufhäuser, mit einer Ermäßigung von ca. 3–5%.

Karten, Tagespässe

Mit **Welcome Cards** erhält man Ermäßigungen auf Eintrittspreise, Fahrkarten im Nahverkehr, Unterkünfte und Restaurants. Man bekommt sie bei den Touristeninformationen. In Großstädten gibt es oft günstige **Tagespässe für öffentliche Verkehrsmittel**. Am besten fragt man nach einem »ichinichi-joshaken«.

Rabatte

Studenten mit Internationalem Studentenausweis und Personen über 65 erhalten Rabatte in vielen Museen und ähnlichen Einrichtungen.

Weiterführende Information

Die Japanische Fremdenverkehrszentrale JNTO (► S. 644) gibt die Broschüre »**Japan for Free**« mit Tipps und Adressen heraus. Weitere Informationen gibt es unter www.jnto.go.jp/affordable.

REISEZEIT

Frühjahr und Herbst

Die **besten Reisezeiten** für Japan sind das Frühjahr (Ende März bis Mitte Mai) und der Herbst (Mitte Oktober bis Anfang Dezember). Wegen der großen Ausdehnung des Landes in Nord-Süd-Richtung kann es im März im Norden noch recht kühl sein, während im Süden bereits die Kirschblüte einsetzt.

Sommer

Der Sommer ist es in den Ebenen heiß und z. T. feucht. Angenehmer sind die Seebäder und die Bergregionen. Im Nordosten fallen während der **Regenzeit** (Tsuyu, Baiu; Juni/Juli) weniger Niederschläge als im Süden. Im September, bzw. im Süden bereits im Juli, ist Taifunzeit.

Winter

Während des Winters liegt Zentral- und Nordjapan unter hohem Schnee, der mancherorts bis in den Mai hinein Wintersport ermöglicht. Besonders kalt und schneereich ist die Westküste von Honshu, während die Temperatur an der Ostküste und im Flachland nur selten unter den Gefrierpunkt absinkt. Auf den **Okinawa-Inseln** im äußersten Südwesten herrschen ganzjährig Temperaturen um 23 °C.

Hauptsaison

Die ausgeprägte Reiselust der Japaner macht eine **frühzeitige Buchung** erforderlich. Vor allem in der Zeit der Neujahrs-Feiertage (Ende Dez.–Anfang Jan.) und in der Wintersportsaison sollte man mehrere Monate im Voraus tätig werden. Spitzenzeiten des innerjapanischen Reiseverkehrs sind die »Goldene Woche« Anfang Mai, das buddhistische Totenfest O-Bon (13. bis 15. Aug., in manchen Regionen Mitte Juli) und die Sommerferien (Mitte Juli–Ende Aug.).

Kirschblüte und Herbst-Laubfärbung

Kirschblüte und herbstliche Laubfärbung gehören zu den besonderen **Attraktionen** des Landes; ihnen verdanken viele Orte ihre Bekanntheit. Japaner ziehen dann in großen Scharen in die Parks und Landschaftsschutzgebiete, um unter den Bäumen diese Naturschauspiele zu genießen. Die **Kirschblüte**, Ende März bis Anfang April, ist die Hauptreisezeit für ausländische Besucher (inzwischen etwa 25 Mio. pro Jahr), vor allem die Top-Attraktionen sind dann sehr überfüllt, Hotelpreise in Kyoto explodieren, und Staus und Wartezeiten (vor Sehenswürdigkeiten und Restaurants) müssen bedacht werden.

Passende Kleidung

Während der **Regen- und Taifunzeit** (Juni, September), aber auch im Frühling, wird Regenschutz benötigt, im Sommer braucht man einen Sonnenschutz. Ordentliche Kleidung ist angemessen (keine Shorts); je nach Reiseart kann Funktionskleidung nützlich sein, viele Hotels und Hostels verfügen über Waschmaschinen und Trockner. In jedem Fall sollte man Schuhe mitnehmen, die sich schnell und unkompliziert an- und ausziehen lassen (▶ Etikette).

SICHERHEIT

Polizei

Japan ist ein Land, in dem sich Ausländer sicher bewegen und zu jeder Tages- und Nachtzeit allein ausgehen können. Die Zahl der Verbrechen ist weitaus geringer als im Westen. In den Städten gibt es überall kleine, rund um die Uhr besetzte **Polizeistationen** (**Koban**), die für die unmittelbare Nachbarschaft zuständig sind. Diese Revierpolizisten können telefonisch einen Dolmetscher einschalten, und sie geben auch Auskunft, wenn man eine Adresse sucht.

Tektonische Verwerfungen

Japan liegt in einer tektonisch aktiven Zone, in der es häufig Erd- und Seebeben gibt. In Großstädten sind **Katastrophenschutzräume** eingerichtet; ein Frühwarnsystem ist installiert. Durch unterseeische Beben und Vulkanausbrüche entstehen Flutwellen (**Tsunami** = »Hafenwelle«), die in Küstenbereichen eine Höhe von 35 m erreichen und katastrophale Schäden anrichten können. Im Falle eines **Erdbebens** sollte man sich vom Fenster fernhalten, nicht nach draußen stürzen, sondern unter etwas Stabilem, z. B. einem Tisch, Zuflucht suchen. An der Küste sollte man bei unerwartetem schnellem Anstieg oder Abfall des Wasserspiegels innerhalb von wenigen Minuten sofort einen erhöhten bzw. küstenfernen Ort aufsuchen.

Nuklearkatastrophe von Fukushima

Am 11. März 2011 kam es im Kernkraftwerk Fukushima Daiichi zu einem Super-GAU. Seither gelten für die Strahlungswerte von Lebensmitteln deutlich strengere **Grenzwerte** als in der EU. Diese Werte sind zudem für den durchschnittlichen japanischen Jahresverbrauch berechnet (z. B. 100 Becquerel pro Kilogramm Fisch, kalkuliert für einen Jahreskonsum von 150 kg). Da die meisten Lebensmittel lokal vermarktet werden, haben Touristen auf den typischen Reiserouten kaum Kontakt mit Speisen aus der Fukushima-Region. Die durchschnittliche örtliche **Strahlenbelastung** ist in fast allen Regionen Japans (bis auf einige Orte in der Provinz Fukushima) wegen der geringeren natürlichen Strahlung niedriger als etwa in Berlin oder London (aktuelle Informationen unter www.jnto.go.jp/eq/eng/04_recovery.htm).

SPRACHE

Verständigung

Obwohl **Englisch** ab der 5. Klasse in den Schulen Pflichtfach ist und viele Japaner auch als Erwachsene mit Feuereifer Fremdsprachen lernen, hapert es oft mit der Verständigung. Dies liegt zum einen daran, dass Sprachenlernen in Japan sehr grammatik- und textbetont ist – auf die Kommunikationsfähigkeit wird weniger Wert gelegt –, zum anderen auch an der Angst vieler Japaner, sich zu blamieren. Fremdenführer und das Personal der größeren Hotels sprechen in der Regel zumindest Englisch; öfter besteht auch die Möglichkeit, sprachenkundige Studenten als Fremdenführer zu gewinnen. Wer sich auf seine Englischkenntnisse verlässt, sollte sich um einfachen Satzbau und deutliche Sprechweise bemühen; oft hilft es auch, etwas aufzuschreiben, denn der passive Wortschatz der Japaner ist meist sehr groß.

Transkription

Transkription Die phonetische Struktur der japanischen Sprache gestattet eine wenig problematische Transkription in lateinischer Schrift, wie sie in der »Fünfzig-Laute-Tafel« durchgeführt ist. Hierbei ist das nach dem US-amerikanischen Philologen Hepburn benannte »**Hebonshiki romaji**« zugrunde gelegt, das 1885 von einer Wissenschaftlerkommission erstellt wurde und dem auch die Umschreibungen in diesem Reiseführer folgen. Daneben gibt es noch das in Japan für den Amtsgebrauch empfohlene »**Kunreishiki romaji**«.

Aussprache-Regeln

Die Aussprache der nach dem **Hebonshiki-System** transkribierten Silben folgt in den Konsonanten der englischen, in den Vokalen der

BAEDEKER MAGISCHE MOMENTE

EIN ABEND IM IZAKAYA

Viele japanische Kneipen haben keine englische Karte und sind von außen kaum einsehbar. Trauen Sie sich trotzdem rein! Sie bekommen: frisch gezapftes Bier – und ziemlich sicher Anschluss. Daraus kann ein unvergesslicher Abend werden. (▶ Baedeker Wissen, S. 434)

italienischen Sprache. Einige Besonderheiten sind zu beachten: Vokale werden stets kurz ausgesprochen, sofern sie nicht durch ein Längenzeichen markiert sind. (Auf Längenzeichen wurde in diesem Band allerdings verzichtet.) Bei den Konsonanten führt eine Verdoppelung – anders als im Deutschen – nicht zur Verkürzung des vorangegangenen Vokals, sondern diese Laute werden mit leichter phonetischer Trennung zweimal ausgesprochen. Das e wird fast wie ä ausgesprochen; kurzes i und u ist am Wortende oft nahezu unhörbar (»miruku« wird ähnlich ausgesprochen wie das englische »milk«). Ei wird eher wie ein langes e, keinesfalls wie im Deutschen ai ausgesprochen. Das s ist immer stimmlos (wie in »Tasse«); w wird ähnlich ausgesprochen wie das englische w in »winter«, Ähnliches gilt für f (Unterlippe und obere Schneidezähne berühren sich nicht); r ist ein Zwischenlaut zwischen r und l; ng wird stets getrennt ausgesprochen (wie in »angenehm«).

Wichtige Redewendungen

Die Kenntnis einiger elementarer Redewendungen und Vokabeln ist von großem Nutzen und wird von den Einheimischen dankbar begrüßt. Es lohnt sich also, sich wenigstens ein paar rudimentäre Kenntnisse anzueignen. Hilfreich für unterwegs ist die Broschüre **»Tourist Language Handbook«**, herausgegeben von der Japanischen Fremdenverkehrszentrale JNTO (▶ S. 644).

DIE SCHWIERIGSTE SPRACHE DER WELT?

»Nihongo o hanashi masu ka?« Ein verständnisloses Schulterzucken ist wohl die häufigste Antwort auf diese Frage eines Japaners, die in deutscher Übersetzung schlicht bedeutet: »Sprechen Sie Japanisch?« Denn welcher Fremde kann schon Japanisch?

Doch die japanische Sprache ist eigentlich gar nicht so schwer. Viele grammatikalische Schwierigkeiten, die wir beim Erlernen von europäischen Sprachen haben, fallen im Japanischen weg. Zuerst einmal entfallen die Betonungsunterschiede – jede Silbe wird gleichlautend gesprochen. Die Verben erfahren **keine Beugung**, es gibt kein Geschlecht, keine Mehrzahl, oft ist nicht einmal die Person angezeigt. Nur aus der aneinandergereihten Wortfolge – wie bei vielen agglutinierenden Sprachen mit Anfügesilben – ist der Sinn zu erkennen. Schwierig, aber sozial bedeutsam werden erst die der jeweiligen Situation angepassten Höflichkeitszeitwörter. Aber bei einem Fremden wird jeder Japaner wohlwollendes Verständnis beim Weglassen dieser Formen beweisen. Und wenn man dann noch lernt, dass die **Satzgliedfolge** im Japanischen nach Subjekt–Objekt–Prädikat abläuft (z. B. »Ich Reis essen«), dann ist die Satzkonstruktion nicht mehr so schwer: »Ja, ich esse Reis – hai, (watashi wa) gohan o tabe masu.« Hier bezeichnen die Silben »wa« das Subjekt, »o« das Objekt und »masu« mit einem stummen »u« die Höflichkeitsform des Tuns. Die einzige Schwierigkeit liegt im Behalten der vokalreichen Vokabeln.

Laut- und Sinnträger

Die Sprache scheint also erlernbar. Aber wie sieht es mit der Schrift aus? Auch hier gibt es erlernbare Einteilungen. Zuerst muss man wissen, dass die japanische Schrift ursprünglich im 6. Jh. von der chinesischen Bilderschrift übernommen worden ist. Diese chinesischen **Kanji-Zeichen** haben in Japan einige Änderungen erfahren, d. h. sie wurden japanisiert. Zuerst in der Aussprache. Das bedeutet, dass es für Kanji zwei verschiedene Lesearten gibt; »kun«, die japanische, und »on«, die chinesische. Da die mehrsilbige japanische Sprache keine philologische Verbindung zum einsilbigen chinesischen Begriff hat, wurde eine Anzahl chinesischer Zeichen nicht nur als Sinn-, sondern auch als reiner Lautwert übernommen. Das bedeutete aber, dass man sehr viele Zeichen pinseln musste. So entstanden verkürzte Silbenzeichen, mit denen alle Laute der japanischen Sprache wiedergegeben werden konnten.
Die später als **Hiragana** bezeichnete Silbenschrift geht auf die Hofdamen der Heian-Zeit zurück, die kein Chinesisch konnten, sich aber Aufzeichnungen in Japanisch machen wollten. Die andere Silbenschrift, **Katakana**, entwickelten Studenten des Buddhismus, um sich Anmerkungen zu chinesischen Texten zu machen. Beide Silbenalphabete bestehen aus je 46 Zeichen: Das in abgerundeten Kurzzeichen geschriebene Hiragana wird hauptsächlich für Endungen und Präpositionen, das in kantigen Zeichen geschriebene Katakana für Fremdwörter und ausländische Eigennamen benutzt.

Kalligrafie-Wettbewerb in Tokyo: Die japanische Schrift kennt Schätzungen zufolge rund 10 000 Sinnzeichen.

Schriftsystem

Nicht bei der Sprache, sondern bei der Schrift beginnt die Verzweiflung des westlich geprägten Gastes. Aber ist der Durchblick wirklich ganz unmöglich? Da die japanische Schrift aus einer Mischung von Kanji- und Kana-Zeichen besteht, braucht man unbedingt Kanji-Erfahrung. Und hier beginnt das befriedigende geistige Abenteuer: Es ist tatsächlich ein Erlebnis, wenn man entdeckt, dass sich viele Einzelstriche mit einiger Fantasie zu einem ursprünglichen Bildzeichen rekonstruieren lassen. Ist es nicht faszinierend, dass z. B. beim Zeichen für »Mensch« (**jin**) noch der Kopf mit Körper und zwei Beinen erkennbar ist? Oder auch beim Zeichen (**ki**) kann man durchaus noch die Bedeutung »Baum« mit Stamm, Krone und Ästen ablesen. Selbst das kompliziertere Zeichen für »Regen« (**ame**) ist mit seiner Wolke, die den Regen tropfen lässt, noch zu identifizieren. Im Kanji-Wörterbuch kann man nach der Anzahl der Striche den gewünschten Begriff suchen.

Heute werden innerhalb der sechsjährigen Grundschulzeit 1008 Kanji gelernt. Die öffentlichen Publikationen beschränken sich auf 1945 Grundzeichen, die sogenannten **Joyokanji**. Wer allerdings Vorkriegsliteratur lesen möchte, der sollte etliche tausend Kanji mehr im Gedächtnis haben, darunter auch Einzelkanji mit bis zu 23 Strichen. Man liest die Zeichen **von oben nach unten** und den gesamten Text von rechts nach links; japanische Zeitungen und Bücher lesen sich »von hinten«.

»**jin**«,	»**ki**«	»**ame**«
人	木	雨

SPRACHFÜHRER JAPANISCH

AUF EINEN BLICK

Danke schön	**arigato gozaimasu**
Bitte schön	**do itashi mashite**
Entschuldigen Sie	**sumimasen**
Ja / Nein	**hai / iie**
Ich verstehe nicht	**wakarimasen**
Gestern / Heute / Morgen	**kino / kyo / ashita**
Heute Morgen	**kesa**
Heute Abend	**konban**

KENNENLERNEN

Guten Morgen	**ohayo gozaimasu**
Guten Tag	**konnichiwa**
Guten Abend	**konbanwa**
Gute Nacht	**oyasuminasai**
Ich bin Deutscher	**watashi wa doitsu-jin desu**
... Österreicher	**... osutoria-jin desu**
... Schweizer	**... suisu-jin desu**
Es freut mich, Sie kennenzulernen	**hajime mashite**
Wie heißen Sie?	**onamae wa?**
Ich heiße ...	**... to moshimasu**
Auf Wiedersehen	**sayonara**

UNTERWEGS

Links / Rechts	**hidari / migi**
Geradeaus	**massugu**
Norden / Süden	**kita / minami**
Osten / Westen	**higashi / nishi**
Wo ist ...?	**... wa doko desuka?**
Wo gibt es ...?	**... wa doko ni arimasuka?**
Wo ist ...	**... wa doko desuka?**
... das Postamt?	**yubinkyoku ...**
... die Bank?	**ginko ...**
... der Bahnhof / Flughafen?	**eki / kuko ...**
... das Kaufhaus?	**depato ...**
... der Taxistand?	**takushi noriba ...**
... die Gepäckaufbewahrung?	**nimotsu azukarijo ...**
... die Jugendherberge?	**yusu hosuteru ...**
... die Toilette?	**toire ...**
... ein Internetcafe?	**nettokafe ...**
Hotel	**hoteru**
Reservierung	**yoyaku**
Rechnung	**kaikei**
U-Bahn	**chikatetsu**
Gepäckträger	**akabo**
Fahrkartenschalter	**kippu-uriba**
Häuserblock	**-cho, chome**

Stadtviertel	**machi**
Stadtbezirk	**-ku**
Stadt	**-shi**
Dorf	**mura**
Landkreis	**-gun**
Präfektur	**-ken**

EINKAUFEN

Bitte zeigen Sie mir dieses	**kore o misete kudasai**
Was kostet das?	**ikura desuka?**
Das ist zu teuer	**takasugimasu**
Bitte zeigen Sie mir etwas Billigeres	**mo sukoshi yasui no o misete itadake-masenka?**
Ich nehme dieses	**kore o kudasai**
Kamera	**kamera**
Speicherkarte für die Kamera	**kamera no memorikado**
Uhr	**tokei**
Volkskunstprodukte	**mingeihin**
Andenken	**miyagehin**
Puppe	**ningyo**
Spielzeug	**omocha**
Zigaretten	**tabako**

ESSEN

Restaurant	**resutoran**
Die Speisekarte bitte	**menyu onegaishimasu**
Reis, Essen	**gohan**
Speisesalz / Pfeffer	**shio / kosho**
Kuchen / Brot	**keki / pan**
Kaffee / Schwarzer Tee	**kohi / kocha**
Bier	**biru**
Milch	**miruku**

BEIM ARZT

Krankenhaus	**byoin**
Arzt / Zahnarzt	**isha / ha-isha**
Ich bin krank	**byo-ki desu**
Bitte kommen sie schnell	**hayaku kite kudasai**
Ich spreche nur Deutsch und Englisch	**doitsugo to eigo shika hanashimasen**

ZAHLEN

0	**zero**	7	**nana, shichi**
1	**ichi**	8	**hachi**
2	**ni**	9	**kyu**
3	**san**	10	**ju**
4	**shi, yon**	100	**hyaku**
5	**go**	1000	**sen**
6	**roku**	10 000	**ichi-man**

TELEKOMMUNIKATION · POST

Postämter, Porto

Postämter öffnen im Allgemeinen Mo.–Fr. 9–17 Uhr; Hauptpostämter betreiben meist einen 24-Stunden-Schalter, an dem sich fast alle Postgeschäfte erledigen lassen. Die roten **Briefkästen** haben zwei Einwurföffnungen, die rechte ist für Expresssendungen und für Auslandspost, die linke für Inlandssendungen. **Porto**: Briefe (bis 25 g) innerhalb Japans kosten 82 ¥, nach Europa 110 ¥; Postkarten innerhalb Japans 52 ¥, nach Europa 70 ¥.

Takkyubin

Mehrere private Firmen (z. B. Yamato oder Kuroneko) bieten **Transportdienste** (»takkyubin« bzw. »takuhaibin«) etwa für Päckchen, Koffer oder sogar gekühlte Lebensmittel an. Sie sind schnell, zuverlässig und relativ preiswert. So kostet beispielsweise ein Koffer, der von Tokyo nach Kyoto geschickt wird, ca. 2000 ¥. **Annahmestellen** finden sich u. a. in vielen Konbinis (Nachbarschaftsläden) und Hotels.

Telefon

Die internationale Vorwahl für Japan ist +81, dann fällt die Null am Anfang der Telefonnummer weg. Von Festnetztelefonen in Japan ist die **Auslandsvorwahl 010**, dann folgen die Ländervorwahl (z. B. 49 für Deutschland) und die Rufnummer ohne die Null.

LÄNDERVORWAHLEN
... nach Deutschland: Tel. 01049
... nach Österreich: Tel. 01043
... in die Schweiz: Tel. 01041
... nach Japan: Tel. 0081

Mobiltelefon

Ältere deutsche Mobiltelefone (unter 3G-Standard) funktionieren in Japan gar nicht, und wer mit seinem Telefon mehr als im Notfall oder ganz kurz telefonieren will, sollte sich vorher über aktuelle Optionen und Preise kundig machen: Roaming über den eigenen Anbieter zu Hause ist in Japan deutlich teurer als in anderen Ländern.

SIM Karten und Telefonverleih

Touristen dürfen bisher keine regulären japanischen SIM-Karten kaufen, sondern nur Daten-SIM, die z. T. nur für eine oder zwei Wochen gültig sind. Zumindest zeitweise gab es auch schon einmal (deutlich teurere) Data & Voice Cards, die auch Gesprächsminuten beinhalteten. Die **Touristen-SIM-Karten** werden am Flughafen in Automaten verkauft, aber auch in Elektronik-Fachgeschäften wie Yodobashi Camera. Achtung: Einige müssen über WLAN aktiviert werden, bevor man sie benutzen kann! Eine Alternative sind SIM-Karten oder Telefone, die für die Dauer des Aufenthalts gemietet werden; mit diesen kann man auch telefonieren. Auch hier gibt es zahlreiche Anbieter, der Vertrag kann direkt am Flughafen geschlossen werden oder schon vorher online, dann werden das Gerät bzw. die Karte bei Bedarf auch ins Hotel verschickt.

Festnetztelefone

Öffentliche Fernsprecher (grau oder grün) werden seltener, aber es gibt sie noch, v. a. an Bahnhöfen und Autobahnraststätten. Nicht alle sind für internationale Gespräche geeignet. **Telefonkarten** bekommt man im Konbini (Nachbarschaftsladen) oder manchmal in Automaten neben dem Telefon. Telefongespräche sind grundsätzlich ziemlich teuer, und in den meisten Hotels kosten Gespräche vom Zimmertelefon aus gar nicht wesentlich mehr.

VoIP-Telefonie

Viel günstiger als über reguläre Telefonverbindungen lassen sich die meisten Gespräche über das Internet führen, entweder gratis direkt über Online-Dienste auf beiden Seiten (der Angerufene ist auch mit dem Internet verbunden) oder vom Internet auf ein normales Telefon, dabei fallen Gesprächsgebühren an. Beides ist z. B. über das Gratisprogramm **Skype** (www.skype.com) möglich.

WLAN-Verfügbarkeit

Wer ein internetfähiges Gerät wie Telefon, Tablet, Laptop dabei hat, findet in Japan häufig, aber bei weitem nicht überall, **frei zugängliche WLAN-Netze**. Insbesondere gibt es WLAN in den meisten Bahn- und U-Bahnhöfen, in Rathäusern, Touristeninformationen u. a. städtischen Einrichtungen, in Hotels eher in der Lobby (nicht immer im Zimmer), und in einigen Läden und Cafés, außerdem an zahlreichen **Gratis-Spots** kommerzieller Internet-Anbieter wie Flets oder Docomo. Für viele dieser WLAN-Netze muss man sich etwas umständlich anmelden – und manchmal braucht man paradoxerweise für die Anmeldung bereits einen Internetanschluss. So hat z. B. Starbucks ein einheitliches WLAN in allen etwa 10 000 Filialen, am besten registriert man sich schon vor der Reise unter http://starbucks. wi2.co.jp. Dasselbe gilt für die Seven-Eleven-Konbinis (http://7spot-info.jp). Mehrere Handy-Apps fassen die Registrierung für viele solcher W-LAN-Spots zusammen (u. a. https://japanfreewifi.com, www.freespot.com).

Private WLAN-Hotspots

Mehrere kommerzielle Anbieter unterhalten darüber hinaus ein Netz von **gebührenpflichtigen WLAN-Hotspots**, die aber nicht auf Touristen ausgelegt sind und deshalb eher in städtischen Shopping-Gegenden als an touristischen Zielen liegen. Insbesondere die Gratis-WLAN-Netze sind (je nach Tageszeit und Benutzeraufkommen) nicht besonders schnell, und wer gewo hnt ist, überall Internet zu haben, sollte sich um andere Optionen bemühen.

WLAN-Router

Neben den **Daten-SIM-Karten** und Leih-Telefonen (s. o.) gibt es die Option, einen WLAN-Router zu mieten. Die Abdeckung ist selbst in abgelegenen Gebieten ziemlich gut. Die meisten Anbieter (z. B. www.softbank-rental.jp; www.pupuru.com; www.ninjawifi.com) haben Schalter an den Flughäfen. In den meisten Fällen muss man den Vertrag schon vorher online abschließen und kann den (etwa zigarettenschachtelgroßen) Router dann am Flughafen abholen.

Computer

Hotels haben in der Lobby öfter ein Laptop oder einen Festnetzcomputer, über den Gäste das Internet benutzen können, manchmal kann man sich auch ein Laptop leihen (ca. 1000 ¥ pro Tag). In den Zimmern gibt es oft nur LAN-Kabel, kein WLAN. Internetcafés sind meist mit Manga-Cafés gekoppelt und auf Online-Gamer ausgerichtet.

TOILETTEN

Öffentliche Toiletten

Zunehmend weichen die (in der Regel sauberen und jedenfalls hygienischen) japanischen Hock-Klos westlichen Toiletten, und zwar meist modernen **Washlets**. Das sind Hightech-Klos mit eingebautem Bidet, Waschfunktion und Sitzheizung. Bei Bedarf frage man den Kellner nach »o-te-arai« oder »toire«. Öffentliche Toiletten finden sich bei allen Sehenswürdigkeiten und in jedem U-Bahnhof – immer umsonst und fast immer mit Toilettenpapier. Ansonsten kann man eines der zahlreichen Kaufhäuser aufsuchen.

VERKEHR

Mit der Bahn

Dichtes Streckennetz

Die Bahn ist wegen ihrer Pünktlichkeit, Schnelligkeit und ihres Komforts das meistbenutzte öffentliche Verkehrsmittel. Das etwa 27 000 km lange Schienennetz von Japans Staatsbahnen (Japan Rail, JR) reicht bis in die entlegensten Regionen des Landes.

Super-Schnell-Züge

Teil dieses Netzes sind die **Shinkansen**-Strecken, auf denen einige der schnellsten Züge der Welt verkehren, die sich überdies durch eine extrem hohe Sicherheit auszeichnen (▶ Baedeker Wissen S. 664). So legt der Shinkansen von Tokyo nach Fukuoka (Hakata) die 1177 km lange Strecke in knapp fünf Stunden zurück, wobei er **Geschwindigkeiten** bis 320 km/h erreicht; die Durchschnittsgeschwindigkeit des neueren Nozomi-Shinkansen beträgt 245 km/h. Eine Fahrt mit dem Shinkansen von Tokyo nach Kyoto, vorbei am Fuji, gehört zu den besonderen Erlebnissen einer Japanreise.

Platzreservierung

Platzreservierung ist vor allem auf den Shinkansen-Strecken erforderlich und noch bis kurz vor der Abfahrt am Automaten oder am Schalter möglich. Platz-, Liegewagenkarten und Zuschlag für die Erste Klasse (»Green Car«) sind an den Schaltern der Bahnhöfe und an den grünen Schaltern des Japan Travel Bureau (JTB; ▶ S. 644) erhältlich. Ein besonderes und praktisches Merkmal japanischer Bahnhöfe ist die Markierung der Zugtüren und **Abteilnummern auf dem Bahnsteig**. Die Züge halten unter exakter Beachtung dieser Zeichen.

Privatbahnen

In der Umgebung von Großstädten und zu Naherholungsgebieten verkehren auch Züge privater Eisenbahngesellschaften. Die Fahrpreise sind oft wesentlich niedriger als die der JR.

Japan Rail Pass

Touristen können einen 7, 14 oder 21 Tage gültigen »Japan Rail Pass« erwerben, der auf allen Linien der JR (Eisenbahn, Autobus, Fähre, aber nicht im »Nozomi«). Achtung: Er gilt **nicht auf Privatbahnen!** Die Preise liegen zwischen 29 110 ¥ und 59 350 ¥ (2. Klasse). Kinder zwischen sechs und elf Jahren erhalten eine Ermäßigung von 50%.

Erwerb vor Reiseantritt

Den **Japan Rail Pass**, der für ganz Japan gilt, muss man vor Reiseantritt im Ausland kaufen! **Gutscheine** dafür gibt es unter Vorlage des Reisepasses bei den ausländischen Niederlassungen des Japan Travel Bureau und dessen Kooperationspartnern (▶ Auskunft) sowie in Verbindung mit dem Flugticket bei sämtlichen Auslandsbüros und ausländischen Verkaufsagenturen der Japan Air Lines und All Nippon Airways (▶ Anreise). Sie werden nach der Einreise gegen den entsprechenden Japan Rail Pass eingetauscht; entweder beim jeweiligen JR Travel Service Center bzw. beim Fahrkartenbüro.

Näheres unter **www.japanrailpass.net/de** sowie in der Broschüre, die man beim Kauf des Passes erhält.

Regional gültige Pässse

Außer der für das ganze Land gültigen Netzkarte gibt es Regionalpässe mit kürzerer Geltungsdauer: den **JR Hokkaido Rail Pass** für Hokkaido (3, 5 oder 7 Tage, oder flexibel »4 in 10«), den **JR East Rail Pass** (mehrere Flexipässe für unterschiedliche Regionen) mehrere **JR Central Pässe** für unterschiedliche Teilregionen, den **JR West Rail Pass** für das südwestliche Honshu (mehrere Optionen für Subregionen), den **All-Shikoku Rail Pass** (für 2–5 Tage) und den **JR Kyushu Rail Pass** für ganz Kyushu und seine Nebeninseln (3 oder 5 Tage).

SICHER UND SCHNELL

Japan ist das Ursprungsland der Hochgeschwindigkeitszüge. Trotz Hindernissen wie einer hohen Einwohnerdichte, tektonischer Aktivitäten und der Inselsituation fuhren am 1. Oktober 1964 die ersten »Bullet Trains« der Japan Railway zwischen Osaka und Tokio. Seitdem ist das Netz der sog. neuen Hauptstrecken, japanisch »Shinkansen«, auf über 2000 km ausgebaut worden. Shinkansen zeichnen sich durch hohe Zuverlässigkeit, Pünktlichkeit und Sicherheitsstandards sowiedurch äußerst dichte Zugfolgen aus. Sie sind die sichersten Hochgeschwindigkeitszüge der Welt.

▶ **Rekordhalter**
Mit einer Höchstgeschwindigkeit von 320 km/h im Planverkehr ist der Shinkansen E6 derzeit das schnellste japanische Modell.

Shinkansen E6
2010 / Japan
16 Züge
320 km/h
338 Sitzplätze

▶ **Hochgeschwindigkeitszüge der Welt**

	ICE 4	**TGV** Duplex
Baujahr / Land:	2011 / Deutschland	2003 / Frankreich
Stückzahl:	170 Züge	19 Züge
Höchstgeschwindigkeit:	250 km/h	320 km/h
Geschwindigkeit im Plandienst:	230 / 250km/h	320 km/h
Sitzplätze:	456 / 830	551

▶ **Geschwindigkeit**
Das Streckennetz der Shinkansen ist vom regulären Schienenverkehr getrennt und erlaubt somit hohe Durchschnittsgeschwindigkeiten.

▶ **Sicherheit**
Die Shinkansen-Züge sind die sichersten der Welt. Seit Betriebsbeginn vor über 40 Jahren ist noch kein Mensch bei einem Zugunglück ums Leben gekommen, ebenfalls eine Folge der Trennung von Güter- und Nahverkehr.

▶ **Pünktlichkeit**
Auch hier belegen die Shinkansen weltweit den ersten Rang: Trotz etwa 26 000 Abfahrten pro Tag belaufen sich die Verspätungen selten auf mehr als 5 Minuten. Fährt ein Lokführer mit einer Verspätung von mehr als 15 Sekunden ein, so muss er sich schriftlich verantworten.

▶ **Zuverlässigkeit**
Weichenheizungen, Heißluft-Schneeschmelzvorrichtungen und Warmwasser-Sprenkleranlagen halten die Gleise auch bei tiefen Temperaturen frei.

CRH380A

2007 / China
140 Züge
486,1 km/h (Testfahrt)
350 km/h
601

ETR 1000 (seit 2015)

2011 - 2013/ Italien
50 Züge
360 km/h
360 km/h
469

Geschwindigkeitsrekord

Erst für 2027 ist die Eröffnung der neuen **Magnetschnellbahn** (**Maglev**) von Tokyo nach Nagoya als **Chuo Shinkansen** geplant, die Fahrt soll dann nur noch 40 Minuten dauern. Im Testbetrieb auf einem Teil der Strecke ist der Zug bereits über 600 km/h gefahren. Anlässlich der Olympischen Spiele 2020 in Tokyo sollen vielleicht Demo-Fahrten auf der Teststrecke bei Kofu (Yamanashi) angeboten werden.

Mit dem Fernbus

Günstiger, doch nicht so schnell

Fernbusse sind eine billigere Alternative zur Bahn, vor allem wenn man keinen Rail Pass besitzt und nachts fährt. Sie sind sicher und komfortabel, doch die Reisezeit ist nicht zuletzt wegen der häufigen Staus auf den Autobahnen länger. Die meisten Busgesellschaften fahren in Bahnhofsnähe ab.

Mit dem Schiff

Zwischen den Inseln

Zahlreiche **Fähren** (teilweise auch mit Kfz-Beförderung) verbinden die Hauptinseln miteinander bzw. mit zahlreichen kleineren Eilanden. Auf kürzeren Strecken verkehren Tragflügel- und Motorboote; auf längeren Routen durch die Inlandsee sowie nach Okinawa laufen auch Luxusschiffe.

Öffentlicher Nahverkehr

Straßenbahnen, Autobusse

Die Zahl der innerstädtischen Straßenbahnlinien wurde in letzter Zeit stark verringert. Die Beschriftung ist meist ausschließlich japanisch. Dies trifft auch auf die Autobuslinien zu. In Stadtbusse steigt man meist hinten ein und zieht eine Nummer – nach ihr richtet sich der **Fahrpreis**, über den eine Tafel vorn im Bus Auskunft gibt. Das Geld wird beim Aussteigen in die Box neben dem Fahrer geworfen – wer es nicht passend hat, kann Münzen und 1000-Yen-Scheine im kleinen Wechselautomaten, ebenfalls beim Fahrer, umtauschen.

U-Bahnen

Tokyo, Osaka, Kyoto, Nagoya, Yokohama, Fukuoka, Kobe, Sendai und Sapporo besitzen U-Bahnnetze. Mithilfe eines **englischsprachigen Netzplans** kann man sich leicht orientieren, zumal die Stationen auch in lateinischer Schrift beschildert sind. Neben dem Namen der jeweiligen Haltestelle wird auch die nächste Station in beiden Fahrtrichtungen angegeben.

Fahrkarten

Fahrkarten werden vor Durchqueren der Sperre an den Fahrkartenautomaten gelöst; die Höhe des Fahrpreises richtet sich nach der

Entfernung und ist an den Automaten abzulesen. Bei Unklarheit über den Fahrpreis löst man das billigste Billett und bezahlt an der Sperre des Zielorts bzw. am »Fare Adjustment Counter« den Differenzbetrag. Fahrkarten müssen beim Verlassen des Bahnhofs abgegeben werden – also nicht wegwerfen! Sparen kann man übrigens vielerorts mit den günstigeren **Tagespässen** (»**ichinichi-joshaken**«), die beliebig viele Fahrten an einem Tag zulassen.

Taxi

Taxistände befinden sich im Allgemeinen an Bahnhöfen, Flughäfen und großen Hotels. Der Fahrpreis wird vom Taxameter angezeigt; Trinkgelder sind nicht üblich. In den Nachtstunden (23 bis 5 Uhr) wird ein Zuschlag von 30 % erhoben. Auf Hilfe des Fahrers beim Ein- und Aussteigen, selbst bei umfangreichem Gepäck, ist nicht zu rechnen; zu beachten ist ferner das automatische Öffnen und Schließen der hinteren linken Wagentür und des Kofferraums. Während der Hauptverkehrszeiten sind – besonders in Tokyo – Taxifahrten wegen der häufigen Staus nicht zu empfehlen.

Fahrradrikschas

In einigen Touristenorten wie Nara oder Kamakura verkehren in der Saison **Fahrradrikschas**. Sie sind jedoch recht teuer.

Straßenverkehr

Straßennetz

Japan besitzt ein gut ausgebautes Netz von rund 2200 km **Autobahnen** (gebührenpflichtig) und 40 000 km **Nationalstraßen**. In Großstädten und deren Umgebung ist die Beschilderung japanisch und englisch, aber auf dem Land wird dem europäischen Autofahrer die Orientierung dadurch erschwert, dass die Verkehrsaufschriften oft nur japanisch sind.

Verkehrsregeln

In Japan herrscht **Linksverkehr!** Im Übrigen entsprechen die Verkehrszeichen weitgehend internationaler Norm. Der in Deutschland ausgestellte europäische Führerschein ist in Japan nicht gültig (▶ S. 643, Führerschein)!

ZEIT

JNZ: Japanische Normalzeit

In Japan gilt das ganze Jahr über die Japanische Normalzeit. Die Abweichung von der Mitteleuropäischen Zeit (MEZ) beträgt acht Stunden (JNZ = MEZ + 8 Std.), im Sommer sieben Stunden, da es in Japan keine Sommerzeit gibt.

REGISTER

E

F

G

H

I

J

K

O

P

R

S

T

U

BILDNACHWEIS

Agentur Bilderberg: Grames 171, 572
akg-image: 594, 597
Bildagentur Huber: Gianni Giorgi 299; Richard Taylor 609 o.
corbis: Aflo/Masami Gotou 104; amanaimages 287; Atlantide Phototravel 561 o.; B.S.P.I. 331, 370; José Fuste Raga 441; Ocean 609 u.; Photocuisine/Nurra 613 m.r.
Isa Ducke 25 u.
DuMont Bildarchiv: 25 o., 59, 136, 211, 270, 310, 342, 484, 617
Fotolia: kyogo7002 613 u.; tanawatpontchour 613 m.l.
getty images: AME 602; B.S.P.I. 68, Culture Club 90; Damien Simonis 324; f. cadiou 612 u.r.; Flickr Open 471; Fotosearch 612 o.r.; Frédéric Soreau 523 o.; Greg Elms 586; Ippei Naoi 369; Jenny Jones 323; JTB Photo 96; Kaoru Hayashi 31; Kyodo News 114; MIXA 64–65, 612 u.l.; SHOSEI/Aflo 599; Summer Yukata 98–99; Sylvain Grandadam 156; The Asahi Shimbun 657; Tomohiro Ohsumi 432; Werner Forman 540 o.; Z. M. Quentin 173
Glow Images: 350–351, 383, 504, 561 u., 613 o.l.
iStockphoto: DavorLovincic 386; winhorse 301
Japan National Tourist Orginization: 54, 74, 118, 139, 275, 405, 416, 500, 527, 533 o., 603
Kirchgessner: 254
laif: Andreas Fechner 604; Andreas Meichsner 514; Christophe Boisvieux 80; Gamma-Rapho/Kasahara Katsumi 620 u.; Gavin Hellier/robertharding 17; hemis.fr/Franck Guiziou 625; Yannis Kontos/Polaris 21; Thomas Linkel 633 o.; Jochen Schlenker/robertharding 18-19; Sinopix 639; UPI 154; Lucas Vallecillos/VWPics/Redux 10-11; Zenit/Jan-Peter Boening 523 u.
LOOK-foto: age fotostock 3 o., 273, 391, 187, 548 o., 620 o., 629 o., 631, 636; Hauke Dressler 53, 453; Hermann Erber 601 o.
mauritius images: Alamy/David Kleyn 227; Alamy/Oleksiy Maksymenko 551; Alamy/Paul Fearn 591; Alamy/Photo Japan 117; Alamy/Stephen Fleming 71; Alamy 78, 185, 445; Alamy/JTB Media Creation, Inc. 497; Diversion 503; EDU Vision / Alamy 14-15; Foodanddrinkphotos 131; Hiroshi Higuchi U 8; John Warburton-Lee/Stefano Politi Markovina 13, 203; Science Source/Los Angeles County Museum 542; Steve Vidler 5, 379; 567, United Archives 520
picture-alliance: dpa 134; Food and Drink Photos 615; Godong 8; Kyodo 618
Hartmut Pohling / Japan-Photo-Archiv 29 o.
shutterstock.com: acticraz 278; Ademoeller 548 u.; Alexander Vow 385; Amehime 415; b-hide the scene 3 u., 293; Banksparta 175; beeboys 234; Blanscape 32; catwalker 466; chaiyathat miphan 4 o., 491; chinasong 265; cowardlion 161, 329 u., 348, 464; Derek Yamashita 107; Efisio Podda 224; EQ-Roy 124, 194; f11photo 152; Faer Out 564; Fotos 593, 251, 318; Haiduchyk Aliaksei 611; Hung Chung

Chih 243; hungryworks 239; iamtui7 517; Ikuni 109; Japan Image 215: Jesse33 127; jiggotraveller 207; Julian52000 249; kan_khampanya 475; kawaken 207; KiryuSan 377; Kononchuk Alla 269; KPG_Payless 219; 533 u.; Krishna. Wu 285; Ljiljana Pavkov 434; Luciano Mortula - LGM 165; m161m161 411; Mahathir Mohd Yasin 4 u.; 431, 558; Masahiro Suzuki 365; Milosz Maslanka 37; James Kelley 633 u.; norikko 22-23; Ondrej Prosicky 510; PatWallace05 88; photoNN 421; Phuong D. Nguyen 222; pisaphotography 463; Piith Hant 290; posztos 197; Prasit Rodphan 499; PR Image Factory 629 u.; Rachin Mapanya 601 u.; Richard Yoshida 492; SandraSWC 237; Sean Pavone 329 o.; 606; shikema 41; shutterpix 7, 188; Terence Mendoza 570; Timothy Yue 435, 655; TK Kurikawa 353; titytae 307; Tooykrub 357; twoKim images 529; Vassamon Anansukkasem 272, 540 u., 580; warasit phothisuk 2, 140, 145; yoshi0511 93; YP_photographer 26-27; zomby 495

Titelbild Getty Images / RichVintage

VERZEICHNIS DER KARTEN UND GRAFIKEN

BAEDEKER VERLAGSPROGRAMM

Viele Baedeker-Titel sind als E-Book erhältlich:
shop.baedeker.com

A
Algarve
Allgäu
Amsterdam
Andalusien
Australien
Australien · Osten

B
Bali
Barcelona
Bayerischer Wald
Belgien
Berlin · Potsdam
Bodensee
Brasilien
Bretagne
Brüssel
Budapest
Burgund

C
China

D
Dänemark
Deutsche Nordseeküste
Deutschland
Deutschland · Osten
Dresden
Dubai · VAE

E
Elba
Elsass · Vogesen

F
Finnland
Florenz
Florida
Franken
Frankfurt am Main
Frankreich
Frankreich · Norden
Fuerteventura

G
Gardasee
Golf von Neapel
Gomera
Gran Canaria
Griechenland
Großbritannien

H
Hamburg
Harz
Hongkong · Macao

I
Indien
Irland
Island
Israel
Istanbul
Istrien · Kvarner Bucht
Italien
Italien · Norden
Italienische Adria
Italienische Riviera

J
Japan
Jordanien

K
Kalifornien
Kanada · Osten
Kanada · Westen
Kanalinseln
Kapstadt · Garden Route
Kenia

Köln
Kopenhagen
Korfu · Ionische Inseln
Korsika
Kos
Kreta
Kroatische Adriaküste · Dalmatien
Kuba

L
La Palma
Lanzarote
Leipzig · Halle
Lissabon
London

M
Madeira
Madrid
Maldavien
Mallorca
Malta · Gozo · Comino
Morrokko
Mecklenburg-Vorpommern
Menorca
Mexiko
Moskau
München

N
Namibia
Neuseeland
New York
Niederlande
Norwegen

O
Oberbayern
Oberitalienische Seen · Lombardei · Mailand
Österreich

P
Paris
Polen
Polnische Ostseeküste · Danzing · Masuren
Portugal
Prag
Provence · Côte d'Azur

R
Rhodos
Rom
Rügen · Hiddensee
Rumänien

S
Sachsen
Salzburger Land
Sankt Petersburg
Sardinien
Schottland
Schwarzwald

Schweden
Schweiz
Sizilien
Skandinavien
Slowenien
Spanien
Spanien · Norden · Jakobsweg
Sri Lanka
Stuttgart
Südafrika
Südengland
Südschweden · Stockholm
Südtirol
Sylt

T
Teneriffa
Tessin
Thailand
Thüringen
Toskana
Tschechien
Türkische Mittelmeerküste

U
USA
USA · Nordosten
USA · Nordwesten
USA · Südwesten
Usedom

V
Venedig
Vietnam

W
Weimar
Wien

Z
Zürich
Zypern

IMPRESSUM

Ausstattung:
199 Abbildungen, 47 Karten und Grafiken, eine große Reisekarte

Text:
Isa Ducke, Dr. Walter Giesen, Prof. Dr. Wolfgang Hassenpflug, Karin Khan, Peter M. Nahm, Winfried Schneider, Natascha Thoma, Jessika Zollickhofer

Überarbeitung:
Isa Ducke und Natascha Thoma

Bearbeitung:
Baedeker-Redaktion
(M. Feuerstein, Dagmar Lutz)

Kartografie:
Franz Huber, München,
Klaus-Peter Lawall, Unterensingen,
MAIRDUMONT Ostfildern
(Reisekarte)

3D-Illustrationen:
jangled nerves, Stuttgart

Infografiken:
Golden Section Graphics GmbH, Berlin

Gestalterisches Konzept:
RUPA GbR, München

Chefredaktion:
Rainer Eisenschmid,
Baedeker Ostfildern

14. Auflage 2018
Völlig überarbeitet und neu gestaltet

Trotz aller Sorgfalt von Redaktion und Autoren zeigt die Erfahrung, dass Fehler und Änderungen nach Drucklegung nicht ausgeschlossen werden können. Dafür kann der Verlag leider keine Haftung übernehmen.
Kritik, Berichtigungen und Verbesserungsvorschläge sind jederzeit willkommen. Schreiben Sie uns, mailen Sie oder rufen Sie an:

Verlag Karl Baedeker / Redaktion
Postfach 3162
D-73751 Ostfildern
Tel. 0711 4502-262
info@baedeker.com
www.baedeker.com

Printed in Italy

FSC www.fsc.org
MIX
Papier aus verantwortungsvollen Quellen
FSC® C015829

Meine persönlichen Notizen

Meine persönlichen Notizen

Meine persönlichen Notizen

Yellow Sea
SOUTH KOREA
Masan
Busan
Matsue
Suncheon
Masuda
Tsushima
Cheju
Cheju Do
Kitakyūshū
Ube
Matsuyama
CHINA
Yancheng
Fukuoka
Beppu
Nantong
Kōchi
Oita
Wuxi
Qidong
Nagasaki
Kumamoto
Kyūshū
Yatsushiro
Shanghai
Kagoshima
Miyakonojō
Ibusuki
Cixi
Zhoushan
Nishi-no-Omote
Ningbo
Higashi Shina Kai
Tanega-shima
Ōsumi-shotō
Linhai
Tokara-rettō
East China Sea
NIPPON (JAPAN)
Nansei-shotō
Naze
Ō-shima
Tokuno-shima
Amami-shotō
Iheya-shima
Okinoerabu-shima
Okinawa
Okinawa-shima
PACIFIC OCEAN
Naha
Okinawa-shotō
Iriomota-jima
Ishigaki-jima
Daitō-shotō
Hirarajima
300 km
Sakishima-shotō
Nippon Kai
East Sea
Sea of Japan
Okinawa
Subtropisches Inselparadies S. 361
Churaumi Aquarium
Walhaie und Manta-Rochen S. 367
Insel Iriomote
»Galapagos des Ostens«
S. 369
Korakuen
Einer der Drei berühmten Gärten
S. 356
Daejeon
SOUTH KOREA
Kyonggi Man
3
Daisen-Oki-NP
Genbaku-domu
Wahrzeichen der Friedensstadt
Friedenspark
Gedenkstätte mit ergreifendem Kinderdenkmal
S. 154
Oki-shoto
Dōgo
Dōzen
Jeonju
Daegu
12
45
1
Ulsan
Matsue
9
35
Masan
Busan
Suncheon
Iwami-Ginzan Mine
Hiro-shima
Okayama
Kurashiki
Masuda
Tsushima
Hagi
Naoshima
Tsuwano
Shimonoseki
Yamaguchi
Inland-see
Taka-matsu
Cheju Do
Miyajima
Kitakyūshū
Ube
Tokushima
Matsuyama
Fukuoka
Beppu
55
Daizafu
Kultort des Sugawara Michizane (Gelehrten)
S. 126
Arita
Uwajima
Kōchi
Saikai-NP
Aso-Kuju-NP
Oita
56
Shikokū
Aso-san 1592
Nagasaki
Kumamoto
Ashizuri-misaki
Unzen-Amakusa-NP
10
Yatsushiro
Itsukushima-Schrein
Berühmtes rotes Torii im Meer
S. 165
Kyūshū
Miyazaki
Kagoshima
Miyakonojō
Onsen
3000 Thermalquellen S. 79
»Höllentour«
mit kochend heißen Quellen
S. 80
Chiran
Ibusuki
Yakushima
unberührte Natur mit uralten Sicheltannen
S. 479
Nishi-no-Omote
Tanega-shima
Yaku-shima
Fortset
Nebenk